外国法学教科书精品译丛

主编　李昊

德国民法概论

（第14版）

[德]汉斯-约哈希姆·慕斯拉克（Hans-Joachim Musielak）
[德] 沃夫冈·豪 （Wolfgang Hau） 著
刘志阳 译

Grundkurs BGB
（14. Auflage）

中国人民大学出版社
·北京·

中文译本序言

中德国家法治对话在民法范围内得到了长足发展。帕骚大学法学院自建立以来就积极地参与该对话，并在研究与教学领域中建立了一系列的人员之间与机构之间的合作。很高兴也很荣幸，我们的《德国民法概论》被翻译成了中文，并有幸加入中德民法交流之中。由于我们并不通晓中文，所以我们自己不能阅读本中文版。但是我们期望中国的同仁及学生能够基于此了解德国法。我们非常感谢为此主动付出巨大努力的译者——刘志阳先生。同样，也感谢出版社的友好合作。

当然，我们也欢迎中国读者对我们提出问题、意见与建议。您可以用德语或英语发送到该邮箱：lehrstuhl-hau@uni-passau. de。

汉斯-约哈希姆·慕斯拉克（Hans-Joachim Musielak）

沃夫冈·豪（Wolfgang Hau）

2015 年 10 月于帕骚

第 14 版序言

本书前版很受读者欢迎，这给了我们修改的动力，另一重要的原因就是出现了一些新的条文，即一些转化欧盟《消费者权利指令》的法律和《反交易中支付迟延法》。此外，为了给大家呈现最前沿的成果，本版还增补了大量富有教益的新判决和新理论。感谢 Josef Eicher 先生、Rebekka Lange 女士和 Claudia Mayer 博士对本书的校对。欢迎对本书提出问题、提示和建议（lehrstuhl-hau@uni-passau. de）。

汉斯-约哈希姆·慕斯拉克

沃夫冈·豪

科隆和帕骚，2015 年 7 月

第1版序言（1986年）

本书意在介绍德国民法的基本知识。为了给法律初学者提供一本关于《德国民法典》的基础教程，本书在吸纳法学院广泛使用的教学方法的优点的同时，也相应地编排了入门案例。其优点首先在于将传统法学教科书之外的相关知识融入《民法典》中，使初学者在学习民法知识时即可以尝试分析案例。鉴于此，本书在案例分析设计上花了很大功夫。这不仅体现在案例分析方法的介绍中，还体现在具体的练习案例的答案编写，以及用于学习、理解和复习的教学案例的问题设置和答案提示中。此书的编写是为了实现以上诸目的，也是如此践行的。本书的具体使用方法提示可以在本书正文之前找到。

汉斯-约哈希姆·慕斯拉克

文献索引

Bamberger/Roth/Bearbeiter	Kommentar zum Bürgerlichen Gesetzbuch, hrsg. v. Bamberger/Roth, 3. Aufl. 2012＝Beck'scher Online Kommentar BGB（《民法典评注》，主编：Bamberger/Roth，2012 年第 3 版＝ Beck'scher《民法典评注》网络版）
Baur/Stürner SachenR	Baur/Stürner, Lehrbuch des Sachenrechts, 18. Aufl. 2009（Baur/Stürner：《物权法教程》，2009 年第 18 版）
Boecken	Boecken, BGB-Allgemeiner Teil, 2. Aufl. 2012（Boecken：《民法总论》，2012 年，第 2 版）
Bork BGB AT	Bork, Allgemeiner Teil des Bürgerlichen Gesetzbuchs, 3. Aufl. 2011（Bork：《民法总论》，2011 年第 3 版）
Braun	Braun, Der Zivilrechtsfall, 5. Aufl. 2012（Braun：《民法总论》，2012 年第 5 版）
Brehm BGB AT	Brehm, Allgemeiner Teil des BGB, 6. Aufl. 2008（Brehm：《民法总论》，2008 年第 6 版）
Brehm Fälle	Brehm, Fälle und Lösungen zum Allgemeinen Teil des BGB, 3. Aufl. 2011（Brehm：《民法总论案例与答案》，2011 年第 3 版）
Brox/Walker BGB AT	Brox/Walker, Allgemeiner Teil des Bürgerlichen Gesetzbuchs, 38. Aufl. 2014（Brox/Walker：《民法总论》，2014 年第 38 版）
Brox/Walker SchuldR AT	Brox/Walker, Allgemeines Schuldrecht, 39. Aufl. 2015（Brox/Walker：《债法总论》，2015 年第 39 版）
Brox/Walker SchuldR BT	Brox/Walker, Besonderes Schuldrecht, 39. Aufl. 2015（Brox/Walker：《债法分论》，2015 年第 39 版）
Bülow/Artz VerbraucherprivatR	Bülow/Artz, Verbraucherprivatrecht, 4. Aufl. 2014（Bülow/Artz：《消费者私法》，2014 年第 4 版）
Deutsch/Ahrens DeliktsR	Deutsch/Ahrens, Deliktsrecht-Unerlaubte Handlungen, Schadensersatz, Schmerzensgeld, 6. Aufl. 2014（Deutsch/Ahrens：《侵权

	法——侵权行为、损害赔偿、痛苦抚慰金》，2014 年第 6 版）
Diederichsen/Wagner/Thole	Diederichsen/Wagner/Thole, Die Zwischenprüfung im Bürgerlichen Recht，4. Aufl. 2011（Diederichsen/Wagner/Thole：《民法中期测试》，2011 年第 4 版）
Eisenhardt	Eisenhardt，Einführung in das Bürgerliche Recht，6. Aufl. 2010（Eisenhardt：《民法导论》，2010 年第 6 版）
Emmerich Leistungsstörungen	Emmerich，Das Recht der Leistungsst? rungen，6. Aufl. 2005（Emmerich：《给付障碍法》，2005 年第 6 期）
Emmerich SchuldR Ⅱ	Emmerich，BGB-Schuldrecht，Besonderer Teil，14. Aufl. 2015（Emmerich：《民法—债法分论》，2015 年第 14 版）
Erman/Bearbeiter	Erman，Handkommentar zum Bürgerlichen Gesetzbuch，14. Aufl. 2014（Erman 主编：《民法典简评》，2014 年第 14 版）
Esser/Weyers SchuldR Ⅱ	Esser/Weyers，Schuldrecht. Zweiter Band：Besonderer Teil，Teilband 1：8. Aufl. 1998，Teilband 2：8. Aufl. 2000（Esser/Weyers：《债法—第二卷：分论》，第 1 部分：1998 年第 8 版；第 2 部分：2000 年第 8 版）
Faust BGB AT	Faust，Bürgerliches Gesetzbuch-Allgemeiner Teil，4. Aufl. 2014（Faust：《民法总论》，2014 年第 4 版）
Fezer	Fezer，Klausurenkurs zum BGB Allgemeiner Teil，9. Aufl. 2013（Fezer：《民法总论考试课程》，2013 年第 9 版）
Fikentscher/Heinemann SchuldR	Fikentscher/Heinemann，Schuldrecht，10. Aufl. 2006（Fikentscher/Heinemann：《债法》，2006 年第 10 版）
Flume BGB AT	Flume，Allgemeiner Teil des Bürgerlichen Rechts. Zweiter Band：Das Rechtsgeschäft，4. Aufl. 1992（Flume：《民法总论（第二卷：法律行为）》，1992 年第 4 版）
Fritzsche	Fritzsche，Fälle zum BGB Allgemeiner Teil，5. Aufl. 2014（Fritzsche：《民法总论案例》，2014 年第 5 版）
Fuchs/Pauker	Fuchs/Pauker，Delikts-und Schadensersatzrecht，8. Aufl. 2012（Fuchs/Pauker：《侵权与损害赔偿法》，2012 年第 8 版）
Gernhuber BürgerlR	Gernhuber，Bürgerliches Recht，3. Aufl. 1991（Gernhuber：《民法》，1991 年第 3 版）
Grigoleit/Herresthal BGB AT	Grigoleit/Herresthal，BGB Allgemeiner Teil，3. Aufl. 2015（Grigoleit/Herresthal：《民法总论》，2015 年第 3 版）
Grunewald	Grunewald，Bürgerliches Recht. Ein systematisches Repetitorium，9. Aufl. 2014（Grunewald：《民法—系统复习》，2014 年第 9 版）
Gursky SchuldR BT	Gursky，Schuldrecht Besonderer Teil，5. Aufl. 2005（Gursky：《债法分论》，2005 年第 5 版）

Harke SchuldR AT	Harke, Allgemeines Schuldrecht, 2010（Harke：《债法总论》，2010 年版）
Harke SchuldR BT	Harke, Besonderes Schuldrecht, 2011（Harke：《债法分论》，2011 年版）
Hattenhauer Grundbegriffe BürgerlR	Hattenhauer, Grundbegriffe des Bürgerlichen Rechts, Historisch-dogmatische Einführung, 2. Aufl. 2000（Hattenhauer：《民法基本概念——历史教义学引论》，2000 年第 2 版）
Hk-BGB/Bearbeiter	Bürgerliches Gesetzbuch, Handkommentar, hrsg. v. Schulze, 8. Aufl. 2014（《民法典简评》，主编：v. Schulze，2014 年第 8 版）
Huber/Faust Schuldrechtsmodernisierung	Huber/Faust, Schuldrechtsmodernisierung, 2002（Huber/Faust：《债法现代化》，2002 年版）
Hübner BGB AT	Hübner, Allgemeiner Teil des Bürgerlichen Gesetzbuches, 2. Aufl. 1996（Hübner：《民法总论》，1996 年第 2 版）
Jauernig/Bearbeiter	Jauernig, Bürgerliches Gesetzbuch, 15. Aufl. 2014（《Jauernig 民法典》，2014 年第 15 版）
juris-PK BGB/Bearbeiter	juris Praxis-Kommentar BGB, 7. Aufl. 2015（《民法典法律实践评注》，2015 年第 7 版）
Klunzinger	Klunzinger, Einführung in das Bürgerliche Recht, 16. Aufl. 2013（Klunzinger：《民法导论》，2013 年第 16 版）
Köhler BGB AT	Köhler, BGB. Allgemeiner Teil, 36. Aufl. 2012（Köhler：《民法总论》，2012 年第 36 版）
Köhler PdW BGB AT	Köhler, Prüfe dein Wissen：BGB. Allgemeiner Teil, 26. Aufl. 2011（Köhler：《检测你的知识：民法总论》，2011 年第 26 版）
Köhler/Lorenz PdW SchuldR I/II	Köhler/Lorenz, Prüfe dein Wissen：Schuldrecht Ⅰ. Allgemeiner Teil, 22. Aufl. 2014；Schuldrecht Ⅱ. Besonderer Teil, 19. Aufl. 2011（Köhler/Lorenz：《检测你的知识：债法Ⅰ—总论》2014 年第 22 版；《债法Ⅱ—分论》，2011 年第 19 版）
Koppensteiner/Kramer	Koppensteiner/Kramer, Ungerechtfertigte Bereicherung, 2. Aufl. 1988（Koppensteiner/Kramer：《不当得利》，1988 年第 2 版）
Kötz VertragsR	Kötz, Vertragsrecht, 2. Aufl. 2012（Kötz：《合同法》，2012 年第 2 版）
Kötz/Wagner DeliktsR	Kötz/Wagner, Deliktsrecht, 12. Aufl. 2013（Kötz/Wagner：《侵权法》，2013 年第 12 版）
Kropholler	Kropholler/Jacoby/von Hinden, Studienkommentar BGB, 14. Aufl. 2013（Kropholler/Jacoby/von Hinden：《民法典学习评注》，2013 年第 14 版）

Larenz SchuldR Ⅰ	Larenz，Lehrbuch des Schuldrechts，Band Ⅰ：Allgemeiner Teil，14. Aufl. 1987（Larenz：《债法教科书-卷一：总论》，1987 年第 14 版）
Larenz SchuldR Ⅱ 1	Larenz，Lehrbuch des Schuldrechts，Band Ⅱ：Besonderer Teil，1. Halbband，13. Aufl. 1986（Larenz：《债法教科书—卷二：分论》（上卷），1986 年第 13 版）
Larenz/CanarisSchuldR Ⅱ 2	Larenz/Canaris，Lehrbuch des Schuldrechts，Band II：Besonderer Teil，2. Halbband，13. Aufl. 1994（Larenz：《债法—卷二：分论》（下卷），1994 年第 13 版）
Leenen BGB AT	Leenen，BGB. Allgemeiner Teil：Rechtsgeschäftslehre，2011（Leenen：《民法总论：法律行为理论》，2011 年卷）
Leipold BGB AT	Leipold，BGB Ⅰ：Einführung und Allgemeiner Teil，7. Aufl. 2013（Leipold：《民法Ⅰ：导论和总论》，2013 年第 7 版）
Lindacher/Hau Fälle BGB AT	Lindacher/Hau，Fälle zum Allgemeinen Teil des BGB，5. Aufl. 2010（Lindacher/Hau（豪）：《民法总则案例》，2010 年第 5 版）
Loewenheim BereicherungsR	Loewenheim，Bereicherungsrecht，3. Aufl. 2007（Loewenheim：《不当得利法》，2007 年第 3 版）
Lorenz/Riehm SchuldR	Lorenz/Riehm，Lehrbuch zum neuen Schuldrecht，2002（Lorenz/Riehm：《新债法教科书》，2002 年版）
Looschelders SchuldR AT	Looschelders，Schuldrecht，Allgemeiner Teil，12. Aufl. 2014（Looschelders：《债法总论》，2014 年第 12 版）
Looschelders SchuldR BT	Looschelders，Schuldrecht，Besonderer Teil，10. Aufl. 2015（Looschelders：《债法分论》，2015 年第 10 版）
Löwisch/Neumann BGB AT	Löwisch/Neumann，Allgemeiner Teil des BGB，7. Aufl. 2004（Löwisch/Neumann：《民法分论》，2004 年第 7 版）
Martinek/Omlor	Martinek/Omlor，Grundlagenfälle zum BGB für Anfänger，2. Aufl. 2011（Martinek/Omlor：《给初学者的民法基础案例》，2011 年第 2 版）
Medicus BGB AT	Medicus，Allgemeiner Teil des BGB，10. Aufl. 2010（Medicus：《民法总论》，2010 年第 10 卷）
Medicus/Lorenz SchuldR Ⅰ	Medicus/Lorenz，Schuldrecht Ⅰ，Allgemeiner Teil，20. Aufl. 2012（Medicus/Lorenz：《债法Ⅰ：总论》，2012 年第 20 版）
Medicus/Lorenz SchuldR Ⅱ	Medicus/Lorenz，Schuldrecht Ⅱ，Besonderer Teil，16. Aufl. 2012（Medicus/Lorenz：《债法Ⅱ：分论》，2012 年第 16 版）
Medicus/Petersen BürgerlR	Medicus/Petersen，Bürgerliches Recht，24. Aufl. 2013（Medicus/Petersen：《民法》，2013 年第 24 版）
Medicus/Petersen GW BürgerlR	Medicus/Petersen，Grundwissen zum Bürgerlichen Recht，9. Aufl. 2011（Medicus/Petersen：《民法基础知识》，2011 年第 9 版）
MüKoBGB/Bear-	Münchener Kommentar zum Bürgerlichen Gesetzbuch，hrsg. v.

beiter	Säcker/Rixecker，5. Aufl. 2009? ff.，6. Aufl. 2012? ff.（《慕尼黑民法典评注》，主编：v. Säcker/Rixecker，2009 年后第 5 版；2012 年后第 6 版）
Musielak/Hau EK BGB	Musielak/Hau，Examenskurs BGB，3. Aufl. 2014（Musielak/Hau（慕斯拉克/豪）：《〈民法典〉司法考试教程》，2014 年第 3 版）
Musielak/Voit GK ZPO	Musielak/Voit Grundkurs ZPO，12. Aufl. 2014（Musielak（慕斯拉克）/Voit：《德国民事诉讼法基础教程》，2014 年第 12 版）
NK-BGB/Bearbeiter	NomosKommentar，Bürgerliches Gesetzbuch，hrsg. v. Dauner-Lieb/Heidel/Ring，3. Aufl. 2014 ff.（《Nomos 民法典评注》，主编：Dauner-Lieb/Heidel/Ring，第 3 版，2014 年之后）
Palandt/Bearbeiter	Palandt，Bürgerliches Gesetzbuch，74. Aufl. 2015（《Palant 民法典评注》，2015 年第 74 版）
Pawlowski BGB AT	Pawlowski，Allgemeiner Teil des BGB. Grundlehren des Bürgerlichen Rechts，7. Aufl. 2003（Pawlowski：《民法总论—民法基础理论》，2003 年第 7 版）
Prütting SachenR	Prütting，Sachenrecht，35. Aufl. 2014（Prütting：《物权法》，2014 年第 35 版）
PWW/Bearbeiter	Prütting/Wegen/Weinreich，BGB Kommentar，9. Aufl. 2014（Prütting/Wegen/Weinreich 主编：《民法典评注》，2014 年第 9 版）
Reinicke/Tiedtke KaufR	Reinicke/Tiedtke，Kaufrecht，8. Aufl. 2009（Reinicke/Tiedtke：《买卖法》，2009 年第 8 版）
Rüthers/Fischer/Birn-Rechtstheorie	Rüthers/Fischer/Birn，Rechtstheorie，8. Aufl. 2015（Rüthers/Fischer/Birn：《法学理论》，2015 年第 8 版）
Rüthers/Stadler BGB AT	Rüthers/Stadler，Allgemeiner Teil des BGB，18. Aufl. 2014（Rüthers/Stadler：《民法总论》，2014 年第 18 版）
Schack BGB AT	Schack，BGB Allgemeiner Teil，14. Aufl. 2013（Schack：《民法总论》，2013 年第 14 版）
Schlechtriem/Schmidt-Kessel SchuldR AT	Schlechtriem/Schmidt-Kessel，Schuldrecht Allgemeiner Teil，6. Aufl. 2005（Schlechtriem/Schmidt-Kessel：《债法总论》，2005 年第 6 版）
Schapp/Schur	Schapp/Schur，Einführung in das bürgerliche Recht，4. Aufl. 2007（Schapp/Schur：《民法导论》，2007 年第 4 版）
Schmidt/Brüggemeier	Schmidt/Brüggemeier，Grundkurs Zivilrecht，7. Aufl. 2006（Schmidt/Brüggemeier：《民法基础教程》，2006 年第 7 版）
Schwab/Löhnig Einführung	Schwab/Löhnig，Einführung in das Zivilrecht，19. Aufl. 2012（Schwab/Löhnig：《民法导论》，2012 年第 19 版）
Schwab/	Schwab/Löhnig，Falltraining im Zivilrecht 1. Ein Übungsbuch für

Löhnig Falltraining	Anfänger, 5. Aufl. 2012（Schwab/Löhnig《民法案例训练 1——初学者的练习用书》，2012 年第 5 版）
Soergel/Bearbeiter	Soergel, Bürgerliches Gesetzbuch mit Einführungsgesetz und Nebengesetzen, 13. Aufl. 1999ff.（Soergel 主编：《民法典评注——附有适用法和相关法条》，第 13 版，1999 年之后）
Staudinger/Bearbeiter	v. Staudinger, Kommentar zum Bürgerlichen Gesetzbuch mit Einführungsgesetz und Nebengesetzen, 13. Aufl. 1993? ff., danach bandweise Neubearbeitungen（v. Staudinger 主编：《民法典评注——附有适用法和相关法条》，第 13 版，1993 年之后，其后以卷本形式修订）
Staudinger-Eckpfeiler/ Bearbeiter	v. Staudinger, Eckpfeiler des Zivilrechts, 5. Aufl. 2014（《v. Staudinger 民法核心问题》，2014 年第 5 版）
TeichmannVertragl. SchuldR	Teichmann, Vertragliches Schuldrecht, 4. Aufl. 2008（Teichmann：《合同之债》，2008 年第 4 版）
Vieweg/ Werner SachenR	Vieweg/Werner, Sachenrecht, 6. Aufl. 2013（Vieweg/Werner：《物权法》，2013 年第 6 版）
Wandt Gesetzl. Schuldverhältnisse	Wandt, Gesetzliche Schuldverhältnisse, 6. Aufl. 2014（Wandt：《法定之债》，2014 年第 6 版）
Werner	Werner, Fälle für Anfänger im Bürgerlichen Recht, 13. Aufl. 2015（Werner：《民法案例初步》，2015 年第 13 版）
Wertenbruch BGB AT	Wertenbruch, BGB Allgemeiner Teil, 2. Aufl. 2012（Wertenruch：《民法总论》，2012 年第 2 版）
Westermann SachenR	Westermann, BGB-Sachenrecht, 12. Aufl. 2012（Westermann：《民法—物权法》，2012 年第 12 版）
Wieling BereicherungsR	Wieling, Bereicherungsrecht, 4. Aufl. 2006（Wieling：《不当得利法》，2006 年第 4 版）
Wieling SachenR	Wieling, Sachenrecht, 5. Aufl. 2007（Wieling：《物权法》，2007 年第 5 版）
Wilhelm SachenR	Wilhelm, Sachenrecht, 4. Aufl. 2010（Wilhelm：《物权法》，2012 年第 4 版）
Wolf/Neuner BGB AT	Wolf/Neuner, Allgemeiner Teil des Bürgerlichen Rechts, 10. Aufl. 2012（Wolf/Neuner：《民法总论》，2012 年第 10 版）
Wolf/Wellenhofer SachenR	Wolf/Wellenhofer, Sachenrecht, 29. Aufl. 2014（Wolf/Wellenhofer：《物权法》，2014 年第 29 版）

词汇缩写

aA (AA)	andere Ansicht 其他观点
abl.	ablehnend 否定的
ABl. EU	Amtsblatt der Europäischen Union《欧盟政府公报》
Abs.	Absatz（条文中的）款
abw.	abweichend 不同的
AcP	Archiv für die civilistische Praxis (Zeitschrift)《民法实务档案》（期刊）
aE	am Ende 在末尾处
aF	alte Fassung 旧版
AG	Amtsgericht，Aktiengesellschaft 基层法院；股份公司
AGG	Allgemeines Gleichbehandlungsgesetz《一般平等对待法》
AktG	Aktiengesetz《证券法》
allgM	allgemeine Meinung 一般观点
Alt.	Alternative 选择
aM	andere Meinung 其他观点
Amtl. Begr. BT-Drs. 14/6040	Begründung des Entwurfs eines Gesetzes zur Modernisierung des Schuldrechts (Fraktionsentwurf v. 14.5.2001；BT-Drs. 14/6040)《关于〈债法现代化法草案〉的说明与理由》（2001 年 5 月 14 日联邦议会党团的草案；联邦议会文件，第 14 届，第 6040 号）
AnfG	Anfechtungsgesetz《撤销破产程序之外的债务人行为的法》
Anm.	Anmerkung 注释
Art.	Artikel 章；条
BAG	Bundesarbeitsgericht 联邦劳动法院
BayObLG	Bayerisches Oberstes Landesgericht 拜仁州最高法院
BB	Der Betriebs-Berater (Zeitschrift)《企业咨询》（期刊）
BeckRS	Beck-Rechtsprechung (Rechtsprechungssammlung in beck-online) Beck-判决（Beck 网中的判决汇编）

bestr.	bestritten 争议中
BeurkG	Beurkundungsgesetz《证书法》
BGB	Bürgerliches Gesetzbuch《民法典》
BGH	Bundesgerichtshof 联邦普通法院
BGHZ	Amtliche Sammlung der Entscheidungen des Bundesgerichtshofs in Zivilsachen《联邦普通法院民事判例集》
BNotO	Bundesnotarordnung《联邦公证员条例》
BT-Drs.	Bundestagsdrucksache 联邦议会文件
BVerfG	Bundesverfassungsgericht 联邦宪法法院
BVerfGE	Amtliche Sammlung der Entscheidungen des Bundesverfassungsgerichts《联邦宪法法院判例集》
BZRG	Bundeszentralregistergesetz《联邦中央登记法》
DB	Der Betrieb（Zeitschrift）《企业》（期刊）
ders.	derselbe 同样的；同上
EGBGB	Einführungsgesetz zum Bürgerlichen Gesetzbuch《〈民法典〉适用法》
EheG	Ehegesetz《婚姻法》
einschr.	einschränkend 限缩的；限制的
EnWG	Gesetz zur Förderung der Energiewirtschaft（Energiewirtschaftsgesetz）《能源经济促进法》（《能源法》）
Erl.	Erläuterung（en）注释
EuGH	Europäischer Gerichtshof 欧盟终审法院
f.（ff.）	folgende（r）下一处（下几处）
FamRZ	Zeitschrift für das gesamte Familienrecht《整体家庭法杂志》
Fn.	Fußnote 脚注
FS	Festschrift 纪念文集
FPR	Familie，Partnerschaft，Recht（Zeitschrift）家庭《家庭、同居关系、法》（期刊）
GBO	Grundbuchordnung《不动产登记条例》
GG	Grundgesetz für die Bundesrepublik Deutschland《德意志联邦共和国基本法》
GmbH	Gesellschaft mit beschränkter Haftung 有限责任公司
GmbHG	Gesetz betreffend die Gesellschaften mit beschränkter Haftung《有限责任公司法》
GVG	Gerichtsverfassungsgesetz《法院宪法法》
GWB	Gesetz gegen Wettbewerbsbeschränkungen《反限制竞争法》
HaustürWG	Gesetz über den Widerruf von Haustürgeschäften und ähnlichen Geschäften 关于《上门交易和类似交易撤回法》
HGB	Handelsgesetzbuch《商法典》

HinterlO	Hinterlegungsordnung《提存条例》
hM（HM）	herrschende Meinung 主流观点
hrsg.	herausgegeben 出版的，发行的
HS	Halbsatz 半句
iSd，iSe，iSv	im Sinne des，eines，von 在……的意义上
iVm	in Verbindung mit 与……相关
JA	Juristische Arbeitsblätter（Zeitschrift）《法学研究集刊》
JArbSchG	Gesetz zum Schutze der arbeitenden Jugend《青年劳工保护法》
JR	Juristische Rundschau（Zeitschrift）《法学评论》（期刊）
Jura	Juristische Ausbildung（Zeitschrift）《法学教育》（期刊）
JuS	Juristische Schulung（Zeitschrift）《法学训练》（期刊）
JW	Juristische Wochenschrift（Zeitschrift）《法学周刊》（期刊）
JZ	Juristenzeitung（Zeitschrift）《法学家报》（期刊）
KG	Kommanditgesellschaft 有限合伙企业
LAG	Landesarbeitsgericht 州劳动法院
LG	Landgericht 州普通法院
LM	Lindenmaier-Mähring：Nachschlagewerk des BGH Lindenmaier-Mähring：联邦普通法院检索
MDR	Monatsschrift für Deutsches Recht（Zeitschrift）《德国法月刊》（期刊）
Mot.	Motive zum Entwurf eines BGB《〈德国民法典〉草案说明》
m（w）N	mit（weiteren）Nachweisen 具有（其他）证明（证据）
Nachw.	Nachweis（e）证据；证明
nF	neue Fassung 新版
NJOZ	Neue Juristische Online-Zeitschrift《新法学网络期刊》
NJW	Neue Juristische Wochenschrift（Zeitschrift）《新法学周刊》（期刊）
NJW-RR	NJW-Rechtsprechungsreport（Zeitschrift）《新法学周刊—判例报导》（期刊）
NZA	Neue Zeitschrift für Arbeitsrecht《新劳动法杂志》
NZM	Neue Zeitschrift für Miet- und Wohnungsrecht《新租赁法住房法杂志》
OHG	offene Handelsgesellschaft 普通合伙企业
OLG	Oberlandesgericht 州高等法院
ProdHaftG	Produkthaftungsgesetz《产品责任法》
Prot.	Protokolle der Reichstagsberatungen zum BGB《关于〈德国民法典〉的德国议会咨询纪要》
Rn.	Randnummer 边码
RG	Reichsgericht 帝国法院
RGZ	Amtliche Sammlung der Entscheidungen des Reichsgerichts in Zivilsachen《帝国法院民事判例集》

Rspr.	Rechtsprechung 判决
RVO	Reichsversicherungsordnung《帝国保险条例》
s.	siehe 见……
S.	Seite，Satz（bei Rechtsnormen）页，句（条文中）
Schul-dRModG	Schuldrechtsmodernisierungsgesetz v. 26. 11. 2001，BGBl. I 3138 2011 年 11 月 26 日《联邦法律公报》中的《债法现代化法》
SeuffA	Seufferts Archiv（Zeitschrift）《赛孚特档案》（期刊）
SGB	Sozialgesetzbuch《社会法典》
sog.	so genannte（r）所谓的
Sp.（r. /l.）	Spalte（rechts/links）（右/左）半栏
st.	ständig（e，er）持续的；长期的
StGB	Strafgesetzbuch《刑法典》
str.	streitig 有争议的
stRspr	ständige Rechtsprechung 典型判例
StVG	Straβenverkehrsgesetz《道路交通法》
StVO	Straβenverkehrsordnung《道路交通规章》
teilw.	teilweise 部分地
Tz.	Textziffer 文章边码
u.	unten 在 …… 下
umstr.	umstritten 有争议的
unstr.	unstreitig 无争议的
UWG	Gesetz gegen den unlauteren Wettbewerb《反不正当竞争法》
VerbrKrG	Verbraucherkreditgesetz《消费信贷法》
VersR	Zeitschrift für Versicherungsrecht《保险法杂志》
vgl.	vergleiche 比较
Vorbem.	Vorbemerkung 前沿
WM	Wertpapier-Mitteilungen（Zeitschrift）《证券资讯》（期刊）
ZEV	Zeitschrift für Erbrecht und Vermögensnachfolge《继承权和财产继承杂志》
ZfPW	Zeitschrift für die gesamte Privatrechtswissenschaft《大私法杂志》
ZGS	Zeitschrift für das gesamte Schuldrecht《大债法杂志》
ZIP	Zeitschrift für Wirtschaftsrecht《经济法杂志》
ZJS	Zeitschrift für das Juristische Studium（www. zjs-online. com）的《法学研究杂志》（www. zjs-online. com）
ZPO	Zivilprozessordnung《民事诉讼规章》
zT	zum Teil 部分地
zust.	zustimmend 同意的；认可的
ZVG	Gesetz über die Zwangsversteigerung und die Zwangsverwaltung《强制拍卖与强制执行法》

关于使用本书的说明

1. 本书主要是为初学法律的学生编写的。由于该**读者群体（Adressatenkreis）**没有任何法律基础，因而本书内容编写得较简单易懂。如果在刚阅读时遇到一些不懂的地方请不要放弃，而是将有问题的地方打上记号，然后继续阅读。在通读本书后，之前有疑问的地方就基本无须另作回答了。同样，对于正文中起初并未详细解释的、难以理解的概念也要这样做。

2. 本书从第二章就开始附有**案例和问题（Fälle und Fragen）**，目的在于复习最重要的知识点，以便带领大家学习和消化所学的知识。但是，为了实现该目的，大家首先要将答案写在纸上，然后再对照书后面的答案。该学习方法需要各位养成习惯并加强自律，但是这是绝对值得的，各位一定会在这样的学习中有所收获。

3. 同样，**考试练习（Übungsklausuren）**要在指定的时间内、在只使用法条的情况下以书面形式完成。如果第一次核对答案时发现与正确答案大相径庭也切勿放弃，而是首先要把握好案例的核心问题，并运用好正确的案例分析方法。

4. **法律文本（Gesetztext）**是法学院学生不可忽略的工具，因此要对课本中出现的法律条文仔细研读。不要轻易认为自己在读本书时或者在考试中就已经掌握了引用过的或者分析过的法条，因为通常只有在运用该法条对特定的案例进行了分析后，才能对该法条有一个真正的认识。

5. 值得推荐的是，在研习完一个法律问题后，要用自己的语言将**最重要的知识点（die wichtigsten Punkte）**用书面形式复述出来，再将其与书中的表述相对照，以确定自己所理解的和整理的是否正确。

6. 实践证明，在自己的**学习小组（Arbeitsgruppen）**中与其他同学讨论相关问题是一个好的方法，这样能开拓学生法律思维、提高法律语言的口头表达能力及增添自学的动力。

7. 安排好学习本基础教程的**时间（Zeit）**。思考教科书中的论述，特别是书中的答案示例，要试图找出相同问题之间、相关问题之间的横向联系。如果多次使用本书，那么学习效率就会明显提升。为了查漏补缺可以**复习（Wiederholung）**一些被挑选出来的问题和答案。

8. 由于教学方法的原因，**本书的结构（Aufbau dieses Grundkus）**经常会偏离法典和传统教科书的结构。为了使查找相关问题变得更容易一些，我们在书中附上了关键词索引和条文索引。如果在书中对遇到的一些问题标上“此处待看”或“细节待考”，你就可以免去在探讨时对相关内容进行查找的烦恼了。

9. 注意，文中**不同字体印刷的内容（engzeilig gedruckten Text）**并非意味着没有那些用正常字体印刷的内容重要。不同字体印刷并不是为区分重要程度，而是为了表明哪些是书本必备内容，哪些是补充内容，有时还补充了解释性的法律思想。

10. 由于本教程包括必不可少的基本知识，其也可以为高年级刚开始学习高阶练习和准备司法考试的学生使用。当然，要与其他一些包含考试相关的问题和详细分析的书籍，比如**《〈民法典〉司法考试教程》（Examenskurs BGB）**结合使用。

目　录

第一章 法学方法导论

第一节 法学的任务

1 法学学习应当将法学方法和法学知识相融合，并为以后的法律实践做准备。那么，法律职业生涯中究竟有哪些任务呢？

一、法律职业中

2 总体而言，法律人的根本任务在于对人类生活中发生的事件（简言之：**生活事实（Lebenssachverhalten）**）进行**法律评价（rechtliche Bewertung）**。如果被分析的生活事实是现实中已经发生的，那么就需要判断由此而引起的法律后果。

示例：司机A和B驾驶车辆在岔路口相撞，二人的汽车因此受损。A认为，B必须赔偿A的汽车所受的损害，且B要承担自己汽车的损害。B则持相反观点。

3 本案中，任何一方当事人都可以寻求律师为自己提供法律意见，并估计到将来可能存在的诉讼结果。对此，律师将提供咨询，且对此必须对其所知的生活事实——交通事故——进行法律上的分析。

4 但是待探讨的生活事实也可能存在于未来。

例如：一个法律人被要求对一个咨询人打算作出的行为的后果提供意见，比如针对将要缔结的某合同，而咨询人想依据咨询的法律建议来判断是否缔结该合同。

5 同样，在此情形中，法律人必须要研判事实发生所带来的法律后果。对此，分析方法原则上等同于对已发生的事实的法学判断。但是对未来事件的分析中的任务范围要更广，因为不仅要探究已经发生的事件，并加以法律分析，还要考虑到可能存在的各种情形；同时还涉及从法律角度看需对咨询人推荐何种行为的问题。比如法律人可以推荐这些意见，当他起草文件时，比如合同、一般交易条款、遗嘱，必须要处理这些专门给律师、公证员和政府、协会、商事企业的法律部门设置的任务。因此，职业中的法学任务框架可描述为：

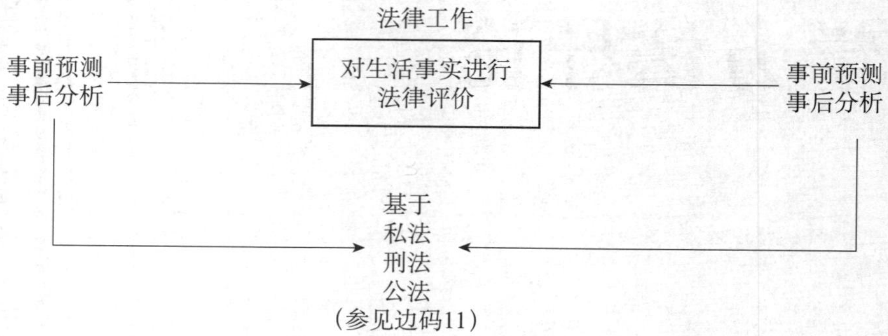

二、大学学习中

6 大学教育是为未来职业生涯中的工作而设置的。因此，在学习中必须训练对模拟的生活事实进行法律评价。这些事实不管是凭空杜撰的还是依据真实事件改编的，都被称为**"案例"（"Fall"）**，并被用于分析。在法律职业中，法律人首先要从大量的事实中提炼出与不同法律相关的法律上的事实，然后再分析这些待处理的事实。学生得到的案例，通常已经依据法律进行了精简。由此得出重要的观点就是，案例分析时必须要注意案例描述的每一个细节，因为案例设计者选择该案例是针对所设计的需要解决的法律问题。忽视了案件中给定的事实往往会导致错误，因为在法律案例中一般不存在没有法律意义的文学修饰。① 至于案例分析有哪些技巧本书还要再讨论。

7 **法学知识（Rechtskenntnisse）**对案件的法律分析而言是必不可少的。这需要在法学教育中获取，并在以后的法律职业中不断补充和完善。这些法学知识需要理解，而不是要背下尽可能多的法条。背诵法条是没有必要的，因为其在法律执业、学习和考试中可以查看法条的具体内容。一般人会清楚一些条文的具体内容，但是对于具体条文规定却往往会怀疑自己的记忆力，仍需要查看法条。通常其也会看到一些不记得的重要细节。

8 法律人必须将法典作为工作中必备的工具带在手边。② 但是在大多数情况下仅凭法律条文尚不能够作出法律决定，而是要依靠对相应条文的**正确理解（richtiges Verständnis）**。因此，首先应对法律条文中的**专业概念（Fachbegriffe）**进行正确的

① 但是也会存在"多余的"事实：关键内容与多余事实混杂在一起以便检测分析者是否能够区分关键事实与无用事实。但是对初学者而言此类案例极少。

② 对于第一学期而言，值得推荐的一些涵括重要法条的法条汇编，主要有《Schönfelder 法条汇编》、《德国法律汇编（Deutsche Gesetze）》、《Nomos 法律汇编·民法卷（Nomos Gesetze Zivilrecht）》等。初学者往往喜欢先买一本只有单个法条的口袋书。但这只是过渡的手段，将来也会不可避免地要购买一本法条汇编。因为将来复习考试及正式考试必须要使用法条汇编。

理解，因为该概念在口语中可能是另外一个意思。

示例：所有人（Eigentümer）在法律专业用语及《民法典》术语中意指拥有一个物③的人。占有人（Besitzer）是指对物拥有事实上支配力的人，该人只是纯粹事实上的持有。相反，在一般日常用语中人们说房屋占有人，是指拥有该房屋的人。对此，法律人使用的称谓是“不动产所有者”④。如果其说“占有人”，是指事实上支配该房屋的人，该人住在房内，拿着房屋的钥匙并以此阻止他人使用。物（比如不动产）的承租人仅仅是“占有人”而不是所有人。但使用属于自己的物的人（比如居住）就不仅是所有人，同时也是占有人。⑤

法律适用还取决于对不同法律条文之间**相互关系（Zusammenhänge）**的了解和注意。 9

示例：M将用过的汽车卖给莫里兹。二人约定，莫里兹将车款于4月1日上午送给M。但是M在家白白地等了一天。M问，莫里兹“食言”要承担什么法律后果？

第286条第1款第1句⑥规定：“履行期限届至后，如果债务人在债权人催告后仍不履行，则债务人因催告而陷入履行迟延。”对于该条文，第286条第2款第1项补充道：“如果已经确定履行日期则无须催告。”该案已经确定了日期，即4月1日。人们可以依据第286条第1款和第2款规定的内容推断莫里兹已经陷入迟延状态。该认定很重要，因为迟延会带来一定的法律后果，比如要求支付迟延利息（第288条第1款第1句），或者要求赔偿因迟延而产生的损失（参照第280条第1款及第2款）。如果只想基于第286条前两款来确定履行迟延，那就可能犯错。因为该条不可以被单独考查，而是要同时考查第286条第4款，该款规定：“债务人如果基于一定不可归责的事由而未履行则不为履行迟延。”至于债务人对什么“可归责”则规定在第276条及第278条中。⑦债务人特别要对正常情况下的故意和过失负责（第276条第1款第1句）。如果莫里兹在4月1日早晨突然患病而被送医院，则其无须对违反在约定时间内交付金钱的义务负责，因此也就没有陷入履行迟延。

以上示例表明，对法律条文的使用比仅仅对其内容的认识重要得多。此处应该可以证明该结论。法律该怎样适用，以及法律人对此该使用怎样的方法？这一问题将在下面的讲述中不断涉及。 10

---

③　看起来很普通的“物”这一概念有一个规定在《民法典》第90条里的专属的法律意义。在奥地利，该意义已经不能从字面理解，而是具有另外的意义。（《奥地利民法典》第285条：“区别于人并为人使用的一切皆为法律意义上的物。”）物的概念的有趣发展过程可以参阅Hattenhauer：《民法基本概念》第3页。

④　从直觉更愿说成是“房屋所有人（Hauseigentümer）”。您将在以后的学习中明白为什么该概念不正确。此处只提示大家，所有人的权利范围不仅是房屋，还有房屋所占用并与其成为一体的土地（《民法典》第93、94条）。

⑤　对于“所有权”和“占有”这两个概念后文还要更细研究。此处只是针对上述相关内容。

⑥　此处及以后的条文如果没有标注特定的条文所属法律名称则仅为《民法典》中的条文。条文引用时对一些条款会用罗马数字标识（比如§286 I；或写成：§286，第1款），一些条款会带有阿拉伯数字（比如§286 I 1；或写成：§286，第1款第1句）。（本书中文翻译时对法条引用尽量会尊重中文使用习惯。——译者注）

⑦　两个法条标志连用表示涉及两个或两个以上法条，比如§§276到278或§§280，283，275。如果引用一个法条及其下面的一个条文，则会使用“f.”标明（比如§§104 f.）。同样，“ff.”表示以下多个条文（比如§§249 ff.），至于有多少条要根据具体情况而定。

第二节 法学方法中的案例分析方法

一、问题限制

11 上文表明，法学案例分析是基于法律对案例进行的评价。但是对于一个案件可以基于不同的法域（私法、刑法和公法）⑧ 视角而作出不同的分析。例如，如果要针对一起交通事故发表法律意见则可以基于刑法，并对是否以及如何对当事人处以刑罚加以讨论。私法性讨论则涉及当事人是否可以对交通事故引起的损失向对方或向第三人提出请求。公法（行政法）上的问题则为，事故一方当事人是否存在违规驾驶，行政机关是否必须因此没收其驾照。法律人往往会在执业之初就会清楚对其中的哪一个问题感兴趣。但在大学学习时首先是依据教学安排，特别是按照学科分类和从特定法学视角来进行案例分析。本书中的案例分析则绝对限制在民法领域之内。

二、案例内容

12 分析下面的案例：

17 岁的马克斯（以下简称 M）每月从父母那里能得到 100 欧元零花钱，父母并不过问钱的用途。M 非常节俭，且已累计储蓄了 300 欧元。当其 18 岁的朋友弗里茨（以下简称 F）想以 600 欧元的价格卖一辆摩托车时，M 对 F 说，他想要拥有该车，其可以马上支付已经储蓄的 300 欧元，剩余部分其可以分 10 个月支付，每月支付 30 欧元，该部分钱其可以轻松地从其零花钱中支付。F 同意了并将该摩托车交付给了 M。当 M 回到家里，其父母告诉他，他们绝不同意该买卖。M 应将该摩托车立刻返还。当 M 返还该车时 F 拒绝接受该车，并认为其已经将该车卖给了 M，M 必须支付约定的价款。本案的法律情形如何？

三、分析步骤

13 一般对初学者（不仅是你们）来说，将所学知识应用到对案例的法律分析中是件很难的事。老手的经验——分析法学案例的正确方法，是新生必须先学的。对

⑧ 公法主要涉及国家与公民之间的关系，且通常以法律主体之间的上下级关系为特征，而私法上的法律关系则是平等主体之间的。以此为标准，刑法应属于公法领域，尽管习惯上将其认定为独立于二者的第三个法域。私法的核心是民法（das Bürgerliche Recht）（与依据拉丁文 ius civile 发展来的 Zivilrecht 同义），德国民法的主要内容规定在《德国民法典》之中。此外还有特别私法，比如商法和经济法。具体参见 Leipold：《民法总论》第 1 章里的边码 18 及其下。

此，下面的**解题框架**（**Lösungsschema**）很有用，其总结了案例分析的每一个步骤[9]：

步骤一：总结案例；
步骤二：结合案例阐释问题；
步骤三：整理初步思考的答案内容；
步骤四：寻找关键法条；
步骤五：运用法条分析案例并得出法律后果（分析提纲）；
步骤六：撰写答案。

分析第一步时必须精确**总结待法律分析的案例**（**Erfassung des rechtlich zu beurteilenden Sachverhalts**）。因为正确的法律意见只能在恰当理解及把握所有案例材料细节的情形下作出。任何案例分析开始前都要小心谨慎地反复阅读案例。对此，要注意案例叙述中的每一个细节，因为给出的案例一般都是精简过的。如果发现某个叙述多余，那么就要重新检查你的分析思路是否正确。 14

对案例思考后可以运用**图表描述**（**graphische Darstellung**）各个当事人之间的相互关系，并简要标明相关信息。对冗长复杂的案例应当绘制此类图表，对简单的案例可以直接标记来整理思路。此后，在初步整理答案，特别是在第三步、第四步时，可以根据法律条文规定厘清图表上的各当事人之间的法律关系。 15

可以对当事人之间的法律关系作一些标记。比如可以用箭头来表示请求者与被请求者之间的关系。其他法律上的关系可以通过连接线表示。用草图来分析本节案例为[10]： 16

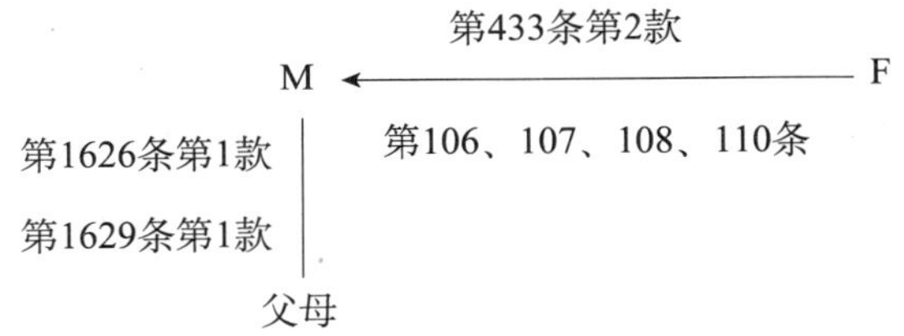

接下来要做的就是**归纳案例问题**（**Fallfrage zu konkretisieren**），因为分析只有针对案例中具体人的具体诉求才有意义。一般给出的案例已经具体说明，再展开说明已无必要。比如前面案例内容中已经讲明了案例问题，即“F 可以向 M 主张价款吗?”这样就知道仅仅需要分析 F 对 M 的付款请求权是否存在。待解决的任务也很笼统，就如本示范案例所述——评价法律情形。分析者必须对这一抽象的问题进行精确解析，这样才能够给出有意义的答案，而非无关紧要的观点。 17

对案例问题的阐述要基于给定的案例事实。不可以基于提出的笼统问题来研究 18

⑨ 参照 Czerny/Frieling,《法学学习》，2012 年，第 877 页。

⑩ 数字表示案例分析步骤中第三步与第四步草图中提及的《民法典》中的相关条文。对本案例分析条文的解释见边码 39 及其下。该草图是不完整的，因为其只涉及 F 对 M 的支付请求权（边码 40 末尾）。

案例中所有人的法律关系。本案中 M 与其父母的法律关系只应在能够影响 M 和 F 的法律关系的范围内有价值，特别是 F 要求 M 支付价款的权利角度。

19 如果要考查本案中的请求权的法律依据，分析者必须同样要在概括性分析中提出这样的问题，即谁向谁主张什么？基于这样具体的问题可以将“请求权关系”中当事人的关系区分出来（谁向谁?），这里一般都是两个人的关系。该种整理在多人主张请求权时就显得特别重要。

示例：行人 F 没有注意路面交通就进入快车道。汽车驾驶员 A 为了避免撞上 F 必须紧急刹车。这造成了 A、B、C、D 车辆的连环撞车事故。如果想要在本案中厘清谁可以向谁主张什么的话，必须在案例分析中分清 A 对 F、B、C 和 D 的请求权，然后是 B 对 F、A、C 和 D 的请求权等，依次类推。

20 这样的分析除了可以简化对内容的总结外，法律人还可以将其运用到“紧急情况”和可能的法律诉讼中。在法律诉讼中一般有相对立的两个人——原告和被告⑪，法官在审判中审理并判断原告主张的权利（比如 F 要求支付价款的请求权）是否存在及是否判决被告作出一定的行为（比如支付价款）。诉讼中存在的原告和被告的双方关系与案例分析中答题人要处理的债权人与债务人之间的双方关系相一致。

21 案例分析第三步——**整理初步思考的答案（Sammlung erster Gedanken zur Lösung）**——往往与其他两步相重合。因为在阅读案例及总结案例问题甚或在搜寻相关法条时，答题人往往会一直在草稿纸上记录分析和思考的内容。在接下来的案例分析中分析者会检测基于直觉的临时想法的正确性。当证明首次考虑的内容不正确时，就会从思维斗争中得出对案例分析重要的启示。因此，在直觉性的思考判断的不同认识中会有一些对案件分析有用的内容。将初次思考的内容记录在草稿纸上，以便这些直觉性思考内容在将来的“胶着”状态下不会被忘记。

22 在用法律评价案例的同时**寻找关键法条（Aufsuchen der entscheidungserheblichen Rechtsvorschriften）**。此时分析者必须着眼于（必要时自己整理的）案例问题，因为这样可以限制寻找范围且会切中要害，找到答案。本案中需要分析的（归纳的）案例问题为，F 是否可以向 M 主张约定的价款。因此，必须找到一个法条来支持该行为。如果找到了该条文，答题者必须考查在给出的案例事实中是否满足实现该法律后果的构成要件。

23 在寻找相关法条的过程中答题者必须有步骤地进行。最重要的是**请求权基础（Anspruchsgrundlage）**，即如果在具体案件中满足其条件就可以支持被提出的请求权⑫的条文。其他对请求权某个构成要件成立具有决定意义的条文也要一并引用。这些相互连结的不同法条在个案中如何运用会在本书后面的案例分析中经常提到。此处要示范一下边码 10 处所设置的案例的答案的起始部分的撰写：

24 第 433 条第 2 款规定了卖方对买方的买卖合同价款请求的请求权基础。据此，

⑪ 尽管《民事诉讼法》规定了在一定条件下原告和被告方都可以是多人，但这在此处仅为可以忽略的特殊情况。对此感兴趣的读者可以参阅 Musielak/Voit：《〈民事诉讼法〉基础教程》，第 226 页，边码 226 及其下。

⑫ 法律上的“请求权”概念（即法律概念）规定在第 194 条第 1 款。买卖合同价款请求权即向另一方（买方）请求支付买卖合同价款（一种行为）的权利。

买方有义务支付其与卖方约定的合同价款。“买方”、“卖方”和“约定的合同价款”的概念结合第 1 款规定的买方的相关合同义务表明，该条以缔结有效的合同为前提。M 的未成年身份对于 F 和 M 之间订立的合同的效力很重要：第 106 条规定，已满 7 周岁的未成年人的民事行为能力，即作出有效的民事行为的能力按照下一条文的条件加以限制。第 107 条规定，对未成年人作出的并非法律上纯收益的民事行为的意思表示须经过其父母的同意。第 107 条内容包含一些概念需要答题人在案例分析中使用。这样可以更进一步论证 M 是未成年人。答题人还要解释，合同中哪些句子是第 107 条规定的决定合同效力的“意思表示”。由于此处只是对寻找相关法条的方法示范，刚才的问题会在后面涉及。

下面叙述**适用法律的方法（Methode der Rechtsanwendung）**。对此通过以下步骤加以分析： 25

- 首先，确定该法律规范的各个要件。
- 此处涉及的法律条文是第 433 条第 2 款。如上所述，其前提条件是：M 与 F 之间有效的买卖合同及据此主张的合同价款。法律应用者必须首先清楚这些及所有其他条文的条件。
- 下面需要考查的是给出的案例事实是否满足这些条件，如果满足则法律条文规定的法律后果将产生。此处法律应用者必须基于事实决定有效的买卖合同是否成立。对此，需要对被使用的法条（在其条件中）所包含的概念的含义进行解释及分析。法律应用者必须知道，什么是合同？合同如何成立？如前所述，此处需要探讨 M 未成年人的身份问题，然后再考虑由此产生的法律后果问题。
- 最后须确定案例分析的法律后果，并判断出被评价的案例中的事实是否符合被引用的法律规范的全部要件，并据此得出法律后果是否产生。

如果上述分析成立，那么该合同基于 M 的未成年人身份而无效，进而不符合第 433 条第 2 款的条件，因此 F 的买卖合同价款请求权须被否定（具体细节见答案示范，边码 40）。 26

在适用法律的时候必须区分（生活）事实、构成要件（即所有的特征，其实现决定着特定的法律后果）和法律后果。一个**法律条文（Rechtssatz）**一般由**构成要件（Tatbestand）**和**法律后果（Rechtsfolge）**组成。 27

法律由许多条文组成，不是所有的（完全性）法律条文都是简单明了的。一些法律条文是不完全法条，是补充性的，须与其他条文一起才能组成一个完全法条。例如，一些法律条文用来解释其他法律条文的具体构成要件（即**解释性法条（erläutende Rechtssätze）**，或**定义性规范（Definitionsnormen）**，比如第 90 条）；一些法律条文用来限制其他法律规范中过宽的构成要件（**限制性法条（einschränkende Rechtssätze）**，比如第 935 条：限制动产的善意取得条款，见边码 845 及其下）；其他一些法律条文则用来指示引用其他完全法条（**指引性法条（verweisende Rechtssätze）**，比如第 480 条指引互易适用买卖合同的条文）。此处忽略这些特殊规范，只关注完全法条。 28

29 法律人考查（具体的）生活事实是否符合（涉及其关注的法律知识的）法律条文的构成要件，即是否符合法律条文中所述的法律后果产生所需的全部要件。该考查的积极后果会使法条中所述的法律后果（比如：支付买卖合同价款的义务）产生。将（特定的）法律事实置于法律规范（Rechtnorm）（＝Rechtsvorschrift（法律条文），Rechtssatz（法律条文））之下，即将具体事实与法律相比较称为**演绎推理（Subsumtion）**。

30 也可能发生这种情况（非本案情形），就是请求权基础的所有条件都符合，该请求权因此也存在，但是如果该请求权的**抗辩权（Gegenrecht）**被提出，则会导致该请求权后来被取消或被阻止执行。在法律适用中，检测该抗辩权的方式与检测请求权基础的方式一样。首先是寻找可以导致消灭该请求权或者阻止其执行的法律条文，然后解释该条文实现取决于哪些条件及待检测事实是否符合这些条件。同样，在这当中需要解释被引用法条的作用。最后通过演绎推理来确定法律后果，并断定请求权基础和抗辩权之间的关系。

31 比如买方指出，其已经支付了买卖合同的价款，因此之前的买卖合同价款请求权（第 433 条第 2 款）因为履行（第 362 条第 1 款）而消灭。或者，买方基于卖方的合同义务——交付（übergeben）标的物并转移（übereignen）所有权（第 433 条第 1 款）——没有被履行而主张没有义务支付合同价款。其原因在于，如果没有其他约定，则买方在获得货物后才必须支付货款（第 320 条第 1 款第 1 句；后文会详细分析）。

32 上面的叙述（边码 23—29）框架展示在下图中：

Ⅰ 请求权基础

- 确定具体的要件
- 解释所用的概念
- 在具体条件下对所给事实进行演绎
- 得出演绎结论并确定请求权的状态

Ⅱ 抗辩权

- 确定具体的要件
- 解释所用的概念
- 在具体条件下对所给事实进行演绎
- 得出演绎结论并确定抗辩权的状态

Ⅲ 得出最后结论

33 法律知识对于寻找相关法条是必需的。对绝大多数人（不仅是初学者）来说，最重要的任务就是找到案例的正确切入点，并确定相关法条。有时，所解答的法律后果来自**多个请求权基础（mehreren Anspruchsgrundlagen）**。分析者必须对支持请求权的所有相关法条认真逐一地进行分析，因为他必须作出一个涉及所有重要法律问题的庞大案例分析。这同样也适用于抗辩权。对法律后果的分析有一定的技巧，但此处不涉及，详细阐述请见考试技巧步骤。

前面论述已经提及第五步分析方法——将**法条适用（Anwendung der Rechtsvorschriften）**于案例事实并确定法律后果，这与前面几步紧密相连。寻找相关法条和将其适用于案例只是在理论上的区分，事实上是被糅合在同一分析阶段中的。到现在为止，应该使用关键词对案例分析的结果加以概括。至于如何将该答案草稿详细叙述，则取决于每个人的分析风格。通过不断的练习大家都会找到自己的风格和正确的尺度。 34

最后一步是**撰写案例答案（Ausformulierung der Falllösung）**。答案的核心部分经过前几步的充分分析已经确定。结构问题前面也已经讲过。最后一步是答题者把其对答案的思考内容详细地叙述出来，且要为答案要点的有力论述留有必要的空间。此时或许恰如轻风疾步，但是不要忘了重点研究的核心问题。一个恰当的侧重分析会反映出答题者对案例进行了正确的分析，这也是一个案例分析成功的表现。在撰写答案时会用到所谓的**案例分析文体（Gutachtenstil）**。前面在叙述**判决文体（Urteilsstil）**时提到过并详细论述过，在学习中用到的案例分析文体为在论述之前首先提出待研究的问题，接着回答这个问题，然后对问题的答案进行法律上的分析。 35

语言（Sprache）是法律人表达思想的工具。显而易见，思考者的“语言”水平是读者判断答题人的答案是否正确的关键部分。[13] 形象地说，语言是思想的包装，内容价值的评断会在对语言“外衣质地”的评断之后。 36

进行案例分析时一般都会文笔流畅、表达良好，但是有时也会在答案中出现对法律评价使用错误的、意思相反的语言表达。文笔不好的人在案例分析中一般会表现出自身的这一弱点。案例分析答题者的一个任务就是将构思好的思想清楚地在纸上表达出来。其中常用的缩写（比如 vgl.）是可以用的，但是不可为了节省时间而自己臆造。另外，运用符号来代替句子是禁止的，比如用“A → B”来表示 A 对 B 的请求权。这样的符号只可出现在草稿纸上，而不能在正式表达时使用（见边码 11、19）。 37

当然，每个学生都应该注意书写规范、语法和符号。最后，答题者还应明白，你的作业的整体形象和视觉效果对作业批改也有不可忽视的影响。 38

上文对案例分析步骤的详细叙述只是想给初学者提示法律人首要的实际的工作方法。后面还有对此问题的深入论述。[14] 39

四、答案示范

下面对上述的案例（见边码 10）的分析是对法学案例分析在结构和语言上的示 40

[13] 值得一读的有 Schnapp：《法律人的文书读本》，2004 年；Walter：《法律人的格式小文书》，2009 年第 2 版。

[14] 参见 Braun：《民法案例》，2012 年第 5 版。

范，这在被监督答题（闭卷考试（Klausur））时会用到。该法学问题只会在解决该案例的必要性上被分析。这可能会让初学者难以理解，但是不要紧张，因为这里只是从答题方法的角度出发。对于涉及的法律问题以后会再探讨。下面仿体字部分只是解释，不是答案内容。

如果二者之间成立了包含相应内容的有效的买卖合同，则F可以对M依据第433条第2款主张在约定时间支付约定的买卖合同价款。

“法律情形”这一抽象法律提问是这样被具体化的：是否存在F的支付请求权？这是一个最重要的问题。只有否定了该问题才能讨论M请求F返还300欧元的权利和M向F返还摩托车的义务。

考查的出发点是可能支持F的请求的法条。此时，具体的案例问题（谁向谁主张什么）会涉及一个四要素问题，即法学请求权类试题[15]分析一开始就要提出的问题：谁可以基于哪一法条向谁提出请求权？或者简称：**谁基于什么向谁请求什么？（4 W—问题）。**

至于为什么要依据第433条第2款认定一个缔结的合同有效，之前已经论述过（边码20）。

M和F已经对买卖合同的根本性内容，即合同标的和合同价款达成一致。

该认定仅指如果合同双方已经对合同的内容达成一致则合同已经成立。为什么这样说以后会解释。

如果未成年人（参见第二章内容）M未经其法定代理人（参见第1626条第1款，第1629条第1款）——父母的同意而缔结合同且其父母拒绝追认的话，合同会依据第106条、108条及与之相关的第107条规定而无效。

依据第106条，7周岁以上的未成年人（未满18周岁的自然人，参见第二章）的民事行为能力被限制。这意味着，其原则上（后面有例外情形）不能单独签订有效的合同。其签订的合同的效力取决于其法定代理人的同意。[16]

对于同意的例外情形，第107条只规定了对其在法律上有利的意思表示。本案涉及该未成年人对其订立的合同是否负有法律上的义务。如果有，则仍需要同意。该未成年人可以从合同中得到经济意义上的使用——就如法条中明确规定的内容（“法律上的利益”），对此没有大的问题。但是M被合同赋予了支付价款的义务，因此父母的同意对合同的有效是必要的。

然而，如果符合第110条规定的“零花钱条款”中的例外情形的话，则该合同依然有效。据此，如果一个未成年人使用父母给其符合合同目的或自由处置的钱物来履行合同义务，则该合同未经其法定代理人同意也有效。但是此条文意义下的履行是指该未成年人已经全部履行了合同相对人的请求权。M才支付了300欧元，不符合第110条给定的构成要件，因为只支付了一半的价款，因此没有“实现”全部

---

⑮ 有不同的考试题型，最常见的是请求权类考试，其要考查当事人之间的请求权是否有效。

⑯ “同意（Zustimmung）”这一概念是上位概念；事前同意称作许可（Einwilligung）（参见第183条第1句），事后的同意称作追认（Genehmigung）（参见第184条第1款）。

履行。

因此，合同的效力取决于 M 父母的追认（第 108 条第 1 款）。依据第 182 条第 1 款规定，追认既可以对该未成年人作出，又可以对合同对方作出。由于父母已经拒绝了追认，所以合同最终无效。

至于如果 F 要求 M 的父母向其作出是否追认该合同的表示，这样依据第 108 条第 2 款规定追认的意思表示只能向 F 作出，合同的无效性是否会因此而改变，这里无须讨论，因为依据案例事实，F 并没有向其父母提出这样的要求。

因此可以认定，F 没有合同中的任何请求权，不能请求 M 支付买卖合同的价款。

对于案例分析而言，希望上述分步骤分析的例子已经足够清楚地作出了讲述。这里没有（像完整的案例分析所要求的那样）考查 F 的摩托车返还请求权和 M 的 300 欧元的返还请求权，是由于此处没必要讨论这些并不简单的法律问题。这些会在以后涉及。

至此，或许应该只算对法学案例分析方法的初步认识。要掌握该方法的必备知识必须要再扩展和深化。可以利用一切机会去分析案例，因为这样可以让你成为高手。本书中还会有一些考试习题，这些应在一定时间内在只借助法条的情况下完成。这样不仅可以检测自己的法律知识，还可以检测自己对案例分析方法的掌握程度。 41

第二章 法律行为的概念

第一节 导论

一、法律后果

42 在上一章节提到，法学的任务是：法律人首先从生活事实中总结出案例事实，然后将其演绎到法律规范的构成要件中加以分析，最后再确定法律后果。当生活事实符合所援引的法律规范的构成要件时，就会产生法律后果（边码 27 及其下）。

示例：S 在停车时因疏忽损坏了 E 的汽车。这一实际发生的事情（生活事实）符合第 823 条第 1 款的构成要件。因为 S 过失地（参见第 276 条第 1 款）、违法地（违反法律规范）损害了他人的财产（E 的汽车）。从构成要件实现中得出作为法律后果的义务，即向他人赔偿因汽车损害而产生的损失。

43 法律后果可以独立于当事人的意志产生。

示例中 S 的确不想引起该法律后果（损害赔偿的义务）。

但是法律后果也可以依据当事人的意志产生。

当 A 对 B 说，他想买他的沙发，这样他想获得从该合同中产生的法律后果。（参见第 433 条！）。

44 **引起一个意欲得到的法律后果的法律事实称为"法律行为"**。关于《民法典》里的原意，在《德意志帝国民法典草案说明》[1] 第 1 卷第 126 页中写道："草案中的法律行为是一个私——意思表示，其指向一个法律上后果的产生，该法律后果也会

① 该书已经出版且在任一大学图书馆里都有。对于初学者来说只需知道其存在。作为高级学习者为了掌握立法者的意图则需要查看。这同样适用于《〈民法典草案〉第二次讨论会议记录》。关于《民法典》判决历史概览可以看一下《慕尼黑民法典评注》/Säcker，边码 8 及其下。

基于法律规定如其所愿地产生。”该概念描述引出另外一个概念，即“意思表示”②。一个暂时的辅助性的定义在此就足够解释（以后会有恒定的定义）：意思表示是指（法律意义上的）意志的宣告（表示）。

法律行为（Rechtsgeschäft）这一概念比**意思表示（Willenserklärung）**的外延要 45
广，因为其也决定着法律后果。如果该法律后果单方地取决于某个表意人的意志，则其与法律行为和意思表示的内容一致。③ 行为人有可能不能单独地实现所期望的法律后果，而是还需要另外一个人的意志或者一个事实行为，所以意思表示是法律行为一个重要的但并非唯一的要素。

例如：

（1）学生S发现一个更好的房间，于是他就从下月1号开始租下该房，接着按照该时间计划退掉了已有的房子。

（2）S是一体育协会的成员，其在一次协会成员会议上表决同意修改章程。

（3）S将一个网球拍的所有权转让（übereignen）给了球友T。

S想终止已有的租房合同，如果S单方对出租人以书面形式（第568条第1款）及时作出终结（Kündigung）的话（参照第542条第1款及第573c条第3款、第549条第2款第2项），其所想要的法律后果就会出现。然而，不能凭单方的意思表示就建立新的租赁关系。此处需要出租人和承租人在合同框架内（第535条）达成一致。对于修改章程的效力则需要所有与会成员3/4以上多数的同意（第33条第1款第1句）。转让网球拍的所有权除了需要与之相关的S与T之间的意思表示（所谓的处分合意（Einigung））外，还需要在事实上交付（Übergabe）球拍（第929条第1句）。

二、单方法律行为和多方法律行为

依据引起法律后果的意思表示是单方还是多方，可以将法律行为分为单方法律 46
行为和多方法律行为。

单方终结合同是一单方法律行为，但是要将相应的意思表示向对方告知，且在 47
意思表示到达对方时才生效——**需受领的法律行为（empfangsbedürftiges Rechtsgeschäft）**。同样，遗嘱也是一个单方法律行为；然而为了引起所期望的遗产分割这一法律后果，还需要一个亲自书写并签名的意思表示（第2247条第1款）。因此，遗嘱是一个单方的、**无须受领的法律行为（nicht empfangsbedürftiges Rechtsgeschäft）**。至于受领和未受领在具体情形中会引起何种后果将在后面涉及（边码85ff）。

最重要的多方（绝大多数是双方）法律行为是**合同（Vertrag）**。就此而言，合 48

② 民法领域涉及的私人的意思表示与公法领域的意思表达完全不同，因此此处无须如《理由说明》中出现的强调性地带有附加的“私—意思表示”。

③ 高阶段学习者谁想了解法律行为与意思表示两概念之间的区别，可以参阅Leenen：《民法总论》，第4章，边码101及其下。

同缔结并非是意思表示，而是至少两个需受领的意思表示（称为要约和承诺，见后面内容）的交换。

49 法律行为的分类为：

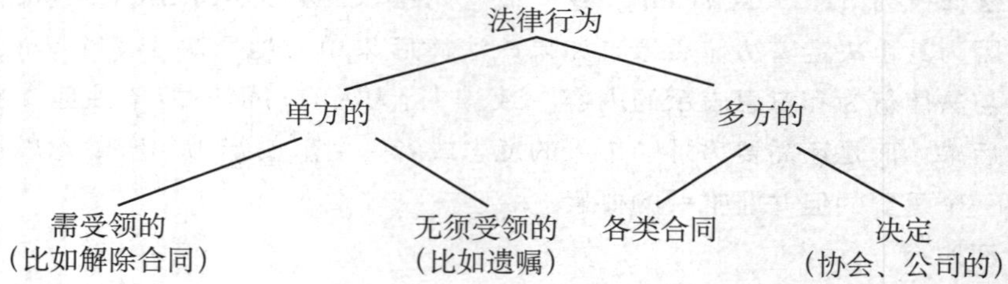

法律行为从其他角度还可以再分类，这些以后会讲到。

第二节 意思表示

50 我们已经对法律行为的基石——“意思表示（Willenserklärung）”这一概念有了认识。确切地说，单方法律行为由一个这样的要素组成，多方法律行为由多个这样的要素组成。对于已给定的概念——作为法律意义上的意志宣告的意思表示——还需要进行必要的细化和补充。

一、外部要件

51 “意思—表示”一词已经清楚地区分了外部（客观的）要件——表示、宣告，与内部（主观的）要件——意志之间的区别。意思表示的外部要件存在于**行为之中，从客观的观察者**[4]**角度看，它是对为引起特定法律后果的意志的表达（表示要件（Erklärungstatbestand））**。“客观的观察者”对行为（比如说出的话）的通常意义、习俗和习惯用法以及个案中的特殊性进行评价，以便依据外部表现出的情形来判断该特定的行为是否可以理解为法律意义上的意思宣告。有疑义时，对该问题可通过对各个行为的解释来作出判断（边码 135 及其下）。对此，沉默甚至都可能会有特定的解释意义（边码 138 及其下）。

示例：

（1）A 是一戒指的所有权人。A 问 B，是否要以 200 欧元买下该戒指。B 点头。

（2）拍卖人 A 在拍卖中对一幅画出价1 000欧元。B 举手。

---

④ 使用“客观的观察者”这一角色不仅是为了将在法学中使用的“典型人”的思维方式具体化。通过该思维方式使许多案例的生活情形及语境变得比抽象概念更形象和具体。而对个别情形可以也必须这样使用。感兴趣者可以参阅 Rüther/Fischer/Birk 所著的《法学理论》，边码 930 及其下。此处仅需知道客观的观察者是作为参照来表达，对于评价而言，取决于一般的（“正常的”）思维及行为模式，而不是取决于当事人从中得出的可能相互冲突的猜测。

(3) C参加A的拍卖活动，他从A那里知道，只要他想竞价就用右手将其拍卖目录表竖直展示给A。

所有三个案例中意思表示中的表示要件都应被肯定，确切地说，是所有表意人展示的行为（通过合乎逻辑的行为=**推定的行为（konkludentes Verhalten）**）。第一个案例是非常明显的，因为点头一般意味着同意。依据拍卖会上的拍卖方式，举手视为对出价的接受。这里涉及交易习惯，即以所有人或特定领域内所有人在交易中习惯使用的社会典型的行为方式作出（边码136）。最后是基于A与C之间（有时是沉默方式）作出的约定，将拍卖目录表举起作为参与竞价的方式。

这些必须涉及**针对法律后果的意思的表达**。依据该概念的本义，任一意思的告知都是意思表示。如果我告诉一个朋友，我明天不去锻炼而是待在家里，我也是表达了相应的意思。然而，此处不是法律意义上的意思表示，因为我待在家里不去锻炼的决定没有法律上的效果，且我不受约束，即没有法律上的相关性。法律上意思表示的概念是更窄的，只涉及明显具有法律意义的意思表示。 52

对于判断一个意思表示是在法律调整范围之外还是具有法律意义这样的问题，需要从客观的立场作出判断，而非单单是表意人或意思表示相对人的观点。 53

示例：我与我的一个熟人约定去滑雪。我跟他说我用汽车载他去，对此我不需要签订一个（具有法律拘束力的）客运合同，而是一个（对我没有法律拘束力的）社会意义上的邀请。该判断与一般的交往观点相一致，即社交圈内普遍的、正常的看法。类似的“情谊行为”可能基于特殊情形依据普遍看法也具有法律效力。如果我知道我的熟人在某个时间一定去慕尼黑应聘一个职位，在这种情况下我承诺会用我的车带他去，如果在我可以开车且没有特殊原因的情况下拒绝载他，他请求我送他去慕尼黑，对我就具有法律拘束力。此外，我如果不能依约定带他去慕尼黑就有及时告知他的义务。我的朋友在要去慕尼黑且因此我用车带他去一事上具有特殊的意义，其将我的承诺带出了无拘束力的范围，并赋予了其法律上的拘束力。

以上所举例子表明，基于法律拘束力所**区分的无法律拘束力的情谊行为与意思表示之间的区分**较难。⑤ 不受约束的情谊行为的根本标志是其无偿性。如果对一“情谊行为”支付了价款，那么就绝不能被认定为没有法律拘束力。因此，所有的相关（无偿的）案例不能仅仅依据主观标准来区分。因为对于是否想要有法律拘束力这个问题从事后角度看非常容易被解释为不具有。特别是当事人对对方的行为起初就没想过有法律拘束力，但事后也会改变看法，这些都是按照对自己有利的方式解释的。因此，必须找到客观的标准来判断是否具有法律拘束力和与之相应的当事人的意志。联邦普通法院⑥在一指导性案例（Grundsatzentscheidung）⑦ 中解释了 54

---

⑤ 对此问题参见Paulus论文，载《法学训练》，2015年卷，第496页，这里根据餐馆预订桌位这一情形作了阐述。

⑥ 参见《联邦普通法院民法判例集》第21卷，第102页=《新法学周刊》1956年卷，第1313页。请大家在大学图书馆寻找相应判决。此外，对法学数据库（如juris.de或beck-online.de）中的判决进行研究也很有意义。

⑦ “指导性案例”是指已判案例中表达出的法律观点具有普遍性的指导意义。因此，法院对未来在该问题上确定了一个权威性的法学观点。当然依据德国法，上级法院“指导性案例”对下级法院并无普通法国家法院判决的效力。但是欧盟法院的判决及德国联邦宪法法院的部分判决与普通法国家法院判决的效力相同。

哪些客观的要件在此范围内可能具有决定性。其提到了情谊行为的种类、基础及目的；情谊行为具有的，特别是对相对人在经济上和法律上的意义；证明情谊行为的条件情况及当事人之间的利益格局；被委托物品的价值；表意人不履行时可能给相对人带来的可知危险等。在利益权衡的框架内还应注意到，如果表意人受到法律约束，那么就因此对不遵守承诺承担责任，这些会对表意人有什么风险？

55　所有这些标准都仅仅是作出个案判决的参照。如果人们基于此得出一个行为不属于日常生活或社会交往中情谊行为的领域，而是必须对其赋予一种法律拘束力，则不得主张自己仅仅是想作出没有法律拘束力的情谊行为。“受法律拘束的意思是否存在，并非依据表象中不存在的行为人的内在的意思来判断，而是相对人在已有的条件下依据诚实信用原则并考虑交往习惯，是否能一定从行为人的行为中得出该意思。其取决于对于一个客观的观察者而言，该行为人的行为意味着什么。”⑧

56　前文（边码 53）所述邀请搭车的例子在不遵守诺言的后果上区别很大。开车去滑雪仅仅只是休闲；另一个案件中遵守约定时间却具有重要意义。此处被承诺一方的经济及法律利益明显存在损失的危险。这就不是无法律拘束力的情谊行为，而是赋予了承诺人法律上的拘束力，特别是该诺言在通常情形下容易被遵守，且承诺人遵守该诺言不存在其不可承受的风险。

二、形式要件

57　通常情况下，用任何方式作出意思表示都是等效的，不管是口头、书面形式还是电子形式（比如电子邮件），不管是明确的还是不明确的行为（边码 51）。《民法典》中规定了**形式自由原则**。但是针对某些情况也规定了特定的形式。

示例：依据第 311b 条第 1 款第 1 句，不动产买卖合同需要经过公证机关公证。依据第 518 条第 1 款，赠送他人物品的承诺需要以公证形式作出。遗嘱一般情况下可以由公证员记录或者立遗嘱者亲自书写并签名。

58　除了公证文书（第 128 条，但须参照第 127a 条）和书面形式（第 126 条）两种形式外，还有电子形式（第 126a 条，对此后面有详述）、官方证明形式（参见第 129 条）和文本形式（第 126b 条，后面同样有详述）。

59　法律规定的**形式强制（Formzwang）**具有不同的目的：

- 一些案件中规定特定形式是为了保证行为的内容能够精确确定和可以被证明（**证明作用（Beweisfunktion）**）。
- 形式强制是为了向表意人指出其行为的意义，避免仓促行事（**警示作用（Warnfunktion）**）。
- 规定公证员担保的公证文书是想让内行的且中立的第三方参与，这样就可以

⑧ 《联邦普通法院民事判例集》，第 21 卷，第 106 页（该文始于 102 页）或《新法学周刊》，1956 年卷，第 1313 页；或参照《新法学周刊》，1974 年卷，第 1706 页；1992 年卷，第 498 页；1996 年卷，第 1889 页；2012 年卷，第 3367 页，边码 14。

向当事人提供咨询并在法律上进行劝导（**咨询作用（Beratungsfunktion）**）。

- 最后，形式强制还可以通过控制法律行为来保护更高一级的公共利益（**控制作用（Kontrollfunktion）**）。

关于形式的一个规定可以同时实现上述所有目的。第 311b 条第 1 款第 1 句规定的关于不动产取得或转让合同的公证文书形式，既有证明作用又有警示、咨询作用。确定一个规定形式的条文的目的绝不能（仅仅）基于法学理论，而是还要借助疑难案例来探求答案。⑨ 60

示例：A 和 B 签订了一个为期 5 年的租房合同。同时他们约定，租期届满后他们还要针对该房产签订一个买卖合同。二人现在都想知道，他们的口头约定是否有效且是否具有拘束力。

前合同（Vorvertrag）是一个约定要签订另外一个合同（主合同）的合同。该前行为的意义在于，合同双方由于法律上或事实上的原因不能签订主合同时，双方希望对此能有责任约束。前合同没有明确法律规定，这之所以被认可是因为合同自由原则（合同内容自由，见边码 128）。在具体个案中，合同已经成立，还是尚在洽谈之中，必须通过对作出的意思表示进行解释（边码 135）来确定。一般而言，前合同有效的前提是，对该前合同进行解释时至少能够得出主合同的根本内容，因为只有这样，通过前合同确定的义务内容才足够具体。但是合同各方可以约定，缔结的前合同首先只有部分内容具有拘束力，且对一些仍未定论的问题留待以后再商谈。这样依据签订的前合同，合同各方负有对待前合同的各项未决之处进行商谈的义务。⑩ 61

如前所述，第 311b 条第 1 款第 1 句避免了缔约者受仓促签订的合同上的义务约束。警示作用对将正在缔结的涉及此类义务的合同置于形式强制之下是必要的。因此，（非正确形式的）有关对缔结相应买卖合同的约定是无效的（第 125 条第 1 句）。相反，如果规定形式的条款只是为了来确定（最终）合同的内容，那么其依一定形式缔结就足够了。据此，租赁性前合同需要将债权性义务约定在（有效形式的）租赁合同中，并非一定是第 550 条规定的涉及房屋租赁合同关系的长期租赁合同（比较 549 条第 1 款）所需的书面形式。 62

对 A 与 B 签订的部分约定，即买卖性前合同形式无效的认定存在的问题是，对于其他认为有效的部分具有何作用？该问题可依据第 139 条来判断，此处不再详述（见边码 300 及其下）。

如果**没有遵守法律规定的形式**，则该法律行为最终无效（第 125 条第 1 句）。但是法律对此原则有例外规定，在许多案件中，形式无效的法律行为因履行而得以修复（参见第 311b 第 1 款第 2 句、第 518 条第 2 款、第 766 条第 3 句）。此外，一些判决中也存在例外，其中一个判决是因为未遵守形式规范而导致法律行为无效可能会带来完全不可承受的后果。所以这样的判决是基于在整个法体系中占主导的诚 63

---

⑨ 参见给高年级学生的担保法考试题，载 Lindacher/Hau：《民法总则案例》，案例 8。

⑩ 联邦普通法院案例，载《新法学周刊》，2006 年卷，第 2843 页。

实信用原则（第 242 条）。此处的难点不容小觑。一方面，第 125 条第 1 句规定了无效，另一方面，僵硬地运用该规则会导致严重不公正的结果，比如当一个法律高手为了自己的利益利用法盲的无知并骗他说此处没有形式规定。此类问题对初学者有点苛求，应由高年级的学生来解决（延伸内容见慕斯拉克/豪：《〈民法典〉司法考试教程》，边码 40 及其下）。

64 还需要指出的是，当事人可以约定有关形式强制的内容（即**意定的形式（gewillkürte Form）**，见第 125 条第 2 句和第 127 条）。

65 依据第 126 条第 3 款，如果法律没有其他规定的话，书面形式也可以用电子形式代替。对此，依据第 126a 条第 1 款，作出意思表示的人有必要在其上附上姓名，且依据《签名法》[11] 第 2 条第 2 项和第 3 条规定，在电子文件上要有一个合格的电子签名（章）。如果是一个合同，则合同各方必须都要在同一份具有同一内容的文件上以此种方式签名（章）（第 126a 条第 2 款）。[12]

66 有关**文本形式（Textform）**的要求规定在第 126b 条中。[13] 据此，意思表示必须是可阅读的，表意人必须署名，且必须是在一个可持续的数据载体上作出表示。如果形式条款（边码 59）没有对证明及警示作用赋予特殊的意义，那么在被篡改的安全性上比书面形式及电子形式稍弱的文本形式就足以胜任。如果对一意思表示内容规定了文本形式，那么该意思表示可以以书面形式（第 126 条）或者以公证文书形式（参见第 126 条第 4 款）作出，因为这两种形式要求更严，能够满足文本形式的目的。

三、内部要件

67 意思表示的外部要件一般是来承载表意人的相应意思。该意思——意思表示的内部（主观）要件，在下文会被详细研究。为了帮助大家理解，现列出下面几个例子：

示例：

（1）有一天，一长期徒步旅行者 W 住在一间青年旅馆中。晚上其与室友 V 聊天。谈话中他睡着了，但是 V 并没有注意。当 V 问他，是否愿意将他的手表以 50 欧元卖给他时，W 在睡梦中说："可以。"

（2）为了能够与一些朋友在海岸边游弋几天，L 租了一个远洋游艇。旅途最后一天他们为旅行顺利结束而庆祝。在兴奋中 L 向天空放了其在甲板上发现的烟花。他不知道，该烟花信号表示该船想要被拖入港口。由于该信号，一艘拖船驶出港口来拖该游艇入港。

（3）雇员 A 长期与 Z 有摩擦，Z 想将 A 解雇，于是就吩咐其秘书 B 做一份解

---

⑪ 《电子签章框架条件法（签章法）》，载《联邦法律公报》，第Ⅰ卷，2001 年卷，第 876 页（BGBl. I 2001，876）。

⑫ 详见慕斯拉克/豪：《〈民法典〉司法考试教程》，边码 34。

⑬ 对此详见 2014 年 6 月 13 日生效的该条文新版本，如见：Beck JURA 2014，666（672f.）。

雇信。B对A怀有爱意，其将一份将A从公司总部调到分公司的文件拿给Z签字。Z认为是解雇信，没有阅读就签了字。

以上所有案例中都存在这样的问题，即表意人是否作出了有效的意思表示。此 68
处的疑问不是因为作出意思表示时外部要件有缺陷，而是因为表意人根本没有作出意思表示或者本不愿作出该内容。为了对该类情况进行合理判断，需要解释意思表示的内部要件如何构成。一般情况下表意人知道其做了什么，其说了、写了或者通过姿势表达了什么。因此，其有意识和意思去行为（**行为意思或行为意识（Handlungswille bwz. -bewusstsein）**）。同样，一般情况下其知道其行为的法律意义和其在进行法律事务上的交往，其对作出一个具有法律意义的意思表示具有意识和意思（**表示意思或表示意识（Erklärungswille bzw. -bewusstsein）**）。最后，该意思在于引起一个特定的法律后果，比如缔结、解除一个特定的合同或者设立遗嘱等，即作出特定内容的（法律）行为（**（法律）行为意思（Geschäftswille）**）。

该术语并非始终统一。比如法律行为意思也被称为*法律后果意思*（*Rechtsfolgewille*），以此来表达表意人的意思在于指向一定的法律效果，且受该特定的法律行为约束，这一意思，即*法律拘束意思*（*Rechtsbindungswille*）。如果人们对法律拘束意思如此理解，那么其就涉及行为意思（或法律效果意思）的一个要素。然而，如果将法律拘束意思只是视为表意人的一个法律上的拘束力的意思，那么其就必须被作为表示意思的一个部分来看待。鉴于此处不明朗，因此法律拘束意思这一概念应该被彻底放弃。⑭ 69

（有效的）意思表示的构成要件可用下图描述： 70

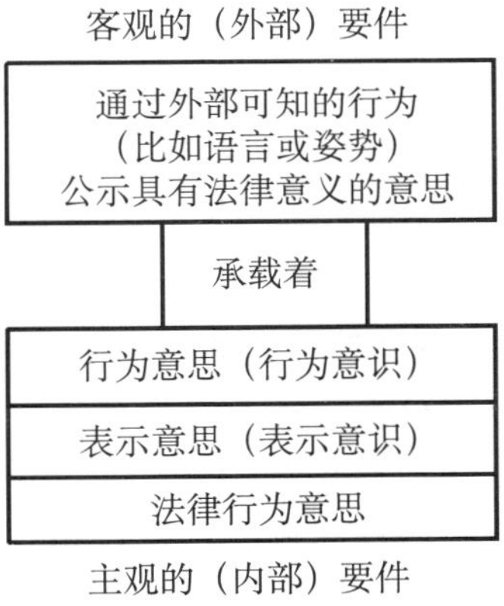

第一个案例中睡着的W已经缺少行为意思，所以才缺少表示意思和法律行为 71
意思。第二个案例中虽然L在放烟花时知道自己在作出行为，但是其不知道自己因此作出了（任一）法律意义上的表示，自己也因此参与到法律交往之中。所以，其已经缺少表示意思且缺少法律行为意思。在第三个案例中，Z知道，其作出了意思表示（行为意思）且以此表示行为参加了一个法律交往，因为该表示行为具有法律意义（表示意思）。但是其弄错了表示的内容，其想解雇（解除劳动合同）而非调职（改变劳动合同的内容），因此其缺少法律行为意思。

---

⑭ 参见Neuner论文，载《法学教育》，2007年卷，第885页（该文始于第881页）。

72 所有三个案例中的意思表示接受方都相信表示有效；同样在第三个案例中如果人们基于 A 不知道老板本要解雇他和 B 的欺骗行为的话，那么也是一样。因此，在这类案件中存在表意人之间的利益冲突，其可以基于此认为自己其实一点都不想作出这样的意思表示；基于接受方的利益可以指出人们根本不能从意思表示的外部要件中看到表意人缺少的内部意思要件。为了公正地解决利益冲突，人们必须判断双方中谁是值得保护的：哪一个更合理？是让表意人受（本不想的）意思表示约束，还是打击意思表示受领者的信任？此处具有不同的判断：

73 如果表意人已经缺少行为意思，在睡梦中说话（如第一个例子中的 W）或者在催眠状态或者因受绝对强制（vis absoluta）而被迫只能作为无意志的工具来行事（手被强制拿着去在债务确认书上签字），这些表明如果让其受意思表示约束就是不公正的。

74 人们可以依据第 105 条第 2 款规定的相关规则来论证这种结果：一个意思表示如果是在无意识状态或者精神受到绝对阻碍的情况下作出则无效，善意的意思表示受领方的利益不被保护。该案例与缺少行为意思情形类似，基于公正的要求，两个案例应被同样判断（将法律中明确规定的规则相应地适用到没有规定的情况上＝类推解释）。⑮

75 相反，如果表意人完全知道其作出了一个有法律效力的意思表示，但是弄错了内容，则须另作判断。在**缺少法律行为意思**的案例中的表意人需要依据自己作出的意思表示承担法律后果，而不是意思表示接受方。因为人们可以反驳道，其应该更加谨慎才对。

76 同样，该判决可以从《民法典》中找到根据。依据第 119 条第 1 款，任何人在发出意思表示时，对内容认识错误或者根本不想作出该内容的意思表示，在其知道真相并对该案理性分析后认为自己本不想作出该意思表示后可以撤销该意思表示。法律规定对撤销设定了明确的前提，即法律首先认定该意思表示是有效的。由此可以得出，意思表示内容的错误不阻碍意思表示的有效性。另需注意的是，撤销意思表示时撤销者必须赔偿意思表示受领方因信任该意思表示有效而遭受的损失（第 122 条第 1 款）。这样就实现了表意人与意思表示相对人利益之间的恰当平衡。

77 此处还有一个最具问题性且长期争议的情况⑯——**表示意思缺失（Das Fehlen des Erklärungswillens）**：在各种很好的理由中对意思表示的生效既有赞成又有反对，如果只是有意实现意思表示的外部要件，而表意人对此缺少作出与法律相关的行为的意识的话（如第二个案例中的放烟花行为）。对此问题，对意思表示的效力不管是支持还是反对，都有很好的理由。对于表示意思作为意思表示不可缺少的部分，且因此认为作出的意思表示如果没有表示意思就无效的认定理由是：法律赋予创制法律关系以基于个体自决之上的意思表示。该个体自决的确认和与自决权相连的对

---

⑮ 对于类推解释的细节见后面（边码 1180 及其下）。

⑯ 其涉及一个在《民法典》生效前有争议的研究；最近讨论的有 Eisenhardt 的文章，载《法学家报杂志》，1986 年卷，第 877 页及其下（始于第 875 页）。

所表示内容的责任，则需要这种通过自己的行为来引起法律后果的意识。至于是否缺少该意识就必须对相对人因相信该意思表示有效而受到的损失进行赔偿？因为其损害了对方的信赖？但这完全是另外一个问题，不应该将其与意思表示的有效性混淆。

另一方的观点是，自决权必须设定一个界限，到何范围即为触及到了他人的利益？因为个体被赋予了这样的可能性，即要通过自己的行为参加法律生活，就必须要受外部表现出来的与内心意思不符的意思表示的约束。需要受领的意思表示是针对他人作出的，而其可以认为任一事件中的外在表象都与交易习惯（边码 139）相符。该异议并不是想说人们客观上所表示的不能改变该意思表示的有效性，而是说撤销时须承担与之相应的义务，即赔偿他人因信赖该意思表示有效而遭受的损失（见第 122 条）。 78

对该法律问题（开放性）的探讨（且对原因进行了详细的叙述）表明，这里（许多其他问题也一样）不存在必须得出“唯一正确答案”，相反更应该斟酌相冲突原因之间的差异并加以厘清。该案中表意人的利益——其自决的权利，和意思表示受领人受保护的信赖可以被区别评价，同样在其他法律问题中也可以采取不同的立场。因此，在法学中经常存在相冲突的不同的观点和理论。学生必须至少知道最重要的观点，以便自己在案例分析中用它们来分析问题。 79

依据表示意思对意思表示有效性的意义，原则上有三种不同的观点，即主观说、客观说和折中说。 80

- 对于以前占主导地位的**主观说（subjektive Theorie）**现在还有许多支持者，该说认为表意人的（主观）意识与其行为，在满足有效要件后可以引起任一法律后果。
- 相反，**客观说（objektive Theorie）**则关注表示要件，认为表意人缺少表示意识时该意思表示也具有法律上的有效性。依据客观说，表意人只能根据第 119 条第 1 款规定的撤销权来消灭意思表示，且必须依据第 122 条赔偿因相信该意思表示有效而产生的损失（后面会讲到撤销及其法律效果）。
- 在新近的文献中特别盛行的**折中说（vermittelnde Ansicht）**认为，只有当表意人至少可以知道其行为被他人理解为意思表示的时候，该意思表示才归算于表意人。然后需要考查，表意人在行为时是否忽视了交往中需要的谨慎。只有并非上述情况，才能排除缺少表示意思的意思表示的有效性。⑰

一个反对折中说的重要理由已被提出。⑱ 但是对此的分析留到以后进一步学习。 81

对于案例中放烟花行为，主观说会否定其为有效的意思表示，客观说则肯定其效力，折中说则会首先认定 L 是否必须认识到放烟花是一个具有法律意义的信号。 82

---

⑰ 联邦普通法院未采用该观点；参见《联邦普通法院民事判例集》第 91 卷，第 324 页及其下＝《新法学周刊》，1984 年卷，第 2279 页；《联邦普通法院民事判例集》第 109 卷，第 177 页（始于第 171 页）＝《新法学周刊》1990 年卷，第 454 页；联邦普通法院案例，载《新法学周刊》，2002 年卷，第 2327 页（本文始于第 2325 页）；2014 年卷，第 1243 页（本文始于第 1242 页）。

⑱ 参见慕斯拉克论文，载《民法实务档案》，211 卷（2011 年），第 769 页。

人们可以期望游艇的驾驶员具有相应的认知，然而对于一个未被委托驾驶的游客在甲板上放烟花，则应被否定具有“表示过失”。联邦最高法院指出，对于在缺少表示意思情形下的利益冲突案件，当行为人一方有事由来支持其行为为有效的意思表示时，则只能作有利于信赖保护的判断。被视为此归责理由的是：误解的行为人如果遵守交往中必要的谨慎，则就可以知道并避免其行为中存在的表达被别人依据诚实信用原则和交易习惯（边码 136 页）理解为意思表示。还需要指出的是，客观上意思表示受领方只能对其外在表示如此理解，也只有因为这样其才值得保护。⑲

83 但是在实际结果中，这个起初巨大的差异已在很大程度上被消除。因为尽管当因表示过失而缺少表示意思的意思表示被接受时，折中说（客观说也是）也赞成依据第 119 条第 1 款规定的撤销权存在的可能性，即所引起的第 122 条第 1 款上的结果。主观说则正好认为表意人类推适用第 122 条，有义务赔偿对方因信任该表示有效而遭受的损失。依据第 122 条第 2 款，如果受害人基于应有的谨慎应该知道或者已经知道缺少表示意思则损害赔偿义务消灭。

四、发出

84 在须受领的意思表示案件中，为了预期的法律后果能够被引起，该意思则必须以对方可知的方式展现出来。人们称之为意思表示的“发出”。关于一个意思表示是否被有效发出这样的问题似乎不是太难。但是如何判断下面的案例？⑳

示例：A 收藏旧书。其从另外一个收藏者那里获得一份关于一个珍稀首版书的书面要约。由于 A 对该要约中的书搜寻已久，其立即在一明信片上写下其接受该要约。由于价格不菲，A 开始犹豫，决定再考虑一下。其将此事告诉其妻，但将卡片忘在了餐桌上。当他晚上回到家时发现卡片已经不在了。结果是他的儿子发现了该卡片，并认为应该是要被邮寄的，就将其丢进了邮箱。A 已经“发出”该意思表示了吗？

85 回答该问题的意义在于，此处有一个需要向对方发出的意思表示（即**需受领的意思表示（empfangsbedürftige Willenserklärung）**，见边码 47）。此类意思表示需要对方知悉该意思表示的内容。

示例：单方终结合同（Kündigung）、合同要约或合同承诺。

86 与之相反，**无须受领的意思表示（nicht empfangsbedürftige Willenserklärung）**的法律后果并不取决于为对方知悉其内容并期待因此而引起的法律状态。很多情况下表意人都没期望某人（起先就）会知道他的意思表示。

示例：在遗嘱里，立遗嘱者值得保护的利益被确认下来，该内容在其在世期间

---

⑲ 联邦普通法院案例，《新法学周刊》，1995 年卷，第 953 页。更多内容见：Habersack 论文，载《法学教育》，1996 年卷，第 585 页。

⑳ 更多给高年级学生的考试例题见 Lindacher/Hau：《民法总则案例》，案例 9。

会被保密。与之相应，他人对此知悉并非生效的条件。与之相区别的观点是，如果立遗嘱人死后遗嘱仍没有被发现，则事实上该遗嘱没有起作用。

区别： 87

- 无须受领的意思表示被表达出（如果放在纸上就是书面的）即为作出并因此而生效。
- 相反，需要受领的意思表示只有在表意人作出必要行为让意思表示到达相对方时才生效。表意人必须利用知识和意愿让意思表示以一种方式“启程”，该种方式下意思表示在通常情况下无须表意人再做其他行为就可到达受领人。[21]

这实际意味着，邮件必须被贴上足额邮票后投入邮箱或交给邮差，这样可以被 88
邮寄或转交给相对人。电子形式的意思表示当表意人有意识地做完全部技术步骤就已发出，这样该意思表示就可以到达对方，比如其用电子邮件表达了意思并作出了发送命令。

示例中A还没有做完让明信片到达那位收藏朋友的全部行为。如果该卡片还在餐桌上没有被投递的话，那么他对形成的意思表示还没有发出。他的儿子理解错误，认为它应被邮寄而投入邮箱，这没有改变该表示并非由A发出，因此并不涉及他的意思表示（**遗失的意思表示**）。[22] 因此并未达成买卖合同。另外这里所涉及的并不深奥的证据法问题是，法官是否会在争议案件中相信A所陈述的事实？

此处的观点，一个遗失的意思表示不能被认为有效，是绝对有争议的。理论界 89
越来越多的支持者认为，如果表意人非有意地使一个意思表示进入传送中的话，则该意思表示应视为有效发出，且如果做到了交往中必要的谨慎就可以阻止的话，表意人就要对此负责。[23] 该案例应与作出意思表示而没有表示意思一样对待。然而，与缺少表示意思的情形并不存在所谓的法律相似性。区别在于，是否有人发出了意思表示，且只因不谨慎而未注意到其就已经进入了法律交往中；抑或是否一个已经形成的意思表示，没有在其什么还没做时就已经进入了法律交往中。此处必须确定需受领的意思表示的生效条件，即被表意人依其意愿和认知以一种方式使其启程，而它在通常情况下无须表意人的继续作为即可以到达接受方。至于其是否过错地完成了一个法律上的外部要件，进而必须要赔偿善意信任方因此而遭受的损失？这完

---

[21] 联邦普通法院案例，载《新法学周刊》，1979年卷，第2033页（该文始于第2032页）；联邦劳动法院案例，载《新劳动法杂志》，2011年卷，第341页，边码25（该文始于第340页）。

[22] 《联邦普通法院民事判例集》，第65卷，第14页及其下（始于13页）=《新法学周刊》，1975年卷，第2101页；联邦普通法院案例，载《新法学周刊》，1979年卷，第2033页（该文始于第2022页）；Brox/Walker：《民法总论》，边码147；Bork：《民法总论》，边码615；Köhler：《测试你的知识：民法总论》，第44项；Leipold：《民法总论》，第12章，边码8；Grigoleit/Herresthal：《民法总论》，边码10；Kropholler：《民法典学习评注》，第130章，边码2；Wolf/Neuner：《民法总论》，第32章，边码16及其下。

[23] Klein-Blenkers论文，载《法学教育》，1993年卷，第642页及其下（本文始于第640页）；Rüthers/Stadler：《民法总论》，第17章，边码38；Palandt/Ellenberger：《民法典》第130章，边码4；Bamberger/Roth/Wendtland：《民法典评注》，第130页，边码6。

全是另外一个问题（见后面）。

90 涉及意思表示的发出的另一个问题，应基于下列对示例的派生案例研究：

派生案例（边码84）：A请求其子S将明信片投入邮箱。在S将该卡片拿走后A突然有个想法。他跑到窗边将路上的S喊回，让其不要邮寄卡片。S误解了父亲并认为其是再一次提醒他关于邮寄卡片的事。二人到了晚上才弄清该误解。

不同于示例，A委托其儿子将卡片投入邮箱。这样做后其无须再做其他事就可以让意思表示能够让相对方获得。在S将卡片拿起去邮寄的时候，A就因此而发出了意思表示。此处还有一个问题，就是当A想到其他事情并指示其儿子将卡片拿回的行为对意思表示的生效有何影响？

91 该案中表意人在意思表示**发出**后、到达受领人之前**改变了其意思表示**，且不愿他的意思表示再具有法律效力，这在《民法典》中并无明确规定。有规定的是，当表意人在作出意思表示后死亡时还具有合同上的后果。依据第130条第2款，表意人对意思表示的生效没有影响。据此得出，意思表示的生效不取决于表意人对曾经作出的意思表示的遵守。意思表示发出后仅仅想改动意思表示并不影响其有效性。

92 依据第130条第1款第2句，当撤回的意思表示在该意思表示到达前或者与之同时到达受领人，则该需受领的意思表示失效。因此，A可以通过打电话或者发电子邮件（边码97）方式撤销对受领人的订单来阻止该意思表示生效，进而阻止该买卖合同成立。其需要注意的是，撤回必须最迟在邮件到达B的时候到达（边码108）。至于A在本案中是否因为其与其儿子之间的误解而没有及时撤回？此处会留着该问题，因为后面还有相关的问题待解决。

五、到达

93 需受领的意思表示，不管是书面形式还是口头形式，在“到达”其要发给的相对人时生效。这规定在第130条第1款第1句，但是只针对在接受方非当场时发出的意思表示。对于当场时意思表示的生效则没有条文规定。原则上相应地适用有关非当场时发出意思表示的规定。而两种情况都取决于意思表示的到达。

94 “书面的”和“口头的”意思表示这两个概念也可以说成是**有形的和无形的意思表示（verkörperte oder nicht verkörperte Willenserklärung）**。有形的意思表示是指其被固定在了一个物质上，特别是为了能够让视觉感知到[24]；被以可召回的方式储存。[25] 除了书面形式外还有其他所有的存在于持久性符号中的形式。电子形式的意思表示符合有形的意思表示的标准，如果其被存在数据储存器里（比如DVD或者

[24] Hübner：《民法总论》，边码728。

[25] Weiler论文，载《法学教育》，2005年卷，第790页（本文始于第788页）。

USB存储器）或者在受领人处被作为物质保存（比如电子邮件和短信）。[26] 相反，以口头或者推断形式发出的意思表示是无形的。为了语言简洁，下面只提及书面的和口头的意思表示，但其也指与之相应的有形的和无形的意思表示。

书面的意思表示是依发出人的意思有目的地到达，而非随机地。[27] 以便在受领人能力范围内在通常情况下即为其所知。[28] 将信面交给收信人是一种情况。但是如果信件被投入其家庭信箱时，具体还要考虑其白天清理邮箱的时间。至于受领人当时是否实际阅读该信则是他的事；因为此处起决定作用的是可能性，而非知悉。可能性要求的合理性在于，许多案件中表意人不能影响到实际知悉，其只能让意思表示到达受领人的能力范围。 95

示例： S想终结（kündigen）其与E之间的办公场所租赁合同。依据该租赁合同，要到3月31号才可以解除。这一天，S做好解约通知，但是由于疏忽一直放着，直到第二天其才想起该事。因此，其亲自将该解约书送到E的办公室并塞到了其信箱23点到达的信中。该解约通知准时到达了吗？

该问题应被否定。在一般情况下，如此处所述，送给公司的信件第二天才被阅读。[29] E知悉的可能性已经在信被投入邮箱时即实现，而非其在办公室开始工作的时间。

一些其他的自由推理有，如果E在24点前仍来办公室寻找该信，意思表示会被实际知悉吗？所以这不取决于所期待的、符合事物正常发展的结果，抑或只是基于表意人意外的幸运。

依据以上相应分析，如何判断**挂号信（Einschreibbrief）**没有到达相对人而是从邮差处获得一个**取信证明（Benachrichtigungsschein）**的情形。[30] 此时不是在该取信证明投入邮箱时，而是在受领人领取邮件时视为到达。[31] 但是，这是有争议的。其他观点认为，一般情况下，该信在相对人从邮差处获得取信证明时即为到达。[32] 如果相对人没有到邮局取邮件的话，还要取决于该行为被视为恶意阻止到达。如果是，那么依据诚实信用原则（第242条）视为该意思表示已经到达了此相对人。[33] 96

---

[26] 《慕尼黑民法典评注》/Einsele，第130条，边码2。

[27] 联邦劳动法院判例，载《新劳动法杂志》，2011年卷，第341页，边码25，（本文始于第340页）。

[28] 详细论述见给高年级学生的司法考试相关问题，见Lindacher/Hau：《民法总则案例》，案例10。

[29] 参见联邦普通法院案例，载《新法学周刊》，2008年卷，第843页＝《法学教育》，2008年卷，第651页；其他观点见Leipold论文，载《梅迪库斯纪念文选》，2009年版，第251页。

[30] 这只出现在先投递挂号信中。邮差投到邮箱里的挂号信的到达与其他普通信件一样处理。参见Reichert论文，载《新法学周刊》，2001年卷，第2523页。

[31] 联邦普通法院案例，载《新法学周刊》，1998年卷，第977页（本文始于第976页）；2007年卷，第1350页，边码34（本文始于第1346页）；布兰登堡州高等法院判例，载《新法学周刊》，2005年卷，第1586页（本文始于第1585页）；Franzen论文，载《法学训练》，1999年卷，第433页（本文始于第429页）；Höland论文，载《法学教育》，1998年卷，第355页（本文始于第352页）。

[32] Wolf/Neuner：《民法总论》，第33章，边码16。关于出租邮箱到达的特殊规则见斯图加特州高等法院判例，载《新法学周刊》，2012年卷，第2361页及其下（本文始于第2360页）。

[33] 联邦普通法院案例，载《新法学周刊》，1998年卷，第977页（本文始于第976页）；2007年卷，第1350页，边码34（本文始于第1346页）。

然而此处需要注意的是，不能从取信通知中得出谁是挂号信的发出人和该信有何意义。[34]

97 **电子形式的意思表示（elektronische Willenserklärung）**[35] 在其以某种方式到达受领人的能力范围内，并在通常情况下可为其知悉时到达（参见关于电子商务的第 312g 条第 1 款第 2 句；边码 179 及其下）。电子邮件发送的意思表示到达的前提是受领人开通了电子邮件。受领人仅仅有电子邮箱的地址还不够，其还需要通过通知，比如以信件、名片或类似书面形式告诉对方，其已经准备好通过该方式来受领意思表示。[36] 在电子商务的正常办公时间内，如果该电子邮件在电子邮箱中显示为已撤回状态，但是通常还可以知悉内容的话则其为到达。[37] 反之，如果受领人在这期间外实际获悉则为例外。然而，当受领人为私自然人时，将书面形式的意思表示到达规则移植到电子形式的意思表示时则需要再考量。即，电子邮件进入电子邮箱类似信件被投入邮箱似乎就是已经达到（见边码 95）。但是，此处不能认定私人一直在查看邮箱是否有电子邮件。然而，由于人们可以期待邮箱在 24 小时内会被查看，因而可以确定这样的简单规则，即电子邮件最迟在到达邮箱后 24 小时内视为到达，如果受领人在此前对此尚未知悉的话。[38] 鉴于移动通信工具在私人范围内的普及，标准的交往观点可以对非企业性的受领人降低到达的要求。

98 类似的考量还适用于传真的到达。在其上同样区分商人和私人。在商人处，传真在传真机正常的工作时间打印出意思表示文本，且受领人能够因此对意思表示知悉时到达[39]；而在私人处，如果传真已被打印出，但是晚上才被知悉，则晚上到达。但是对于传真的例外情形是深夜到达的传真：这些则到第二天才到达。[40] 对于因出现功能障碍而导致的到达阻碍的法律后果问题见边码 105 及其下。

99 如果对一个（需要受领的）意思表示已经约定遵守一定的形式（见边码 57、64），则其必须以该形式发出。[41] 比如意思表示需要以公证的形式作出，则只有当意思表示受领人获得出具的公证文书时才有效。[42] 对意思表示以法律规定的发出方式

---

[34] 对此见联邦普通法院案例，载《新法学周刊》，1998 年卷，第 977 页（该文始于第 976 页），该案例原则上认为发出人有义务作出一切必要的和可行的行为，以便让相对人获得意思表示。一般情况下，在获知到达失败时，表意人需要重新作出行为让该意思表示到达受让人的能力范围。

[35] 详见《慕尼黑民法典评注》/Säcker，导论部分，边码 182 及其下。

[36] Brox/Walker:《民法总论》，边码 150b；Köhler:《民法总论》，第 6 章，边码 18；其他观点见 Grigoleit/Herresthal:《民法总论》，边码 14 及其下（对接受意思表示做好准备就足够，但是对私人的接收人的到达需要限制）。

[37] 麦尔多夫基层法院案例，载《新法学周刊》，2011 年卷，第 2892 页（本文始于第 2890 页）。

[38] Taupitz/Kritter 论文，载《法学训练》，1999 年卷，第 842 页（本文始于第 839 页）：对于第二天持有异议；同样见：Thalmair NJW 2011，第 16 页（本文始于第 14 页）；Bork：《民法总论》，边码 628。Leipold：《民法总论》，第 12 章，边码 23：如果该电子邮件最迟在下班之前到达，则赞成当天到达；同样见 Nowack 论文，载《德国法月刊》，2001 年卷，第 842 页（本文始于第 841 页）。

[39] 联邦普通法院案例，载《新法学周刊》，2004 年卷，第 1320 页；同样比较：联邦普通法院案例，载《新法学周刊》，1994 年卷，第 2097 页（关于一个法院传真的到达）。

[40] Taupitz/Kritter 论文，载《法学训练》，1999 年卷，第 842 页（本文始于第 839 页）。

[41] 《慕尼黑民法典评注》/Einsele，第 130 条，边码 33。

[42] 联邦普通法院案例，载《新法学周刊》，1995 年卷，第 2217 页。出具的公证书（＝带有出具标注的、正式制作的文件副本，参见《公文证书法》第 49 条第 1 款）且不是文件本身必须到达接收人，意指证书必须要留在公证处。

到达受领人这一要求的合理考虑在于，只有这样才能明确知道约定的形式已被遵守并因此促成意思表示生效。

书面形式的意思表示如果当面交给了传达人，则也算到达相对人。**受领传达人（Empfangsbote）**是被授权为相对人受领相应内容意思表示的人（对此不同于消极代理人或**受领代理人（Empfangsvertreter）**，见边码 1161）。如果缺少（明示的或默示的）授权，为了减轻法律交往负担，则会依据交往经验将具有传达人地位的人视为传达人。[43] 比如相对人的一个成年的家庭成员[44]和同事，依据他们的作用而必须受领一些意思表示（律师助理、商业雇员、秘书等）。如果依据这些标准该人不能被认为是相对人的传达人，则其将被视为表意人的传达人，在为表意人"传送"意思表示（即：**表示传达人（Erklärungsbote）**），这样，在传送中的错误以及迟延会归咎于表意人。 100

示例（边码 95）派生：M 在 3 月 31 日中午将解约书给了 V 的 4 岁儿子。该孩子将信扔掉了。该情形下意思表示则没有到达，因为 4 岁孩子没有明确被授权为其父亲受领意思表示，依据交往经验也不能视为被授权。该孩子是 M 的传达人，因此其将书信丢失由 M 来承担责任。

对借助受领传达人的到达必须要注意，不是所有的情况都在受领传达人获得意思表示的时候到达。因为到达还取决于受领人在通常情况下能够对意思表示知悉和表意人对该知悉能够预计到（边码 95 及其下）。如果受领传达人在家外面或者办公场所外，则要在受领传达人回去将意思表示转达相对人后其才能知悉。[45] 如果受领传达人在相对人的能力范围内耽搁（比如：相对人的秘书要在办公区域内在办公时间转交一封信），则意思表示在相对人的传达人收到该信时到达，因为该时间点上相对人知悉的可能性已经存在（边码：107）。[46] 101

当场者之间的口头意思表示（依据第 147 条第 1 款第 2 句，电话交流也属于此），如果受领人能够听到则为到达。但是，受领人必须能够正确理解意思表示。如果意思表示受领人由于耳聋或者不懂表示所用的语言而未被理解或未被正确理解，则该意思表示没有到达，表意人在此范围内承担风险（**知悉理论（Vernehmungstheorie）**）。但是基于交易安全考虑，主流观点将此原则作为例外——当表意人没有合适的理由就怀疑受领人是否正确听到了他的话的情形。[47] 据此，一个口头 102

---

[43] 联邦普通法院案例，载《新法学周刊》，2002 年卷，第 1566 页（本文始于第 1565 页）；联邦劳动法院案例，载《新法学周刊》，1993 年卷，第 1094 页（本文始于第 1093 页）；Wolf/Neuner：《民法总论》，第 33 章，边码 45；限制性观点见 Köhler：《民法总论》，第 6 章，边码 16：交往经验只是接收人授权的可反驳的间接证据。

[44] 这也适用于人们将意思表示在家外面告诉其家庭成员，比如相对人的婚姻伴侣；联邦劳动法院判决案例，载《新法学周刊》，2011 年卷，第 2604 页＝《法学训练》，2012 年卷，第 68 页（作者：Faust）＝《法学教育》，2012 年卷，第 67 页（作者：Schwarze）。

[45] 参见联邦普通法院判例，载《新法学周刊》，1994 年卷，第 2614 页（本文始于第 2613 页）。

[46] 联邦普通法院判例，载《新法学周刊—判决报告》，1989 年卷，第 759 页及其下（本文始于第 758 页）。

[47] 联邦普通法院案例，载《证券资讯》，1989 年卷，第 652 及其下（本文始于第 650 页）；Weiler 论文，载《法学训练》，2005 年卷，第 791 页（本文始于第 788 页）；Leipold：《民法总论》，第 12 章，边码 28；Bork：《民法总论》，边码 631，每处都有详细证明；其他观点见 Wolf/Neuner：《民法总论》，第 33 章，边码 39。

的意思表示是有效的，即使受领人由于表意人所不知的、特殊的接受障碍没有或者没有正确和全部知悉意思表示。该观点应当被支持，因为其合理分配了到达的风险。

示例：

（1）V 以口头方式解除他与一个外国商业用房承租人 M 之间的合同关系（对于租赁商业用房适用第 568 条第 1 款而非第 578 条）。正如 V 所知，M 的德语很差，M 没有听懂，却点了头。

（2）B 打电话给 C 要预订 200 吨小麦。B 不知道 C 听觉迟钝，C 理解成"100 吨"并答应供货。

第一个案件中 V 必须要知道 M 听不懂他的话。其必须要再问以便确认 M 是否已经正确理解了他的解约意思。这样解约通知才已经到达。第二个案子则不同：因为 B 不知道 C 听力迟钝这件事，C 应该对订货的数量再重复一遍来排除误解。因此，B 的合同要约已经有效到达，并且已经得到供货承诺（后面有合同成立的具体细节）。

103 对当场者作出的**口头**意思表示也可以有传达人。如果传达人是表意人安排的，即**表示传达人（Erklärungsbote）**（比如：大个子让其 10 岁的儿子对小个子说，他想要让小个子送三箱啤酒来），则意思表示在传达人将该意思表示转告相对人时到达。传达人迟延或者没有转告的风险也就由表意人承担。如果一人的意思表示在相对人的能力范围内说出（比如大个子打电话给小个子说要订啤酒，该电话被小个子的同事接听到），则（受领人的）传达人对意思表示的受领意味着意思表示已经到达，不管该**受领传达人（Empfangsbote）**在相对人的能力范围内耽搁多久才将该意思表示转告相对人（边码 101）。

104 **受领传达人是否准时且正确地向受领人转告的风险在任何情况下都是由受领人来承担**（此处与消极代理人及受领代理人之间的案例不同）。基于该风险，表意人必须特别注意（基于交往经验认为有权的）受领传达人是否适合去转告（边码 111）。需转告的意思表示越复杂对传达人适格性的要求就越高。示例中（边码 114）小个子的同事对转告（简单的）订单而言是完全适格的，且根据其在经营中的地位已被授权去作出承诺。相反，对于保安或清洁人员则不可以，因为接受订单明显不是他们的任务，且也不应该会被视为被授权。如果一个守夜人被大个子视为受领传达人，则该订单要在被转告给小个子或者一个合适的受领传达人（秘书）时才到达。如果该守夜人忘记转告，则由表意人承担损失。

105 **需要受领的意思表示在实际抵达受领人后的风险也要分担。**到达前的风险由表意人承担。如果该意思表示在去相对人的路上丢失而导致到达被延后或者通过电子邮件发送的消息因残缺而不能理解，这些不利情况都由表意人承担。同样，公共网络断线或者受干扰而导致数据传送失败也由发件人承担。[48]

106 相反，对于在受领人能力范围内因干扰而妨碍了其对意思表示的获悉，则由受

---

[48] 联邦普通法院案例，载《新法学周刊》，1995 年卷，第 667 页（本文始于第 665 页）。

领人自己承担。这同样适用于电子形式的意思表示。如果传真到了受领人的存储器中则意思表示已到达，之后如果自己的传真机受干扰而不能打印（比如塞纸或纸张缺陷）就进入了相对人承担的风险范围。[49] 相应地也适用于当一个电子邮件由于技术错误被受领人的垃圾邮件拦截软件删除而没有抵达的情形。[50] 在这些案件中，如果发件人知道接受人处的阻碍，则认为发件人应该有义务重新转发他的消息。[51]

需受领的意思表示的路线图如下： 107

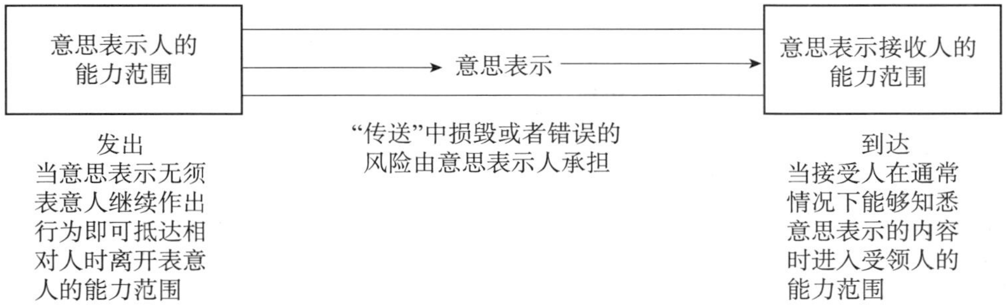

如果**撤回**（**Widerruf**）的表示在意思表示到达相对人之前或者同时到达，则该意思表示不生效（第 130 条第 1 款第 2 句）。撤回是否同时被作出，完全取决于其到达时间和待撤回要约的到达时间。如果撤回在意思表示之后到达，但是意思表示相对人首先阅览撤回内容，然后才知悉意思表示内容，那么该撤回仍然无效，因为其已迟到。 108

示例：小个子在批发商大个子那里买了 500 公担（1 公担等于 100 千克——译者注）小麦。为了能够履行该合同，大个子于 5 月 5 日以传真方式向汉德尔订购了小麦。第二天大个子得知，针对小个子财产的破产程序已经启动。其马上传真给汉德尔，其不再购买小麦。[52] 汉德尔 5 月 5 日外出，5 月 6 日时看到了在办公桌上有两封未开封的远方来信。碰巧其先阅读了撤回内容，然后才读了订单内容。第一份传真是在 5 月 5 日到达汉德尔的能力范围，其在正常情况下（如果没有不在场）会在那时知悉订单的内容。这样，大个子要缔结合同的意思表示就已经到达了（边码 109）。相反，第二份传真 5 月 6 日才到达，因此该撤回已经迟到，丝毫不能改变订单的效力。

与此结论相反，一些文献中认为，仅仅基于法律的字面意义来认定撤回迟到是不合理的，其虽然在意思表示之后到达，但是毕竟同时被相对人知悉。该种情形下可能一开始就没有值得保护的相对人基于对有疑问的意思表示而产生的信赖。[53] 但 109

---

[49] Taupitz/Kritter 论文，载《法学训练》，1999 年卷，第 842 页（本文始于第 839 页）；Leipold：《民法总论》，第 12 章，边码 25。

[50] 参见多塞尔多夫州高等法院判例，载《德国法月刊》，2009 年卷，第 974 页。

[51] 参见联邦普通法院案例，载《新法学周刊》，1998 年卷，第 977 页（本文始于第 976 页）。

[52] 不考虑第 312d 条第 1 款规定的撤回权，因为大个子不是消费者（见第 13 章），且不涉及远程合同（见第 312b 条）；具体细节见后面。

[53] Hübner：《民法总论》，边码 737；Lindacher/Hau：《民法总则案例》，案例 4；比较 Leipold：《民法总论》，第 13 章，边码 4。

是主流观点认为该撤回迟到。[54] 其依据一方面是法条规定，另一方面则在于得出的结论未必不合理：依据第 130 条第 1 款，意思表示受领人承担及时知悉的风险，因为这只取决于正常情况下可能知悉，而不是知悉；因此，意思表示的不可撤回性（参见第 145 条）保障了相对人对意思表示到达所涉及的利益，这是合乎逻辑的。

案例和问题[55]

1. 什么是法律行为？您知道法律行为有哪些类型？

2. 意思表示与法律行为的区别有哪些？

3. （无缺陷的）意思表示有哪些构成要件？

4. 依据哪一观点来判断一个意思表示是否可以产生法律拘束力？

5. 意思表示以何种方式发出？

6. 什么是“需受领的”和“无须受领的”意思表示？请分别举例！

7. 无须受领的意思表示在什么时候生效？需受领的意思表示在什么时候生效？

8. 游客 A 在葡萄农庄散步时进入了一场地，这里正好在举行一场拍卖会，但是从一个正常的小酒店里走出来的 A 没有注意到。A 坐到一张椅子上与跟在其后面的妻子挥手，以让其妻能够看见他。拍卖人指出 A 的行为符合与该拍卖会上约定的通过举手报价的行为，在报价作出后如果没有人提出更高的价格，那么，该桶葡萄酒就归他。A 听到该提示后如梦初醒。该合同成立了吗？

9. 企业领导 A 签署呈送上来装在文件夹里待签字的一些商业信件。由于其较忙碌，故只是在签字前简单地浏览一下文件。其弄错了文件中的一份 B 公司的订单。是 A 亲自吩咐要求拒绝订单，其也以为是关于拒绝要约的内容，但是实际上签的是承诺内容。A 问，该承诺是否有拘束力？

10. 个体工商户 A 向批发商 B 写了关于 20 件不同大小和颜色的订单的卡片。然后其又想到了其他一些事情，就想将该卡片扔进废纸篓里。但是卡片落在纸篓外边被其女儿 A 发现，A 认为应该是不小心从桌子上落下。她于是将卡片邮寄出去。当衬衫送来时，A 问，他的要约是否已经生效？

11. K 打电话给 V 要订 3 台不同牌子的电视机。打电话时 V 已经下班。电话被一看门人 P 接听，其将该订单小心地记下来，但是对此 V 并未授权。P 将其所写的 K 的订单放在了 V 的秘书 S 的桌子上。S 第二天 8 点开始上班时在那里发现了纸条。当 V 9 点上班时 S 将该订单转交 K。该订单什么时候生效？

12. A 打电话给饮料商 B，并在其处订了一桶白啤酒。如果具有听力障碍的 B 理解为是“白葡萄酒”，当其将“预订的物品”按期送货时，该关于一桶白啤酒的

---

[54] 联邦普通法院案例，载《新法学周刊》，1975 年卷，第 384 页结尾处（本文始于第 382 页）；《慕尼黑民法典评注》/Eisele，第 130 条，边码 40，更多此意义上内容见第 12 版，边码 85。

[55] 参见《关于使用本书的说明》中第 22 页。

买卖合同还成立吗？该判断是否取决于 A 对 B 的听力障碍知情？

13. A 写信给 B，向其提出要将他的邮集以10 000欧元卖给他。当信被寄出时 A 得知他对一些邮票的价格估价太低，于是后悔那个报价。在 B 收到该信前 A 就此事打电话给 B，对他说报价无效了。很想得到该邮集的 B 想知道，A 是否无须再遵守该合同？

14. 如前案例，但是只是作一下变动：在打电话时信件已经到达 B 处；但是其还没有阅读，所以当 A 给 B 打电话时，B 还不知道该要约。

第三章
合同的成立

第一节　概论

一、合同的概念

110　如上所述，合同是多方法律行为（边码 46 及其下），因此需要多人（多数为两人）参加。因订立合同而产生的法律效果是合同之债的基础。该后果的出现是当事人——合同各方所期望的。但是如果该法律效果取决于合同各方的共同意志，则毫无疑问，他们的意志必须要相符，因此他们所发出的意思表示就必须取得一致。

示例：马克斯对弗里兹说："我想以 100 欧元买下你的自行车。"弗里兹回答："同意！"马克斯的意思表示与弗里兹的意思表示取得一致，这样他们之间就成立了一个有效的合同（如果该有效性没有被其他理由所否定的话——比如基于当事人尚未成年）。

另一种情形是，马克斯说："我想以 100 欧元买下你的自行车。"弗里兹回答："150 欧元我就将它卖给你。"这里对该关键内容，即价格是多少，并未达成一致。因此，在这种状态下该合同就没有被订立。

111　因此，**合同（Vertrag）是对合同主体间协商一致的法律关系的内容的记录**；合同各方同意引起一个他们共同期待的法律效果。有时将签约（即法律行为的实施）称为"合同"，有时将当事人引起的债务关系称为"合同"。从上下文中往往就直接得出各自指称什么，因此不必担心会有太大的混淆。

112　在涉及人的团体（协会、公司）形成意志来做**决定（Beschluss）**时也涉及一个多方的法律行为（边码 53 及其下）。不同于合同的是，其中有疑义的人也会受到其约束。因为一般而言，对该类决定不是适用意思一致原则，而是适用多数决原则。

示例：一个协会的会员大会通过必要多数决（参见第 32 条第 1 款第 3 句、第 40 条）来选组一个董事会（第 27 条第 1 款）。该决定对所有协会成员都有拘束力，包括那些没有参加的人和投反对票的人。

《民法典》中并没有规定合同的具体概念，但是第 145 条到第 157 条对其条件做了规定。在这些条款中规定了合同的**要约（Antrag）**（又称为 Angebot 或 Offerte）与**承诺（Annahme）**以及它们之间的区分对合同成立的意义。二者都涉及需受领的意思表示，因此其生效取决于它们到达相对人的时间（第 130 条第 1 款第 1 句）。 113

上面例子中马克斯的意思表示，其想要购买弗里兹的自行车是要约，弗里兹同意的回答是对该要约的承诺。如果人们仅从形式上考查这两个意思表示的话，则如下所述：马克斯说："我，马克斯，对你，弗里兹，发出一个关于订立以 100 欧元价格来购买你的 X 牌自行车的买卖合同的要约。"弗里兹回复："我，弗里兹，接受你的想签订买卖合同的要约。"我们知道，没有人会如此刻板地讲话。合同双方用重要的描述性话语即可实现对法律意义内容的交换。

由于发出的意思表示必须互相一致，所以十分清楚的是，要约必须如对方所发出的那样被承诺。如果要约的受领人说，他原则上同意合同成立，但是在一些点上仍想要修改，那么该合同（还）没有被缔结。相反，必须等到另一方同意修改的内容。 114

如果弗里茨对马克斯的买卖合同要约回应为，其不想以 100 欧元，而是以 150 欧元出售，则在法律上涉及对马克斯要约的拒绝，同时弗里茨对马克斯作出了新要约（第 150 条第 2 款）。该以 150 欧元为价格的买卖合同是否成立，现在则取决于马克斯的回应。

如上所述，生效的合同以合同各方对相关法律行为的所有需规制的内容的**合意（Einigung）**为前提。哪些点在该意义上需要调整则由合同的类型和相关法律规定来决定（具体见后面内容）。特别是合同订立者必须对那些特殊性的约定（买卖合同无论如何都须涉及买卖标的）取得一致。 115

双方主体间的合同成立用图表示为： 116

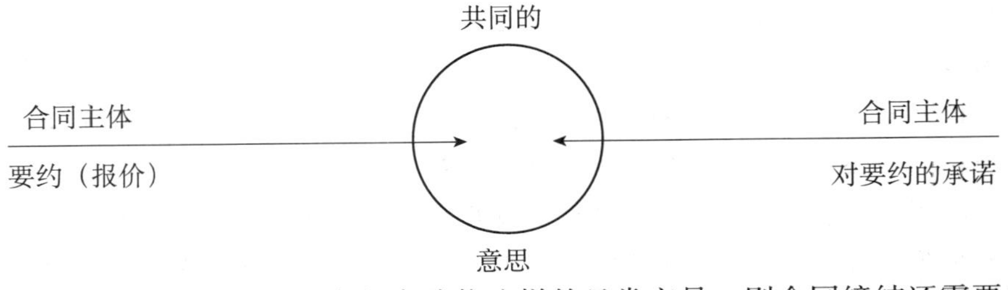

显而易见，如果不是在超市购物这样的日常交易，则合同缔结还需要以这些合同行为为前提，即一方首先说出待签合同的内容，并因此大概确定要约（见边码 146）。最后这些商谈一般会进入具体的合同缔结框架中。理想的是双方主体各自接受由第三方（比如公证人）提交的合同草案。因为待订立的合同的意思表示几乎一样，人们不能区分哪些是要约哪些是承诺。 117

118 多方主体参与几乎不改变该结构图：

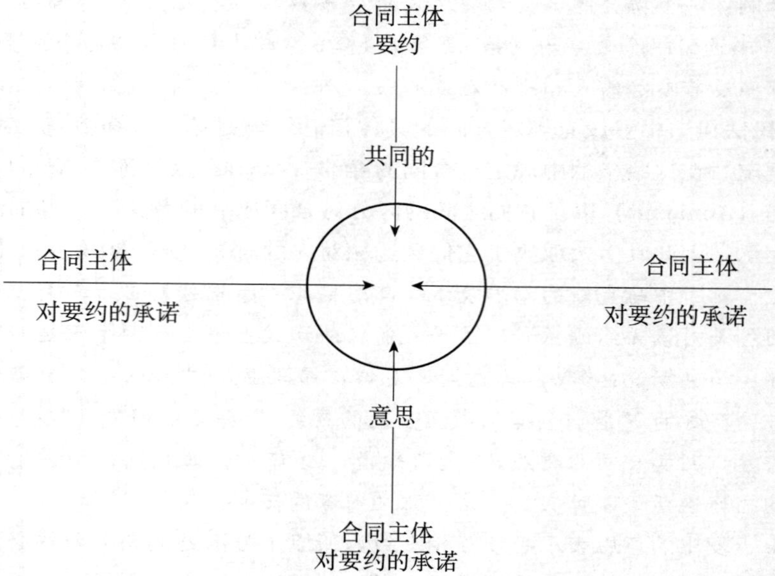

二、合同的种类

119 迄今为止，所有示例中涉及的都是债权性合同。其以创制合同主体间的请求关系（Forderungsbeziehung）为特征（参见第 241 条第 1 款，其不仅对合同之债有效）。① **请求关系的内容是一个人——债权人对另一个人——债务人享有的请求权（Anspruch）**，即要求他人作为或不作为的权利（参见第 194 条第 1 款）。一个债权性合同不仅可以让合同的一方主体，而且可以让合同的双方主体都获得该请求权。

示例：当马克斯与弗里兹签订一个关于自行车的买卖合同时，马克斯作为买方可对弗里兹请求交付，即转移对物的事实上的控制，和转移自行车的所有权的权利（参见第 433 条第 1 款第 1 句）。与之对应，弗里兹作为卖方获得了向马克斯要求支付买卖价款的权利（参见第 433 条第 2 款）。相反，如果弗里兹承诺将该车送给马克斯，则该赠与合同（关于形式上的要求见第 518 条）只创设了一个单方的义务，即弗里兹的义务。

120 该差异也是单务合同和双务合同区分的体现。现在人们还可依据义务为双方主体平均分担还是主要为一方承担为标准对双务合同再区分。

示例：马克斯需要一个特别好的自行车以在假期做一个长期旅行。他问他的朋友弗里兹，是否可将自行车交给他使用。弗里兹表示同意。两个朋友之间达成了借用合同。该合同虽然对双方都赋予了义务，但是这些义务主要是出借方弗里兹的事情。其负有让借方无偿使用其自行车的义务（第 598 条）；其要承担——仅故意或

① 债的关系（请求关系）可以因法律行为或符合法条特定构成要件的事实行为而产生。我们已经在一个侵害他人的例子中有所了解（边码 48），对此我们还要回顾。

者重大过失（第 599 条）——没有履行承诺而造成损失的责任；依据第 600 条，其必须要对因恶意隐瞒瑕疵而造成的损失承担赔偿责任。相反，借用人的义务在法律上会受到一定限制；其要承担维护费用；其只可按合同约定的方式使用该物；以及在借用期届满后负有返还的义务（参见第 601、602、603 条）。

如借用合同中，将合同的主要内容设定为合同一方的特定义务（即主（给付）义务）的双务合同，称为**不完全双务合同（unvollkommen zweiseitiger Vertrag）**。其他合同双方在法律意义上具有对价和依赖关系的合同，称为**完全双务合同（vollkommen zweiseitiger Vertrag）**或**完全对价合同（vollkommen gegenseitiger Vertrag）（＝对等合同（synallagmatischer Vertrag））**。 121

对等性（Synallagma）是指在某一法律关系框架内双方对立的义务可被交换。合同一方的给付依赖于另一方的对等给付。“do ut des”（拉丁语：我给，与此同时你也给）表明了对价合同（对等合同）的基本思想。如果上述示例中马克斯和弗里兹约定，马克斯须对转让自行车支付费用，这就涉及了租赁（参见第 535 条；差异：租赁有偿，借用无偿）。在租赁中，承租人负有一个主要义务，即支付约定租金的义务。因此，租赁不同于借用，是一个对等合同。 122

不完全双务合同和对价（对等）合同之间的区别绝非仅仅为了区分而区分，而是具有重要现实意义。在运用《民法典》中的相关合同条款前必须要回答一个问题，即其是否只适用于对价合同，还是也适用于其他合同。即从第 320 条到第 326 条是基于合同双方相互的对待给付，因此只适用于对价合同。反之，第 145 条到第 157 条则适用于所有合同。 123

但是，合同形式的法律行为不只在债法范畴内设立请求关系，也在民法的**其他领域，如物权法、家庭法和继承法中**，设立请求关系。合同属于哪一领域可依据合同的客体确定。 124

物权法范畴内的物权合同涉及设立或变更物权，即物上的权利（比如所有权）。转让不动产所有权的必要的合意（参见第 873 条第 1 款）就是一个物权合同。这同样适用于所有权人与受让人之间关于转让不动产所有权的合意（参见第 929 条第 1 句）。家庭法上合同的例子如婚约（参见第 1297 条）。② 继承法上的合同如继承合同（第 2274 条及其下）。 125

提纲概览如下： 126

下面有关合同成立的叙述原则上涉及所有这些分类，由于债法领域中的内容创制自由（马上讲到）范围很大，所以会在此范围内存在一定差异，但是在其他领域则受较多限制。 127

三、合同自由

《民法典》中主要的合同自由原则包括自由决定是否订立合同及与谁订立合同 128

② 依据主流观点，将婚约视为合同是没有疑义的。具体见《慕尼黑民法典评注》/Roth，第 1287 条，边码 4 及其下；Strätz 论文，载《法学教育》，1984 年卷，第 450 页及其下（本文始于第 449 页）。

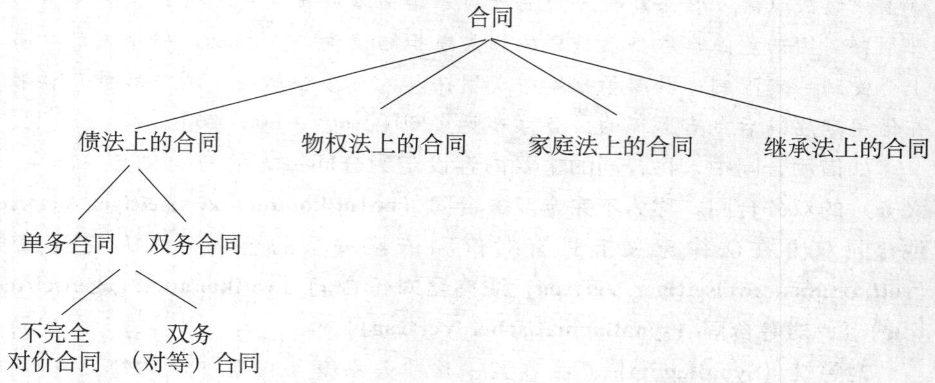

（**缔约自由（Abschlussfreiheit）**）的权利，另一方面是自由创制合同内容的权利（**创制自由（Gestaltungsfreiheit）**）。为了确保合同自由原则不被滥用和保护更高位阶的价值（比如一些基于社会福利国家而得出的原则），必须设置限制规则：

- 当存在**缔约强制（Abschlusszwang）**（**缔结强制（Kontrahierungszang）**）的时候缔约自由就失效。如果缔结的合同涉及给付生活必需品，比如电、水和气，则作出该类给付的主体负有特别法上规定的合同缔结要求的义务。
- 相反，合同自由可能受**缔约禁令（Abschlussverbote）**的限制。比如，青少年不得被安排一定的危险或有害健康的工作（见《青少年劳动保护法》第 22 条及其下）。
- 缔约自由还受**强制法（zwingendes Recht）**和**法律禁令（gesetzliche Verbote）**的限制。比如第 134 条意义上的法律禁令禁止一定的法律行为，该强制法使得合同主体在设置法律关系时需要遵守该类规定。同样，创制自由还受到善良风俗的限制。依据第 138 条，一个违反善良风俗的法律行为是无效的（具体细节见后面）。

129 合同自由原则及其限制见下图：

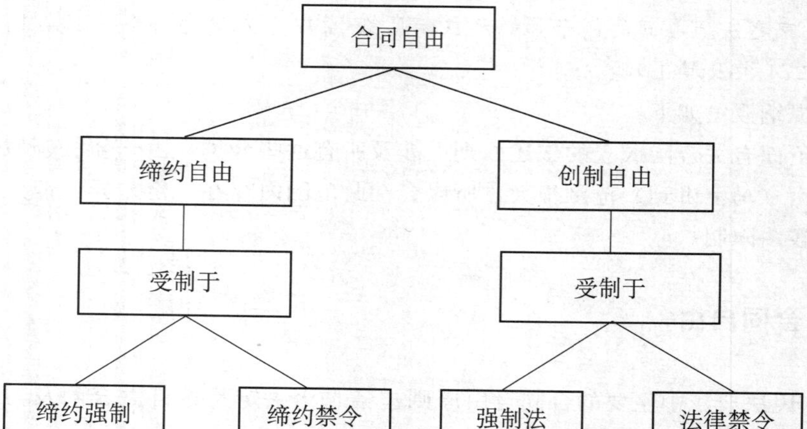

130 对于具体细节这里则并不涉及（对此参见慕斯拉克/豪：《〈民法典〉司法考试教程》，边码 2 及其下）。只需提及的是一些体现为限制合同自由的预先规定。立法者偶尔规定，特定的规则只可明确地约定，而非推定地约定（参见第312a条第3款第1句）。此外，当合同内容并非是合同主体约定的，而是一方主体借助一般交易条件确定的，则需要严格控制该合同内容（参见第305条及其下，同样比较慕斯拉克/豪：《〈民法典〉司法考试教程》，边码74及其下）。

没有限制的合同自由是指，《民法典》规定一定的合同类型，以便民事主体缔结法律行为。法律基于此来支持正当作出的法律关系。债法范畴里的此类合同类型有买卖合同（第433条及其下）、借贷合同（第488条及其下）、租赁合同（第535条及其下）、用益租赁合同（第581条及其下）、借用合同（第598条及其下）、劳务合同（第611条及其下）和承揽合同（第631条及其下）。 131

不同于**法律概念（Rechtsbegriff）**具有严格的范畴和内涵，一个**合同类型（Typus）**的轮廓是模糊和灵活的。法律规定的合同具有一系列的要素，但在一个具体合同中并非必须具备所有的要素，合同各方也不都要全部引用法律规定的所有内容来构建自己的法律关系。因此，合同类型对合同主体而言一般是自由的，不管其是否放弃法律对某个合同类型的规定而约定一个个性化的合同。合同各方同样可以创制一个法律规定的各个合同类型的混合形式，比如结合买卖合同与劳务合同来约定合同价款不用现金支付，而是让买方提供劳务。这些合同混合类型在当今经济生活错综复杂的关系中经常出现（具体见慕斯拉克/豪：《〈民法典〉司法考试教程》，边码104及其下）。以后还会讲到经济生活中所创制的、法律中根本没有规定的合同类型。 132

此处我们提到了与强制法相反的**任意法（dispositives Recht）（软法（nachgiebiges Recht））**。强制法意义上的法律条文不允许合同各方改动或利用自己的约定来替代，并且全部都是详细的而非概括性的规则。合同法中主要存在的是任意法，但是涉及一些值得注意的限制规则，如消费者保护、住房租赁、保险及劳动就业等。 133

第二节 合同的订立

一、意思表示的解释

如前面有关对“合同”概念的描述中所提到，一个合同约定是通过一方向另一方作出订立要约，另一方对要约作出承诺而成立（边码124及其下，边码159及其下）。要约必须明确、具体地表述合同的主要内容，如此表达是为了仅通过一个“同意”来接受，合同即成立。但是日常生活中的合同订立却完全是另一种情形。 134

示例：K对V说：“你的汽车对我而言值2 000欧元。”V回答：“我绝不会低于3 000欧元出售的。”K回应：“2 800欧，如果你把收音机留给我的话。”V回道：

“2 900欧。”K对此回复：“好吧，但是我要明天前拿到车。”V回答道：“可以，但要现金。”K留了一句：“我明天等你到四点”就走了。谁在此处作出了合同要约？谁作了承诺？此处有合同成立吗？如果有的话，那么合同内容是什么？

135 该例子中涉及针对V的小汽车的买卖合同的缔结。其基于合同双方的意思表示，且对此并没有使用必要的“买”这一概念。不管是对要约还是对承诺所涉及的意思表示的意义和含义的理解，不是仅仅基于字面，而且还要依据其作出时的外部环境和事实关系（边码58）。如果一个意思表示的意义不明确，就必须通过**解释（Auslegung）**来确定对其如何理解。③ **解释的目的是得出客观的意思表示上的意义**，弄清楚具有多重含义的、且仅仅依据字面内容尚不清楚的意思表示的客观意义。一个丝毫没有解释必要性的意思表示在理论上是不存在的。因为一个意思表示的意义是明确的，因此（另外）解释是多余的这一判断即已表明了对该意思表示（通常是无意识地作出的）解释的结论。

136 **在需受领的意思表示上**具有决定意义的不仅仅是表意人想表达什么，还有受领人实际上对该意思表示是怎样理解的。确切地说，这取决于在个案的具体情形下（如所举谈判的例子中的意思表示是在什么时间、地点作出的）根据受领人对该意思表示可能具有何意义的理解，而这需要借助于**交易习惯（Verkehrssitte）**（即基于交易中实际上经常出现的行为④），和诚实信用原则。因此，具有决定性意义的是，当意思表示受领人在谨慎地考虑到所有这些规则后是如何理解的**（基于客观标准的受领人视角的解释）**。⑤ 对于解释而言只需要考虑意思表示受领人已知和应知的情况。⑥

137 客观标准解释意思表示的**法律依据（Rechtsgrundlage）是第133条和157条**。依据条文内容，第133条针对意思表示，第157条针对合同。据此，必须合同成立后才可以适用第157条。基于严格的字面含义，第157条适用范围还涉及单个意思表示和已生效的合同问题。

依据该解释原则及第150条第2款，示例（边码134）中K和V作出的意思表示中所涉及的对意思表示的补充、限缩或者改变，哪些被视为拒绝后的新要约，现在已经不难在法律上进行评价：

一句“可以，但要现金”已作为（最终的）要约实现了合同的订立，因为要求支付现金已确定了该谈话阶段最后一个（新的）必备条款。之前每一方在回应中都提到了额外条件，即拒绝别人的要约并提出新的要约（第150条第2款）。V的意思表示现在包含了所有已商讨过的要点，这样其客观的意思表示的意义具有以下内

---

③ 参见Biehl论文，载《法学训练》，2010年卷，第195页。

④ 有关“民法的姊妹法”商法中交易习惯的最近详细解释请见：Hellwege，AcP 214（2014），853。

⑤ 详细论述请见Wolf/Neuner：《民法总论》，第35章，边码1；Bork：《民法总论》，边码494及其下；Brox/Walker：《民法总论》，边码124及其下。

⑥ 联邦普通法院案例，载《新法学周刊》，2006年卷，第3778页，边码18（本文始于第3777页）=《法学教育》，2007年卷，第454页（Stadler总结）；联邦法院案例，载《新法学周刊》，2007年卷，第2912页，边码10；《新法学周刊—判例报导》，2007年卷，第529页及其下，边码18。

容："我，V，对你，K，提出订立关于我的带有收音机的小汽车以2 900欧元价格出卖，且明天提交汽车时以现金方式支付价款为内容的买卖合同的请求。"K的回答从其客观的意思表示意义上理解为对该要约的承诺。K对交付汽车给定的时间（16点）仅仅是不受约束的期望，并非是合同内容。因为不可能由于该事件对K重要就因此决定该交易存在或取消。有拘束力的是明天的交货时间，这样V可以下午5点或者6点交货。还有一种解释（此处并未提到）是，如果下午4点交货对K而言非常重要，其想将其纳入合同的内容中，那么K的回复就不是对要约的回应，而是理解为对合同内容的补充，则该给定的时间就是对要约的拒绝，是其提出的新要约（第150条第2款）。这里还有一个问题就是，怎样评价V对该要约的沉默这一行为？

人的沉默对自己而言不能视为有任何意思表示上的意义；然而这可能与其他行为一样基于每个案件的特殊性而认为具有表示价值。[7] 特别是当事人之间可以约定一个人的沉默应具有特殊的含义。何况还有沉默也会高深莫测这一说法。 138

示例：A收藏旧地图。其与商人B约定，如果A没有在一周内有相反的要求，则B为其提供其他收藏者的有趣物品的信息并为其购买地图。该案中双方约定了沉默在意思表示上的意义。如果A不想让自己的沉默被B理解为同意的话，则其必须作出拒绝。

值得注意的是，任何人不得单方地确定他人沉默的含义。所以，没有约定的话B就不能强制另一顾客C答复，当其写信给C说其可以以1000欧元的价格买下一个特定的（详细描述过的）地图。如果该案中C不回答，则该沉默就不能视为同意，就如其与B约定那样的。B对此认定没有法律上的权利。另一方面，C的沉默也不意味着同意。因为这样解释也缺乏基础。相反，此处的沉默没有任何意思表示上的意义。

许多情形下，法律明确规定沉默具有一定意思表示上的意义（即：**规制性的沉默（normiertes Schweigen）**）。其中重要一条规定在《商法典》第362条第1款第1句中。据此，一人经营一家商业中介公司来为他人提供确切的商业机会，该条文中对该类企业确定的义务性条件是，对收到的商业机会的要约必须要答复，否则沉默就被视为接受该要约。 139

该条文作为例外情形不容误读，且不允许超出条文字面意义来解释沉默以扩大适用到其他情形中。这些都是错误的。相反，可作反向推理：条文中作了明确规定表明：除此以外，沉默（包括商人的交易中）再无意思表示上的意义。 140

另一个对沉默的法定解释规定在第516条第2款第2句。在赠与情形下，如果被赠与人在赠与人确定的合理的期间内没有拒绝赠与，则无意思表示即表示接受该赠与。相反，第108条第2款第2句中第2个半句、第177条第2款第2句中第2个半句和第415条第2款第2句第2个半句中的沉默则具有消极的内容，因为该些情形下所需的确认视为拒绝。 141

---

[7] 法律交往中沉默意义的基本案例见：Fischinger JuS 2015，294 und 394。

如果上面的例子中（边码134）人们基于特殊情形认为K最后的回答应视为合同要约，那么就必须要考查V沉默的客观的意思表示上的意义。然后人们基于具体情形依据诚实信用原则和交易习惯来得出这样的结论，即沉默应被认定为对要约的同意。其意思表示上的意思是基于对缔结双方之间合同内容的考查而得出。该案件中，K只可以将V的沉默理解为，在其他诸如价格等重要内容达成一致后又对具体交货时间约定的同意。

142 联邦普通法院在诸多不同判决中⑧确立了一个原则，即当依据诚实信用原则要约相对人必须要拒绝要约时，如果沉默则应被认定为同意。特别是在对基于所有最重要的内容都已商谈过且已同意后的最终要约作出沉默时，如果依据具体案例不能得出其他结论的话一般视其为默示承诺。

143 法律交易中的沉默解释用图表示为：

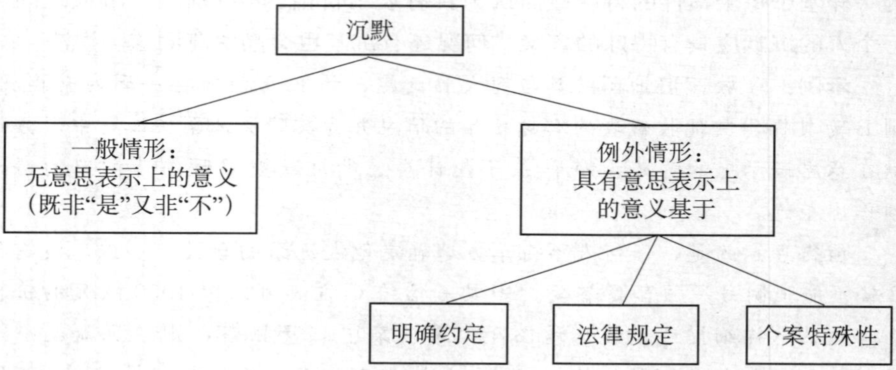

二、要约

144 在疑难案件中，利用解释方法，特别是交易习惯可以判断一个行为是否已作出具有旨在缔结合同的要约还是仅仅是向别人发出邀请，即**要约邀请（invitatio ad offerendum）**。比如展览橱窗里展示的带有标价的商品不能理解为顾客必须要接受的具有拘束力的合同要约。因为不少橱窗都是一直这样摆设的——将物品清走或换掉需要大量的开支。店主对此并非经常可以应付得了。据此，依据交易习惯，橱窗展示物品仅可以理解为对潜在客户作出要约的邀请。考虑到这些就不难对下面案例作出判断。

示例：在布置时将一个价格牌弄错，以致将一价值不菲的钻戒标示为45欧元。A看到标价后就进入L的商店说：“我买这45欧元的戒指。”对于这一标价45欧元的钻戒的买卖合同是否事实上成立这一问题，依据大众一般理解会被否认。A仅仅是发出缔结合同的要约，而L对此报价无论如何都不会接受的。

145 派发商品目录和价格表、报纸广告和剧院节目预告或类似行为都只是邀请他人

⑧ 联邦法院判例，分别载《新法学周刊》，1995年卷，第1281页；1996年卷，第920页（该文始于第919页）；比较科布伦茨州高等法院判例，载《新法学周刊》，2001年卷，第1949页（本文始于第1948页）。

作出要约，即要约邀请。因此，所有这些情形都不属于合同要约，否则对于发出人而言就会有大量合同义务可能要履行的巨大风险。如果将一邮售商店的商品目录理解为合同要约的话，那么可能有更多的顾客认为该要约为已库存的商品。那么该邮售商店可能就会因不履行合同义务而承担损害赔偿责任。对此无法控制的风险没有商人会愿意接受的。⑨

要约邀请必须不是针对特定的人，而是针对不特定人的范围作出（即针对不特定人的报价）。比如依据主流观点⑩，设置**自动售货机（Warenautomaten）**为针对所陈列商品的合同要约。但是人们也可以将设置自动售货机仅仅理解为要约邀请，这样顾客投入硬币为要约，合同成立则取决于自动售货机的反应。⑪ 146

合同要约对要约人具有拘束力，如果其没有排除该拘束力的话（第 145 条）。排除拘束力可以通过"尚未确定"、"不受约束"、"不负任何责任"之类的用词来确定。此类话语只可以理解为表意人根本还没想要发出要约，而是请求对方发出要约。⑫ 该类用词可能还表示表意人在知道收到承诺表示之时或之后还想保留撤回权。具体案例中具有何意义必须要通过解释来确定。⑬ 147

要约在相对人拒绝该要约时失效（第 146 条第 1 种情形）。如果要约相对人在拒绝要约后又考虑到其他事情而接受了该要约，则第二次的意思表示视为新要约。届时，合同是否成立取决于第一次发要约者是否对该新要约作出承诺。 148

如果要约没有被及时承诺则该要约失效（第 146 条第 2 种情形）。第 147 条到第 149 条规定了要约必须在何期限内被承诺。首先必须注意要约人是否对承诺设定了期限，此种情形下只能在该期限内作出承诺（第 148 条）。 149

对要约的承诺与需受领的意思表示一样。这意味着，只有当意思表示针对要约人作出时才是作出承诺。通常情况下（例外见边码 159 及其下）承诺的意思表示要及时到达要约人。 150

要约人**对承诺的意思表示**设置何**期限**具有自决权。因为其甚至可以决定是否要作出要约。且绝不允许第三人（比如法官）延长太短的期限来使合同成立。但是如何判断下面的案例？ 151

示例：古董商 A 于 3 月 1 日写信给 B，欲以10 000欧元的价格出卖一幅画。其补充道，其最迟要在 3 月 15 日前收到 B 的消息。该日期后其会将画拿去拍卖。A 的信 3 月 3 日到达 B 处。B 于 3 月 5 日写信回复其要买该画，并于当天将该信邮寄。该信到 3 月 17 日才到达 A 处。由于 A 已经在此期间以12 000欧元的价格卖给了 C，所以 A 很乐见该迟延。其将该画卖给了 C，并于若干天后告知 B 该画已于承诺期间

⑨ 对于特殊情况，即有关自助商店和网店的合同缔结内容见 Lindacher/Hau：《民法总则案例》中案例 3 和 6。

⑩ Fritzsche 论文，载《法学教育》，2006 年卷，第 675 页（本文始于第 674 页）；Wolf/Neuner：《民法总论》，边码 167。

⑪ Köhler：《民法总论》，第 8 章，边码 10。

⑫ 联邦法院案例，载《新法学周刊》，1996 年卷，第 919 页及其下。及参阅 Lindacher/Hau：《民法总则案例》中案例 11。

⑬ 参见联邦普通法院案例，载《新法学周刊》，2011 年卷，第 2643 页，《新法学周刊》，2015 年卷，第 1009 页，这里涉及供货者提前结束网络拍卖权利的条款的解释。

后卖出。当B从C处得知事实后，其想知道他与A之间的关于该画的合同是否已经成立。

152 A已经对要约的承诺确定了期限。当承诺对其作出（到达他）时该期限已过，该承诺也因此迟延。**依据第150条第1款规定，迟到的承诺视为新要约。**因此，依据该条规定可以得出这样的结论，即A可以自由决定该画卖给B还是C。**但是，第149条对第150条规定的原则作了限制和变动。**一个迟延到达的承诺意思表示如果是被邮寄后按照一般情况可以准时到达的话仍然是第150条意义上的“对要约的迟延承诺”。但是，如果要约人能够知道此为非正常的迟延后，其必须在收到该意思表示后将该迟延到达及时地——即没有过错地（参见第121条第1款第1句的法律概念）告知承诺人。如果其没有这样做则依据第149条第2句将该承诺视为未迟延。该合同也随之成立。[14]

本示例中A无故多天后才告知B。因此此处A与B间关于此画的买卖合同已经成立。这样A就对该画签订了两个买卖合同。至于该二次销售行为具有何法律效果，后面将会研究。

153 对于要约人没有对要约的承诺设定期限的情形，第147条规定了要约人要受哪些条件的限制。对于**一个当场作出的要约**只能立刻被承诺（第147条第1款）。

假如在一次私人谈话中，A对B发出了合同要约，如果A对其没有给出考虑期限的话，那么B必须立刻决定（否则将再次适用第148条）。

154 同样也适用于“一对一”，即要约人与承诺人间，通过**远程对话作出的要约**。如果在打电话时要约人的对话方是未经授权为要约相对方缔结一个合同的话，那么则其依据资格及授权涉及受领人或表意人的传达人而适用第147条第2款（非当场者间的要约）之规定（边码103）。

155 与第147条第1款同远程对话者具有同等地位的“其他技术设备”必须以与电话同样的方式实现人与人之间的直接交流，比如电话会议和所谓的网聊。[15] 相反，一般网页上的正常的销售商品不可作为当场者发出的意思表示来对待，因为此处缺少直接对话的可能性。[16]

156 对**非当场者作出的要约**，只能期待要约人在正常情况下对回答可期待的到达时间内作出承诺（第147条第2款）。对于该期间的长短要考虑到一般情况下要约到达另一方的时间及回复到达要约人的时间，此外还要给要约相对人一个合理考虑时间。如果要约人知道相对人处具有特殊情况而致使承诺迟延，比如要约相对人处于休假中或只有特定时间在办公室或已回家，那么其必须要考虑到这些。只有当其在考虑所有这些观察角度后才可以认为自己有权不再等待回应，才不再受该要约的约束。

157 有关承诺及时性的不同情形总结为下图：

---

⑭ 参见Volp/Schimmel论文，载《法学训练》，2007年卷，第900页（本文始于第899页）。

⑮ Palandt/Ellenberger，第147条，边码5；Wolf/Nerner：《民法总论》，第37章，边码17。

⑯ Bamberger/Roth/Eckert，第147章，边码6。

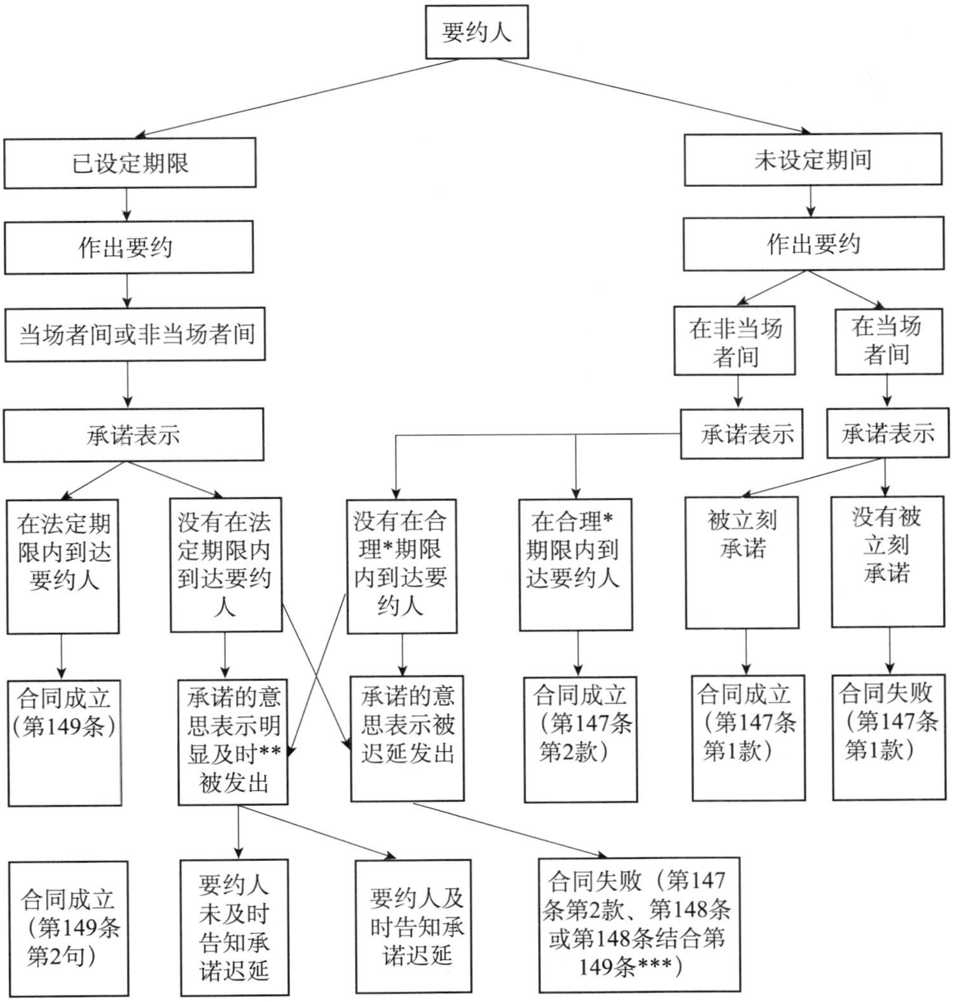

* 参见边码156。

** 参见边码152。

*** 第147条第2款，当没有设定期限时；第148条，当承诺表示被迟延发出时；第148条结合第149条，当要约人及时告知及时发出但迟延到达的要约时。需注意的是，迟延到达的承诺表示视为新要约（第150条第1款）；如果被对方接受，则合同仍会以此方式成立。

三、承诺

如所见，**合同的承诺**一般是一个**需要受领的意思表示**，其在到达相对人（要约 158
人）时生效（第130条第1款）。其与其他意思表示一样是需要解释的（边码134及其下）。表示承诺的行为（口头或书面形式作出的意思表示、动作或者其他行为）必须能够得出，这是对其发出的针对合同缔结的要约而作出这样的承诺，即没有扩大、缩小或其他类似的变更（参见第150条第2款）。如果一个合同要约的受领人想要作出改动，则在他的承诺表示中必须确定无疑地将此表达出来。[17] 假如其并未这样做，则该合同依据要约成立——即排除承诺人所期望的改变内容。[18]

示例：个体户汉德尔在批发商大个子那里以5 000欧元的总价订了一批纺织品，并附言："我不承担因运输和包装而产生的费用。"大个子连同该货物一起邮寄了账单，该账单上除了5 000欧元的货款外还注明了250欧元的运输和包装费用。汉德尔接收了该货物并打开，以便在其经营中使用。之后其拒绝支付250欧元的运输费和包装费用。有权吗？

大个子并没有接受汉德尔给他的关于预订纺织品的合同要约，因为其没有表示同意接受有关运输及包装的费用。运输货物时一并带上的账单提示有运输和包装的费用是其对汉德尔作出的新要约（第150条第2款）。这样其是在明确地表示其履行是包括运输和包装费用的。如果汉德尔在该事情上无异议地接受货物，则是以沉默方式接受了该变更的合同。[19] 因此，汉德尔有义务支付运输及包装的费用。

159 在一些案件中，交易上的惯例并不要求要对要约人作出表示，其已接受合同要约或者其已经放弃该合同，依据第151条，一个合同在没有该类表示时（并非没有接受要约！）也会成立。该规则下典型的情形是在旅馆订房。

示例：A通过传真于5月11日订了B的旅馆中5月12到5月14日的双人房。该订单被B输入了电脑。当A准时到达B的旅馆时得知其订的房间已经被错误地安排给了别人。因此A必须要到另一旅馆租房间，这需要多花50欧元。A问，他是否可以向B要求赔偿多付的钱。

对该问题的判断取决于A与B间是否成立了一个有效的合同，这样当B不履行义务（具体见后面）时就要承担损害赔偿的义务。A的订单是订立相应合同的要约。B将该订单输入电脑表明其接受了该要约，依据第151条，其没有将该承诺告知A并不影响合同的成立。依据交易习惯，对于旅馆订房，特别是涉及短期订房时，并非要公开地确认。如果预订正常那么再通知旅客就显得多余。

160 在只对意思表示受领人有利的法律行为中，可以根据交易习惯得出，对要约的承诺无须明确对要约人作出。[20] 另一组涉及依据第151条无须对要约人作出其对要约的承诺而合同订立的情形为商品目录或价格表。比如在一个书商处根据其寄送的书单而订了一本书，订书人就不期望首先收到一份书面确认，而是如果该书还有的话就直接将该书寄给他。[21] 这同样适用于紧急订购的情形，此时订购人会放弃对合同成立的有偿通知。如果货物突然被预订，那么在承诺人包装货物或者寄送时已作

---

[17] 联邦普通法院判例，载《新法学周刊》，2014年卷，第2100页＝《法学训练》，2014年卷，第1118页（Riehm撰写）。

[18] 有关法律上的理由见：Korch论文，载《新法学周刊》，2014年卷，第3553页，其主张撤销的规则，并涉及缔约过失（具体细节见本书后面），而非依据第242条。

[19] 联邦普通法院判例，载《新法学周刊》，1995年卷，第1672页（该文始于第1671页）；比较联邦普通法院案例，载《新法学周刊》，1998年卷，第3196页。该案指出，认定合同成立无须对表意人的意思作过分要求，相反知道其意在订立该合同，而非得出其他意思即可。

[20] 联邦普通法院案例，载《新法学周刊》，2004年卷，第288页（本文始于第287页）。

[21] 第151条适用在网购中的案例见Lindacher/Hau：《民法总则案例》，案例6。

出了承诺意思，该合同也相应地在此时成立。买卖标的物与缔结合同的要约一起被寄出，或者依据相应的要约寄送商品，都已表明要约人默示放弃收到承诺意思的通知。

为了避免误解，还需要强调一下上文中的结论：对要约的承诺不可以基于第151条来放弃，因为没有被承诺的一个（单方）要约不可能成立合同；同样第151条也不是要赋予沉默对要约的接受这一意思表示上的意义。相反，该类情形中的承诺是通过从外部表象中可认知的具有承诺意思的行为来实现的。[22] 这涉及履行行为（比如在房间登记簿里登记房间订单[23]，打包寄送被订物品）和接受及使用行为（比如登记送来的未预订的书名，如果没有满足第241a条规定的条件；对此马上会谈到）。第151条的意义还在于，对要约的承诺无须对要约人表示，其为一个无须受领的意思表示的例外情况。总之，**第151条第1款认为意思表示的到达（而非发出）是非必需的。** 161

对于相对人通过使用给其寄送的买卖标的物来推定其对该要约的承诺，并基于此而缔结合同的规则还需注意一个重要的例外情形。如果一个经营者（第14条）对一个消费者（第13条）寄送一个未被订购的商品，那么该合同并不因顾客的受领以及使用行为而成立。因为第241a条[24]明确排除了该情形下经营者对消费者[25]的请求权。消费者可以任意使用和消费寄给其的未订购的商品，并不会因之对其产生请求权（Anspruch）（包括返还该物[26]），除非该商品被寄送错误且消费者对此可能知情（参见第241a条第2款）。因此，该受领及使用行为不能按照第151条作推断性解释来认定对该涉及寄送物品要约的承诺，并因此来否定该合同缔结。[27] 然而，消费者可以接受该要约并订立合同。这样，该消费者就具有基于该成立的合同而获得的请求权。[28] 162

对于第151条情形下要约的效力期间规定在该条的第2句。据此，要约人可以（如其他情形下一样）设定承诺期，超过该期间则该要约依据第146条而失效。否则，该期间依据“案情”推断出的要约人的意思来定。具有决定性的是该意思内容，而非取决于通常情况下对回复的期待时间。在第151条框架下不再适用第147 163

---

[22] 主流观点，参见联邦普通法院案例，载《新法学周刊》，1999年卷，第2179页；2004年卷，第288页（本文始于第287页）；《慕尼黑民法典评注》/Busche，第151条，边码9及其下，对此有更多论证。

[23] 杜塞尔多夫州高等法院案例，载《德国法月刊》，1993年卷，第26页。

[24] 有关该条新修订版本的效力参见：Beck JURA 2014，666（674f.）；Köhler论文，载《法学训练》，2014年卷，第865页。

[25] 关于消费者的详细概念请见K. Schmidt论文，载《法学训练》，2006年卷，第1页。

[26] 《慕尼黑民法典评注》/Finkenauer，第241a条，边码29f，对此有更多论证；Schwarz/Pohlmann：《法学教育》，2001年卷，第361页；其他观点见Berger论文，载《法学训练》，第2001页，第635及下一页（本文始于第649页）。对于消费者获得该商品或对此商品已经损坏或毁坏的话，经营者是否对第三人有请求权的问题，见Link论文，载《新法学周刊》，2003年卷，第2811页。

[27] Schwarz论文，载《新法学周刊》，第2001年卷，第1451页（本文始于第1449页）；Löhnig论文，载《法学教育》，2001年卷，第34页（本文始于第33页）；Palandt/Grüneberg，第241a条，边码6。

[28] 其他观点见，Wrase/Müller-Helle论文，载《新法学周刊》，第2002年卷，第2537页。

条内容。[29] 然而，需要注意的是，一般情形下都希望被一个相对较短时间约束，因为没有人希望忍受一个关于合同成立与否的较长的未知状态。

164 依据第 130 条第 2 款，**要约人在其意思表示发出后到达前死亡或者丧失民事行为能力**对合同要约的效力没有影响。与之相应，第 153 条规定，该情形下该要约可以被有效承诺。除非涉及第 151 条、第 153 条明确规定的可能的例外情况，否则必须对死者的继承人或者法定代表人作出承诺。当要约人的其他的意思被承诺时，合同在要约人死亡或者变为无民事行为能力后仍可成立。特别是在订购涉及死者的个人物品时更需要该承诺。

165 没有明确规定的一个情形是，要约受领人在要约到达后承诺作出前死亡或者变为无民事行为能力。其继承人或无民事行为能力人的监护人（第 1896、1902、1903 条）是否可以对该要约作出承诺？这需要基于对要约的解释才能回答。如果要约人明确表示要与（本来的）相对人订立合同，比如涉及信贷交易，则要约在相对人死亡或丧失民事行为能力后失效。同样的判断还适用于相对人死亡或丧失民事行为能力后合同要约才到达的情形。

四、意思表示一致

166 从上述对基于要约与承诺的合同成立的叙述中得知，合同双方对合同内容的合意可以使合同订立。因为合同内容已由要约确定，所有需要调整的要点都被总结成只需对方以一个“是”即可承诺的形式。承诺即表示对合同另一订立方内容的无限制、无保留的同意。合同各方必须通过协商来确立所有**必备条款（essentialia negotil）**，因为只有这样才可实现合同的创制（边码 115）。如果仍有要点尚未定论，比如买卖合同的标的物，那么合同就不能成立，因为仍有需填补的漏洞，所期望的合同形态仍不完全且不可执行。哪些内容属于合同要点要取决于合同各自的类型。

167 此处区别于这种情形，即合同各方约定未定的必备条款由合同一方或者第三方来确定。与上面所述事实不同，此处对相关要点具有合同上的规制。

示例：A 欲住进老年公寓而卖掉住处。其将一昂贵的巴洛克式柜子卖给 B。由于其不知道该柜子的市场价格，于是就与 B 约定，该价格由一个其熟悉的古董商 H 确定。该案中 A 与 B 的合同已经在 H 确定价格之前订立。通过合同一方或第三人来确定给付见第 315 条到第 319 条内容。

168 有时法律已经具有了相关条文，以便在此范围内补充有漏洞的合同双方的约定（参见第 612 条第 2 款、第 632 条第 2 款关于劳务合同及承揽合同中报酬数额的内容）。

169 通过要约与承诺引起的合同主体间的合意称为**一致（Konsens）**；如果双方没有合意则称为**分歧（Dissens）**。依据合同主体是否知道他们间存在的不一致而区分为明示的分歧和隐藏的分歧。首先有关**明示的分歧**（offener Dissens）例子为：

---

[29] 联邦普通法院案例，参见《新法学周刊》，第 1999 年卷，第 2180 页（本文始于第 2179 页）。

示例：V想将其二手车卖给K。他们轻松地谈妥了价格。V说，他想豁免自己对物的瑕疵担保责任（参见第444条），K认为自己风险太大，并表示不想再买该车。V见状回复说，K可以放心把车开走，对于物的瑕疵责任以后大家好商量。

对于缺少责任豁免的合意是否阻碍该合同的成立问题需关注**第154条第1款的解释规则**。据此，“如果合同各方没有对合同中所有要点达成合意，即使依据一方的意思表示应当达成合意”，则该“存疑的（im Zweifel）”合同就未缔结。该用词“存疑的”是指合同各方完全可能约定其他内容；合同各方的其他行为中也可以得出合乎逻辑的相应意思表示。尽管他们会认为该合同存在合意瑕疵，但是合同各方仍继续履行合同，则他们因此放弃对他们之间未合意之处的调整。如果各方所知悉的疑义持续存在，则适用第154条第1款规定。 170

解释条款可以分为形式上的解释条款和实质上的解释条款。 171

- 形式上的解释条款涉及解释的方法和程序，即如何解释的问题。形式上的解释条款是第133条和第157条，规定了在解释时需要注意哪些角度（边码148及其下）。
- 相反，实质上的解释条款涉及解释的结果；其要求法律适用者（法官），比如第154条第1款，需要解释不清楚的行为（第154条第1款：“存疑的”）具有何意义。第154条第1款的适用前提是对真正想要的内容持有疑义。因此首要问题是，是否存在这样一种情况，即尽管存在未决之处，但合同各方仍想受合同约束。如果人们在该问题上——如果是对合同主体的其他行为的解释——得到一个明确的结论，则在解释上就没有第154条第1款的适用空间。

示例中虽然K已经将车取走，但是其已经清楚表明，不想同意责任豁免。由于没有接受V放弃责任豁免，所以就在这一点他们认为都重要，且认为需要规制的点上存有分歧。这反而说明该合同需要搁置。双方虽愿独立于责任豁免而受合同约束，但因在双方意思上存有疑义，依据第154条第1款该合同应被否定。

如果涉及一个非必备条款，其虽然是合同的一部分，但是并非要缔结的某类型合同中**非必备条款（accidentalia negotii）**，是否尽管存在一个（明示的）分歧但是依据第154条第1款的解释规则该合同仍然成立？相反，当分歧涉及**必备条款（essentialia negotii）**时说明该合同存在需要填补的漏洞，没有填补则该合同约定就没有如各方所期望的那样成立。第154条第1款没有区分必备条款和非必备条款，这样——如所述——在非必备条款上的分歧同样可以阻止合同成立。然而，由此得出一个十分重要的区别，就是缺少必备条款无论如何都是一个需要填补的漏洞（边码166），对非必备条款空缺还存在放弃填补的可能性，因为合同没有该空缺的点也可以履行。 172

为了**填补合同漏洞（Ausfüllung von Vertragslücken）**可能会引用法律规定中相应合同类型的内容（边码131），并在合同各方没有约定相反内容的情况下加以应用。此类条款可能涉及合同的必备条款（比如第612条第2款、第632条第2款）。一个合同在缺少核心（需要规制的）条款时仍可能有效。前提是，合同各方不顾该 173

合同漏洞而期待受约束且事后该漏洞可以被填补。下面是一源自法院判决的案例：

示例[30]：V 将其建有一块家庭用房的建设用地卖给 K。V 对该原本想自己居住的房屋置办了家具和配套设施，这些都是基于该房的空间格局而特制的。K 准备接受该房，V 不愿将该不动产与该配套设施分开出售。当对土地价格达成一致后，对该配套设施的费用仍然未定。在 K 搬进房屋并使用配套设施时，V 想主张9 000欧元，相当于其自己支付价款的 90%。K 只想支付1 000欧元。

该案中对于配套设施的买卖合同已经订立，尽管合同的价格尚未确定（V 通过转让家具作出要约，K 通过使用来接受要约）。需要考虑到的是，第 316 条上规定的合同价款在本案中已经被 V 确定（边码 167）。然而审理该案的法院认定，合同双方对此并未达成一致，这应该是合同主体自决权的必要内容。因此，该缺失的合同价款约定必须以其他方式弥补，因为合同双方在此范围内留下的漏洞必须被填补，这样合同才可实施。法院选择的是所谓的**补充性合同解释（ergänzende Vertragsauslegung）**之路，其取决于考查合同各方如果是理性的且正直的合同主体来决定时究竟会如何做（关于补充性合同解释细节后面会讲到）。这导致需对相关家具确定一个市场价，因为其他价格的依据无法可知。

174 第 155 条还包括了合同双方对合意缺陷不知情，即隐藏的分歧（der versteckte Dissens）情况的解释规则。据此，合同双方的约定仍然有效，如果接受对遗漏之处没有约定的合同仍然订立的话。

示例：

（1）在买卖 V 汽车的商谈中（边码 169）对责任豁免没有得出结论。因为他们非常详细地商谈了关于分期付款的问题，却忘记了对 V 想要但是 K 拒绝的责任豁免条款进行约定，并认为已经实现了所有要点上的合意。

（2）一美国人 S 和澳大利亚人 D 在汉诺威博览会上针对由 S 向该澳大利亚人提供 10 车机床事宜进行商谈。对价格以“元（Dollar）”相称，但是 S 认为是美国的元，D 认为是澳大利亚的元。该误解直到供货并要支付价款时才被发觉。

（3）在一个以帝国法院的著名判决为基础的案例中，一定数量的“Haakjöringsköd”被出售。双方都认为，该挪威词意指鲸鱼（Walfisch）肉。但实际上这指“鲨鱼（Haifisch）肉”。合同成立了吗？如果成立则合同内容是什么？[31]

175 第一个例子中双方都相信他们对所有要点都已约定完毕，但是却遗漏了责任豁免问题。此处涉及第 155 条解释规则适用的情形。对于合同是否在没有被遗漏的要点的情况下成立需依据假定的合同主体的意思（各方在商谈结束后发现漏洞时双方还想不想要受该合同约束）来定。回答该问题需要关注具体案例的情况。如果这里

---

[30] 哈姆州高等法院案例，载《新法学周刊》，1976 年卷，第 1212 页。

[31] 案例改编自《帝国法院民事判例集》，第 99 卷，第 147 页。该判决可以在大学图书馆以及 www.juris.de 网站找到。

人们得出这样的结论，即合同双方即使没有对遗漏点作出规定也希望该合同成立，那么基于此该合同就有效。

第一个示例（如果人们可以肯定该前提）意味着，对责任的豁免可能不会出现，且法律条文也如此规定。如果不能弄清楚双方是否在没有对遗漏处进行规制时仍愿意受合同约束时，则所商定内容就被认为不生效。该假设有效的前提是，只有当哪怕一方的意思可确定为需要约定全部内容才认可合同有效。该示例中不能得出V想受没有责任豁免条款合同的约束。相反，许多地方都表明，其已拒绝了该合同。因此应否定该买卖合同成立。

从前面的论述中知道，非必备条款上的分歧也一般适用第155条来解决。因为当约定的漏洞涉及必备条款时，则该缺失的合意会带来合同漏洞，且如果没被弥补则不可实施。然而合同各方并非在所有情况下都愿受到合同上所有关键点上约定的束缚，特别是此处另一方还认为这需要填补的漏洞以后还可以填补。这与第154条第1款没有区别（边码172及其下）。 176

该认识对解决第二个案例很重要，也是德国私法的关键之处。[32] 价格的合意瑕疵在买卖合同上属于主要内容。名词“元”具有多重含义。对于多重意义的概念必须基于个案来寻找一个客观的意思表示上的意义。如果该合同谈判并非在德国，而是在美国进行，且该买方也并非澳大利亚人，而是一个德国人，那么（基于本案情形）就非常清楚该“元”只能理解为美元。较难的是对此处进行解释并得出明确的结论，因为该案中买方和卖方来自不同国家，且同样的货币单位具有不同的货币价值。不可排除每一方都是意指自己国家的货币。为了能够确定唯一客观的意思表示意义就需要找到更多的提示信息。

“元（Dollar）”这一称谓既可以是美元又可以是澳元。解释在这里不能排除多重含义。S与D之间的分歧阻碍了该机床买卖合同的成立。不同于家具买卖案例（边码173）的地方在于，彼处合同双方都希望合同成立，因此该合同漏洞必须要填补，而此处不能确认双方具有如此意思，因为合同缔结恰恰需要取决于双方对价格已达成一致。此处S在该案中需要知道其是否要对因分歧而产生的损失（比如运输费）独自承担责任或其是否可以向D主张部分损失。该问题的答案也是有疑义的。对此的关键观点以后会涉及。

第三个案例不同于其他两个案例的地方在于，此处并不存在合意上的漏洞，因为双方已经在合同中约定了全部内容。该案的特殊之处在于，依据合同要约及其承诺的客观意思表示上的意义该合同标的是鲨鱼肉。但是双方说成了鲸鱼肉。此案如果避开双方的意愿只关注客观的意思表示上的意义的话就会导致死抠字眼。**该错误标示（falsa demonstraio）**没有改变双方真正想买的不是鲨鱼肉，而是鲸鱼肉。因此没有充分理由来否定此鲸鱼肉买卖合同的有效成立。在错误标示的情况下，表意 177

[32] 此处不考虑适用《联合国国际货物销售合同公约》或外国法。一个国际案件中适用哪一外国法问题是国际私法上的国际统一法问题（比如《联合国国际货物销售合同公约》），此处不涉及。请先阅读《〈民法典〉适用法》第3条。

人与意思表示接受人理解的共同的意思具有决定意义。有个法律谚语为：**falsa demonstratio non nocet（拉丁文，意指：错误标示无危害）**。

178 相反的是，如果只有一方对客观明确的意思表示理解有差错的情形。比如，该案中只有买受人认为 Haakjöringsköd 是鲸鱼肉的意思，而出卖人对该书写理解正确，且没有觉察到买受人想订的其实是鲸鱼肉，那么该买卖鲨鱼肉的合同成立。该法律后果是基于买受人理解并接受的该合同要约的客观的意思表示上的意义而得出。该情形下出卖人只可基于错误而撤销其意思表示（参见第 119 条——具体细节见后面章节）。两个案例判决的不同结果表明，如果各方对某一概念或标识在错误的意义上使用并基于此而达成一致，那么就不会再保护任何一方以后对此正确应用后的信赖；但是意思表示受领人是基于正确（即与客观的意思表示上的意义一致）的理解，并认为表意人也是基于客观的意思表示上的意义除外。

五、电子交易中的特殊情形

179 如所述，迄今所阐释的有关意思表示和合同缔结的规则原则上同样适用于要约与承诺是以电子形式（elektronisch）发出的意思表示（边码 88、97）。但是在电子交易中还需要另外注意第 312i 条和第 312j 条。这考虑到了欧盟法的现行规定，即基于所谓的欧共体于 2000 年 6 月 8 号作出的《电子商务指令（2000/31/EG）》[33] 和 2011 年 10 月 25 日作出的《消费者权利指令（2011/83/EU）》[34]。[35] 对此涉及电子商务中的合同，即使用电子媒介的企业缔结的有关供货合同或劳务合同。该概念指引到《电子媒介法（Telemediengesetz）》，因此只意指电子的信息和通信服务，因此要窄于第 312c 条第 2 款意义上的远程通信手段（Fernkommunikationsmittel）这一概念，因为这还包括传统的邮寄途径。而第 312j 条只适用于第 13 条意义上的消费者和第 14 条意义上的经营者之间的电子交易，而第 312i 条则具有一个更广泛的属人适用范围，因此还包括双方的企业交易，但是在此范围上还有一个异于约定的范围（第 312i 条第 2 款第 2 句）。两个条款只有当合同绝对地通过私人交通工具缔结时才受到限制（第 312i 条第 2 款第 1 句；第 312j 条第 5 款第 1 句）。对此的立足点是，意思表示借助于谈判主体间的电子邮件作出，而非涉及其他媒介（比如网页）。

180 第 312i 条第 1 款第 1 句规定了合同订立时经营者的一般义务，特别涉及对顾客告知一定的信息并提供一定的“提交协助”。如果经营者违反了承担的义务，则其可能基于缔约过失原则（详见后文）对消费者赔偿因此产生的损失。同样，涉及的还有当违反告知义务而导致顾客认识错误时的因错误撤销（详见后文）。在极端情

㉝ 《欧共体政府公报》，2000 年，法律卷，第 178 期，第 1 页（ABl. 2000 L 178，1.）。

㉞ 《欧盟政府公报》，2011 年，法律卷，第 304 期，第 64 页（Abl. 2011 L 304，64.）。

㉟ 2013 年 9 月 20 日对旧版第 312g 条中包含的规则进行了修订，并于 2014 年 6 月 13 日生效，载《联邦法律公报》，2013 年，第Ⅰ卷，第 3642 页（BGBL. 2013 I 3642）。对此参见《联邦议会文件》，第 17 届，第 12637 号，第 58 页（BT-Drs. 17/12637，58）以及 Förster JA 2014，721（730）。

形下，对义务的不作为还可能导致顾客根本不知道交易上的意思表示已经发出。在此情形中其缺少表示意思（边码 68ff）。

在消费交易中，第 312j 条中的前三个款项专门扩展到了第 312i 条上的经营者的义务。对消费者仓促作出的有偿交易的提醒，但是同时对网络中“合同失败（Vertragsfallen）”的必要防护，这些都需要作出第 312j 条第 3 款第 2 句上所谓的“按键方案（Buton-Lösung）”。对于经营者为履行自己义务的情形，第 312j 条第 4 款规定，合同不成立。这就带来了一些问题，因为《消费者权利指令》并未要求合同的无效，而仅仅是消费者“不受合同或订单的约束”（第 8 条第 2 款）。若对 312j 条第 4 款作出与指令一致的解释，则消费者有权向经营者请求履行，而非主张无效。[36] 181

六、拓展

在现代规模交易中有时涉及对公众的重复性给付，且有时还含有政府调控的内容，比如公共交通运输、停车场租赁、供电、供水、供气等。问题是，是否仅仅通过接受该类给付即在供应方与使用方之间达成了合同？一开始可能觉得并不难回答：该待支配的给付依据客观的意思表示上的意义即视为缔结相应合同的要约，而接受该给付即为对该要约的最终承诺，其中承诺人放弃了对其发出承诺的意思表示（第 151 条）。但是如何判断当使用方接受给付但不想签订合同且对此已作出了明确表示的情形？在联邦普通法院著名的汉堡停车场案[37]中即有这样的疑问，该案情（简要）复述如下： 182

示例：A 将其机动车开进了有收费停车标识的停车场，该停车场由市政府实施收费管理。A 停下汽车并对一个管理员说，他不需要看管并拒绝付款，因为他认为自己有权在公共停车场停车。B 向 A 索要看管费用，A 拒绝。对此 B 起诉 A。

联邦普通法院支持 A 具有支付看管费用的义务，其判决理由如下：在许多“我们当代社会”的判决中可以不再仅仅适用有关合同成立的法律原则。在大规模供给框架下，特别是在供电、供水和供气以及使用公共交通工具时使用者给付相关费用的义务可以不仅仅借助合同产生。使用者支付的理由在于，提供可支配行为和对给付的实际使用行为取代了要约与承诺的地位。谁在看管期间使用了对收费进行特别标示的停车场，则该行为就引起了合同性法律关系，其就负有按照相应停车收费标准支付费用的义务。该义务不取决于其内心所想的相反意思——有意停车的驾驶员完全可以在入口处对管理员表明该意思。 183

联邦普通法院同样还（至少源于 1956 年的一个案例）基于“社会典型行为”[38]而支持一个合同的成立，这类案件中合同一方同样声称不愿缔结合同。该案的关注 184

---

[36] 详细请见：juris-PK BGB/Junker § 312j Rn. 60ff.；Weis JuS 2013，590（593）。

[37] 《联邦普通法院民事判例集》，第 21 卷，第 319 页＝《新法学周刊》，1956 年卷，第 1475 页。

[38] von　Haupt 于 1941 年对其论证时提出的观点，参见《慕尼黑民法典评注》/Kramer，2007 年第 5 版，前 241 条导论部分，边码 63 及其下；Wolf/Neuner：《民法总论》，第 37 章，边码 44 及其下。

价值一方面是最终结果：为什么 A 不仅要赔偿 B 遭受的损失，而且还要支付相关费用？但是一些认为该结果应改正的人对联邦普通法院的判决表示不满，认为其背离了合同法的一般规则。当今流行的观点赞成基于合同基础来解决，即依据客观的意思表示上的意义接受给付即为合同承诺；相反，表示出来的与之冲突的意思并不重要——**protestatio facto contraria non valet**（拉丁语：与行为相悖的疑义无效）。[39] 与之相反的观点是，此与合同自由原则（边码 141）不符，人们不想签订合同的表示却被认为不重要。给付提供者的利益完全可以相应地通过不当得利和侵权法来保护，而非必须走虚构合同之路。[40]

185 对争议以及分析的不同论述进行研究并非基础教程框架下的内容。知道问题及其答案的一点相关提示即可。主流观点认为，一方请求了给付，而该给付为供方只想——如公众及请求给付者所知——在有效的合同关系框架内提供给付，则该合同基于推定性行为而订立。[41] 该判断没有违背消费者相反的意思表示，因为事实上的行为（接受给付）与意思表示（不想缔结合同）必须作为一个整体行为来评价。对此，"很蹩脚"地得出此结论，即尽管其表示出了其他意思但是其通过接受给付而对合同要约作出了承诺。[42]

案例及问题

1. 请您对"合同"这一概念进行描述。

2. A 以书面形式向 B 欲以 200 欧元的价格出售某硬币。B 回道，其同意该买卖，但是只想支付 200 欧元。A 对 B 的书信并未回复。该合同成立了吗？

3. 单务合同与双务合同的区别在哪里？双方的双务合同如何再细分？区分不同合同类型的意义何在？

4. 合同自由原则具有何意？

5. 需受领的意思表示是基于哪一视角来阐释的？

6. 沉默具有何意思表示上的意义？

7. A 在报纸上登广告想将一个立体声音响以 200 欧元的价格出售。对此，B 写信给他："我接受你的要约，请立刻寄送该设备。"我附上一张 200 欧元的结算支票。A 与 B 间的合同成立了吗？

8. 关于缔结某合同的要约必须总是针对一个特定人作出吗？

---

[39] 参见 Rüthers/Stadler：《民法总论》，第 19 章，边码 34；Soergel/Hefermehl，前 116 条，边码 39；Weth 论文，载《法学训练》，1998 年卷，第 796 页及其下（本文始于第 795 页）。

[40] Köhler：《民法总论》，第 8 章，边码 29；《慕尼黑民法典评注》/Kramer，2007 年第 5 版，前 241 条，导论部分，边码 66。

[41] 比如在一自助加油站加油，则在石油公司及汽车驾驶员间成立了一个买卖合同。比较：联邦普通法院案例，载《新法学周刊》，2011 年卷，第 2871 页。

[42] 联邦普通法院（《联邦普通法院民事判例集》，第 95 卷，第 399 页（本文始于第 393 页）＝《新法学周刊》，1986 年卷，第 177 页）完全在此意义上称，新判决中不应重视此类疑义；同样见联邦普通法院案例，载《新法学周刊》，2003 年卷，第 3131 页；《新法学周刊—判例报导》，2005 年卷，第 640 页（本文始于第 639 页）。

9. 什么时候合同要约的拘束力消灭?

10. 对合同要约的承诺的内容如何写?

11. A 在 B 的书店经其同意而拿走一本书试阅读。A 开始看书，并在书边标注，但在看几行后生气地将书放一边，因为其根本不喜欢该书。B 向 A 主张书的价款。合法吗?

12. 当要约人在要约发出后到达前去世，该要约还可以被承诺吗? 当要约相对人在要约到达前死亡的话该如何判断?

13. V 向 K 出售一辆二手车。对于价格二人不能达成一致。对此 V 说："请放心将该车开回家试开几天。之后我们就会谈拢价格的。"如果 K 将车带走的话，该合同成立吗?

14. 第 154 条和第 155 条涉及合同上的哪些点?

15. D 是个体户 H 的老客户，对德国烧酒其一直称为"伏特加"。当其打电话给 H 要其送来两瓶伏特加时，H 包了两瓶德国烧酒送给了 D。该合同（关于什么?）成立了吗?

16. A 停车时没有看到一写了收费停车的牌子。当其将车开出时被要了 2 欧元。合法吗? 如果尽管当 A 注意到该牌子，但是其对看车人说，其不想被看管且不要付钱，结果会改变吗?

第四章

债的关系

第一节 概论

一、概念

186 在讨论合同的不同类型时已经提到债权性合同可使合同主体间产生**请求关系（Forderungsbeziehung）**，其内容是一方（债权人）对另一方（债务人）的请求权（Anspruch）（边码 119）。同样也提到，请求权是指向另一方，即债务人，请求其作为或不作为的权利（第 194 条，边码 119）。

187 **该债权人与债务人之间的请求关系在《民法典》中称为“债的关系（Schuldverhältnis）”（参见第 241 条第 1 款）**。但是债的关系的概念在《民法典》中并非在狭义上使用为给付（Leistung）之法①，而是还有**广义上的意义**，其包括了可以从当事人间得出各个请求关系的**全部法律关系**。广义上的如第 241 条第 2 款中、《民法典》第二编的标题（“债法”）和第二编第二章的标题（“通过一般交易条件而形成的法律行为上的债的关系”）所使用的概念。

二、法律规定

188 《民法典》第二编从第 241 条到第 853 条，包含了“债法”的内容。第一编（“总则”）与第二编的关系在于，第一编中的一般性规则是“贯穿始终”的，基本

① 债务人提供的给付可以存在在积极行为中（比如转让出租物），或者——如第 241 条第 1 款第 2 句明确表示的——在消极行为中（比如不设立与债权人具有竞争性的企业）。

上对《民法典》中的所有其他各编，当然同样对债法也适用；第二编的内容主要是债的关系的特殊规定，即合同和法定的债的关系。第二编在前面又规定了一个“总则”（第 241—432 条），一共有 7 章。其后第八章是关于“具体债的关系”（第 433—853 条）。与之相应，债法分为“总则”与“分则”。推荐大家可以浏览一下《民法典》之前的相关目录中的结构及层次。

《民法典》第二编之外还有债的关系，比如总则中的无权代理责任（参见第 179 条）和物权法中物的遗失人与拾得人之间债的关系（第 965 条及其下）。债法总则的内容对第二编之外的债的关系同样适用。 189

三、产生原因

债的关系既可以通过民事行为又可以通过法律来创建。法律行为上债的关系产生的原因一般是订立合同；例外情况下法律还允许单方法律行为来创建（参见第 311 条第 1 款）。此外，债权关系还可能在合同订立之前产生（第 311 条第 2 款；后面会详细讲到）。 190

通过单方法律行为来建立债的关系的**例子**有第 657 条规定的悬赏行为：谁公开表示对实施某行为给予报酬（比如报纸广告的内容：对送还本人丢失的狗的人给予 100 欧元的酬谢），谁就有义务对作出该行为的人给予报酬，即使其作出行为时并不是为了该报酬。该悬赏人需要清偿报酬的法定义务是基于单方的、无须受领的法律行为而设立：因为作出悬赏只要求存粹事实上的行为，并不需要他人的法律行为（借助意思表示）参与即可产生针对悬赏人的报酬请求权。起先并不知道该悬赏行为而将该狗送还，事后获知的也可以向悬赏人主张报酬。

债的关系也可以基于法律，即通过实现法律上规定债务人有义务履行一定给付的构成要件而建立。 191

例如：某人在停车时损害了他人的车辆，并满足了第 823 条第 1 款的构成要件，且因此而产生赔偿由其造成的损害的义务。基于此，被损害车辆的所有权人作为债权人而对作为债务人的侵权人拥有一个损害赔偿请求权。

现实中最重要的法定之债规定在《民法典》第二编。其涉及侵权行为的构成要件（第 823 条及其下）、无因管理（第 677 条及其下）和不当得利（第 812 条及其下）。这些法定之债的具体内容见后面。 192

例如：交易性接触（第 311 条第 2、3 款）；无因管理（第 677 条及其下）；侵权行为（第 823 条及其下）。

例如：悬赏行为（第 657 条）。

四、类别

依据不同的角度可以将债的关系作下列区分： 193

- 上文（边码 190）基于产生原因的不同而分为意定之债和法定之债。

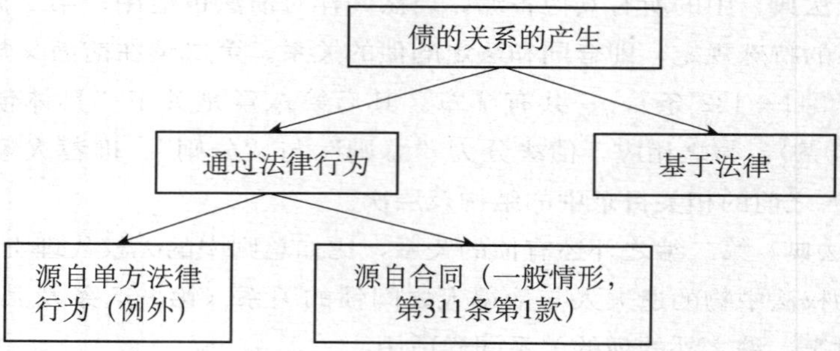

● 依据给付义务存续的时间可以分为长期之债（Dauerschuldverhältnisse）和其他（“简单”）之债。与其他（“简单”）之债相反，长期之债是基于更长（有期限和无期限）时间而设立，该期间合同各方必须保障互相持续地作出给付。

194 在租赁中，出租人有义务在整个租赁期间转让租赁物。承租人则要支付租赁期间的租金。如果租金是通过周期性的金钱给付来清偿，则支付金钱的义务会随着时间推移而不断更新。相反，一般买卖合同各方一次即可履行其合同上的给付义务。如果 V 出售一个立体声音响给 K，则作为卖方的 V 只要将无瑕疵的买卖物交付并转移所有权（参见第 433 条第 1 款），以及买方 K 支付约定的价款和接受该物即履行了合同法上的义务（第 433 条第 2 款）。与租赁不同，买卖合同一般不是长期之债。

195 但是也有买卖性的长期之债（kaufrechtliche Dauerschuldverhältnisse）。对此有所谓的**长期供货合同或认购合同（Dauerlieferungs- oder Bezugsvertrag）**，其针对不确定的或者至少基于一定时间而缔结，且给付的数量在合同订立时也并未确定，而是依据买方的需要来定。

示例：啤酒厂向某饭店依据其经营状况提供啤酒（啤酒供货合同）。

196 相反，狭义上的分期供货合同首先涉及开始就确定的、一定数量同种类的、按部分定量提供的货物。② 狭义上的分期供货合同一般不看作是长期之债，因为其时间因素基本上没意义。

示例：销售30 000升燃油，每次10 000升分三次在一定时间或依据通知而提供。

第 510 条中的“分期供货合同”概念是在广义上被使用，其也包括订购合同。第 510 条第 1 款第 1 句第 1 项涉及买卖合同或第 651 条意义上合同中关于可供部分给付、部分支付的总量（比如：购买多卷本的法律评注，其中每卷依据出版时间来供货和付款）。第 510 条第 1 款第 1 句第 2 项规定的是第 651 条下的关于提供一个特定量的货物的买卖合同（例如：订阅杂志）。第 510 条第 1 款第 1 句第 3 项补充第 1 项和第 2 项涉及的规则并涉及框架合同内规定的重复性的经营义务和预订义务，据此义务人有义务订立具有特定商业条件的合同。（例如：在书友会的成员框架内订

② 理论上有时使用分次供货合同作为持续性—分期供货合同的上位概念。然而由于术语的不统一且一会儿分次供货合同只涉及连续性供给合同，一会儿该称谓作为分期供货合同的同义词来使用，因此该概念应尽量少用。

阅书籍的义务)。如果第510条规定的合同是在消费者(第13条)和经营者(第14条)之间订立的话,且不涉及第510条第1款第2句中规定的例外的话,那么消费者就有第355条赋予的撤回权。依据第510条第2款规定,该类合同必须以书面形式订立且以文本形式(边码66)将合同内容告知消费者。此外,依据第510条第2款,如果没有第510条第3款中所述的例外,消费者还被赋予了第355条上的撤回权(详见后文)。

长期之债与其他债区分特别对于因一方违反合同时而产生的法律后果具有意义。在长期之债上可能会对未来产生影响,而不会对过去已经依据合同法作出给付的部分产生影响;对此问题以后会再提到。 197

第二节 债的内容

一、请求权和给付义务

根据观察角度,人们既可以讨论到债权人的权利,请求给付(作为或不作为); 198
也可以讨论到债务人的义务,履行给付。从两个不同的角度人们将该两种现象称为:**债权人的请求权(Forderungsrecht des Gläubigers)**和**债务人的给付义务(Leistungspflicht des Schuldners)**。至于债权人请求什么和债务人给付什么要依据具体债的关系来定。

示例:V作为卖方负有将该物上和法律上无瑕疵(具体内容见后面)的设备向K交付并转移所有权(433条第1款)。K作为买方具有与之相应的请求权。另一方面,其具有向V支付约定价款和受领货物的义务(第433条第2款),V在该范围内作为债权人具有相应的义务。

如果债务人不遵守基于债的关系而产生的给付义务,那么基于该行为债权人就 199
可能针对其提出的更多的请求权。

示例:由于3月1日K的迪斯科舞厅开业要用到该立体音响,V对K承诺,他在3月1号当天送交该立体设备。由于立体音响没有被准时送到,该迪斯科舞厅必须要推迟几天开业。因此,延期让K遭受了损失。对此,依据280条第1款、第2款及第286条V必须对K赔偿损失(具体细节见后面)。

给付立体音响的义务可以直接从买卖合同中得出,即从法律行为自身约定中; 200
该义务因此是**第一性的给付义务(primäre Leistungspflicht)**。相反,损害赔偿的义务则为违反第一性的义务的后果;因此,可以称之为**第二性的给付义务(sekundäre Leistungspflicht)**。第二性的义务可以——如示例中——与第一性的给付义务一起产生,这样债务人就必须履行二者(给付设备的义务和损害赔偿的义务)。但是,第二性的给付义务可能会取代第一性给付义务。

示例:V未按期送货,K警告了他以后不需要该设备了。为了能够让迪斯科开业且不会因迟延而造成更大损失，K 买了一个另外的设备并安装在舞厅里。接着其拒绝了 V 的送货并向其主张损害赔偿以及购买第二个立体音响所多付的价款（参见第 280 条第 1 款、第 3 款和第 281 条）。

201 区分第一性给付义务与第二性给付义务很重要，因为它们的条件不一样。只有当人们确定从债的关系中得出了一定的第一性的给付义务，才可考查对其违反以及因此而产生的第二性的给付义务的问题。

202 **如果债务人不自愿遵守其给付义务**，那么债权人可以以一切方式强迫其履行。但是原则上禁止自助行为（例外：第 229 条），而是赋予债权人以用法律方式来实现其请求权。国家提供法院给公民使用，以帮助个人实现其法律上的请求权。债权人必须起诉债务人且可对债务人强制执行判决中宣判的给付义务。由于强制执行可以针对债务人的所有财产（忽略对此处没有关系的例外情况），可以说债务人以其全部财产对其债务"承担责任"。

203 "责任（Haftung）"在法律语言中不只在将债务人的全部财产作为债权人的强制执行的对象意义下使用，还在其他意义下使用：通常（包括法条之外）诸如监护人的责任（参见第 832 条）或动物所有人的责任（第 833 条）之类，该概念在对必须承担所引起的损害的意义上被使用。

204 一般而言，责任与债相关。但在一些情况中也有**无责任之债（Schuld ohne Haftung）**，因为此时债务人可以但并非必须履行。[3] 人们称之为"自然的"义务或自然债务。以此表述的是，债权虽然并非为债权人履行，但是可以被债务人履行，且基于履行而产生如同债务人履行了其所负（法定）的义务一样的权利状态。比如下列情形：

- 债务人可以履行**消灭时效（Verjährung）**的请求权（参见第 194 条）且不能再要求返还被给付的内容（参见第 214 条第 2 款第 1 句），但是其无论何时都可拒绝给付（参见第 214 条第 1 款）。如果其援引请求权时效消灭的抗辩，那么针对其的诉讼请求就会被驳回。
- **游戏及赌博之债（Spiel- und Wettschulden）**也不能形成拘束力；但是此处也不能对所给付的内容主张返还（参见第 726 条第 1 款）。经常听到的观点是，游戏之债及赌博之债是名誉之债，该说法是恰当的；它们的确如此，因为是否清偿仅仅取决于债务人的名誉。

二、给付

1. 界限

205 在合同之债中[4]双方要给付什么标的物由他们自己决定。但是要考虑到法律和善良风俗且不允许约定禁止的和违背善良风俗的给付（边码 128）。

---

③ 参见 Schulze 论文，载《法学训练》，2011 年卷，第 193 页。

④ 下面关注的首先限于合同之债。如果有法定之债的特殊内容，则在其表示时会涉及。

一个法律行为在违反**禁止性规范（gesetzliches Verbot）**时会有什么法律后果，必须基于禁止性规范来对案例逐个判断。如果该禁止性法规没有规定法律后果，则需要通过解释禁止性法规来分析，是否可以得出该违反禁止性规范的法律行为无效。第134条明确规定了当"不能从本法中得出其他结论时"只有无效的后果（对此见慕斯拉克/豪：《〈民法典〉司法考试教程》，边码13及下一页）。[⑤] 206

依据第138条第1款，违反**善良风俗（die guten Sitten）**的法律行为无效。透过该条我们学到了一个**一般条款（Generalklausel）**，即运用时需要特定化和补充。对此，什么是符合善良风俗？什么是违反善良风俗？从过去一直到我们当今社会仍存在相互冲突的各种观点。但是在许多情况下对于回答一个法律行为依据第138条是否无效并无难处。 207

例如：一个出租人强制约定所租房间内不得住有孩子，且孩子出生即赋予其解除租赁关系的权利。

对其他一些案件情形判断就一般不会如此容易。判决和理论上解释的违反善良风俗的构成要件所使用的形式在疑难案件分析中通常帮助不大。且经常使用的、《民法典立法动议》[⑥]中援引的"所有公平正直思考者的礼仪观念"亦如此。案例类型化提供了一定的方向性帮助，特别是从最高法官判决的案例中总结出的类型化标准对判决具有重要意义（边码1145及其下）。从每个案例类型中先推导出一般性的标准然后再适用于具体的案例。[⑦] 此处不对该案例类型具体深入（详见慕斯拉克/豪：《〈民法典〉司法考试教程》，边码18及其下）。 208

例如：对债务人经济上的行动自由在善良风俗上的限制（如在一些供货商或银行的交易中禁止）有贿赂、滥用处分或者垄断地位、高利贷（参见第138条第2款）[⑧] 和对性的自由决定权的限制。[⑨]

相反例子：如果出卖人在网络拍卖中设定的最低价为1欧元，则出价人的最高报价和拍卖标的物之间的重大误解并不直接使得与第138条第1款相关的竞拍人的缔结行为正当化（如该情形：将一个估计市值为5 250欧元的汽车以555欧元拍得）。[⑩]

2. 特定之债与种类之债

履行的标的物既可以是特定的又可以依据种类来确定。 209

---

⑤ Wolf/Neuner：《民法总论》，第45章，边码1及下面几页。

⑥ 《民法典立法动议》，第2卷，第727页。

⑦ 建构案例类型一般常常通过研究过的例子来解释未确定的和需要特定化的法律概念的内容。通过塑造出每个类型中权威性的标准再基于此获得一个普遍性的标准。

⑧ 参见联邦普通法院案例，载《新法学周刊》，2003年卷，第1860页。

⑨ 对这个或其他案例类型见：《慕尼黑民法典评注》/Armbrüster，第130条，边码33及其下；比较慕斯拉克/豪：《〈民法典〉司法考试教程》，第12页及其下。

⑩ 联邦普通法院案例，载《新法学周刊》，2015年卷，第549页（本文始于第548页）＝《法学训练》，2015年卷，第355页（Riehm撰写）＝《法学研究集刊》，2015年卷，第229页（Stadler撰写）＝《法学教育》，2015年卷，第376页（Dastis）。对此同样请见Oechsler论文，载《新法学周刊》，2015年卷，第665页。

示例：V将其二手小汽车卖给K。此处涉及一个特定的物，即所谓的**特定物之债或特定之债（Spezies- oder Stückschuld）**。

某个体户在一个批发商那里订了10公担的白糖。这里所负的给付只是依据种类特征来确定的；无论如何都有一定数量“白糖”的债务。因此，此处涉及**种类之债（Gattungsschuld）**。

210 只依据种类来确定物的债务人不负有提供该种类中特定物的义务。确切地说其有权从种类中选定其想提供的一个物，如果合同双方没有对质量进行约定的话，则此处必须要选择中等种类和质量的物品（第243条第1款）。如果合同双方约定可以在不同的质量间进行选择，则须给付平均质量的商品。

211 在疑难案件中对特定之债和种类之债的区分需要基于合同双方的约定来实施。此处需要注意，合同主体可能通过附加特征来更加严格地限制种类。

示例：葡萄酒—白葡萄酒—雷司令葡萄酒—德国雷司令葡萄酒—萨尔州雷司令葡萄酒—萨尔州雷司令珍藏级葡萄酒—萨尔州威尔廷根区珍藏雷司令—威尔廷根区莎茨霍夫山一特定葡萄农庄的珍藏雷司令—威尔廷根区莎茨霍夫山某特定农庄2012年的珍藏雷司令。

212 当限制条件使得债涉及种类物之中所有的单一之物，且债务人不能再从种类物中进行选择时，则该限制性的特征使得该债不再是种类之债，而成为特定之债。

示例：卖出企业所有的年度产品。此处涉及一个单一之债，因为全部生产的产品都负债了。相反，如果提供百分之八十的产品则另当别论（所谓受限制的种类之债；具体细节见后面）。

213 同样，在种类之债中，最后债务人选择给付给债权人的（实际）标的物只是一个特定物。通过从种类物中选择特定物人们即开始实施一个将种类之债变为特定之债的过程，即起初并未确定的种类之债变为一个（特定的）特定之债。该过程称为种类之债的**“具体化”或“特定化”（“Konkretisierung” oder “Konzentration” der Gattungsschuld）**。

在“白糖”——示例（边码209）中，特定化后就不再是任一只有种类特征的10公担白糖，而是被分出的完全特定的10公担白糖来给付。

214 债务人为了给付该物在其一方做些必要准备是必须的（第243条第2款）。一方面，债务人必须从种类物中选择出符合质量的一个物来作给付的标的物，如果没有约定则需选择中等种类和质量的商品（第243条第1款）。债务人一方还需要做什么才可以让种类之债特定化取决于债的种类，特别是在哪里被履行。对此不再具体探讨。

3. 往取之债、赴偿之债和送交之债

215 如果债权人需要到债务人处领取债的标的物，则涉及所谓的**往取之债（Holschuld）**。该债的给付地及结果地在债务人处。

216 **给付地（Leistungsort）**（有时也称为**履行地（Erfüllungsort）**，见第447条第1款）是债务人实施给付的地方。给付行为是债务人必须作出的行为，基于此，债才可以实现其目的。买卖合同上出卖人作出给付的结果在于使得买受人获得对买卖物

的占有和所有权。该结果实现的地方为**结果地（Erfolgsort）**。

依据法律（参见第 269 条），往取之债一般情形为：如果合同主体没有其他约定或者从债的本质中不能得出其他结论（例如：给付标的物是修理暖气设备，自然会在实施的地点），则在债务人的居住地或者经营地（参见第 269 条第 2 款）作出给付。金钱之债为特殊规定（参见第 270 条）；对此见后面。 217

如果债务人必须将债的标的物送往债权人处，则此涉及**赴偿之债（Bringschuld）**。该情形下给付地及结果地在债权人的居住地或者——当要求在债权人的营业地作出时——在债权人的经营地。 218

如果合同主体的约定为，债务人应将债的标的物送交到债权人处（比如通过铁路和邮寄），则涉及所谓的**送交之债（Schickschuld）**。此处的给付地为债务人处，结果地为债权人处。 219

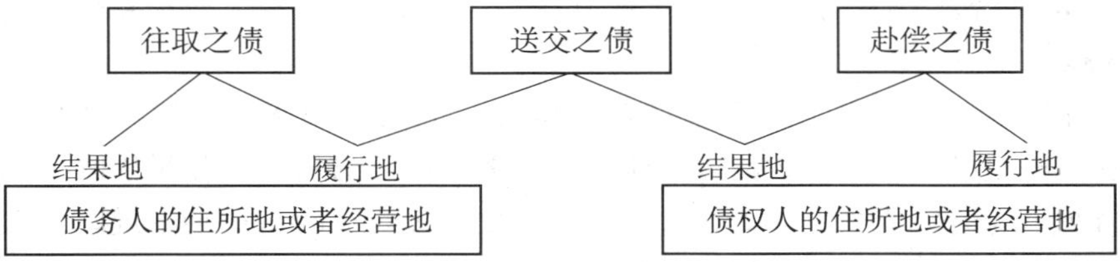

与债的不同类型相应，债务人具有不同的义务： 220

- **往取之债**中如果债务人挑选出了待给付的标的物，即从种类物中选出符合债务要求的质量的物（边码 236），以准备给债权人（当从债务人义务的角度来看时，往取之债也称为**备交之债（Bereitstellungsschuld）**[⑪]）。然而，债权人还需要知悉债的标的物的准备情况，以便来取。因此，债务人对债权人相应地负有一个告知的义务，除非基于相关约定（比如基于对取货时间的明确确定）显得多余。此外，对于在特定化之前债权人是否必须被赋予领取物的充分可能[⑫]具有疑义，因为第 243 条将特定化绝对地定为债务人的给付行为。

在前面有关白糖买卖（边码 209）的例子中，G 将糖装进袋子里或者其他包装里后便通知 S 来取。

- 在**赴偿之债**中，债务人不仅要将货物选出，还要提交到债权人的住处或经营场所。
- 在**送交之债**中，债务人必须要将选出的物件正常地寄送。

如果债务人完成了约定的义务，且完成了给付债的标的物所需的必要事情，则产生以上所述（边码 213）的特定化。之后，则债的关系限于所选择的标的物（第 243 条第 2 款）。 221

4. 选择之债和代偿权

意定之债上，各主体一般会通过合同约定来确定履行的标的物。然而各主体可 222

⑪ Teichmann：《合同之债》，边码 8，脚注 14。

⑫ Canaris 论文，载《法学训练》，2007 年卷，第 795 页（本文始于第 793 页）。

以约定从各个不同的履行中依据债务人或债权人的选择来履行其中的一个（**选择之债（Wahlschuld）**）。⑬

例如：一个关于在某旅馆住宿加三餐的约定为，在中午和晚上客人可以依据菜单从不同的套餐中选择。饭店有义务提供一份套餐。但是一开始未确定菜单中的哪一份为履行的标的；要直到客人选择后才确定。

223　选择之债上有一个对可选内容的请求权。一开始并不清楚债权人会请求何内容，要通过有选择权的一方对可供选择的不同给付作出决定。第 262 条到第 265 条包含了选择之债的规则，但是鲜有符合实践的，因此绝大多数被主体间相反的约定所替换。

224　对此，不管是债务人还是债权人都可以被赋予**代偿权（Ersetzungsbefugnis, facultas alternativa）**，即允许用其他给付来代替（仅仅是）所负给付的权利。

例如：不动产买卖的合同主体约定，买方有权通过特定的有价证券来清偿高达100 000欧元的价款。所负金钱数额为100 000欧元，但是债务人有权用有价证券替代金钱来给债权人。

225　《民法典》中的代偿权并非一般性规定；但是有一系列的情况被法律赋予了该地位。比如第 251 条第 2 款赋予债务人用金钱赔偿的权利，如果恢复原状需要不相称的费用的话。第 249 条第 2 款规定了债权人代偿权的另一种情况，即被侵权人有权主张恢复原状所需费用而非恢复原状。

第三节　债的消灭

一、导论

226　第 362 条第 1 款规定："债的关系在向债权人作出所负给付时消灭。"此处使用的债的关系概念需从**狭义上**来理解（边码 187）；债权人与债务人间存有的请求关系也会通过债务人履行所负给付，即实现针对债务人的请求权而消灭。在可以从中得出请求关系的债的关系情形中，即从**广义的**债的关系中可以得出什么？当从其内得出的请求被实现后在债权人与债务人间就不存在任何权利义务关系，该债的关系也就消灭。其虽可如此，但是却并非必然如此。如下：

例如：

（1）R 对其朋友 F 承诺说，会"借"⑭ 给他 500 欧元直到下月 1 号前。R 从银行自动取款机处取钱并将钱交给 F。后来 F 按期还了钱。

---

⑬ 参见 Coester-Waltjen 论文，载《法学教育》，2011 年卷，第 100 页。

⑭ 我们再次遇到一个口语与法律语言不同的情况："借钱（Verleihen von Geld）"在法律上是借贷（Darlehen），其在借贷合同（第 488 条及其下）框架内被调整。因此此处不涉及"借（用）（Leihe）"，因为此处必须要返还所接受的物（参见第 604 条第 1 款）。有时用借（比如："出借汽车"）是错误的说法，因为有时涉及有偿使用，有时涉及第 525 条意义上的租赁关系。

（2）A 是一小城中唯一的整容医生。其将其诊所卖给了 B。一个月后其在该小城另开了一家新的诊所。

（3）H 是一电器市场的老板，其从生产商 P 那里买了 20 个 S1 型吸尘器。7 个月后 P 开始转产 S2 型的吸尘器。S1 型吸尘器的配套吸尘袋不再继续生产。由于 S2 型配套的吸尘袋对 S1 不可用，且市场上现有的吸尘袋都不适合，因此导致 S1 型吸尘器无法使用。

第一个示例中，从借贷合同中产生的法律关系因 F 偿还而消灭：通过偿还 500 欧元不仅使得 R 的偿还请求权消灭，而且同时导致了广义上债的关系的消灭，因为合同目的已经实现且当事人之间的权利义务关系不再存在。此外，不同于之前 R 向 F 支付 500 欧元的行为：对此 R 只是依据第 488 条第 1 款履行借贷合同中的义务，因此只是引起狭义上债的消灭；当然还未涉及 F 的偿还义务，即借贷合同作为广义上债的关系。 227

第二个示例中，给付义务的履行（诸如：转让诊所、对吸尘器交付并转移所有权、支付价款）并未导致当事人间所有权利义务的消灭。相反，该诊所买卖的案件中 A 还具有内容为放弃在该城开新诊所及由此带来的竞争义务。因为不仅是诊所的技术设备是合同的客体，还有对其既有的病人和他们继续在此看病的合理期待。A 不可通过开一具有竞争性的诊所来损害该期待。在后续的诚信义务中不能得出明确的关于竞业禁止的约定。第三个示例中 H 有一个合理利益在于，对其经销的吸尘器应提供足够的尘袋，这样 P 所卖的吸尘器才可以继续可用；与此相应的事后义务应被支持。 228

最后两个例子都显示，在核心的给付义务之外还有**其他义务（weitere Pfichten）**，其在特殊情形下让合同所指向的结果事后不会因债务人的行为而被阻碍实现。即基于**诚实信用原则（das Prinzip von Treu und Glauben）（第 242 条）**而得出的合同主体间的义务，即其行为应能够利于合同目的实现，而非事后威胁或阻碍合同目的的实现。 229

债务人在将给付标的物交付之前应谨慎保管，避免受损且寄送时应小心包装。在诸如劳动合同和设立公司的合同中特别需要充满信任和卓有成效的合作，鉴于特别需要重视各方的关系，所以在此类合同中会考虑到约定个人行事方式方面的义务。类似的还有租赁合同和用益租赁合同。 230

但是债务人不仅只承担这些准备性、支持性和保障性的（从）义务，而且还要**在债的关系实现时也有义务防止和保障债权人的法律权益不受损失。** 231

例如：出卖人必须采取措施避免买受人因缺陷而在买卖场所遭受损失；如此还有出租人、旅馆老板及饭店老板对其经营场所的义务。该类**保护义务（Schutzpflichten）**可能在履行所负给付后仍然存在；有关此事后效力的例子有雇员在解除合同后谨守商业秘密的义务。

第 241 条第 2 款指出了在真正的给付义务之外还存在从给付义务。该规定内容没有提到“债权人”和“债务人”，而是使用了“任一方”和“另一方”，表明通过给付义务作出了债权人与债务人之间的角色分配并不适用于从给付义务。因为**给付** 232

义务的债权人也要注意其合同对方的权利、法益和利益。

例如： 若依据合同，出卖人负有将出卖物送到买受人住处的义务，则买受人必须保障出卖人在履行其赴偿之债时不会因其进入房屋中的不安全因素和其他可避免的方式而致损失。

233 对真正的给付义务之外的相关合同义务的表述并不统一。主要有“行为义务”、“谨慎义务（Sorfaltspflicht）”或“从义务”。它们还可以被再划分，比如依据是否涉及合同目的的安全分为“给付保障性（或给付性）”从义务，或涉及保护债权人法益的“保障义务”。依据债务人对各个行为所负义务的内容可以分为说明义务、看管义务和参与义务。基于统一术语考虑，当涉及给付义务之外的（从）义务时，下面会一直使用“行为义务（Verhaltenspflicht）”这一概念，该概念还可以再分为“给付保障性（从）义务（leistungssichernde（Neben）Pflicht）”和“保护义务（Schutzpflicht）”[15]。对行为义务的违反会产生损害赔偿义务。与此相关的问题后面会涉及。

234 不同的义务类型见下图标：

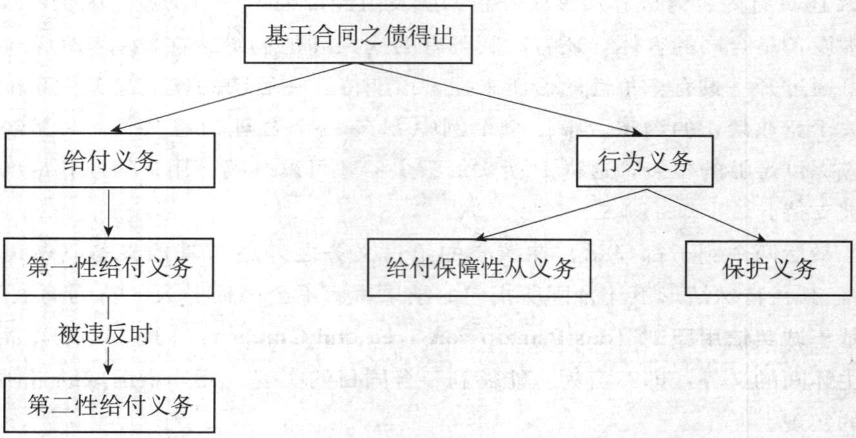

235 从前面的论述中得出，在履行主要义务且狭义上债的关系因此消灭后行为义务还可能存在；如果还存在广义上债的关系，则要等到行为义务（多数情况下随着时间推移）变得没有标的时才消灭。

二、履行

236 如所见，债的关系（即债权人与债务人之间的请求权）在所负给付被向债权人“成就”时消灭（第 362 条第 1 款）。如果所负给付只是实施特定的行为，则所负给付在实施特定行为时“成就”。

例如： A 在 B 外出四周期间“有权看管”其花园，特别是去浇花和除草。B 对此付给他 100 欧元。这里涉及一个劳务合同，而 A 通过实施约定的行为来履行该合

⑮ 详见 Fikentscher/Heinemann：《债法》，边码 35 及其下所涉及的义务类型内容。

同。当B回来时如果该花园绿化的特别美、花开的特别绚烂的话A就不再负债。

相反，该园丁负有依据合同修理花园，照看所种树木、灌木和花卉的生长，不仅要采取相应措施，而且还要有相应的成果。因此只有当该成果出现时，所负给付才成就。对此，涉及一个承揽合同，以上涉及创造出特定的工作成果，经营者的义务因此也要涉及成果（参见第631条）。实施给付行为并完成相关成果是承揽合同与劳务合同的区别所在。

该例子表明，给付行为与给付结果必须要被区分开，当所负债涉及特定成果时，给付要在给付成果出现时才成就。其区别可解释为： 237

例如：出卖人基于买卖合同对一个物负有义务，其要将该物以无瑕疵状态地交付并转移所有权给买受人（第433条第1款）。直到买受人成为该无瑕疵之物的所有权人才出现给付效果，出卖人也履行了其相应的合同义务。

在法学理论上一直存在的争议是，该事实上的行为是否就已实现了履行，还是对此再需要一个法律行为，即债权人与债务人之间的一个履行协议（Erfüllungsvertrag）。该问题特别在**债权人是未成年人**的情形下具有意义，且因此并不能够订立有效的合同（第355条及其下）。对此见下面： 238

例如：一个17岁的少年经过其父母允许将其邮集以500欧元的价格卖给了一老者。当两人碰巧在街上遇到时，老者将价款给了该少年。该少年前往一个街区，陷入了一个坏人圈子，其挥霍掉了全部的钱。该少年的父母要该老者再付一次500欧元。有权吗？

当所负给付对债权人作出时（第362页第1款），该少年与老者之间合同上的价款请求权消灭。此处少年已经是该钱币事实上的占有者和所有者（特别是其可以无须父母同意即可接受所有权的转移，因为此对少年只有法律上的益处，第107条；对此见后面）。但问题是，是否第362条第1款意义上的给付的成就除了对钱币交付并处分合意后还要签订一个履行协议。

对于该问题主要有以下理论⑯： 239

- **合同理论（Vertragstheorie）**认为，除了给付在事实上成就外还需要一个债权人与债务人之间合同上的合意，其应有以下内容，即针对请求权的履行即为给付的结果。当然可以推断该结果约定为一法律行为，其有效要满足所有的要件，包括行为能力。依据该理论，由于通过该法律行为所主张的不仅仅是一个法律上的益处（第107条），一个未成年人未经其父母同意不能引起有效的请求权上的履行，因为其会基于一个有效的履行而失去请求权。
- **修正的（限缩的）合同理论（modifizierte（eingeschränkte）Vertragstheorie）**只要求该情形下引起给付效果的是一个法律行为即可，即一个（附带的）履行协议。在买卖合同中以现金支付价款的情况下，买方引起的给付效果到现金的所有权转移后才产生。因为所有权转移是一个民事行为（参见第929条

⑯ 参见Fikentscher/Heinemann：《债法》，边码313及其下；《慕尼黑民法典评注》/Fetzer，第362条，边码6及其下。

第 1 款），依据修正的合同理论其是一个附带的合同。依据该理论，示例中少年人的请求权亦未消灭。但是依据修正的合同理论，通过给付劳务合同或承揽合同上的义务即可实现其事实上的成就，因为为了实现所负给付，只要有事实上的，而非法律行为上的给付行为即可。

- **最终给付成就理论（Theorie der finalen Leistungsbewirkung）**要求除了作出给付这一纯事实行为外，还需要确定一个给付人的给付目的，通过它将其给付引向一个特定的债。（单方的）给付目的确定为一准行为上的行为。**准行为上的（确切说是准法律行为上的）行为（geschäftsähnliche（genauer: rechtsgeschäftsähnliche）Handlung）**是意思表示，法律通过它来实现法律后果。其与意思表示的区别在于，法律后果并非必然是其意思表示的内容。但有关意思表示的条文可以相应地适用于准法律行为上的行为。[17]
- 依据主流的，同样为联邦普通法院[18]采用的实际给付成就理论，只要给付实际成就对履行而言就足以。该理论不要求有额外的（法律行为上的）意思表示或者行为。

240 然而，最后所述的两个保护无民事行为能力人或限制民事行为能力人的单方面给付成就理论的一个附加条件是：一个给付对一个人作出，则该人必须具备接受给付的权限。该权限，即“受领权限”，原则上任一债权人都具有，但例外是未成年债权人无权限去接受给付，之所以其没有受领权限，因为没有其法定代表人其不得接受所负给付来使债消灭。

这样，依据实际给付成就理论和最终给付成就理论，尽管存在支付了 500 欧元，但是少年人的请求权仍然存在，且其父母仍可以对该数额再次主张。这样，所有理论在未成年案例中都得到同样的结果，只是在法律理由上有差异。在分析案例时如果存在这样的角色，只要简述意见分歧即可确定，对争议的判断在对向无民事行为能力人给付的案中没有必要，因为依据所有观点都只有一个结果。

241 所负给付需要**“针对债权人”**来成就。这意味着，债权人必须要得到依据其请求权所主张的东西；然而，这并不意味着始终要向债权人本人作出给付。有些所负给付的履行依据其性质根本不需要债权人直接参与，比如不作为债务。不管在债权人一方还是在债务人一方都可以使用帮助人或者传达人来实现其给付效果。此类人如果领受了对债权人的给付，则给付的受领方还是债权人。此类辅助人区别于不是为债权人而是为自己来接受给付的“第三人”。由于此类人不具有受领权限，所以对其给付不会导致债权人债权的消灭。相反，依据第 362 条第 2 款规定只有符合下列要求才可以，即债权人之前已经同意（第 185 条第 1 款）或债权人事后追认该给付或者第三人符合第 185 条第 2 款规定的构成要件。

242 与之相关的是第 370 条。据此，**收据（Quittung）**（即债权人书面的受领确认，

---

[17] 比较 Ulrici 论文，载《新法学周刊》，2003 年卷，第 2053 页。

[18] 《新法学周刊》，1991 年卷，第 1295 页（本文始于第 1294 页）；1992 年卷，第 2699 页（本文始于第 2698 页）；2007 年卷，第 3489 页，边码 17（本文始于第 3488 页）。

参见第 368 条）的传达人可以视为有权接受给付。该规则在当传达人并非真正的债权人授权去收款的时候具有意义。通过出示收据即认可该传达人具有接受权限，且债务人在向传达人付了收据上的钱款后即不受债务约束，除非其知道该授权并非来自债权人。至于该传达人如何获得该收据则并不重要。如果是从债权人处盗窃而来，依据主流观点则适用第 370 条。

如果**债务人负有“亲自”给付的义务**，则债权人可以坚持让债务人自己履行针对他的请求权。否则当债务人让第三人履行时其可以拒绝该给付（参见第 267 条）。 243

例如：如果一个有钱的伯父为其在外求学的侄子支付其所欠租金来给其惊喜，则如该侄子自己交付租金一样，该租金请求权消灭。

亲自给付的义务可以基于法律（例如第 613 条第 1 句中劳务合同）或者基于相应的合同约定。 244

例如：一著名的肖像画家要绘制一幅画像；此处合同的内容是该画像要该画家亲自完成。

问题是，当债务人只是**有保留地**实施其**给付**时，该履行效果是否产生？主流观点[19]依据保留的对象来作区分：如果仅仅表示第 212 条第 1 款第 1 项中债权人主张的请求权则不会因履行而得到承认，且依据第 812 条第 1 款第 1 句第 1 种情况还存在请求返还给付标的物的可能性，如果该返还请求权没有与第 814 条规定的排除要件相冲突的话（具体见后面），则该保留没有妨碍履行的效果。相反，如果给付的限制条件为：请求权仍存在，且债权人有义务在之后的返还请求权争讼中证明自己请求权的合法性。则债务是否清偿仍悬而未决，且因之而排除履行效力。至于哪一种情况适合，则需要通过对争议案例进行分析来定，而非将该疑问留给给付人。 245

示例：K 起诉 B 要求其支付一定数量的损害赔偿金。B 对请求权的合法性提出质疑。一审判决裁定 B 支付相关费用。B 对该判决提出上诉。为了避免针对他的判决被强制执行[20]，其附加保留条件地支付了该诉讼请求的费用并继续推动该诉讼进程。该案中没疑义的是，请求权部分已经在诉讼中提出，且 B 作出给付绝不是为了否定 K 有争议的请求权的证据。因此必须基于这样的事实，即 B 的给付具有默示的条件，即其支付义务通过诉讼而最终提出。只有这样，保留条件及因之而生的履行效果才会出现。[21]

如果债权人对该债务人具有多个请求权，那么问题是，当债务人作出一个不能实现所有债权被履行的给付时，其中哪一个请求权已被清偿？ 246

例如：基于借贷合同，G 对 S 有一高达1 000欧元的请求权，而一个保证人对此借贷做了保证担保（参见第 765 条第 1 款；具体细节见后面）。此外，S 基于买卖合同还欠G2 000欧元。S 汇了 500 欧元给 G 的账户，并在汇款留言处写道：“对借贷的还款。”然而，G 更愿意该钱是用来偿还买卖价款，因为借贷合同已经有了保

---

⑲ 参见联邦普通法院判例，载《新法学周刊》，第 1270 页（本文始于第 1269 页）；《慕尼黑民法典评注》/Fetzer，第 362 条，边码 5，该处还有更多内容。

⑳ 具体细节见慕斯拉克：《民事程序法基础教程》，边码 621 及其下。

㉑ 《慕尼黑民法典评注》/Fetzer，第 362 条，边码 28。

证来担保。

247 依据第 366 条第 1 款，债务人有权在给付时决定清偿多个债务中的任一个。该决定须通过需受领的意思表示作出，其与之前一样可以通过默示的方式发出。只有当债务人没有作出此类意思表示的时候，才适用该法在第 366 条第 2 款中规定来进行判断。第 366 条对自愿作出给付的债务人有利。但是如果缺少自愿性，比如通过强制执行程序被迫给付，则不适用该条。[22] 第 367 条第 1 款又对第 366 条在债务人的决定权上进行了限制（参见第 367 条第 2 款）。

248 第 366 条中涉及的规则有违合同理论（边码 239 及其下）所体现的观点，即履行协议应当能够引起履行的效果；由于第 366 条第 1 款规定的情形中适用债务人单方的履行确定，其对第 2 款中的情形是多余的。这与对履行协议的接受不符。

249 如果债权人不清楚，多个债中的哪一个被给付了，则该履行不生效，而要等到债权人被告知哪一个债已被清偿时才生效。该不知情状态可以是债权人具有针对多人的多个请求权，且一个债权人在转账时对转账者描述不清，由此导致债权人不能顺利转账的情形。

示例：移动服务商 D 对 M 和 T 姐妹俩有债权。她们的父亲 E 汇了一笔钱，但是没有说明是为 M 还是为 T 的债务而给付。D 将该款记入 T 的账户并向 M 请求付款。E 对此指出，该付款只是为了清偿 M 的债。但是 D 还是向 M 请求付款。有权吗？

D 无权确定清偿哪一个债务。该权利绝对不可依据第 366 条得出，因为该条只适用于债务人有多个债务要履行之时，而非要对不同的债权人作出给付的情形。因此，给付人必须要补上缺少的给付理由说明且债权人必须等待该确定。当 E 将必要的债务清偿信息告知 D 时就发生了履行效果，即 M 债务已被履行。[23]

250 在一定条件下债务人可以用**与该债的给付不同的另一给付**来履行债权。一种情形是债务人使用其享有的代偿权（边码 224）。债务人也可以在没有该代偿权时对债权人提供与该债的标的物不同的物来清偿其债务，但是这取决于债权人是否接受该物和是否同意所提供的物来“替代履行”。

示例：基于借款合同而欠 G1000 欧元的 S 陷入了经济困境，因此其向 G 提供一个油画来清偿其债务。G 同意了该“支付”。

251 如果债权人接受与所负的给付不同的**给付来替代履行（Leistung an Erfüllung statt）**，则该债消灭，就如该债的给付成就那样（第 364 条第 1 款）。当替代履行时接受的标的物为第三人所有或者有缺陷时结果会如何？该债权人可以重新主张之前对债务人的请求权吗？该问题的答案在第 365 条，当标的物有缺陷时适用出卖人的责任规则。

如果 G 在替代履行中所接受的油画并非 S 所有，而是从 D 处偷来（权利瑕疵，

---

[22] 联邦法院案例，载《新法学周刊》，2008 年卷，第 2843 页，边码 22（本文始于第 2842 页）。

[23] 卡尔斯鲁尔州州法院案例，载《德国法月刊》，2002 年卷，第 570 页（带有 Braun 的支持性评论），该示例是依据此案而改编。

参见第 435 条)，或者此物有物的瑕疵（参见第 434 条)，则之前的债务并非会无条件再生，而是要如同 G 从 S 处买了该画一样来对待。然后再将因之而来的权利结合合同法来进行展开。

并非债权人会一直接受与该债标的物不同的标的物所作的替代履行；但是其可以基于其请求权而对该物进行选择。 252

前面所述示例中的 G 说，其不想要该油画，但是其认识一些人收藏该类油画。其想尝试卖了该画来换取其对 S 债权中的钱款。

提供其他标的物可以只是**以（新）债代偿的（erfüllungshalber）**。之前的请求权还存在，但是债权人有义务首先去尝试接受基于以债代偿而交付的标的物（比如票据——译者注)。若非所愿，则之前因以债代偿而交付的标的物所试图清偿的（但依然存在的）债权可被重新主张。与该债的给付所不同的给付究竟是替代履行还是被债权人接受的以债代偿，必须要基于各方之间的相关约定来得出。第 364 条第 2 款规定了在债务人为了抚慰债权人而对其设定一个新的债务情形下的解释规则，其认为该履行是以债代偿。该解释规则首先涉及提交汇票和处分情形，基于此一个新的针对债务人的请求权被创立。如果汇票和处分必须要被兑换的话案件会如何发展？此处并不深入研究。 253

迄今尚未论述债务人通过**汇款至债权人的银行账户**来履行其金钱之债的情形。事实上今天依据习惯通过现金履行金钱之债还限于日常生活交易之中，其他则盛行非金钱的支付方式。据此，必须补充的问题是，债务人是否及如何通过将债权的款项汇至债权人的账户来履行该债权： 254

如果金钱债权用现金清偿，则给付成就后的给付效果在货币价值符号（纸币和/或硬币）所有权转归债权人时出现。在对相应款项汇至债权人账户时其获得的自然不是货币价值符号的所有权，而是对信贷机构与所汇款项相同的债权。这导致债权的消灭，因为债权人同意接受替代此债中给付（＝现金）的另一给付（获得对银行的请求权)。此分析方法涉及第 364 条第 1 款意义上接受替代履行的情形。[24] 255

由于转账货币或汇划头寸可以变为等值现金，所以第 364 条第 1 款的论证理由变得越来越多余或远离生活：其分析视角认为当银行将金额记入债权人账户时即通过汇款“支付”至债权人的账户，如通过现金支付一样，其法律效果得以确认。[25] 虽然联邦普通法院认为在债权人与债务人之间至少要有一个默示的约定来确认可以被作出汇款支付债权，但是债权人其实在涉及其账户的信件或账单通知时已经得知，所以实际结果上与适用 364 条第 1 款并不冲突。[26] 256

㉔ 如 Martens 论文，载《法学训练》，2014 年卷，第 200 页；Fikentscher/Heinemann：《债法》，边码 261；Jauernig/Stürner，第 364、365 条，边码 4。

㉕ Palandt/Grüneberg，第 362 条，边码 10。关于非现金支付的流程及技术见 Köndgen 论文，载《法学训练》，2011 年卷，第 481 页。

㉖ 联邦法院案例，载《新法学周刊》，1986 年卷，第 2429 页（本文始于第 2428 页)；1999 年卷，第 210 页及其下。同样该法院由此顺理成章地没有回答上述两个观点哪一个切合实际。

三、提存及自助出售

257 存在一些情形，债务人有意履行债务，但是却因债权人不受领所作出的给付，或债务人不能准确知道其债权人是谁。如果债权是针对货币、有价证券、其他文书（比如抵押证件）或可消耗物（第 372 条）的话，则债务人可以依据《提存规范》的规定将该标的物向特定公共机构提存。如果该债务人对提存机构说其放弃该物的取回权（第 376 条第 2 款第 1 项），则该**提存**（**Hinterlegung**）与向债权人给付具有同样的效果；该履行请求权消灭（第 378 条）。该情形下的提存是对履行的替代（=代偿），即一个**“履行代偿（Erfällungssurrogat）”**。

258 至于提存权取决于何条件，则在第 372 条有详细规定。如果不涉及可提存之物，则在第 383 条第 1 款所述情形下债务人可以作出所谓的**自助出售**（**Selbsthilfeverkauf**）并将该收益（可提存的货币）提存。该自助出售应依据第 383、384 条规定的公开拍卖方式或者——如果该物具有交易价或市场价的话——依据第 385 条通过自由买卖方式。

四、抵销

259 有时两人会互负债务：某人既是债务人，又是另一方的债权人。这样则可行使第 387 条及其下诸条意义上的撤销；同样这也是一个**履行代偿**（**Erfüllungssurrogat**）（边码 257）。

例如：如果 A 因买卖合同而欠 B500 欧元，B 基于借贷而可从 A 处获得 400 欧元，那么让 A 先支付 B500 欧元，接着 A 再从 B 处获得 400 欧元就相当烦琐。为了避免“来回付款”，只清偿剩下的 100 欧元就简单得多。

260 除了债的清偿，抵销对债权人还有更多的益处，基于此其可对无力支付或无意支付的债务人什么不做即可实现自己的债权。

如果上述示例中 A 害怕其不能从 B 处获得所借款项，则其有权不必支付其 500 欧元，而是走抵销之路。

261 第 387 条规定抵销的**前提条件**（**Voraussetzung**）为：

- 两者之间必须互负债务，即每一方都同时是另一方的债权人和债务人（即债权的**对立性**（**Gegenseitigkeit**）或交互性）。抵销人的债权（被用以抵销的债权）称为**对立债权或主动债权**（**Gegen- oder Aktivforderung**）；与抵销人相对的抵销对方的债权（将被抵销的债权）称为**主债权或者被动债权**（**Haupt- oder Passivforderung**）。
- 互负给付必须是同一种类，即两个都针对金钱（主要应用类型）或者同一种类之债（比如同一标准的黄金）（**同种类**（**Gleichartigkeit**））。
- 抵销人必须可以对应得的给付作出请求（**对立债权已到期且可实施**（**Fälligkeit und Durchsetzbarkeit der Gegenforderung**））。

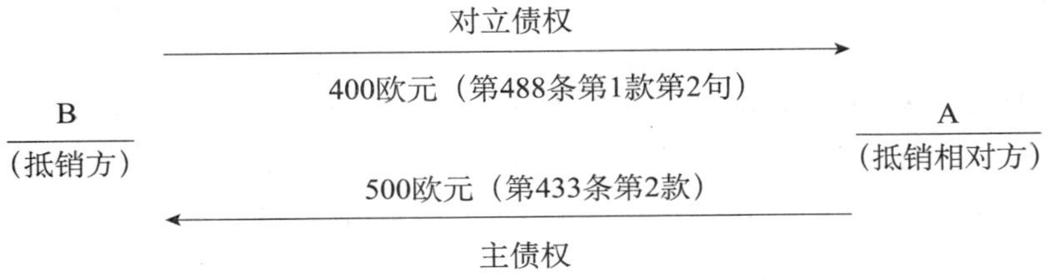

- 抵销人自己所负的给付必须可以成就（**主债权可履行**（**Erfüllbarkeit der Hauptforderung**））。
- 此外，必须**无抵销禁止**（**kein Aufrechnungsverbot**）存在。

对于主债权与对立债权之间的**对立性**存在**两种例外**： 262

- 在债权让与（参见第 398 条）情形中可以依据第 406 条——在该条中规定的限制条件下——债务人对之前的债权人（其已将债权转让他人）所享有的债权也可以对新债权人抵销（具体细节见后面）。
- 依据第 268 条第 2 款，一个具有清偿权的第三人可以用其对一被强制执行的债权人所享有的债权基于该强制执行程序来抵销对方的债权。第 268 条涉及的是第三人因一方对另一方实施强制执行程序而可能致使自己的权利和占有丧失的情形。

示例：S 基于借贷关系而欠G10 000 欧元。由于 S 没有偿还，G 对其诉诸法院并启动了强制执行程序。S 是一地基的所有权人，但已用益租赁给了 D。当 G 将该块土地拍卖时，存在拍卖人解除该用益租赁关系的危险（比较《强制拍卖法》第 57a 条）。因 G 推动的强制执行可能迫使 D 失去对用益租赁给其的不动产的占有。该情形下，第 268 条第 1 款对其规定了的清偿权，依据第 268 条第 2 款 D 可以以自己对债务人 G 的债权对 G 对 S 的主债权实施抵销。如果 D 对 G 抵销，则依据第 268 条第 3 款第 1 句，G 对 S 的债权会归 D 且其可以获得对 S 债权的履行。

待抵销之债权所需的种类一致（货币对货币；同种类对同种类）不要求债权数额 263
相等；当然，债权只会在数额相同的范围内抵销（比较已述案例，边码 259，261）。

待抵销的对立债权必须到期且可实施，即为可强制的和无抗辩的。债权在债权 264
人向债务人请求给付时到期。依据第 271 条第 1 款，如果没有其他约定或个案特殊情况的话，债权人可以随时请求给付。不可强制的是自然之债（边码 204），不能对其抵销。最后，存在抗辩权的债权不可被抵销（第 390 条）。

“抗辩（Einrede）”在《民法典》的术语中意指债务人的一个针对债权人的请 265
求权的对立权利，以此来阻止行使针对债务人的请求权。如果 G 可以要求 S 支付一定数额的金钱，那么当 S 拥有一个抗辩权时该债权就是可以抗辩的，基于此其就可以拒绝履行该债权。比如存在时效已过的情形（第 214 条第 1 款）。抗辩权原则上必须要由债务人提出，这样该权利才会在法庭争议中被重视。对第 390 条而言存在抗辩权就足以；债务人无须提出该抗辩。

依据抗辩权排除请求权实施的时间是长期性的还是暂时性的可以分为**长期性** 266
（终结性）抗辩权（**dauernde**（**peremptorische**）**Einrede**）和**延期性**（**拖延性**）**抗辩**

权（**aufschiebende（dilatorische）Einrede**）。最重要的终结性抗辩权是丧失时效抗辩权（第 214 条第 1 款）、不当得利抗辩权（第 821 条）和侵权行为抗辩权（第 853 条）。拖延性抗辩权主要有延期付款抗辩权（边码 489）、合同未履行抗辩权（第 320 条）、赠与人的紧急需求抗辩权（第 519 条）以及保证人所享有的撤销抗辩权（第 770 条第 1 款）、抵销抗辩权（第 770 条第 2 款）和先诉抗辩权（第 771 条）。

如果 B 对 A 的贷款请求权（对立债权）已过时效，那么其就不能抵销 A 的价款请求权（主债权）。第 215 条规定，如果已过时效的对立债权在进入抵销状态——即双方债权仍然为可抵销地互相存在（参见第 389 条）——则仍未过时效。

267 第 390 条只排除对立债权具有抗辩权时的抵销权。相反，一个不可抗辩的债权的债权人可以毫无顾虑地对一个可抗辩的主债权主张抵销，因为不管是不行使抗辩权，还是做的跟没有该抗辩似的，都随便他自己。

这样 A 能够以其价款请求权（对立债权）抵销 B 已过时效的贷款请求权。

268 由于抵销具有与履行一样的效力，所以**主债权必须是可履行**的。比如，如果一个具有利息的借款请求权约定了还款日期，则基于该债权人对该利息的利益，不允许该债务人在该日期之前清偿借贷之债；该债在此前不可履行（第 488 条第 3 款第 3 句中的返还终结），且因此而不可抵销。

269 即使所有抵销的条件（对立性、双方债务同类型、债务到期和对立债权的可实施性、主债的可履行性）都符合，该抵销也可以被法律或者合同约定排除。如果《一般交易条件法》已经规定了抵销禁止规则，就要注意第 309 条第 3 项的规定。第 393 条包含了法定的抵销禁止规则，据此侵权之债不得抵销。

示例：G 在 S 哀求下借给了其1 000欧元。在 S 多次收到催告仍不还款后，G 将其揍了一顿。S 因此支付医疗手术费用。当 S 向 G 主张 950 欧元损害赔偿请求权时，G 说他要以其贷款债权来抵销。该抵销是不允许的，因为其违反了第 393 条。

270 其背后的法律思想为，某人故意侵害了他人就不得基于抵销——可能还有其他不可实现的债权——来清偿自己的债务以从中获益。相反，受到故意侵害的债权人一方则可以自由抵销。该示例中 S 如果以其基于侵权行为而产生的债权来抵销 G 的借款请求权则不受阻碍。如果双方债权都是基于故意侵权行为而产生的话（比如斗殴中都将对手伤害）是否同样适用第 393 条是有争议的，但是基于条文的明确规定及法律思想是应该被肯定的。[27]

271 依据第 394 条第 1 句，**不可扣押之债权（unpfändbare Forderung）**不可被抵销。不可扣押性（规定于《民事诉讼法》第 850 条及其下）为立法者所确定，以便为被强制执行的债务人留下生活必需品。同样，抵销也不应涉及该债务人的必需品。

示例：工匠师傅 H 借给其徒弟 G 一辆平板货车，以便其徒弟晚上拉他自己私人的货物。由于 G 的过失导致该车在使用中被损坏。对此 H 宣称，其下个月不再支付 G 工资，因为其要以损害赔偿请求权来抵销工资请求权。G 对此大为光火，其毁坏了自己刚做好的产品。对此 H 说，从现在开始 G 又多加一周没有工资了，因

[27] 联邦法院判例，载《新法学周刊》，2009 年卷，第 2508 页。

为 H 想以此来抵销产品毁坏的损害赔偿请求权。

H 基于平板货车损害赔偿请求权（依据第 823 条第 1 款和第 249 条第 2 款）的抵销权应在其应付工资中超过扣押的界限的部分（第 394 条第 1 句结合《民事诉讼法》第 850、850c 条）才可以被考虑。依据第 394 条的内容，抵销权同样适用于基于故意破坏产品而产生的请求权，但是该作出故意侵权行为的人在该债权为不可扣押且损害赔偿请求权涉及其生活关系时禁止援引该条规范。该基于诚实信用（第 242 条）而实施的限制适合此处，就这点而言，H 可无视第 394 条第 1 句实施抵销。然而基于社会的考量人们将会必须给债务人及其家庭留下一些必要的生活费用。[28] 可以参阅《民事诉讼法》第 850d 条。[29]

272 撤销人可以通过作出**需受领的意思表示**来行使撤销权（第 388 条第 1 句）；撤销权是形成权，通过撤销的意思表示作出。

273 **形成权（Gestaltungsrecht）**是一特定人——不仅是全部合同主体——享有的权利，当其直接影响已经存在的法律关系时该法律关系会随之改变。形成权原则上通过意思表示行使。然而有一些情况下基于形成权的本质需要一个法院裁判（比如离婚，第 1564 条第 1 句）。如果形成权与主请求权不可分（比如解除权），则该权利不可单独转让他人（依附性形成权）。当然，独立性形成权可以单独转让（比如回购权，参见第 456 条）。

274 如果主债权与对立债权一致，则在抵销的意思表示成就时该两个债权消灭，也就是说回到了它们“相互产生了适于被抵销后”的点上（第 389 条）。当然，超出对立债权部分的债权仍然存在。

如果 B 从 A 处获得 400 欧元，A 对 B 具有 500 欧元的债权，B 作出了抵销，这样其债权及 A400 欧元的债权消灭；但是还存在 A100 欧元的债权。

275 抵销不仅可以通过单方的意思表示（即行使形成权），而且可以通过合同约定，即抵销合同（Aufrechnungsvertrag）来实施。此类合同的优点在于，无须实现（单方的）抵销需要的条件。这样债权之间不必同种类（边码 261、263）且无须到期（边码 261、264）。同样，许多人可以随便缔结一个抵销合同来实施抵销，而不用取决于他们之间的对立性。

示例：A 欠 B500 欧元，B 欠 C 同样数额的钱，C 又欠 A600 欧元。该案中 A、B、C 可以签订一个抵销合同，其可以让除了剩余的 100 欧元外的债权全部得以清偿，这样只剩 A 与 C 之间的债权需要清偿。

五、其他消灭原因

1. 免除合同（Erlassvertrag）

276 第 397 条规定，当债权人通过合同免除其债务时，债的关系消灭。此法条中债

---

[28] 联邦法院案例，载《新法学周刊》，1993 年卷，第 2106 页（本文始于第 2105 页）。

[29] 参见慕斯拉克/Voit：《〈民事诉讼法〉基础教程》，边码 673。

的关系的概念应从狭义理解；即债权人与债务人之间的请求关系消灭。其条件是——如法条中明确所述（“通过合同”）——债权人与债务人之间的合同。债权人对债权单方的放弃对其状态没有影响且最多视为缔结免除合同的要约，其还需要债务人的承诺，这样该合同才成立（边码 134）。

示例：G 对 S 说：“你真是一个可怜虫，你就不需要还给我还欠的 100 欧元了。”S 对 G 傲慢的态度很恼火，立马当即回应：“我的债我会还。”事后其思虑再三写了一封信给 G，信中表示对其债务的免除表示感激。G 回道，基于 S 已首先拒绝，所以其必须要支付其债务。

由于债法中不可对债权作单方的放弃，所以 G 的单方意思表示只能认为是一个缔结免除合同的要约。对该解释人们还可以得知，G 并未表示要缔结一个免除合同，因为其意思明确是要免除 S 的债务。从明确客观的意思表示上的意义看 S 的意思表示是要拒绝该要约（第 146 条）。因此，后面的感谢信应理解为该穷人要订立免除合同的要约，但被 G 拒绝。因此没有免除合同成立，S 要支付其债务。

超链接：负担行为和处分行为

277 免除合同在内容及法律效果上都明显区别于迄今涉及的合同，即买卖合同、租赁合同、借贷合同或劳务合同中主体间设立的请求关系，据此一方（债权人）对另一方（债务人）可以请求一定的给付且债务人负有作出该给付的义务（边码 198 及其下）。相应地人们将该类法律行为称为**“负担行为（Verpflichtungsgeschäft）”**。

278 相反，通过免除合同直接实现了权利改变，而不仅仅是创设相应的义务。因为免除合同实现了请求权的消灭。直接转让、改变、设定或放弃权利的法律行为称为**“处分行为（Verfügungsgeschäft）”**或简言之**“处分（Verfügung）”**。同样，如义务可以例外地通过单方法律行为设立一样（边码 190），也存在单方的处分行为。例如对一动产所有权的放弃（第 959 条）。

279 处分行为大部分都在物权法中；它们涉及物上权利的变更，因此人们称之为“物权行为（dingliche Rechtsgeschäft）”。重要的例子有动产（第 929 条及其下）和土地（第 873 条第 1 款和第 925 条）所有权的转移、各土地质押权的设立（不动产抵押权、土地之债、定期土地之债；参见第 873 条及其下、第 1113 条及其下、第 1191 条及其下、第 1199 条及其下）和质权设立（参见第 1204 条及其下）。但是债法中也存在处分行为，如示例中的免除合同，此外还有债权让与（第 398 条及其下）或债的抵销合同（边码 275）。

280 处分行为只对具有该权限的人有效。其为任何情况下已被支配的权利的所有者。其拥有**处分权（Verfügungsbefugnis）**或（**处分力（Verfügungsmacht）**）。由于处分权人作出的处分行为直接引起相应的权利变动，所以第二个同样的处分行为不再有效。因此适用**优先原则（Prioritätsgrundsatz）**，即具有多个同样的处分行为时，则只有第一个有效。

例如：如果一个出卖人将买卖物的所有权转移给买受人后又将该买卖物再卖给

了一个其他人（至于风险、损害赔偿义务后面会涉及），但没有转移所有权；因为其已经失去了所有权，且不再享有处分权。

281 因此可认为：**处分行为涉及法律上的“能够”，负担行为涉及法律上的“可以”**[30]。然而无权处分人的处分行为在例外情况下也生效。对此情形的具体条件规定在第185条中：

- 依据第1款，如果其经过了权利人的许可（即事前的同意，参见第183条第1句），则无权处分人的处分行为有效。
- 依据第2款第1句第1种情形，如果有权处分人对该处分行为进行了追认，即事后的同意（参见第184条第1款），则该无权处分人起初无效的处分行为在追认后有效。
- 无权处分的行为人事后得到了可以处分的标的物，则依据第185条第2款第1句第2种情形该无权处分人的处分行为有效，即从其获得该标的物所有权时开始。这样法律认可（之前）无处分权的人的处分行为，尽管其作出处分行为时并无处分权。
- 同样，依据第185条第2款第1句第3种情况，当无权处分人从权利人处继承得到，则其无限制地对该遗产负责（继承的具体责任此处不涉及，有兴趣者可以参与慕斯拉克/豪：《〈民法典〉司法考试教程》，边码658及其下）。

例如：E将其巴洛克柜子拿给工匠H修理。当K在H的工作区看到该修好的柜子时要高价购买。H对此指出，该柜子是E的，但又说其已经与E说好，因此可以将该柜子卖给K。K很高兴地同意了并立刻将柜子搬回家。法律情形如何？

H与K之间的负担行为已经有效成立。该买卖标的物不属于H但不影响买卖合同的效力。出售他人之物者必须考虑如何履行该买卖合同的义务，特别是如何转移买卖标的物的所有权。如果不可以，则其就有损害赔偿的义务（具体细节见后面）。这是出售他人之物的风险。H不具有处分该柜子的所有权的权限。其在此范围上为无权处分人；他转移所有权的处分行为因此无效。该行为只有在满足第185条第2款的构成要件后才有效。如果E追认了该所有权移转或其将该柜子的所有权转给H，则K就成为该柜子的所有权人，确切地说，追认情形下是事后溯及至H作出处分行为之时（起初无效），第二种情形则在H获得所有权时。如果E相反没有追认H的处分行为或未将所有权转让给H，则K必须将该柜子返还给E（第985条）且基于为履行该买卖合同（只可）对H提出请求。

值得一提的是，如果对认为H就是该柜子所有人没有重大过失，则K可能会获得该柜子的所有权。此类依据第932条对无权利人的善意取得（后面会提到）此处不被考虑，因为H已经告知K真正的所有权关系。

282 处分行为被正常实施，因为对此具有一个原因：某物被转移所有权，是为了遵守某个负担行为，比如基于买卖合同或赠与合同；或者：某债权被免除，以便将其赠与债务人。从自然意义上讲，处分行为与其依据的负担行为是在一起的，但是在法律意

---

[30] Brox/Walker：《民法总论》，边码109。

义上：负担行为与处分行为在法律上是分开的（**分离原则（Trennungsprinzip）**）。处分行为的效力不取决于其所依据的负担行为的效力；即其存续"摆脱"该负担行为的效力（**抽象原则（Abstraktionsprinzip）**）。[31]

示例：如果买卖物已被向买受人转移了所有权，则其获得了所有权，即使得出所基于的买卖合同由于隐藏的分歧（边码 191）而无效。但是，出卖人可以要求返还所有权，因为买受人获得该所有权没有法律基础（见后面）。

283 立法者在《民法典》中接受了抽象原则，以让法律交往中处分行为实施后对权利的效力独立于负担行为的效力。否则，任一所有权转移都会遭受所基于的负担行为的无效而带来的不安全性。这应该被避免。不要错误认为分离原则和抽象原则会带来日常生活中通常被视为一体的事情（比如零售交易中的现金买卖）的分割和独立。该原则及引起的法律后果只是对法律门外汉很难解释且是初学者的难点所在。此处知道该原则的表示即可，基于此得出的结论后面还会经常遇到。

284 需要注意的还有，当处分行为所基于的负担行为无效时并非没有法律后果存在。由于存在负担行为无效时的处分行为，所以如果作出的处分行为没有法律基础的话，可以依据第 812 条第 1 款第 1 句，基于结果上的不当得利要求返还；具体细节见后面。

285 此处所涉及的负担行为与处分行为的区分补充了上面（边码 49）涉及的法律行为的分类。此外分为有因行为（kausale Geschäft）和无因行为（abstrakte Geschäft），其中有因行为是指该行为含有（非自身实现）法律关系变更的法律基础（原因），无因行为则与该法律原因分开。负担行为多数为有因行为，处分行为多为无因行为。负担行为与处分行为将在下图中展示：

负担行为	分离原则 （负担行为与处分行为是相互独立的法律行为）	处分行为
构建义务，并创建履行义务的法律基础 例如：V在与K订立的买卖合同中，为自己创设对某戒指向K交付并转移所有权的义务 （参见第433条第1款第1句）	抽象原则 （处分行为的效力独立于负担行为）	直接影响相关权利的变动 （通过转移所有权、撤销、设定抵押或变更内容） 例如：V将所卖戒指的所有权转移给K（参见第929条第1句） 如果买卖合同无效，也不会改变K取得所有权。但是该所有权转移缺少法律基础，V可以请求返还所有权（第812条第1款第2句第1种情形）

286 债的免除合同作为处分行为与无因行为需要一个法律基础。如果缺少该法律基础，则虽然该免除有效，但是基于不当得利法可被撤销。常见对债免除的原因行为是赠与。

前面引用的例子（边码 276）不仅是一个免除合同，而且同时也成立一个赠与，

---

[31] 比较 Bayerle 论文，载《法学训练》，2009 年卷，第 1079 页。

因为 S 已经“同意”。

如果债权人通过与债务人之间的合同确认并不存在债务，这必须区别于合同主体是否想用他们的约定来消灭既存的债务。如果是该情形，则赋予所谓的**消极的债务确认（negative Schuldanerkenntniss）**与免除合同具有同等地位，这规定在第 297 条第 2 款中。因此这是一个无因性合同，对此必须存在一个法律基础。如果缺少该法律基础，则债权人可以请求不当得利法上的赔偿（参见第 812 条第 2 款）。相反，如果合同各方得出，他们之间的债务并不存在，且他们只是想确定该法律状态，则他们的意思并不是为了让本以为存在的债务消灭。但是主流观点[32]认为该情形是消灭一个与设想相反的债权，且指向赋予债权人一个不当得利请求权（针对请求权的重塑）。很容易混淆的是，将请求权的缺失视为债务确认的基础，并依据第 313 条的标准来判断共同错误的后果（有关交易基础缺失详见后文）。 287

2. 废除合同（Aufhebungsvertrag）

合同自由原则（边码 128）包括合同主体通过废除合同来消除其构建的债的关系；对此合同主体只能实现对未来的效力，但是也可以赋予溯及力，并使该被废除的合同如同从未发生过一样。 288

3. 合同变更和债的更新（Änderungsvertrag und Novation）

如第 311 条第 1 款所强调，合同各方可以——再次基于合同自由——通过变更合同或调整合同来修正其已订立的合同中的部分内容，即比如增加或减少其中的义务。究竟是废除既存的合同还是以新的具有内容变更的合同来替换（债的替换或债的更新（Schuldersetzung bzw. Novation）），则由合同各方自己选择。 289

例如：A 请求 B，让 B 免费让他使用两天汽车。B 对此表示同意（借用，第 598 条）。过了一会 A 对 B 说，其需要该车至少一周。但是对此 B 想获得 200 欧元的报酬。A 对此表示同意。

一方面可以想到的解释是，合同主体已经改变了既存合同，一是通过改变存续时间，另外是通过构建 A 的主给付义务（借用合同变更为租赁合同）。另一方面可能对该过程解释为，起初的借用合同已被废除，且被一个新的租赁合同取代（债的更新）。有疑问的是仅仅（尚存主体的）合同变更或调整是否利益正当。

4. 混同（Konfusion）

如果债权与债务同归一人（混同），则债权消灭，因为没人可以成为自己的债务人。 290

例如：O 叔借给其侄子大 N 共 5 000 欧元。在该钱偿还前 O 去世，并由 N 继承遗产。通过继承，被继承人的全部财产转归继承人所有（第 1922 条第 1 款）。这样 N 作为 O 的继承人同样获得了针对自己的债权。这导致了该债权的消灭。

---

[32] Brox/Walker：《债法总论》，第 17 章，边码 2；Erman/Wagner，第 397 条，边码 11。

5. 撤销

291 如果所发出的以构建（法律行为上的）债的关系的意思表示被撤销，则该意思表示撤销导致债务合同一起被溯及地消灭（第142条第1款）。如所见，意思表示撤销是债的关系消灭的原因（详见其后）。

第四节 附加内容：消费合同中的特殊性

292 为了转化欧盟《消费者权利指令（2011/83/EU）》[33]，《民法典》第312条及其下诸条被重新作了修订[34]：这里汇编了一些消费合同的一般性规则（第312、312a条）和一些针对特殊经营形式的特殊规则，即在经营场所之外或远程签订的合同（第312b—312h条）。此外，立法者还在第312i、312j条规定了电子交易形式的合同，但是体系上却并不协调，因为这些规则部分涉及非消费者参与的交易（参见边码179处对该类合同订立的总结）。尽管如此，还需要关注一下第312k条，该条否定了对消费者不利的其他规定以及欺诈行为。

293 第312条第1款中的消费合同（Verbrauchersvertrag）这一概念被定义时还涉及第310条第3款。因此，如果只包括了第13条意义上的消费者[35]和第14条意义上的经营者之间的合同。此外，从第312条第1款中还得出，消费合同必须“以经营者的有偿给付作为标的”；因此经营者具有合同上的物的给付义务，反之，消费者具有金钱给付的义务。问题是，这些限制从《消费者权利指令》中并不可直接推导出来，特别是在消费者作出利于经营者的保证担保方面。[36] 在第312条第2—6款中具有其他所有有关消费者合同的具体应用范围上有关提纲挈领的、甚至部分有问题的具体列举。第312a条预先规定了消费合同的内容，即经营者的一般信息告知义务（第312a条第1、2款和《〈民法典〉适用法》第246条），以及在特定的给付上附加消费者以价款支付可能性的限制（第312a条第2款第2句、第3—5款）。

294 被详细规制的有该两类特别的经营形式。[37] 其一，这里涉及在经营场所之外订立的合同。与之前的法相比（旧法第312a条第1款），第312b条相关的适用范围

---

[33] 参见《欧盟政府公报》，2011年，法律卷，第304期，第64页（Abl. 2011 L 304，64）。

[34] 2013年9月20日修正，见《联邦法律公报》，2013年，第Ⅰ卷，第3642页（BGBl. 2013 I 3642）。详细分析参见Beck JURA 2014，666；Förster JA 2014，721 und 801；Stürner JURA 2015，30；Wendelstein/Zander Jura 2014，1191。

[35] 有关消费者的概念详见Beck论文，载《法学教育》，2015年卷，第30页；Wendelstein/Zander论文，载《法学教育》，2014年卷，第1191页。

[36] 最新的讨论对象参见Bülow/Artz，VerbraucherprivatR Rn. 86，223ff；Erman/Koch § 312，Rn. 14ff.；v. Loewenich WM 2015，113。

[37] 对此参见Hilbig-Lugani论文，载《法学研究杂志》，2013年卷，第441页和第545页；Raue论文，载《法学教育》，2015年卷，第326页；Stürner论文，载《法学教育》，2015年卷，第341页。

被明显地扩大，以至于立法者更坚定地放弃概括性地使用常用的、但是也一直被误解的“上门交易（Haustürgeschäft）”这一狭义概念；取而代之的可能是**经营场所外的合同（Aussergeschäftsraumvertrag）**这一概念。其二，则涉及第 312c 条第 1 款意义上的**远程交易合同（Fernabsatzvertrag）**，即双方在商谈和合同订立时仅仅使用传统通信手段的交易。这里具体包括何内容，则定义在第 312c 条第 2 款中；因此所包括的不仅是一个新的电子媒介，而且还有电话，甚至传统的书信交流。但是例外在于，当“合同并非在为远程而设置的经营或服务系统的框架内订立时”。事实上，在第 312b 条及其下诸条上涉及保护消费者免于突然袭击、有违事实的影响或者信息缺失。在经营场所外合同和远程交易合同中，立法者规定了一些矫正手段，比如经营者大量的**信息义务和资料义务（Informations- und Dokumentationspflicht）**（第 312d—312f 条；《〈民法典〉适用法》第 246a 条）和消费者的**撤回权（Widerrufsrecht）**（第 312g 条；详见边码 708 及其下），甚至形式上的要求（第 312h 条）。

第 312 条及其下诸条中有关消费者合同的大量条款不可阻止对《民法典》的系 295
统性规定外的其他消费者保护法和其他法律的适用。对于《民法典》而言，这里所指的只是一些已经规定的更严格的条款（比较：第 310 条第 3 款为第 305 条及其下诸条的扩展；详见《一般交易条款法》：慕斯拉克/豪：《〈民法典〉司法考试教程》，边码 901ff），和有关消费品买卖的规则（第 474 条及其下；边码 910 及其下），以及消费借贷和资金资助（第 491 条及其下；边码 918 及其下）。

案例与问题

1. 请解释“债的关系”这一概念！
2. 债的关系如何产生？
3. 什么是长期供货合同？
4. 请解释“第一性的给付义务”与“第二性的给付义务”这两个概念！
5. 如何确定“善良风俗”的内容？
6. 什么是特定之债？什么是种类之债？
7. 什么是种类之债的特定化？从中可以得出哪些法律后果？
8. 往取之债、赴偿之债与送交之债中的债务人各具有哪些义务？
9. 如何区分选择之债与代偿权？
10. 在一个债中除了给付义务外通常还存在其他义务。这些义务是哪些？
11. 17 岁的 L 拥有一个大的出租房。有次其缺钱就去找住在该房间内的承租人 M，并对他说其来是想收到期的租金的。对此 M 给其房间的月租金 250 欧元。L 与其朋友一起挥霍了该钱。M 还必须要再支付一次吗？
12. 工匠 E 在 R 的房间内干活，对此 E 可以请求1 200欧元。由于 E 想亲自在 R 处结账，E 在其办公室里写了一个账单，并签字。但其短暂离开其办公室的时候，偶然进入其房间的 K 将该账单拿走并立刻到 R 处。在那里其装作是 E 的学徒并结算了账单金额。R 还必须要再向 E 支付一次吗？

13. A 必须要返还 R 高达1 000欧元的借款。由于其没有钱，其想给 R 一块从其父亲处继承来的金手表。R 对此表示同意。债权消灭了吗？如果 R 表示，自己对该表没有兴趣，但是想能不能换钱，有区别吗？

14. 如果 A 用汇票支付，那么其债务消灭了吗？

15. 提存与自助出售具有何目的，且从中可得出哪些法律效力？

16. 抵销取决于哪些条件？

17. A 在玩扑克牌时输给 B 500 欧元。当 B 向其催款时，其以对 B 的同等数额的到期借款债权来抵销。允许吗？反过来 B 可以抵销吗？

18. 如何理解延期性抗辩与长期性抗辩？

19. 什么是抵销合同？其与（单方的）抵销相比有何好处？

20. 请解释负担行为与处分行为的区别！

21. 无处分权人的处分行为在哪些条件下会生效？

22. V 将其汽车出售给 K 并对此达成处分合意。销售合同因分歧而无效。该无效对所有权转移的效力有影响吗？

23. 什么是“消极的债的确认”？

24. 如何理解债的更新与混同？

第五章 未生效的和有瑕疵的意思表示

第一节 概论

一、意思表示的有效要件

参与法律交往的必要前提条件是具有**权利能力（Rechtsfähigkeit）**，即享有权利和承担义务的能力。但是发出有效的意思表示还需要一个（至少受限制的）**行为能力（Geschäftsfähigkeit）**，即独自实施法律行为的能力。然而，如果所表示出来的意思并非真实所愿且意思表示受领方知道该保留（第 116 条第 2 句）；或如果与意思表示受领方通谋，该意思表示只是个表象而已（第 117 条第 1 句）；或表意人缺少诚意（第 118 条），则该完全行为能力人所作的意思表示是**无效的（nichtig）**。如果表意人在作出表示时陷入错误（第 119 条）；或者意思表示被错误地传达（第 120 条）；或意思表示人基于欺诈或胁迫而作出意思表示（第 123 条第 1 款），则该意思表示虽然有效，但是有瑕疵。该瑕疵可被**撤销（Anfechtung）**，并因此导致该意思表示自始无效（第 142 条第 1 款）。上面所述无效或可撤销的意思表示的原因下文会详细涉及。首先要解释的是此处未生效（Unwirksamkeit）及可撤销（Anfechtbarkeit）概念的含义。 296

二、未生效与可撤销

1. 无效（Nichtigkeit）

依据一般的语言规范，未生效这一概念描述的是缺少效力。在法律意义上，一 297

个未生效的法律行为完全可以引起法律效果，比如赔偿信赖该效力的人所遭受损失的义务（第 122 条第 1 款），只是不产生该（未生效的）法律行为所指向的效果而已。民法中具有**多种未生效（Unwirksamkeit）情形**。**无效（Nichtigkeit）**是最严格的标准，其独立于当事人的意思产生，且原则上针对任何人。①

298 导致无效的原因已规定在法典之中；其基于多种不同的理由。比如由于内容（边码 205 及其下）违反法律或善良风俗行为的无效（第 134、138 条）。基于保护需要，无行为能力人的意思表示被规定为无效，因为其对法律行为的意义缺少必要的识别能力（第 105 条第 1 款；见边码 319 及其下）。

2. 无效法律行为的认可

299 作出无效法律行为的人对该行为进行了认可，即其确定地确认无效的行为为有效，则该认可视为重新实施了该法律行为（第 141 条第 1 款）。这导致被认可的法律行为——前提是被认可行为不存在无效原因——从认可之时有效。无效合同的双方基于该认可可以认为该合同就如自始有效一样（参见第 141 条第 2 款）。然而，认可合同的前提是合同双方知道无效的原因或者至少怀疑该合同的法律效力，以客观视角可知的行为表明，他们想通过再次表示来根除无效的原因或怀疑。②

3. 部分无效

300 还有一种情形就是，法律行为的部分无效（比如在一庞大的合同内有些合同条款因违反法律禁止性规定而无效）。问题是，当其他部分可以作为独立的民事行为而存在时，该部分无效是否会引起整个法律行为无效。合同主体的意思首先对解决该问题具有决定性的意义。如果合同各方（或者是单方法律行为实施者）没有对部分无效情形既非明示又非默示地作出调整，则依据第 139 条的解释规则，即“如果不能接受没有该无效部分该法律行为仍可被实施”，则认定整个法律行为无效。该规则是否为各方意思，要依据**推定的（假定的）主体意思（der mutmaßliche（hypothetische）Parteiwille）**。需要知道的是，如果当事人注意到了该可能性，则他们对部分无效情形约定了什么。如果缺少其他决定性的理由，则采用各方所期望的客观的、理性的内容，这需要根据具体情形在理性衡量后作出决定。

301 第 139 条的解释规则只适用于“一个”（即同一的）法律行为。当各方将不同的部分归纳为统一体，而不同的部分可以有多个不同类型的合同（比如不动产买卖合同和物业管理合同）组成，使其一起构建成一个具有意义的合同条款，则涉及一个**统一的法律行为（einheitliches Rechtsgeschäft）**。各方的意思可以——对自己是独立的——归纳为统一的法律行为（即**统一的意思（Einheitlichkeitswille）**）。这也可以是只有合同一方主体认可该统一的意思而另一方对此接受的情形。③

---

① Köhler 论文，载《法学训练》，2010 年卷，第 665 页。

② 联邦普通法院案例，载《新法学周刊》，2012 年卷，第 1570 页＝《法学训练》，2012 年卷，第 1027 页。

③ 详见联邦普通法院案例，载《新法学周刊》，1991 年卷，第 917 页。

4. 转换解释

一个无效的法律行为可能符合另一个（有效的）法律行为的要求。对此有疑问的是，是否所期待的后果可以通过对该无效的法律行为作出转换解释（转化）而成为另一法律行为（参见第 140 条）。 302

示例：A 被聘为 U 企业一分公司的经理。合同约定，劳动关系只可在每年最后 6 个月的单方终结合同期内解除。7 月中，U 和 A 之间产生分歧，因为 U 不遵守该期限将 A 终结（kündigen）。虽然与单方即时终结合同的条件（参见第 626 条第 1 款）不符合，但是符合一般单方预告终结合同的条件。如果 U 接下来什么也不作，则对于 A 下一年是否还必须工作这一问题取决于该单方即时终结合同是否被转换解释为一个一般单方预告终结合同。

无效法律行为的**转换解释（Umdeutung）**取决于下列要件： 303

（1）法律行为无效；

（2）与代位行为重合；

（3）相应的主体意思。

对上述条件需要注意的是：

- 被转换解释的法律行为必须无效；一个有效或者可修正的法律行为不可被转换解释。如果法律行为部分无效，则只有依据第 139 条认为是全部无效时才可考虑转换解释。
- 无效法律行为与“另一”法律行为重合（全等）意味着，代位行为在法律意义上不得继续为无效法律行为。④ 与之相应，撤销可以转换解释为终结（Kündigung），但是终结不可转换解释为撤销，因为撤销——不同于终结合同（第 701 页）——不仅对未来有效，依据第 142 条第 1 款，对被撤销的法律行为的无效性还可以追溯到作出该行为之时。
- 最后，转换解释取决于其与主体的可能意思相一致。对转换解释同样具有决定意义的还有第 139 条的规定，即如果对其他判断缺少依据的时候，客观上可以将什么视为最理性的意思（见边码 300）。

基于示例（边码 302）中所有重点的评判，即如果其知道即时解除无效的话，U 至少想要正常的终结，且如果该意思可为 A 可知，则依据第 140 条的转换解释可以实施，因为即时终结与正常终结（忽略时间上的差异）之间具有重合性。⑤

5. 待定中的未生效

在许多情形下法典使法律行为的效力取决于另一方的同意。如果缺少该同意，则虽然该行为的效力被否定，但是如果这不是有权同意人所追求的保护，则导致该 304

---

④ 详见《慕尼黑民法典评注》/Busche，第 140 条，边码 17，同样具有相反观点。

⑤ 联邦劳动法院案例，载《新法学周刊》，2002 年卷，第 2971 页。高阶学习试题见 Lindacher/Hau：《民法总则案例》，案例 6。

行为立刻永远无效。因此，联邦普通法院选择了中庸之道，让该行为的生效或未生效处于未定之中（即待定中的未生效（schwebende Unwirksamkeit）），直到同意权人对此作出表示，且该行为或被认可而生效或被拒绝认可而导致最终不生效。

例如：待定中的未生效是指，比如有限制民事行为能力人未经法定代表人同意签订的（负担性）合同（第 107、108 条）和无代理权人签订的合同（第 177 条）。

305 消费合同（边码 292 及其下）在撤回权持续期间有效。由于存在消费者的撤回权，直到该撤回权期间结束了所存在的不确定的合同状态，仿照待定中的未生效这一概念称为合同的**“待定中的生效（schwebende Wirksamkeit）”**。

6. 相对未生效

306 民法中同样还有相对未生效。对此的理解是，一个法律行为只针对特定的人无效，与之相反，对其他人则有效。相对未生效特别会在该类情形下出现，即为了特定人的利益而禁止权利所有者行使该权利。据此，如果其行使权利，则该行使对这类人不生效，对其他人则有效（参见第 135、136 条）。

7. 可撤销的法律行为

307 **可撤销的法律行为有效，但是可被撤销权人基于（单方的）意思表示宣布无效**。对此，法典赋予撤销权人的方式是，其既可让该瑕疵按期生效，又可借此否定法律行为的效力。

308 如果意思表示具有错误、欺诈或者违法胁迫因素，则可被作出该意思表示的人在一定条件下撤销，其因此使之无效（参见第 119、120、123 条）。还有其他诸如家庭法、继承法及《民法典》之外的撤销权情形，其中部分规定不同，因此这里对此并不涉及。

309 撤销是通过可受领的意思表示对特定的人，即所谓的“撤销相对方”作出（第 143 条）。被撤销的可撤销行为自始无效（第 142 条第 1 款）；撤销效力追溯至可撤销行为作出之时（溯及效力（Ex-tunc-Wirkung，拉丁文，意指从当初开始，即具有追溯性。））。基于特定已经实施的法律关系上的利益考虑，该原则必须具有例外，撤销效力限于未来（Ex-nunc-Wirkung，拉丁文，意味从现在开始，即对未来的效力）。对此涉及已执行的劳动合同和公司章程，基于当事人之间的利益考量不再溯及过去已经存在的法律效力。在那些情形下可以基于公正或合目的性的考量，但法律上的溯及力根据法律行为的基本原则而具有例外情形，对此必须要谨慎考查；对该考查要始终保持最大克制，因为只有基于绝对原因才可以否定撤销在法律上规定的效力。⑥

310 如果可撤销的法律行为被撤销权人确认，则排除第 144 条第 1 款规定的撤销权。确认（Bestätigung）是一单方的、非需受领的、形式自由的（第 144 条第 2

⑥ 联邦普通法院持此观点（载《新租赁与居住法杂志》，2008 年卷，第 887 页（全文始于第 886 页））=《法学训练》，2009 年卷，第 178 页（Faust 撰写）=《法律教育》，2009 年卷，第 303 页（Stadler 撰写），租赁合同因欺诈而被撤销后支持了溯及效力。比较《慕尼黑民法典评注》/Busche，第 142 条，边码 14 及其下。

款）意思表示，其在知道且意识到该撤销权可能性的情况下发出。如任一（无形式要求的）意思表示一样，确认亦可通过可推定的行为来实现（边码 57）。然而，对接受该确认的可推定行为具有严格的要求，因为依据经验，既存的权限或形成权不可无理由地被放弃。⑦ 如果确认为无须受领的意思表示，则撤销相对方必须对该确认的行为可知，这样其才会从中得出认可意思的决定。⑧

对于意思表示生效需要取决于哪些关键点，用下图表示为： 311

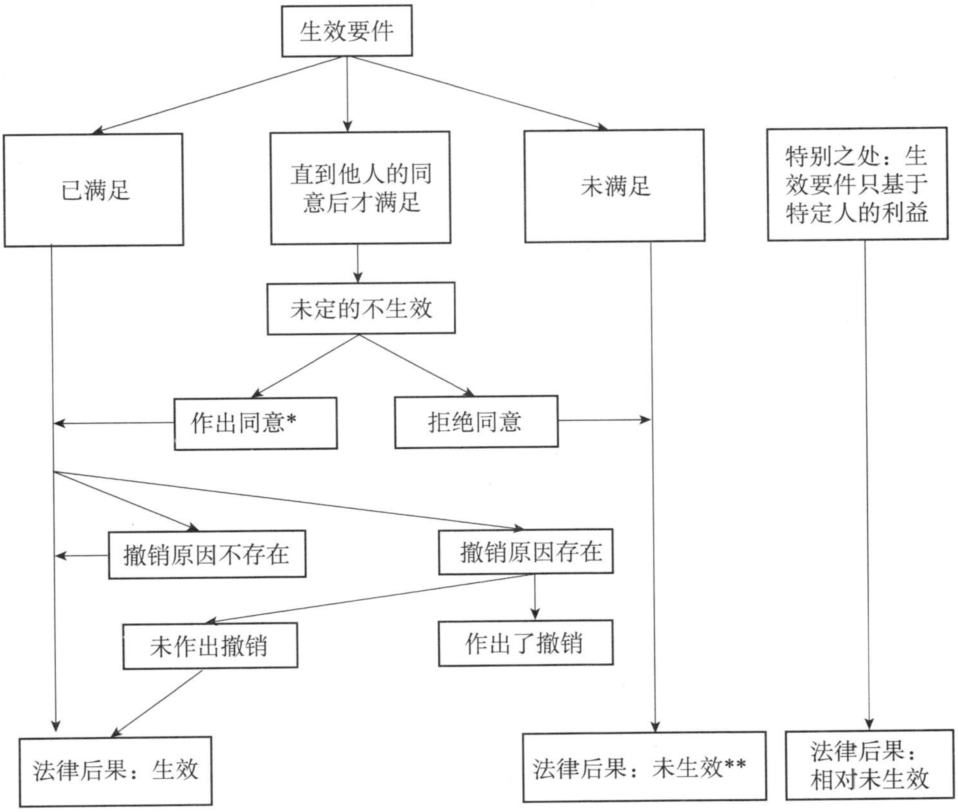

* 然而，一个需要同意的意思表示可以同时是可撤销的；这样效力就取决于是否作出撤销的意思表示。

** 需要解释的是，是否要考虑对无效意思表示的转换解释。部分无效情形下需要决定对其他部分的法律行为有何作用。

第二节　权利能力

任何自然人自出生之时起即**有能力成为权利与义务的承担者（＝权利能力** 312

---

⑦ 详见联邦法院判例，载《新法学周刊—判例报导》，1992 年卷，第 779 页。

⑧ 《慕尼黑民法典评注》/Busche，第 144 条，边码 7。

(Rechtsfähigkeit)）。因此，母亲腹中的孩子（即胎儿）尚不具有权利能力。但是《民法典》中亦具有有利于未出生婴孩的规则。依据第 844 条第 2 款第 2 句，被侵害时“已被孕育但未出生”的孩子也享有请求权。或：继承时尚未出世，但已孕育，依据第 1923 条第 2 款视为继承开始前出生，因此具有继承能力。

313 立法者在第 1923 条第 2 款使用了一个立法技术上的方法：其越过胎儿尚未出生这一事实，就如已经出生一样对待。该出生即被“拟制”。**拟制（Fiktion）**是指，立法者对明知缺少同一性的不同构成要件而使之具有同等的法律价值。基于此使得原则上只适用于一个特定构成要件的法律规则（比如对于所有已出生的人类），转用于另外一个构成要件（比如遗产继承时已经被孕育，但是尚未出生的）。拟制在功能上相当于一个**指引（Verweisung）**：适用于情形 1 的条文同样被适用于情形 2。比如，第 119 条第 2 款中明确具有该情形：意思表示内容的错误在这里被拟制，尽管此类错误根本不存在。对于立法者同样可以用拟制来调整的法律指引的例子如第 90a 条。

314 对于拟制的功能，立法者同样可以通过**毋庸置疑的推断（unwiderlegliche Vermutungen）**来实现。[⑨] 区别在于，毋庸置疑的推断情形中被推断的东西在事实上完全可以存在（拟制情形中被拟制的东西在现实中不存在）。毋庸置疑的推断的例子如第 1566 条：婚姻破裂可以通过此处规定的条件毋庸置疑地推断出，这样法官无须申明该情形在事实上是否存在。

315 不仅是**所有自然人（alle natürlichen Personen）**，即所有人类，具有权利能力，而且还有法律规范确定为权利义务载体的人合组织及资合组织，即**法人（juristische Person）**。法人不仅存在于公法领域中，还存在于私法领域中。但是**公法中的法人（die juristischen Personen des öffentlichen Rechts）**（比如联邦、城镇、手工业协会、工商业协会）都可以在私法层面作出行为，并享有权利和承担义务。

例如：大学行政部门在批发商处购买办公用品。

316 最重要的**私法法人（die juristischen Person des Privatrechts）**是登记的协会（第 21 条及其下）、基金会（第 80 条及其下）以及资合公司（即《证券法》规定的股份公司和《有限责任公司法》规定的有限责任公司）。与之相近的依据另一标准设立的**人合公司（die Personengesellschaft）**并非法人（比如第 705 条及其下诸条意义上的民事合伙及《商法典》中的合伙企业）。具体细节此处不再深入。[⑩]

第三节　行为能力

一、概论

317 **行为能力（Geschäftsfähigkeit）**是指作出有效法律行为的能力，只可赋予能够

---

⑨ Brehm：《民法总论》，边码 41 及其下。

⑩ 详见 Wilhelm：《资合公司法》，2009 年第 3 版。

具有必要的认知与判断能力的人。因此，《民法典》中规定行为能力取决于每个人特定的年龄和精神状态。未满 7 周岁的儿童不具有行为能力（第 104 条第 1 项）。已满 7 周岁未满 18 周岁的人（第 2 项）依据第 107 条至第 113 条标准其行为能力被限制（第 106 条）。已满 18 周岁的自然人，即已成年（第 2 条）——除非因其长期持续具有精神病而无行为能力（第 104 条第 2 项），否则就具有完全行为能力（voll geschäftsfähig）。

《民法典》并没有从正面规定谁具有行为能力，而是只规定谁不具有（参见第 318
104、106 条）。法典消极规定的作用在于除非符合该构成要件，且不能得出其他结论，则每个人都视为（完全）民事行为能力人。由此得出，确定一个法律行为已有效实施无须考查当时该人是否具有（被限制的）行为能力，而是相反，只有存在值得怀疑的理由时才去探究行为能力问题。

二、无行为能力

无行为能力人的意思表示无效（第 105 条第 1 款）。针对无民事行为能力人亦 319
不能有效地发出（需要受领的）意思表示（第 131 条第 1 款）。无行为能力人原则上（基于第 105a 条得出的例外见后面）不能参加法律交往；其**法定代理人（gesetzlicher Vertreter）**必须为其作出行为。儿童的法定代理人是其父母（第 1629 条第 1 款）。如果针对儿童作出了意思表示，则只可对其父或母作出（第 1629 条第 1 款第 2 句第 2 半句）。如果对一未成年人设定了监护关系（第 1773、1774 条），则其监护人为其法定代理人（第 1793 条第 1 句）。

成年人的监护人为其法定代理人。当一个成年人由于心理疾病或者身体上、灵魂上 320
或精神上的障碍而不能全部或部分处理自己的事务时，则由照管法院为其确定监护人（第 1896 条第 1 款）。原则上监护人具有完全行为能力，如果其没有精神疾病并因此依据第 104 条第 2 项并非为无行为能力的话。然而，为了被监护人的利益监护法庭可以规定，在需要监护人同意的法律行为的一定范围内被监护人可以作出一定的意思表示，如果这不涉及被监护人的人身及财产上明显的风险的话（第 1903 条第 1 款第 1 句）。

此类**同意保留（Einwilligungsvorbehalt）**使得被监护人作出的法律行为在法律 321
上与未成年人的法律行为具有同等地位，无须法定代理人的同意（第 1903 条第 1 款第 2 句，及第 108 条及其下；对此的具体内容见后面）。监护人在裁判内或裁判外为其确定的任务范围内为被监护人进行代理（第 1902 条）。但是，由于——如所述——监护人仍具有行为能力，如果监护法庭没有确定同意保留，则可得出双方可能存在作出相互矛盾行为的权限交叉（对此比较：慕斯拉克/豪：《〈民法典〉司法考试教程》，边码 930）。

意思表示相对人是否知道或者可能知道无民事行为能力人的无民事行为能力，这 322
对其所作出的意思表示无效的影响不大。**善意信赖**在此范围内**不受保护**。为了无民事行为能力人的利益，此处法律交往的保护及基于对意思表示有效的信赖受到限制。

示例：精神病患者 A 去出租汽车的 B 处，并在出示驾驶证后租了一辆昂贵的跑车。由于基于第 104 条第 2 项、第 105 条第 1 项合同并不成立，所以 B 无权请求支付租金。这同样适用于当 A 返还该车时尚对其精神疾病不知情的情形。当一个无责任能力人侵害（即通过第 823 条意义上的侵权行为）了他人的话，最多会考虑衡平责任；对此涉及侵权法中的内容。

323 第 104 条第 2 项中的无行为能力限于非**间歇性精神障碍**情形。然而，该持续状态并不排除该期间出现精神健康的状态。如果意思表示在此**神志清醒时（拉丁文：lucidum intercallum）**被作出则有效，除非表意人的同意保留涉及该法律行为（边码 334 及其下）。**间歇的精神障碍**不会导致无行为能力，然而依据第 105 条第 2 款，此状态下作出的意思表示无效。该条文特别适用于醉酒和吸毒情形。

示例：某酒鬼在酒吧喝了很久的酒后在烂醉状态下晃悠到一个拍卖场所并举手应价。其拍到一副价值45 000欧元的油画。该酒鬼必须要支付价款吗？

如果其依据有效的合同义务支付价款，则第 433 条第 2 款中该酒鬼支付买卖价款的请求权就存在。如果该酒鬼的报价被认定为要约，则该合同就已成立。醉酒导致暂时的精神障碍，如果已达到不能自由决定意思的标准，则依据第 105 条第 2 款，此状态下发出的意思表示无效。虽然不能从第 105 条第 2 款的字面意思中得出该条件，但是该条款是连同第 104 条第 2 项一起被看待的。两者互相补充，即第 104 条第 2 项适用于持续状态下，第 105 条第 2 款则适用于暂时情形。醉酒、吸毒或者高烧妄语都可以导致第 105 条第 2 款意义上的无意识。因为对其不可理解为完全失去意识（这样就已经排除了构成要件上的行为意思并因此排除了意思表示，边码 77，82），而是一个不能识别表示内容及其含义的状态。因此，相关人就被称为"无意识"。谁基于高度醉酒而不能正确理解自己行为的意义及意思，就可能处于该状态中。当该酒鬼在拍卖会上参与报价时其是否已经处于该状态，可以暂且不论，因为他自己——如果"无意识状态被否认的话"——至少处于暂时的精神障碍状态之下，这就排除了自由的意思决定。

324 一般而言，第 104 条第 2 项意义上的精神活动病理性障碍会阻碍各领域中自由的意思决定；然而作为例外，其可以被限制在一定的事情上，且只在该处排除有效的意思表示。此类**部分无行为能力**的例子如**癫狂人的妄言**，其不能引起法律追求和诉讼程序。相反，如果一个人只具有处理简单事务的行为能力，而不具有处理复杂事务的行为能力，此意义上的等级性的（相对的）无行为能力并不存在。⑪

325 特别之处在于**成年的无民事行为能力人作出的日常生活上的行为**。依据 2002 年新增的第 105a 条，考虑到给付与对待给付，如果双方的给付都已作出，且该类行为对无民事行为能力人的自身及财产都没有显著的风险的话，则此行为框架下缔结的合同有效。立法者想通过该规则促进具有精神障碍的人融入社会。⑫ 对此条文具有一系列的理论上的问题，但在基础教程框架内对此不可能深入涉及。⑬ 这里只

---

⑪ 拜仁州高等法院案例，载《新法学周刊》，1989 年卷，第 1679 页（本文始于第 1678 页）。

⑫ 参见联邦议会文件，第 14 届，第 9266 号，第 43 页；《慕尼黑民法典评注》/Schmitt，第 105a 条，边码 1f。

⑬ 对此参见 Caspers 论文，载《新法学周刊》，2002 年卷，第 3425 页；Heim 论文，载《法学训练》，第 2003 年卷，第 141 页。

提到少许看法：

- 该规范**实体上的**应用范围包括客体为日常交易的合同。即指经常进行的交易（“日常交易”），即使并非每天必然发生。所涉及的主要是简单的和对特定饮食即时的消费、对手工业者请求简单的给付（比如理发之类）、使用公共交通工具和看电影之类。[14] 相反，不涉及无行为能力人的经营活动。[15]
- 该交易必须是可以运用**微价值的手段**来实现。对此，依据法律资料，并不是依据无民事行为能力人的财产关系，而是依据平均的价格及收入水平来判断。[16]
- 该交易**不可**对无民事行为能力人自身及财产引起**显著的风险**。如果大量的微价值交易同时被缔结的话，会在数目上导致大量的经济负担，这也会引起财产上的风险。如果酒精过敏者购买含酒精的饮料则意味着对其自身的风险。

第 105a 条规定了给付及对待给付**部分生效**来作为**法律后果**。如果该给付已经 326
作出，即交换已经实施（边码 381），“签订的合同基于给付及预定的对待给付而视为有效”。依据第 105 条第 1 款，对无效合同的矫正并不涉及合同全部，而是仅仅拟制作出给付生效（关于拟制，见边码 338）。[17] 基于此，对已作出的给付基于不当得利的返还请求权被排除。因为，此类合同已为无效，不能从中得出更多的法律后果，比如对无行为能力人的损害赔偿请求权。相反，基于无民事行为能力人的合同主体所作出的给付而得出的作为第二性义务的后果请求权（边码 219），则必须赋予无民事行为能力人，因为否则其法律地位就会被不合理地被限制。无民事行为能力人可以对出卖人主张所有买受人所享有的基于买卖物的瑕疵（第 437 条）而享有的权利。[18] 更多的效力拟制则包括对作出给付和对待给付而实施的各个处分行为。[19]

三、限制行为能力

限制行为能力人是指，已满 7 周岁的（边码 317）未成年人（参见第 2 条），只 327
可以有效地作出给其带来法律上利益的行为，其不可单独作出对其法律上不利的行为，而是需要法定代理人的同意（参见第 107 条、第 108 条第 1 款）。对于第 131 条第 2 款存在的问题——一个意思表示是否被送达至限制行为能力人，同样具有相

---

⑭ Palandt/Ellenberger，第 105a，边码 3；《慕尼黑民法典评注》/Schmitt，第 105a 条，边码 6。

⑮ Caspers 论文，载《新法学周刊》，2002 年卷，第 3427 页（本文始于第 3425 页）。

⑯ 参见联邦议会文件，第 14 届，第 9266 号，第 43 页。

⑰ Caspers 论文，载《新法学周刊》，2002 年卷，第 3427 页（本文始于第 3425 页）。

⑱ 认为此类请求权应被非常严格限制的观点见 Caspers 论文，载《新法学周刊》，2002 年，第 3427 页（本文始于第 3425 页）；Palandt/Ellenberger，第 105a 条，边码 6。其他观点见 Kohler 论文，载《法学家报》，2004 年卷，第 349 页（本文始于第 348 页）；Jauernig/Jauernig，第 105a，边码 6；Bamberger/Roth/Wendtland，第 105a 条，边码 7。

⑲ Caspers 论文，载《新法学周刊》，2002 年卷，第 3427 页及下一页（本文始于第 3425 页）。其他观点见《慕尼黑民法典评注》/Schmitt，第 105a 条，边码 19。

应的差异。[20] 因此，这取决于对法律上利益的详细解释，并表示哪些行为具有法律上的利益，并因此而无须同意，哪些不是。对此如下：

示例：

(1) 19 岁的 E 手头拮据，将其价值2 000欧元的邮集以 500 欧元的价格卖给了其 17 岁的朋友 F。

(2) 叔叔 O 想送给其 15 岁的侄子 N 一个建有独栋别墅的不动产，但没有让 N 的父母知道。该不动产上具有不动产抵押，此外还有税和费需要清偿。

(3) 12 岁的 A 将其一块金表借给其同龄的朋友 B，该金表是其父母在其圣餐礼时送给他的纪念礼物。B 用此与 13 岁的 C 换了邮集。当 A 发现该表在 C 处时，其请求返还该表。C 拒绝了，并声称该金表现在归他了。

328 **未成年人通过其行为只可得到法律上的利益，该行为只可改善其法律地位。**而非未成年人在一个双方交易中不仅得到了请求权，而且自己还要承担义务。

对此，从**第一个示例中**可得出，F 未经其父母同意不得购买邮集。必须忽视该交易在经济上似乎非常有利，因为法典中明确说是基于法律上的而非经济上的利益。

因此，**第二个示例中**看起来也需要其法定代理人的同意，因为 N 成为其叔叔送给他的不动产的所有权人就会负有支付税费的义务。另一方面，不容忽视的是，买卖合同只赋予债务人单方的义务，这样此处叔叔 O 确定未从被赠与人财产上获得利益（参见第 516 条第 1 款）。

329 赠与合同对被赠与人而言（不是赠与人）正好是具有法律上利益行为的范例。对此，不会改变被赠与人在一定条件下可能返还赠与物的义务，比如赠与人变得穷困（参见第 528 条），或者基于严重的不义行为而撤销赠与（参见第 530 条）。只是由于赠与符合这些规则的构成要素，且并没有为被赠与人创设危害到其财产的独立的义务。如果赠与人撤销了赠与：此类法律行为在法律上是不利的，因为在行使撤销权时未成年人可能被赋予价值赔偿或者损害赔偿的义务，特别是由于该期间出现了被撤销标的物毁损的情形时（撤销后果详见后面）。[21]

330 至于对未成年人**转移不动产的所有权**是否会因为其上负有公共义务而必须被视为法律上的不利益这一问题，主流观点对此表示否认。[22] 如果人们想另作判定，则同样必须在逻辑上证明任一财产价值的使用、缴纳赠与税的义务是需要同意的。此类不合理的结论可以这样避免，即视公法上的负担不是经营行为上的法律后果，即处分行为的内容，而是作为所有权内容上的界限。公法上的负担被作为义务赋予与所有权人地位相关的任一取得所有权地位的人。对此与在一定条件下产生的被赠与人返还赠与物的义务类似，而这正好并不视为独立的义务。依据其他观点，对于第

[20] 参见 Lettel 论文，载《证券资讯》，2013 年卷，第 1245 页。

[21] 具体见联邦普通法院案例，载《新法学周刊》，2005 年卷，第 1431 页（本文始于第 1430 页）。

[22] 联邦普通法院判例，载《新法学周刊》，2005 年卷，第 418 页（本文始于第 415 页）=《法学训练》，2005 年卷，第 457 页（Emmerich 撰写）；联邦普通法院案例，载《新法学周刊》，2005 年卷，第 1431 页（本文始于第 1430 页）；Rüthers/Stadler：《民法总论》，第 23 章，边码 13；Grigoleit/Herresthal：《民法总论》，边码 432 及其下。

107 条还需考查，法律上的不利是否只是收益上的减损，这样认为是无害的或者其是否要承担未成年人其他财产损害的风险。[23] 基于该立场，与财产相连的公法上的义务并不使得不动产赠与成为法律上不利的行为，因为未成年人财产所涉及的负担与其因获得不动产而带来财产增加相比一般不起决定作用。联邦普通法院的判决理由也是该思路[24]，对于公法上的负担其认为并不具有明显的潜在危害，仍应处于第 107 条的保护目的之外。

然而，与不动产所有权转移相关的**附加义务**，其自身并非财产的强制性后果。 331
这样，赠与形式的**建筑物区分所有权转移**因此就不能仅仅视为法律上的利益，因为所有权人不仅取得一个财产标的物，而且其还要成为建筑物所有权关系中的一名成员，基于法律而对其附加了个体上的义务。[25]

有时会有这样的观点，即决定一个法律行为是否纯受益时需要基于对债权性合 332
同和物权性合同进行的综合考量[26]：基于赋予未成年人个人义务相关的权利取得，不能被认定为只为法律上的益处。至于对作为物权性法律行为的转移所有权及其所基于的债法上的义务综合考虑的命题是否与抽象原则以及分离原则（边码 282）相一致[27]，此处并未定论。第 107 条的保护目的所定的方向每次总是被优先考虑。[28]如果在取得不动产同时还负有义务，且对此不能直接确定该义务在经济上的意义以及在此范围内因取得不动产而产生的增值，则必须依据第 107 条中未成年人的法定代理人所保留的内容来进行衡量。因此，此类案件中必须依据条文的规范目的来支持对该法律行为的法定代理人的同意权。这样，赠与不动产就不能被理解为法律上的利益性。基于该考虑，因租赁及用益关系产生了对出租人的大量义务，对于被出租或设定用益的不动产的所有权转让就始终需要法定代表人的同意[29]；因为未成年人取得该不动产所有权，则其就受到基于租赁及用益关系而产生的权利与义务的约

---

[23] 比较拜仁州高等法院判例，载《新法学周刊》，1998 年卷，第 3576 页（本文始于第 3574 页）；科隆州法等法院判例，载《新法学周刊—判例报导》，1998 年卷，第 363 页；Köhler 论文，载《法学家报》，1983 年卷，第 225 页，由于与此类经营相关的财产上的效果，依据第 107 条的保护目的有必要通过法律代理人的控制，因而肯定未成年人取得不动产上同意的必要性。类似观点见 Wilhelm：载《新法学周刊》，2006 年卷，第 2353 页。

[24] 联邦普通法院案例，载《新法学周刊》，2005 年卷，第 418 页（本文始于第 415 页）；反对观点见 Schmitt 论文，载《新法学周刊》，2006 年卷，第 2353 页。

[25] 联邦普通法院判例，载《新法学周刊》，2010 年卷，第 3644 页，边码 13（本文始于第 3643 页）＝《法学家报》，2011 年卷，第 157 页；梅迪库斯亦赞成该观点，同样赞成的还有 Kölmel 论文，载《家庭法杂志》，2011 年卷，第 206 页。

[26] 哈姆州高等法院判例，载《新法学周刊—判例报导》，2000 年卷，第 1611 页；拜仁州高等法院判例，载《继承权和财产承继人杂志》，2004 年卷，第 250 页（本文始于第 249 页）。

[27] 反对观点见 Röthel/Krackhardt 论文，载《法学教育》，2006 年卷，第 163 页（本文始于第 161 页）；Müßig 论文，载《法学家报》，2006 年卷，第 150 页；比较 Kölmel 论文，载《家庭法杂志》，2011 年卷，第 206 页。

[28] 比较 Preuß 论文，载《法学训练》，2006 年卷，第 306 页及其下（本文始于第 305 页）。

[29] 联邦普通法院案例，载《新法学周刊》，2005 年卷，第 1430 页及其下；拜仁州高等法院判例，载《新法学周刊》，2003 年卷，第 1129 页；奥登堡州高等法院判例，载《新法学周刊—判例报导》，1988 年卷，第 839 页；柏林州高等法院案例，载《新法学网络杂志》，2011 年卷，第 540 页（本文始于第 539 页）；柏林州高等法院案例，载《家庭法杂志》，2011 年卷，第 737 页（本文始于第 736 页）；Palandt/Ellenberger，第 107 条，边码 4；Jauernig/Jauernig，第 107 条，边码 4。其他观点参见 Hamm 州高等法院判例，载《新法学周刊—判例报导》，2014 年卷，第 1351 页（本文始于第 1350 页），边码 9 末尾处。

束（参见第 566 条、第 578 条、第 581 条第 2 款）。

333 另一方面，基于取得不动产所有权的法律上的益处不因**该不动产被设定抵押**而被否定。基于其所享有的债权（为了对其担保而设定了抵押），该抵押只赋予了抵押权人对该不动产的所有权对于抵押人而享有的对该不动产受偿的权利（参见第 1113 条第 1 款）。这意味着，所有权人仅仅必须要容忍对该不动产的强制执行（参见第 1147 条），而非自己负有支付的义务，除非基于其他原因同时为此抵押方式担保的债权的债务人。该未成年人最多在抵押权人强制执行时丧失该所赠的不动产；其自己的财产不能够被牵涉，因为责任的标的物仅仅是不动产。因此，主流观点认为，在赠与负有抵押或者地债的不动产时，该负担实现仅仅视为无偿使用物的价值的减少，但并非视为所有权人的独立义务。[30] 该示例中，虽然赠与的不动产带有公法负担及抵押，但是 N 仍是获得了一个法律上的益处，因此该行为无须被同意。

334 **第三个示例**中涉及借用，即一个不完全的双务合同（边码 121）。该行为不仅使得作为出借人的 A，而且使得作为借用人的 B 都受到法律上的义务的约束（边码 120），因此双方都需要同意。这同样适用于有关“手表对邮票”的互易合同，此处涉及一个互负义务（相对性）的合同，其对合同双方都赋予了义务（参见第 480 条），这样就不能对该法律行为需要同意提出质疑。这样，两个负担行为都是待定的未生效（参见第 108 条第 1 款及边码 339）。

335 需要继续考查的是，转让手表所有权的**处分行为**是否无须同意也生效。已清楚显示，C 的父母不是必须作出同意，因为取得手表所有权已经表明为第 107 条意义上的纯法律上的利益。但是也许 B 的父母必须作出同意。这似乎确该如此，如果 B 曾是该手表的所有权人的话，因为其基于丧失所有权而遭受了法律上的不利。但是该手表属于 A，其只是将它借给了 B。非所有权人也可以转移所有权，如果取得人对认定该无权处分人为所有权人没有重大过失的话（参见第 929、932 条；详见其后）。如果可以得出 C 相信该表归 B 所有的话，则此处从无处分权人处善意取得的构成要件已经成立。B 并未因该处分行为而遭受财产损失，因为并非是他，而是另一人（A）是手表的所有权人，因此其转移所有权行为并没有让自己遭受所有权损失。因此该所有权转移行为涉及一个**法律中性行为（rechtlich neutrales Geschäft）**，因为这对其既无法律上的利益又无法律上的不利。对此与其他情况一样，只关注法律行为——此处涉及所有权转移行为——的直接作用。至于可以从未成年人行为中得出的其他（非法律行为上的）后果亦可能对其不利，比如针对他的损害赔偿请求权，对于所涉行为的利益及不利而言则并不涉及。

336 基于第 107 条关于“法律上的益处”的规定，似乎中立行为必须要经过同意。但是第 107 条所追求的目的是保护未成年人避免法律行为上的不利后果，对此可以

---

[30] 联邦法院判例，载《新法学周刊》，2005 年卷，第 417 页（本文始于第 415 页）；详见 Prueß 论文，载《法学训练》，2006 年卷，第 307 页（本文始于第 305 页）。

解释为（确切地说是目的解释，见边码 1169），**法律中立行为无须同意**。[31] 这样，C 同样可以无须 B 的父母同意而获得所有权。C 可以基于其所有权来对抗 A 的返还请求权。结果是令人惊讶的：法律情形似乎是这样，如 C 所相信，B 曾是该手表的所有权人，其不能取得该手表的所有权，因为 B 转移所有权是一个需要同意的法律行为。由于 B 是无处分权人，恰因此，此处对 C 的所有权转移有效。主流观点[32]认可该结论的理由是：法律交往必须（同样在善意信赖中）在这样的范围内被保护，就如未成年人所需受的保护一样，对此类案件中的所有权并未取得，如果是以这样的理由来否定的话，即规定从无权处分人善意取得的条款只应如此来对待该取得人，即就如其所设想的是正确的那样。[33] 依据主流观点，A 至少没有作为所有权人的返还请求权（第 985 条）。其是否可以基于其他原因来请求返还手表，此处仍不讨论。[34]

对于未成年人的哪些法律行为无须其法定代理人的同意，对此问题回答的重要 337
结论概括如下图。

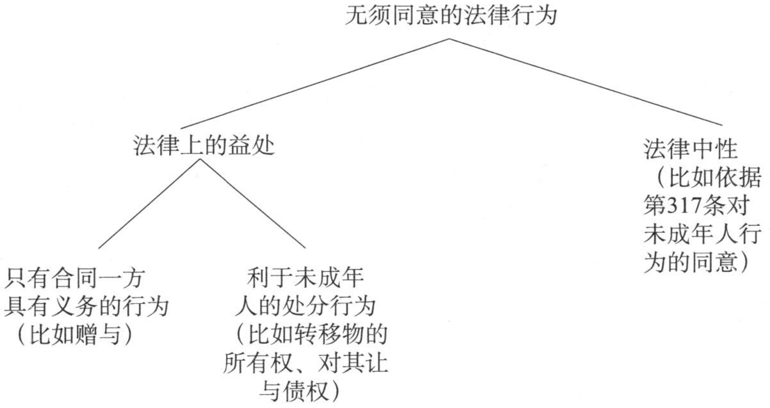

其他对未成年人并非完全具有法律上益处的行为，或者至少是法律中立的行为 338
原则上需要法定**代理人的许可**（即事前的同意，参见第 183 条第 1 句）才能生效。许可既可以对未成年人，亦可对其合同对方作出（参见第 182 条），且到执行该法律行为之前都可以撤回（第 183 条），依据第 182 条，其无具体形式要求，即使未成年人作出的行为需要形式。

比如：缔结不动产的买卖合同需要公证文书形式，但是对其许可时是无形式要求的（参见第 311b 条第 1 条第 1 款）。

如果没有作出许可，则基于法律后果可作以下区分： 339

- 单方法律行为（边码 53）不生效（参见第 111 条第 1 句）。紧接着存在的考

---

[31] 比较 Bellardita/Gregorio 论文，载《法学训练》，2007 年卷，第 445 页（本文始于第 444 页）。

[32] 《慕尼黑民法典评注》/Schmitt，第 107 条，边码 34；Paefgen 论文，载《法学训练》，1992 年卷，第 193 页（本文始于第 192 页）；Leipold：《民法总论》，第 11 章，边码 42。

[33] Medicus：《民法总论》，边码 568；Medicus/Petersen：《民法》，边码 540、542；Braun 论文，载《法学教育》，1993 年卷，第 459 页；《慕尼黑民法典评注》/Oechsler，第 932 条，边码 11，否定中立行为性质。

[34] 比较高阶学习的详细案例，见：Lindacher/Hau：《民法总则案例》，案例 2。

量是，如何在此类案件中为了合同主体的利益来避免权利不稳定。据此存在的观点是，合同主体在明知对方为未成年人时而作出的单方行为可适用第 108 条。㉟

- 合同为待定的未生效（边码 329）且可能通过追认（即事后的同意，参见第 184 条第 1 款）而有效（参见第 108 条第 1 款）。如果拒绝追认，则该行为最终为未生效。

340 第 107 条的规定涉及未成年人作出的意思表示许可的必要性，第 108 条则规定合同效力取决于追认。依据法律规定，该区别取决于该意思表示为合同的组成部分还是一个单方行为。因为回答未成年人所作的未经允许的行为的效力问题须区分合同（第 108 条）与单方行为（第 111 条），每一方的行为在回答时都被选为相关点。

341 同样与许可一样，**追认原则上既可以对未成年人又可以对合同当事人作出**。为了未成年人的权利，该基于第 182 条第 1 款得出的原则被第 108 条第 2 款修正：如果合同当事人向该未成年人的法定代理人请求追认，则该追认只能够对该合同当事人作出。

342 第 108 条第 2 款第 2 句规定的两周的期限可以被请求权人单方延长，但是不可被缩短，因为该期限应给未成年人的法定代理人足够的考虑时间。缩短该期限要经过未成年人的法定代理人同意。**在追认或者拒绝之前的未定状态期间，未成年人的合同对方可以撤回自己的意思表示（第 109 条第 1 款）**。该撤回权的思想在于，让该合同对方在法定代理人作出追认决定之前都受待定中的未生效状态约束是不公平的。然而，该权利只可赋予给不知道自己与未经许可的未成年人作出交易的主体（参照第 109 条第 2 款）。关于此撤回权如下：

示例：17 岁的 A 瞒着父母从 B 处买了一套立体音响。第二天 A 对 B 说其尚未成年，且还未对其父母告知此事。对此，B 写信给其父母，信中请他的父母告诉他对此是否同意。当天 A 将该买卖向其父母坦承，他们回复，A 可将该立体音响收下，因为该买卖较实惠。在 B 的信到达父母之前，B 打电话告诉他们，他已对该立体音响另作安排，不再受与 A 签订的合同约束。该父母可以坚持履行该合同吗？

343 A 与 B 之间订立的合同因 A 是未成年人而暂时处于待定的未生效状态。至于 B 对 A 的未成年性是否知情，在此范围内并不重要，因为为了保护未成年人，合同对方对成年的善意信赖并无意义。父母对 A 的表示视为追认；虽然并未使用“追认”这一概念，但是并无妨碍，因为可以从其表示中毫无疑问地得出他们同意了该买卖合同。此外，该追认还可被推导出来，因为其父母给了该未成年人金钱来支付货款。该待定的未生效合同通过对未成年人行为的追认而变得有效（参照第 108 条及第 182 条第 1 款），如果不涉及**第 108 条第 2 款第 1 句**的话。依据该条款的请求使得之前对未成年人作出的追认不生效，且该合同只有再次向该合同对方追认才有效。

㉟ Flume：《民法总论》，边码 200；Jauernig/Jauernig，第 111 条，边码 4；Staudinger/Knothe，2012 年版，第 111 页，边码 9。

对法定代理人请求对自己的行为作出追认效力在于，在对未成年人的行为作出追认之前的未定状态再次产生。

第 108 条第 2 款中的请求并非意思表示，而是一个**准法律行为**（geschäftsähnliche Handlung）（边码 239），因为其法律后果并非依据表意人的意思，而是依据法律产生。相应地，第 130 条第 1 款第 1 句已被用到，这样直到该表示的到达才生效。B 与 A 父母之间的电话交谈在 B 的信件尚未到达时作出，此时合同由于对 A 作出了追认而处于生效之中。此时 B 不能再依据第 109 条第 1 款作出撤回，因为对此需要存在未生效的待定状态，这已从法律规定中明确得出（“直到合同的追认”）。另一方面，B 似乎可以撤回，如果该待定状态在信到达后仍存在的话。 344

值得怀疑的是，作出撤回时是否需要生效状态，而其在第 108 条第 2 款上的请求到达后该合同又变成待定的未生效中。该问题必须被否定。对未成年人的合同对方而言该撤回权应该能够解决待定的未生效并因之而不稳定的合同。第 108 条第 2 款的请求作用在于使合同对方能够清楚知道法定代理人的观点；之前对未成年人作出的意思表示因此未生效，因为对此涉及一个行为过程，基于合同对方的视角，该过程中发生的事情是其不能知悉的内容。两权利的结合——第 108 条第 2 款上的请求权及与之相连的法律效果以及第 109 条第 1 款上的撤回权——不能使得已经成立的合同再次无效。因此，人们必须要求合同对方必须在要求法定代理人作出意思表示的请求后，在其依据第 109 条第 1 款作出撤回合同之前再等待一段时间，因为否则其就与之前的行为产生违反信赖的矛盾（禁止反言原则，对此马上会谈到）。[36] 首先，这的确被禁止；同时，撤回权受第 108 条第 2 款上的请求约束。[37] 因此，B 不可阻碍 A 的父母在信到达后马上以书面或者书面邮寄形式的追认表示，并据此来使得合同最终生效。 345

刚刚所指出的禁止反言原则（拉丁文：Verbot des venire contra factum proprium）源自诚实信用原则（第 242 条）。该禁令的起点是前行为与后行为之间事实上的不一致。然而，仅有这个还不够，因为原则上每个人都有权改变自己的看法和修正自己的行为。只有这样的矛盾行为才被评定为权利滥用，即，抑或之前的行为为他人创设了信任状态，而他人可以有权对此相信，抑或该权利滥用在一定情形下对他人显得有违诚信。[38] 第一种情况的例子为，某人主张合同的未生效，而之前的很长时间其为了自己的益处一直以有效的合同来对待。第二种情形则是必须尚未建立特别的信赖状态，而特别是当不同的行为方式间存在不可调和的冲突时对该行为违反诚信的肯定。第二种情形即符合此处被探讨的案例。依据第 108 条第 2 款作出请求即已表示赋予相对人在合理期间内可以自由决定该合同是否应该成立的权利。与之不可调和的冲突是，依据第 109 条第 1 款作出的撤回，其剥夺了法定代理人作出 346

---

[36] 《慕尼黑民法典评注》/Schmitt，第 108 条，边码 28，第 109 条，边码 9；Bamberger/Roth/Wendtland，第 109 条，边码 2。

[37] 然而这是具有争议的。其他观点详见 Wilhelm 论文，载《新法学周刊》，1992 年卷，第 1666 页。

[38] 联邦普通法院判例，载《新法学周刊》，1997 年卷，第 3380 页（本文始于第 3377 页）。

追认的任何可能性。

347 该禁止反言原则的一个例外情况是权利丧失的构成要件。当处分权人很长时间不行使一个权利则该权利丧失，尽管对此其有能力，且义务人考虑到处分权人的全部行为并对此做了安排，但是其仍未行使该权利。[39] 联邦普通法院特别注意到了义务人的利益：只有当义务人因信赖权利人的行为在其行动中做了调整，以致迟延的权利实现给其带来了极不合理的不利益，则才考虑到权利丧失。[40] 因此，权利丧失为基于冲突行为而不得行使权利的典型形式。[41] 对诚实信用的违反体现在悖信地迟延行使权利。[42] 仅仅时间的经过还不够，还需要更多的情形，比如违反诚信地迟延行使权利。基于利益考量还需要确定，信赖债权人不再行使权利的人是否值得保护。

348 第 108 条第 2 款只涉及——如从内容中得出——未经法定代理人许可而订立的合同。如果法定代理人对未成年人作出了许可，则合同对方请求法定代理人向自己作出关于合同的表示就不再改变合同的效力。[43]

349 对于一些更重要的法律行为，仅仅是父母或监护人的同意还不够，还需要家庭法庭予以追认（第 112、1643、1821、1822 条）。司法追认的必要性是为了保护未成年人，即为了未成年人的利益而对委托给父母或监护人管理的财产进行控制。然而，父母还可以在作为法定代理人框架内通过签订合同来为未成年的孩子设定义务，这可能在其成年后意味着巨大负担。为了避免未成年人负此类严重债务的风险，第 1629a 条规定了限制未成年人责任的条款（比较：慕斯拉克/豪：《〈民法典〉司法考试教程》，边码 914）。

350 对未成年人作出的同意不需要针对每个法律行为的具体内容，即不是专门的同意，而是可以在一定范围之内作出行为（即概括性同意或者**概括同意（Generaleinwilligung）**）。至于同意范围有多宽及包括哪些法律行为则是一个解释上的问题。比如，法定代理人同意购买机动车原则上也包括了缔结法律规定的强制保险。另一方面，同意获得驾驶证并不可同时被视为允许租用或者购买机动车。

351 主流观点视第 110 条为概括同意的特殊情形。[44] 在依据第 107 条需要同意才能缔结涉及为未成年人设立负担合同情形，在第 110 条规定的情形中可以自由决定将金钱用于该目的中。主要使用情形是支付零花钱，未成年人用此可以订立绝大多数微量现金交易来满足自己的需要。因此第 110 条被称为**“零花钱条款（Taschen-**

---

[39] 联邦普通法院判例，载《新法学周刊》，1982 年卷，第 1999 页；第 2002 年卷，第 670 页（本文始于第 669 页）；2003 年卷，第 824 页；2007 年卷，第 1275 页，边码 21（本文始于第 1273 页）。

[40] 联邦普通法院判例，载《新法学周刊》，2014 年卷，第 1231 页（本文始于第 1230 页，边码 13）。

[41] 《慕尼黑民法典评注》/Roth/Schubert，第 242 页，边码 329 及其下。

[42] 联邦普通法院案例，载《新法学周刊》，1984 年卷，第 1684 页；2007 年卷，第 2183 页（同样得出对所有权人的已登记的不动产返还请求权丧失的限制）。

[43] 《慕尼黑民法典评注》/Schmitt，第 108 条，边码 23。亦有反对意见，认为第 108 条第 2 款类推适用于对未成年人作出许可的情形。

[44] 比如见：Wolf/Neuner：《民法总论》，第 34 章，边码 42；Flume：《民法总论》，第 199 页；其他观点见：Leenen 论文，载《家庭法杂志》，2000 年卷，第 866 页及其下（本文始于第 863 页）。

geldparagraph）”，尽管该条款也涉及其他案情，比如，如果一个未成年人因为旅行而获得一定钱款，则对此视为同意缔结为了实现该旅行而必需的合同。

第 110 条规定的法律后果，即合同生效，涉及负担行为。前提是，合同规定的给付必须被成就。**“给付的成就（Bewirken der Leistung）”**意指，其中存在的处分行为，比如在履行该未成年人缔结的买卖合同中，向出卖人转移作为价款的金钱的所有权必须是有效的。法定代理人对此必要的同意不是直接得自第 110 条，而是基于第 107 条通过转让钱物推断出来。[45] 352

第 110 条框架内的同意的范围有多宽，是——如所述——通过对有价值的情况进行解释来决定的。 353

示例：16 岁的 A 每周获得 30 欧元的零花钱。他用该钱中的一部分买了彩票并中奖 3 000 欧元。但并没有将此告知其父母，他用这些钱在 H 的专卖店买了一套立体音响。当 A 的父母向 H 要求退还该立体音响并要求退款时 H 引用了第 110 条。有权吗？

该问题应被否定。该奖金在价值上与 A 从其父母处获得零花钱并无关系。这应被排除在其父母愿意让其儿子自由支配的获利数额之外。因此，购买立体音响并不包括在以第 110 条为基础的概括同意之内，这样该合同首先是待定的未生效，且依据其父母对追认推定的拒绝最终而未生效。人们还可以考虑，由于 A 的奖金并非从其父母或者第三人同意给其自由支配而获得，因此而排除将第 110 条适用于 A 缔结的合同。[46] 这基于条文字面内容的理由排除了第 110 条框架下父母所作出的同意同样及于未成年人用其可支配钱物而获得的标的物（代偿物，所谓的代位物）。然而依据主流观点[47]，第 110 条意义上的对所给予财物的许可原则上适用于代位物；这样，第二步需要考查，该代位物的价值是否在零花钱所涉及的数额范围之内，且是否为其法定代理人所同意该未成年人可以自由支配的范围之内。对于3 000欧元的获利是被排除在此之外的，相反，如果是用零花钱购买的图书则会被赞成，这样该未成年人可以有效地与他人互换。

基于第 106 条的保护目的而得出的，对推断出的许可上的限制不仅基于经济考量，而且还涉及未成年人所缔结合同所涉及的侵犯最高人格权及法益的内容。这样，必须给予对个案有价值的观察来决定该类法律行为是否无法定代理人的同意也可有效成立，比如文身行为就应该被否定。[48] 354

基于转移钱物而推定法定代理人表达出的许可只涉及——如第 110 条所述（“如果未成年人以自己的钱物作出合同上的给付”）——未成年人完全用该钱物履 355

---

[45] Leenen 论文，载《家庭法杂志》，2000 年卷，第 863 页；Nierwetberg 论文，载《法学教育》，1984 年卷，第 131 页（本文始于第 121 页）。

[46] 见 Leenen 论文，载《家庭法杂志》，2000 年卷，第 864 页（本文始于第 863 页）。

[47] 详见《慕尼黑民法典评注》/Schmitt，第 110 条，边码 31；Palandt/Ellenberger，第 110 条，边码 2。

[48] Hauck 论文，载《新法学周刊》，2012 年卷，第 2398 页及其下；其他观点如慕尼黑基层法院案例，载《新法学周刊》，2012 年卷，第 2452 页。值得阅读一下对未成年人星期日画室—禁令，联邦宪法法院案例，载《新法学周刊》，2012 年卷，第 1062 页。

行的行为。并不应再有（尚未履行的）义务存在。依据第 110 条，**分期付款行为（Ratengeschäft）**只有在最后一次款项被用该钱物清偿才有效；之前的行为为待定中的未生效（边码 304 页）。

356 第 112 条和第 113 条中涉及的规则超出了第 110 条中的概括许可范围，因为未成年人对每一领域都需要完全的行为能力。不同于第 110 条中法定代理人在此领域无须作出法律行为。第 112 条要求独立地实施经营行为，即在一定范围内允许获取利润的行为。非独立行为规定在第 113 条。未成年人可以在第 113 条框架内独立作出所有的法律行为，即涉及“以许可的方式”设立或者废除劳务或劳动关系或者履行此类关系中产生的义务。一旦通过使用“许可的方式”，即实现了一个重要的限制。这样，该被法定代理人许可作出办公事务的未成年人虽然可以有效地解除该关系且可以进行类似的新行为，但是不可以着手一个全新的工作，比如在马戏团工作（参见第 113 条第 4 款）。第 113 条的授权包括一系列的行为，比如加入工会或者开立一个工资账户。

357 对一个未成年人是否有效地作出一个行为总结为以下步骤：

（1）已缔结的法律行为是否需要同意？

如果一个法律行为涉及下列诸项则无须同意：

- 纯法律受益或至少法律中立（边码 336 及其下），
- 运用法定代理人授予其对此处分或自由处分或第三人可以同意的钱物履行（第 110 条；边码 351 及其下），
- 在经营行为框架内，且该未成年人的独立经营已被授权（第 112 条，边码 356），
- 加入或者废除劳务关系或者劳动关系或者履行基于此类关系而得出的义务，该未成年人对此加入已得授权（第 113 条，边码 356）。

（2）在缔结法律行为之前是否已经对该未成年人或者其行为对方（第 182 条第 1 款）作出必要的同意（＝许可）？如果是，则该法律行为有效成立。

（3）如果“必要的”许可尚未被作出，则需要考查：

a）是否涉及单方法律行为？

如果是，则该法律行为无效（第 111 条第 1 句），除非行为对方知道许可的必要性（边码 339）。

b）该合同是否已被追认？

追认既可对未成年人作出又可以对其行为对方作出，除非行为对方已对该追认向法定代理人作出要求（第 108 条第 2 款第 1 句）。

c）追认是否还可以被作出？

下列情形下应被否定：

- 如果第 108 条下两周的期限已过或
- 行为对方已经有效地对其意思表示作出了撤回（第 109 条，边码 342，边码 345）。

第四节 意思表示的无效

一、真意保留

表意人不想作出的**内心保留内容（der geheime Vorbehalt）（真意保留（Mentalreservation））**对意思表示的生效没有影响。第 116 条第 1 句中涉及的规定可理解为对该观点的确认，意思表示的效力不（仅仅）取决于表意人的主观意识，而是基于法律行为的交往对该意思表示所赋予的信赖（边码 78）。相反，如果意思表示的相对方知道该保留，则其并不值得任何保护。相应地，第 116 条第 2 句对该情形中的保留效力作了确认，并规定已表示出的意思无效。 358

二、虚伪表示

经意思表示相对人同意，只作为表象而作出的一个需要受领的意思表示无效，毋庸置疑：如果当事人愿意不让该意思表示生效，则没有理由来修正该意思表示。与之相应，立法者在第 117 条第 1 款中规定其无效。该条文涉及的事实与第 116 条第 2 句中的情形类似。两条文的不同之处在于，第 116 条中知道该真意保留内容即足矣，但是第 117 条第 1 款中的当事人对行为的认定意见必须相互一致。 359

如果该虚伪表示只是掩饰一个其他双方真实想要的行为，则虚伪表示的无效并不及于隐藏的行为。 360

示例： A 想购买 B 的不动产。双方对此达成一致，买卖价款为200 000欧元。然而为了节省税收及费用，在公证的合同中（参见第 311b 条第 1 款第 1 句）将买卖价款只写成100 000欧元（所谓的黑色交易）。

文件中的买卖价款并非双方所愿，则依据第 117 条第 1 款该约定无效。对此他们想隐藏已约定的200 000欧元价款。该价款约定依据第 117 条并非无效。但是需要注意第 311b 条第 1 款第 1 句：由于真正想要的买卖价款并未被制成文件，因此，因形式瑕疵而无效（第 125 条第 1 句）。然而，该瑕疵可以通过转让不动产所有权（第 925 条第 1 款）和登记入簿而被修正（第 311b 条第 1 款第 2 句），这样关于200 000欧元价款的约定仍然有效。

三、缺少诚意

第 118 条规定了所谓的**“戏谑表示（Scherzerklärung）”**：表意人并非真诚地作出意思表示，且在表示中认为诚意的缺失已为对方所知。该情形下的意思表示无效。第 118 条区别于第 116 条的地方在于，表意人并不想隐藏其保留，区别于第 361

117 条的地方在于，对于无效性并未与表示受领方达成一致。表意人期待意思表示受领人知道该缺少诚意对于第 118 条中的后果具有决定性；而是否实际如此则并不重要。[49] 受领人的利益基于此被考虑，即由于其信赖了该意思表示的效力，所以同意其损害赔偿请求权（第 122 条第 1 款）。然而依据第 122 条第 2 款，该请求权的前提是没有因为过失而对诚意缺失判断错误（见第 122 条，边码 411 及其下）。

362 如果表意人知道相对人违背自己（原初的）期望，视其表示为真诚的，则依据诚实信用原则，其有义务指出缺少诚意。如果其不作为，则涉及**“恶意戏谑（böser Scherz）”**，适用第 116 条第 1 句中的法律后果，即该意思表示必须被视为有效。只有当“恶意戏谑”为对方识破才适用第 116 条第 2 句。

363 第 116 条到第 118 条的适用情形用下图表示为：

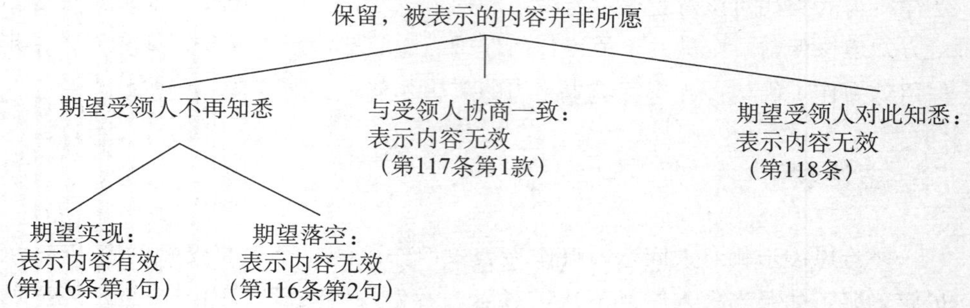

第五节 因错误而撤销

一、法律规定

364 在探讨缺少表示意思和行为意思的法律后果时已经提到行为人的想象与实际无意识的分歧情形（边码 68 及其下）。对此已表明，该分歧并不导致意思表示不生效。另一方面，对此尚未提及的是，若受认识错误影响的意思表示被认为生效，则表意人要受其表示内容约束。至于表意人在提示其表示内容的认识错误后是否不受约束，则需要依据第 119 条和第 120 条来解决。对此，既要注意到表意人的利益，又要注意到意思表示受领人的利益。因此，立法者将撤销限制在特定的认识错误情形之中，且使撤销人承担赔偿意思表示受领人因信赖该表示内容有效而遭受的损失的义务（第 122 条）。

365 特殊之处在于认识错误因欺诈而引起时。对此，依据第 123 条可能的撤销及与之相关的问题将产生（边码 416 及其下）。即使在继承法中也存在依据特殊规定的错误的撤销（具体见慕斯拉克/豪：《〈民法典〉司法考试教程》，边码 1020 及其

---

[49] 联邦普通法院案例，载《新法学周刊》，第 3128 页（本文始于第 3127 页）。

下）。

并非任何认识错误都有权撤销。如果某人对意思表示形成或意思表示认识错误，则首先要解释法典是否将该认识错误规定为可撤销的原因。意思形成中的认识错误，比如，对形成要表示的意思具有决定意义的事实的错误判断，即仅仅一个**动机中的认识错误（Irrtum im Beweggrund）（动机错误（Motivirrtum））**，原则上无权被撤销。 366

示例： A被一个朋友邀请去吃晚餐，A决定要买一束花作为礼物。对该买卖合同必要的动机是邀请并与之相关地带上花并赠送的愿望。如果在买完花后A确定弄错日期了，应该是一周后被邀请；或者是主人突然生病因此在最后一刻取消了该晚餐，则虽然A在买花时对根本性事态发展估计错误，但是涉及A动机的认识错误无权被撤销。

总论中的认识错误情形集中规定在第119条及120条中。第119条第1款涉及两种认识错误情形：内容认识错误（der Inhaltsirrtum）（情形1："谁在作出意思表示时对内容陷入错误——"）和表示认识错误（der Erklärungsirrtum）（情形2："谁根本不想对此内容作出表示"）。 367

在表示认识错误时（亦称"陷入错误"）所表示的并非表意人所愿表示的，而是因为其说错或者写错。 368

示例： V写信给K要卖其车。对于售价其想要7 000欧元，但是在书写时看错而少了一个零，因此就写成了700欧元。K随即回信接受该要约。这涉及意思表示认识错误，V有权依据第119条第1款第2种情形来撤销。

在内容认识错误中，表意人对表示内容的意义陷入错误，其对此赋予了其实际意思之外的意思。 369

示例： A表达时喜欢选用生词，虽然有时对该词的意义并不清楚。当其打电话给一饭店要订一桌晚餐时，其讲道："明天晚上7点我与妻子至贵处下榻"（但其想说"用膳"）。A被告知：悉等君顾。当A晚上出现时错误就显现出来了。A可以基于内容认识错误（第119条第1款第1种情形）撤销。

- 第119条第2款中规定的性质认识错误（Eigenschaftsirrtum）涉及在表示时错误估计了人或物的性质，而该性质在法律交往中必须被视为根本内容。 370

示例： K想收集一老画家的绘画集。由于对此其并不在行，其请认为懂艺术的A为其购买。当其得知A并不具有足够的专业能力时，K想终止合作。由于K对A的本质属性陷入错误，依据第119条第2款，其有权撤销基于该意思表示而缔结的合同。

- **传达错误（Übermittlungsirrtum）**（第120条）在事实上与表示错误具有很大的相似性。如果意思表示被表示传达人错误地转达，则该表示如在表达意思时基于"故障"而写错或说错一样与所愿的并不一致。 371

示例： A让B为其在餐厅里预订一张11月11日20点的七人桌子。然而B理解为11月10日，且用该日期预订了桌子。该情形下可以基于传达错误来撤销。

依据法律规定，在错误情况下如果允许撤销的话就必须对下列问题作出肯定 372

回答：

（1）表意人认识错误？

认识错误是**行为人的设想与现实之间非明知的分歧**。必须要考查的是表意人实际上表示了什么且其想表示什么。因此首先需要用解释来确定，相对人可能会如何来理解该意思表示。如果意思表示受领人知道表意人陷入了错误，则至少所表示的内容无效。如果该意思表示受领人知道表意人本想什么，则所想的内容有效。

如果在上述机动车买卖的示例（边码368）中基于事实可得出，700欧元的合同价款未被考虑，则V的出卖要约无效。如果K从之前信件中得知V想以700欧元买该车，则虽然书写错误但是其只可以对该要约理解为这也是她所想的。这同样适用于预订餐桌的示例中（边码369），如果饭店经理被告知并非想下榻只是想用膳，且混淆了这两个概念：用词错误无影响（边码177）。

（2）该错误有权被撤销吗？

这涉及表示错误、内容错误、性质错误或传达错误情形吗？

（3）该错误是表示的原因吗？

撤销的前提是，确定表意人"在认识到事实及对案情理性分析时"就不作出该表示（第119条第1款）。该条件适用于所有撤销情形。从表意人的角度来看，该错误还必须明显（**主观显著性（subjektive Erheblichkeit）**）。

例如：如果S依据商品目录写错了木材防腐浸渍材料的商品号码，这样其获得的并非是其所愿的X公司的产品，而是价格与质量都一样的Y公司的产品，他就不能撤销。因为该错误并未给S带来任何负面影响；除非其对使用X公司产品存在具有令人信服的理由。

373 显著性问题并非仅仅依据撤销权人的纯粹的主观衡量来决定，而是取决于——如法典中明确规定——对**"案情的理性评价"**。S不可基于本意来坚持X公司的产品。相反，具有决定意义的是任一"并非基于本意、主观脾气及愚蠢见解"的理性人如何对具体情况进行评价[50]，对此同样特别需要注意陷入错误人的个人关系。通过客观标准来修正主观的解释经常会在下列情形中出现：

例如：A想在一熟人处预订一个房间，但在陈述时写错了房间号码，这样，所述的就并非31号房而是13号房。两个房间（除了号码外）没有差异，但是订房者基于迷信而拒绝入住13号房，尽管已经肯定解释错误，但是并非是客观上显著的，因为13号房并不妨碍到理性的人。

374 如果**错误**导致**表意人与所愿的相比并不更坏**的话，则缺少充分的理由来撤销。该理由经常被置于"排除悔改权（Reurechtsausschluss）"这一词汇之下来考虑：认识错误人的错误撤销行为应与所表示的内容相关，而非与所想的内容相关，但是并非为其提供从事后基于其他原因证明为不利的交易中撤离的可能方式。

例如：V在其出售要约中错误地写成8 000欧元而非7 000欧元，且K接受了该

[50] 《帝国法院民事判例集》，第62卷，第206页（本文始于第201页）。此处用了类型化思考模式（"理性人"），比较边码58，边码4。

要约，则 V 就没有撤销权（如果事后第三人向 V 对其车出价9 000欧元，则可能会有较大的问题）。

基于类似的理由，如果意思表示受领人如此地看待该认识错误的人，即其作出了其所想的内容，则排除撤销权。其已经准备好让意思表示具有真正想要的意义，因此避免了第 142 条第 1 款的法律后果，但是意思表示受领人必须要毫不迟延地通知陷入错误的人（类推第 121 条第 1 款）。

例如：如果对 K 而言并未辨别出所给的 700 欧元的合同价款是源自错误，并认为 V 会撤销其表示，则 K 可以这样来接受 V 的撤销权，即其已准备表示要为该车支付真正想要的7 000欧元。因错误的撤销权赋予表意人要比赋予并未陷入错误的人更好，该情形下 V 不可单方解除合同。[51]

二、具体的内容错误与表示错误

第 119 条第 1 款第 1 种情形意义上的表示错误，指的是由于“技术故障”而未成功作出所期望的表示：表意人说错、写错或选错，且意思表示包括了其他非所愿的内容。如果基于电脑软件的瑕疵而出现对所想内容的错误表达，则这正好可视为表示错误。[52] 如果表意人对其意思表示的意义与含义陷入错误，则视为第 119 条第 1 款第 2 种情形意义上的**内容错误（Inhaltsirrtum）**。内容错误时，意思表示中表意人所称的含义与其客观内容不符，对此需要对客观的内容通过解释来探明，且必须要顾及受领人基于所有重要的情形如何理解该意思表示（边码 372）。 375

为了更好地在内容错误上作出区分而构建了各种案例类型，其中正好涉及**表达错误（Verlautbarungsirrtum）**的典型情形：由于对默示语言中的陌生词汇、专业表达或概念的错误猜测，表意人对表达手段（词汇、符号及姿势）的客观意义陷入错误。 376

例如：表意人客观上表达其想要租一个旅馆房间，但是其想表达的是要吃晚餐（边码 369）；或者其使用了某法律概念却理解错误，本意为有偿的使用让与，即第 535 条意义上的租赁（Miete），却表述为“我借（leihen）我的车给你用”。

在所谓的**本体认识错误（Identitätsirrtum）**时也涉及内容错误。该案例类型的案情标志为意思表示涉及特定个人及特定标的物的陈述，但是该方面（依据客观的意思表示价值）被意思表示接受人理解为不同于表意人所指的其他内容。 377

示例：

（1）A 想粉刷其住处，因此委托给了其熟悉的粉刷匠米勒。当其想找出米勒的电话号码时，其未注意电话簿上有两个粉刷匠米勒。其注意到了另一米勒的电话号码并在电话中作了委托。其意思表示只可客观地（基于受领人视角）被

---

[51] 柏林州高等法院判例，载《新法学周刊—判例报导》，2009 年卷，第 133 页（本文始于第 132 页）；Müller 论文，载《法学训练》，2005 年卷，第 18 页；Wolf/Neuner：《民法总论》，第 41 章，边码 149 及其下。

[52] 比较联邦普通法院判例，载《新法学周刊》，2005 年卷，第 977 页（本文始于第 976 页）＝《法学训练》，2005 年卷，第 560 页（Emmerich 撰写）；Cziupka 论文，载《法学训练》，2009 年卷，第 888 页（本文始于第 887 页）。

理解为，其想将工作交给与其打电话的米勒；但是A想委托给另一个（其熟悉的）米勒。这里涉及本体错误中的**主体错误（error in persona）**。[53]

(2) 古董商H在其玻璃柜里摆放了各样的玻璃水杯及酒杯。每个展品前都配以小纸片，上面写着号码。当一个感兴趣者询问展品的价格及出处时，H或其雇员就看一下依据展品号码排列的说明目录。古董玻璃杯收集者K问H，4号酒杯值多少钱。H看了一下目录并回道："650欧元"。K认为此价格极其便宜，马上回答："我要这个玻璃水杯"。H回道："好的，我马上为你包装"。事后确认，一个雇员将不同的玻璃杯排列错误，且在4号位置放了一个贵几倍的玻璃杯。H的意思表示客观上是指错误放置在4号位置的杯子上，但是H认为——对K并不清楚的——是目录中的4号杯子，这就涉及一个本体错误中的**客体错误（error in objecto）**。

378 **法律后果错误（Rechtsfolgeirrtum）**[54]是指，表意人对于意思表示的法律后果陷入错误，这样则任一内容错误及表示错误都是法律后果错误，因为表意人的认识错误会影响到可撤销的意思表示所引起的法律后果。另一方面，任何人都可能会陷入其意思表示的法律后果错误，而非只有意思表示自身错误。

示例：已退休者V在卖其二手车给K时错误地认为非经营性出卖人不涉及使所卖商品无瑕疵的义务（参见第433条第1款第2句）。

该案中V作出了其想表示的，且对其表示的意义及含义并未陷入错误（其想出售且如此表示），然而其陷入法律后果错误，其虽不是意思表示的内容，但是法律使得其随着意思表示产生；因为V根本未谈到瑕疵责任。

379 由于错误估计的法律后果依据法律而产生，并不取决于表意人的意思，所以错误估计并不引起一个撤销权。由于此种错误涉及意思表示之前的情形，且只可能对表意人的动机具有重要意义。因而，这涉及一个不重要的动机错误。[55]相反，如果表意人对法律后果陷入错误，而该法律后果直接构成了意思表示自身的内容，则为内容错误中的表达错误形式，这与其他表达错误并无区别；因此这种错误无须称为法律后果错误。

示例：

(1) A表示，其想将自己的车借给B并错误地认为出借是有偿的使用转让。A因此错误地使用了法律概念（见边码410）。

(2) A将其饭店连同从物（Zubehör）一起出售，且对此错误地认为从物这一概念只涉及被牢固镶嵌进去的东西，而非涉及家具（参见第97条）。[56]同

[53] 该例源自Wolf/Neuner：《民法总论》，第41章，边码46。

[54] 相应内容参见Musielak论文，载《法学训练》，2014年卷，第583页及其下；相近的还有Musielak论文，载《法学家报》，2014年卷，第64页及其下。

[55] 这是主流观点。参见联邦普通法院判例，载《新法学周刊》，2008年卷，第2442页＝《法学训练》，2008年卷，第1036页（K. Schmidt撰写）。同样可关注：慕斯拉克/豪：《〈民法典〉司法考试教程》，边码1063。

[56] 参见Wolf/Neuner：《民法总论》，边码88；对此还可参见Cziupka论文，载《法学训练》，2009年卷，第890页（本文始于第887页）。

样，本案中表意人错误地使用了一个法律概念，且表示的内容因此客观上具有了不同于其主观所想的意义。

相反，联邦普通法院想使撤销独立于表意人期望的法律行为是否本质上造成了 380
表意人意料之外的另一法律后果。[57] **第一个示例**可以认为符合条件，但是**第二个示例**中的情形却完全令人怀疑。这显示，事物本质上的标准完全不能作为区分的标志。

一个特殊的案例类型是**在文件签字上的错误**，即其内容与签字人所设想的不符 381
合。这里必须基于不同案例情形来区分：

- 合同主体之前已对待签字的书面合同口头商谈过，但在形成合同文件的时候造成了并未注意到的错误（比如约定的合同价款错误标示；对特定的担保约定因错误并未写入文件之中）。该情形下有效的是口头约定，而非书面表示。该情形很类似于标识错误的情形；此处如彼处一样，主体间约定一致的意思具有优先性（见边码 177）。同样，如果约定内容被明确写入书面文件之中，而口头约定与文件中内容不符并未被察觉时亦适用上述规则。因为，合同主体对此想要的恰是商谈好的约定，他们通过将该约定再次正确写入文件之中，以确保其存续状态及效力。如果合同主体一方在签字工作之前觉察到该错误，但是并未公开，因为其想内心保留，等到后来给自己带来益处，这样还是认定口头约定内容有效，且基于错误来撤销已显多余。考虑到口头约定而言，该内心保留已不重要（第 116 条第 1 句）。

某人在一（未阅读的）文件上签字，其上面的内容是根据错误的想法而制成。对此，可以根据不同的案例内容来分析：

——签字者自己制作了该文件，然而在上面犯了错误，弄错了文件的内容；这样就涉及一个表示错误。同样也适用于不同文件之间的互相混淆情形，因为所想要的表示如同因为技术故障而写错或者说错而弄错一样。

——如果签字者认为，其对某一特定内容的意思表示签字，但是实际上该文件所述的是其他内容（他认为自己是对一份租赁合同签字，但是签在了一份买卖合同上；他想解雇一个同事，但是在一调岗通知书上签字，边码 67 及其下），这样客观的表示内容就与主观的意思相背离，所以其可以基于内容错误而撤销。然而需要限制的是：如果意思表示受领人知道表意人想作出哪一个意思表示（比如他想租赁，不想购买），则本意上的意思表示有效（边码 372）。

——如果表意人自己不知道自己作出了一个法律行为意义上的意思表示，则对上面（边码 77 及其下）所述的意见分歧的判断取决于是否根本上想对一有效的意思表示作出承诺。只有对此作出肯定才涉及撤销问题，这样在结果上如同缺少行为意思一样。

---

[57] 联邦普通法院案例，载《新法学周刊》，2006 年卷，第 3355 页，边码 19（本文始于第 3353 页）；2008 年卷，第 2443 页，边码 19（本文始于第 2442 页）。

- 某人在可由他人填写的空白格式文件上签字，但是在填写时并未顾及针对此处已经作出的约定内容。

示例：K在V处购买价值10 000欧元的商品。为了货款资金，需要签订一个借款合同。因此，K在一借款空白格式文件上签字，以给V添上相应的约定内容。但是V并未写上10 000欧元（=货款），而是15 000欧元。

对于K与V之间的关系应直接适用口头约定内容；V不可针对K采用其所填的与约定相悖的文件。相反，如果涉及与第三人之间的关系就另当别论。如果K所作的经V违背约定而修改过的意思表示涉及与一银行签订借款合同的要约，且该银行对此要约作了承诺，则有关15 000欧元的借款合同成立。在此情形下K不可基于错误而撤销；相反其与银行之间的关系适用所填的违背约定的内容。该结论的理由可以基于第172条第2款、第173条的法律思想（对此见后面）。如依据该条文中所规定的对授权证书所述授权善意信赖保护一样，第三人亦可信赖其所递交文件的正确性，且并非违背约定地填写而成。任一对空白文件签字都可能造成被滥用的可能性，其必须要受到自己创设的权利表象约束，不可基于错误撤销来抽走如同基础一样的第三人的信任。[58]

- 当然，**对文书内容并未设想过而在文书上签字的人**不能撤销。此情形下不存在作为错误本质的设想中的意思表示与实际相背离情形。然而此类情形在实际中极少出现。[59]

382 如果出现基于诸如对数量或者价格计算的意思表示，而会计材料中的错误影响到了意思表示。然而，并非始终有权撤销此类**计算错误（Kalkulationsirrtum）**。如果计算的依据对于表示相对人而言并非是可知的（所谓的**隐藏的计算错误（verdeckter Kaulationsirrtum）**），则关系到一个不重要的动机错误。[60]

示例：H为一个衣帽零售店老板，他的独特定价方式是直接在进价基础上翻倍。在处理一大宗新货的销售价格时被雇员和电话不时地打断。因此，在核算时错误地将进价为60欧元的女士套头衫销售价定为45欧元。当一女顾客买了一件快要离开时该错误被发现。H要求其再支付75欧元（=双倍的进价减去已付的45欧元）。该顾客拒绝支付，H要求其返还该套头衫。

顾客对此并无义务。H对该套头衫标价为45欧元，且该报价已被顾客承诺。因此生效的买卖合同已经成立（不同于边码159处所涉及的混淆价格表情形）。H基于错误来撤销缔结合同的意思表示在法律上并无可能。这既不涉及表示错误又不涉及内容错误，因为H想标价45欧元，且也这样做了。错误在意思表示形成时就已经存在了。

---

[58] 主流观点，比较《联邦普通法院民事判例集》，第40卷，第67页及其下（本文始于第65页）=《新法学周刊》，1963年卷，第1971页；其他观点见Wieling论文，载《法学教育》，2001年卷，第582页（本文始于第578页）。

[59] 但是注意联邦普通法院判例，载《新法学周刊》，2014年卷，第1242页。

[60] 主流观点，参见联邦普通法院判例，载《经济法杂志》，1998年卷，第1641页（本文始于第2198页）；Waas论文，载《法学训练》，2001年卷，第14页；Wolf/Neuner：《民法总论》，第41章，边码79。

如果出卖人依照旧的价格表来标价，但是其认为是新的，则对此情形一样判决。尽管其在该情形中并未自己计算价格且将其作为做好的价格表，但是该错误涉及定价情形，且因此体现为计算错误。如果意思表示接受人没有理由去怀疑计算的正确性，则其可以认为给出的价格是正确的。原则上不存在核实计价依据的义务。[61]该案如同未知的计算错误一样处理，这样（计算错误的）数目有效，且不允许基于错误来撤销。[62] 有时会基于内部计算错误的严重性而认为，不应对在打字机器上打错（＝表示错误）和在计算器上打错（＝不重要的计算错误）进行区别对待。该观点认为这一精确的考查不成立：在打字机上打错是意思表示中的错误，相反，在计算器上打错则是意思形成中的错误。但是在意思表示形成中的错误依据第 119 条恰好无权撤销。 383

- 如果计算是意思表示本身的内容（所谓**明示的计算错误（offener Kalkulationsirrtum）**），则无瑕疵的本来意思是可知的，那么该错误可以通过解释来修正；基于错误的撤销因此就不被考虑。[63] 384

示例：

（1）V 以书面形式向 K 发出邀约，愿以5 000欧元价格出售其机动车和 200 欧元出售其 4 条冬天用的防滑链；但总价被（错误地）写成5 100欧元。此处 K 清楚地知道总价被算错，应该算为5 200欧元。如果 K 接受该要约，则涉及此价格的合同成立。

（2）这同样适用于帝国法院判决的卢布案。[64] 1920 年，原告在莫斯科借给被告——一个准备回国的德国战俘——30 000卢布。双方约定，被告要偿还7 500马克，这是基于误以为当时的有效汇率是 1 卢布等于 25 芬尼。事实上汇率只是 1 卢布等于 1 芬尼。由于双方已经约定依据有效的汇率确定的返还数额，所以对意思表示的解释得出被告负有30 000马克债务。[65]

- 在明示的计算错误情形下，如果合同的另一方不接受修正过的价格则具有特殊性。 385

例如：合同双方商谈某物的价格，对此首先未达成一致。卖方最后接受了对其作出的报价，而该价格显然被卖方算错。[66] 如果基于本案可以得出，合同已经成立

---

[61] Kindl 论文，载《证券资讯》，1999 年卷，第 2204 页（本文始于第 2198 页）；Singer 论文，载《法学家报》，1999 年卷，第 344 页（本文始于第 342 页）。

[62] 同样观点见，不来梅州法院案例，载《新法学周刊》，1992 年卷，第 915 页；在结果上同意的还有 Habersack 论文，载《法学训练》，1992 年卷，第 550 页及其下（本文始于第 548 页），但是部分理由不一致。

[63] 主流观点，比较 Palandt/Ellenberger，第 119 条，边码 19 及其下；其他观点见慕尼黑州高等法院，载《新法学周刊—判例报导》，1990 年卷，第 1406 页；类比第 119 条第 1 款第 1 种情形、第 2 款。其他观点见 Pawlowski 论文，载《法学家报》，1997 年卷，第 746 页及其下（本文始于第 741 页）。

[64] 参见《帝国法院民事判例集》，第 105 卷，第 406 页及其下。但是帝国法院采取了被否定的观点，认为基于意思表示错误的撤销是可以的。

[65] 同样观点见 Kinl 论文，载《证券资讯》，1999 年卷，第 2204 页（本文始于第 2198 页）；Köhler：《民法总论》，第 7 章，边码 25；Wolf/Neuner：《民法总论》，第 41 章，边码 74 及其下。

[66] 参见联邦普通法院案例，载《新法学周刊》，2006 年卷，第 3139 页＝《法学训练》。2006 年卷，第 1021 页（Emmerich 撰写）。

（前提是对于价格的合意瑕疵被否定），则只涉及，买方是否受算错的价格约束，或者其是否可以再次使合同无效。事后基于正确的计算而对价格进行修改并不考虑，因为这样价格的合同并未成立。基于第119条第1款中的内容或表示错误的撤销亦被排除，因为出卖人所表示的作为要约的价格是其所愿意的。或许该认识错误如同意思表示形成中隐藏的计算错误一样。只可以考虑基于买受人违反了说明义务的损害赔偿来解决，因为其并未向合同对方指出其已经知道或者至少可以知道的认识错误。此范围内的问题这里不涉及，对此涉及缔约过失制度。[67]

386 ● **如果知道意思表示有错误，但是不确定错误在哪里，则该意思表示基于其内在矛盾性（Perplexität）而无效。**

例如：园丁布吕拉因写信给阿希："为了完成你花园里的工作，需要两个园丁两天的工作，即共32小时。基于每小时工资为24欧元，您需要为此工作支付480欧元。"

信中所称的计算依据（劳动报酬和劳动时间）与所谓的总价矛盾。且该矛盾不可通过解释来消除：为了得出480欧元的结果，必须为20小时或15欧元每小时；但是也可能是32小时、24欧元每小时，但这样就是768欧元。如果对何处具有错误并不清楚的话，则该合同要约基于矛盾而无效。

联邦普通法院[68]对此问题明显采取另一观点：该法院认为，表意人原则上必须要承担错误计算的后果。一般而言，意思表示受领人可以对该要约作出承诺，如果其已经知道表意人陷入计算错误的话。如果意思表示受领人没有指出该计算错误，且尽管其知道基于该有计算错误的要约有违诚信而接受了该合同要约并且坚持履行合同，则只有当履行合同对表意人为完全不可承受的例外情形时才可能意味着不再允许行使权利。依据联邦普通法院的观点，对计算错误明示上的不作为同样可以被认定为缔约过失（具体细节见后面）。[69]

387 ● **在计算时，合同双方都弄错了作为计算依据的特定事实，且不允许如上述卢布案中通过解释来修正，则必须借助行为基础理论来寻求答案（见边码663及其下）。**[70]

三、性质错误

388 如果表意人对其性质陷入错误，即对人或物的正确特征所理解的与客观上的不一致，则对人或物的性质错误在第119条第1款第1种情形下可能会具有重要

---

[67] 可关注联邦普通法院判例，载《新法学周刊》，2015年卷，第1513页=《法学训练》，2015年卷，第644页（Riehm撰写），这里特别涉及公开招标：对一个错误计算的要约作出承诺可能违反了对相关投标人利益的注意义务，如果投标人基于经济的分析从一个理性的公共招标人角度出发能够不予接受一个与待作出的给付几乎等价的被错误计算的对待给付价格。

[68] 联邦普通法院案例，载《新法学周刊》，1998年卷，第3194页（本文始于第3192页）=《法学训练》，1999年卷，第79页（Emmerich撰写）。

[69] 参见Singer论文，载《法学家报》，1999年卷，第342页；Kindl论文，载《证券资讯》，1999年卷，第2198页；Waas论文，载《法学训练》，2001年卷，第14页。

[70] 参见联邦普通法院案例，载《新法学周刊—判例报导》，1995年卷，第1360页。

意义。

例如[71]：K 女士想买 1 千克牛肉来煮汤。其进入一家肉铺，但是没有注意到这是一家卖马肉的肉铺。当其要 1 千克肉做汤时，其得到的是马肉。由于一般情况下买某种类动物的肉，依据来自马或牛而区分肉的性质，这根据订立合同的意思表示来定。依据客观的意思表示上的意义，K 的订单为："我想买 1 千克煮汤的马肉。"因为其意思表示在马肉铺里只可如此理解。由于其认为自己到了一家普通的肉铺，其依据其理解的意思表示为："我想买 1 千克做汤的牛肉。"因此，K 陷入了内容错误，依据第 119 条第 1 款第 1 种情形其有权撤销。

其他内容错误涉及性质例子有，比如涉及特定性质的陌生词汇、专业词汇或者其他标识被错误理解和使用。对此有常被引用的教学案例是，某人认为马蒂尼是一种白兰地酒而在商店买了一瓶马蒂尼。 389

现在人们可能认为，内容错误也可涉及表意人（主观上）表示出来的意思中的人或物为一特定的性质，而实际上并非该性质。 390

例如：一家具店既卖古典家具又卖新款家居（同样依据古典家具仿制而来），K 认为所有家具都是古典的，其指着一个巴洛克式的新柜子说："这个我买了。"基于此可得出，K（客观上）作出的意思表示是，他要买其所指的"新"柜子，这样所表示的与其所想要的就有分歧，因为 K 想要买一个古老的柜子。这涉及一个本体错误。与对该意思表示相反，K 说的是其想买明确所指示的柜子（"这个"柜子并非"新"柜子）。柜子的年龄并未在意思表示中提及，并以定为其所想要的标的物本体意义上性质。

此处区别于上述购买做汤的肉的例子。该案中顾客表示其想要买做汤的肉，且她在一家马肉铺里表示该想法，该意思表示客观上只能意味着其想买做汤的马肉。相反，如果其在指着店里特定的一块肉，并对此说："我想要一斤"。这同样也很难涉及与买卖柜子时的本体错误，因为该意思表示的意义只是：我想要买该（具体的）一块肉（不管它是什么肉），而非：我想买该块马肉。[72]

谁觉得该区别太吹毛求疵就要注意到，这取决于对所作出意思表示内容的精确理解，因为任何对意思表示的扩大解释都具有依据**第 119 条第 1 款**实现撤销的目的，同样，表意人尚未说出的构想都可成为撤销的基础。因此，会使**不显著的动机错误的界限**变得模糊。该观点为主流观点所拒绝。因此，在表意人对人或物的性质陷入错误，则无须（依据客观的意思表示上的意义）对意思表示中的性质的存在的期望进行表述，只需依据第 119 条第 2 款来考虑撤销。对于第 119 条第 2 款的理解及应用范围存在激烈争论。该意见分歧的原因首先在于条文的字面含义——至少是多人的观点——被设置的太宽，且是对不明显的动机错误与相关错误类型区别异常复杂。[73] 391

---

[71] 案例改编自 Brox/Walker：《民法总论》，边码 426。

[72] 同上，Brox/Walker：《民法总论》，边码 427。

[73] 对该意见分歧详细的总结必须留给高年级学生。对此见 Flume：《民法总论》，第 472 页及其下；Wolf/Neuner：《民法总论》，第 41 章，边码 50 及其下；《慕尼黑民法典评注》/ Armbrüster，第 119 条，边码 102 及其下。

示例：富裕的伯母O想与其最爱的侄子N——一个狂热了汽车拉力赛驾驶员，搞好关系，就在汽车销售商H处买了一个中型汽车，对此其认为N就可以追随自己的梦想。这是一个外表看起来是运动型，但是由于其普通的发动机功率和行车稳定性及其较小的载荷并不适合汽车拉力。当N告诉她的时候其想撤销与H之间的买卖合同。对此她有权吗？

392 首先需要解释，**第119条第2款意义上的性质**如何理解。所有源自自然特性的标志，比如人的年龄、健康状况、性别及其能力，物的形状、颜色、气味、口味及组成关系等都被视为该条意义上的性质；但是同样也涉及在事实上和法律上与社会的关系、价值及用途所具有的含义，比如基于建筑规划而得知对一地基的建筑许可从而获得一建设用地的性质。

例如：人的性质的例子有：信贷评价、支付能力、信任度及缄默能力。物的性质的例子有年龄、真实度（比如艺术作品）、不动产的增值能力及材料颜色的耐久性。

393 物的性质是一切具有价值的因素。相反，基于有价值的因素而来的最终结果，即该物的价值自身——价格，却并非性质。

例如：K在V的商店以60欧元的价格买了X牌的衬衫，紧接着其在一家商场发现同样的衬衫仅值40欧元，这样其不可基于对相应衬衫的通常价格的错误估计而撤销。

394 最后，对此观点具有决定意义的一个现实考量是：价格一般是基于全部有价值的因素且在考虑市场情况为各方当事人商定或确定并接受。错误估计的风险必须为每一方自己承担。如果任何人都可以基于对价格的错误估计来撤销法律行为的话可能会导致商业中不可承受的不安定。

由于机动车的发动机功率、行车稳定性及载荷被理解为性质，所以判定该示例（边码391）取决于对此是否涉及该类“交易中视为关键性的”性质因素。如果是，则伯母O可以有效撤销该汽车买卖。

395 即使第119条第2款明确规定，表意人对人或物的特定的性质的设想对撤销而言并不足够，如果该性质不被视为具有交易上的实质性的话，但是该描述的意义并不大。相反，这取决于如何理解第119条第2款中的**交易实质性（Verkehrswesentlichkeit）**这一概念。如果只是依据客观存在的交往观点[74]，即通常视什么为实质性特征，则对该条文中交易实质性概念的解释会造成适用范围太宽，且会导致涉及表意人尚未表达出的动机。

伯母O所买的汽车所缺少的性能依据一般交往观点同样肯定会被视为具有“交易实质性”，如果这些被视为拉力性机动车的标志的话；相反，如果人们确定这些要求亦为一般道路交通中的汽车所需时，则不具有“交易实质性”。所以，具有决定意义地取决于，哪一类型的车对回答性质因素的交易实质性具有关键性。如果人

---

[74] 比如Köhler：《民法总论》，第7章，第21条；Staudinger/Singer（2012年修订版），第119条，边码80及其下；Wolf/Neuner：《民法总论》，第41章，边码64。

们此时在这里转向表意人尚未说出的期望和设想，则 O 可以撤销缔结该合同的意思表示，因为其想要一辆适合汽车拉力赛的机动车。如果确定买方只是想购买一个真的古董，则这同样适用于购买巴洛克风格的柜子的示例（边码 390）。

判决试图对第 119 条第 2 款意义上的具有交易实质性的性质因素通过这样来细化，即性质因素之间的区别在于，其**对判断人或物具有直接意义**还只是具有间接影响作用。起初帝国法院就已论述道："如果想让第 119 条第 2 款中具有交易实质性的物的性质的概念不陷于模糊，且基于此缔结的合同的可撤销性不被扩大，则必须坚持此概念只涉及表明该物的事实上的及法律上的关系，而非只是可能对该认定产生的间接影响。"[75] 396

然而判决并不统一；在最高法院法官的判决中就存在其他标准。联邦普通法院判决过一个案例，一建设用地购买人想撤销买卖合同，因为其健康状况承受不了该地基的高度，所以其不能住在那里建造的房屋内。该法院否定了该性质因素的交易实质性，因为这里不涉及与不动产相关的并决定其价值的典型因素。非典型的性质因素只有在各方相应的约定中确定时才可具有交易实质性。[76] 在另一判决中[77]联邦普通法院对此认为，只有此类性质才被视为具有交易实质性，即为表意人明显地视为合同基础的，而非其恰巧在表示内容中存在的。 397

直接标准在许多案件中仍可区分。但是这却常常不再起作用。[78] 398

比如基于此就不可以判断伯母 O 所作出的汽车买卖。同样，对区分具有交易实质性的性质因素的典型性的标志进行独立的评价值得怀疑。对于一个"正常的"中档车的性质并非为了适合汽车拉力赛，这是以此目的而建造的运动型汽车的性质。最后取决于合同的目的是一个简单的中档车还是一个运动型汽车。具有绝对意义的是合同的约定。

如果人们不接受上述结论那么对交易实质性概念的解释就会严重扩大解释第 119 条第 2 款的适用范围，且因此会明显允许合同主体在更大的范围内单方行使基于错误的撤销。所以在合同中只有合同主体作出的约定——在单方意思表示中具有实质性的内容——才是解决什么应在个案中被视为交易实质性特征问题的确定根基。该路径为**行为性质错误说**。[79] 实际上其认为实质性错误关键性的原因在于，标的物和人并非与法律行为确定的应然性质相适应，且**给予"交易实质性"概念以** 399

---

[75] 《帝国法院民事判例集》，第 149 卷，第 238 页（本文始于第 235 页）；同样或类似的见：《联邦普通法院民事判例集》，第 16 卷，第 57 页（本文始于第 54 页）=《新法学周刊》，1954 年卷，第 340 页；联邦普通法院案例，载《企业咨询》，1963 年卷，第 285 页。

[76] 联邦普通法院判例，载《企业》，1972 年卷，第 481 页（本文始于第 479 页）。

[77] 《联邦普通法院民事判例集》，第 88 卷，第 246 页（本文始于第 240 页）=《新法学周刊》，1984 年卷，第 231 页（本文始于第 230 页）；同样还有联邦劳动法院判例，载《新法学周刊》，1992 年卷，第 2174 页（本文始于第 2173 页）。

[78] Wieling 论文，载《法学教育》，2001 年卷，第 580 页（本文始于第 578 页），认为直接性这一概念并不可用。

[79] 该理论论述见：Flume：《民法总论》，第 476 页。此外对此述及的还有：Mecicus：《民法总论》，第 770 页；Medicus/Petersen：《民法》，第 139 页及其下；Bork：《民法总论》，边码 846，原则上采取客观—具体的标准，将法律交往中决定具体情形下法律行为的种类的性质视为关键因素，但是除此之外也关注合同各方主体确定为具有交往实质性的性质因素。

“法律行为上的性质”的意义。在确定依据法律行为什么被视为具有实质性这一问题时，并非明确作出的约定和对解释有意义的各种情形需被关注，而是同样关注被接受的行为类型，该法律行为涉及合同标的物的哪一性质。此方式也契合联邦普通法院所称的性质的典型特征上的意义：依据行为的目的得出的典型的性质因素一般已被合同主体（默示性地）引入合同性约定之中。[80]

伯母 O 为拉力赛而购买的汽车的特质依据有关的合同约定不认为具有实质性，因此其不能够依据行为性质错误理论来撤销。其表达出的获得该类车的期望仍为无关紧要的行为动机。就如买卖柜子案例（边码 390）一样应排除撤销。似乎不同的判决只有 K 在古董店购买巴洛克柜子情形。这样，似乎至少基于这样的事实，即一般情况下古董店里只卖古典商品，合同双方默示地认为该柜子是古典的，即至少 100 年。该性质才似乎是第 119 条第 2 款意义上的交易实质性。

由于基于物的瑕疵责任的条款具有优先性且排除第 119 条第 2 款上的撤销，至于第 119 条第 2 款意义上的撤销权是否因此在该案中被排除？这一问题此处并不探讨。对此竞合问题将在讲述物的瑕疵责任时再涉及。

400 **实质性视角**对讨论有关交易实质性上的性质这一概念具有重要意义，可以**归纳**为：不仅是表意人的主观角度对交易实质性问题具有决定意义，这是明显的且无争议的。具有决定性的是在此范围内要赋予客观标准以何意义。如果对交易实质性的判断独立于表意人及意思表示受领人所属交易领域中具体行为主体的设想及约定，则第 119 条第 2 款就打开了一个非常广阔的适用领域。相反，对于合同约定内容或者合同主体表达出的可知的期望所涉及的合同标的物的特定性质是否具有实质性，人们视之越严格，则据此条文的撤销可能性就越被限制。至少在实践中可通过这样来实现两种观点之间的妥协，即尽管人们在行为本质的意义上归纳交易本质性，且通过合同主体确定什么是“交易实质性”的应然内容，但是合同主体更容易将在相应形式的合同中通常被视为性质因素的东西视为主体默示的约定。

401 最后还要指出的是，第 119 条第 2 款中“物”的概念不应被理解为第 90 条意义上的“实体物”，而是应包括权利及财产的集合（比如继承）。

四、传达错误

402 如上（边码 371）所述，第 120 条中规定的传达人对意思表示传达错误情形很类似于表示错误（第 119 条第 1 款第 2 种情形）：两种情形中意思表示相对人都被错误地告知表意人所不愿表示的内容。此处与彼处一样，意思表示生效，因为错误是在表意人的责任范围内产生，其在此范围内必须要对传达的内容负责；但是其可以通过撤销意思表示来解决。基于该法律条文的规定可得出第 120 条适用上的重要结论：

---

[80] 如果合同一方明知另一方将特定的性质作为合同的内容（Brox/Walker：《民法总论》，边码 419：认为基于性质错误已足以撤销），那么如果另一方没有反对的话则一般允许合同约定的内容包括该性质。

- 必须是**撤销权人的意思表示**被错误地传达。传达人所传达的必须涉及一个他人的意思表示。因此，某人代理他人以他人名义作出意思表示（参见第164条第1款）则并不适用第120条。因为代理人传达的不是他人的意思表示，而是作为他人的代理人作出其意思表示。对此，其陷入错误的话，该代理人就必须依据第119条撤销；代理权包括行使撤销权，但代理人也可以以被代理人的名义作出撤销（对于代理的细节见后面）。 403
- 如果依据第120条来行使撤销，则错误传达意思表示的传达人必须是**撤销权人的意思表示**传达人。如果意思表示受领人的传达人（边码103）错误传达了意思表示，则表意人的撤销因此就不被考虑，因为其意思表示已经正确到达。 404

例如：工匠H派遣其学徒去批发商G那里订购型号为0.1的零部件。G的秘书（正确地）将该订单接下。但是她错误地写成型号1.0。当G将型号1.0的零部件送货时H拒绝接受，因为其并未订这个。

该案中关于型号0.1的零部件的买卖合同的要约已经正确到达。但是由于秘书的错误该要约并未被接受：G认为接受而提供的是另一种零部件。该合同因此未成立。至于G是否还可以接受H的要约则取决于承诺期限是否已过（边码148及其下）。

然而如果G与H再次确认该订单，但没有对此指出错误（比如说：我接受您的订单并尽快履行），就当另作他判。该案中似乎是H的有关0.1型号的零部件的要约被G所接受，且相应地合同因此而成立。这样G可以基于内容错误撤销其承诺的意思表示（其客观地表示想订立一个关于型号为0.1的合同；边码377）。

- 意思表示传达人**作出的错误传达**必须是因为**错误**，即非有意而为之。有意的错误传达 405

—在上述示例中学徒预订了错误的零部件，目的是“戏弄一下”其老板—

则并非第120条中的错误情形。该委托给传达人的意思表示就从其开始并未继续传达给相对人，且因此并未到达。基于故意错误地传达而造成的损害赔偿问题必须寻找其他路径。[81]

依据以上论述，应不难对上述（边码90）问题依据撤销来作出判决。对此涉及下列情形： 406

案例：A请其儿子将写着对其收藏朋友的要约的承诺的明信片投入邮箱。在其儿子将该卡片拿走后A突然另有想法。其冲向窗边并朝着站在大街上的儿子喊，让其将该卡片不要邮寄。但是该儿子误解了其父亲，并认为其只是再次提醒自己要寄卡片。该误解后来才被弄清。此案中的A可以依据第120条及第119条第1款来撤销吗？

该儿子的错误并不涉及表示的内容，而是涉及对寄送卡片的委托。因此，此处

---

[81] 如主流观点：Brox/Walker：《民法总论》，边码415；Rüthers/Stadler：《民法总论》，第25章，边码55。其他观点详见Medicus：《民法总论》，边码748。

可能最多考虑到类推适用第120条。但这应被否定，因为此处案例从根本上区别于第120条涉及的情况。第120条情形涉及表意人正确作出的意思表示被“传达人”依据错误理解而错误地传达。此处需要判决的案例中A正确地作出了其意思表示，且“传达人”也被正确地告知。A在发出意思表示后想到其他事情，并努力阻止其到达。当其失败时就不应授权其撤销，因为不存在第119条和第120条中所存在的错误情形。因此，在此范围内A必须要承担该风险。该事实与其他相比并无特别之处，如果表意人在发出意思表示后想阻止其生效，但是其因作出的撤回（参见第130条第1款第2句）迟延到达意思表示受领人。

407 **第119、120条中的错误情形：**

（1）内容错误（第119条第1款第1种情形）

表意人作出表示，虽然是其想要作出的，但是其将内容错误地理解为客观意义之外的另一含义，因为其使用的概念的含义是异于其所想象的另一意义（宣告错误）；或者由于其表示客观上针对的某人或某物并非其主观上想指称的（本体错误）。

（2）表示错误（第119条第1款第2种情形）

表意人客观上表示的内容并非其主观上想表示的，因为其表示由于“技术故障”（比如基于写错或说错）而“被弄错”。

（3）对具有交往实质性的性质要素产生错误（第119条第2款）

在意思表示所涉及的人或物上，表意人以其未指明的一个交往本质上的要素为前提，对此，该交往实质性基于各方约定或者至少基于可知的表达出的愿望而得出。

（4）传达错误（第120条）

意思表示被表示传达人错误地传送到意思表示受领人处。

五、撤销的表示及其法律效果

408 撤销权是一个形成权：撤销通过意思表示来实现（第143条第1款），其必须要到达意思表示撤销相对人（对此参见第143条第2款至第4款）（边码309）。撤销表示的内容必须能够让撤销相对人推断出表意人想要撤销。对此无须明确地或者使用“撤销”这一概念来作出意思表示。[82] 同样，推断性的意思表示，比如要回给付物，如果可以毫无疑问地得出表意人想让该意思瑕疵的法律行为不生效，即可满足要求。[83] 但是，必要的是撤销相对人能够知道该撤销是基于哪一个事实上的基础（比如基于要约中的输入错误而撤销）。[84] 基于错误的撤销必须在表意人得知错误后非迟延地被表达出，即没有过错地拖延（第121条第1款第1句）。但是允许适当

---

[82] 奥登堡州高等法院判例，载《新法学周刊—判例报导》，2007年卷，第268页。

[83] 这并非如下情形，即一个请求权生效恰是以法律行为有效为前提；参见联邦普通法院判例，载《新法学周刊》，1991年卷，第1674页（本文始于第1673页）。

[84] 严格意义上；比较不同观点的论述，见《慕尼黑民法典评注》/Busche，第143条，边码7及其下。

的时间去考虑及必要时对意思的征求。

原则上撤销使得被撤销的法律行为从开始就被视为无效（参见第 142 条第 1 款；边码 309）。基于被撤销的法律行为所作出的给付可被给付主体依据不当得利条款要求返还（具体细节见后面）。在因错误撤销时必须区别其形式方面，即其符合规定的意思表示，和实质方面，即理由。必须考查下列问题： 409

（1）撤销的表示 410

- 撤销人是否已作出意思表示，即（必要时通过解释）无疑义地获知其不想让被撤销的法律行为生效。
- 是否撤销的原因至少为撤销相对人可知？
- 意思表示是否按期（参见第 121 条）到达（正确的）撤销相对人？

（2）撤销的原因

撤销是基于哪一法律基础？

- 撤销是基于内容错误、表示错误、性质错误还是传达错误？
- 对此是否满足条件？

撤销权人通过后来的意思表示撤销了本为相对人相信具有效力的意思表示。因此只有这样才公正，即，撤销人因错误应承担信赖损害（亦为“消极利益”）赔偿义务，特别是引起撤销的瑕疵仅仅为撤销人自己所导致的错误时。撤销人因此必须让另一方在经济上处于如没有相信该表示的效力时一样（第 249 条第 1 款），或者换成另一种表达：如其从未有过该被撤销的法律行为一样。 411

例如：被撤销一方依据合同自费将货物运输至撤销人处；其可依据第 122 条第 1 款要求对方赔偿该运费。被撤销一方已经租赁了仓库来安放依据合同提供的货物，其所付的租金也是信赖损失。

如果被撤销的合同一方基于因撤销而无效的合同已被履行，则该履行亦为需要依据第 122 条第 1 款被补偿的“信赖利益”，即对其给付或其价值（如果已经不再存在的话）进行恢复。**在第 812 条的不当得利返还请求权（边码 408）之外还存在依据第 122 条第 1 款的返还请求权。**该返还请求权在当给付在撤销权人处灭失时（比如所提供的货物在火中被烧毁）很重要，但这并非不当得利情形；在此案中依据不当得利法不可请求（第 818 条第 3 款）依据第 122 条第 1 款的价值赔偿。 412

第 122 条第 1 款限制了须赔偿的损失范围，并规定赔偿义务“不得超出该利益的数额”，即他人“该表示有效性上所具有的”[85]。**履行利益（Erfüllungsinteresse）**（亦称为**“积极利益（positives Interesse）”**）的限制的意义在撤销对方因信赖被撤销的意思表示的效力而未与他人缔结交易所带来的高于撤销所带来的利润的损失。 413

例如：批发商 G 从农民 L 处购买 100 公担的土豆，每公担计 10 欧元。合同缔结后，另一种植户 B 以每公担 8 欧元向其推销同样的土豆。考虑到与 G 的合同其推掉了该要约。此后 G 基于错误而有效地撤销了其合同要约。其与 G 之间约定的销

[85] 比较 Willems 论文，载《法学教育》，2015 年卷，第 586 页。

售价与 B 推销的价格之间的差额对 G 无效力；虽然此范围内涉及信赖损失，并超过了履行利益，因为合同有效时 G 对每公担要支付 10 欧元。

414 在赔偿履行利益时，应如同相关法律行为被正常履行一样来对待赔偿权人。如上述例子所述，这可能低于信赖利益，但是赔偿权利人如果信赖该效力则会获得更多的利润。然而，在此案中第 122 条第 1 款意义上的赔偿权利人不可请求赔偿利润，因为其要被想象得如该无效的法律行为对其不存在一样，因为这样其也没有利润。但这并不意味着赔偿权利人不可请求第 122 条第 1 款框架中的利润赔偿：如果利润被视为包含在信赖利益框架之中，且并未从对履行利益的限制范围中得出界限，则要赔偿其相应的数额。

例如：在 G 与农民 L 签订一个有关提供 100 公担土豆的合同（每公担 8 欧元）后，B 向其以每公担 9 欧元的价格向其推销同样的土豆。G 介于与 L 之间的合同而将该要约拒绝。当 L 基于错误而有效地撤销其合同要约时，G 必不可能履行向 K 供销（每公担 12 欧元）的义务，另买土豆其只能以每公担 10 欧元的价格。因此，其利润只有 200 欧元而非履行与 L 签订合同的 400 欧元以及接受 B 要约的 300 欧元。考虑到损失利润（参见第 252 条），信赖利益为 100 欧元。因为如果其并未信赖与 L 之间合同的效力，其与 B 达成交易并获得必要补购后多出的 100 欧元利润。

415 在第 122 条第 2 款条件下被撤销人的赔偿请求权消灭。即使其自己信赖了该错误，也不应赋予其请求赔偿的权利。联邦普通法院[86]想在赔偿义务人具有无过错的与有原因时依据第 254 条第 1 款的适用来相应地削减其请求权。法院认为，第 122 条第 1 款中规定的撤销人损害赔偿义务的产生独立于过错，且基于纯粹的诱因行为原则，反之，如果认为被侵害人作出的、引起认识错误的、不受过错约束的原因行为对其损害赔偿请求权并不重要的话，则显得并不合理。至于联邦普通法院的观点是否需要被遵守，对此，在理论上具有不同判断。[87]

第六节 基于欺诈与胁迫的撤销

一、恶意欺诈

1. 构成要件

416 依据第 123 条，如果表意人作出意思表示时具有恶意欺诈，则该意思表示可被撤销。不可预先放弃对法律行为缔结自由的法律保护；与之相应的约定不生效。[88] **恶意欺诈以下列构成要件的实现为前提：**

---

[86] 联邦普通法院案例，载《新法学周刊》，1969 年卷，第 1380 页。

[87] 争议内容参见《慕尼黑民法典评注》Armbrüster，第 122 条，边码 23。

[88] 联邦普通法院案例，载《新法学周刊》，2012 年卷，第 298 页，边码 27 及其下（本文始于第 296 页）。

- 欺诈
- 意思表示的作出
- 欺诈及意思表示之间的因果关系
- 恶意

对于该构成要件需要注意下面的内容：**欺诈（Täuschung）**被视为一个引起他人产生错误或自以为正确的行为。对此，不管涉及哪一种错误都是完全等效的：这可涉及有关人或物的性质错误[89]；即使是一个纯粹的动机错误在此范围内也具有意义。 417

例如：欺骗某人购买该车可以获得高利润，某人因此而订立买卖合同。

欺诈行为可以是一个积极行为，当欺诈人具有**释明义务（Aufklärungspflicht）**时，还可以是一个消极行为（即沉默）。至于是否为该种情形，依据——如果法律条文中并未规定（例如第 312c、312e、675a 条）——个案中所有重要情形，特别是交往观点（该行为中哪些信息会被期望和给出?）。[90] 关于说明的法律义务问题的大量判决表明，销售行为，特别是买卖合同的主体无义务未经询问就告知对方对订立合同有决定性的所有情况。[91] 但是如果合同一方必须信赖另一方的特别的专业知识，或如果其被要求作出解释，因为合同另一方自己没有可能或能力通过其他途径弄清关键内容，则基于诚实信用原则，其有义务对他人告知只有自己知道的事实，如果这个对作出签订合同的决定具有重要意义的话。 418

例如：机动车销售商 H 推销一辆汽车，如其所知，该车发生过追尾事故；其中挡泥板及前保险杠损坏过。在换过这些部分后汽车的损坏处不复存在。K 对该车感兴趣。在商谈中其问了发动机功率和行车性能，但没有问该车是否在事故中被损坏过。对此 H 正好未提及。在 K 购买该车后其得知该事故。其可以基于恶意欺诈撤销吗?

依据判决，二手车的销售方有义务未经询问即告知购买者该车的瑕疵或者已知的行车事故。但此示明义务并非无限制。如果仅仅是轻微损害，即只是引起完全经微的外部（油漆）损害，则依据理性观察方式，对此并不影响合同订立，无须使其注意。但是这并不适用于金属损伤，即使修理后不再存在后果，且修理费用只是相对很少的金额。[92] 因为考虑到经历过事故的机动车仅仅因为该事实其在市场上的售价就相对低于未有过事故的车的售价，所以需要一个示明义务。据此，H 有义务指出该事故。其通过沉默来欺骗 K，所以第 123 条第 1 款规定的撤销是可能的，如果其他条件符合的话。

对事实的说明义务只有在被询问后才存在。然而该询问必须是能够作出的。对于不允许的问题则可以给出违背真相的回答，且不因此而认定回答人具有欺诈。 419

---

[89] 参见联邦普通法院判例，载《新法学周刊》，2014 年卷，第 3297 页，边码 10（本文始于第 3296 页）：有关所售居住用房地基可用性的欺诈。

[90] 详见联邦普通法院案例，载《新法学周刊—判例报导》，1990 年卷，第 79 页（本文始于第 78 页）。

[91] Büchler 论文，载《法学训练》，2009 年卷，第 976 页。

[92] 联邦普通法院判例，载《新法学周刊》，1982 年卷，第 1386 页；2008 年卷，第 54 页，边码 20（本文始于第 53 页）；详见卡尔斯鲁尔州高等法院判例，载《新法学周刊—判例报导》，1992 年卷，第 1144 页。

例如：如果雇主在面试的时候询问面试者的政治立场、党派或者选举行为，打听应聘者婚姻是否和谐或其是否有婚外同居的话，则被询问人对此一般不会据实回答。相应地，同样适用于依据《联邦登记法》无须公开的犯罪前科。通过非真实的答案来规避不允许询问的问题一般是且可以不被视为（违法的）欺诈。虽然立法者认为，任一恶意欺诈都是违法的，以致其——不同于胁迫情形——没有将违法性的特征升格为明确的前提要件，但是前述例子显示，可以存在故意欺骗，这就变为通过正当防卫来防御违法问题（第 227 条）。[93]

420 通过欺诈行为引起的或掩饰的错误必须是（正被撤销的）意思表示的原因。欺诈不可以被撇开，否则意思表示不存在，则具有**因果性（Ursächlichkeit）（＝因果关系（Kausalität））**。这样欺诈之于意思表示的作出必须符合无此条件则无此结果（拉丁文：condicio sine qua non）。如果表意人没有注意到欺诈行为或者甚至已经知道真相而决定作出意思表示，则不具有因果性。与之相反，如果基于欺诈及其他动机一起而作出订立合同的决定，则具有因果关系。[94] 同样，如果欺诈对促成订立合同有决定性影响，比如基于违背真相地表示该交易对被欺诈人特别有利，并导致其不再商谈就签订了合同，则亦具有因果关系。

421 第 123 条上的**恶意（Arglist）**不是指在欺诈时必须涉及一个特别反对的行为，而仅仅是该欺诈被故意地作出。**故意是指对（违法）后果的明知及期待**：行为人必须预见到其行为的后果且至少放任其发生。对此，行为人只是认为该结果可能会发生，但是放任其发生就足够；这涉及**间接故意（bedingter Vorsatz，拉丁文："dolus eventualis"**；参见边码 472）。联邦普通法院认为，如果出卖人知道出卖物上的一个瑕疵或者其至少认为可能，且同时知道或对此估计到并放任合同对方对该瑕疵不知情，且在说明时并未约定或并未约定在合同内容之中，则为恶意行为。[95] 如果一个机动车销售商没有适当检查即"信口开河地"断定该车没有瑕疵，尽管其已估计到瑕疵，则其为间接故意；这也可适用第 123 条第 1 款。[96]

422 在企业工作分配的组织中可能会出现实施谈判的工作人员对需要说明的事项并不知情，而其他同事对此则比较熟悉。

例如：K 在 U 企业的 X 销售点购买一辆二手车。销售谈判由工作人员 A 负责，其认为该汽车并未发生过事故。该车是从该企业的 Y 销售点配调过来。那里的工作人员都知道这是一辆事故车。当 K 知道真相后，其可以基于恶意欺诈撤销吗？

423 对该示例中的事实判断的问题是，是否基于工作分配的组织形式而只有部分人知情，如果他们参与该谈判则会被追责，参与谈判的其他人员则可以基于不知情来

---

[93] 有争议；详见《慕尼黑民法典评注》/Armbrüster，第 123 条，边码 18；Bamberger/Roth/Wendtland，第 123 条，边码 15f。

[94] 联邦普通法院案例，载《新法学周刊》，1991 年卷，第 1674 页（本文始于第 1673 页）。

[95] 联邦普通法院案例，载《法学家报》，2004 年卷，第 41 页（本文始于第 40 页）及 Martinek 的评注内容；同样如卡尔斯鲁尔州高等法院案例，载《新法学周刊》，2004 年卷，第 2457 页（本文始于第 2456 页）；比较 Rösler 论文，载《民法实务档案》，207 卷（2007 年），第 573 页（本文始于第 564 页）。

[96] 联邦普通法院案例，载《新法学周刊》，2006 年卷，第 2840 页（本文始于第 2839 页）＝《法学家报》，2007 年卷，第 98 页，包括 Faust 的评注。

申辩。如果不是，则因分工很细而带来的信息分化的大企业会比小企业及私人在法律上更有利。在此范围内主流观点要求权利平等，以阻止企业工作分配组织所带来的特权。这意味着，有义务继续传达该类“值得保密的”信息。[97] 具有工作分工的企业有义务让与第三人实施法律行为谈判的工作人员知道关键性的信息。

这样，对于示例中所涉及的对事故的知情也归责于A，如同谈判在知道该事实的Y销售点实施一样。因此，具有恶意且基于恶意欺诈的撤销可以实现。

欺诈人涉及何种动机并不重要。其不得为了不当得利或者损害被欺诈者而故意为之。[98] 如果误导其缔约相对人只是为了利用他，而非损害他，则也视为“恶意欺诈”。主流观点指出，法律应保护被欺诈者的意志自由且必须让其决定什么对其是最好的（有争议）。 424

例如：机动车销售商H出售多辆二手车，其中有辆85 000欧元的豪车。无业人员A买彩票中了90 000欧元，其对该车感兴趣。H认为A应该更好地使用该钱，其（真诚地）建议他购买一辆中档车且以违背事实的方式劝阻其不要买该豪车，其说该车有各种不同的迹象表明有发动机损伤。基于此A决定买该中档车。该案中A具有第123条上的撤销权。

2. 欺诈人

在**无须受领的意思表示**中，无论谁作出欺诈，对该意思表示的撤销都一样。例如，如果某人以违反事实的陈述来作出悬赏（边码190），则其随时可以撤销该意思表示。相反，不同的是第123条第2款中需要**受领的意思表示**的法律情形：只有当意思表示受领人作出了欺诈，被欺诈人才可在任何情况下撤销；相反，如果是他人实施欺诈，则取决于，他在与意思表示受领人的关系中是否被视为“第三人”。如果不是，则如同意思表示受领人自己作出欺诈一样，可被撤销。否则，依据第123条第1款第1句，只有当意思表示受领人知道或者应当知道（即因过失而不知道时）第三人的欺诈时（参见第122条第2款），表意人才具有撤销权。 425

在解释第123条第2款意义上的“第三人”概念时遵循限缩性的趋势，且该类人并不视为第三人，即位于意思表示受领人一方且其行为必须要归结于意思表示接受人的人。[99] 对此，除了意思表示受领人的代理人（第164条；详见其后）还有谈判负责人和谈判辅助人员以及其他得其信任为其工作的人。[100] 426

---

[97] 联邦普通法院案例，载《新法学周刊》，第976页（本文始于第975页）；1996年卷，第1340页及其下（本文始于第1339页）；石勒苏益格州高等法院案例，载《大债法杂志》，2006年卷，第75页；意见综述见：《慕尼黑民法典评注》/Schramm，第166条，边码24及其下。

[98] Rösler论文，载《民法实务档案》，207卷（2007年），第572页及其下（本文始于第564页）。

[99] 联邦普通法院判例，载《新法学周刊》，3297页，边码18（本文始于第3296页）：某不动产的共同承租人非第三人。

[100] 联邦法院判例，载《新法学周刊》，1978年卷，第2144页及其下；《新法学周刊—判例报导》，1992年卷，第1006页（本文始于第1005页）；石勒苏益格州高等法院判例，载《新法学网络杂志》，2008年，第3272页（本文始于第3269页）；Löhnig论文，载《法学教育》，第354页及其下（本文始于第353页）；Martens论文，载《法学训练》，2005年卷，第888页（本文始于第887页）。

427 如果意思表示受领人之外的另一人从意思表示中直接获得一个权利，且其知道或应当知道该欺诈，则意思表示受领人可以撤销该意思表示（第 123 条第 2 款第 2 句）。涉及的主要情形是利于第三人的合同（参见第 328 条第 1 款；具体细节见后）。

例如：在 M 的一次医疗检查中得出其具有一种危及生命的心脏疾病。当 M 及其妻子 F 获知该诊断结果时他们商定让 M 签订一个利于 F 的人身保险，以给予 F 经济保障。在与保险公司商谈中 M 告知其非常健康。为了证明其健康状况，其提交了一份 A 医生的证明，其中在其妻子请求下 A 医生基于同情而隐瞒了 M 的病情。

M 的欺诈是与保险公司缔结合同的原因。基于该保险合同而获得该权利的 F 知道该欺诈，在保险发生时其请求保险公司向其支付保险费（参见第 330 条第 1 句）。如果保险公司发现了真相，则其可以依据第 123 条第 2 款第 2 句对 F 撤销其为缔结该合同而作出的意思表示。

二、违法的胁迫

428 如果某人受到违法胁迫而作出意思表示，则其有权依据第 123 条第 1 款撤销。该构成由以下几要素组成：

- 胁迫
- 意思表示的作出
- 胁迫与意思表示的作出之间具有因果关系
- 胁迫的违法性

429 **胁迫（Drohung）** 通常描述的是胁迫人假借作出某将来的不幸而对被胁迫人施加影响。但是胁迫引起的强迫状态必须给表意人的行为意志留出空间，因为否则就根本没有作出必须被撤销的已生效的意思表示（边码 73）。因此，第 123 条第 1 款所涉及的并非是绝对强制（拉丁文：vis absoluta）造成的不可反抗的身体上的强制，以致意志完全被排斥，而是仅仅“相对强制（vis compulsita）”情形，基于此产生表意人可以选择是否实施作出被要求行为的强迫状态。

430 胁迫与（将被撤销的）意思表示之间必须——与基于恶意欺诈而撤销一样（边码 420）——存在**因果关系（Ursachenzusammenhang）**。如果有，则胁迫是否因特别的恐惧或轻信被胁迫内容而实现其目的就并不重要。

431 毋庸置疑，基于胁迫而作出的意思表示具有**违法性（Widerrechtlichkeit）**，如果**用以胁迫的行为自身违法的话**（比如恐吓身体伤害或者物的损害）。这样适用于胁迫人有权请求实施所设想的行为时：债权人以殴打恐吓债务人，如果其没有在履行合同时转移物的所有权的话。

432 胁迫的违法性还表现在，尽管胁迫的手段是合法的，但是借此所**追求的目的是违法的**。

例如：债权人以强制执行一个到期债务来恐吓其债务人，如果其没有以虚假的理由来立即解雇他的一个债权人讨厌的雇员的话。然而，由于其没有满足要件，因此解雇并未生效。此外，在此类情形下强制的行为一般因为违反法律禁令（第134条）或违反善良风俗（第138条第1款）而被认定无效。

最后，尽管无论是胁迫的手段还是其所追求的目的是合法的，但是二者的结合，**目的—手段关系（Zweck-Mittel-Relation）**，依据诚实信用原则被视为不合理，并因此显得违法，则认定具有违法性。 433

例如：债权人偶然获知债务人肇事逃逸，并威胁债务人，如果其不清偿到期债务就举报。尽管该举报并无不妥，且债权人要求返还到期债务亦被允许，但是二者结合就不合理并因之而违法。

如果被威胁举报的行为与作出的请求权之间具有紧密的关系则另当别论。比如雇主威胁其雇员，如果其不赔偿盗窃所造成的损害的话其就举报，那么这就无可指摘。

需要注意，即使所追求的权利实际上不存在，追求权利本身也是一被允许的目的。对目的的合法性而言这只取决于胁迫人善意信赖该权利存在而行为。在有疑问的法律情形中，如果谁想促使相对人让步并作出相应的意思表示而采取一个客观上有依据的法律立场，则并不违法。[101] 434

行为人必须明知其行为适合让被胁迫人作出其所期望的意思表示，且其亦必须期望如此。相反，无须其知道自己的行为的违法性（有争议），因为撤销是用于保护被胁迫人，而非为了对胁迫人进行指责，否则就会偏袒具有更多良知的人。 435

三、撤销表示与其法律后果

对于撤销表示的内容与后果已经在因错误撤销时有所涉及（边码第457及其下）。相应的内容同样适合于依据第123条的撤销。这同样涉及撤销导致对被撤销行为无效的溯及效力。然而基于公平和目的衡量的溯及既往效力的例外情形（边码334），即对已实施的诸如劳动关系与租赁关系等长期之债，在第123条撤销要件框架内并不合法。[102] 联邦普通法院对此判决认为，缔结租赁合同的意思表示同样可在转让租赁物后基于恶意欺诈被溯及既往地撤销。[103] 第123条规定的**撤销期限（Anrechtungsfrist）**为1年（第124条第1款），其开始规定在第124条第2款中。与因错误撤销的其他区别还在于，依据第123条撤销时，撤销人并不具有赔偿意思表示受领人信赖利益损失的义务。 436

然而，其他文献中的观点为，通过第三人作出的胁迫情形中，对善意信赖的意思表示受领人应类推适用第122条第1款中的信赖利益损失赔偿规则（第123条第2款的限制不适用于违法胁迫）。由于第119条与第123条的构成要件不同，在恶意 437

---

[101] 联邦普通法院案例，载《新法学周刊》，2005年卷，第2768页（本文始于第2766页）。

[102] 依据主流观点，公司合同应另当别论，且基于有关有瑕疵公司的理论不允许溯及地撤销。参见Faust论文，载《法学训练》，2009年卷，第178页。

[103] 联邦普通法院案例，载《新法学周刊》，2009年卷，第1267页及其下（本文始于第1266页）＝《法学训练》，2009年卷，第178页。

欺诈与违法胁迫时表意人的意志自由受到限制，因此其——不同于（最后归咎于其的）错误时——不能被施加赔偿信赖损失的义务。因此不能适用上述规则。

438 如果**意思表示未生效**，那么需要知道其是否还可被**撤销**。该问题的意义在于：

示例：K在一幅属于17岁的J的油画的价值上对J欺诈，促使其将该画以不合理的低价出卖并转移所有权。K继续将该画卖给了对K的欺诈知情的D，但是其认为J已经成年。当J的父母知道该交易时，他们对K说，他们不同意该画的转让并要求D返还该画。

在该画的买卖及所有权转移范围内，J所作出的意思表示依据第107、108条首先是待定的未生效，在父母拒绝追认后最终未生效。然而D可以拒绝返还该画，如果其已经对其获得了所有权的话。D依据第929条第1句、第932条第1句而对该所有权善意取得（详见其后）。D认为K是该画的所有权人，因为其对J的未成年性质并不知情且因此认为K的所有权转让有效。如果针对所有权转让所作出的意思表示因恶意欺诈而撤销后无效，则依据第142条第2款可认定D知道该无效，因为其知道K的恶意欺诈因此已知道该可撤销性。

439 现在人们的看法可以改为，谁知道未生效的可能原因就不能被认为是第932条意义上的善意。该被宽泛理解的善意概念包括出卖人全部可被考虑的无处分权的原因[104]，而非取决于意思表示的无效是否与其被撤销冲突。然而，如果涉及买受人对出卖人的所有权状态的绝对善意问题，如第932条第2款及主流观点所述[105]，这样必须决定无效的意思表示是否可被撤销。主流观点[106]对此表示赞同，并对此支持*Kipp*所创立的**法的双重效力（Doppelwirkung im Recht）**理论。[107] 本书支持该观点，因为认定法律行为无效的抗辩还不能被撤销定位为“更加无效”，此分析与支持——如示例所述的——此类行为所涉及的不同法律效力相冲突。[108] 此外，无效意思表示撤销的原因还在于，通过法律诉讼中基于第138条第1款的违反善良风俗而无效的证据难以举证，而基于错误的有效撤销则比较容易举证。

440 文献中，对于无效意思表示的撤销还需要更多的事实来支持。起初基于错误而有效撤销其意思表示，且之后意思表示受领人才知道恶意欺诈，则其有可能基于恶意欺诈的撤销依据第122条而负有损害赔偿的义务。[109] 然而一般此类案件中基于第122条第2款的损害赔偿义务应被排除。[110]

---

[104] Medicus:《民法总论》，第727页。

[105] 参见Brox/Walker:《民法总论》，边码443；NK-BGB/Feuerborn，第142条，边码5。

[106] 联邦普通法院案例，载《新法学周刊》，2010年卷，第611页，边码18（本文始于第610页）；Schreiber论文，载《民法实务档案》，第211卷（2011年），第41页及其下（本文始于第35页）；Herbert论文，载《法学家报》，2011年卷，第503页；Würdinger论文，载《法学训练》，2011年卷，第769页；《慕尼黑民法典评注》/Busche，第142页，边码12；Erman/Arnold，第142页，边码10；Bamberger/Roth/Wendtland，第142条，边码4；Palandt/Ellenberger，前第104条，边码35；Brox/Walker:《民法总论》，边码43。

[107] Kipp论文，载《Martitz纪念文集》，1911年，第211页。

[108] 参见高阶练习，见Lindacher/Hau:《民法总则案例》，边码5。

[109] Bamberger/Roth/Wendtland，第142条，边码4。

[110] Klinick论文，载《法学研究杂志》，2008年卷，第109页（本文始于第102页）。

第七节 撤销与履行行为

上面（边码 306）已经提到，履行行为与其所基于的负担行为是互相区别的（**分离原则（Trennungsprinzip）**），且履行行为的生效是独立于负担行为的效力的（**抽象原则（Abstraktionsprinzip）**）。由此得出，撤销与基于此而造成的负担行为的无效并非当然地造成履行行为的无效。 441

例如： V 卖一辆机动车给 K，且在履行合同中对其转移了所有权。据此，K 基于错误有效地撤销了该买卖合同。撤销并不影响到所有权转移的有效性。反之，K 仍然是该车的所有权人，但是具有债法上返还该汽车的义务，因为所有权转移的法律基础（存在于合同之中的）已被撤销废除。这样 V 就基于不当得利（详见其后）及基于第 122 条第 1 款（边码 412）而有权主张返还所有权。

然而，还需要考查，有权撤销负担行为的同一原因是否对履行行为也产生影响，这样其恰好能被撤销。该类**瑕疵同一性（Fehleridentität）**在第 123 条第 1 款情形中经常被确定。 442

例如： 如果 A 通过欺诈或胁迫与 B 订立买卖合同并转移所有权，则 B 可以撤销该履行行为并使得自己重新成为该标的物的所有权人。

依据第 119 条撤销时需要谨慎地注意到，陷入错误之人为了履行负担行为而作出的意思表示是否同样受到错误的影响。尽管错误在履行中具有一定作用，因为对此（错误地）得出负担行为的成立可撤销，且由于陷入认识错误的人在觉察到错误时一般与履行具有一段距离；然而仅有这个还不足以撤销履行行为，因为此范围内涉及一个（不重要的）动机错误。同样，文献中特别注意到第 119 条第 2 款中的错误情形，认为可以撤销该履行行为，特别是负担行为与履行行为同时作出时。然而，分离原则要求对该情形克制对待，即必须始终对任一法律行为的撤销问题都要区别讨论并判断。[111] 443

考试练习一[112]

律师 R 需要一个特别设计的文件夹，这在办公用品生产商拉茨处有销售，型号为 1080。R 基于办公需要想在文件商 A. 胡伯处订购。因此其直接口授了信中的下列内容： 444

"亲爱的胡伯先生，我需要一个拉茨牌的型号 1080，且请尽快供货。祝好！律师 R。"

---

[111] 再次参见 Lindacher/Hau：《民法总则案例》，案例 5。

[112] 对此参见《关于使用本书的说明》第 3 项。

秘书 S 写了该信，由于其在 R 处没工作多久，因而没有记住文具商胡伯的地址。其从电话簿里找出地址，但是由于疏忽而看错了行，这样她就在信中写成了影像商 A. 胡伯的地址。R 在签字时并未注意该错误。

巧合的是，正好有个生产商生产的投影仪名称为拉茨，型号为 1080。影像商胡伯因此认为，R 想要在他这里订购该投影仪。其马上在批发商处购得该仪器并亲自将仪器送给 R。在那里产生了误会。R 拒绝受领该投影仪。胡伯坚持要该投影仪的商店价。

1. 有权吗？

2. 如果 R 口授的是："亲爱的胡伯先生，我再次需要贵处的拉茨牌型号 1080。如能像以前一样地尽快供货则感激不尽。祝好！您的 R"，则法律情形如何？

答题时间：不得超过 120 分钟。

案例与问题

1. 请解释无效这一概念！

2. 当事人可以使一个无效的法律行为变成有效吗？

3. G 用书面合约将其不动产用益租赁给 B 5 年。同时该合同赋予 G 在用益租赁期限届满后将该不动产出售给 B 的义务，价格以后会由业内人士确定。该合同有效吗？

4. 如何理解对一（无效）法律行为的转换解释？

5. 请解释待定的未生效及相对未生效这两个概念！

6. 如何理解"权利能力"这一概念？

7. 什么是拟制？

8. 什么是法人？

9. a) A 患有间歇性精神病。A 在很短时间内从 C 处租得一所住房。当 A 的精神病被发现时，照管法院设定了一个监护人，此外还规定了同意保留。监护人 B 不想承认与 C 的租房合同。有权吗？

b）如果是 A 在精神病发作时所为，会改变判决吗？

10. F 因吸毒后其记忆力与判断力一直受到阻碍，其用电话在花商 B 处订购了一些昂贵的花束，并要求隔天送来。当 B 将各束花送来时，F 对此已不再想起。B 要求付款。有权吗？

11. 什么是"限制行为能力"，其与无行为能力如何区分？

12. 古怪的 R 在大街上向行人以 10 欧元的价格兜售价值 200 欧元的金币，以测试对该销售行为的反应。16 岁的 J 用其尚不能自由支配的钱买了该金币。法律情形如何？

13. 舞蹈家 E 想赠给其外甥女 F 一处不动产，其并未让 F 的父母知道。价值 200 000欧元的不动产上具有20 000欧元的不动产抵押。有什么法律上的考虑不利于 E 的计划吗？

14. 一个未成年人未经其法定代理人同意可以有效作出一个对其法律中性的行为吗？

15. J 在其 17 岁生日时从其父母处得到 150 欧元，用此其可以给自己买一个 DVD 机。其从 H 处以价格 149 欧元买到了该机器。几天后 H 得知 J 尚未成年。其对此写信给其父母，请其告知自己他们是否同意该买卖。父母并未回答。法律情形如何？

16. 未成年的 J 用自己的零花钱买了一个教堂建设彩票，且赢得了最高奖，一辆汽车。他将该汽车以5 000欧元卖给了其 19 岁的朋友，并以该钱买了邮集。其缔结的各个合同都有效吗？

17. 4 月 1 日，L 对 S 说，在做面包的 B 处由于店庆而对点心及蛋糕以 1910 年的价格出售。对此，S 立马前往 B 那里，并说其想以 1910 年的价格要一个大的奶油蛋糕。B 心想，S 在 4 月怎么变得聪明了，于是就戏弄 S 说，为了今日其下午还请朋友吃饭，其将会把该蛋糕以 1 欧元的价格送到他的府上。当蛋糕没被送来时，S 打电话问 B。B 道，这都是愚人节玩笑。但 S 仍坚持索要蛋糕，并只想支付 1 欧元。有权吗？

18. V 以书面形式向 K 推销其汽车。其想给出8 000欧元的销售价，但是其打错了，写成7 000欧元。由于其有急事，其只是匆匆读了一遍就将其邮寄。K 对该要约作了承诺。书写错误表明应支付此价。特别在乎该车的 K 已经说过要支付8 000欧元。然而，该期间获得了多个有利要约的 K 想撤销其意思表示。这被允许吗？

19. H 在一网站上出售其电脑及配件。其将该 F 公司 X 型号的笔记本定价为1 200欧元。借助 H 所使用的软件，该价格随即自动转到网页的产品数据库里。作为该程序的结果，该数据库并非显示所给出的1 200欧元，而是由于软件错误导致出现 200 欧元。K 在该网上以 H 给出的 200 欧元的价格订了该型号的电脑。H 借助软件对该价下的订单自动回复了邮件。该笔记本连同 H 的账单与供货证明一起以 200 欧元的售价被送到 K 处。直到 H 发现该错误时才写信给 K 撤销该买卖合同，因为存在系统错误而给出了错误的价格。其要求返还该笔记本。K 拒绝。有权吗？

20. 什么是本体认识错误？从中可得出哪些法律后果？

21. S 向 P 出售其二手汽车，并以排除物的瑕疵责任为条件。双方达成的协议确定在由 S 草拟在文件中，其中明确说明，只有书面确定的约定才有效。S 忘了在文件中写入责任排除的约定内容。尽管 P 在阅读时注意到了该疏忽，但是其并未对 S 指出来，因为这对其是有利的，如果相应的规定在书面文件中缺失的话。一段时间后该车出现瑕疵，P 想从中推导出自己的权利。针对 S 指出自己已经排除了瑕疵担保责任的意见，P 则坚持二人签字的合同文本。S 考虑基于错误的撤销。这可能吗？

22. V 与 K 商谈股票买卖。为了确定股价，他们看了日报的财经版并以那里的股价作为计算的依据。合同缔结若干天后，V 确定他们错误地看了 14 天之前的报纸，且购买时该股票价格已经涨了 20%。对此，V 要求 K 再支付一定的价款。K 坚持认为如果是这么高的价位其就不会买。法律情形如何？

23. A 从慕尼黑前往科隆。为了了解科隆人的风俗及习惯，其前往一个典型的科隆酒吧。在那里，其发现菜单上有一个“半只鸡”标价 3.5 欧元。其很开心，其以为是特惠菜，就在一个服务员那里点了该鸡。服务员回答说，“我马上给你送来一个”，并给了他一个奶酪小面包。A 注意到其并没有点“奶酪小面包”，而是一个“半只鸡”，服务员说，在科隆“半只鸡”就是一个小面包加荷兰奶酪。法律情形如何？

24. H 聘请 A 作仓库管理员，但不知道其经常盗窃而受过刑罚。由于此处涉及工作信赖，所以当 H 知道其受过刑罚后就不想再聘任 A。H 可以解除合同吗？

25. E 是 R 的唯一继承人。其发现遗产中有个带有玻璃装饰的水晶做的杯子。其向一个古董商 H 推销该杯子。古董商研究了一下杯子并确定这是 19 世纪生产的老玻璃杯的复制品。其告知 E 其确定的结果并要价 200 欧元。E 同意了。若干天后 E 从其朋友那里得知，该杯子是 1670 年左右在南波希米亚生产且至少值 3 000 欧元。对此，E 要 H 返还该杯子。有权吗？

26. 个体户 A 在 X 城的米勒的公司的明信片上为其店铺订货。为了扑灭火车站邮局的火灾而造成 A 的卡片湿透，这样地址就不能清楚识别。在整理邮寄物品时人们认为该卡片应是寄给 Y 城的米勒公司。无巧不成书，Y 城的米勒公司也从事该商品的贸易，并履行了 A 的订货。但是 Y 城米勒公司的要价明显高于 X 城的米勒公司。因此，A 不想让该订货生效。其有哪些法律上的可能性？

27. 请解释信赖损失及履行利益的概念！二者之间有何差别？信赖损失可以存在于失去的利润吗？

28. 二手车商贩 K 推销一辆汽车，该车——如其所知——有过追尾事故。然而只造成小损伤（修理费 200 欧元），且没有后遗症。S 对该车感兴趣，就在销售谈判中问该车是否有过事故。K 对此并未提及。S 开了几天车后偶然得知该事故损伤并对此要撤销该买卖合同。有权吗？如果尽管 K 对该事故一概不知，但未询问该车的原所有权人，亦未对车作出检查就作出了该车没有事故的判断，则如何判决？

29. 如果前一案例中是由 K 的雇员执行谈判，其被明确告知要始终指出待售车辆的事故，并全面客观地向意向者提供信息，则如何判断？

30. K 对 H 的一个小城中的分店里出售一辆二手车感兴趣。雇员 A 实施谈判。K 问，该车是否没有事故。A 基于其所知的材料认为该车没有事故，其就对该问题做了否定回答。基于此 K 买了该车。此后不久确定该车有过事故。H 在大城市里的分店里购买该车时对此已经知道，但是忘了写在销售材料中。K 可以基于恶意欺诈撤销吗？

31. G 与 K 对合同履行产生争执。易怒的 G 突然抽出一把刀架到 K 的脖子上，要求其书面写下将与第三人的合同中的债权让与给 G。吓傻的 K 照此做了。其可以撤销该意思表示吗？

32. 如果负担行为的一方基于错误或者欺诈而作出意思表示并对此作了撤销，则因之而作出的履行行为的法律后果如何？

第六章 债的给付障碍

第一节 概论

445 债的内容——不管是基于法律行为还是基于法定原因产生都一样——由债务人所负的给付义务与基于此所指向的被给付的债权人的请求权两部分组成（边码 198 及其下）。如果该义务根本没有被履行，或未被及时履行或未依约定方式履行，则债的关系——债权人与债务人之间的请求权关系（边码 187）——被阻碍。此范围可区分为能够履行给付而**不给付（Ausbleiben）或迟延（Verzögerung）给付**（边码 509 及其下），**给付不能（Unmöglichkeit der Leistung）**（边码 547 及其下），以及**瑕疵给付（Schlechterbringung der Leistung）**。对此，需要注意**对等合同**中的特殊性，这里需要弄清的是，一个义务的给付障碍对对待给付的义务产生多大影响（边码 613 及其下）。如果债务人虽然没有违反给付义务，但是违反了其他**行为义务（Verhaltenspflicht）**，则也属于债的给付障碍（边码 563 及其下）。

446 所谈到的**给付障碍法**中核心问题间的复杂关系可用下页图标厘清：

447 给付障碍法首先涉及的是在债务人违反（给付或行为）义务时的规则。然而，会牵扯更多的问题：如果债权人不接受依法提供的给付（即**债权人迟延或者受领迟延（Gläubiger- bzw. Annahmeverzug）**；边码 590 及其下）或者合同的框架条件事后被延宕或各主体从一开始就未正确估计到（**交易基础丧失或缺失（Wegfall bzw. Fehlen der Geschäftsgrundlage**；边码 663 及其下）），则如何适用法律？

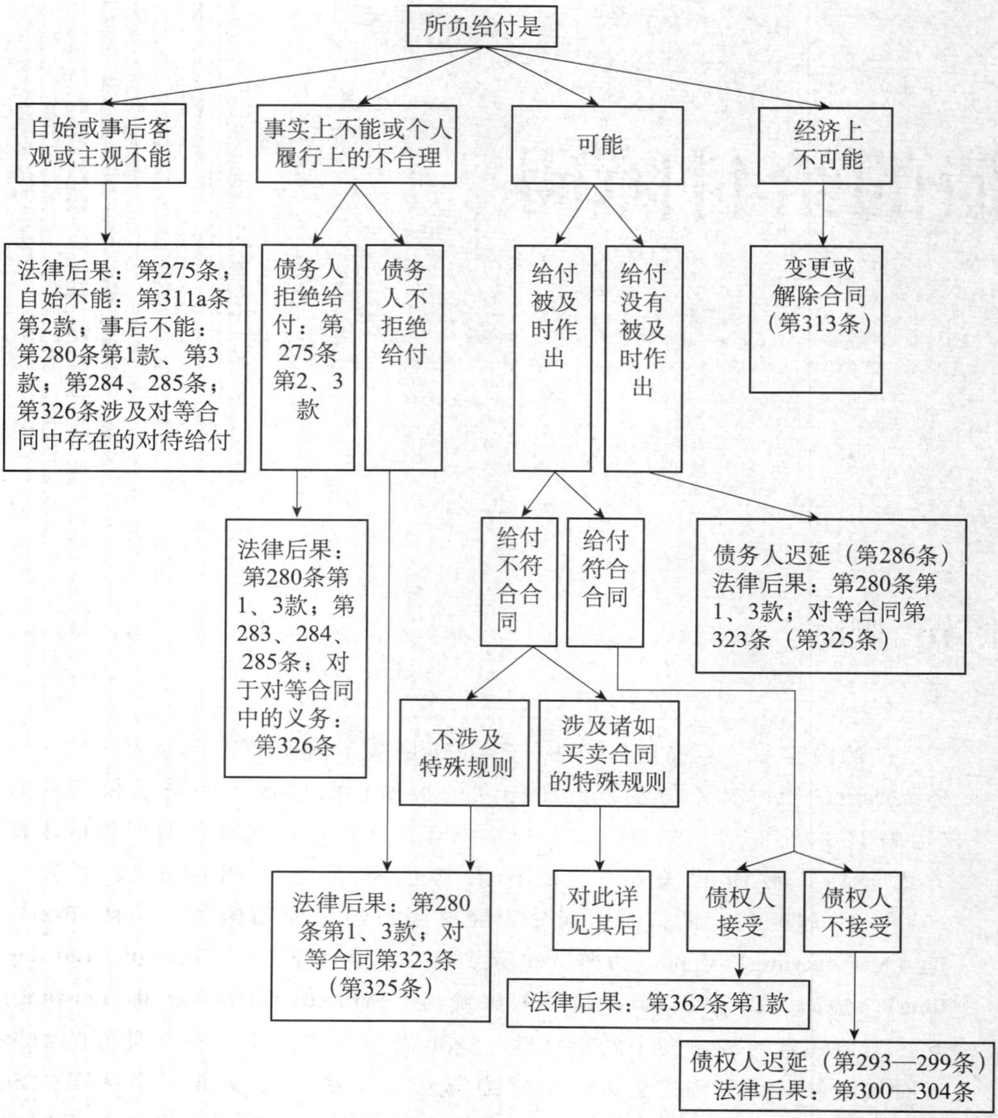

*）如果是违反保护义务，则基于第 280 第 1 款、第 282、324 条得出法律后果。

第二节 能够给付而不给付

一、基础

448 债的关系创制了债权人与债务人之间的请求关系，即债权人有权请求债务人作出给付（边码 186）——比如对买卖标的物交付并转移所有权（第 433 条第 1 款第 1 句）。如果尽管该给付作出是可能的（排除第 275 条第 1 款中给付不能情形，边码

511)，但是债务人对此却并不遵守，则债权人在司法上可以实现其第一性的请求权或履行请求权，即起诉请求对标的物交付及转移所有权，且必要时可以依据该途径获得强制执行判决。

通常这样对债权人显得更有意义，即并非自然地实施履行请求权，而是使其 449
转换为第二性请求权——**请求金钱形式的损害赔偿替代给付**。对此，第 280 条第 1、3 款与第 281 条为其开启了可能性。据此，债权人在放弃本来的给付而主张损害赔偿替代给付（第 281 条第 1 款第 1 句第 1 种情形）前一般必须给债务人以作出尚存的所负给付的机会。如果债务人依据第 284 条主张赔偿支出费用而非损害赔偿亦如此。确定履行期限的必要性体现了给付请求权的优先性。对此，立法者视其为《债法现代化法》改革后的给付障碍法的基础性结构要素。[1] 如果给付义务是从一个**对等合同**中得出，则其在为债务人履行而设定的延长期限届满后通过解除来使合同消灭（第 323 条第 1 款），且借此使对待给付消灭（边码 633 及其下）。

下面将首先讲解损害赔偿替代给付及债务人赔偿支出费用责任的条件。然后将 450
涉及债务人陷入迟延给付的其他特殊性（边码 478 及其下）。

二、损害赔偿替代给付

如果债务人不作出所负给付并因此**有过错地违反**基于**债的关系**而产生的义务 451
（边码 200）[2]，则可能会基于该行为而产生不同的法律后果。在债权人因不履行而遭受损失的情形中，债权人将会向不履行的债务人主张赔偿该损失。其法律依据位于第 280 条第 1 款。不履行情形下债权人的损害赔偿请求权依据债务人所负给付给债权人所带来的相应财产来定。法律称下列请求为**损害赔偿替代给付（Schadensersatz statt Leistung）**请求权。如通过该名称与第 281 条第 4 款内容确定，针对金钱的损害赔偿请求权取代了所负给付的位置。依据第 280 条第 3 款，该请求权只有当满足第 280 条第 1 款及第 281、282、283 条规定的条件后才成立。

此处首先只探讨**第 280 条第 1、3 款与第 281 条**意义上的债权人的损害赔偿替 452
代给付请求权。这取决于债权人为债务人作出给付而设定的合理期限无果而终（第 281 条第 1 款第 1 句第 1 种情形，还涉及第 280 条第 1 款），或者没有必要设定该期限（第 281 条第 2 款）。[3] 如果违反义务并不严重，则依据第 283 条第 1 款第 3 句排除该损害赔偿替代给付请求权。该条件将在探讨第 323 条第 5 款时详细涉及（边码 636 条及其下）。

设定合理的期限本是再给债务人一次作出所负给付的机会。与之相应，该期限 453

---

① 《关于〈债法现代化法草案〉的说明及理由》，（2001 年 5 月 14 日联邦议会党团的草案；《联邦议会文件》第 14 届，第 6040 号），第 92 页及其下。

② 关于法律体系详见：Benicke/Hellwig 论文，载《新法学周刊》，2014 年卷，第 1697 页及其下。

③ 参见 Ackermann 论文，载《法学训练》，2012 年卷，第 865 页。

设置必须能够让债务人作出给付。但是，可以期待其全力以赴地行为，因为他已经知道自己的履行义务，但是迄今并未实现。然而，对以下情形则另当别论，即债权人一方陷入迟延时（关于债权人迟延和受领迟延，见边码 590 及其下）。这样，为债务人设定的期限通常会被延长，因为并不期待债务人在债权人迟延时随时准备履行。④ 如果期限设定得太短，则该期限并非不生效，而是该期限届满后再设定一个合理期限。⑤ 债权人不是必须指定确定的时间段让债务人在此期间内作出给付。而是让债务人知道债权人所期望得到给付的合理时间段且届满后拒绝给付就足矣（也是必要的）。⑥ 通过诸如“在合理时间内”、“立刻”或“尽快”等表达即已满足条件。⑦ 只有在期限设定显得无意义或者基于具体利益情形不合理时，依据第 281 条第 2 款才无须设定期限。债权人通过设定期限已经表明其在期限届满无结果后将请求损害赔偿替代给付。⑧

454　期限届满对债务人的履行请求权存续并无影响，只是为债权人创设了主张损害赔偿与必要时作出解除之间的选择权（详见其后）。⑨ 履行请求权直到债权人作出损害赔偿替代给付请求时才消灭，所以该请求权不因债权人向债务人重新要求给付而失去。⑩

455　**在债权人为债务人设定的宽限期届满之后与作出选择权之前期间**有一个未定状态，该状态给双方主体都造成了不安定。债务人不知道债权人将会提出哪一个请求权，自己是否还应该以某一可能的方式实施对其而言较昂贵的履行准备。债权人不知道，自己是期待债务人的给付，还是另作安排，比如是否必须从其他供货商处置办现货。但是债权人控制了该可能性，即要么要求债务人有拘束力地作出其是否会给付的表示，要么行使第二性的给付请求权，比如请求损害赔偿，并以此来实现确定化，但债务人的处境原则上会更难。如果债务人尽管估计到债权人可能会拒绝对其作出的给付，其还继续作出履行努力的话，就会有很高的失败风险。为了确保选择时债务关系能够有序发展，必须找到一个合适的、对各方当事人的利益都公平的规则。这最好通过这样来实现，即债务人向债权人作出所负给付，债权人对此受约束地表示，其是否接受债务人所作出的给付。债务人仅仅作出给付并不否定债权人

---

④ 联邦普通法院案例，载《新法学周刊》，第 2762 页，边码 9（本文始于第 2761 页）。

⑤ 《关于〈债法现代化法草案〉的说明及理由》，（2001 年 5 月 14 日联邦议会党团的草案；联邦议会文件，第 14 届，第 6040 号），第 138 页；Koch 论文，载《新法学周刊》，1637 页（本文始于第 1636 页）。

⑥ 联邦普通法院案例，载《新法学周刊》，2010 年卷，第 2201 页，边码 16（本文始于第 2200 页）。

⑦ 联邦普通法院判例，载《新法学周刊》，2009 年卷，第 3154 页，边码 7 及其下（本文始于第 3153 页，有 Klein 赞成性评注）；Dubovitskaja 论文，载《法学家报》，2012 年卷，第 328 页。

⑧ 《慕尼黑民法典评注》/Ernst，第 281 条，边码 96；Wieser 论文，载《新法学周刊》，2003 年卷，第 2433 页（本文始于第 2432 页）；Derleder/Zänker 论文，载《新法学周刊》，2004 年卷，第 2782 页及其下（本文始于第 2777 页），然而他们又限缩性地认为，与期限设定相连的损害赔偿请求只有当债务人在该期间什么履行行为都不作时才生效；同样见 Jauernig/Stadler，第 281 条，边码 15。

⑨ 解除权的行使对债权人只有在其基于债的关系对其赋予且想通过解除来消灭义务时才有意义。该法律情形特别存在于对等合同中。因此，对于解除权会在讲述对等合同的给付障碍时探讨（边码 690 及其下）。

⑩ 联邦普通法院案例，载《新法学周刊》，2006 年卷，第 1198 页及其下（同样问题涉及第 323 条）；赞成的还有 Althammer 论文，载《新法学周刊》，2006 年卷，第 1179 页。

有权拒绝该迟延给付并行使第二性给付请求权。[11] 然而，诚实信用原则要求债权人在适当的期限内通知债务人其是否要接受该给付。[12] 如果债权人不回应，则其失去拒绝债务人履行的权利，且无权行使与不履行相关的权利。[13] 如果债权人拒绝接受该给付，则其有义务在适当时间内告知债务人其想实现基于不履行而享有的那些权利。

如果债务人不涉及作出一个积极给付，而是其他义务性的行为，比如遵守合同上的一个**不作为义务（Unterlassungspflicht）**（比如竞业禁止的义务），则不考虑债权人的期限设置。另一方面，该情形下还需注意的原则是，必须在向其主张损害赔偿前首先给予债务人自己遵守该义务的机会。因此，此情形下没有期限设定，而是**催告（Abmahnung）**（第 281 条第 3 款）。 456

下列情形下无须设定期限或催告： 457

- 债务人明确地、最终地拒绝给付（第 281 条第 2 款第 1 种情形）。

例如：V 向 K 出售其汽车。合同缔结后对是否连带出售防滑链产生争议。于是 V 写信给 K，其不再受该合同约束，且绝不会向 K 转让该汽车。尽管 K 试图说服他，但是其对此仍坚持。该事实中给付请求似乎只是一纸空文，因为债务人已经表明其不再履行。基于该行为，其无须再设定期限。[14]

第 281 条第 2 款第 1 种请求只有在债务人最终表示其不再履行合同义务时才有效。仅仅争辩相应的义务，比如作为债权人请求权前提条件的标的物瑕疵的争执，通常还不能视为最终拒绝履行，如果债务人依然还理智的话。[15] 这取决于个案情况中债权人是否，以及用何方式来试图改变债务人的看法。

- 特殊情形是，权衡双方利益后可以立刻作出损害赔偿请求权（第 281 条第 2 款第 2 种情形）。这首先涉及的情形是，债权人为了避免更大的损失而必须立刻作出一些行为，特别是对未提供的标的物要求赔偿，因此不可以再赋予债务人一定的时间来作出给付。

例如：官方解释[16]所涉及的“定时”合同，此处供货人必须在特定时间内供货，这样该产品的买主才可以有序地经营。此外，当债务人恶意欺诈债权人并对其以欺诈的目的对一物的瑕疵保持沉默时就无必要再设定期限；因为一般认为嗣后履行所

---

[11] Finn 论文，载《大债法杂志》，2004 年卷，第 35 页及其下（本文始于第 32 页）；Hanau 论文，载《新法学周刊》，2007 年卷，第 2809 页（本文始于第 2806 页）；PWW/Schmidt-Kessel，第 281 条，边码 22。

[12] Derleder/Hoolmans，载《新法学周刊》，2004 年卷，第 2789 页（本文始于第 2787 页）。本文走得更远，要对债权人毫不迟疑地作出其意思表示，因为必须要给予其思考并安排的时间。但是《慕尼黑民法典评注》/Ernst，第 281 条，边码 85 及其下，认为只需给债权人很短的考虑时间，如果债务人的给付是在履行期刚过就作出的话。

[13] Finn 论文，载《大债法杂志》，第 2004 年卷，第 37 页（本文始于第 32 页）；Hanau，2007 年卷，第 2809 页（本文始于第 2806 页）。

[14] 联邦普通法院案例，载《新法学周刊》，2008 年卷，第 1660 页，边码 21（本文始于第 1658 页）。

[15] 联邦普通法院案例，载《大债法杂志》，2006 年卷，第 154 页（本文始于第 152 页）；《新法学周刊》，2011 年卷，第 2873 页，边码 14（本文始于第 2872 页）；策勒州高等法院案例，《新法学周刊—判例报导》，2007 年卷，第 352 页。

[16] 《关于〈债法现代化法草案〉的说明及理由》，（2001 年 5 月 14 日联邦议会党团的草案；《联邦议会文件》第 14 届，第 6040 号），第 140 页。

需的信赖基础已不存在。[17] 相应地，如果债务人的行为成为怀疑其是否有能力依据合同作出给付的迹象时也同样适用。[18]

458 基于债务人不履行而违反义务的损害赔偿请求权则取决于债务人**必须对违反该义务负责**。第 280 条第 1 款第 2 句的消极表述（“——无须对违反义务负责”）是基于此范围内举证责任考量而作出的选择：一般情况会认定可归责，在诉讼中债务人必须证明其*无须*对义务违反行为负责。

459 可归责性的特征具体体现在第 276—278 条。这些条文回答了债务人必须对什么负责的问题，即其必须要对什么承担责任。原则上债务人必须对故意与过失负责，如果既没有确定又没有从债的内容或者债的性质中推断出的严格责任或减轻责任的话（第 276 条第 1 款第 1 句）。[19]

例如：第 710 条赋予了饭店所有人一个严格的责任，其必须无过错地为提供给顾客的物品负责。[20] 如第 346 条第 3 款第 1 句第 3 项中规定的法定解除情形下的返还义务人（边码 692）、第 690 条中保管人与第 708 条中保管人的责任减免：他们必须为处理自己事务中所需要的谨慎负责，其一般不对轻过失承担责任（参见第 277 条）。

460 第 276 条第 1 款第 1 句中为一般情形规定的更严格的责任或减轻的责任的标准特别可以从每一个债的关系中得出。比如，该条文所称的对质量保证或获取风险的承担。承担**（质量）保证（Garantie）**意味着，债务人有义务无过错地为特定后果的出现或不出现承担责任。该质保特别是在买卖合同中具有意义，确切地说是出卖人保证出卖物特定性能的存在（边码 953 条及其下）。**获取风险（Beschaffungsrisiko）的承担**一般出现在市场上的种类物买卖，对此出卖人承诺提供市场上可获得的种类物（参见第 243 条第 1 款）。在此类实现风险的承担上，出卖人默示地为其给付能力承担责任作担保，且就如该合同标的所指向的种类物在市场上能够实现一样长久。[21]

461 然而，债务人所承担的**获取风险（Beschaffungsrisiko）**只要求其克服典型的给付障碍。如果给付障碍既非可通过资金方式赔偿又非可通过合适的行为措施来克服，而是种类债务人不能影响的原因（比如疾病或者无过错地失去自由）所引起的无能力给付，则其无须为其给付能力承担责任。[22] 如果该种类物的实现只是可能成

---

⑰ 联邦普通法院案例，载《新法学周刊》，2007 年卷，第 836 页及其下，边码 12 及其下（本文始于第 835 页）＝《法学教育》，2007 年卷，第 646 页（Looschelder 撰写）；联邦普通法院判例，载《新法学周刊》，2007 年卷，第 1535 页，边码 14 及其下（本文始于第 1534 页）；联邦普通法院案例，载《新法学周刊》，2008 年卷，第 1372 页及其下，边码 19 及其下（本文始于第 1371 页）＝《法学教育》，2008 年卷，第 301 页（Looschelders 撰写）；联邦普通法院案例，载《新法学周刊》，2010 年卷，第 1805 页（同样涉及解除问题，然而，如果对恶意的债务人设定了期限且其在该期限内遵守了债权人的要求则被排除）。

⑱ 联邦普通法院案例，载《新法学周刊—判例报导》，2008 年卷，第 1052 页。在该联邦普通法院作出的判例中债务人异乎寻常地频繁违反确定的技术规则并造成严重损害。

⑲ 关于法定责任价值的正当化可参见联邦普通法院判例，载《新法学周刊》，2015 年卷，第 544 页，关于对放射物污染怀疑时饲料出售者的无过错责任。

⑳ 更过法定的责任加重情形见 Bamberger/Roth/Unberath，第 276 条，边码 35。

㉑ Huber 论文，载《民法实务档案》，210 卷（2010 年），第 331 页及其下（本文始于第 319 页）。

㉒ Palandt/Grüneberg，第 276 条，边码 32。

为供货条件，而这对债务人而言显得太过苛刻，因为其并未预料到，则同样适用。这里涉及经济上不可能的情形，这可依据第 313 条的规则基于交易基础阻碍而消灭债的关系（边码 721 及其下）。对此并不意味着债务人无须为克服给付障碍而作出的巨大的经济牺牲（边码 673）。

例如：在 G 出售给 K100 公担白糖后，G 的仓库被大火烧掉所有物品。G 不能基于其在订立合同时认为白糖可以从库存中提取来免责。相反，其必须另外寻找白糖来履行与 K 的买卖合同中的义务。这同样适用于，如果该期间糖价上涨，以致 G 在与 K 的交易中遭受损失情形。只有当糖价基于不可预见的变动达到了一个与订立合同时的市场价格不成比例的高度，才需要考查是否要赋予 G 一个基于交易基础丧失的解除权（参见第 313 条第 3 款）。

不同的是，在与生产相关的种类物买卖时的法律情形，此处债务人并非销售商，而是所出售的种类物的生产商：例如，一个农民出售土豆给批发商，如果其全部收成被毁灭，则依据第 275 条第 1 款其履行义务消灭。如果其基于自己的产品无力履行的话，则对提供土豆的承诺则一般只涉及其自己的收成，不包括去市场上寻找代偿物的义务。[23] G 在示例中如果供货只涉及其仓库中的库存，则涉及所谓的**现货买卖（Vorratskauf）（现货之债（Vorratsschuld））**。但是这需要以相应的约定为前提，该约定可以以默示方式作出（比如土豆买卖）。此外可以借助合同解释来确定，何为债务人履行承诺的界限。[24] 与生产相关的种类物买卖及现货买卖因此而构建了**限制的种类之债（beschränkte Gattungsschuld）**。 462

债务人必须无理由地为**资金履行能力（finanzielle Leistungsfähigkeit）**负责[25]：谁负有金钱之债，谁就对此承担相应的实现风险。相应地，民法中适用的原则是“人人应当有钱”。因此，如果其基于不可预见事件来主张排除自己的履行能力，则债务人一般不得免责。 463

超链接：过错

第 276 条第 1 款规定了债务人必须为故意和过失负责，如果没有其他责任标准，则这就构建了对自己过错的责任性。过错概念表达出了民法中的一个重要要素。对此需要作一些解释性的提示： 464

对过错的指责必须基于这样的判断，即债务人必须且能够作出其他行为。债务人必须以其他方式行为，因为其具有如下诸般义务。该义务可以是概括性地涉及任何人或不特定数量的人的义务（比如不得侵犯他人生命、健康和财产），该义务也可是专属个人并且对债务人而言是基于其所涉及的特别关系而来（比如依据合同所 465

㉓ Huber 论文，载《民事实务档案》，210 卷（2010 年），第 332 页（本文始于第 319 页）。

㉔ v. Westphalen 论文，载《大债法杂志》，2002 年卷，第 154 页及其下（本文始于第 154 页）；Reischl：《法学训练》，2003 年卷，第 454 页及其下（本文始于第 453 页）。

㉕ 联邦普通法院案例，载《新法学周刊》，1982 年卷，第 1587 页（本文始于第 1585 页）；Looschelders：《债法总论》，边码 311 页。限制性观点见《慕尼黑民法典评注》/Ernst，第 275 条，边码 13。

承担的及时作出特定给付的义务）。只可对债务人这样地作出过错指责，即当其可以以其他方式，即与其所负义务相应的方式行为，但是其有意且特意（＝故意地）或违反交往所需的谨慎（＝过失；参见第 276 条第 2 款）而不为。**因此，故意与过失是过错的两种形式。**

466 至于**故意（Vorsatz）**如何去理解，《民法典》中并未详细解释。主流观点对此的理解是，对法定构成要件重要情形的明知且愿意。如果特定物的出卖人知道买卖合同的义务是对买卖标的物交付并转移所有权，对此其故意让该合同义务的履行变得不可能。知道其他的合同义务是必要的，因为主流观点对行为的**义务违反性的明知**属于故意（即**故意说（Vorsatztheorie）**）。故此，债务人必须知道其是在违反其所具有的法定或约定的义务而行为。

467 法典中规定了**过失（Fahrlässigkeit）**的概念，第 276 条第 2 款称其为对交往中必要的谨慎的忽视。"必要的"谨慎这一陈述再次体现了"习以为常的"老套表达方式。对此同时表明，这并不取决于个人的专属能力。**相反，民法中的过失概念是客观化的和类型化的。**具有决定性的是，被评价行为的主体所属的群体中谨慎的代表者所具有的能力。**所需的谨慎要结合想象中具有正常属性的群体代表者可期待的行为来判断。**这需要知道在一种情形中"正常的"商人、机动车驾驶员、医生或手工业者所作出的选择。

468 在决定需要哪些谨慎要求时同样可以依据规范及守则，比如参照《事故预防规范》、《德国工业标准》或体育规范。然而，个案中一个基于技术规范的谨慎也被赋予责任。但是，另一方面，如果有责任的人不具有认识违反义务的能力，则违反交往义务可能例外地并不构成过错。

例如：联邦普通法院要求联邦冰上曲棍球联赛的组织者依据相关规定对观众采取安全措施。[26] 另一方面，如果责任人不具有判断违反义务的条件，则对安全义务的违反可例外地不构成过错。与之相应，当一名滑雪缆车经营者违反与其相关的交往义务没有充分阻止滑雪者的伤害时，联邦普通法院否定了该滑雪缆车经营者的过错，因为其不能够获知该义务。[27]

469 具有争议的是，为了更好理解是否必须要对谨慎要求区分为体现为适当行为的**外部谨慎（äußere Sorgfalt）**，与针对谨慎的主观认知与对其违反的主观上避免的**内部谨慎（innere Sorgfalt）**。[28]

470 在界定客观过失标准的类型化中可以考虑到年龄因素，通过对年轻人或年长者使用的标准来界定要求。但是，并不能胜任工作的人可能因其执行该工作而被指责（所谓的：**承继的过错（Übernahmeverschulden）**）。故此，对所有年龄段的机动车驾驶员适用同一标准。如果在此处对类型标准的考查所得出结论是债务人并未注意到

㉖ 联邦普通法院案例，载《新法学周刊》，1984 年卷，第 802 页（本文始于第 801 页）。

㉗ 联邦普通法院案例，载《新法学周刊》，1985 年卷，第 621 页（本文始于第 620 页）；联邦普通法院案例，载《新法学周刊》，第 1995 年卷，第 2632 页（本文始于第 2631 页）。

㉘ 比较 Raab 论文，载《法学训练》，2002 年卷，第 1047 页及其下（本文始于第 1041 页）；Kötz/Wagner：《侵权法》，边码 119 及其下。

必要的谨慎，则具有过失。

尽可能地忽视个人的具体能力的观点的合理性在于考虑到任何人都必须能够信任他人具有一般的标准。因此，此处的原则为：**谁作为商人、医生、手工业者等参与法律交往，就必须满足任一“通常的”要求。**如果人们想作出其他决定，则会导致无说服力的结论；比如人们必须容忍机动车驾驶员在自己造成事故时基于自己驾驶经验不足而排除过错。另一方面，然而（似乎是加重责任）对主观素质的修正可以通过相关人必须重视其必须具备的被提高的能力（比如特殊技能）而实现。 471

在很多情形下（参见第 330 条第 1 款，第 521、599、689 条），除了故意外，债务人只对**重大过失（grobe Fahrlässigkeit）**负责。客观上更严重地且主观上不可免责地违反交往中必要的谨慎要求视为重大过失（culpa lata）；必须以超乎寻常的标准来违反该谨慎，即任何人在该情形下都必已清楚但都仍未注意到。[29] 如果行为人估算到违反义务的可能性，但是以违反谨慎的方式相信其可以避免该行为（行为模式：这将会进展顺利），则称为**“明知的过失（bewusste Fahrlässigkeit）”**。相反，如果行为人容忍违反义务的行为（行为模式：发生了又怎样）则涉及**间接故意（bedingter Vorsatz，拉丁文：dolus eventualis）**。间接故意也是法律意义上的故意。 472

过失责任，并非是故意责任（第 276 条第 3 款），**在合同上可被排除**。然而，在《证券法》中对排除重大过失责任的约定作了限制（参见第 309 条第 7 项）。合同上的责任排除同样可以默示地作出。特别是在无偿及无私地搭载他人时，当事人可以默示地约定责任限制。对此，判决认定的规则是，如果从当事人的行为中可推断出他们在运输之前的责任问题讨论上已经允许此类责任限制的话，则认同在故意与重大过失时对此类责任的限制。然而，该前提为受害人知道事故引起损害可能性的原因性因素。[30] 同样被确认的是，体育竞技的参与者容忍正常体育行为中出现的潜在危险性的伤害；此范围内存在责任免除。[31] 473

对过错的指责还取决于相关人是否具有**过错能力（verschuldensfähig）**。第 276 条第 1 款第 2 句将此指引向第 827 条与第 828 条。该规范首先涉及侵权法，通过该指引也即适用于法律行为上的债的关系。据此，所有未满 7 周岁（第 828 条第 1 款）、无意识状态或不能自由作出意思决定的精神疾病状态中（第 827 条第 1 句，同样参见第 2 句）的所有人都是无过错能力的。已满 7 周岁不满 18 周岁之间的人则取决于其识别能力（参见第 828 条第 3 款），其中已满 7 周岁不满 10 周岁的儿童的特殊性在于，他们必须对故意引起的机动车、铁路或电磁浮中的事故负责任（第 828 条第 2 款）。最后，过错可以基于**免责事由（Entschuldigungsgrund）**而排除（边码 1136）。 474

---

[29] 联邦普通法院案例，载《新法学周刊》，1988 年卷，第 1266 页（本文始于第 1265 页）；第 1994 年卷，第 2023 页（本文始于第 2022 页）。

[30] 法兰克福州高等法院案例，载《新法学周刊》，2006 年卷，第 1005 页（本文始于第 1004 页）；哈姆州高等法院案例，载《新法学周刊—判例报导》，2007 年卷，第 1518 页（本文始于第 1517 页）。

[31] 联邦普通法院案例，载《新法学周刊》，2003 年卷，第 2019 页（本文始于第 2018 页）。

三、徒劳支出的赔偿

475 损害赔偿替代给付时债务人可以在第284条所述的条件下主张**所支出费用的赔偿**。这涉及债权人在等待最终未得到的履行中因采取相关措施而产生的费用。[32]

例如：债权人租了一间仓库以储存债务人提供的货物，或者其借了有息贷款来准备支付买卖价款。这样，如果债务人不履行其所负的给付，则仓库无须使用且无须支付相关费用，则依据第284条其必须赔偿债权人所支付的租金及贷款利息。

476 **当然，第284条是一个请求权基础。**[33] 该请求取决于满足了请求损害赔偿替代给付（边码451）的所有条件[34]；这是因为徒劳支出费用的赔偿请求权仅仅是"代替"损害赔偿替代给付请求权。

477 自愿的财产投入称为费用支出（边码974）。在第284条情形中，其被债权人基于债务关系而作出，其一般是为了自己的利益。[35] 在债的关系生效前所支出的费用依据第284条并不具清偿必要，因为只有基于债成立后信赖获得给付时方可。[36] 对于第284条的请求权还取决于债权人是否"公正地"支出费用。该限制的目的在于，债务人免除赔偿非理性思考与行为的合同主体的费用支出，比如与合同标的物的价值没有任何关系或者在已被告知所负给付不再履行时所作出。[37] 此外，如果费用支出的目的即使没有债务人违反义务亦可实现，则排除第284条上的请求权。比如该案，某人为不可流通的艺术品租赁了一间店铺。[38] 有争议的是，第284条是否包括债权人由于信赖得到债务人的履行而放弃另一可得到的替代交易上的利益。主流观点[39]引用立法理由[40]而对此拒绝。

四、债务人迟延

1. 要件

478 尽管能够给付且并不属于其对给付障碍不负责的情形（参见第286条），但债

---

[32] 比较Reim论文，载《新法学周刊》，2003年卷，第3664页（本文始于第3662页），此处涉及债权人是否可以依据第284条对在期待履行中所做的工作主张赔偿问题。对此，Tröger论文，载《大债法杂志》，第2005页，第465页及其下（本文始于第462页）；Schenk论文，载《大债法杂志》，2008年卷，第57页（本文始于第54页）。

[33] Reim论文，载《新法学周刊》，2003年卷，第3663页（本文始于第3663页）；Kropholler，第284条，边码1。

[34] Tröger论文，载《大债法杂志》，2005年卷，第463页（本文始于第462页）。

[35] Reim论文，载《新法学周刊》，第3663页（本文始于第3662页）；Bamberger/Roth/Unberath，第284条，边码11。

[36] Bamberger/Roth/Unberath，第284条，边码15。

[37] Kropholler，第284条，边码3；其他观点见Reim论文，载《新法学周刊》，2003年卷，第3665页（本文始于第3662页）。

[38] 《关于〈债法现代化法草案〉的说明及理由》，（2001年5月14日联邦议会党团的草案；联邦议会文件，第14届，第6040号），第144页（右栏）。

[39] 详见Schenk论文，载《大债法杂志》，2008年卷，第57页及其下（本文始于第54页）。

[40] 《关于〈债法现代化法草案〉的说明及理由》，（2001年5月14日联邦议会党团的草案；联邦议会文件，第14届，第6040号），第144条（左栏）。

务人仍不及时给付，则其对其所负债务陷入迟延。债务人的给付迟延具体取决于以下诸要件：

- 能够履行
- 请求可实施
- 请求到期
- 债权人催告，如果并非不必要的话
- 对迟延可归责

（1）履行的可能性

迟延（Verzug）与给付不能（Unmöglichkeit）在概念上互相排斥。因为，如果给付对债务人或对任何人都是不可能的（边码 511），则依据第 275 条第 1 款对该给付的请求权被排除。因此，债务人只可在其（还）能够作出履行时才能够因此而陷入迟延。如果请求给付由于持续性客观的或主观的不能而被排除，则依据规制给付不能情形的条款（第 275、280、283 条至第 285、311a 条与第 326 条）来确定法律后果。如果债务人援引第 275 条第 2 款或第 3 款成功的话，则同样适用相应内容。 479

如果所负**履行只是暂时给付不能**，且以后可被作出，则问题是，暂时给付不能是否与持续给付不能具有同等地位；如果迟延，则据此来判断是否在克服暂时的障碍后还可以基于履行而实现合同目的，且债权人对履行的期待是否适当。[41] 对于该期待可能性而言有意义的是，是否可以看出给付障碍能多久被克服。如果在给付障碍消除后债权人的履行的利益仍被肯定，且让其等待消除该给付障碍也是适当的，则只能适用有关迟延的条款。 480

对暂时给付不能的区分的分析请见下面： 481

例如：纺织品批发商 G 与生产商 F 约定，F 在 11 月初为其提供 500 件不同款式的女款夏装。10 月底 F 通知，很遗憾，其不能遵守所约定的供货日期，因为某仓库管理员的疏忽导致其生产所需的材料发霉，其需要重新安排。但是其希望 1 月底再供货。G 对此回复，1 月底太迟了，特别是 F 还不能确定是否可以遵守该约定。众所周知，纺织品批发中夏装贸易到 1 月中就基本结束，他（G）必须知道，自己是否可以，以及何时可向顾客供货。基于此，其拒绝延迟供货并主张损害赔偿。

解除权可以从第 326 条第 5 款、第 323 条中得出。对于损害赔偿，G 可以依据第 280 条第 1、3 款，第 283、325 条主张，如果所需条件都已满足的话（边码 530 及其下、686 及其下）。这里涉及一个暂时的给付不能，因为确定 F 在一段时间后具有生产并提供所订衣服的能力。1 月底是否就可实现并不可知；但 F“希望”如此。此案中的法律情形在法律中并未明确规定。暂时的给付不能与持续的给付不能

---

[41] 联邦普通法院判例，载《新法学周刊》，2007 年卷，第 3778 页，边码 24（本文始于第 3777 页）；Bamberger/Roth/Unberath，第 275 条，边码 39；Staudinger/Löwisch/Caspers（2009 年版），第 275 页，边码 51；Palandt/Grüneberg，第 275 条，边码 11。类似观点还有：《慕尼黑民法典评注》/Ernst，第 275 条，边码 139 条及其下。其他对暂时不能的处理建议参见 Schulze/Ebers 论文，载《法学训练》，第 267 条及其下（本文始于第 265 条）；Arnold 论文，载《法学家报》，2002 年卷，第 868 页及其下（本文始于第 866 页）。

应同等对待，如果该待定状态导致合同目的受威胁的话，且因此对债权人继续等待无期待可能。季节性商品贸易只有相对较短的时间来替换商品，且批发商必须明确告知其顾客供货时间。因此，供货迟延及具体供货时间不明导致合同目的（即继续获得商品用以批发）不能实现，因为F的衣服会提供的太迟。故此，该合同性给付在给付障碍消除后已不可补救，因为这样G就不能，至少不能够以同样的合同条件，特别是同样的价格销售。因此不可苛求其遵守合同。对此，这里特别具有意义的是，不能确定告知给付障碍何时被克服。因此，暂时的给付不能如持续的给付不能一样对待。在给付不能情形下债务人无须依据第 275 条第 1 款作出给付，因为该给付请求权已被排除。因此，G可以依据第 326 条第 5 款及第 323 条解除与F之间的合同。解除并不排除其向F主张因未供货而造成的损失（第 325 条）。由于F并未履行合同中约定的对G的供货义务，因而其违反了义务，而其也对此可归责，因为他必须承担仓库管理员的过错（第 278 条第 1 句）。因此，G必须依据第 280 条第 1、3 款，第 283 条第 1 句主张损害赔偿替代给付。F必须赔偿因违反义务而给G造成的与正常履行合同等价的损失。

如果这不涉及起初案件中的季节性商品，则必须因此既要考虑到给付障碍消除后购买人的履行利益，又要考虑到期待该给付的合理性，然而这样也可依据**迟延规则（Verzugsregel）**来得出买受人的损害赔偿请求权（第 280 条第 1、2 款，第 286 条），即解除合同的权利（参见第 323 条第 1 款）。对于迟延的法律后果详见后面。

482 示例中涉及一个事后才出现的**暂时的给付不能**。如果该给付不能的状态**在合同缔结时已经**存在，则适用第 311a 条而非第 280 条第 1、3 款及第 283 条第 1 句。但这始终取决于债务人是否必须对给付障碍负责。

483 如果给付在到期时尚未作出，且之后合同目的已不可实现，则该给付不可再补救，因此而变成给付不能，这在绝对**定期交易（Fixgeschäft）**中比较明显。**绝对定期交易（das absolute Fixgeschäft）**是指，依据合同的内容和目的只能在特定时间内被履行，其后即不可。[42]

例如：如果摄影师要为婚礼拍照、音乐家要为舞蹈活动奏乐、出租车要为一游客送去坐特定的火车，则该给付必须在该特定时间点成就，迟到就为给付不能。

484 与所谓绝对定期交易相区别的是**相对（简单的）定期交易（das relative（einfache）Fixgeschäft）**。对此，虽然合同主体确定了给付的时间（比如 6 月 1 日），且基于该确定的时间以及其他条件得出，该时间确定对债权人而言为合同约定中可以决定交易“生存与毁灭”的根本部分；该给付却——不同关于绝对定期交易——在以后的时间还可以再补救。不同于绝对定期交易中不守时会因债权人在履行上的利益消灭而导致债务人履行义务的消灭，债权人在相对定期交易中可以考查利益情形并对此决定债务人的履行义务是否应继续保留。与之相应，在相对定期交易上法律赋予债务人无须事先确定期限即可解除对等合同的权利（第 323 条第 1 款、第 2 款

[42] 联邦普通法院判例，载《新法学周刊》，2009 年卷，第 2743 页及其下，边码 12。

第 2 项)。第 323 条第 1 款第 2 项称相对定期交易的特征为:“在合同中债权人的履行利益存续与履行的准时性相关。”因此,有必要在合同中关于债务人履行时间的意义给予十分清楚的约定。

例如: 基于因强制原因而不可推迟的休假旅行,A 想在 7 月 20 日启程前往意大利,为了实现该目的其想购买一辆全新的汽车。其前往汽车商 H 处,并对其说,其想买一辆特定车型的新车,由于休假安排该车无论如何最迟在 7 月 19 日送到。H 对此表示承诺。7 月初生产基地出现了火灾,这导致所有供货日期都被推迟 3 周。H 将此告知 A,并承诺在 8 月 10 日提供该车。A 问,其是否可以解除与 H 之间的合同。

尽管该给付在约定的时间之外作出并非不可能,但是 7 月 19 日作为供货日期对 A 如此重要,以致其将履行利益的存续与此日期挂钩。因此,这涉及一个相对的定期交易,这样在不遵守日期时 A 有权解除合同(第 323 条第 1 款、第 2 款第 2 句)。该迟延对 H 不可归责并不重要,因为当给付并未在约定时间内作出时,解除权可直接基于相应的合同约定而得出。由于在 7 月初即已经确定不能在约定日期履行,所以 A 当时即可作出解除(第 323 条第 4 款)。

同样,上文中 G 与 F 之间的关于夏装的买卖合同(边码 481)亦可被认定为一个相对定期交易合同。然而,仅仅有关该合同涉及季节性商品还不够。相反,还需要更多的关键点,然而这里并不能从事实中得出。因此,上面结论只是基于正常的交易而得出。 485

(2) 债权可实施

债务人只可对可实施的债权陷入迟延。违反债务人意志的**自然债务**(边码 204)不可实现,因此其对此不会陷入迟延。 486

存在抗辩权的债权不得实施(边码 265 及其下)。如果债务人可以提出抗辩,则其不陷入迟延。[43] 因为抗辩给予其拒绝履行的权利,且尽管债权人对其作出了催告,但是其可以行使该权利来不作出给付。然而,关于抗辩对迟延的效力仍存在争议。同样,不是因为存在抗辩(比如主流观点[44]),而是因为债务人对此提出抗辩后才排除迟延出现。另一观点认为抗辩无须提出就产生该法律后果;比如第 390 条第 1 句即对此作出认同,据此,可抗辩的债权不可抵销,无须债务人提出抗辩(边码 265)。对于意见争议的详细内容此处并不涉及。后面会特别涉及第 273 条对留置权的特别规定(边码 651 及其下)。 487

(3) 债权到期

在债务人有义务作出给付且债权人有权请求给付之时给付到期。**到期区别于可履行性(Erfüllbarkeit)** 的地方在于,债务人可以作出尚未到期的仍可履行的给付,然而并非必须作出(边码 268)。相反,到期的给付始终是可履行的。到期的时间点 488

---

[43] Derleder/Karabulut 论文,载《法学训练》,2014 年卷,第 102 页。

[44] 联邦普通法院判例,载《新法学周刊》,1991 年卷,第 1049 页(本文始于第 1048 页);《新法学周刊—判例报导》,2003 年卷,第 1318 页及其下。

首先依据主体约定来确定。如果主体并未作出相应的约定，且不能从该案的条件中得出给付时间，如果不涉及特殊规则，则债权人可以立刻要求履行，债务人对此要立刻作出（第271条第1款）。然而，此处的“立刻”并不意味着“此刻”，而是在一段合理时间段内，其范围要依据客观的交易标准来衡量。[45] 此处要区别依据主观标准来评价的非迟延这一概念（参见第121条第1款第1句）。有关给付时间的法律特殊规定比如有第556b条第1款、第579条的租赁合同，第604条的借用合同，第488条第2、3款的贷款合同，第614条的劳务合同与第641条的承揽合同。

489 对期限的延长称为**延期（Stundung）**。这绝大多数是基于主体之间的（事后的）约定；然而，法律对此也有规定（比如第1382、2331a条）。如果各方已经在合同上约定债权人在到期后不得作出请求（拉丁文：**pactum de non petendo**），则债务人仅仅获得一个抗辩，如果债权人违背该抗辩请求履行，则其必须要针对债权人作出。但，该抗辩不可阻挡债务人陷入迟延（边码486）。

490 那些对供货商或生产者提出不合理的支付、检测或受领期限条件，以便推迟支付义务的商人，导致了一些问题。通过对《欧盟支付迟延指令（2011/7/EU）》[46] 的转化，《反交易中支付迟延法》新补充的第271a条、第286条第5款以及第308条第1a、1b项应该能够阻止这些不良现象。[47]

（4）债权人催告

491 催告是债权人作出的**让债务人作出所负给付**的（需要受领的）要求。其不受形式限制，且无须包括“催告”或“作出催告”这些概念。相反，债务人需要从中清楚且确定地得出债权人在主张债上的给付，且无视该主张就会产生法律后果；法律后果是基于迟延而得出，对此无须明确指出（边码493）。[48] 如果债权人对作出履行设定了期限，如第281条第1款第1句对请求损害赔偿替代给付所规定的一样，则此催告同时为迟延的证明理由。然而，对此必要的是履行请求的表达，其应能得出债权人请求立刻作出给付，且该期限只应对该期限届满后所产生的债务人的第二性义务具有意义。[49] 催告中所包含的对履行的要求必须要**被界定并明确**。因此，诸如“我原本在想，我什么时候才可以要求履行”，或“我并不要求你立刻履行”。一个太温和或太礼貌的表达有害于债权人。如果其在催告中请求支付高于其有权请求的数额，则这并不影响催告的生效，如果基于对要求内容的解释能够得出是在要求对方履行所负给付的话。然而，如果债权人明确其有权要求主张更高的数额，且不会接受比这少的给付，则该催告不生效。[50]

492 依据法律性质，催告**为准（法律）行为（边码239）**。由于相应地适用有关意思

---

[45] 慕尼黑州高等法院，载《新法学周刊—判例报导》，1992年卷，第820页（本文始于第818页）。

[46] 《欧盟政府公报》，2011年卷，法律类，第4卷，第1页。

[47] 《联邦法律公报》，2014年卷，第Ⅰ部分，第1218页；或Verse论文，载《经济法杂志》，2014年卷，第1809页。

[48] 联邦普通法院案例，载《新法学周刊》，1998年卷，第2133页（本文始于第2132页）。

[49] Wilhelm论文，载《法学家报》，2004年卷，第1058页（本文始于第1055页）；Derleder/Hoolmans论文，载《新法学周刊》，2004年卷，第2788页（本文始于第2787页）。

[50] Lorenz论文，载《大债法杂志》，2011年卷，第113页（本文始于第111页）。

表示的条款，所以一个无民事行为能力人不能作出催告（依据第 105 条第 1 款类推）。然而，在第 105a 条框架下有利于无民事行为能力人的例外时是被允许的，以使其法律地位与条文目的相适应而不被不合理地限制（边码 326）。限制行为能力人可以有效地作出催告，因为催告只给其带来法律上的利益（依据第 107 条类推）。催告在到达债务人时生效（依据第 130 条类推）。针对无民事行为能力人及限制行为能力人作出的催告必须到达其法定代理人（依据第 131 条类推）。催告与提起给付诉讼及在催告程序中提起催告决定（参见《民事诉讼法》第 688 条及其下[51]）具有同等地位。

催告不可在履行期限届至前作出；这已经在第 286 条第 1 款第 1 句中明确表明。期限届至前到达的催告不生效，必须要在期限届至后重新作出。然而，催告可以与到期的原因行为相关。比如，到期的原因行为可以是寄送账单，且催告可以通过账单中存在的支付请求表达出。[52] 然而，联邦普通法院限制性地指出，初次所寄账单中的支付目的的详细说明在法律交往中通常并不被理解为催告。考虑到第 286 条第 3 款，这更视为针对消费者（第 13 条）的附加说明。[53] 通常对消费者所作出的账单中同时包含支付请求，因此只有当附带告知不履行的法律后果时才可视为催告。 493

与迟延须以催告为前提的原则相悖的是，依据第 286 条第 3 款，**付款请求的债务人**在到期且账单到达或类似的支付请求作出后最迟 30 天内若不履行，则其陷入迟延状态。该规范需要注意下列诸事项： 494

- **付款请求（Entgeltforderung）**意指，第 286 条第 3 款只包括与某给付相对的金钱请求之给付，比如劳务报酬或买卖价款请求。[54] 该条款并不适用于其他请求（比如损害赔偿）。[55]
- 30 天的期限在期限届满后才开始计算。如果账单或支付请求在到期前已经到达债务人，则不同于提前到达的催告并非没有效力，该不同点在于，30 天的期限从到期之时开始计算。[56] 如果债权人不想等待该期限，则其必须提前催告，这由其决定。
- 基于**账单（Rechnung）**，债务人被告知债权人所主张的是什么。第 286 条第

---

[51] 对此见慕斯拉克/Voit：《民诉司法考试教程》，边码 612 及其下。

[52] 联邦普通法院案例，载《新法学周刊》，2006 年卷，第 3271 页，边码 10=《法学训练》，2007 年卷，第 78 页（Emmerich 论文）。

[53] 联邦普通法院案例，载《新法学周刊》，2008 年卷，第 52 页，边码 11（本文始于第 51 页），有 Gsell 的批评性评注=《法学训练》，2008 年卷，第 273 页（Faust 撰写）=《法学教育》，2008 年卷，第 228 页（Looschelders 撰写）。

[54] 联邦普通法院案例，载《大债法杂志》，2010 年卷，第 328 页，边码 22（本文始于第 326 页）（涉及第 288 条第 2 款中所使用的概念）；卡尔斯鲁尔州高等法院判例，载《大债法杂志》，2005 年卷，第 280 页（本文始于第 279 页）；《慕尼黑民法典评注》/Ernst，第 286 条，边码 75 及其下；Schermaier 论文，载《新法学周刊》，2004 年卷，第 2501 页。

[55] 参见 Schimmel/Buhlmann 论文，载《德国法月刊》，2002 年卷，第 812 页（本文始于第 609 页）；Jauernig/Stadler，第 286 条，边码 32。

[56] 详见 Palandt/Grüneberg，第 286 条，边码 30。

3 款意义上的等效的支付请求必须以与账单同样的方式表明债权人提出了何权利。如果从支付请求中明确得出债权人主张的所负给付，且无视该请求可能会有法律后果，则该“支付请求”视为催告（边码 491），且第 286 条第 3 款对迟延的产生并无意义（边码 493）。不同于催告，“支付请求”仅仅包括通知债权人对债务人有权请求的给付是什么，因此具有账单作用。[57] 不管是账单还是支付请求都与催告（边码 492）一样视为准法律行为。

- 如果债务人为**消费者（Verbraucher）**（第 13 条），则只产生迟延后果，如果在账单或者支付请求中对其有指明的话。

495 第 286 条第 2 款第 2 句中所述情形是**无催告时迟延产生（Eintritt des Verzugs ohne Mahnung）**的可能。具体涉及以下事项：

- 履行的**时间依据日历而定**（第 286 条第 2 款第 1 项）。

比如约定在“10 月 1 日”或者“7 月底”或者“合同缔结后 10 天”作出履行。这些情形下债务人在约定到期后立刻陷入迟延（如 10 月 2 日或 8 月 1 日或合同缔结后第 11 天）。但是债权人不可单方面设置该期限，相反对此通常需要一个合同性约定，如果法律或判决没有确定该履行时间的话。[58] 相反，如果合同各方约定履行应在催货后 1 周或收到账单后 10 天作出，则并非依据日历的确定。然而，该情形规定在第 286 条第 2 款第 2 项中。

- **给付之前发生了某事件**，且给付的合理时间在该事件后依据日历而计算。

该事件可以为依据日历来计算时间的起点，比如终结合同、供货或者给予账单等。然而，该情形下债权人不能单方确定时间，对此需要有个合同约定，或法律规定，或判决裁定。

- **债务人无任何理由认真、彻底地拒绝给付**（第 286 条第 2 款第 3 项，边码 457）。

同样，该情形中给付届期是迟延产生的前提。尽管债务人无理由地彻底拒绝履行一个尚未到期的合同义务，违约，已赋予债权人在履行届期前解除合同或主张基于不履行的损害赔偿的权利，然而该拒绝并不导致债务人的给付独立于其他因素而到期。[59]

- 基于特殊原因，在对双方利益考量后迟延状态可立刻产生（第 286 条第 4 项）。即包括以下诸情形：

—债务人有义务在特定时间前或特别迅速地作出给付，因为这对债权人规避重大不利很重要。

例如： 2 月底，N 旅馆里的中央暖气和热水供应由于故障而中断。N 打电话给暖气工，该暖气要马上修好，因为房客现在感到巨冷想离开。暖气工回道，只要几小时即可修好。然而其修理了很长时间。直到第二天的下午才排除故障。期间绝大

---

[57] 《关于〈债法现代化法草案〉的说明及理由》，（2001 年 5 月 14 日联邦议会党团的草案；《联邦议会文件》第 14 届，第 6040 号），第 147 页，此处仅仅涉及草案中首先使用的提出请求这一概念。

[58] 详见联邦普通法院判例，载《新法学周刊》，2008 年卷，第 51 页，边码 7。

[59] 详见联邦普通法院判例，载《新法学周刊》，2008 年卷，第 211 页，边码 11（本文始于第 210 页）。

多数房客已经退房。催告的目的是让债务人知道其搁置履行会带来法律上的后果，并促使其马上履行。如果合同约定，只有立刻履行才可以避免损失，则因此债务人具有在特定期限内履行的义务，因为催告的目的已经通过合同缔结而实现。[60]

——债务人对催告与债权人协商，允许他在一定期间内先暂不履行（所谓的自我催告）。

例如： 债务人告知债权人，虽然所定货物在生产者处迟延了，但是其可以在14天内供货。该情形可以得出，债务人（默示地）拒绝了催告；其必须被视为已经作出了放弃，因为如果其虽然作出了确定的履行承诺，但是仍向债权人索要一个催告的话，就有违诚信。

(5) 对迟延必须可归责

依据第286条第4款，迟延的产生取决于债务人必须对履行迟延负责。可归责性涉及满足迟延的其他条件。在给付到期及迟延产生之间还有一特殊情形，即如果能排除债务人对该迟到的给付负责的话就不陷入迟延。[61] 对第286条第4款的消极规定（“债务人不陷入迟延——”）为立法者的选择，意在表明，在争讼中债务人必须证明其无须对履行迟延负责。 496

当债务人自己故意或过失（边码464及其下）引起迟延（第276条），或其法定代理人或履行辅助人故意或过失而为之（第278条），则债务人必须对此负责。甚至，在作出质量保证或承担获得风险时，债务人就不得不对无过错的迟延负责（边码460）。然而，这里具有限制，即当给付迟延对获取风险没有任何影响时，债务人就不陷入迟延（边码461）。 497

在任何情况下，债务人必须对其资金上的履行能力负责。如果债务人无力支付，则其必须对此负责，任何理由都不重要（边码463）。 498

对可归责而言具有实践意义的问题一般与债务人在法律上的认识错误有关。对此如下： 499

示例： K在V的网店订了500欧元的床上用品与餐布，其想在一个朋友即将来临的婚礼上送给他。在货物送至K时其朋友的婚姻计划泡汤了。解除的期限（边码711）已经过去。K询问其孙子J是否必须要留下该物品，J在大学学了几个学期法律，但是由于贪玩而并未学好。J对此解释道，K可以基于错误而解除，且可以使用该货物而无须清偿货款。K将这些写信给V的公司。V坚持履行合同，并要求K立马支付货款。K陷入迟延了吗？

J的法律意见是不正确的；因为对婚礼安排的错误判断对K来说只是一个不重要的动机错误，对此无权解除（边码366）。此处迟延的其他条件明显已满足，问题是，K对法律情形的错误估计是否会导致其无须对迟支付负责。如果K的法律错误是无过错的则上述问题就被肯定。因为债务人无须对无过错的法律认识错误承担责任，即其无须在第286条第4款意义上负责。因此，对示例的判决取决于K对其孙

---

[60] 参见联邦普通法院案例，载《新法学周刊》，1963年卷，第1824页（本文始于第1823页）。

[61] S. Lorenz论文，载《新法学周刊》，2005年卷，第1891页（本文始于第1889页）。

子法律意见的信任是否忽视了交往中必要的谨慎义务（第 276 条第 2 款）。该问题应被肯定：债务人应对其法律问题征求专业意见；其不应在对孙子的专业知识不了解时相信其作出的答复。如果涉及法律认识错误可被视为无过错问题的话，一般都会设定严格的要求。[62]

2. 法律后果

500 迟延并不影响债务人继续履行尚可作出的给付。然而，债务人被赋予了另外的义务，即赔偿债权人因迟延而遭受的损失（第 280 条第 1、2 款）。第一性的履行义务之外还有第二性的给付损害赔偿的义务（边码 200）：**债权人应被如此对待，其在财产上如同处于与债务人准时作出给付一样**。由于自然上的状态（第 249 条第 1 款）无论如何不会再可能产生，所以用金钱对债权人进行赔偿（第 251 条第 1 款）。债权人特别可以主张不能使用所供货物而租用代偿物的费用。

例如：所购买的汽车并未按时提供；债权人必须因此而租用其他车辆。

501 债权人甚至可以请求因未按期提供的所负的货物而造成的用益损失（边码 1106）以及依据第 252 条请求赔偿其**利润损失**。

例如：由于迟延完工，债权人和其家人不能使用所购买的房屋，而是必须继续使用之前的小房子（丧失的使用利益）[63]，债权人由于迟延供货而不能继续出售或出租所买汽车来营利。

502 迟延损害还包括债权人向陷入迟延的债务人**维护自己权利的支出**，比如多加的催告费用或在维护权利中聘请律师的费用。然而，对此需要注意的是，费用产生时迟延必须已经出现。因此，债权人不可主张引起迟延的催告的费用；债权人对此聘请律师，则其必须自己承担该费用。

503 如是金钱之债，依据第 288 条第 1 款，债权人可在任何情况下（即无须证明具体损失）对金钱之债主张高达 5%的利息[64]，并可依据第 288 条第 2 款[65]主张高于年度基准利率 9 个百分点的利息（参见第 247 条）。然而，如果债权人基于迟延而遭受更高的损失，比如其因此向银行贷款，为此其必须支付 12%的利息，那么债务人必须依据第 280 条第 1、2 款及第 286 条赔偿多出的利息（第 288 条第 4 款）。在转化《欧盟支付迟延指令（2011/7/EU）》[66] 过程中，《反交易中支付迟延法》对第 288 条增添了两个新款项[67]：在消费交易之外，第 288 条第 5 款规定了一个附加的

---

[62] 比较联邦劳动法院案例，载《德国法月刊》，1993 年卷，第 629 页；联邦普通法院案例，载《新法学周刊》，1994 年卷，第 2755 页（本文始于第 2754 页）。

[63] 参见联邦普通法院案例，载《新法学周刊》，2014 年卷，第 1374 页＝《法学训练》，2014 年卷，第 938 页（Schwab 撰写）。

[64] 关于百分点及百分比的区别参见 Hartmann 论文，载《新法学周刊》，2004 年卷，第 1358 页；Frühr 论文，载《法学训练》，2005 年卷，第 1095 页。

[65] 对此参见联邦普通法院案例，载《新法学周刊》，2010 年卷，第 1872 页。

[66] 《欧盟政府公报》，2011 年卷，法律卷，第 48 期，第 1 页（Abl. 2011 L 48，1.）。

[67] 《联邦法律公报》，2014 年，第 I 部分，第 1218 页（BGBl. 2014 I 1218）；对此参见 Verse 论文，载《经济法杂志》，2014 年卷，第 1809 页。

损害总额[68]，且第288条第6款限制了借助主体约定来修正不利于债权人的迟延利息请求权。

依据第280条第1，3款，第281条第1款第1句，债权人还可以主张损害赔偿替代给付，如果其给债务人预留了适当的履行宽限期，但是却无果而终的话（边码453及其下，其处也涉及无须设定期限的情形）。如果在期限设定时涉及第286条意义上的催告（边码491），则债权人还可以请求赔偿延期损失，如果债务人在该期间内还履行的话。 504

如果债权人作出了一个所谓的补购，则其因债务人未作出的给付而从其他供货商处获得了给付标的物，这样产生的问题就是，债权人是否以及基于何法律基础来向债务人请求因补购而产生的额外费用。对此存在争议。本书采用的观点是，补购的费用涉及一个迟延损失，依据第280条第1、2款，第286条，该费用应被赔偿。[69] 然而主流观点赞成，将补购的额外费用视为损害而非给付，且只在第280条第1、3款，第281条的条件下作出赔偿。[70] 这特别意味着，债权人不可向债务人主张履行请求权之外的补购费用赔偿。 505

迟延期间内涉及债务人的**责任加重（Haftungsverschärfung）**：在通常只需对重大过失或自己行事中的谨慎负责，而此时还需对**轻过失（leichte Fahrlässigkeit）**负责（第287条第1句）。比如赠与人（第521条）、出借人（第599条）与拾得人（第968条）一般除了故意外只需对重大过失负责；以及由于索回之物贬值，法定解除权人（第346条第3款第1句第3项；边码692）、无偿保管人（第690条）及个人合伙中的合伙人（第708条）需对自己行事中所需的谨慎负责。所有这些情形中的责任在债务人迟延时都会加重。 506

债务人还需对**意外事件（Zufall）**负责，除非该损失在及时履行时亦会出现（第287条第2句）。意外事件责任只针对债的客体，债务人必须对此贬损及毁灭承担无过错责任。相反，在债务人违反行为义务时（边码229及其下）仍然是过错责任。[71] 507

例如：马克斯与莫里茨为邻居，且居住在依临的小区里。由于马克斯添置了一个新的立体音响，其将旧音响以超便宜的价格卖给莫里茨。二人约定，马克斯下周日将该音响送去并帮莫里茨安装。然而，由于马克斯周六晚上搞庆祝玩的很嗨，其并没有遵守约定。周一晚上闪电击中马克斯房间并引起大火将该音响烧掉。

这里满足第280条第1款中损害赔偿请求权的条件，即基于债务人违反义务而产生的损失。违反义务是指，马克斯在合同上转移所有权的义务，即向莫里茨对该

---

[68] 参见Dornis论文，载《经济法杂志》，2014年卷，第2427页。

[69] Lorenz论文，载《Leenen纪念文集》，2012年卷，第153页（本文始于第147页）；Klöhn论文，载《法学家报》，2010年卷，第47页（本文始于第46页）。

[70] 联邦普通法院案例，载《新法学周刊》，2013年卷，第2960页（本文始于第2959页），边码7=《法学训练》，2014年卷，第167页（Schwab撰写）；《慕尼黑民法典评注》，第286页，边码118；Bamberger/Roth/Lorenz，第286条，边码69。

[71] Bamberger/Roth/Unberath，第287条，边码4；《慕尼黑民法典评注》/Ernst，第287条，边码3。

音响交付并转移所有权（第 433 条第 1 款第 1 句），已不可能再被履行。尽管马克斯不再具有第 275 条上的给付义务，但是必须赔偿莫里茨因此而遭受的损失，因为其不能以与马克斯约定的超优惠价获得该音响。特别是马克斯须基于第 287 条第 2 句对违反义务负责，因为损害情形发生时其已陷入迟延（依据第 286 条第 2 款第 1 项无须催告），且第 287 条第 2 句中所使用的“意外事件”这一概念也包括所谓的不可抗力，即基于自己被合理期待的最高谨慎也不能阻止的事件。[72] 只有存在即使准时履行也会发生该损失时，比如该闪电引起的火灾同样影响到相邻的莫里茨的房子并将那里的音响烧毁，依据第 287 条第 2 句第 2 半句马克斯的损害赔偿义务才消失。

508 在对等合同中，如果到期给付没有及时履行的话，则满足第 323 条规定的条件时债权人还享有**解除的权利**（边码 686 及其下）。对此无须债务人陷入迟延[73]，这本来就是一般情形。

第三节 给付不能

一、基础

509 如上所述，债的关系创制了债权人与债务人之间的请求关系，其以债权人有权请求债务人作出给付为内容（边码 186）。但是也有特殊情形：

- 如果作出给付已不可能，则排除给付请求权（第 275 条第 1 款）。
- 如果给付虽然可能，但是对此需要一笔费用，“在考量债的内容及诚实信用要求后其与给付利益相比严重不成比例”，则债务人可以拒绝给付（第 275 条第 2 款）。
- 在需要债务人亲自作出的给付中（比如劳动、劳务与有偿委托合同），在第 275 条第 3 款所述条件下其同样被赋予一个拒绝给付的权利（边码 528）。

510 第 275 条第 1—3 款情形下第一性给付义务的免除不取决于债务人是否可能涉及第二性给付义务，以及是否必须赔偿因不履行而给债权人造成的损失。第 275 条通过指引规定损害赔偿请求权的第 280、283 条与第 311a 条第 2 款来回答该问题。此外，债权人还通过第 275 条第 4 款对第 284、285 条与第 326 条的指引而基于这些条文被赋予了其他权利。在研究债权人的不同权利前需要对第 275 条第 1—4 款中的具体条件进行详细分析。

---

[72] 联邦法院判例，载《新法学周刊》，2008 年卷，第 429 页；《联邦普通法院民事判例集》，第 81 卷，第 355 页（本文始于第 353 页）＝《新法学周刊》，1982 年卷，第 96 页；联邦劳动法院案例，载《新法学周刊》，2003 年卷，第 2850 页（本文始于第 2849 页）。

[73] 《慕尼黑民法典评注》/Ernst，第 323 条，边码 2，46。

二、条件

1. 体系

依据第 275 条，给付不能时给付的请求权被排除，对此并不仅仅取决于债务人或任何人不能作出给付。主观不能的情形与客观不能的情形具有同等地位。此外，并不区分自始不能与事后不能。给付不能的不同种类简要叙述如下： 511

- **客观不能（objektive Unmöglichkeit）**是指，任何人都不能作出该给付。

例如：所售汽车在交付前烧毁。

- **主观不能（subjektive Unmöglichkeit）（所谓的无能为力（Unvermögen））**时只有债务人不具有作出所负给付的能力；然而他人对此却有能力。

例如：所售汽车在交付前被陌生人所偷。这被认定为主观不能，因为对出卖人合同上义务的履行（参见第 433 条第 1 款）客观上完全可能。由于偷窃并不导致其丧失所有权，所以出卖人可以转移被偷物的所有权（具体细节见后面），且小偷可以（如果其愿意）将该物所有权转移给买受人。

- **自始（起始（ursprüngliche））不能（anfängliche Unmöglichkeit）**在债的关系成立时即已存在。

例如：V 出售汽车给 K，但并不知道该车已在前夜被烧毁或被偷。

- **事后不能（nachträgliche Unmöglichkeit）**产生于债的关系成立之后。

例如：所售汽车在合同缔结后被偷。

现在人们还可以将给付不能依据基础不同再分为不同的类型： 512

- **自然规律上的（或者物理上的）不能（naturgesetzliche（bzw. physische）Unmöglichkeit）：**给付可能基于自然的原因而不可作出。

例如：所售汽车被烧毁。另一自然规律上不能的例子为某人基于星象或塔罗牌来预知未来。[74]

- **法律上的不能（juristische Unmöglichkeit）：**基于法律原因不得履行。

例如：出卖的标的物是法律所禁止的。相应的合同一般是依据第 134 条而无效（边码 226）。

- **事实上的（实际的）不能（faktische（bzw. Praktische）Unmöglichkeit）：**虽并不排除作出给付，但需要超出任何理性的措施。

例如：V 卖给 K 一个机器，该机器通过轮船从海上运输。该船沉没。虽然从技术上可以打捞该船，但是对此产生的费用会超出理性人的想象。该案例类型可以顺利地过渡到下一类型。

- **经济上的不能（Wirtschaftliche Unmöglichkeit）：**债务人只有作出超乎寻常的投入后才可以作出给付，而这对其无期待可能。

---

[74] 联邦普通法院案例，载《新法学周刊》，2011 年卷，第 757 页，边码 10（本文始于第 756 页）。

- **伦理价值上的（心理上的）不能（sittliche（psychische）Unmöglichkeit）**：债务人并非基于经济原因不能被要求作出给付。

例如：一女星的孩子病危。其虽然能够基于合同约定登台，然而不可对其作如此要求。

513 更多的区别还涉及给付不能是最终的抑或仅仅是暂时的，还涉及是全部履行还是部分履行。基于此涉及的法律后果后面会详叙。

2. 客观不能与主观不能

514 在自然上的给付不能与法律上的给付不能情形下任何人都不能作出该给付；因此这涉及第 275 条第 1 款所述的（客观）给付不能。毋庸置疑，该情形下不管是债务人还是其他人都不可作出所负给付。相反，对于是否肯定债务人的主观不能（并因此使第 275 条第 1 款上的履行请求权消灭）这一问题并非始终容易回答。如果债务人通过获得所负标的物来实现履行能力，则主观上的不能原则上会被否定。

例如：V 已经将其车出售给了 K，然而在履行该合同前又以一个更高价出售给了 X，并转移了所有权。[75] K 对 V 的关于金钱形式的损害赔偿替代给付的请求权（即请求与 V 约定的价款和该车市场价值的差价）得自第 280 条第 1、3 款，第 281 条。基于 V 的经济不能（因此可适用第 275 条第 1、4 款，第 280 条第 1、3 款，第 283 条）似乎只可得出，当 V 证明 X 绝不准备再次将该车出售给 V，以便 V 能够遵守其对 K 的义务（边码 539）。

515 对债务人可以期待其作出**合理的努力**来克服存在的给付障碍；如果还存在一个对债务人能够实现的合理期待的话，那么第 275 条第 1 款意义上的（主观）给付不能必须被排除。[76] 至于债务人需作出哪些努力以及其什么时候可以主张主观不能，该判断甚难。具体如下：

示例：工厂老板 F 生产 100 个限量版的称为“贵族”的手表。手表商 H 获得了一个样品。他向其朋友 K 推销。K 接受了该要约。当该表要交给 K 的时候，该表在 H 的店里找不到了。显然是被偷了。但究竟何原因却不得其解。

这涉及客观不能的情形，因为所售手表（依据所有迹象）不再存在，且 H 可在发现该表后履行与 K 的合同中的义务。需要判断的是，是否基于主观不能而排除第 275 条第 1 款上 K 的给付请求权。这取决于所缔结的是特定物买卖（H 向 K 推销的合同标的物只是唯一的手表）还是种类物买卖（限量版中的任一手表都可

---

[75] 有关该类二重买卖参见联邦普通法院案例，载《新法学周刊》，2015 年卷，第 548 页，这里的特殊情形是，出卖人不合理地提前中断了一个网络拍卖，以便以其他方式出售该物。相似内容见 Riehm 论文，载《法学训练》，2015 年卷，第 356 页及其下（本文始于第 355 页），这里同样涉及请求权基础的相关规定（联邦普通法院不恰当地引用了第 437 条第 3 项）。

[76] Zimmer 论文，载《新法学周刊》，2002 年卷，第 3 页（本文始于第 1 页）；Looschelders 论文，载《法学训练》，2010 年卷，第 850 页（本文始于第 849 页）。

以)。[77] 在特定物买卖中答案较简单：由于所负的买卖物，即 H 向 K 推销的手表，不再能够找到，对 H 即为主观上的不能。相反，在种类物买卖中不可确认主观的不能，如果 H 能够从生产商 F 处或其他手表商处获得另外一块来满足其对 K 的合同义务的话。然而，如果不能以此种方式获得所出售的手表，则答案取决于 H 必须实施何种努力来实现履行的能力。需要考虑的是为了获得产品，H 必须要成为手表的购买者，对此其必须要提出比其与 K 签订的买卖合同中的价格更高的价格。由于在种类物买卖中债务人有义务取得该物，且因此依据第 276 条第 1 款第 1 句必须为其无给付能力负责（详见其后）。如果 H 不能从其同事处打听到其他该表购买人的地址，则问题是，其是否有义务作更多的调查。这取决于此类调查的费用是否对该（消极的）决定具有决定性意义，且是否可以得出第 275 条第 2 款上导致 H 拒绝履行的事实不能的情形，或是否可以确定 H 应该不能够获得该“贵族”牌手表，且因此依据第 275 条第 1 款排除 K 的履行请求权。所述区别性问题还可以通过这样来拓展，即一个“贵族”牌手表的购买者已经准备好出卖其手表，但是要求支付其所支付价款的 3 倍。该选择是否还有必要再区分经济上的给付不能与事实上的给付不能，并判断该情形下是否还需要引用第 275 条第 2 款第 1 句或第 313 条来解答（马上谈到）。

在对给付不能各种情形的描述中（边码 511 及其下）有一个关于事实上给付不能的例子，即所售货物在给债权人运输途中运输船因海难而沉没。无论如何需要知道的是，为什么此类情形可以是第 275 条意义上的（主观的）给付不能。该问题完全具有实际的意义，因为债务人在第 275 条第 2 款中的实际给付不能在拒绝履行的抗辩权行使时不同于第 1 款的给付不能。依据主流观点[78]，主观的给付不能与**债务人自身通过巨大努力不能克服的给付障碍**的区别在于他人可以作出给付。 516

例如：

(1) 依据合同，A 的义务是在 H 长期旅游期间为其看护房屋，并顺带照管花园。然而，由于突然染病，其无力再执行任务。

(2) V 将其汽车卖给 K。合同缔结后该车被他人偷走。V 依据合同所负的交付义务（参见第 433 条第 1 款）对其已不再可能。

两个案例中所负给付对他人而言都可依据合同作出。比如陌生的小偷，其——如所断定（边码 511）——完全有能力将该车交付给 K。

相反，这涉及**对债务人而言可排除的给付障碍**，如海难中的机器情形，在技术上完全可以克服，所以只能考虑适用第 275 条第 2 款，这样必须在框架内决定排除给付障碍的必要费用是否达到基于债权人的履行利益不可合理地期待债务人作出的 517

---

[77] 在正式考试中必须判断哪些涉及支持特定物买卖。此处不应作出判断，因为这涉及需要探讨不可能规则下的不同的案例情况。

[78] Schulze/Ebers 论文，载《法学训练》，2004 年卷，第 265 页；Looschelders：《债法总论》，边码 466；Brox/Walker：《债法总论》，第 22 章，边码 7。

范围。如果是该情形，则该给付对债务人就是事实给付不能（马上讲到）。

517a 因此，**对 275 条第 1 款总结确定为**：该规范应被缩小解释，只包括客观给付不能，或者债务人除非作巨大努力与牺牲才有能力履行的情形。在此范围内债务人有义务作出令人信服的解释，其为何不能遵守履行承诺。

3. 事实上的与经济上的给付不能

518 对事实上的给付不能是依据第 275 条第 2 款第 1 句来判断。据此，债务人有权拒绝履行，即（如所述）具有抗辩权（边码 265 及其下）。[79] 该规则看重**债务人的履行利益**，并考查**作出给付所需的费用**是否与此严重不成比例。官方理由[80]指出，依据诚实信用原则，该比例失调必须达到极其不可承受的程度。上面所述海难中的机器展示了该种比例失衡。尽管排除给付障碍在理论上是可以的，但是非理性的债权人才会期望投入该支出，只有这样他的请求权才得以实现。

519 立法者在第 275 条第 2 款第 1 句中有意明确指出，债务人在免除给付时的利益亦为决定性标准。据此表达出的观点为，该条款并不调整**经济上给付不能**情形；而是依据第 313 条（边码 663 及其下）中的**交易基础丧失原则**来解决。[81] 依据立法者的设想，债务人请求的避免事实上给付不能的费用仅仅依据债权人的利益来衡量，而在经济上给付不能时此关系则依据投入与债务人的利益，特别是与其所请求的对待给付的关系来判断。[82] 然而，基于此却并不能解决区分问题。因为将作出给付所需的支出（边码 518）作为参考点就始终必然地同样关注债务人的经济和其他利益；但对对此在事实上的给付不能判断时就不可涉及。[83]

520 然而，如果第 275 条第 2 款被限制解释为只在极端情形下使用的特殊规则，且只能认为是支出与债权人的履行利益不成比例，达到绝对不可承受的数量级时，才能确定作出事实上的给付不能与经济上给付不能的区别。这恰如主流观点[84]对该条的解释，亦基于官方理由[85]的相应解释。该区分还应该涉及第 313 条。基于此，扩大了第 313 条的适用范围。在争讼中法官必须判断债务人必须作出哪些牺牲。对此被用到的规则（第 671 条及其下）无论何时都可轻易实现一个确定的判

---

[79] 其他观点参见 Freitag 论文，载《新法学周刊》，2014 年卷，第 114 页及其下（本文始于第 113 页），其依据第 275 条第 2、3 款认为是行使形成权。但是这并未改变债务人必须要基于给付的不合理性。

[80] 《关于〈债法现代化法草案〉的说明及理由》，（2001 年 5 月 14 日联邦议会党团的草案；联邦议会文件，第 14 届，第 6040 号），第 130 页（右半栏）。

[81] 不同观点见联邦普通法院案例，载《新法学周刊》，2013 年卷，第 1079 页，边码 28（本文始于第 1074 页）＝《法学家报》，2013 年卷，第 419 页，Gsell 评注＝《法学训练》，2013 年卷，第 931 页（Schwab 撰写）。

[82] 《关于〈债法现代化法草案〉的说明及理由》，（2001 年 5 月 14 日联邦议会党团的草案；联邦议会文件，第 14 届，第 6040 号），第 130 页（左半栏）。

[83] 联邦普通法院案例，载《新法学周刊》，2005 年卷，第 3284 页：关注双方的主体利益。

[84] 比如 Looschelders 论文，载《法学训练》，2010 年卷，第 850 页（本文始于第 849 页）；Brox/Walker：《债法总论》，第 22 章，边码 19；Bamberger/Roth/Unberath，第 275 条，边码 52；Palandt/Grüneberg，第 275 条，边码 27。

[85] 《关于〈债法现代化法草案〉的说明及理由》，（2001 年 5 月 14 日联邦议会党团的草案；联邦议会文件，第 14 届，第 6040 号），第 129 页及其下。

决依据。忽略这被彻底批判的结论，第 275 条第 2 款的法律思想反对将该条限制于极端的例外情形。债务人被赋予抗辩权的意义只在于，让理性人来选择主张给付障碍还是实施超出债的关系的努力来作出约定的给付，因为其如果特别重视与债权人之间的交易关系或看重债权人作出对待给付。该选择在特殊情况下并不存在。同样，涉及第 275 条第 2 款第 2 句中的规则，据此应重视给付障碍的理由，以确定可对债务人要求作出该类努力，如果该极端情形超出了第 275 条第 2 款的适用范围的话。[86]

521 该分析有违主流观点，并试图另辟蹊径。其中推崇对法律条文的另一种解读：确定债务人所支出费用的界限应当始终首先重视债的关系的内容，然后才是诚实信用原则的要求，再取决于债务人是否必须对该给付障碍负责。因此必须解释该三个标准具有何意义。

522 法律通过明确规定债务人履行费用与**债的内容**的关系来阐明，除了**债权人的履行利益**外还应看重**债务人的给付义务**。因为在债的关系中债务人的利益并不可轻易忽视，如果人们选择债权人的利益为唯一关注点则会对此太轻率。债务人被要求的努力标准本质上依据其所负之债来确定。比如债务人的合同义务为从海中打捞出泰坦尼克号上的银餐具[87]，则原则上当然要请求其继续努力，而不同于运输的机器因海难沉入海底。由于在衡量对待给付时需要考虑到此类不同之处，因而这是合理的。同样，不同之处还有，债务人是否仅仅负有准备好自己确定的物的义务，还是负有如第二个案例中承担运输风险的运输义务。如果债务人有义务提供货物，且其想以后在市场获得该货物，则其因此而承担了涨价的风险，且如果涨价对其造成了巨大损失的话，亦不可因此而拒绝履行。此情形规定在第 275 条第 2 款，这涉及对每一债的关系当事人的各自义务及风险进行衡量，即对债务人排除给付障碍所需合理费用问题在该视角下的判断。[88]

523 法律中所包含的对**诚实信用原则**的指引绝不是多余的[89]，而是取代了重要的债权人履行利益的界限：问题是，一个正当思考及行为的债权人基于法律关系能够向债务人主张什么来排除针对该给付的障碍。原则上债务人必须在巨大给付障碍时作出其所负给付，且债权人并不负有基于给付阻碍而放弃实现其请求权的义务。只有

---

[86] Schwarz 论文，载《法学教育》，2002 年卷，第 76 页及其下（本文始于第 73 页）；Musielak 论文，载《法学研究集刊》，2011 年卷，第 806 页及其下（本文始于第 801 页）。

[87] 例子源于 NK-BGB/Dauner-Lieb，第 275 条，边码 42。

[88] 同样意义的有，Wilhlem 论文，载《企业》，2004 年卷，第 1603 页（本文始于第 1599 页）；及 Canaris 论文，载《法学家报》，2004 年卷，第 218 页（本文始于第 214 页），强调第 275 条第 2 款框架内各合同类型上的风险结构意义；同样，U. Huber 论文，载《Schlechtriem 纪念文集》，2003 年版，第 546、561 页及其下（本文始于第 521 页）。Staudinger/Caspers，2014 年修订版，第 275 条，边码 87，同样赋予主体意思以决定性意义，且如果需要通过补充解释来探讨所承担风险的范围。Löhnig 论文，载《大债法杂志》，2005 年卷，第 461 页（本文始于第 459 页），依据被认定为关于债务人履行努力范围决定关键点的主题约定。Looschelders 论文，载《法学训练》，2010 年卷，第 852 页（本文始于第 849 页），参考值为债务人没有该给付障碍时的支出。

[89] 《慕尼黑民法典评注》/Ernst，第 275 条，边码 88。

当该给付障碍达到一定标准，使得实现该履行利益会给债务人带来不可期待的负担，则可期待正直的债权人不再坚持实现自己的利益。

524 第 275 条第 2 款第 2 句指出，当债务人**必须对给付障碍负责时**，即其对引起障碍的情形具有责任时，其亦可自由主张事实上的给付不能。只是该情形下与“无过错情形”相比可以对其要求更多的付出。与之相应，对需要作出的支出费用进行相应的等级划分，并由此得出“无过错者”无须继续作出努力的最小界限。超出可行性即不可对给付障碍负责的债务人作出请求。然而对此不可说成对给付障碍可归责时就必须对可行性负责；相反该决定取决于具体个案。

525 以上论述可能只是给出了一般情形下所需的正确提示。如果要判断债务人是否具有第 275 条第 2 款中的抗辩的话，则始终涉及评价问题，这需考虑所有个案情形，特别是要在对基于债的关系推导出的主体利益关注后再回答。对此判断非常困难，特别是在区分界限的情形中。这也是法律调整的后果。[90]

526 至于基于以上观点如何区分事实上的给付不能与经济上的给付不能，则通过下述示例来解释：

例如： V 不想再要他的帆船，因此将其以 10 000 欧元的价格卖给了 K。这是一个超级优惠的价格。因此，K 神速地将其以 20 000 欧元的价格转手。在约定 V 交付该船给 K 的前一夜一场突如其来的神风将该正常固定的帆船的锚绳扯断，并推向海的中心沉没。通过特殊公司打捞该船需要花费 15 000 欧元。V 可以依据第 275 条第 2 款拒绝履行吗？

依据主流观点，该条文只适用于极端情形，上述问题似乎应被否定。依据此处所述观点必须首先关注 K 请求权所基于的债的关系，且关注由此而得出的义务。依据第 433 条第 1 款，V 作为出卖人，有义务交付没有物的瑕疵与权利瑕疵的物并转移其所有权。相应地，K 负有支付货款的义务（第 433 条第 2 款）。因此至少要衡量特定物买卖中出卖人无须负责的给付障碍，即出卖人用于克服给付障碍的支出与价款数额的界限。[91] 由于此处打捞帆船所需的费用为 15 000 欧元，高出货款价格的 50%，依据 V 的建议，第 275 条第 2 款上的抗辩可能成功。但与此解答相反的是，此处根本未考虑债权人的利益。因为债权人的履行利益始终损失更多，如果该买卖物的价值对债权人而言超出销售价的话。

另一方面，这样的建议也同样不具有说服力，即仅仅依据债权人的利益并基于一个特定的百分比，即不可归责的给付障碍应为该利益的 110%。[92] 基于此即可能将推定的利润归算于出卖人。此外，其中“所用的”财产范围与测定需要支出费用的百分

[90] 如果想深入了解第 275 条第 2 款中的问题及存在的批判，可参见 Picker 论文，载《法学家报》，2003 年卷，第 1035 页；Canaris 论文，载《法学家报》，2004 年卷，第 214 页；Wilhelm 论文，载《企业》，2004 年卷，第 1603 页及其下（本文始于第 1599 页）。

[91] Huber 论文，载《Schlechtriem 纪念文集》，2003 年版，第 545 页及其下、第 548 页（本文始于第 521 页）；Ackermann 论文，载《法学家报》，2002 年卷，第 383 页及其下（本文始于第 378 页）。相反观点见 Canaris 论文，载《法学家报》，2004 年卷，第 218 页及其下、第 222 页（本文始于第 214 页）。

[92] Huber/Faust：《债法现代化法》，第 2 章，边码 67 及其下，然而只是作为最高法院法官判决的建议。

比并不一致。[93] 对买卖物市场价值的参考似乎只有在出卖人对给付障碍负责的时候才被考虑，因为该价值一般为购买人在该情形中可能主张的损害赔偿请求权的计算依据。

基于不同的分析得出，债的当事人的**财产利益只可定为额外的参考方向**，然而不适合作为单独的决定性的判断标准。相反，首先需要考虑**债务人的履行承诺**与债权人基于此的履行期待，与依据债的关系而得出的**风险分担**来作分析。[94] 如果 V 作为出卖人承担完成对出卖物交付及转移所有权的义务，则其因此承诺在正常及可预见条件下作出相应的给付并为此付出相应的努力。这完全包括财产上的牺牲，如其根据一直上涨的市场价格所期待的销售价的上涨。然而这将会走得太远，其履行承诺会同样涉及对不可预见的自然灾害或其他意外事件之类需要巨大成本的给付障碍的排除。正直的债权人的履行期待不可再继续扩展。 527

示例中的 K 通过再销售该帆船可获得 10 000 欧元的利润，但并不会影响到 V 依据买卖合同所负的履行努力。因此该示例的结论是，考虑到债的关系的内容与诚实信用原则，排除给付障碍所需费用与债权人的履行利益严重不成比例，因此 V 可以依据第 275 条第 2 款作出抗辩。

同样，依据主流观点，可确认经济上给付不能并因此基于第 313 条而得出结论，而该结论与第 275 条第 2 款上的事实上的给付不能在实际法律后果上一样。基于不可预见的自然事件所引起的帆船的沉没导致该情形，即坚决执行该合同对债务人而言显得太苛刻（边码 672 及其下）。因为遵守合同在这里已不可能，必须允许基于第 313 条第 3 款、第 5 款的规定来解除合同。合同解除后 V 即没有履行义务，因此这如依据第 275 条第 2 款拒绝履行一样。

4. 亲自给付时的给付不能

第 275 条第 3 款涉及**债务人必须亲自作出的给付**，即第三人不能有效履行的亲自给付义务。该义务或源于法典（比如第 613 条第 1 句），或基于相应的合同约定，或从债的内容中得出（比如由主任医生做手术、由特定的艺术家制作肖像画）。依据法律规定，此类情形中对债务人的合理性衡量具有决定性的意义。依据第 275 条第 3 款，示例中女星的孩子病危（边码 512）导致女星的第一性给付义务基于其作出的**抗辩**而消灭。同样，基于来自宗教或世界观上的信念而得出的良知可以依据第 275 条第 2 款行使拒绝给付的权利，然而此处要求债务人在接受该义务时应避免可预见的冲突。[95] 528

考虑到与第 2 款所涉规则的体系关系，第 3 款的规则应被限制解释，并要求债 529

---

[93] 反对观点见《慕尼黑民法典评注》/Ernst，第 275 条，边码 89；Staudinger/Caspers，2009 年版，第 275 条，边码 96。

[94] 比较 Musielak 论文，载《法学研究集刊》，2011 年卷，第 808 页及其下（本文始于第 801 页）。

[95] Looschelders：《债法总论》，边码 482；Musielak 论文，载《法学研究集刊》，2011 年卷，第 803 页（本文始于第 801 页）；其他观点见 Canaris 论文，载《法学家报》，2001 年卷，第 501 页（本文始于第 499 页）：适用第 313 条。同样比较联邦劳动法院判例，载《新法学周刊》，2011 年卷，第 3321 页，边码 28 及其下（本文始于第 3321 页）。

务人对作出给付应负有高标准。[96]

三、法律后果

1. 概论

530 给付不能的债务人的**损害赔偿责任**所涉内容由第275条第4款指引适用第280、283条及第311a条。最后一条只适用于事前的，即在合同缔结之前即已存在的给付不能（边码528及其下）。反之，如果由于**事后产生的给付不能**，则债务人依据第275条第1至3款免除其给付义务，且债权人因此而请求损害赔偿替代给付，这样，该请求权基础就从**第280条第1、3款，第283条**中得出。第283条的特殊性在于，损害赔偿替代给付的请求权并非取决于其他情形中通常为债务人设定的给付期限（第280条第3款及第281条第1款）已届满，而这在给付不能时并无意义。此外，适用于损害赔偿责任的还有第280条第1、3款，第281条（边码451及其下）。

531 由于第275条第4款指引适用第284条，据此债权人在给付不能作出时除了损害赔偿替代给付外还可以请求支出费用的赔偿（边码475条及其下）。第275条情形中对等合同的特殊性在于第326条中规定的债权人的对待给付义务的免除和解除权（边码614及其下）。

2. 基于部分给付不能的不履行

532 如果所负给付只是部分不能作出，则给付请求权只是在该不能给付部分被排除，而其余部分仍存在。部分给付不能的前提是所负给付是可分的，且剩余部分依据合同的内容及目的仍为一个“部分-给付”，即尚可能的给付在客体上并非完全异于所负的给付。[97]

例如：某人请6个人喝咖啡，但其中一个咖啡壶及3个杯子被打坏，则认定为整体上的给付不能，因为所打坏的标的物与所剩标的物之间同属于且共同构成了给付标的物。与之相反的是，如果某一型号的5台机器用以继续销售，但其中两个被毁坏。因为所存的部分完全是具有意义的部分给付。

533 在给付部分不能时，如果债务人必须对导致部分不能的原因负责的话，债权人可以依据第280条第1、3款，第283条请求损害赔偿。该损害赔偿请求权原则上限于不可能的部分，因为（如所述）考虑到第一性给付义务的其余部分仍然存在（所谓的：**小损害赔偿（kleiner Schadensersatz）**）。然而当债权人对部分给付没有利益时，可以依据第283条第2句、第281条第1款第2句，拒绝尚可给付的部分并主张损害赔偿替代全部给付（所谓的：**大损害赔偿（großer Schadensersatz）**）。如果债权人的给付利益不可通过可能的部分给付与不能给付部分的损害赔偿一起来弥

---

[96] 《慕尼黑民法典评注》/Ernst，第275条，边码116。更多见Brox/Walker：《债法总论》，第22章，边码22（限于极端情形）；批判性观点见Looschelders：《法学训练》，2010年卷，第854页（本文始于第849页）。

[97] Heiderhoff/Skamel论文，载《法学家报》，2006年卷，第385页及其下（本文始于第383页）。

补的话（例子见边码 617），则肯定此处为利益丧失。然而该类情形的确极少出现，因为如果债权人的利益以全部作出给付为必要，则为第 281 条第 1 款第 2 句中的规定，此时一般会排除部分给付不能。

3. 对“替代利益”的请求

如果债务人依据第 275 条第 1 至 3 款免除给付义务，并对所负债的标的物获得赔偿或赔偿请求权，则债权人可以请求债务人返还因赔偿所获的利益或要求其让与赔偿请求权，以补偿自己履行请求权的损失。债权人依据第 285 条第 1 款所拥有的赔偿或赔偿请求权称为**替代性利益（stellvertretendes commodum（拉丁文：利益））**。 534

例如： V 出售油画给 K，并约定，过几天再交付 V 房间内的油画。由于天然气爆炸，该油画被毁。V 买了家庭财产险。

基于买卖合同，K 有权请求 V 将该画交付并转移所有权（第 433 条第 1 款第 1 句）。由于该画因天然气爆炸而毁灭，K 的履行请求权依据第 275 条第 1 款而最终消灭。依据第 285 条第 1 款，K 可以请求 V 转让其对家庭财产险保险人因油画毁灭而具有的赔偿性请求权。如果 V 对造成天然气爆炸的人有损害赔偿请求权的话，则同样适用于该请求权。如果 V 已经获得了该保险费或损害赔偿，则其必须将该数额返还给 K。

如果债务人的给付义务（如示例中）源自一个对等合同（概念见边码 121），则与其他合同相比该类合同具有特殊性（边码 613 及其下）。对此这里只指出，依据第 326 条第 3 款，债权人仍有对待给付的义务，如果其行使替代性利益请求权的话。 535

第 285 条第 1 款涉及一个独立的请求权基础，该请求权成就取决于以下诸**条件**： 536

- 存在一个债的关系，基于此构建了债务人给付标的物的义务；
- 债务人的给付义务基于第 275 条第 1—3 款而免除；
- 债务人获得赔偿或赔偿请求权；
- 造成给付不能的情形与债务人的替代性利益的获得之间具有因果关系；
- 债的标的物与被赔偿的标的物具有同一性。

对以上条件解释提示如下： 537

- 第 285 条既可适用于所有合同之债又可适用于所有法定之债。
- 债务人的给付义务所涉及的“标的物”这一概念是否只包括物与权利，还是可延伸到作为与不作为，在涉及的给付是基于劳务合同与承揽合同时对标的物存有意见分歧。如果标的物理解为债权人请求所指向的任何客体的话[98]，则显示第 285 条适用于劳务合同及承揽合同[99]，特别是该条文明确指引使用

---

[98] Löwisch 论文，载《新法学周刊》，2003 年卷，第 2050 页（本文始于第 2049 页）。

[99] Löwisch 论文，载《新法学周刊》，2003 年卷，第 2050 页（本文始于第 2049 页）；PWW/Schmidt-Kessel，第 285 条，边码 2；Erman/Westermann，第 285 条，边码 2。

涉及亲自给付义务的第 275 条第 3 款。主流观点对此否定，其最多允许补充性合同解释下的例外情形。[100]

- 由于第 275 条第 2 款与第 3 款情形中的给付义务排除取决于相应的债务人的抗辩（边码 516），则第 285 条第 1 款的请求权以该抗辩为前提。[101]
- 第 285 条同样规定了**自始给付不能情形**：即使债务人在债的关系产生之时免于给付的义务，并因此不负有任何标的物交付义务，依据规范目的，仍需要将所得之物作为赔偿来返还给债权人。[102]

538 主流观点同样认同因果关系的必要性，如果仅仅存在一个经济上的联系，比如涉及**双重买卖情形**。第 285 条第 1 款中的返还义务不仅适用于 commodum ex re（即：债务人基于物被破坏或遗失而所得的赔偿），而且适用于 commodum ex negotiatione（即：债务人通过法律交易所得的利益，亦为所售利润）。

例如：在 V 向 K 出售油画后，D 向其开出与 K 所约定数额的双倍价款。V 瞬间就醉了，并将该画交付给 D。如果该情形下因 D 的住址不明而必须认定该情形为（主观的）给付不能（边码 516）来依据第 275 条排除 K 的履行请求权，则 K 可以依据第 281 条向 V 请求 D 支付的价款。如果与其依据第 280 条第 1、3 款，第 283 条向 V 主张因故意违反给付义务而主张的损害赔偿相比的话，则该请求权原则上对其有利，因为所谓损害赔偿其只能够请求该画的市场价格，而非 D 基于特殊利益向其支付的更高价格。

然而，如果对因果关系的必要性严格审查的话，第 285 条第 1 款中的请求权会被排除，因为被认为导致不能的情形是，当 D 履行与 V 签订的合同而支付价款时，V 向 D 转移该画的所有权。经济上的因果关系作为必要的条件，因此第 285 条第 1 款上的返还义务涉及 commodum ex negotiatione，因此亦证明因归于债权人的物而获得的利润不应留给债务人。依据**第 285 条第 1 款的规范目的**，债务人有义务将一切基于（如果是从经济视角）给付不能的所得交付给债权人；对此赔偿是否高于物自身的价值并不重要。[103]

539 然而，在诸如基于抗辩来排除给付义务的情形中，债务人必须依据第 285 条第 1 款放弃抗辩并作出请求。

如果在示例中知道第三人的居住地，且其已准备好无论如何都要拒绝将该画还给 V（事实上不能的情形，适用第 275 条第 2 款；边码 518 及其下），这样虽然 V 可以拒绝给付，但并非必须这样做。如果其基于催告及期限设定而无效果，则其可以依据第 280 条第 1、3 款及第 281 条第 1 款第 1 句请求损害赔偿。但是，损害赔偿的额度依据（如所述）该画的市场价值来定。因此，K 并不能向 V 主张第三人对该

---

[100] Looschelders：《债法总论》，边码 685；《慕尼黑民法典评注》/Emmerich，第 285 条，边码 5 及其下；Bamberger/Roth/Unberath，第 285 条，边码 6；Palandt/Grüneberg，第 285 条，边码 5。

[101] 《关于〈债法现代化法草案〉的说明及理由》，（2001 年 5 月 14 日联邦议会党团的草案；联邦议会文件，第 14 届，第 6040 号），第 144 页及其下。

[102] Medicus/Lorenz：《债法》，边码 433，认为立法者反应错误，认为条文为“…… 对债上的或承诺的标的物……”

[103] 《慕尼黑民法典评注》/Emmerich，第 285 条，边码 23。

画所支付的价款数额。即使在经济上给付不能时（第三人要求一个不可接受的高价）K亦不可向V主张买卖所得价款，因为经济上的给付不能只适用于第275条第2款（边码519）而非第285条第1款。

如果正好是为了本属于债权人的标的物而赔偿，则依据第285条的目的，需要**该债的标的物与赔偿的标的物在相互关系上具有同一性**。[104] 540

例如：如果出租物被毁坏，承租人不可向出租人请求所获得的保险费用，因为依据租赁关系其有权在租赁期间使用该物（第535条第1款第1句），而非对保险费的支付对象具有所有权。[105]

依据第285条，赔偿的返还请求权与损害赔偿替代给付相竞合。该情形下，依 541
据第285条第1款所获赔偿的价值的损害赔偿请求权或赔偿请求权（第285条第2款）会变少。

例如：V将其汽车出售给K，并约定第二天将该车送至其住处。在开往K时因V的过错而造成交通事故，并致使该车被毁坏。这样K可以依据第280条第1、3款，第283条向V主张损害赔偿，此外可要求向其让与V对该车享有的车损险请求权，但必须要对其从保险人处可获得的损害赔偿请求权进行作价。

4. 基于自始不能的不履行

与修正前的第306条所规定的基于客观给付不能的合同相反，第311a条第1 542
款在债法现代化后就明确规定，如果债务人依据第275条第1—3款无须履行且**给付障碍已经在合同缔结时已存在的话**，并不影响合同的生效。基于第311a条第1款得出，（第一性的）给付义务依据第275条第1款被排除时，成立的债的关系中只包含第二性给付义务（即依据第285条以及第311a条第2款）。

第311a条只涉及自始的客观给付不能与自始的主观给付不能，且只规定对合 543
同约定的给付不能时的合同效力问题。当然，该类合同可能基于其他原因而无效，比如违反法律禁止性规定或违反善良风俗（边码207及其下）。第311a条中的情形还涉及的问题是，合同无效是否可基于下列情形产生，即如果基于对自始给付不能带来的给付障碍并不知情，且具有第119条第2款意义上的交易性质，则是否可以基于第119条第2款而解除。然而想运用该**解除可能性**的只有当合同生效对自己不利的人，因为其试图避开由此而产生的请求权。如在《债法现代化法》的立法理由中对此所述，由于解除权人想通过解除来规避针对自己的请求权，该情形下解除权人的解除是否都因此而被归结为权利滥用行为，则具有疑问。[106] 依据第122条第

---

[104] 参见联邦普通法院判例，载《新法学周刊》，2006年卷，第2324页及其下（本文始于第2323页）（涉及第281条的旧版、第285条修订之前的规范）。

[105] Looschelders：《债法总论》，边码689。

[106] 《关于〈债法现代化法草案〉的说明及理由》，（2001年5月14日联邦议会党团的草案；联邦议会文件，第14届，第6040号），第165页；同样见Canaris论文，载《法学家报》，2001年卷，第506页（本文始于第499页）。对此比较《慕尼黑民法典评注》/Armbrüster，第119条，边码38；Kohler论文，载《法学教育》，2006年卷，第247页（本文始于第241页），其观点为：第199条第2款中的解除根本不考虑第311a条中所述的情形，特别是这涉及一个双边的动机错误，这并非依据第119条第2款，而是依据第313条解决。

1 款，解除权人无论如何都被施加赔偿信赖损害的义务。然而，这对债务人可能有利，因为第 311a 条的请求权针对履行利益。（边码 413 及其下）。[107]

544 第 311a 条第 2 款是一个独立的与第 280、283 条相冲突的请求权。债权人可以在第 311a 条第 1 款情形时依据其选择，**或请求损害赔偿替代给付**，有时甚至包括后续损害[108]，或依据第 284 条**请求其支出的费用**（第 311a 条第 2 款第 1 句）。只有当债务人对给付障碍不知情且其对该不知情并不负责时，该赔偿义务才消灭（第 311a 条第 2 款第 2 句）。如果该债务人对其不知情负责，则依据第 276—278 条处理。通常这取决于其注意到交往中的谨慎时是否能够知道该给付障碍。因此，第 311a 条所基于的考量是，债务人已经作出了履行承诺，不管其已经知道或开始可能知道其由于给付障碍而不能够作出给付。[109] 由于自始的给付不能可能只限于部分给付，则相应地适用第 281 条第 1 款第 2、3 句与第 5 款（第 311a 条第 2 款第 3 句）。

545 责任框架的范围原则上完全由针对债务人的**调查与了解义务**的请求决定。如果对给付障碍的不知情是基于违反其所具有的信息义务，则其对此承担责任。当然，债务人可能承诺始终对其履行能力负责，且因此承担对不知情的给付障碍的（给付）保证责任（边码 460）。可以默示作出该（给付）**保证责任（Garantiehaftung）**作为条件；然而对此必须在合同约定中可找到相应的提示。[110] 与第 311a 条第 2 款第 2 句所涉规则不一致的观点是，债务人必须对自始主观给付不能始终负责，因为其必须要知道自己的履行能力。[111] 如果其对履行能力有理由怀疑但并未指出其是否有能力履行自己所负的义务，尽管对此可能涉及一个过错指责，但是如果始终要求对自己履行能力进行默示保证的话就太宽泛。[112] 在自始不能的情形中，立法者在创制第 311a 条时放弃了与之前权利相应的保证责任。[113]

546 不能被赞同的是理论中的下列观点，即债务人无须**对给付障碍的不知情**负责情形的法律后果应该没有规定，因此该漏洞应通过**相应地适用第 122 条**来填补。[114] 尽管在官方理由中称为“可行的解决方案”，但是债权人在债务人无须对不知情负责情形中可相应地适用第 122 条来请求信赖利益赔偿（边码 411 及其下）[115]；然而，对此仅仅涉及法律起草者无拘束力的任意观点，这在法律中并未找到其踪迹。在对给

---

[107] Reischl 论文，载《法学训练》，2003 年卷，第 256 页（本文始于第 250 页）。

[108] 联邦普通法院判例，载《新法学周刊》，2014 年卷，第 3367 页，边码 27（本文始于第 3365 页），Otto 评注＝《法学训练》，2015 年卷，第 266 页（Riehm 撰写）。

[109] 《关于〈债法现代化法草案〉的说明及理由》，（2001 年 5 月 14 日联邦议会党团的草案；联邦议会文件，第 14 届，第 6040 号），第 165 页。

[110] 联邦普通法院案例，载《新法学周刊》，2007 年卷，第 3780 页，边码 39（本文始于第 3777 页）；Kohler 论文，载《法学教育》，2006 年卷，第 246 页（本文始于第 241 页）；Palandt/Grüneberg，第 311a 条，边码 9。

[111] 比较 Sutschet 论文，载《新法学周刊》，2005 年卷，第 1405 页及其下（本文始于第 1404 页）。

[112] 联邦普通法院案例，载《新法学周刊》，2007 年卷，第 3780 页，边码 36 及其下（本文始于第 3777 页）。

[113] 卡尔斯鲁尔州高等法院案例，载《新法学周刊》，第 990 条（本文始于第 989 条）；Palandt/Grüneberg，第 311a 条，边码 9。

[114] 比如 Hk-BGB/Schulze，第 311a 条，边码 9。

[115] 《关于〈债法现代化法草案〉的说明及理由》，（2001 年 5 月 14 日联邦议会党团的草案；联邦议会文件，第 14 届，第 6040 号），第 166 页。

付障碍不知情时对信赖利益的赔偿义务源自债务人对履行能力的保证责任，而此对（如所述）合同的约定是必要的。因此，主流观点否认该情形中类推适用第 122 条的正当性。[116]

第四节　瑕疵给付

给付障碍法的另一类别是瑕疵履行（Schlechterfüllung）：所负给付既非迟延又非不能，但是债务人所作给付没有达到债的应然标准。如果债务人**作出的给付并未达到债所要求的质量**，则其违反了他的给付义务（概念见边码 198 条及其下）。 547

例如：所售电视机因技术瑕疵而导致图像显示障碍。所租仓库潮湿因此不能用以储存货物。钟表修理具有瑕疵，导致该表一直走慢。A 承诺在 B 度假期间为其照顾宠物狗，但是由于轻率而导致该狗生病。

此类瑕疵履行的**法律后果**如同不履行所引起的义务违反一样，可以参考不履行的法律后果（边码 448 及其下）。如果债务人造成的义务违反并不严重，则不管是损害赔偿替代给付还是解除权都会被排除（第 281 条第 1 款第 3 句、第 323 条第 5 款第 2 句）。同样需注意的是，**具体债的关系中还有关于瑕疵履行的特殊规定**，比如买卖合同（参见第 437 条）、租赁合同（第 536 条及其下）与承揽合同（第 634 条）；这些特殊之处会在对各个合同的讲述中涉及。 548

债务人的瑕疵给付（mangelhafte Leistung）可能造成债权人在正常履行时所应得到的法益上的损失（所谓的**瑕疵结果损害或附带损害（Mangelfolgeschaden oder Begleitschaden）**）。 549

例如：密封不严的气瓶在购买人处爆炸并造成车间损失。出卖人所提供的生病的动物造成买受人的其他动物被传染。医生的手术瑕疵造成病人健康受损。

相反，**瑕疵损害（Mangelschaden）**则指瑕疵给付直接引起的损害[117]，即在于给付客体的较差质量中。瑕疵损害与瑕疵结果损害的区别在于，瑕疵结果损害通常引起债权人其他法益上的损害，这在该类赔偿可能基于不同的法律基础时具有意义。由于瑕疵损害赔偿被置于损害赔偿替代给付这一概念之下，所以该请求权的基础在于第 280 条第 1、2 款，第 281 条或第 280 条第 1、3 款，第 283 条（边码 879）。[118]相反，瑕疵结果损害仅仅可基于第 280 条来赔偿；因为该请求权并非是替代履行请求权，而是在该请求权之外被行使。为了区分排除履行请求权的损害赔偿替代给 550

[116] 《关于〈债法现代化法草案〉的说明及理由》，（2001 年 5 月 14 日联邦议会党团的草案；联邦议会文件，第 14 届，第 6040 号），第 166 页。

[117] 参见联邦普通法院判例，载《新法学周刊》，1980 年卷，第 1951 页（本文始于第 1950 页）。

[118] Fikentscher/Heinemann：《债法》，边码 500；Brox/Walker：《债法总论》，第 24 条，边码 14、21。

付，这里称为简单的损害赔偿（einfacher Schadensersatz）[119] 或——更恰当的——损害赔偿连带给付（Schadensersatz neben der Leistung）。[120]

551 不同于瑕疵损害，瑕疵结果损害问题的难点在于，债权人所遭受的损害是否可归因于债务人违反义务，即违反义务是否是损害的原因。这是第280条第1款上损害赔偿请求权的前提（"…… 赔偿因此而产生的损害 ……"）。债务人只赔偿对可归责于自己的违反义务行为所造成的损害，这是显而易见的道理；即如果债务人违反义务与债权人之间的损害没有**因果关系（Ursachenzusammenhang）**，则债务人就没有损害赔偿的义务。这是第280条第1款以及一般损害赔偿法中的基本原则。第823条第1款对此作了明显地强调："有义务赔偿因此而产生的损害。"

超链接：因果关系与损害归责[121]

552 对于**原因性（因果关系）（Ursächlichket（Kausalität））**有何具体要求这一问题具有普遍性意义。下面对该问题进行探讨，其中同样需要讨论的是，债务人的损害赔偿义务具有哪些其他限制。

553 在自然科学上，任何结果（即事实上变化的产生）都具有原因行为，且这不可忽略，否则该结果就消灭。依据 condicio sine qua non 说[122]，任一结果都基于大量的原因：某人在大街上的香蕉皮上滑倒，则不仅是扔香蕉皮行为是该意外的原因，而是该意外受伤人和扔这个香蕉皮的行人的出生、该道路的建造等都造成了该事故的发生。该思维方式认为不同的原因具有等值性（因此称为**"等值理论（Äquivalenztheorie）"**），很明显这只适合笼统地排除所考虑的行为中哪些并不适合赋予损害赔偿义务。为了区分责任人的责任范围并对损害归责就必须要另寻其他更精确的区分标准。

554 所谓的**相当性理论（Adäquanztheorie）**试图实现对损害后果可归责的赔偿义务人进行限制并精确化。其认为，**如果某行为并非基于可能性才引起某结果**，则认为该行为与该结果间具有因果关系。不具有可能性的因果亦不应被考虑，且不引起责任。判决及法学理论已经基于相当性理论发展出了不同的标准，并以此来描述因果关系。对此涉及的是，损害产生的可能性不可设置太宽；依据理性的生活观念这不应涉及因果关系，或这需要行为必须通常能够造成所出现的结果。[123] 据此，该行为具有相当因果性，即不是在特别个别的、非盖然性的、依据正常的进程可被忽视的

---

[119] 《关于〈债法现代化法草案〉的说明及理由》，（2001年5月14日联邦议会党团的草案；联邦议会文件，第14届，第6040号），第135页（左半栏）。

[120] 参见 Hirsch 论文，载《法学训练》，2014年卷，第97页。

[121] 具体见 Musielak 论文，载《法学研究集刊》，2013年卷，第241页。

[122] 字面意义：联系，无此则不（产生结果）。

[123] 比如《帝国法院民事判例集》，104卷，第142页及其下（本文始于第141页）；第158卷，第38页（本文始于第34页）。类似的有：《联邦普通法院民事判例集》，第57卷，第141页（本文始于第137页）=《新法学周刊》，1972年卷，第36页=《法学训练》，1972年卷，第215页；v. Huber 论文，载《法学训练》，1973年卷，第439页及其下。

情形下，而是在通常情况下适于引起所出现方式下的结果。[124]

对运用相当性理论作出的结果归责时对个案的价值判断很关键，然而，这需要以结果产生前的视角、预见性地作出，且不依据实际上的发生过程如何。因此，该判断是基于引起结果的主体的视角，然而并非基于主观的视角，而是基于客观的基础来实施。在对不同观察者的意见产生分歧时，具有决定意义的应是**“客观的观察者（objektiver Beobachter）”**。判决对此设定得较宽，且取决于运用人类全部知识且特别是知悉该案全部细节的“最佳观察者”[125]，但理论中对相当性的界限认定得比较窄，且认为具有决定性的只是“有经验的观察者”的知悉，而对于赔偿义务人明知的、且亦为此类观察者可知的情形，不应被考虑得太宽。[126] 两个观点在结果上的区别如下： 555

示例： B让一个医生为其做手术。该医生使用了一种常用药物，B基于罕见的、自己亦不知情的身体特性而不能承受该药。如果B没有该特殊的身体特性就不会出现该损害。

如果依据最佳观察者的知悉，则必须注意到B特殊的身体秉性，这样，上述方式下损害的出现就并未超出任何盖然性。该观察方式似乎也赞成相当性因果关系。[127] 如果该判断仅仅为“有经验的观察者”作出则可能另当别论。其不可能预见到因该罕见的身体条件导致结果损害这一较远的可能性。因此，相当因果关系可能被否定。

该意见争议的影响还涉及，相当性理论只可应用于责任履行时的因果关系还是可被应用于责任成立时的因果关系这一问题。**责任成立上的因果关系（haftungsbegründende Kausalität）**是指人的行为与其所造成的侵害结果（被害人法益的侵害、违反涉及侵害人的义务）之间的原因性联系，**责任履行上的因果关系（haftungsausfüllende Kausalität）**是指该侵害行为与产生的损害之间的因果关系。 556

例如： 如果A开车撞到了B，则其行为是B法益（身体、健康）受侵害的原因（责任成立上的因果关系）。如果B基于该事故而错过了一个重要的会面，且因此而失去可营利性的交易，则该收入丧失与其他后果（比如医疗费）一样可归咎于该身体侵害（责任履行上的因果关系）。

本书的观点是，等值性理论的使用对责任成立上的因果关系已足矣，因为责任的限制基于责任的其他条件得出，特别是基于违法性要件与责任成立性行为的过错。相反，相当性理论应适用于责任履行上的因果关系，因为此范围内不存在这些 557

---

[124] 详见联邦普通法院案例，载《新法学周刊》，2002年卷，第2233页（本文始于第2232页）。

[125] 《联邦普通法院民事判例集》，第3卷，第266页及其下（本文始于第261页）。

[126] Larenz：《债法Ⅰ》，第27章，第439页及其下；Medicus/Lorenz：《债法Ⅰ》，边码638。

[127] 然而该观察方式并非始终被使用。比如联邦普通法院案例，载《新法学周刊》，1976年卷，第1144页（本文始于第1143页））就否定过，基于“最佳观察者”视角的相当性存在，如果字面或者事实上的侮辱引起了病人的脑溢血的话。类似的还有卡尔斯鲁尔州高等法院案例，载《新法学周刊—判例报导》，1992年卷，第1120页：狗咬狗事件与该事件中一只狗的主人心肌梗塞并无相当因果关系。

纠正措施，特别是过错要件。[128] 然而，此类区分只在对相当性理论进行限制、且不赞成宽泛的范围时才有意义，在借助“最优观察者”这一角色时几乎可以得出与依据等值性理论一样的结果。

558 然而，仅仅借助限缩性的相当性并不能实现对侵害人进行归责，且不可实现对其需要赔偿的损害后果进行限制。因此，**责任成立上的规范保护目的（der Schuzzweck der haftungsbegründenden Norm）**——亦简称为规范目的——被当做（另一）归责视角。据此观点，应保护每一合同上或法律上特定的利益，且债务人只对属于被保护的利益上的损失承担责任。该基于保护目的对损害赔偿义务的限制既适用于合同法又适用于侵权法。[129]

示例：

（1）A 出售木材给 B。该木材通过铁路运输。运输该木材的货车在铁路公司称重并确定重量。由于选错秤，在运输费用单上打印出极低的重量。A 依据该重量结算价款。当该错误被发现时，A 向铁路公司主张损害赔偿。[130]

（2）L 让搭顺风车的 M 坐在自己货车的载货区，尽管《道路交通规章》第 21 条第 2 款禁止在载货区载人。因为拉风，M 得了重感冒，且必须要看医生。其要求 L 赔偿因此而产生的费用。[131]

两个案例中的损害赔偿义务都应被排除，因为被违反的义务不是阻止基于上述方式所产生的损害，即该损害并不属于被违反的规范的保护范围。第一个示例中铁路公司有义务正确地测量货物的重量，并以此来计算合同对方的运输费。但是该重量测量不应成为合同对方其他财产处置的基础，特别是不是为计算合同价款而提供。如果托运人信任运输费单中的重量标示为正确，则是其自己的事情；若其因此而遭受损失，则该损失并非合同义务的保护范围。

同样适用于第二个示例。《道路交通规范》所涉规则防止的应是被运输的人从货车的载货区跌落。基于该跌落所造成的损失应是该规范的保护目的，相反，感冒的损失则并不是，因为该规范并不保护伤风感冒。

559 必须通过解释来确定所涉及的规范的保护范围有多宽，且该保护范围是否包括产生的损失。该分析既可以在违反合同义务中又可在侵权法中实施（详见其后）。

560 至于在保护目的理论之外再使用相当性理论是否还有意义，对该问题的回答亦是智者见智。理论中存在的观点是，相当性理论借助于可能性评价来寻找责任的界限已不合适实现自己的目的，且单单基于构建请求权的规范的保护目的已足以实现适当的责任限制。然而，绝大多数观点仍认为相当性理论与保护目的理论可以

---

[128] 比较联邦普通法院案例，载《新法学周刊》，1993 年卷，第 2234 页；该判决中得出该观点的明确趋势，尽管该判决最后并未定论。

[129] 《联邦普通法院民事判例集》，第 116 卷，第 212 页（本文始于第 209 页）=《新法学周刊》，1992 年卷，第 555 页。

[130] 比较 Lange 论文，载《法学家报》，1976 年卷，第 202 页，边码 65（本文始于第 198 页）。

[131] 参见 Medicus/Lorenz：《债法总论 I》，边码 640。

并存。[132]

在涉及被违反的规范所阻止的损害，且因此而禁止相应的危险，即被宣告为违法时，通常称作**“违法性关联（Rechtswidrigkeitszusammenhang）”**，而非“保护目的”。如果人们在此意义上理解违法性关联，则该关系与规范目的重合且这两个观察方式之间并无区别。 561

至此，结束对因果关系与损害归责的探讨。在因果关系领域还有一系列的问题，然而对此研究需要在高阶学习中进行（参见慕斯拉克/豪：《〈民法典〉司法考试教程》，边码 419 及其下）。 562

第五节　违反其他行为义务

一、既存合同关系中的行为义务

迄今为止，对债的给付障碍的探讨重点还在于违反不同类型的主给付义务。然而，第 280 条第 1 款中的责任绝非只限于这些情形。相反，债务人可能基于违反合同中所赋予的其他行为义务而具有损害赔偿义务。依据行为义务的内容可涉及给付保障性从义务或保护义务（概念见边码 229 及其下）。 563

- **给付保障性从义务（Leistungssichernde Nebenpflicht）**[133] 是指，保障债的关系符合合同的实施与合同所追求的目标的实现。在个案中涉及哪些义务需基于具体个案来判断。

例如： 专业的销售者负有告知购买者正确地使用购买的标的物与可能风险的义务，如果这对避免损害有必要的话（比如对可能使用的漆与胶或技术复杂且危险的机器的条件的告知）。从合同中还可能得出沉默性义务（比如银行所具有的对顾客在借贷中告知事实的保密义务）与竞业禁止（在企业或诊所转让时出卖人不得再开设具有同一竞争性企业的义务；边码 249）。

- **保护义务（Schutzpflicht）**[134] 要求债的当事人在执行债的关系时不侵害其他当事人的法益。该义务的具体内容要根据债的特殊性而具体化。对此并不取决于哪一方具有主履行义务。

例如： 一个工匠为了履行合同中约定的义务而进入合同对方住所地时，其必须注意在工作中不损害放在那里的家具。让买卖标的物送至家中的买受人必须准备好，出卖人在不违反交往规则而进入其家中时可以避免不必要的损害。

违反给付保障性从义务或者保护义务的合同主体，必须依据第 280 条第 1 款赔 564

---

[132] 详见《慕尼黑民法典评注》/Ortker，第 249 条，边码 125 及其下。

[133] 比较《慕尼黑民法典评注》/Bachmann，第 241 条，边码 83 及其下。

[134] 比较《慕尼黑民法典评注》/Bachmann，第 241 条，边码 46 及其下；Reischl 论文，载《法学训练》，2003 年版，第 45 及其下（本文始于第 40 页）。

偿因此而造成的损害。该赔偿的义务独立于债权人对债务人的给付请求。因此，同样可以称为**损害赔偿连带给付（Schadensersatz neben der Leistung）**，以强调与损害赔偿替代给付的区别。[135]

565 然而，对行为义务违反还存在的问题是，这对债务人的给付义务有哪些影响：如果行为义务的违反导致债务人不能依照合同作出所负给付（特别是在给付保障性从义务时会出现该可能性），则债权人可以在第 281 条的条件下主张**损害赔偿替代给付（Schadensersatz statt der Leistung）**。

例如：K 从 V 处购得一台洗衣机。附带的使用说明即使是专业人士也完全看不懂。V 亦没有对该洗衣机的使用作出足够的解释。该情形下 V 作出的给付不能被视为符合合同，因为对此不仅涉及无瑕疵的功能齐全的洗衣机，而且包括充分的使用说明义务。因此，V 并没有依据第 281 条第 1 款作出"依债"所负的给付。因此，在示例中 K 必须遵守的义务首先是为 V 设定一个给付期限，即交付一个通俗易懂的使用说明或以其他方式对此作出足够的说明。

566 即使**违反保护义务**一般也未影响到对主给付义务的履行，也可能出现因债务人违反义务使得不可苛求债权人继续遵守该合同并接受履行。该情形下债权人可以依据第 282 条第 1、3 款，第 282 条向债务人请求损害赔偿替代给付。

例如：油漆匠 M 依据合同粉刷 H 别墅里的各分房间。M 在工作的时候特别粗心，尽管 H 多次提醒，还是损坏了其安装的东西。[136] H 可以依据第 280 条第 1 款向 M 主张物的损害赔偿。这里同样还存有的问题是，H 是否有义务让 M 继续侵害，或其是否可以委托另一个油漆匠来从事该工作，并向 M 请求因此而遭受的损失（比如其必须支付更高的佣金），这些规定在第 282 条。

567 第 282 条赋予债权人在第 280 条第 1 款的条件下请求损害赔偿替代给付的权利。该请求权的法律基础位于第 280 条第 1、3 款及第 282 条。这两个规范一起被称为**请求权基础（Anspruchsgrundlage）**；与此相同的还有第 283 条情形（边码 530 及其下）。依据第 283 条第 1 款，债务人必须要对违反义务负责。依据第 282 条可得知，第 242 条第 2 款上的义务违反，即保护义务（边码 231 及其下），必须是实质的且严重的，因为只有这样对债权人继续履行合同并让债务人作出给付才不合理。对合理性的考查需要权衡合同双方之间的利益。

568 一般情况下仅仅违反义务并不赋予债权人不履行该合同的权利。只有当债务人在相应的**催告（Abmahnung）**后继续无视其所具有的保护义务，才认为债权人有权主张损害赔偿替代给付。依据第 281 条第 1 款，此范围内存在期限设定的双重必要性。只有当义务违反是如此地严重，以致对债权人单独遵守该合同已无期待可能，则无须作出催告。

如果上述（边码 565）示例中 H 与 M 因为损坏 H 安装的物品而争吵，其中 M

---

[135] 比较 Hiersch 论文，载《法学教育》，2003 年卷，第 290、292 页（本文始于第 289 页）。

[136] 《关于〈债法现代化法草案〉的说明及理由》，（2001 年 5 月 14 日联邦议会党团的草案；联邦议会文件，第 14 届，第 6040 号），第 141 页。

辱骂 H 或者纯身体上侵犯，则可得出上述法律情形。

第 282 条只涉及（如所述）违反保护义务，如果是违反给付保障性从义务，则涉及第 281 条；因为那里规定的给付或宽限期设定只有在债务人通过自己的行为还可以事后产生给付效果时才有意义。这些情况的界限很难区分，因为被违反的义务既可以保障实现合同目的又可以保障债权人法益的完整性。 569

例如： V 出售一电烤箱给 K，并在交货时交付给他一个错误的使用指南。该使用指南的目的在于正确使用该机器并因此保障实现合同目的。同时保证正确使用该烤箱而不会损害到 K 的法益，比如错误使用而引起火灾。因此，此处正确的使用指南对合同主体利益不受损害具有意义。

与修正后的给付障碍法的基本思想相一致，在向债务人请求损害赔偿之前，首先还要给予其一次依约履行的机会，如果债务人有可能成功地纠正违反义务的行为，则债权人要为债务人设定一个履行所负义务的期限。在违反保护合同主体法益与（给付）保证合同目的的附随义务时，则支持依据第 281 条来采取措施，且只有对此无期待可能时方可放弃设定期限。[137] 如果债务人之前催告认为接受该对待给付并不合理，则第 282 条同样适用该情形（边码 568）。 570

因此，电烤箱的例子中 K 要给 V 设定一个期限，以使其遵守告知义务并给予一份正常的使用指南。

然而，也存在这样的情形，即违反给付保障性从义务彻底阻碍了履行结果，且债务人的其他履行努力不再能够改变该结果。 571

例如： 一著名的电视主持人让一自传作家为其写一本自传。由于其最大的价值在于出版时自己为署名作者，该自传作家有义务对其工作保持沉默。然而该自传作家还是在脱口秀中无意中说出其写了该自传。[138]

该情形中的给付结果不仅在于撰写该书，而且在于对作者身份的保密。因此视沉默义务为主履行义务就显得完全正当。但是，如果将沉默仅仅视为给付保障性的从义务，该给付结果同样不可修复，对嗣后给付设定期限显得并无意义。因此，此处设定期限有必要基于特定的情形（第 281 条第 2 款第 2 种情形）。[139]

二、违反前合同上的行为义务——缔约中的过错

1. 基础

迄今为止所涉及的被违反的行为义务都是源自合同之中与合同履行过程之中。然而，需要考虑的还有前合同上的行为义务。所谓的**缔约过失（culpa in contrahen-** 572

---

[137] 类似观点见 NK-BGB/Dauner-Lieb，第 281 条，边码 4（即使嗣后履行仅在理论上可以时也要适用第 281 条）。

[138] 示例见 Knoche/Höller 论文，载《大债法杂志》，2003 年卷，第 28 页（本文始于第 26 页）。

[139] 因此该类情形无须类推适用第 282 条；其他观点见 Knoche/Höller 论文，载《大债法杂志》，2003 年卷，第 29 页及其下（本文始于第 26 页）。

do（c. i. c.））为德国法中的一个重要法律制度。*鲁道夫·冯·耶林（Rudolf von Jhering）*所创制的学说在历史中推进了学说及判决的发展，且立法者在《债法现代化法》的框架内确立在第311条第2款。[140]

573 缔约过失所基于的思想是，在合同关系实际开始之初，当事人之间即具有谨慎与注意义务。该纳入当事人之间既存的债的关系之中（第311条第2款）的行为义务的法律论证可回溯到基本原则之中，即被侵害人对侵害人的合理信赖产生失望。即将**法律行为中信赖要件的实现**视为该责任的基础。最后，该缔约过失体现为将合同法上的责任规则的前置，但并不表明该责任规则是最终所需的，因为之前德国侵权法显得较弱（特别是对纯财产损害与第三人错误行为责任严格的要件），无力确保此类情形下合理的责任。

574 缔约过失责任与第104条及以下诸条所表达的法律思想相适应，即保护非完全行为能力人。因此，限制行为能力人完全不因缔约过失而承担责任，限制行为能力人只有当该合同谈判与准备交易接触对其有拘束力或法定代理人接受该交易接触时才需承担责任。[141] 然而，无行为能力人与限制行为能力人可以行使基于缔约过失的请求权。[142]

2. 责任的构成要件

575 依据第280条第1款与第311条第2款，缔约过失责任需满足以下条件：

- 法定之债的产生
  —通过实施合同谈判或
  —通过启动合同，且其中有可能影响到他人的权利、法益与利益，或
  —通过与交易相类似的接触；
- 主义务人违反基于此而产生的第241条第2款意义上的保护义务；
- 基于此而造成损失，而这应为被违反的义务所防止；
- 主义务人或第三人的过错，对此，在交易接触框架内主义务人会使用到。

576 对该责任要件的具体内容为：

a）法定之债

577 基于缔约过失的**前合同之债产生的条件**规定在第311条第2款。该条第1项用“着手合同谈判”这一经典例子来描述法律行为中信任要件产生的原因，这也是该制度名称的由来。第2项与第3项表明，不仅是合同商谈之初，而是在当事人准备接触之时即已产生的一个法定债务关系，对此所使用的一般条款性的“类似的交易上的联系”（第3项）创制了一个相对宽泛的框架，但同时也表达出，仅仅是**社会**

[140] 对于法律发展见《慕尼黑民法典评注》/Emmerich，第311条，边码35及其下。

[141] Staudinger/Steinkötter：《法学训练》，2012年卷，第101页（本文始于第97页）：支持该结论类推适用第179条第3款第2句。

[142] 联邦普通法院案例，载《新法学周刊》，1973年卷，第1791页（本文始于第1790页）。

性接触则不符合。

某人进入一间商场，基于此会产生一个交易上的联系，即使并未作出实际的购买决定。只有在一开始就确定并不会订立任何合同，比如行人因为恶劣天气而暂时进入商场，则可否定该必要的交易上的联系。特别是社交领域的相遇因缺少交易上的联系而并不引起法定之债。 578

例如：农民 L 邀请其熟悉的住在城里的一家人来参观其农产品加工厂。期间由于 L 雇工的疏忽引起意外事故并造成一个客人受伤。该情形下排除缔约过失责任。该损害赔偿请求权只可基于侵权法得出。

相反，经营者（第 14 条）向一个消费者（第 13 条）提供一个未订购的货物或者作出其他给付（参见第 241a 条）则为一个交易性联系，其负有行为义务，如果消费者被所送达的物品损害须对此承担责任。且在遗失的意思表示（边码 99）情形下在表意人及受领人之间也产生交易性联系，这样如果表意人因过失而遗失该意思表示的话则要相应地考虑到其责任。[143] 579

缔约过失之债或基于合同成立或因交易联系中断而结束。然而，即使确定不会订立合同，交易联系仍可以再继续。 580

例如：K 想进入 V 家的商场买一件衬衫。由于没有发现中意的衬衫就放弃了购买决定。出去时因地上的水果皮而在门口滑倒并受伤。

这涉及第 311 条第 2 款第 2 项意义上的合同开启情形。V 为所有潜在的客户而开店，这样他们可以进入实施以订立合同为目的的交易联系。如果潜在客户进入该商场，则他们给予 V 可以影响到自己权利、法益与利益的可能性。V 即具有保障与保护的义务（详见其后），这一直保持到该影响消失为止，此处即到离开该商场之时。

b）行为义务

法定的缔约过失之债**并无第一性的给付义务，而只是行为义务，即保护义务**（边码 231 及其下），该义务要求每个当事人特别要注意他人的权利、法益及利益（第 241 条第 2 款）。在权利与法益之外明确表示的对“利益”的衡量在第 311 条第 2 款第 2 项与第 241 条第 2 项中清楚表明要保护财产利益以及其他利益（比如决定自由）。[144] 法定的缔约过失之债的当事人所负的保护义务的内容会依据个案的具体情形而定。这在第 241 条第 2 款中表述为“依据其内容”。对所涉及的行为义务的表述必须限于列举的具体案例类型，以对缔约过失的适用范围有一般性的概括。 581

案例类型 1：对生命、健康与财产的保护与照顾义务 582

该义务具体化为，其要求任一交易性联系的当事人在合理范围内不造成其他当

[143] 联邦普通法院判例，载《新法学周刊—判例报导》，2006 年卷，第 849 页，边码 29（本文始于第 847 页）；Jauernig/Jauernig，第 130 条，边码 1。

[144] 《关于〈债法现代化法草案〉的说明及理由》，（2001 年 5 月 14 日联邦议会党团的草案；《联邦议会文件》第 14 届，第 6040 号），第 163 页。

事人人身与物的损害。比如保持潜在合同主体进入的区域处于交往安全状态，以便防止发生损害：

例如：掉落的一卷地毯伤害到一女顾客[145]；地面上的香蕉皮造成商场中的意外[146]；超市地面上的菜叶导致一小孩跌倒[147]；购买意向者在试驾中造成机动车受损。[148]

583 **案例类型 2：说明、提示与解释的义务**

原则上在合同洽谈中有义务向对方说明对所追求的合同目的具有阻碍的情形和对决定缔结合同具有重要意义的情形，如果依据交往观点允许期待该类告知的话。[149]第241条中保护义务中的解释义务的界限[150]，必须运用诚实信用原则基于个案的特殊情形来分析。[151]对此得出，缔结合同的任何人必须充分地说明诸如市场关系、需注意的法律规定与合同中的经济负担等。因此，此类义务并非过远地涉及向对方解释与合同相关的全部风险与后果。然而，有意义的是，合同主体是否可以向对方利用自己知识的优势。特别是是否允许技术上、经济上或者交易上的无经验者信赖具有充分专业知识的合同对方对其已经告知了全部与此相关的重要情形。危害合同目的的强度以及可能损害的种类与范围是判断上述问题的要点。

例如：对对方明显不知情的影响合同效力的情形的提示义务，比如合同的形式或者追认的必要性；对可能造成合同目的落空或阻碍合同履行情形的告知义务；比如企业所有者在转让其企业的商谈中有义务对意向者告知：因当前的出口限制，对特定产品必不可少的原材料已不可获得，或一家独一无二的配件供应商与该企业的合同关系已终止。

584 然而由于没有说明或错误说明也可造成基于物的瑕疵的请求权，或者给予基于欺诈依据第123条而解除合同的权利（边码416及其下），基于缔约过失责任可以得出如下**区分的问题：**

- 如果出卖人**对买卖物的质量作出了错误的说明**，导致买卖物的（实际的）质量低于合同确定的（应然的）质量，则对购买人基于此而遭受的损失可基于买卖合同的瑕疵责任条款（第434、437条）来寻求赔偿。基于缔约过失的

---

[145]《帝国法院民事判例集》，第78卷，第239页及其下。

[146] 联邦普通法院判例，载《新法学周刊》，1962年卷，第31页及其下＝《法学训练》，1962年卷，第116页。

[147]《联邦普通法院民事判例集》，第66卷，第51页及其下＝《新法学周刊》，1976年卷，第712页＝《法学训练》，1976年卷，第465页。

[148] 联邦普通法院判例，载《新法学周刊》，1968年卷，第1472页及其下。

[149] 联邦普通法院判例，载《新法学周刊》，2006年卷，第3141页，边码18（本文始于第3139页）；《德国法月报》，2009年卷，第16页（本文始于第15页）。

[150] NK-BGB/Krebs，第311条，边码72；Palandt/Grüneberg，第241条，边码7；Lorenz/Reihm：《债法》，边码381。其他观点见Zimmer，载《新法学周刊》，2002年卷，第7页（本文始于第1页）。

[151] 比如联邦普通法院（《新法学周刊》，2001年卷，1067页（本文始于第1065页））认可合同主体有义务示明其向另一方执行合同谈判的雇员支付贿赂的义务。

请求权则不存在。[152] 相反，如果该错误说明并不属于第434条第1款意义上的质量约定，则（只）可以依据缔约过失责任规则来判断（边码874）。

- **基于恶意欺诈而撤销**的条件是，欺诈人故意行为（边码473），且只能在第124条的期限内作出。然而对于缔约过失的请求权而言，可以基于过失地误导而恢复没有欺诈时的状态（第249条第1款），即首先在3年期间内（第195条）要求解除合同义务。由于请求解除合同义务在事实上带来与依据第123条来解除同样的结果，所以有争议的是，两个权利是否可以并列行使，或依据第123条的解除是否作为特别法规定来行使。联邦普通法院[153]原则上允许竞合存在。为了论证，该法院指出了这两个制度之间存在的不同之处，即撤销是针对影响意志的禁止方式，确切地说是独立于损害产生的，而保护对法律行为领域的决定自由，而依据缔约过失原则的恢复则要求在构成要件方面具有损害产生。[154] 该法院基于此得出，依据缔约过失规则对合同恢复原状的前提是过错违反谨慎义务而引起的财产损害。然而，《债法现代化法》中的缔约过失规则并未坚守该理由，因为第311条第2款第2项同样保护决定自由（边码637）。如果欺诈人的欺诈诱使了合同缔结，没有该欺诈就不会或者至少不会缔结所约定的内容，则违反了决定自由，且欺诈人基于第280条第1款及第249条所负有的自然恢复责任必然导致对决定自由的恢复，这一般意味着撤销合同。[155] 对此，产生财产损害并非要件。[156] 然而，需否定的是，存在第123条第1款第1种情形上的故意欺诈时就排除基于缔约过失的请求权。一方面，解除与基于缔约过失的请求权之间的区别反对此种观点；另一方面这似乎有利于故意欺诈者，而这完全是不合理的。[157]

案例类型3：合同谈判中断 585

主流观点认为，如果某人首先使他人确信该合同会成立但后来无理由地中断谈判，则其具有赔偿他人因信任该合同成立采取一定措施（比如终结合同）或支出费用而遭受损失的义务。[158] 然而，对合同成立的信任只有当所有订立合同的关键点已经确定，且无须再进行商谈时才具有合理性，因为否则尚未达成合意并因之合同谈

[152] Brox/Walker：《债法总论》，第25章，边码18；NK-BGB/Krebs，第311条，边码78及其下。

[153] 详见《新法学周刊》，2002年卷，第2775页（本文始于第2774页）。

[154] 联邦普通法院案例，载《新法学周刊》，1998年卷，第304页（本文始于第302页）。

[155] Weiler论文，载《大债法杂志》，2002年卷，第250页（本文始于第249页）。

[156] Weiler论文，载《大债法杂志》，2002年卷，第250页（本文始于第249页）。

[157] 因此主流观点支持两规制的竞合；参见Schwab论文，载《法学训练》，2002年卷，第774页及其下（本文始于第773页）；《慕尼黑民法典评注》/Armbrüster，第123条，边码90；Palandt/Ellenberger，第123条，边码27。

[158] 联邦普通法院案例，载《新法学周刊—判例报导》，2001年卷，第382页（本文始于第381页），同样比较联邦普通法院案例，载《法学家报》，1991年卷，201页（本文始于第199页）；据此，这不应取决于是否有过错地引起了订立合同的确定期望。Kaiser论文，载《法学家报》，1997年卷，第449页（本文始于第448页），要求违反义务地造成对合同成立的信赖，因为否则合同自由（边码141）也被赋予了无理由地放弃缔结合同之人。其他观点见Bodewig论文，载《法学教育》，2001年卷，第1页。

判失败就必须被考虑在内。[159]

例如：一个雇主给某应聘者的印象是，其确定将要聘请他并意欲让其放弃已有的工作。[160] 或：专利许可人通过谈判使谈判对方有理由相信将缔结专利许可合同，并因此促使其投入巨资。[161]

理论中还有让此案具有合理结果的其他解决方案。其建议考查的当事人行为是，**前合同（Vorvertrag）**（边码 60 及其下）是否尚未产生合同上的拘束力，而且或许在之后的一定条件下因既存障碍被克服而成立。但是，如果基于具体情形而确定是一方仍尚未想被（前合同）约束时应否定具有损害赔偿义务（即使基于缔约过失）。[162] 另一种观点想在此类情形中适用第 122 条，且基于此而认同具有**无过错的信赖责任（verschuldensunabhängige Vertrauenshaftung）**。[163] 对这些方案的分析此处并不讨论。[164]

因合同谈判中断而产生的损害赔偿责任的重要限制规则源自具有警示功能的**形式条款（Formvorschrift）**（边码 59）。由于缔约过失责任不可违反形式条款的目的而直接强制与合同对方订立合同。联邦普通法院[165]因而对此类案件中的损害赔偿要求中断合同谈判严重违反合同谈判中的诚信行为义务，且一般需要故意。[166]

c）其他责任前提

586 不管是赔偿责任人的行为与违反行为义务的行为之间，还是违反义务与产生的后果之间都必须存在**相当性理论上的因果关系**（边码 554）。此外，缔约过失的责任还受到**保护目的理论**的限制[167]：需要赔偿的应是如果注意到对被违反的行为义务的话就可以避免的损失（边码 558 及其下）。最后的责任条件是**责任承担者有过错地作出了行为**，即故意或过失地违反了行为义务（边码 464 及其下），或者责任承担者在合同谈判或准备性的交易接触中有过错地行为（第 278 条）。

3. 第三人的自己责任

587 例外情形是代理人或谈判辅助人的自己责任，即替代已经是或应当是被侵害者

---

[159] 多塞尔多夫州高等法院案例，载《新法学周刊—判例报导》，1988 年卷，第 988 页；勃兰登堡州高等法院案例，载《新法学网络杂志》，2010 年卷，第 826 页（本文始于第 825 页）。

[160] 联邦劳动法院案例，载《企业》，1974 年卷，第 2060 页。

[161] 联邦普通法院案例，载《新法学周刊》，1975 年卷，第 1774 页。

[162] Medicus/Lorenz：《债法 I》，边码 107。

[163] Larenz：《债法 I》，第 9 章，第 1 节（第 107 页及其下）。

[164] 参见 Schwab 论文，载《法学训练》，2002 年卷，第 776 页及其下（本文始于第 773 页）。

[165] 联邦普通法院案例，载《新法学周刊》，1996 年卷，第 1885 页（本文始于第 1884 页）；比较萨尔布吕肯州高等法院案例，载《德国法月刊》，1998 年卷，第 589 页。

[166] 比如 Emmerich：《给付障碍》，第 7 章，边码 71。反对形式自由与形式约束的合同的不同行为——然而具有不同的立场——Gehrlein 论文，载《德国法月刊》，1998 年卷，第 448 页及其下（本文始于第 445 页）；Kaiser 论文，载《法学家报》，1997 年卷，第 449 页（本文始于第 448 页）；Schwab 论文，载《法学训练》，2002 年卷，第 777 页（本文始于第 773 页）。

[167] 联邦普通法院判例，载《新法学周刊》，1992 年卷，第 556 页（本文始于第 555 页）。

的合同对方而承担责任，或与之共同承担责任（第 311 条第 3 款）。如果代理人或者谈判辅助人特别具有可信任性，且因此严重地影响到了合同谈判或合同订立，则认定其具有该类替代责任（第 311 条第 3 款第 2 句）。而这样的人称为："专家"，并因此称缔约过失框架内的第三人的责任为**"专家责任（Sachwalterhaftung）"**⑯⑧。对此涉及的情形是，专业人员或其他"顾问"⑯⑨，即自称或事实上掌握一定信息的人，而该信息对被害人的交易具有重要意义，因此其意见对合同订立有特殊作用，因为受损方信任其客观性及中立性。对专家的个人信赖可以通过对某合同标的物的专业知识来获得，或通过对个人特别信任的印象而引起。⑰⓪ 同样，对于参与合同订立的第三人在追求自己的直接经济利益情形，主流观点认定具有第 311 条第 3 款上的第三人的责任。⑰① 然而，与第三人责任的其他情形一样，在此范围内需要很大的克制。第三人的自己责任始终被视为例外情形。⑰② 对此，虽然具有第 311 条第 3 款上的法定规则，其本质上还只是作出专家责任判决的法律基础。⑰③ 因此，如果合同仅仅是给第三人带来间接的经济上的利益并不足够；相反，第三人需要与合同标的物具有一个紧密的关系，就如同对自己的物行为一样。⑰④ 例如，在迄今为止所作出的判决中认定了机动车销售中介的自己责任，而该类判决仍值得重视。⑰⑤

4. 法律后果

被侵权人可以基于第 280 条第 1 款主张其所遭受的损失：责任承担者有义务恢复至如同其没有过错违反其所负行为义务时一样的状态（第 249 条第 1 款）。如上所述（边码 584），该请求权可以特别针对免除合同的拘束力，如果主义务人通过自己的行为促使该合同订立的话。该免除请求权同样可以作为抗辩形式来对抗主义务人的履行请求；如所指出那样，此处对被侵害人而言在事实上的结果如同意思表示被撤销一样。但是，被侵害人同样可以依照合同来请求因对方违反行为义务而引起 588

---

⑯⑧ 比较联邦普通法院判例，载《新法学周刊》，1997 年卷，第 1233 页；《新法学周刊—判例报导》，2011 年卷，第 462 页。

⑯⑨ 《关于〈债法现代化法草案〉的说明及理由》，（2001 年 5 月 14 日联邦议会党团的草案；联邦议会文件，第 14 届，第 6040 号），第 163 页。

⑰⓪ 联邦普通法院案例，载《新法学周刊》，1990 年卷，第 506 页；《新法学周刊—判例报导》，2006 年卷，第 994 页，边码 15（第 995 页）；Radkel/Mand 论文，载《法学教育》，2000 年卷，第 245 页（本文始于第 243 页）。

⑰① 联邦普通法院案例，载《新法学周刊—判例报导》，2002 年卷，第 1310 页（本文始于第 1309 页）；2006 年卷，第 994 页，边码 15（本文始于第 993 页）；《新法学周刊》，2007 年卷，第 1363 页，边码 9（本文始于第 1362 页）；Emmerich 论文，载《法学训练》，第 402 页；Schwab 论文，载《法学训练》，2002 年卷，第 872 页及其下。其他观点见 Lorenz/Riehm：《债法》，边码 376。

⑰② 联邦普通法院案例，载《德国法月报》，1992 年卷，第 939 页。

⑰③ Canaris 论文，载《法学家报》，2001 年卷，第 519 页及其下（本文始于第 499 页）；Lorenz/Riehm：《债法》，边码 376。

⑰④ 联邦普通法院案例，载《新法学周刊—判例报导》，2006 年卷，第 110 页，边码 25（本文始于第 109 页）；2006 年卷，第 994 页，边码 15（本文始于第 993 页）；Emmerich 论文，载《法学训练》，2003 年卷，第 402 页；Brox/Walker：《债法总论》，第 5 章，边码 12。

⑰⑤ 参见《联邦普通法院民事判例集》，第 63 卷，第 384 页及其下（本文始于第 382 页）＝《新法学周刊》，1975 年卷，第 642 页＝《法学训练》，1975 年卷，第 462 页；《联邦普通法院民事判例集》，第 79 卷，第 283 页及其下（本文始于第 281 页）＝《新法学周刊》，1981 年卷，第 922 页。

的财产损害赔偿。

例如：由于出卖人错误的陈述而导致约定了过高的价格；买受人则可以请求减少该合同价格至该标的物的真实价值。[176]

589 如果合同因他人违反义务而不生效，则受害人可以**请求赔偿履行利益（Erfüllungsinteresse）**，即请求恢复至如同该合同生效一样的状态——如果确定被害人可以订立该合同的话。[177] 如果因主义务人过错而未向受害人指出所涉及的形式条款而导致该合同无效，则不可请求履行该无效的合同；因为这有违形式条款的目的（边码 583 末尾）。联邦普通法院[178]认为在该类案件中，受害人有权请求金钱形式的损害赔偿，以使其获得同等价值的其他标的物（具体案例中指不动产）。

第六节 债权人迟延

一、引言

590 如果债权人对给付缺少必要的协助，特别是未接受依约作出的给付，因此导致债务人不能作出给付，则该行为排除债务人迟延，因为债务人对该给付迟延并不负责。[179] 但是，另一方面由于债务人所负的给付义务仍存在，似乎只有债权人的此类行为——**债权人迟延或受领迟延（Gläubigerverzug oder Annahmeverzug）**——对债务人产生有利的法律后果才显得公平。对此后面会探讨；首先应具体阐述债权人迟延的条件。

二、条件

591 依据第 293 条，债权人在“当其不接受对其提供的给付时”陷入迟延。因此，债权人迟延的条件是，履行原则上仍可能实现，因为只有可实现的给付才能被作出。但是仅仅债务人向债权人提供（可实现的）给付还不够，相反，其必须对此有权。据此，债权人迟延需要满足以下要件：

- 给付可实现

---

[176] 联邦普通法院案例，载《新法学周刊》，2006 年卷，第 3141 页，边码 21 及其下（本文始于第 3139 页）；Mertens 论文，载《大债法杂志》，2004 年卷，第 69 页及其下（本文始于第 67 页）；Theisen 论文，载《新法学周刊》，2006 年卷，第 3102 页。

[177] 联邦普通法院案例，载《新法学周刊》，1998 年卷，第 2900 页；2001 年卷，第 2875 页；2006 年卷，第 3141 页，边码 23（本文始于第 3139 页），指出，受害人在诉讼中必须证明认为对其有利的合同已经成立；同样比较 Lorenz 论文，载《新法学周刊》，1999 年卷，第 1001 页；Stoll 论文，载《法学家报》，1999 年卷，第 95 页。

[178] 载《新法学周刊》，1965 年卷，第 814 页（本文始于第 812 页）。此类情形下损害赔偿责任限于信赖利益（概念见边码 460）的赔偿，见 Kaiser 论文，载《法学家报》，1997 年卷，第 453 页（本文始于第 448 页）。

[179] 联邦普通法院案例，载《新法学周刊》，2008 年卷，第 2762 页，边码 7（本文始于第 2761 页）。

- 债务人有权给付
- 提供给付
- 债权人不接受该给付

1. 给付可能

对迟延与给付不能互相排斥的判断（边码 479），同样适用于债权人迟延：在持续性的（客观的或主观的）给付不能时适用的是调整给付不可能作出时不履行情形的条文。假如债务人只是暂时无力履行，且该履行事后可以恢复，如果此时存在给付不能，则债权人并不陷入迟延（参见第 297 条）。**受领迟延与给付不能的区分**在债务人没有债权人的协助下就不能作出给付，且债权人不想或不能作出协助的情形时会比较困难。 592

例如：

（1）A 在 F 的驾校报名学习驾驶。但是当约定时间已到时 A 并未来上课。

（2）由于 A 的汽车趴窝，其打电话给 U 的拖运公司，请他将其从 A 村拖运到 B 城。当 U 到达 A 村时，U 既未看见 A 又未看见该车。

由于债权人的行为阻碍了债务人作出给付，因而不可认定这是给付不能。因为债权人迟延情形在与给付不能区分时必须依照给付不能的规则来判断，且有关债权人迟延的条文似乎是多余的。相反，债权人迟延与给付不能的区分需要据此判断，即**虽然当缺少债权人的协助时该给付仍可恢复**（则为债权人迟延情形），或其是否事后不可再被作出（则为给付不能）。[180] 因此，如果债权人持续处于不协助状态，且债务人因此而长期不能给付，则视为给付不能情形。 593

如果第一个示例中 A 在意外中严重受伤而长期不能驾驶机动车，则该驾驶培训就不可补救，这样债务人的履行就成为给付不能；A 永远不能再学驾驶。债务人则依据第 275 条第 1 款而被免除给付的义务。如果 A 只是因为生病在该驾驶时间没来，且在其康复后完全能够参加驾驶培训，则另当别论。这样该给付就可以恢复，且因此而存在债权人迟延情形（这里并不取决于过错）。

如果第二个示例中 U 是因为该期间 A 的汽车问题被解决并自己将车开到了 B 城，因此 U 并未在 A 村遇见 A，则该情形下存在债务人的给付不能（同样比较慕斯拉克/豪：《〈民法典〉司法考试教程》。边码 136）。由于合同的目的是拖运该损坏的汽车，且该目的以后也不再能被实现。即使 A 可能让 U 拖运该（可驾驶的）汽车也改变不了以上结论。基于此同样很难实现该合同目的，就如在绝对定期交易中嗣后履行一样；在此范围内该情形与绝对定期交易存在的共同之处是该履行迟延都导致给付不能（边码 483）。

2. 有权给付的债务人作出给付

债权人只有当其不接受对其作出的“如它所应成就那样”（第 294 条）的给付 594

---

[180] 参见——（同样涉及其他观点）——《慕尼黑民法典评注》/Ernst，第 293 条，边码 7 及其下。

时才陷入迟延。因此，该给付必须：

- 在正确的时间
- 在正确的地点
- 以正确的数量与质量提供

595 该给付必须在正确的时间被提供是指，债务人必须有权在其提供给付的时间点作出给付。如果给付时间并未确定，则债务人原则上依据第 271 条立刻作出给付。同样，如果履行时间已经确定，则债务人依据第 271 条第 2 款中的解释规则在“有争议的”时间点之前作出。但是，如果基于法律、法律行为或者个案情形得出其他内容则另当别论。

例如：债务人的付息贷款未被立刻归还则明显对债权人有利。相应地债务人不允许随便将所受领的贷款归还（参见第 488 条第 3 款）。尽管如此债务人还是提供给付，此时债权人如果拒绝受领则并不陷入迟延。

596 债务人在许多情形下可以自由选择**提供给付的时间**。另一方面，由于不可苛求债权人持续地处于接受状态，如果当给付时间并未确定或债务人可在该确定时间之前给付，但没有在给付时间之前的合理时间内告知债权人，则依据第 299 条，债权人并不因**暂时的拒绝受领**而陷入迟延。

例如：工匠 M 应修理 H 家的暖气。M 承诺“一周之内”过去。M 并未预约就前往，且在那里并未遇见任何人，这样 H 并未陷入迟延。相反，M 必须准确告知开始工作的时间，这样 H 可以为此做准备。

597 第 299 条中的规则所表述的原则是，在提供给付的时候要特别重视**诚实信用**原则。该原则导致如果债务人没有在合理的时间提供给付，比如在交易领域中没有在正常的交易时间，比如在深夜或周末，则即使事前对履行作了告知亦不发生债权人迟延。

598 给付必须在正确的地点，即在必须给付的地点，即给付地提供给付（边码 216）。给付地或基于各方约定或基于特别条文的规定而确定（比如第 697 条、第 811 条第 1 款、第 1194 条）；如果缺少二者，且不可基于具体案情，特别是基于债的本质得出给付地，则适用第 269、270 条。在**赴偿之债**（边码 218）中，债务人必须要将给付标的物运送给债权人，且在其住所地或经营地作出。在**送交之债**（边码第 219）中，如果涉及债权人拒绝受领，则该债务人必须已将给付标的物寄往债权人，且该债权人必须已到达债务人之处；如果运输迟延，则并不造成受领迟延。在**往取之债**（一般情形，参见第 269 条，边码 217）中，债务人作出口头上的提供给付即可使得债权人陷入迟延（参加第 295 条第 1 句第 2 中情况）。

599 给付必须是完整的、以正确的数量与质量作出。如果债务人只是提供部分所负给付（比如所买的 5 台机器中的 3 台、100 公担的土豆只提供 50 公担），则债权人可以拒绝接受所提供之物（参见第 266 条）。只有当剩余部分与所负给付的全部数量相比很少时，债权人如果拒绝给付则有违诚信时，该拒绝权才消失（比如 100 公担的土豆提供了 99 公担）。如果债务人提供了有瑕疵的给付，则债权人可以对此拒绝。特别是在种类之债时，除了另有约定外，要提供中等以上的类型与质量的标的物（第 243 条第 1 款）。

例如：零售商 H 在批发商 G 那里订了两公担的柏斯库派牌 A 级苹果，当苹果被供货时，H 发现大部分苹果已腐烂。由于该货物并非 A 等级里（中等以上）的类型与质量，H 拒绝接受并不陷入迟延。

如果债务人在保留返还请求权时提供给付，则债权人拒绝该给付并不陷入迟延。因为该情形下债务人并非"如他应所实现的那样"作出该给付（第 294 条）。[181] 600

如果不涉及往取之债（如所述，依据第 295 条对此一个语言上的表示就足够），债务人必须对债权人**"事实上"作出**给付（第 294 条）。这必须以债权人只需协助即可实现的方式出现。如果债务人只是准备所负的给付，没有事实上提供给债权人，则因此并不会引起迟延。然而，并非所有债务人向债权人（事实上）提供给付的情形中都需要债权人对事实上的给付作出都知情。例如，如果债务人在约定的时间到达债权人处，以便在其房中实施修缮工作，但是其房中并无任何人，这样债权人基于债务人此次徒劳的、为了履行的到访而陷入迟延。 601

第 295 条规定了**言词给付（wörtliches Angebot）**即足够的两种情形： 602

- 债权人表示其不想接受该给付；
- 需要债权人必要的协助行为。

在第一种情形中，债权人通过其行为使得实际给付作出显得多余。债权人通过语言上的表示再一次指出债务人的给付已准备好即足矣。第二种情形中言词给付具有同样的目的：由于给付结果只有在债权人协助时才能产生，债权人通过语言表示已知悉债务人的给付并准备实现协助即足矣。如果确定了协助时间，则债权人无须特意告知；如果债权人没有准时作出约定的时间上的协助行为，则依据第 296 条，任一作出行为都已多余。言词给付是一准（法律）行为（边码 239）。由于其目的在于使得债权人知悉债务人的履行准备，所以这必须相应地适用第 130 条（边码 93 及其下）。 603

3. 债权人不接受给付

如果债权人不接受对其正常作出的给付或不作出应实施的协助行为（比如往取之债中不到债务人处领取给付标的物），则债权人因此陷入迟延。这并不取决于其不作为的原因。与**债务人迟延不同，债权人迟延不以过错为前提**；这比较合理，因为法律并未规定债权人仅仅因为迟延就具有损害赔偿义务。 604

在债务人只有当**债权人给付**时才有义务作出给付的情形中，如果债权人尽管想接受所作出的给付，但是不想作出自己所负的对待给付，则债权人仍可陷入迟延（第 298 条）。如果债权人明确且彻底地表明其不会对其所负之给付同时给付，则债务人言词给付即足矣（边码 602）。[182] 605

例如：K 在葡萄酒商 H 处订了 20 瓶特定的葡萄酒，并让其送给他。当 H 在约

---

[181] 联邦普通法院案例，载《新法学周刊》，2012 年卷，第 1717 页，边码 7。

[182] 联邦普通法院判例，载《新法学周刊》，1997 年卷，第 581 页。

定的时间带着酒出现在 K 处时，K 表示其想以转账方式支付价款。然而 H 想在用现金支付时才交付该葡萄酒。当 K 对此表示否定时，H 将该葡萄酒提回。

由于如果没有先给付的义务，则对等合同的债务人只具有同时给付的义务（第 320 条），因为 K 没有向 H 作出其对待给付（所负的价款），所以依据第 298 条陷入债权人迟延。

三、法律后果

606 由于债权人原则上不负有接受债务人所作的给付义务和对此作出协助的义务，因而依据第 280 条第 1 款其并不因债权人迟延而具有损害赔偿义务。然而，债权人可能同时基于特殊规则而具有接受该给付的义务。

例如：依据第 433 条第 2 款，买受人负有接受出卖物的义务。如果其并不遵守，则其作为债务人可能会陷入债务人迟延。

607 债权人迟延并不改变债务人所负有的作出给付的义务。只有特殊的接受劳务的权利人受领迟延时才基于第 615 条免除劳务义务人事后给付的义务。对于其他债务人仍存在的给付义务因债权人迟延而适当减轻。如在债权人给付迟延期间，则债务人免于**轻过失（leichte Fahrlässigkeit）**上的责任（第 300 条第 1 款）。因此，如果给付标的物因债务人的轻过失而损毁，则依据第 275 条第 1 款免于给付义务，且无须作出损害赔偿，因为其无须对轻过失负责（第 280 条第 1 款第 2 句）。同样，债权人也很难请求债务人赔偿因轻过失而造成的损害。另一方面，尽管在对等合同中债务人给付不能，但是依据第 326 条第 2 款第 1 句第 2 种情形仍有权请求对待给付。

例如：V 租了 M 的汽车共 14 天。并约定将该车送至 M 的住处。当 V 在约定时间到达 M 的住处时并未遇见任何人。因此，其不能将该车还给出租人。在回去的路上由于 V 的轻过失而发生交通事故，并造成该车报废。该情形中 V 依据第 275 条第 1 款免于给付的义务，且依据第 326 条第 2 款第 1 句第 2 种情形拥有支付租金请求权。

608 依据第 300 条第 2 款，种类之债的风险在债权人因不接受提供之物而陷入迟延时转移至债权人。为了正确地理解该条文，必须首先解释如何理解**"风险（Gefahr）"**这一概念。民法中的风险是指偶然的危险，即既非债权人又非债务人对标的物的灭失负责。谁在债的关系中承担"风险"，据此就必须容忍所负之给付不能作出的后果。关于给付不能的法律规定及其后果导致给付的风险，即**"给付风险（Leistungsgefahr）"**，必须为债权人承担。因为如果所负给付标的物因意外灭失，则债务人依据第 275 条第 1 款而免于该给付义务，且并不负有第 280 条第 1 款意义上的损害赔偿，因为其并不对因不给付而违反义务负责（第 280 条第 1 款第 2 句），除非其陷入债务人迟延，依据第 287 条第 2 句其必须对该期间的意外事件负责（边码 562）。在给付标的物意外灭失后债权人一般也无须作出对待给付，即债务人的**对待给付的风险（Gegenleistungsgefahr）**（**亦称为价格或者支配风险（Preis- oder Vergütungsgefahr）**），这里只是指出该点（参见第 326 条第 1 款第 1 句），对此后面还会涉及。

第 300 条第 2 款涉及给付风险。对此条文需要注意的是，种类之债中的债务人——不同于特定之债——通常承担实现的风险（边码 460），且因此而不能依据第 275 条第 1 款或第 2 款主张给付免除，如果其可以在市场上获得该种类物的话。但是由于**特定化（Kontretisierung）**后种类之债转为特定之债（边码 213 及其下），依据第 275 条第 1 款，此刻给付风险已（如所述）转归债权人。因此，第 300 条第 2 款只在特定化之前具有意义。然而由于在债务人一方对该物已完成必要的行为，如果债务人将该物提交给债权人，且因此该债务实现了特定化（参见第 243 条第 2 款；边码 233 及其下、边码 220），第 300 条第 2 款的适用范围限于债务人提供了给付的情形，而非基于此产生的特定化。比如，如果债权人事先就拒绝受领，且因此依据第 295 条通过**言词给付**即已陷入迟延。如果涉及赴偿之债与送交之债，则由于债务人对被给付标的物的选择在其一方尚未作出必要的行为（边码 220），这样依据第 243 条第 2 款及第 275 条第 1 款该风险尚未转移至债权人。但是依据第 300 条第 2 款该情形下的风险转移已成就，如果债权人拒绝了对其作出的给付的话；因此，如果给付标的物基于非债务人可归责的情形而灭失，则依据第 275 条第 1 款债务人的义务被免除。然而依据主流观点，只有当给付标的物被充分限制，依据第 300 条第 2 款该给付风险才转移至债权人。这意味着，在债权人因言词给付而陷入迟延的情形中，债务人必须已经析出待给付的标的物。然而，该析出可基于提交给付而产生。 609

有争议时，债务人必须承担将金钱之债送至债权人住处的义务并自担风险（第 270 条第 1 款）。因此，**金钱之债（Geldschuld）**在不能达成一致时默认为送交之债，对此特殊之处在于债务人必须承担转交期间的损失风险（所谓的**"特殊的送交之债"（qualifizierte Schickschuld）**）。即使不将金钱之债视为种类之债，而是一个价值之债，即债务人必须对债权人提供一定的价值量[183]，也必须至少相应地适用第 300 条第 2 款。由此得出，债权人在受领迟延期间承担风险：即如果该金钱由于意外或者债务人或其辅助人（第 278 条）的轻过失（第 300 条第 1 款）而致遗失，则债务人不必再支付。 610

例如：S 从 G 处获得 1 000 欧元贷款。并约定 S 在 6 月 1 日上午将现金在 G 的住处还给 G。当 S 在约定的时间到达 G 的住处时却无人开门。当 S 带着该钱返回时，其在人行道上被一个骑摩托车的人撞倒。其因受伤而送往医院。在那里其发现现金不见了。其不能查明是在事故中丢失还是被偷了。该案中，由于 G 的受领迟延（第 293 条），依据第 300 条第 2 款，S 免予返还（第 488 条第 1 款第 2 句）的义务。

第 270 条只涉及转账风险，即在汇款中遗失的风险（特别是没有汇款或错误汇款），该风险由债权人承担，但是并不涉及**迟延的风险（Verzögerungsgefahr）**，即准时作出汇款但是迟延到达债权人的风险。因转账人的过错导致的迟延并不归结于债务人，但第 278 条除外（自己一方人转账时的例外）。 611

依据第 304 条，债务人可以在债权人迟延时请求赔偿提交无效果以及对债的标 612

---

[183] 参见《慕尼黑民法典评注》/Grundmann，第 245 条，边码 82 及其下。

的物保管与维护的支出。此类额外支出涉及车费、邮寄费、对标的物仓储的费用等。与之相反，债务人不能请求支付因债权人迟延而丧失的利润（比如其所有的用以保管该债的标的物的房间租金）。然而，如果债权人同时也是债务人时，由于其有义务接受该标的物（边码 606），所以失去的收益可为迟延损失（第 280 条第 1、2 款及第 286 条、第 252 条）。其他债权人迟延的法律后果规定在第 301—303 条中。

第七节　对等合同中给付障碍的特殊性

一、概论

613　第 320 条至第 326 条包含了**对价（对等）合同**的调整规则（边码 121 及其下）。对该类合同的专门规制是必要的，因为其中具有对立存在的给付与对待给付，且因此不仅涉及给付障碍的法律后果，而且必须涉及对待给付的法律后果。《法典》规定了以下的具体规则：

- 第 320 条如此表达了给付与对待给付之间的紧密关系，即保留例外情形下的先给付义务，各方给付的交换必须同时实现，因此合同的任一方可以拒绝自己所负的给付直至对待给付成就之时。
- 如果合同一方具有先给付义务，则第 321 条赋予其拒绝履行的权利，如果在合同缔结后知悉其对待给付请求权受到对方有瑕疵给付的威胁。因此，要重新强调履行与对待给付之间的相互依存性。[184]
- 如果债务人没有准时作出合同上的给付，或所作出的给付并不符合合同的要求，则依据第 323 条，债权人在一定条件下具有解除权。
- 如果债务人没有违反给付义务，而是保护义务，则依据第 324 条，不可苛求在其遵守合同的情况下仍赋予债权人以解除权。
- 如果依据第 275 条债务人的给付义务不存在，则依据第 326 条第 1 款规定，原则上对待给付的义务也消失（例外：第 2、3 款）。依据第 5 款债权人同样被赋予解除权。
- 第 325 条规定，解除与损害赔偿并非互相排斥。

二、给付不能时的对待给付请求权

614　如果债务人作出给付已不可能（主观上或客观上），且第 275 条第 1 款因此而排除债权人的给付请求权，则基于给付与对待给付的相互关系，原则上免除债权人作出对待给付的义务。同样适用的是，当债务人基于第 275 条第 2 款第 1 句对事实

---

[184] 《慕尼黑民法典评注》/Emmerich，第 321 条，边码 3。

上给付不能的情形，或基于第 275 条第 3 款对亲自给付已无期待可能时，债务人亦具有拒绝给付的权利。[185] 对于该类情形第 326 条第 1 款第 1 句规定的关于对待给付的法律后果。对于债务人的（第一性的）给付义务的免除原则上并不取决于债务人是否对给付障碍负责。依据第 275 条第 2 款第 2 句，只在排除给付障碍的合理的努力标准确定时具有例外。相反，**依据第 326 条，**对对待给付**具有意义**的是，债权人对导致债务人依据第 275 条第 1 至 3 款而**免于给付的义务的情形独自地负有责任还是主要地负有责任**（边码 627 条及其下）。

615 如果对造成给付不能的给付障碍负责的既非债务人又非债权人，则所有对等合同中的给付义务全部消灭。因此，该法律后果分化了债权人的**给付风险**与债务人的**对待给付风险（价格或支配的风险）**。已经指出（边码 664），民法中的“风险”是用以对意外的（即对债务人和债权人都不可归责）不利产生的危险的归结，这样“给付风险”即指债的标的物意外灭失的风险。该风险归债权人，因为在给付标的物意外灭失时其通常（债务人迟延时具有例外，见边码 507）什么也得不到。因为依据第 326 条第 1 款，在债务人免于给付义务时其对待给付的权利也丧失，其承担对待给付的风险。[186]

例如：V 卖给 K 的汽车在交付前烧毁，V 对此并无过错。第 275 条第 1 款上 K 的履行请求权（边码 511）及第 326 条第 1 款上 V 的价款请求权消灭。即债权人（K）承担给付的风险，债务人（V）承担价格风险。

616 如果债权人依据第 285 条主张**替代性利益（stellvertretende commodum）**，则其还具有对待给付的义务；但是该义务依据第 441 条第 3 款的标准限于基于所负给付价值而存在的赔偿或赔偿请求权的价值（第 326 条第 3 款）。第 326 条第 3 款不可错误理解为只有该条文中所指引的规则才作出第 285 条之中对待关系上的给付。相反，第 285 条对此类给付是间接的。只有替代利益如何影响对待给付才由第 326 条第 3 款决定。

617 如果给付只是**部分不能**（边码 532 及其下），则债务人同样只在该不可能的部分被免除（第 275 条第 1 款：“在……范围内”），其余部分仍具有给付义务。与之相应，债权人只能免除部分对待给付的义务。为了对该情形中作为对待给付的债的部分进行计算，第 326 条第 1 款第 2 句第 2 半句指引至第 441 条第 3 款中因购买物具有瑕疵而减少价款的计算规则（边码 832）。如果债权人对部分给付没有任何利益，则其可以解除合同（第 323 条第 4 款第 1 句及第 326 条第 4 款）。至于对利益是否失去的判断必须依据债权人的具体情形进行。债权人是否应有义务以被减少的对待给付来换取被减少的给付则需要依据客观的标准来判断。对此需要关注合同目的是否可以基于此种方式来实现。如果这必须被否定，则认定已无给付利益。

例如：经营一家高档餐馆的 N 想重新装修用餐区。古董商 A 向其推销 12 把保养得非常好的源自英格兰且建造于英国摄政时期的座椅。N 买下这些椅子。在运输

[185] Zimmer 论文，载《新法学周刊》，2002 年卷，第 4 页（本文始于第 1 页）。

[186] 比较 Coester-Waltjen 论文，载《法学训练》，2007 年卷，第 110 页。

中其中的 5 把非因 A 的过错而损毁。N 拒绝接受其余的座椅，并称这对其毫无用处，因为该餐馆的一个单独小包间至少需要 12 个椅子。添加其他类型的椅子会严重影响整体效果，且其他典雅的设施与其餐馆风格并不协调。

该案例中合同的目的，即购置用于 N 餐馆布置的椅子不能够实现。因此，问题是，该案中根本上是否涉及部分给付不能，还是涉及整个给付的给付不能（边码 532）。然而可能是，N 被建议解除该合同，因为无论如何其对其余 7 把椅子的给付利益已经丧失。A 对此目的是否已经知道或者可能知道意义并不大。具有决定意义的仅仅是从债权人自己角度分析部分履行对其所追求的合同目的是否还有价值。[187] N 的解除表示使合同各方尚未作出的给付义务归于消灭（边码 686），且因此 N 既无义务接受其余的椅子也无义务支付价款。

与此处不相关的还有第 266 条，据此债务人无权作出部分给付，且因此债权人同样可以拒绝接受此类部分给付，如果合同各方没有其他相反约定的话。这根本不取决于是否可以部分给付和债权人是否还对部分给付拥有利益，对此争论似乎是不合适的，因为依据第 266 条，债权人拒绝给付一部分涉及完全不给付。[188] 该论证中的思维瑕疵在于，忽视了债务人免于其不能给付范围内的给付义务（第 275 条第 1 款），且因此在可分的给付中所负给付义务还包括仍可实现部分，且对此作出给付绝不涉及第 266 条意义上的部分给付。[189]

618 如果债务人不依约作出给付，且因此债权人拥有一个嗣后给付请求权，则存在的问题是，**嗣后给付不能**对对待给付具有何影响。人们可能认为在该类情形中具有部分给付，且依据第 326 条第 1 款第 1 句第 2 半句来寻求解决。然而，第 326 条第 1 款第 2 句表明，这并不涉及部分给付不能情形。相反，第 326 条第 4 款与第 323 条赋予债权人在不能恢复的瑕疵给付时解除该合同的权利。

619 如果债权人**已经作出了**依据第 326 条并不负有的**对待给付**，则其可以依据第 346 条至 348 条规定请求返还所作的给付（第 326 条第 4 款）。

例如：H 与 K 签订一合同，据此 H 用其油画《朝霞》换 K 的油画《日落》。K 已经将其画作交给 H。在 H 不在时其被锁好的家被闯入且画作《朝霞》被偷走。

该案例中 H 依约所负的对 K 的义务已不能实现，这样其依据第 275 条免除其履行义务。但是 K 的对待给付义务亦不存在（第 326 条第 1 款第 1 句第 1 半句），H 必须依据第 326 条第 4 款及第 346 条第 1 款返还该画。

620 第 326 条第 1 款所涉规则具有重要的例外情形，即**对待给付的风险并非债务人承担，而是债权人承担**，因此其仍负有继续给付的义务，尽管其并未获得被其主张的给付。如果债权人受领迟延，即其并未接受债务人正常作出的给付（边码 590 条及其下），则债务人依据第 326 条第 2 款第 1 句第 1 种情形，基于其（自己并不负责的）给付不能而享有请求对待给付的权利。该法律后果在具体的债的关系中具有

[187] 《慕尼黑民法典评注》/Ernst，第 323 条，边码 203。
[188] 比较罗特维尔州高等法院案例，载《新法学周刊》，2003 年卷，第 3139 页。
[189] Lorenz 论文，载《新法学周刊》，2003 年卷，3097 页。

特殊的规定，比如第 446 条第 3 句中购买人的受领迟延（马上讲到）、第 615 条中劳务权利人的受领迟延（第 615 条）与第 644 条第 1 款第 2 句承揽合同中定作人的受领迟延。

- 如果买卖标的物已被交付给买受人，则依据第 446 条第 3 句，意外灭失的风险亦转归其承担。该后果是，即使债务人因该物灭失而不能履行第 433 条第 1 款第 1 句所施加于他的转移买卖物所有权的义务，其仍拥有对待给付的请求权。 621

例如： V 出售一辆汽车给 K 并已交付，对此约定，该汽车的所有权在支付价款后才转移（所有权保留，详见后面）。之后该汽车烧毁，而 K 对此并无过错。

由此得出，第 446 条第 1 句只涉及出卖物处分合意之前的交付情形，在处分合意后依据第 433 条第 1 款第 1 句所涉及的债务人的义务已经全部履行，这样就不存在给付不能的问题。此外，适用的原则是任何所有权人都必须承担自己的所有物意外灭失及其他损失的风险（**casum sentit dominus，意为：所有权人必须承担之意外**）。第 446 条第 1 句同样包括基于盗窃而不可恢复的损失情形，这样如果该机动车没有被烧毁，而是为他人所偷的话，并不改变示例中的结论。 622

依据第 446 条第 3 句，基于风险承担，处于迟延中的买受人必须如同已对其转移买卖物所有权一样对待。这意味着该情形下买受人仍具有支付价款的义务，如果买卖物因意外灭失或贬损的话，则出卖人自己的履行义务被免除。 623

例如： V 与 K 约定，V 将于 3 月 1 日 10 点至 11 点期间将该给 K 的汽车送至其住处。V 带着该车准时出现，但是 K 家空无一人。V 一直等到 12 点，然后开始回家。途中遭遇了非基于 V 过错而造成的意外，这造成该车严重损毁。依据第 446 条第 3 句，K 在受领迟延期间承担给付与对待给付的风险。因此，当 V 必须将损毁的汽车交付并转移所有权时，K 具有支付全部价款的义务，而非行使其他请求权。

- 在**寄送买卖（Versendungskauf）**中，即出卖人基于买受人的要求——基于相应的合同约定[190]，将出卖之物送至作为履行地的其他地方，"一旦出卖人将标的物提供给承运人——运输人、执行运输的特定人或机构"，对待给付的风险转移至买受人（第 447 条第 1 款）。第 447 条第 1 款中**履行地（Erfüllungsort）**的概念与"给付地（Leistungsort）"的概念一致，即债务人作出给付行为的地点（边码 216）。由于在赴偿之债中的给付地为债务人的住所地或营业地（边码 218），如果该情形下买卖标的物在运往买受人的途中被毁损或灭失，则并不适用第 447 条第 1 款。相反，如果涉及寄送买卖，其中给付地为出卖人居住地或营业地（如送交之债，其主要适用于寄送买卖；边码 219），标的物在买受人所要求的运输中毁损或灭失，则出卖人仍拥有其支付价款请求权。依据主流观点，如果出卖人将买卖物送至作为履行 624

[190] 比较 Wertenbruch 论文，载《法学训练》，2003 年卷，第 626 页及其下（本文始于第 625 页）。

地的其他地方（比如一个外地的发行仓库），除非买受人对此表示同意[191]，而对此一个沉默性的表示即足矣[192]，否则不适用第447条。

625 依据第447条，如果出卖人使用自己人来从事买受人所要求的运输，对待给付风险或价格风险同样转移至买受人（主流观点）。[193] 然而，在此类情形下需要考查的是，是否不必认定送交之债。如果否定该问题，且出卖人一方执行运输的人对买卖物的毁损或灭失具有过错（否则依据第278条将其人员的过错归结于出卖人[194]），则买受人必须支付合同价款，因为依据第447条第1款其承担价格风险。

例如：机动车销售商H出售给K一辆汽车。该车本计划装上收音机后由K在6月1号到H处领取。由于K难以脱身，其打电话给H，让其将车送至其住处。H委托其雇员A将车开给K。在行驶中由于一名不明身份的路人的过错而造成一起事故，其中造成K所买车辆全损。依据第433条第2款，K仍具有支付价款的义务，因为满足第447条第1款的条件，且在行驶一开始该车意外损失的风险就转归K。该运输仅在同一城市中亦无关系。因为第447条第1款意义上的“地点”这一概念并非公共管理上的意义；相反，如果朝着与给付地（履行地）不同的地址来运输的话，则需要被始终“朝着另一地点”运送。在地理或公共管理意义上的一个或同一个地方运送货物的**“同地交易（Platzgeschäft）”**（亦称为“同地买卖（Platzkauf）”）[195]。

626 需要注意，第447条只在第474条第4款的标准下适合于消费买卖（边码904）。

627 第326条第2款第1句第1种情形规定，**当债权人单独地或绝对地对某情形负责（verantwortlich）时，**依据第275条第1款至第3款，债务人基于此就不再需要作出给付，但债务人拥有对待给付的请求权。该规则还取决于对债权人对什么承担“责任”这一问题的解释。依据修订之前的法律，这取决于债权人是否对引起债务人给付不能的情形“可归责”。在修正前的法律中亦很少涉及债权人必须对什么可归责，就如现在定义债权人的责任范围一样。从债法现代化的法律资料中不能得出概念变更（以“有责性（verantwortlich）”取代“必可归责（vertretenmüssen）”）的目的是修正之前法律中的内容。相反，明确确定的是，第326条第2款仅仅应该是对迄今为止规则的“稍微变换一下表达方式”[196]。通过强调债权人单独责任或者绝

---

[191] Brox/Walker：《债法总论》，第3章，边码24；Palandt/Weidenkaff，第447条，边码13. 其他观点见Wertenbruch论文，载《法学训练》，2003年卷，第627页（本文始于第625页），其仍想在该情形下适用第447条。

[192] 参加联邦普通法院案例，载《新法学周刊》，1991年卷，第915页。

[193] Coester-Waltjen论文，载《法学训练》，2007年卷，第113页（本文始于第110页）；Bamberger/Roth/Faust，第447条，边码9；《慕尼黑民法典评注》/Berger，第447条，边码12。

[194] 出卖人具有合同上保护买卖物免于损害的从义务（边码250）。依据第278条，出卖人必须对自己人员在运输中违反该义务负责，且因此依据第280条第1款必须给付损害赔偿。

[195] Wertenbuch论文，载《法学训练》，2003年卷，第628页（本文始于第625页）。

[196] 《关于〈债法现代化法草案〉的说明及理由》，（2001年5月14日联邦议会党团的草案；《联邦议会文件》第14届，第6040号），第189页。对于债务人与债权人都需要对给付不能负责的法律后果问题，参见Rauscher论文，载《大债法杂志》，2002年卷，第333页；Gruber论文，载《法学训练》，2002年卷，第1066页；Emmerich：《给付障碍法》，第14条，边码1。

对责任所要表达的是合同双方对给付不能可归责问题应区别规制。[197]

如果因此得出，与之前法律相比，第 326 条第 2 款第 1 句并未在内容上改变这一结论，则第 276 条及第 278 条中为债务人确定的原则继续适用于对债权人归责情形的区分。这意味着（只有）**过错违反合同中约定的债权人的义务与不真正义务（Obliegenheit）时才可对债权人归责**，其中与第 278 条相适应，债权人允许履行义务与不真正义务的人的行为同样等同于自己的行为。 628

不真正义务（Obliegenheit）所描述的是一种要求，不可强制对其遵守，而是基于承担者自己的利益，因为否则对其就具有法律上的不利益（比如丧失有利的法律地位）。比如第 254 条第 2 款第 1 句要求受害人在异常高的损失危险时提醒侵害人以避免损失与减少损失。如果受害人违反该要求，则在与有过错的范围内减少损害赔偿请求权。因此被害人无义务提醒避免损失或避免损失，但是基于自己的利益去做，否则必须承担因此而产生的不利；因而对此涉及不真正义务。 629

例如：身体被伤害但非必须急迫去做手术者，为了治疗或恢复健康需要遵守医嘱并接受治疗。如果被害人违反了该不真正义务，则在损害赔偿时须考虑该点。

第 326 条第 2 款第 1 句第 1 种情形取决于债权人的此类不真正义务，对其遵守对债务人依约作出给付具有重要意义。至于涉及哪些不真正义务，需要基于个案的具体情况依据合同约定来判断。一般可确定的是，**债权人的不真正义务在于自己的行为不会使债务人的给付变得不可能**。 630

例如：

（1）H 委托工匠 M 修理其屋顶。之后 H 决定将该房子推翻重盖。因此，H 解除了与 M 之间的承揽合同，这是第 649 条第 1 句赋予其在完成工作成果前的任一时间都有的权利，这样其具有支付 M 约定价款的义务，但可以依据 M 基于工作取消而节省的钱或通过其他途径获得或恶意不取得而相应减少（参见第 649 条第 2 句）。如果 H 此时不解除，则其必须对 M 的给付不可归责，这样可以基于第 326 条第 2 款第 1 句第 1 种情形得出同样结果。

（2）K 演艺公司与歌手 S 签订合同，据此 S 在不同城市的多场音乐会中演唱，其可为此获得 30 000 欧元。在两场活动后该演艺公司取消了巡回演出，因为公众热情低于预期，且实际上售出的入场券比估计得要少得多。同样该情形下该演艺公司过错地违反了组织音乐会，并因此使得 S 能够履行所负给付的不真正义务，因此依据第 326 条第 2 款第 1 句第 1 种情形具有支付约定报酬的义务。

如果一物的买受人在交付前毁坏了该标的物，或一个租赁物由于承租人的过错而不可使用，则特别需要适用第 326 条第 2 款第 2 句。 631

例如：出租的汽车在承租人处因其过错而意外被烧毁；承租人——不涉及该车的损害赔偿问题——具有清偿约定租金的义务。

依据第 326 条第 2 款第 2 句，债务人因免于给付而节省的、或在别处使用其劳 632

[197] Canaris 论文，载《法学家杂志》，2001 年卷，第 511 页（本文始于第 499 页）。

力而获得的、或恶意不赚取的部分，要归算于债权人需要作出的对待给付。因为债务人不应基于第326条第2款而比正常履行该合同更好。因此，必须允许债务人对实施合同必须使用的费用——如运输费、差旅费、包装费、劳动报酬等——与其因给付不能而节省的费用进行作价。基于条文的含义，所有其他从原初的标的物中获得的利益以及本不应获得的利益亦须作价。

例如：对已毁坏汽车当作废品出售的价款的作价。

三、因不给付或给付不符合约定而解除

633 **第323条第1款**赋予债权人因不给付或给付不符合约定的**解除权**只涉及该情形，即债务人所负的给付虽然可以作出并已经到期，但是却没有作出或未按合同约定的方式作出。第323条与第281条中所涉及的规则（同样不涉及给付不能，参见第283条）一致。然而，第326条第4款规定，第275条第1—3款中的情形相应地适用于第323条。需要继续关注的是，对保护义务的不给付或瑕疵给付并非由第323条调整，而是由第324条调整。

634 **第323条规定的债权人的解除权的条件为：**

- 不准时作出对等合同中所负的（尚可作出的）给付，或对此作出瑕疵给付；
- 债权人为履行或嗣后履行所设定的期限到期但无效果，如果依据第323条第2款有必要设定该期限的话。

635 对这些条件需要注意下列事项：如果债务人到期时不给付或给付不符合约定，则债权人必须为其设定一个合理的给付期限。[198] 如果该期限届满而无结果，则债权人可以依据第323条第1款解除该合同，这并不取决于债务人基于何原因而不作出其可以作出的给付（例外：第323条第4款；对此见后面）。特别是无须满足迟延的条件。不给付的原因原则上对第281条第1款及第280条第1款上的损害赔偿请求权并无意义，因为该请求权取决于债务人必须对因不给付而违反义务负责（第280条第1款第2句；参见边码458及其下）。该损害赔偿请求权亦可在作出解除后实施（第325条）。

636 原则上允许债权人在嗣后给付期限届满而无效果时解除合同，而这并不取决于因瑕疵给付违反合同的严重性。第323条第5款第2句对违反义务不严重情形做了例外规定。[199]

例如：A从签约商H处买来一辆崭新的“布莱斯”牌汽车。在该车的广告中写明该车百公里平均耗油量为6升。然而A确定，耗油量为6.2升。

由于实然性能与应然性能的偏差涉及物的瑕疵（参见第434条第1款第3句；

---

[198] 联邦普通法院案例，载《新法学周刊》，2009年卷，第2533页，边码12（本文始于第253页）；2010年卷，第1448页，边码10；2011年卷，第2278页，边码13。

[199] 联邦普通法院案例，载《新法学周刊》，2011年卷，第3709页，边码9（本文始于第3708页），指出，对于因提供有瑕疵的物带来的义务违反是否严重取决于解除表示作出之时；对此：Höpfner论文，载《新法学周刊》，2011年卷，第3695页及其下（本文始于第3693页）。

边码 793、805）。对于该种情形第 437 条第 2 项指引适用第 323 条。原则上在此条件下 A 拥有一个解除权。然而偏差如此之小，以致因此必须排除对合同的解除。[200]

第 323 条第 5 款第 2 句以利益衡量为基础（同样如第 281 条第 1 款第 3 句中的损害赔偿规则）：当原则上在不给付或不依约给付而赋予债权人以解除权时，且因此而使得与合同恢复上的利益相符时，但这在轻度违反义务时并不适用。在此情形下债务人对合同存续上的利益具有优先性，以便为其避免合同解除上的负担。对于认定瑕疵是否轻微具有决定意义的是解除表示作出之时。[201] 637

值得探讨的是，利益衡量是否仅仅关注债务人所作给付上的亏损，即依据给付障碍的客观程度，或者是否还可能具有其他决定性的关注点。理论中的主流观点赞成第一种可能性，且对违反义务实质性的判断依据消除瑕疵所投入的必要费用，以及与该不严重的瑕疵对债权人所造成的损害。[202] 同样，联邦普通法院认为，首先具有决定意义的是消除瑕疵所投入的费用[203]，对此其判决将违法义务达到买卖价款的5%作为不显著的界限。[204] 但是其次要衡量债务人行为的意义；特别是当其恶意行为时，在轻微违反义务时应将债权人在合同复原上的利益置于首位。[205] 理论基本上都否定了联邦普通法院的观点，对此特别指出，恶意引起合同缔结的一方并未违反第 323 条规定的合同义务。[206] 同样还指出，第 323 条之外还存在足够的限制可能，以保护债务人恶意行为时债权人的利益（依据第 123 条第 1 款第 1 种情形解除；基于缔约过失的请求权）。[207] 联邦普通法院无视该考虑，且明显想认可恶意行为。据此，被恶意欺诈的债权人可依据第 281 条请求损害赔偿替代给付，或依据第 323 条第 2 款第 3 项解除合同，无须首先设定一个嗣后给付的期限（边码 457 及其下）。此外，如果出卖人在订立合同时恶意隐瞒瑕疵的话，则买受人应被赋予无须设定其他必要的消除瑕疵的期限即可减少价款的权利（详见其后）。[208] 638

如果债权人设定的期限无果而终，则债权人可以解除合同，但同样还有请求继 639

---

[200] 参见联邦普通法院案例，载《新法学周刊》，2007 年卷，第 2111 页；Ravensverg 州高等法院判例，载《新法学周刊》，2007 年卷，第 2127 页。

[201] 联邦普通法院案例，载《新法学周刊》，2009 年卷，第 508 页，边码 17，Bruns 评注=《法学训练》，2009 年卷，第 373 页（Faust 撰写）；同样参见联邦普通法院案例，载《新法学周刊》，2011 年卷，第 2874 页，边码 21（本文始于第 2872 页）。

[202] Bamberger/Roth/Unberath，第 281 条，边码 69。

[203] 联邦普通法院案例，载《新法学周刊》，2011 年卷，2874 页，边码 21（本文始于第 2871 页）。

[204] 联邦普通法院案例，载《新法学周刊》，2014 年卷，第 3229 页（具有 Bruns 的评注）=《法学训练》，2015 年卷，第 68 页（Riehm 评注）。

[205] 联邦普通法院案例，载《新法学周刊》，2006 年卷，第 1961 页，边码 11 及其下（本文始于第 1960 页）；《证券资讯》，2006 年卷，第 1079 页，边码 12 及其下（本文始于第 1076 页）；同样如 Hk-BGB/Schulze，第 323 条，边码 14；NK-BGB/Dauner/Dubovitskaya，第 323 条，边码 39，包括意见状态。

[206] Tiedtke 论文，载《法学家报》，2008 年卷，第 403 页（本文始于第 395 页）；Bamberger/Roth/Unberath，第 281 条，边码 69；《慕尼黑民法典评注》/Ernst，第 281 条，边码 147。

[207] 依据其他观点，第 324 条应在扩大解释该条时适用；对此比较 Lorenz 论文，载《新法学周刊》，2006 年卷，第 1927 页（本文始于第 1925 页）。

[208] 联邦普通法院案例，载《新法学周刊》，2008 年卷，第 1371 页=《法学训练》，第 2008 年卷，第 557 页（Faust 撰写）=《法学研究集刊》，2008 年卷，第 301 页（Looschelders 撰写）。

续给付的权利；因为如果没有作出解除，且因此合同关系转为返还性债务关系（Rückgewährschuldverhältnis）（边码 6），债权人的给付请求权仍不改变，且债务人仍有义务去给付（边码 453）。该期间内的未定状态可能给合同各方都带来因合同关系发展的不确定性而引起的风险。（边码 455）。

640 期限设定的目的在于给予债务人作出尚未作出的给付或消除违约的机会。由于第 323 条第 1 款上解除的条件为债务人没有作出或不依约作出到期的给付，只有当给付到期时才允许设定嗣后给付的期限；否则嗣后给付期限的设定就不重要。[209] 然而，如果在给付到期前就对债务人的给付能力或给付意愿真实地持有异议，则债权人请求对合同履行的解释就具有值得保护的利益。因此，其在到期之前就可以对债务人设定一个要求作出给付解释的合理期限并要求对按期给付进行证明，如果债务人责任范围内的障碍真正地使得给付成为问题，且对债权人再继续等待已无期待可能的话。在该期间届满而无结果时其可以解除合同。[210]

641 如果瑕疵给付已被确定或嗣后给付已不可能，则涉及不能依约作出给付的情形。这涉及**第 326 条第 5 款**，据此无须期限设定即可解除。[211] 同样，**第 323 条第 2 款**中的情形是基于债务人虽然设定了期限但是不能得到依约履行，或合同目的对其已不能实现。因此**期限设定的必要性丧失**。对于第 323 条第 2 款需要注意以下内容：

- **第 1 项**中所涉有关不必设定期限的规则与第 281 条第 2 款中有关损害赔偿的对应条款一致。如果债务人真正、最终地拒绝给付，则其可以不再期待为其设定给付期限（边码 457）。
- **第 2 项**中的情形涉及所谓的**相对定期交易（relative Fixgeschäft）**（边码 484），这在第 281 条第 2 款中并无明确的对应内容。有争议的是，如果债务人未按期给付，债权人**想请求损害赔偿替代给付**，则必须首先为债权人设定一个嗣后给付期限的话，债权人**未设定嗣后给付期限**就解除合同是否违背其权利？解除合同与损害赔偿的同时性表明，相对定期交易适用第 281 条第 2 款第 2 种情形且认为事后的期限设定为多余。[212]
- **第 3 项**被设计为一种兜底性构成要件，其通过欧盟《消费者权利指令（2011/83/EU）转化法》[213] 修正而来，现在该条款只包括质上的瑕疵给付（qualitative Schlechtleistung）。[214] 相反，在不给付或给付迟延情形中，不可

---

[209] 联邦普通法院案例，载《新法学周刊》，2012 年卷，第 3715 页，边码 16（本文始于第 3714 页），具有 v. Gutzeit 评注＝《法学训练》，2012 年卷，第 940 页（Faust 撰写）。

[210] 联邦普通法院判例，载《新法学周刊》，2012 年卷，第 3715 页，边码 18（本文始于第 3714 页）。

[211] 联邦普通法院案例，载《新法学周刊》，2013 年卷，第 1076 页，边码 27（本文始于边码 1074）＝《法学家报》，2013 年卷，第 419 页，具有 Gsell 的评注＝《法学教育》，2013 年卷，第 931 页（Schwab）。

[212] Jaensch 论文，载《新法学周刊》，2003 年卷，第 3614 页及其下（本文始于第 3613 页）。其他观点见《慕尼黑民法典评注》/Ernst，第 281 条，边码 59。

[213] 《欧盟政府公报》，2011 年卷，法律卷，第 304 期，第 64 页。

[214] 2013 年 9 月 20 日修正，载《联邦法律公报》，第 I 部分，第 3642 页。

以依据第 323 条第 2 款第 3 项来作出解除。[215]

如果依据违反义务的种类认为无须期限设定，与第 281 条第 3 款（边码 456）的方式一样，第 323 条第 3 款需要一个**催告（Abmahnung）**。 642

如果在到期前就已确定，债务人不会给付或不会依约作出给付，则不可苛求债权人等到到期时才可解除合同。在**此类所谓“预先的合同中断”**情形时，第 323 条第 4 款在期限届至前就赋予了债权人解除权。一般这里涉及债务人真诚地拒绝给付，对此基于其确定拒绝履行且不再变更。仅仅是债务人表示自己可能不会准时履行尚不可构成《民法典》第 323 条第 2 款第 1 项中真诚地且最终地拒绝给付。[216] 643

然而此类情形中的难点在于，债权人在解除情形时原则上亦可请求损害赔偿替代给付（第 325 条），但依据第 281 条第 1 款第 1 句这取决于履行的到期。但是因此让债权人拒绝损害赔偿请求权，或赋予其拒绝履行时等待给付到期的义务似乎不合理。一个解决方法是，基于第 281 条第 2 款与第 323 条第 4 款的法律思想推导出债权人不仅在履行到期前可以依据第 323 条第 4 款解除合同，亦可在到期前请求损害赔偿替代给付。[217] 由于此处在法典中缺少明确的规则，因而需要追溯立法者的应对措施。[218] 644

如果债务人作出的可分给付（边码 532）中只有部分是符合合同约定的，当其余部分依约履行尚可期待时，则存在的问题是，债权人的解除权是否只限于其余部分。如果债权人对**部分给付（Teilleistung）**没有利益时，第 323 条第 5 款第 1 句对此表示否定并赋予债权人解除整个合同的权利。对于何时可以得出此类利益丧失，则适用基于第 326 条第 1 款第 2 句第 2 半句（边码 617）对部分给付不能问题的同样考虑。如果与所负的可分给付对应的债权人的给付是不可分的，则不得部分解除，因为债权人不可将其不可分的给付限定为与债务人部分给付相对应的部分给付。[219] 645

如上所述（边码 638），原则上这并不取决于债务人基于何种原因而不能依约作出所负（可以作出的）给付。只有当**债权人必须对该原因独自负责或绝对负责**时，才可排除债权人的解除权。该显而易见的法律后果规定在**第 323 条第 6 款第 1 种情形**之中。对解除权的排除同样还扩展至对债务人不可归责的引起解除权的情形，由此产生于债权人受领迟延期间（第 323 条第 6 款第 2 种情形）。对于给付不能情形 646

---

[215] 有关第 323 条第 2 款中的新规则讨论参见 Bassler/Bücher 论文，载《民法实务档案》，第 214 卷（2014 年），第 888 页；Riehm 论文，载《新法学周刊》，2014 年卷，第 2065 页；Weiss 论文，载《新法学周刊》，2014 年卷，第 1212 页。

[216] 联邦普通法院案例，载《新法学周刊》，2012 年卷，第 3716 页，边码 22（本文始于第 3714 页）＝《法学训练》，2012 年卷，第 940 页。

[217] Staudinger/Otto，2009 年版，第 281 条，边码 B 103；Jaensch 论文，载《新法学周刊》，2003 年卷，第 3613 页（赞成类推适用第 323 条第 4 款）；《慕尼黑民法典评注》/Ernst，第 281 条，边码 62（赞成类推适用第 281 条第 1、2 款）。

[218] 对此比较 Jaensch 论文，载《新法学周刊》，2003 年卷，第 3614 页（本文始于第 3613 页）。

[219] 联邦普通法院案例，载《新法学周刊》，2010 年卷，第 147 页，边码 17（本文始于第 146 页）。

而言，两种选择对比在于第326条第2款第1句中。此范围内的生效条件是一致的，这样可参见对第326条第2款的相应分析（边码620及其下）。

647 如果债务人并非违反给付义务，而是违反**保护义务（Schutzpflicht）**（第241条第2款），则不是适用第323条，而是适用第324条。该规则与第282条中损害赔偿替代给付相应，即特别对于在违反义务情况下何时无须苛求债权人再遵守合同问题而言这两个条款具有同样的考量（边码563及其下）。相反，在违反给付保障性从义务时（边码229及其下）则涉及第323条。[220]

四、给付与对待给付的依附性

648 对等合同的特征在于合同双方（主）给付义务的对立关系。任一合同主体都可期待给付被同时作出，如果没有先给付义务的话。因此，**第320条**给予对等合同的任一方拒绝给付的权利，直至对待给付已经完成。此为对不履行合同的**抗辩（Einrede）**（参见抗辩权，边码265及其下）。

649 然而不少对等合同中存在一方主体的先给付义务。该先给付义务一方面可以基于法律规定（比如：第556b条第1款、第579条中的承租人、第614条中的劳务提供者、第641条中的承揽人）；另一方面还可基于合同约定。先给付义务人一般只有先作出给付，然后才可期待获得对此所负的对待给付。如果合同订立后才知道，对待给付的请求权受到合同对方有瑕疵的给付能力的威胁，则与之相应，允许先给付义务人不受该义务约束。因此，第321条给予其拒绝给付的权利（所谓的：**不安抗辩（Unsicherheitseinrede）**）。依据联邦普通法院的观点[221]，即使在合同缔结时即已存在、但先给付义务人并不知情的暂时的给付障碍时，亦存在该拒绝给付的权利。[222]

650 如果债务人依据第320条基于不履行合同的抗辩而具有拒绝给付的权利，则其并不陷入迟延；因为依据主流观点，只要存在抗辩权就足矣（有争议，见边码487）。这同样适用于第321条中的不安抗辩权。[223] 有争议的是，是否基于债权人准备作出所负的对待给付，或其已经事实上提供了对待给付，其就可以消除第320条中的对抗权而使债务人陷入迟延。第二个观点[224]具有优先性，因为履行准备作为内心态度不为债务人所知，因此要请求债务人作出给付。但是该意见争议并无实际意义，因为基于债权人的限制性观点，在争议中必须要证明其履行准备，且这最好通过提供给付来完成。

---

[220] Zimmer论文，载《新法学周刊》，2002年卷，第6页（本文始于第1页）；Jauernig/Stadler，第324条，边码3。

[221] 《新法学周刊》，2010年卷，第1274页，边码18（本文始于第1272页）。

[222] 批判观点见Kaiser论文，载《新法学周刊》，2010年卷，第1254页。

[223] 联邦普通法院案例，载《新法学周刊》，第1274页，边码22及其下（本文始于第1272页）。

[224] 《联邦普通法院民事判例集》，第116卷，第249页（本文始于第244页）＝《新法学周刊》，1992年卷，第556页；《慕尼黑民法典评注》/Ernst，第286页，边码23；以上理论中有详细论文，且都有相反观点。

与不履行合同的抗辩权功能相近的是债务人依据**第 273 条**所享有的**留置权（Zurückbehaltungsrecht）**：据此，“基于与自己的义务同属一个法律关系而对债权人具有到期的请求权”的债务人有权拒绝所负给付，直到其所负的给付被成就。两个权利的类似之处在于债务人可以通过抗辩促使债权人作出其所负的给付，如果其想实施其对债务人的请求权的话。然而对留置权的行使可以通过作出保证（参见第 232 条及其下）来避免（第 273 条第 3 款）。因为第 273 条目的只在于因债务人对债权人享有请求权而对其作出担保，而第 320 条的目的在于向债权人施加压力，以使其同样作出给付；与之相应的是第 320 条排除了一个担保情形（参见第 320 条第 1 款第 3 句）。此外第 273 条与第 320 条之间还存在更多重要的区别。第 273 条中“基于同一法律关系”这一表述绝非意味着这两个请求权源自唯一一个法律关系之中，或必须源自一个对等合同。相反，第 273 条上的留置权并不适用于相对关系中存在的对等合同上的请求权，因为在此范围内优先适用第 320 条。第 273 条第 1 款意义上的同一法律关系应被广义解释：具有决定意义的是，是否存在内在同一相关的生活关系。被肯定的是两个请求权之间所谓的**关联性（Konnexität）**（联系性），如果二者之间存在此类自然的经济上的联系，如果一个请求权无视另一个请求权而行使或实施，则违背诚信。 651

第 273 条上的留置权取决于下列条件： 652

- **请求权的对等性**，即双方主体间的任一人必须对另一方享有请求权，即债务人同时也是债权人。
- **债务人的请求权必须可实施**（边码 486 及其下）**且已到期**（边码 488 及其下）；如果已消灭时效，但是债权人的请求权在时效尚未过期时产生，则并不因此而排除留置权（第 198 条）。
- 所述及的**请求权必须具有关联性**。对该条件的实现最难判断。[225]

留置权与不履行合同的抗辩之间最关键的**区别**在于，第 273 条涉及独立的请求权，其与行使留置权互相独立。因此，不同于第 320 条（边码 650），债务人存在实施第 273 条上的留置权的可能，但并不阻碍其对其所负债务陷入迟延。只有当其主张留置权时，相关请求权之间的同一关系才产生，就如对基于对等合同上的请求权的相关性自始就已存在一样。[226] 653

依据主流观点，已陷入迟延的债务人并不可因行使留置权而消除该迟延，而是其必须提供其所负给付（与债权人同时给付）。即这里与陷入迟延前主张留置权并因此而阻止陷入迟延的债务人存在区别。有争议的是，在陷入迟延后行使陷入迟延前即已存在的留置权是否可以溯及地消除迟延后果，还是仅仅对未来具有效力。[227] 654

---

[225] 参见《慕尼黑民法典评注》/Krüger，第 273 条，边码 14 及其下。

[226] Darleder/Karabulut 论文，载《法学训练》，2014 年卷，第 102 页。

[227] 赞成只对未来生效的有：Medicus/Lorenz：《债法Ⅰ》，边码 459；赞成当留置权在迟延出现时即已存在时的溯及力的有：《慕尼黑民法典评注》/Krüger，第 273 条，边码 93。

五、对债权人所造成损失的作价

655 如果债权人可以依据第 280 条第 1、3 款请求损害赔偿替代给付，则在对等合同情形下对损害作价时必须要注意到自己作出的给付义务。如果对待给付是金钱，则债权人的损害赔偿要将自己所负的数额扣除。

例如： K 以 5 000 欧元买了 V 的汽车（价值 7 000 欧元）。合同缔结后由于 V 引起的事故造成该车被毁。如果本案中 K 依据第 280 条第 1、2 款及第 283 条请求损害赔偿替代给付，这导致（尚未支付的）价款陷入迟延，如果没有其他损失的话（比如 K 将该车以更高的价格转卖），这样 K 可以请求 2 000 欧元。

656 相反，如果债权人需要作出**另一个金钱形式的给付**，则对该损失的作价具有两种形式：

- 其具有合同上的给付义务，且依据合同上所负的给付与对待给付之间的差价来对损失作价。该方案是基于所谓的**差值作价（Differenzberechnung）**：

例如： D 与 F 约定，D 用其德国的邮票换 F 的法国邮票。这些德国邮票由于对 D 可归责的情况而损毁。如果 D 灭失的邮票价值 1 000 欧元、F 的邮票价值 950 欧元，则 F 可以向 D 请求 50 欧元的损害赔偿。

- 但是债权人同样可以作出其所负的给付，且依据合同中债务人所负给付的价值对损失作价。该方案基于所谓的**代偿或替偿（Surrogations- oder Austauschberechnung）**：

例如： F 原则上只收藏德国邮票，且对法国邮票并非特别感兴趣。因此其履行了其合同义务，将法国邮票交付给 D 并请求 1 000 欧元的损害赔偿。

657 对此，由债务人在**代偿与差值作价间作出选择**，即或作出其给付且根据对待给付的价值计算损害赔偿，或仅仅请求以两个给付之间的差值作为损害赔偿。如果已经作出了自己的给付，则其仍然拥有该权利。债权人可以依据第 326 条第 5 款及第 323 条第 1 款通过解除合同来实现。该情形下债务关系转化为退还性法律关系，且尚存的履行请求权消灭，已作出的给付必须被返还（边码 686）。因此，债权人重获其所作出的给付，且基于差值作价计算出自己的损失，这样就排除替代作价。[228] 有争议的是，债权人是否受其作出的解除约束，或其是否可以消除自己的解除表示以实施相应的替代作价。依据主流观点，赞成**受解除表示的约束**，因为对此行使了形成权，且基于此而产生的法律后果已不可再单方回复。[229]

---

[228] 联邦普通法院判例，载《新法学周刊》，2008 年卷，第 911 页，Gsell 作评注＝《法学家报》，2008 年卷，第 469 页，Faust 作评注；Gsell 论文，载《新法学周刊》，2004 年卷，第 644 页及其下（本文始于第 643 页）；Füssenich 论文，载《法学研究集刊》，2004 年卷，第 404 页（本文始于第 403 页）；Herresthal 论文，载《法学训练》，2007 年卷，第 799 页（本文始于第 798 页）。

[229] Bamberger/Roth/Grothe，第 325 条，边码 14；《慕尼黑民法典评注》/Ernst，第 323 条，边码 187；第 325 条，边码 23；《慕尼黑民法典评注》/Gaier，第 349 条，边码 3；Jauernig/Stadler，第 349 条，边码 1；Erman/Röthel，第 349 条，边码 2。其他观点见：Gsell 论文，载《法学家报》，2004 年卷，第 648 页及其下（本文始于第 643 页）；Derleder 论文，载《新法学周刊》，2003 年卷，第 1000 页及其下（本文始于第 998 页）。

658 如果债务人必须对引起解除的义务的违反负责的话，则债权人可以依据第 280 条及以下几条、第 311a 条第 2 款请求损害赔偿替代给付（第 325 条）。这样债权人须被置于该合同被依约履行时所处的位置。这意味着在提交有瑕疵的物时亦可请求赔偿因不能使用该瑕疵物造成的使用价值缺失的损失。[230] 虽然已解除但是债权人同样可以请求赔偿其作出的代偿交易（Deckungsgeschäft）中的多余费用及原本从债的标的物中可获的利润损失。[231] 同样还适用于第三人对债权人请求的损害赔偿，因为其所承担的义务由于其与债务人所签订的合同被解除而不能履行。依据第 280 条第 1、2 款，第 286 条，债务人的损害赔偿义务还存在于解除前产生的迟延损失。[232] 债权人的损害赔偿请求权在债务人在第 346 条及下一条中的请求权范围内相应地减少。[233]

六、长期供货合同与分期供货合同中的给付障碍

659 长期供货合同与分期供货合同（概念见边码 195 及其下）的特殊性同样会影响到债权人在给付障碍时所享有的权利。由于长期供货合同（订购合同）中合同针对不特定的时间或者至少较长时间订立，且在合同订立时并未确定给付数量，而是依据顾客的需求来设定，每次给付都独立于已作出的给付与后续的给付，单次给付涉及给付障碍时，债权人通常只针对该次给付行使相应的权利。给付不能或给付迟延所涉及的责任同样涉及物的瑕疵责任（详见其后）。

例如： A 经营一家旅游景点地的饭店，其与糕点店老板 S 约定，S 每周六早晨都要提供一定数量的小甜点与大蛋糕，以便卖给周日大量到来的喝咖啡者。一个周六，由于该蛋糕店的不同员工集体出游未准时上班而导致没有供货，S 只在自己的咖啡馆出售自己所制作的蛋糕。

依据长期供货合同，S 所负的供货必须准时作出，以实现合同目的。周日早晨 A 可能还至少需要部分供货，以满足周日其店中的需求；最迟在周日咖啡时间后整个给付义务才变得不可能，因为 A 需要在周末给咖啡客提供糕点（边码 483）。因此 A 基于未供货而行使第 280 条第 1、3 款与第 283 条中的权利，即请求损害赔偿替代给付。[234] 其他在未来履行中所涉及的权利原则上 A 并不享有。只有基于 S 的行为导致继续履行合同的信赖基础丧失（然而一点小故障并不可导致），A 才可以在第 314 条的条件下终结其与 S 之间的合同（边码 705）。

660 在长期供货合同中——至少已作出了一次履行而启动——不可对整个合同行使

---

[230] 联邦普通法院案例，载《新法学周刊》，2008 年卷，第 911 页；Gsell 论文，载《新法学周刊》，2008 年卷，第 913 页。

[231] 《关于〈债法现代化法草案〉的说明及理由》，（2001 年 5 月 14 日联邦议会党团的草案；联邦议会文件，第 14 届，第 6040 号），第 93 页。

[232] 参见 Herresthal 论文，载《法学训练》，2007 年卷，第 798 页；《慕尼黑民法典评注》/Ernst，第 325 页，边码 2；PWW/Medicus/Stürner，第 325 条，边码 6。

[233] Jauernig/Stadler，第 325 条，边码 3。

[234] 如果不想在该情形中——如此处——认定给付不能，而是履行迟延，则 A 同样可以基于第 280 条第 1、2 款与第 281 条第 1 款行使同样的权利，对此此处存在“特殊情形”使得期限设定变得多余。

第 280 条及其下几条中的权利。因为考虑到过去已经履行的给付义务，对合同关系的恢复有违每个部分给付的独立性。然而，如果合同主体的行为已经破坏了信赖的基础，则不可对另一方苛求继续该合同关系，其除了第 314 条规定的合同终结权外还可依据第 280 条第 1、3 款与第 281 条请求损害赔偿（第 314 条第 4 款）。[235] 对此如果违反了有关正直地、可信赖地实施合同的合同义务，这对该长期合同具有重要影响。然而只有在为补救设定的期限届满而无结果后，或催告无结果后才允许终结合同（第 314 条第 2 款；参加边码 705 及其下）。

661 对于**分期供货合同（Retenlieferungsvertrag）**，必须在给付障碍中同样关注是否以及在何范围内该合同已经正常给付。一般而言，第 280 条及其下诸条中的权利并不包括已经给付的部分和与之抵销的对待给付。只适用于其他基于合同目的与合同内容得出各个阶段相互独立的部分，即在尚有未给付的部分时，部分给付对购买人而言不可利用或者具有不利；该情形下债权人可以对整个合同行使解除权。

662 同样，在分期供货合同中，合同一方主体的行为可能造成另一方不能够继续遵守该合同。然而对该合同的解决不同于长期供货合同中的终结（Kündigung），而是通过**解除（Rücktritt）**来实施。依据第 323 条第 1 款，如果不涉及第 2 款中的情形，则原则上对此事先需要一个带有拒绝警示的期限设定。

第八节 交易基础缺失或丧失

一、问题描述

663 不少合同订立者在决定自己受合同约束和创制约定的内容时是基于对特定情形或未来发展的估计，但是该判断后来被证明为错误。如果对基础的错误估计涉及第 119 条第 2 款意义上的交易实质性错误，则错误估计人可以单方面通过**撤销（Anfechtung）**使合同消灭，但是依据 122 条第 1 款仍具有损害赔偿的义务（边码 411 及其下）。

664 如果不可解除，则人们可能基于的观点是，任何人都必须采取措施来防范期待错误情形，比如接受自己认为重要的条件，即以未来某事件的产生或不产生来决定合同的状态（参见第 158 条；边码 891 及其下）；否则必须绝对适用 **pacta sunt servanda（拉丁文：契约必守）**规则。另一方面，仍不可忽视的是，合同各方可能不存在怀疑自己承诺正确性的基本事由，正因如此而未对该问题达成合同条款。如果他们持有相应的疑虑，则其就不再缔结合同或约定其他的内容。此处分析的情况与原则上不考虑的单方动机错误（边码 366）的区别在于，合同双方的想法都证明为错误的或者至少合同一方知道另一方（事后证明为错误的）动机的意义却并未表示

[235] Palandt/Grüneberg，第 314 条，边码 11。

异议。对忽视单方动机错误具有决定性意义的信赖保护的理由可能因此在这里并不具有决定意义。对与此相关的问题详细解释如下：

例如：

(1) V将储藏室无序堆放的废旧金属出售给K。双方估计大约有40辆火车皮，并据此而确定了价格。在装运时确定，这里有两倍的数量，即80车皮。V请求双倍价款，K只想支付约定数额。

(2) A住在科隆的一条街上，而这条街应会举办狂欢节游行。其将一个临窗的房子的"玫瑰星期一"的下午时间段租给了B，这样其可以观赏游行。由于水管破裂，该街道必须被隔断，因此游行队伍必须绕行，这样队伍就不经过A所住的房子。A请求支付约定的价款；B对此表示拒绝，因为其不能够从租赁的房间窗户看到游行。

(3) M负有以约定的价款在H的地基上建造房屋的义务。当地基挖好后确定该地基下面有之前并不知晓的地下河流。因此必须大范围地实施额外的工作，以致建筑费用为约定价款的两倍。H请求以约定的价款建造房屋。

(4) V将其冷库长期租赁给M，而自己负有支付能源费用的义务。一段时间后能源费涨的如此多，以致约定的租金都不够支付。V请求支付更高的租金，但M并不想支付。

关于对此类问题的解答在法学理论中具有深入且激烈的讨论。下面将对重要的 665
立场观点作陈述。[236]

二、补充性合同解释

首先需要试图对合同主体间对**合同约定内容**的争议点进行判断。对此当然不会 666
仅仅停留在合同的字面意义上，而是通过对合同主体所考虑的内容进行解释来探究。同样所谓明确的字面意义并未给解释设定界限，特别是对一些应该被明确解释的、甚至始终构成解释结果的判断（边码135）。[237] 上面（边码384）的卢布案即是通过解释的方式判决的。对合同的解释可以超出主体明确约定的条款，并填补其遗留的漏洞。该所谓的**补充性合同解释（ergänzende Vertragsauslegung）的目的在于使具有漏洞的合同条款变得可以实施**。然而对此需要注意的是，合同中特定的未约定的地方需要通过运用任意法来判断。[238] 只有该任意法并不存在或并不适用合同主体之间的特殊规则时，特别是推导出合同主体并不想适用该任意法时，才有必要适用补充性解释。

任意法（dispositives Recht）意指，该法可由当事人支配，即柔性的，且当事 667
人见有相悖的规则时可以不适用（边码133）。与之相反的是不可为当事人更改的**强制法（zwingendes Recht）**。如果该成文法的效力要求没有明确确定的话，则特别需

[236] 谁想对此类（对高阶学习者而言）重要的案例综合形态深入了解，可参考Looschelders：《债法总论》，边码768及其下；《慕尼黑民法典评注》/Finkenaue，第313条，边码1及其下。以上都有详细内容。

[237] 联邦普通法院案例，载《新法学周刊》，2002年卷，第1261页（本文始于第1260页）。

[238] 联邦普通法院案例，载《新法学周刊》，2012年卷，第845页，边码24（本文始于第844页）。

要依据该条文的目的通过解释来探究这是否属于强制法。作为合同自由原则结果的《民法典》中的合同法主要包括软法（nachgiebiges Recht）。

668 **需要填补的漏洞**，即补充性解释的前提[239]在于“各主体忽视了某点，或他们有意留下该点，因为他们在订立合同时认为没有规制的必要，且事后确认该猜想是不合适的”[240]。该未被回答的问题不管是在合同缔结时即已存在，还是之后才存在，原则上都一样。[241]

669 **第 157 条**亦为补充性合同解释的**法律依据**。其特别重视**诚实信用原则**，且需要知道对诚信的合同履行行为而言哪一规则是最公正的。**交易习惯（Verkehrssitte）**（边码 136）在诚实信用原则具体化时具有特别意义。在诉讼中进行补充性合同解释的法官不得强迫合同主体接受利益正当的合同规则的观点，而只是必须仅仅对合同各方定为基础的观点来分析出合乎逻辑的结论，对此必须以诚信的、遵守诚实信用原则的合同主体的行为作为出发点。绝不允许通过补充性合同解释得出与合同主体可知的意思相悖的结论。[242] 相反，如果他们并未预料到所调整的情形的话，必须与各主体依据诚实信用原则对其利益合理衡量后作为诚信的合同主体应约定的内容相一致。[243]

670 上面（边码 664）所引用的例子中的合同都具有漏洞。在废旧金属案例中缺少对估计的数量与实际相差较大时的规制条款。在狂欢节案例中合同主体并未对游行队伍不经过该房子时进行约定。在建房案例中并未考虑到不可预见情形下实际上需要大量的工作。冷藏库案例中并未约定能源价格剧烈变动时的情形。对于狂欢节案例人们可以借助第 536 条第 1 款上的（“合乎合同的用途”）法律思想来解决，然后否定支付房租的义务。[244] 在其他案例中则必须试图在所订立的合同的基础上探求合理的价格，或者——冷藏库案例中——依据第 314 条第 1 款得出一个（特殊的）出租人的终结权。如果补充性合同解释不能得出结论的话，则可以考虑第 119 条第 2 款上的解除。但这不利方面在于，并非所有有问题的案例中的错误都涉及交往实质上的性质。

三、交易基础理论

671 在补充性合同解释不能够得出有说服力的结论的案例中，特别是不能得出假设性的主体意思时，就需要分析是否可以借助交易基础理论来得出答案。该理论主要

---

[239] 联邦普通法院案例，载《新法学周刊》，2002 年卷，第 2310 页；2012 年卷，第 845 页，边码 24（本文始于第 844 页）；《新法学周刊—判例报导》，2006 年卷，第 699 页。

[240] 联邦普通法院案例，载《新法学周刊》，2002 年卷，第 2310 页。然而对合同漏洞的概念的理解并不统一；不同的观点见《慕尼黑民法典评注》/Busche，第 157 条，边码 38 及其下。

[241] 联邦普通法院案例，载《新法学周刊—判例报导》，1995 年卷，第 1360 页；2013 年卷，第 295 页，边码 9（本文始于第 494 页）。

[242] 联邦普通法院判例，载《新法学周刊》，1995 年卷，第 1213 页（本文始于第 1212 页）；2009 年卷，第 1484 页，边码 24（本文始于第 1482 页）；Lettl 论文，载《法学训练》，第 248 页及其下。

[243] 联邦普通法院判例，载《新法学周刊》，2002 年卷，第 2311 页（本文始于第 2310 页）；《新法学周刊—判例报导》，2013 年卷，第 495 页，边码 12（本文始于第 494 页）。

[244] Mudicus/Petersen：《民法》，边码 160；相反观点见 Larenz：《债法 I》，第 21 章，第 2 节（第 327 页及其下）。

是由帝国法院的判决发展出的，这些判决都必须结合一次世界大战的影响，特别是通货膨胀来进行分析。货币快速贬值导致养老保险与价格约定（只考虑到长期的固定价格）失效，这样需要与变更的情势相协调。由于立法者起初并无对策，所以法院必须寻找答案，而最终在第 242 条中的交易基础这一法律术语中寻得依据。自此交易基础理论在我们的法律体系中具有一席之地，且在《债法现代化法》第 313 条中加以确立。

第 313 条第 1 款中合同与情势变更相协调须符合以下**要件**： 672

- 必须是合同订立后情势发生了重大变化。
- 该情势不可为合同的内容，但是构成该合同的基础。[245]
- 如果合同各方预见到该变化就不会签订合同或者就会约定其他内容。
- 最后，考虑到个案中所有情形，特别是合同上或法律上的风险分担，遵守该合同对一方太不合理。

基于该规则必须判断以下各个问题： 673

（1）变更的情势构成合同的基础吗？

在此范围内一方面要与已有的动机作区分，另一方面要与合同的内容作区分。对意思形成具有决定意义的一方主体的期待（动机）原则上不可定为合同的基础，因为对此需要双方主体共同的意志。[246] 然而对于一方的单方想法，如果另一方已经知道其对合同的成立与实施具有何意义，并且另一方对该合同主体的想法无异议地接受，则可以构成交易基础。[247] 绝对的合同内容不属于交易基础。如果合同包含调整缺少、丧失或变更特定情势的规则，比如与此相关的条件以及调整或解决的权利，则适用该规则，且并不依据第 313 条第 1 款来调整该合同。[248]

（2）如果合同主体已经注意到交易基础的变更，这对于合同的成立与内容具有哪些影响？

回答该问题时必须特别关注每一合同主体的利益基础。因为一般情势变更对合同主体的影响并不相同，且其中的一方完全会对该变更存在利益。比如上面（边码 664）所述的建房案例只有 M 期待新的价格，而 H 则希望遵守约定的价格。如果确定不利的一方对缔结的合同如此感兴趣，以致其在对情势变更知悉后仍签订了同样的内容，则不涉及第 313 条第 1 款上的规制。

（3）是否情势变更后对一方主体的不利影响如此之大，以致如果直接实施该合同就对其显得特别不合理？

原则上必须遵守已订立的合同。只有当其由于情势变更而导致不可承受的、与

---

[245] 参见联邦普通法院案例，载《新法学周刊》，2012 年卷，第 3289 页，边码 21（本文始于第 3287 页）。

[246] 联邦普通法院案例，载《新法学周刊—判例报导》，1989 年卷，第 753 页；《证券资讯》，2001 年卷，第 524 页（本文始于第 523 页）。

[247] 参加联邦普通法院案例，载《新法学周刊》，2010 年卷，第 1663 页，边码 17。

[248] 联邦普通法院案例，载《新法学周刊》，1983 年卷，第 2036 页（本文始于第 2034 页）；Riesenhuber/Domröse 论文，载《法学训练》，2006 年卷，第 210 页（本文始于第 208 页）；Hirsch 论文，载《法学教育》，2007 年卷，第 86 页（本文始于第 81 页）。

公平和正义完全不一致的，且因此对相关合同主体不可苛求的后果时，才可以放弃对合同约定的遵守。[249] 对此需要注意，情势变更是否恰好使得主张交易基础丧失的人依据合同内容必须要承担风险。该情形中不可基于交易基础理论而事后对合同中规定的风险分配进行变更。[250] 比如若作为一个种类物的出卖人而承担实现风险以及市场价格上涨的风险，则当该市场价格在合同缔结后显著提高且因此若坚持执行合同就会造成损失时，一般也不得将该风险事后转嫁给合同的另一方。只有当由于极端情形，该种类物只能以不合理的、巨大的、对债务人不可苛求的损失而取得时，才可例外地适用其他内容。

674 如果合同各方在缔结合同时认为情势变更可能发生的话，则取决于他们是否明确容忍存在的风险。如果是，则不考虑合同调整。[251] 然而，如果合同各方认为所预设的发展趋势不会出现，则另当判定。对于有瑕疵的预防措施中是否存在过失行为，且是否必须容忍其结果，这在判断直接遵守合同的合理性时具有意义。

675 第 313 条第 2 款补充了第 1 款中所涉及的规则。第 1 款只涉及事后丧失的交易基础，第 2 款涉及的是**合同主体在订立合同时错误估计的交易基础**，即基于**共同的动机错误**。[252] 同样的还有，尽管一方主体预估错误，但是另一方知道且并未否认，则该沉默视为其同意接受其设想作为共同的合同基础。[253] 然而，这并非不取决于这样的观察方式，即人们是否基于或认为事后的情势变更取决于合同各方对交易基础的错误估计。在冷藏库案例中（边码 722），能源的价格，即成为合同基础的情势事后发生了变化；另一方面，合同主体在订立合同时基于错误的假设，即能源价格本质上的变化不会发生。

676 在回答一方或双方主体的错误设想是否可理解为交易基础时，必须要审慎为之，因为期待受挫后原则上并不能够导致合同拘束力的废除。第 1 款中所述的特征，即双方主体如果预见到该情势变更就不会缔结合同或者约定其他内容，必须转用到第 2 款情形上。这意味着，据此必须回答，一方合同主体是否必须合理地基于合同约定而承担另一方的期望。如果购买者所期望的目的涉及该标的物用途上的期望，则必须对上述问题给予否定。

例如：某人买了结婚礼品，当其后来惊讶地发现该婚约已解除，则其不可基于合同的交易基础丧失而解除合同。

---

[249] 详见联邦普通法院案例，载《新法学周刊—判例报导》，1993 年，第 881 页（本文始于第 880 页）；Hirsch 论文，载《法学教育》，2007 年卷，第 86 页（本文始于第 81 页）（只在极端情形时）；联邦普通法院（《新法学周刊》，2011 年卷，第 991 页，边码 27（本文始于第 986 页））合理地指出，一方不可基于交易基础丧失而主张请求，如果产生的情势变更或设想错误仅仅或者比向对方更严地可归责于其的话。

[250] 联邦普通法院案例，载《德国法月刊》，1992 年卷，第 1030 页（本文始于第 1029 页）；Adolphsen/Mutz：《法学训练》，2011 年卷，第 434 页（本文始于第 431 页）。

[251] 《联邦普通法院民事判例集》，第 112 卷，第 261 页（本文始于第 259 页）=《新法学周刊》，1991 年卷，第 830 页；Hirsch 论文，载《法学训练》，2007 年卷，第 86 页（本文始于第 81 页）。

[252] 联邦普通法院判例，载《新法学周刊》，2002 年卷，第 294 页（本文始于第 292 页）；2005 年卷，第 2071 页（本文始于第 2069 页）。

[253] Palandt/Grüneberg，第 313 页，边码 9、38；Erman/Hohloch，第 313 条，边码 30。

交易基础障碍是否存在？这一问题为构建**案例类型**提供了**方向**。这样可以分为下列类型化的案例： 677

- **等值障碍型案例**，对此如冷库房案例里对等合同中给付与对待给付关系在很大范围内被阻碍；
- **绝对的履行困难型案例**，对此如建房案例中基于交易基础的缺失或丧失使得债的给付变得复杂化，以致作出该给付（至少以合同中约定的给付条件）显得极不合理。
- **目的挫败型案例**，对此如狂欢节游行案例中合同的目的因交易基础缺失或丧失而挫败。
- **双方动机错误型案例**，对此如废旧金属案例中的合同各方在确定合同内容时对关键性要素判断错误，比如对价格估算的关键事实估算错误。

如果确定第 313 条第 1 款或第 2 款中的条件已经满足，且因此由于改变的交易基础而需要对合同上的义务进行修正，这样就必须判断交易基础的缺失与丧失可能带来何种**法律后果**。首先需要依据第 313 条第 1 款来试图使**合同约定内容与变更的交易基础相适应**。合同调整的请求权具有哪些内容却似乎并未明确。法典字面意义支持缔结具有合适内容的合同的请求权，确切地说：指向合同一方相应意思表示的作出。[254] 在《债法现代化法》的官方理由中指出的是，合同主体应当首先对合同的调整进行磋商。在《基础教程》的框架内，对该范围内的诉讼法上的问题的分析同样不会如对第 313 条中法律后果层面问题这样的深入。[255] 此处需要指出的是，从第 313 条中推导出的一个针对已订立的合同内容变更的债法上的请求权。对此可得出，合同内容依情势变更而调整并非是自动的，而是合同中的任一方[256]在满足第 313 条中的条件时可以且必须请求合同对方调整合同，如果其想阻止合同直接实施的话。 678

如果合同各方不能对改变的合同内容达成一致，并因此而导致司法上的裁判，则依据合同上可能约定的内容角度来断定，且必须作出如补充性合同解释中类似的考量（边码 727）。需要考虑的是合同各方在认识到真实情况后作为一个正直行为的合同主体会怎样约定。如果合同调整基于事实或者法律原因（比如基于法律禁令）而不可能，或带来利益不公正的结果，则以**合同解除权**取代合同调整请求权[257]，在长期之债（边码 193）中，在一些重要原因下（第 314 条，边码 705）会被合同终结权取代（第 313 条第 3 款）。例外的是，与另一方调整合同的合理请求相应的一 679

---

[254] 比如 Schmidt-Kessel/Baldus 论文，载《新法学周刊》，2002 年卷，第 2076 页；Dauner-Lieb/Dötsch 论文，载《新法学周刊》，2003 年卷，第 922 页（本文始于第 921 页）。

[255] 参见 Schmidt-Kessel/Baldus 论文，载《新法学周刊》，2002 年卷，第 2076 页；Dauner-Lieb/Dötsch 论文，载《新法学周刊》，2003 年卷，第 922 页（本文始于第 921 页）；Wolf/Neuner：《民法总论》，第 42 章，边码 32 及其下；《慕尼黑民法典评注》/Finkenauer，第 313 条，边码 81 及其下。

[256] 参见 Schmidt-Kessel/Baldus 论文，载《新法学周刊》，2002 年卷，第 2076 页，该文认为非不利一方的调整请求可完全具有意义。

[257] Riesenhuber/Domröse 论文，载《法学训练》，2006 年卷，第 212 页（本文始于第 208 页）。

方合同主体的拒绝可能导致其继续遵守原合同会极不合理，因此其有权立刻解除合同。[258]

680 依据第 275 条，如果给付所需的费用基于债的内容与诚实信用原则与债权人的履行利益严重不成比例，则债务人可以拒绝给付。该债务人给付义务的界限同样可以在交易基础障碍情形中被超越，这样**第 275 条第 2 款中适用范围的界限**对第 313 条同样必要。对此可以得出，当债务人有权依据第 275 条第 2 款第 1 句拒绝给付时，第 313 条基础上的合同调整则不被考虑。即如果满足第 275 条，则不适用第 313 条。[259] 对此似乎对第 275 条与第 313 条的区分找到了一个简单的解决方案。在所谓经济上给付不能的情形中提到，如果债务人只能在严重高投入时才能够给付，当这严重不合理时，并不适用第 275 条第 2 款第 1 句，而是借助调整交易基础障碍的规则来处理。[260] 然而由于依据立法者的观点，第 275 条第 2 款第 1 句并不适用的经济上的给付不能情形与该条文所包含的情形的区分具有很大难度，之前涉及的界限问题仍未被回答（边码 518 及其下）。

681 由于与交易基础调整相关的情形同时适合于补充性解释，所以必须要探寻出能把两个法律制度厘清的解决框架。对此得出的**原则**是，**补充性解释**具有**优先性**。[261] 只有在合同约定具有漏洞时才考虑补充性合同解释（边码 66 及其下）。这样，任一不被调整的问题都不会产生合同中的漏洞。相反，必然存在与合同主体的目的相悖的规则的缺失，即涉及一个“有违设想的瑕疵”[262]。如果合同未指出此类漏洞，或者因为合同中并不存在公正解决各方利益的确切的连接点（边码 669）而不可借助补充性解释来填补此类漏洞，则需借助第 313 条来作出判断。[263]

682 对该两种法律制度有意义的是合同约定与基于此的目的相差有多远；相差越远则适用补充性解释的可能性就越小。如所示（边码 372），解释比解除具有优先性。在合同各方都对交往关键属性认识错误的情形中，对于是否基于适用交易基础障碍的相关规则来寻求解答，或第 119 条第 2 款中的解除是否具有优先性这一问题上的意见存在分歧。赞成适用交易基础理论占据优势，其理由在于第 122 条第 1 款解除的结果导致不公正的结论是首先解除的一方本应是遭受不利益的一方。反对意见反对的理由是，始终只有对合同的消灭有利的一方想要作出解除；这样其也似乎意欲

---

[258] 联邦普通法院案例，载《新法学周刊》，2012 年卷，第 375 页，边码 14（本文始于第 373 页）＝《法学家报》，2012 年卷，第 418 页，由 Teichmann 撰写评注。

[259] Schulze/Ebers 论文，载《法学训练》，2004 年卷，第 266 页（本文始于第 255 页）。然而这是有争议的，依据其他观点，该适用范围内的两个条款竞合，债务人有权选择第 275 条第 2 款或第 313 条，见 Schwarze 论文，载《法学教育》，2002 年卷，第 78 页（本文始于第 73 页）；《慕尼黑民法典评注》/Ernst，第 275 条，边码 23；Huber/Faust：《债法现代化》，第 2 章，边码 79。

[260] 《关于〈债法现代化法草案〉的说明及理由》，（2001 年 5 月 14 日联邦议会党团的草案；联邦议会文件，第 14 届，第 6040 号），第 130 页。

[261] 《联邦普通法院民事判例集》，第 81 卷，第 143 页（本文始于第 135 页）＝《新法学周刊》，1981 年卷，第 2241 页；联邦普通法院判例，载《证券资讯》，2000 年卷，第 915 及其下；《新法学周刊—判例报导》，2004 年卷，第 231 页（本文始于第 229 页）；2006 年卷，第 699 页。

[262] 参见 Larenz 论文，载《保险法（专刊）》，1983 年卷，第 160 页（本文始于第 156 页）。

[263] 参见 Lettl 论文，载《法学训练》，2001 年卷，第 249 条（本文始于第 248 条）。

赔偿对方的信赖利益损失。[264]

第 593 条中有关**土地用益租赁（Landpachtvertrag）**的规则确立了在满足该条中所述条件下的合同变更请求权，而这基于对交易基础理论的考虑。其他交易基础缺失时的特殊规定还有第 779 条中所涉及的**和解（Vergleich）**。[265] 和解是指一个合同，“通过双方的妥协方式来消除各方对法律关系的争议与模糊”。“当依据合同的内容确定的事实”（＝交易基础）“与真相不符，且在知悉事实后就不会产生争议与模糊”时，该和解无效。第 779 条只列出一个特别的无效理由；其他（比如第 134、138 条）自然同样会被考虑。如果不涉及一个构成和解待解决纠纷的客体或和解待消除的模糊性的要点的话，则同样可能适用交易基础理论[266]或依据第 119 条而撤销。 683

前面所述的填补合同漏洞的可能性及路径可以总结为：如果确定各主体（有意或无意）遗漏合同中的规制之处，则漏洞（＝意料之外的不明之处）产生，相关问题是： 684

问题一：该漏洞是否可通过使用任意法来填补（边码 724）？如果必须否定该问题，则得出：

问题二：是否可通过补充性合同解释来填补漏洞？

该情形是，如果基于合同约定可以判断合同主体作为正直且公正的合同主体在订立合同时如何来规制遗漏之处。

如果仍不能判断则必须：

问题三：借助第 313 条相关规则是否可以得出答案？

- 对此取决于，已成为合同基础的情形是否难以改变，或构成合同基础的合同主体的关键设想是否被确定为错误。
- 如果是，则需要考查坚持遵守原合同约定是否对相关主体太不合理？
- 如果是，则取决于合同的调整是否可能。如果合同各方不能通过协商达成一致，则引入法院审理。
- 只有当合同调整不能带来符合利益的答案，或基于事实或法律的原因必须排除该答案，则相关主体才可解除合同，或在长期之债时终结合同（第 313 条第 3 款）。

第九节　债的终止

一、概论

狭义上债的消灭原因在上面已有所涉及（边码 226 及其下），下面将通过使用 685

---

[264] Medicus/Petersen：《民法》，边码 162。

[265] 对此比较联邦普通法院案例，载《新法学周刊》，2012 年卷，第 2101 页及其下，边码 31 及其下（本文始于第 2012 页）。

[266] 联邦普通法院案例，载《新法学周刊—判例报导》，1994 年卷，第 435 页（本文始于第 434 页）。

特别的形成权，即解除（Rücktritt）、终结（Kündigung）与撤回（Widerruf）来分析广义上债的终止。

二、解除

686 通过解除使得合同溯及地，确切地说是返还已作出的给付（第 346 条）并消灭尚未履行的请求权（法典并未规定，而是作为理所当然的条件）。就是恢复合同订立之前的法律状态。解除通过对另一方作出意思表示而生效（第 349 条），这并不消除合同，而是使合同关系转化为**返还性债务关系（Rückgewährschuldverhältnis）**。**解除权是形成权（Gestaltungsrecht）**，其通过解除的意思表示来行使（第 298 条）。

687 如果合同一方依约可以解除（**约定解除权（vertragliches Rücktrittsrecht）**），或者法律赋予其解除权，则该合同主体可以解除该合同。**法定解除权（gesetzliches Rücktrittsrecht）**赋予：

- 合同一方，依据第 313 条第 3 款，当交易基础受阻碍，如果对合同的调整不可能或无期待可能时；
- 债权人，依据第 323、324 条在债务人违反义务时；
- 债权人，依据第 326 条第 5 款，在债务人依据第 275 条第 1 至 3 款排除给付义务时；
- 购买人，依据第 437 条第 2 项因购买物存在瑕疵时；
- 定作人，依据第 634 条第 2 项因定作物存在瑕疵时；
- 经营者，依据第 503 条第 1 款在部分付款交易中因消费者支付迟延时；
- 合同一方，依据第 313 条在交易基础存在障碍时，如果合同调整不可能或不合理，且并不涉及长期之债（否则终结（Kündigung））。

688 解除权行使对合同主体产生的法律效果规定在第 346 条及其下。如所述，通过解除使得债的关系转为返还性债务关系；与之相应产生第 346 条第 1 款中规定的合同各方返还所接受的给付与相关用益的义务。

689 **（使）用（收）益（Nutzung）**包括物与权利的孳息以及使用利益（参见第 100 条与边码 695）。这意味着，基于所买汽车的瑕疵而依据第 437 条第 2 项与第 323 条作出解除的购买人需要向出卖人作出使用该车而获得的收益的价值赔偿。[261] 第 346 条第 1 款不仅对此构建了法律基础，而且该条文还规定了适用须返还的物时的返还义务，第 346 条第 2 款第 1 句第 1 项具有补充作用，因为与使用该车相关的财产利益在自然上已不可返还。只有当该用益在自然上还存在（比如母牛所生的牛犊；参见第 99 条第 1 款，第 100 条；边码 695）才基于第 346 条第 1 款具有返还义务。非基于使用该车，而是基于其他原因，比如时间消耗或市场价格下降而引起的贬值并不需要购买人赔偿。

690 当解除权人对所接受的标的物的**实质性毁损、灭失或其他返还不能具有过错，**

---

[261] 联邦普通法院判例，载《新法学周刊》，2010 年卷，第 149 页，边码 14 及其下（本文始于第 148 页）。

则解除的权利仍然存在。此类情形下解除权人必须依据第 346 条第 2 款与第 3 款作出价值赔偿。[268] 对于**作出价值赔偿的义务**适用下列规则[269]:

- **如果依据请求客体的性质退还或返还被排除**，比如提供服务人的请求情形，则依据第 346 条第 2 款第 1 句第 1 项必须赔偿价值。对此需要注意的是，在长期之债（边码 193）中通常不是解除合同而是终结合同（边码 700），这里并没有第 346、347 条中的恢复请求权。这限制了第 346 条第 2 款第 1 句第 1 项的适用范围。
- **如果所接受的标的物已被消费、出卖、设定负担、加工或者改造**，则以价值赔偿义务替代所负的返还义务（第 346 条第 2 款第 1 句第 2 项）。在加工或者改造情形中需要注意第 346 条第 3 款第 1 句第 1 项中的限制。第 346 条第 2 款第 1 句第 2 项中的价值赔偿义务涉及所接受的标的物被正常使用的情况。相反，非正常使用而引起的损失规定在第 346 条第 2 款第 1 句第 3 项中。[270] ——有**争议**的是，须退还**的物被出卖或者设定负担时的价值赔偿义务是否以返还义务人没有能力恢复出售行为和负担行为为前提**。支持的理由是，物不能再以起初的状态返还构成了价值赔偿义务的基础。因此，只有当返还不能（第 275 条第 1 款）或债务人成功行使第 275 条第 2 款的拒绝履行权（详见边码 518 及其下）时，价值赔偿义务才替代第一性的返还义务。如果并非上述情况，则返还权利人可以请求该物退还——可在债务人排除负担之后。[271] 反对意见认为，出卖及设定负担独立于对其消除的可能性即可以成为价值赔偿的条件，且债务人仅具有这样的权利，即通过重新获得或消除负担来返还该物以免于价值赔偿义务。[272]
- 如所知，**当须返还之物灭失时**必须要作出价值赔偿（第 346 条第 2 款第 1 句第 3 项）。依据条文目的，灭失的概念可作宽泛解释，即包括不能将所接受物返还的任一种情况。[273] 第 346 条第 2 款第 1 句第 3 项并不因返还义务人对灭失是否有过错而不同。然而，当第 346 条第 3 款第 1 句第 2、3 项中所述条件满足时，价值赔偿的义务消灭（边码 692）。
- 依据第 346 条第 2 款第 1 句第 3 项，在须返还之物的毁损时必须作出价值赔偿。该价值赔偿应能够补偿贬损（“总体上”），且并不改变返还义务，这只有在完全受阻碍，即该物灭失时才消灭。[274] **正常使用该物而产生的贬**

---

[268] 至于此外第 285 条在多大的范围内可适用，参见 Lorenz 论文，载《新法学周刊》，2015 年卷，第 1726 页及其下（本文始于第 1725 页）。

[269] 对此参照 Faust 论文，载《法学训练》，2009 年卷，第 484 页及其下（本文始于第 481 页）。

[270] Faust 论文，载《法学训练》，第 484 页（本文始于第 481 页）。

[271] 联邦普通法院判例，载《新法学周刊》，2009 年卷，第 64 页，边码 16 及其下（本文始于第 63 页）；Schwab 论文，载《法学训练》，2002 年卷，第 631 页及其下（本文始于第 630 页）。

[272] S. Lorenz 论文，载《新法学周刊》，2005 年卷，第 1892 页及其下（本文始于第 1889 页）；Fest 论文，载《大债法杂志》，2009 年卷，第 78 页。

[273] 《慕尼黑民法典评注》/Gaier，第 346 条，边码 43。

[274] 《慕尼黑民法典评注》/Gaier，第 346 条，边码 46。

值仍不考虑（第346条第2款第1句第3项第2半句）其价值赔偿的义务。对此排除仅仅通过正常使用而造成的贬值。比如购买人购得一辆崭新的汽车并解除了合同，这涉及因正常使用该汽车而造成的贬值，对此购买人无须负责。同时还涉及的是正常使用而产生的价值损失情形。因为返还债务人的义务是返还涉及的用益与赔偿因使用需返还物而造成的贬损。该结论的理由在于，基于使用而造成的价值丧失并非第346条第2款第1句第3项中的贬损。[275] 然而，如果正常使用造成物的灭失（比如机动车在使用中遭受全损），或消费该物是使用该物的结果（生活用品被消耗），则返还债务人——保留第346条第3款第1句第3项中的例外情形——对此必须作出价值赔偿。依据法律规定，只有正常使用范围内的价值减损才为债权人承担，而非全部损失。[276]

691 ● 在计算返还义务人所需作出的价值赔偿时，在合同中是以特定的对待给付“作为依据”（第346条第2款第2句）。依据联邦普通法院的观点[277]，同样适用的情形是需价值赔偿的履行价值高于对待给付的价值，比如涉及所谓的折扣价。然而，必须注意的是，需返还之物的瑕疵在计算对待给付时并不考虑。

例如： 需返还之物的销售价为1 000欧元，且这与该物无瑕疵的状态相当。物上的瑕疵使其价格减少约400欧元。如果返还义务人对物的灭失作了价值赔偿，则其必须支付600欧元，如依据第441条第3款实施的计算中所得出一样（边码835）。[278] 如果必须对物的贬损进行价值赔偿，则并不取决于需返还之物所体现的价值，而是贬损造成原来（通过对待给付确定的）价值的损失是多少。

692 **如果第346条第3款第1句中的条件成就，则该条第2款中规定的价值赔偿义务消灭。** 具体涉及下列情形：

● **第1项涉及第346条第2款第1句第2项中的规则**，据此债务人必须作出价值赔偿，如果其对所接受的物作了加工或者改造的话。如果之前隐藏的瑕疵在此时显露出来，则该被加工或者被改造的物的购买人基于合同法而具有解除权（详见其后），同样如被加工或被改造之前一样并不被赋予价值赔偿义务。

● **第二项**涉及返还义务人价值赔偿义务的免除，如果**所接受之物的毁损或灭失**因对**债权人可归责的**情形而产生的话。同样，如果基于所接受之物的贬损或灭失而产生的损失在债权人处同样会产生的话。

---

[275] 《慕尼黑民法典评注》/Gaier，第346条，边码41。

[276] Reischl论文，载《法学训练》，第670页（本文始于第667页）；Perkams论文，载《法学教育》，2003年卷，第150页及其下；其他观点如：Kaiser论文，载《法学家报》，2001年卷，第1061页及其下（本文始于第1057页）。

[277] 载《新法学周刊》，2009年卷，第1070页，边码16（本文始于第1068页），Witt评注＝《法学训练》，2009年卷，第271页（Faust撰写）；同样比较Fest论文，载《大债法杂志》，2009年卷，第126页。

[278] 比较Faust论文，载《法学训练》，2009年卷，第487页（本文始于第481页）；《慕尼黑民法典评注》/Gaier，第346条，边码45，此处具有其他计算方法的建议。

例如：

（1）V 卖给 K 一台电视机。K 在 14 天之内具有解除该合同的权利。由于所接受的机器具有瑕疵，V 试图自己消除该缺点。期间其严重毁坏了该机器。当 K 在此情形下作出解除时，他必须将被损坏的电视机返还给 V，且并不负有损害赔偿的义务，因为 V 自己必须对该电视机的毁损负责（参见第 276 条）。同样，如果该电视机的缺点导致了其损害或毁坏也同样适用该规则，因为该缺点为对出卖人可归责的买卖物的瑕疵（详见其后）。

（2）V 与 K 在同一出租房内毗邻而居。在一次火灾中他们的居所被毁坏。同样 K 房间内（功能完好）的电视机被烧毁。如果该电视机没有出卖的话，放在 V 的房间内同样会被烧毁。如果 V 没有将该电视机交付给 K，则因此会产生同样的损失。因此 K 无须作出价值赔偿，如果其基于相应的保留而解除的话。[279]

- **第 3 项涉及法定解除权。**具有法定解除权的人（比如购买人基于购买物的瑕疵），并非——如约定解除权——一开始就估计到必须要返还标的物。如果其对该物尽到如对待自己事务一样的谨慎，则其不承担损害或毁坏该物的价值赔偿义务似乎就是公平的。该规则意味着原则上价值赔偿的义务限于重大过失情形（参见第 277 条；涉及各种过失标准的详情，见边码 518 及其下）。[280]

理论中的主流学说是，**如果解除权人知道该瑕疵，且因此知道其必须再将该物返还给合同对方的话，则不具有第 346 条第 3 款第 1 句第 3 项中的责任特权**。该情形下其必须如对待他人之物一样谨慎地来对待该须被退还之物。[281] 对此反驳的观点认为，解除权人应该经常会在发现瑕疵后、行使解除权前继续使用该物，则必须同样继续适用法典中所述的责任减轻标准，特别是被解除人引起解除时。[282] 立法者在此范围内明确将解除权人的权利限制到对解除原因的知悉为止，且必须重视该决定。[283] ——然而更好的理由赞成将责任特权限制于对解除原因的知悉时。从法律理论中并不能推导出明确的观点。因此具有决定意义的是当事人的利益状况。如果解除权人知道其法定解除权所基于的瑕疵，则其与拥有约定解除权的人具有同样的状态。如其以正常交往中的谨慎来对待该物一样，因为这样其就不可以得出其可以长期持有该物。不管是在约定解除权还是在法定解除权中该谨慎义务都为债中的附随义务（边码 233 及其下）。如果债务人过错违反该义务，对此，对过错认定的任一

---

[279] 《慕尼黑民法典评注》/Gaier，第 346 条，边码 52，指出，如果债务人没有交互给付而获得保险或损害赔偿请求权的话，则解除向对方必须作出价值赔偿。

[280] 卡尔斯鲁尔州高等法院案例，载《新法学周刊》，2008 年卷，第 927 页（本文始于第 925 页）；该案中的观点为，须返还之物在道路交通运输中产生的损失不具有赔偿特权，因为此范围内需尊重的规则排除适用个人的注意标准。

[281] Forst 论文，载《大债法杂志》，2011 年卷，第 109 页（本文始于第 107 页）；Looschelders：《债法总论》，边码 849；《慕尼黑民法典评注》/Gaier，第 346 条，边码 57；Hk-BGB/Schulze，第 346 条，边码 16；Jauernig/Stadler，第 346 条，边码 8。

[282] Reischl 论文，载《法学训练》，2003 年卷，第 672 页（本文始于第 667 页）；Bamberger/Roth/Grothe，第 346 条，边码 53；Palandt/Grüneberg，第 346 条，边码 13b。

[283] Brox/Walker：《债法总论》，第 18 章，边码 27；Schneider 论文，载《大债法杂志》，2007 年卷，第 57 页。

过失标准都足矣，因为第 346 条第 3 款第 1 句第 3 项中的责任特权对此并未涉及，这样其依据第 280 条第 1 款与第 346 条第 4 款对债权人就具有损害赔偿的义务（边码 694）。然而在法定解除权时必须要求解除权人知道解除的原因，对此知道引起解除权的事实即可。然而其不必知道法律之所以赋予其解除权的推论。[284] 该结论是否借助对第 346 条第 3 款第 1 句第 3 项的目的限缩（边码 1169）来获得支持[285]，或者是否在违反履行保障性从义务时根本就用不到该条文中的责任特权[286]，该问题至今仍未解决。

693 如果价值赔偿义务依据第 346 条第 3 款第 1 句而丧失，则债务人有义务向债权人返还基于接受给付而仍占有的一切东西。第 346 条第 3 款第 2 句中对此调整的规则并不涉及所谓的对第 812 条及其下诸条的法律后果指引规则。[287] 在**法律后果指引（Rechtsfolgenverweisung）**时法律后果会被指引向其他条文（此处针对不当得利），这并不取决于相关规则中的构成要件是否成就。只有第 812 条及其下诸条中规定的、并为第 818 条补充及修正的返还义务（详见其后）涉及债务人。与之相反的是条文在法律后果上的**法律基础指引（Rechtsgrundverweisung）**，只有当其要件的全部特征都成就时才可对其指引。因此，不仅必须要满足指引规范的构成要件，还要满足相关规范的构成要件。

694 如果债务人不遵守其返还义务，则债权人可以在第 280、281 条的条件下请求损害赔偿，而非返还所接受的标的物（第 346 条第 4 款）。如果债务人退还给付时陷入迟延（第 286 条），则依据第 280 条第 1、2 款其必须赔偿债权人的迟延损失。依据第 280 条第 1 款，如果约定了解除权，且一方违反了相关义务，则损害赔偿义务包括给付标的物在内，因为返还义务必然包括返还该标的物。在**法定解除权**中的相应义务只有在解除权人知道解除的条件满足时才产生。只有到此时返还义务人才能确定其将最终留下该物。因此其遵守该违反即要赔偿的注意义务并无理由。然而问题是，此类谨慎义务是否已在解除表示前产生还是与解除表示同时产生。基于同样已被赞成的理由，在对证明瑕疵存在并因此而产生解除权的事实明知时，从第 346 条第 3 款第 1 句第 3 项中规定的自己事务中的谨慎转为对任何程度的过失负责（第 692 条），在第 346 条第 4 款框架内该明知同样具有决定意义。[288] 但是此处同样

---

[284] 比如知道解除权所基于的事实，即其过失不知情即足矣则显得太宽泛，比如见 Derleder 论文，载《新法学研究》，2005 年卷，第 2484 页（本文始于第 2481 页）；《慕尼黑民法典评注》/Gaier，第 346 条，边码 57；如此处相反观点见 Hager 论文，载《慕斯拉克纪念文集》，2004 年卷，第 203 页（本文始于第 195 页）。

[285] 参见 Looschelders：《债法总论》，边码 849。

[286] 比如：《慕尼黑民法典评注》/Gaier，第 346 条，边码 57；Bamberger/Roth/Grothe，第 346 条，边码 53。

[287] 对此参见联邦普通法院案例，载《新法学周刊》，2015 年卷，第 1748 页，此处涉及机动车购买人是否必须向出卖人转让一个对机动车保险人的请求权的问题。

[288] 比如：Schwab 论文，载《法学训练》，2002 年卷，第 636 页（本文始于第 630 页）；Looschelders：《债法总论》，边码 862。赞成损害赔偿只在解除表示之后的有：Reischl 论文，载《法学训练》，2003 年卷，第 673 页（本文始于第 667 页）；Perkams 论文，载《法学教育》，2003 年卷，第 152 页；Rheinländer 论文，载《大债法杂志》，2004 年卷，第 181 页（本文始于第 178 页）；Brox/Walker：《债法总论》，第 18 章，边码 9、17。

必须坚持的是，只有对事实的明知而非因过失不知情[289]赋予了解除权利人该谨慎义务，对此违反就要承担损害赔偿责任。

债务人不仅依据第 346 条第 1 款具有返还所得用益的义务，而且依据第 347 条第 1 款第 1 句同样有义务赔偿依据正常经济规律应当取得但是尚未取得的用益。如果涉及法定解除权，则需要判断的问题是，依据债务人在自己事务中所需注意的谨慎（第 347 条第 1 款第 2 句）是否已经能够取得该用益。第 100 条解释了用益的概念，包括孳息及使用利益。第 99 条对孳息作了定义，对此区分为物的孳息（比如动物及土地的产物，如奶、毛、谷物），权利孳息（权利收益，如因狩猎权而获取的猎物、股份的分红与计息债权上的利息）与收益（比如租赁中的租金与土地用益租赁中的租金或专利权转让中的许可费）。[290] 695

在债务人依据第 346 条第 1 款返还已接受的标的物或依据第 346 条第 2 款作出价值赔偿或依据第 346 条第 3 款第 1 句第 1 或 2 项排除价值赔偿义务情形中，依据第 347 条第 2 款其还有一个赔偿**必要投入（notwendige Verwendung）**的请求权。必要投入是指为了避免物的毁损或灭失、保持物正常的使用功能而花费的必要费用。[291] 对此有为了使该车能够行驶的机动车修理费以及动物饲养与医治费用。**其他支出**只有在债务人因此而不当得利时才赋予债务人赔偿该损失的请求权（第 347 条第 2 款第 2 句）。 696

支出（Aufwendung）在法典中并未定义，但是在《民法典》中的一些条文中的确被用到（比如第 670 条）。主流观点认为支出包括自愿的财产牺牲，支出中的自愿性区别于损失，其是非自愿遭受的。依据第 347 条第 2 款第 2 句，债权人必须赔偿债务人所有自愿的财产牺牲，如果这导致了不当得利的话。然而，只有该支出被用于债权人取回的物上时，不当得利才存在。但是在《民法典》术语中，对物的支出是“投入”[292]。由此推出的始终是债权人必要的投入，相反，其他使用只有在提高了向其归还之物的价值时才可被赔偿。然而，债权人如果必须对任一价值增值进行赔偿，则会导致严重不公的后果。比如，如果债务人在将要返还的机动车上做了费用巨大的改造，这导致了价值增长，则债权人必须依据法律规定对此赔偿，而非取决于该价值增长是否对其带来利益。因此，在债权人不当得利的问题上不单单依靠客观的价值标准，而是要关注债权人是否基于此而获得了实际的利益似乎比较合理。[293] 697

基于解除而产生的合同各方的义务必须**同时（Zug um Zug）**被履行（第 348 条 698

---

[289] 如：Meyer 论文，载《法学教育》，2011 年卷，第 249 页（本文始于第 244 页）；《慕尼黑民法典评注》/Gaier，第 346 条，边码 61 及其下；Juaernig/Stadler，第 346 条，边码 9。赞成重大过失的有，Kamanabrou 论文，载《新法学周刊》，2003 年卷，第 31 页及其下（本文始于第 30 页）；Palandt/Grüneberg，第 346 条，边码 18。虽然要求对解除理由的明知，但是直到解除表示之时解除义务人只对自己事务中的谨慎义务负责。

[290] 参见 Palandt/Ellenberger，第 99 条，边码 2 及其下；Bamberger/Roth/Fritzsche，第 99 条，边码 2 及其下。

[291] Wilhelm：《物权法》，边码 1316。

[292] 参见《慕尼黑民法典评注》/Krüger，第 256 条，边码 4。

[293] Reischl 论文，载《法学训练》，2003 年卷，第 668 页（本文始于第 667 页）；lorenz/Riehm：《债法》，边码 437；《慕尼黑民法典评注》/Gaier，第 347 条，边码 22；对此同样比较 Musilak：《〈民法典〉司法考试教程》，边码 158 及其下。

第 1 句）。因此，返还债务人可以使得返还从债权人处获得的物或其需给付的价值赔偿或损害赔偿取决于对方向其履行所负的义务，即取决于对方作出需要返还的给付或赔偿债务人应得的支出。（第 320 条第 1 款及第 348 条第 2 句）。

699 合同约定的解除权为权利人一方创制了一个不确定的状态，在实践中通常通过设定期限在时间上对此加以限制。如果没有，则另一方可以为权利人行使解除权设定一个合理的期限，该期限届满则解除权消灭（第 350 条）。

三、终结

700 长期之债（边码 193）可以针对特定的时间，且随着约定的终止时间届至而终止。

例如：一个学生为自己的夏季学期（直到 9 月 30 日）而租了一间房。

701 然而，如果合同期限没有在时间上作出限制，则必须可被终止；而这通过终结行为来实现，该行为通常并非必须以一个事由来作为法律依据，而是直接赋予作出终结的人。**终结权（Kündigungsrecht）**是一个形成权（边码 273），其通过需受领的意思表示作出。终结只作用于未来，并使该长期之债终止；其并不要求对过去已经作出的给付进行恢复。这一点与解除有重要区别。然而，（过去尚未作出的）给付义务（比如支付尚未结清的租金）与返还义务（参见第 546 条第 1 款）以及行为义务可能继续存在（比如在特定条件下合同终止后仍然有效的沉默义务）。

702 《民法典》中具有一系列的长期债务终结规则，比如对借贷合同（第 489 条及其下），租赁合同（第 542 条至第 544 条、第 561 条、第 563a 条第 2 款、第 568、569 条、第 573—574b 条、第 575a—576b 条、第 577a、580、580a 条），用益租赁合同（第 581 条第 2 款、第 584、584a 条），土地用益租赁合同（第 594a 条及其下），借款合同（第 605 条），物的消费借贷合同（第 608 条），劳务合同（第 620 条第 2 款、第 621—624 条、第 626—629 条）与合伙合同（第 723—725 条）。此外，《民法典》也为一些非长期债务规定了终结规则。比如承揽合同中的定作人依据第 649、650 条与经营者依据第 643 条具有终结权。旅游合同可以基于有损旅行的瑕疵在第 651e 条中的条件下终结。此外（无偿的）被委托人还有终结委托（Auftrag）的权利（参见第 671 条）。

703 在一般终结时，终结表示与债的终止之间必须存在一个时间差，以给合同对方（终结相对人）来适应该债的终止。该**终结期限（Kündigungsfrist）**可以在法律中（参见第 489 条、第 490 条第 2 款、第 584 条）或者合同中确定。基于社会利益考虑，对终结权具有限制，比如对住房的租赁与对劳动关系。

704 除了一般的终结权外还有特殊的终结权，其基于特别的事由而实现对债的终止。特殊的终结在绝大多数情况下是无期限的。

例如：借用人的财产贬损（第 490 条第 2 款），租赁物的使用无法保障（第 543 条第 1 款、第 2 款第 1 句第 1 项），住房存在危及健康情形（第 569 条第 1 款），违反合同使用租赁物（第 543 条第 1 款、第 2 款第 1 句第 2 项）或借用物（第 605 条第 2 项)，股东故意或重大过失地违反公司章程所赋予的根本性义务（第 723 条第 1 款第 2、3 句)。

第 314 条赋予了合同主体在长期之债（边码 193）中一个基于重要理由的**特殊的终结权**。法典对终结所基于的“重要事由”是，“如果在考虑了所有具体情形且考虑了各方的利益后不可苛求作出终结的一方继续履行该合同直至约定终止或直至终结期限届至”（第 314 条第 1 款第 2 句)。只有例外时才可以依据第 314 条第 2 款第 2、3 句无须作出期限设定和催告。 705

如果对此存在重要事由的话（第 314 条第 3 款)，终结权人应该不能够放任第 314 条中终结的可能性，而应在合理的期限内对消灭该合同作出决定。其背后存在的考量是，虽然存在终结事由，但是合同关系的存续有违于不可苛求遵守该合同这一要求。第 314 条第 4 款表明，除了终结外还可以请求损害赔偿。 706

如果长期之债中对基于重要事由的终结有**特殊规则**，则其优先于第 314 条。但是在作出终结前原则上首先要通过设定补救期限或催告来试图恢复符合合同的状态。[294] 因此在催告中必须明确继续履行合同的不确定性且继续违反合同须承担法律后果。纯粹对违约行为的指责并不足够。[295] 在此范围内第 314 条第 2 款表达出了基于重要事由可随时终结情形的一般原则。如果在长期之债中交易基础被破坏（对此见边码 663 及其下)，则须关注第 313 条第 3 款。 707

四、撤回权

如果合同已经有效缔结，则通常合同各方就已受其约束，且必须遵守相关约定。这里适用的法律规则是：**pacta sunt servanda**（契约必守)。然而在所谓的**消费合同**（边码 292 及其下）中法典赋予消费者（第 13 条）以**撤回权（Widerrufsrecht)**，其赋予消费者通过单方的意思表示来消灭其缔结的合同的拘束力（第 355 条第 1 款第 1 句)。[296] 此类撤回权存在于第 312g 条交易场所外订立的合同（参见第 312b 条第 1 款和边码 294)，以及远程销售合同（有关概念参见第 312c 条；有关两种合同的例外参见第 312g 条第 2、3 款)，此外还有第 485 条中部分时间居住权合同和类似的合同（第 481—481b 条)，第 495、506 条第 1 款第 1 句中的消费借贷合同以及贷款融资（对此参见慕斯拉克/豪：《〈民法典〉司法考试教程》，边码 206 及其下)，和第 510 条第 2 款中的分期供货合同（边码 196)。除了这些规则外，撤回权还可以在合同中约定（参见第 312g 条第 2 款中的导论中的相应阐述)。 708

虽然撤回权贯彻于不同的规则联系之中，但是有关撤回权行使及法律后果的条款却集中规定在第 355 条及其下诸条中；这些条款在转化欧盟《消费者权利指令 709

---

[294] 联邦普通法院案例，载《德国法月刊》，2004 年卷，第 738 页（本文始于第 737 页)。

[295] 联邦普通法院案例，载《新法学周刊》，2012 年卷，第 53 页及其下，边码 17 及其下。

[296] 有关此类撤回权的法经济上的分析参见 Eidenmüller 论文，载《民法实务档案》，第 210 卷（2010 年)，第 67 页。

（2011/83/EU）》[297] 时被重新规定。[298] 第 361 条第 2 款确保了在不利的约定和法律规避时对消费者的保护。

710 依据第 355 条第 1 款第 2 句，撤回权作为形成权，通过消费者对经营者的意思表示来行使。并未规定要遵守特殊形式，但是消费者需要注意举证责任。消费者无须使用"撤回"这一术语，又不需要附加理由，而是只需清楚地表达出其不再遵守该合同（第 355 条第 1 款第 3、4 句）；对此是依据客观的接受者视角（第 133、157 条）。依据一般的规则，撤回权原则上无须条件。

711 依据第 355 条第 2 款，撤回期限为 14 天，确切地说从合同订立时开始起算。准时发出（第 355 条第 1 款第 5 句）即为遵守了该期限。该期限只有当经营者已经合理地告知消费者以撤回权时才开始计算（参见经营场所之外的合同和远程销售合同，《民法典》第 356 条第 3 款第 1 句以及《〈民法典〉适用法》第 246a 章第 1 条第 2 款第 1 句第 1 项）。为此目的，经营者可以使用《〈民法典〉适用法》第 246a 章第 1 条第 2 款第 2 句处附件中规定的范本，但是并非必须使用。如果缺少合理地告知，撤回期限并非无限期地不起算；相反，在法定期限后撤回权消灭（再次参见针对经营场所之外的合同和远程销售合同的规定，第 356 条第 3 款第 2 句：最迟为合同订立 14 天后的 12 个月）。如果经营者在该期限内补充了告知，则该 14 天的期限还要开始计算。经营者对撤回权期限的开始承担证明责任（第 361 条第 3 款）。

712 撤回权依据待定中的生效思想来设置：合同起初是生效的；如果按规定行使了撤回权，则双方主体就不再受他们意思表示约束（第 355 条第 1 款第 1 句）。但是在（可能的）无效合同时，撤回权也有理由存在；因为消费者能够基于简单的方式通过行使撤回权来消灭已经订立的合同，而不必与经营者在合同的无效上陷入分歧（参见边码 439，那里有无效意思表示可撤销性的相应问题）。[299]

713 如果双方给付都已作出，则依据第 366 条第 3 款和——依据撤回权的种类——第 357—357c 条产生返还义务。《民法典》对不同的情形设定了一个返还的最长期限。所以，依据第 357 条第 1 款，在经营场所之外的合同和远程合同中已经受领的给付最迟 14 天内返还。该期限的开始计算对经营者是以到达时计算，对消费者则以撤回的意思表示发出时开始计算（第 355 条第 3 款第 2 句），其中消费者要通过对货物的准时送出来遵守该期限（第 355 条第 3 款第 3 句）。在一个消费品买卖中（边码 901），经营者可以拒绝返还买卖价款，直到其收到该货物，或消费者已经提供了证明，其已经发出了货物，除非该经营者要自己取货（第 357 条第 4 款）。如果经营者不承担送回货物的费用（第 357 条第 4 款第 2 句），则当消费者被对此告

---

[297] 《欧盟政府公报》，2011 年卷，法律卷，第 304 期，第 64 页。

[298] 2013 年 9 月 20 日修正法，载《联邦法律公报》，2013 年，第 I 部分，第 3642 页；更多有关撤回权的详细规则请参见 Förster 论文，载《法学研究集刊》，2014 年卷，第 721 页及其下和第 801 页及其下；Hilbig-Lugani 论文，载《法学研究》，2013 年卷，第 441 页和第 545 页；Mätzig 论文，载《法学教育》，2015 年卷，第 233 页；Schärtl 论文，载《法学训练》，2014 年卷，第 577 页。

[299] 联邦普通法院判例，载《新法学周刊》，2010 年卷，第 611 页，边码 11 及其下（本文始于第 610 页），Möller 评注；Skamel 论文，载《大债法杂志》，2010 年卷，第 106 页；其他观点参见 Ludwis 论文，载《大债法杂志》，2010 年卷，第 490 页。

知时其必须要承担该费用（第 357 条第 4 款第 1 句；例外：第 357 条第 4 款第 3 句）。价值代偿的义务只可依据第 357 条第 7—9 款的标准来附加给消费者，其中第 361 条第 1 款保证了消费者免于更多的一般责任条款。

考试练习二

来自帕骚的 K 先生为其侄子 N 的婚礼搜寻一个合适的礼品，并在雷根斯堡的 714
葡萄酒商 W 的网上商店中发现了一瓶葡萄酒，该酒的时间、产地和口味都适合 N：一瓶“1993 年特里尔 Herrenberg 的干葡萄酒”。基于 K 的电子邮件问询，W 打电话给 K，并称因为他并未将该缺货的酒从网店中下架，现在该酒只剩下了 12 瓶；尚存的酒 W 可以以总价 240 欧元卖给 K。K 立马答应了，因为他估算到，该酒在其他酒商处大约值 30 欧元每瓶。就如在电话中所说明的那样，W 要在 7 月 10 日驾车从雷根斯堡经过帕骚去维也纳，这样他们约定，W 在该天中午时分将该酒送给 K，且 K 在 14 天内将通过银行转账的方式支付价款。

案例派生 1：7 月 10 日当天，W 忘了将该酒带给 K，且晚上到维也纳他才想起该事。他就打电话给他的母亲，M 女士，并请她第二天将该酒送给 K，M 同意了该事。在前往的途中，M 女士在驾车时突然感到身体不适，并造成了一起事故，其中造成 11 瓶酒打碎。W 与 K 之间具有何请求权？

案例派生 2：在 7 月 10 日早晨去维也纳的路上 W 意识到自己忘了将卖给 K 的酒带上。他打电话给其母亲 M 女士，请求将该酒及时送到帕骚，但是 M 实际上直到 7 月 10 日中午 12 点半才到达 K 处。但是 K 拒绝受领该酒：一方面是 M 太迟了，另一方面是他不再需要该酒了，因为 N 的婚礼已被取消。因此 M 带着该酒返回。返程途中她身体疲劳，尽管如此她还是期望继续驾车，并认为可以应付得了。此后不久，M 昏倒在方向盘上；这导致了一起事故，并致使 12 瓶酒全部打碎。W 与 K 之间存在哪些请求权？

答题提示：有关远程销售合同的条款，即撤回权，无须考虑。答题时间为 90 分钟。

案例与问题

1. 农民 G 向 H 出售 100 公担的土豆。并约定，H 第二天开车到 G 的农庄来拉土豆。当晚 G 的农庄发生了大火，全部土豆都被烧毁。G 告知 H 其不能再供货了。H 认为，必须遵守合同约定，G 应当另行购置土豆来履行合同义务。这正确吗？

2. 生产商 F 生产布料。其出售 12 巴仑布料给批发商 G。该批布料应于 3 月 10 日到 F 的出仓库领取。3 月 9 日的晚上 F 的仓库管理人做好供货准备，其将 10 巴仑的布取出并打包贴上货单放在其他货物的前面。是夜，一陌生人破门而入，偷走了给 G 与他人准备的货物。当 G 第二天清晨过来取货时被告知已不能再供货，因为该种类的全部库存已另作安排，且由于紧急技术原因布料生产已经停止。G 必须另找其他供货商。法律情形如何？

3. 什么是“有过错的”行为？

4. 如何理解“故意”与“过失”，且如何区分间接故意与明知的过失？

5. 判断一个行为的过失取决于个人的责任能力吗？

6. 什么是绝对定期交易与相对定期交易？当给付并未在约定的时间作出时具有何种法律后果？

7. 什么是第 286 条意义上的“催告”，其必须满足哪些要求？

8. 可以对限制行为能力人作出催告吗？其自己可以作出催告吗？

9. 债权人在债务人迟延时具有哪些权利？

10. V 出售一辆二手机动车给 K。在该车交付前一天由于 V 的过错发生了火灾，其中导致卖给 K 的汽车被毁。K 请求 V 支付 500 欧元，这是从市场上购买同等价值汽车所需的超过与 V 约定价格的部分。此外其还请求一个车库一个月的租金 50 欧元，该车库为预备所买汽车而租赁，而在找到合适的汽车前现在必须空置一个月。这些请求权合法吗？

11. K 从古董商 A 处购得一幅油画。并约定，K 第二天来取该画。该画卖出不久另一感兴趣者对该画给出的价钱是 K 约定价格两倍。A 难抵诱惑，将该画再次出卖。A 并不认识第二个购买人，且并未询问其地址，且其买了画就将该画拿走。当第二天 K 想来取画时，A 告诉他自己不能够再给他了。由于不必支付与该画等价的价款，所以应该对其并未产生损失。K 偶然得知 A 以双倍价格卖了该画，K 向 A 主张与其约定的价款和其第二次卖出该画所得价款之间的差价。合法吗？

12. A 是一帆船的所有权人，该船停泊于距离其住所 50 千米外的港口内。其将该船推销给 B。二人开车前往泊船之处察看。B 说其想考虑一下该买卖，明天给予其答复。第二天 B 告知 A 其想买下该船。为此 A 前往 B 处并与其签订了买卖该帆船的合同。然而，该船已于前天晚上被暴风雨所摧毁，但是二人对此并不知晓。当发现该船被毁坏时，B 向 A 主张高达 5 000 欧元的损害赔偿，因为该销售价与市场价相差这个数额。B 的请求权合理吗？

13. A 的迪斯科舞厅计划于 10 月 1 日开业，对此进行必要的准备。其专门在零售商 H 处订购了一个特定型号的立体音响，对此 H 会在开业前一周送到并安装。产品送往 H 的途中 A 所订购的特定型号的立体音响被损毁并不能使用。因此 H 不能在 10 月中旬前提供一台设备。A 问，其是否可在其他零售商处购置一台设备，或其是否还要受到与 H 之间合同的约束。请您给出答复！

14. 依据等值理论的因果关系是什么？依据相当性理论的因果关系是什么？

15. 相当性理论所追求的目的是什么？为了实现该目的还会有哪些其他解答建议？

16. 工匠 E 从 H 处得到一份安装屋顶上电视天线的委托。在安装工作中 E 的助手毁坏了屋顶，以致当夜漏雨并使得顶层放置的家具因此受损。H 对 E 具有哪些请求权？

17. G是一个狂热的无烟主义者。其委托手工业者L在其房间工作。L是个烟鬼，且在工作中连续抽烟，尽管G多次禁止。当其发现L随意放置的烟头导致不同家具烧出斑点后，其立刻终结合同并请求因委托其他工人而支付的更高费用的损害赔偿。有权吗？

18. K女士去R的商店看看商品，以便给其朋友买份礼物。其在这里并未发现想要赠送的礼物。K女士因地面上的一个明显为顾客所扔的水果皮而摔倒。K女士因摔倒而严重受伤且必须就医。K女士可以向R请求因此而造成花费的赔偿吗？如果K女士只是因打发等车时间而至此处停留，并无购买意愿，判断会改变吗？

19. 一不动产所有权人K将该不动产划分为几小块并在上面建几个房子。其与一些意向者签订了亲笔书写的预售合同，其中购买者负有依据建筑进度分期支付购买价款的义务。技工F同样签订了此类合同，且负有以200 000欧元购买该房屋的义务。当房屋建好时，K向F主张较大涨价后的价格，即280 000欧元。当F拒绝支付高于200 000欧元的价款时，K认为该合同因形式而无效，并表示其不再与F有交往。K想退掉F已经支付的价款。相反，F主张依据相应的合同缔结公证的合同。法律情形如何？

20. H在报纸上刊登广告销售其在慕尼黑的房屋。来自科隆的K对此与H联系并与其约定了一个看房时间。在看房后K表示，其想买下该房，当时必须首先与其在科隆的银行商谈一下融资问题。H与K约定，K应在一周后来慕尼黑签订内容已经商谈一致的合同。当K依约到达慕尼黑时，H告诉其一个吃惊的消息，其已对该事另作考虑，且不再出售该房。对此K请求因从科隆至慕尼黑而产生的损失。有权吗？

21. 债权人在什么时候陷入迟延？

22. 零售商H与农民L约定，L向其提供5公担的黄瓜，且L应将该黄瓜送至H的商店。当L电话通知终结合同时，因另一个交易而产生争执，该过程中H表示，L根本无须带黄瓜过来。其不想再与其做买卖，且不会接受该黄瓜。是夜，被L锁好的待履行的黄瓜被偷掉。L向H请求支付约定的价款。有权吗？

23. 由于G并未接受S依约履行的货物，S为了储存该货物必须租赁一个房屋。其向G主张因此而产生的损失。有权吗？

24. 买卖合同中谁承担给付风险？谁承担价格风险？

25. 在何情形下不同于第326条第1款规定，在所售货物向买受人交付前意外灭失时由买受人承担对待给付的风险？

26. V以50 000欧元的总价将两辆货车卖给K。两辆货车都是一个价。其中一辆货车在交付前非因V的过错而被烧毁。法律情形如何？当K已经将货款全部支付给V时如何判断法律情形？

27. V将自己的汽车卖给K，但在全部支付价款前所有权保留。K取走该车。之后该车非因K过错而被毁。V因此而有支付价款的请求权吗？

28. 什么是合同中的不真正义务？

29. 依据第 326 条第 2 款，什么时候债权人对债务人基于第 275 条第 1 款至第 3 款无须履行的情形负责？

30. A 经营一家叫虚空的旅馆，其在 H 处订了 40 个由咖啡壶、碟子、杯子与底盘组成的咖啡套件，以便在经营中使用。H 首先提供了 10 个咖啡套件，并承诺马上提供剩余部分。两周后 A 给 H 设定 10 天的履行期，并指出如果该期限无果而终就拒绝包括已履行部分在内的全部履行，因为其只想在其旅馆中使用同样的餐具，因此该十个餐具并不可用。在期限届至前 A 的旅馆被陌生人潜入。从一被锁好的仓库内被包装在箱子里的 10 个套件及其他物品被偷走。在 A 所设定的期限无果而终后，其想解除合同。法律情形如何？

31. 当债务人具有不履行合同的抗辩（第 320 条）或可以依据第 273 条主张留置权，则债务人是否陷入迟延？

32. A 与 H 预定互换他们的摩托车。A 的摩托车因其过错引起的事故而毁损。对此 H 请求 A 支付 500 欧元，因为其摩托车已经不值自己摩托车的价钱。有权吗？

33. 补充性合同解释的目的何在？该目的基于何方式实现？

34. 如何理解“任意法”？

35. 交易基础障碍可引起何种法律后果？

36. G 在一个小村庄建了 100 套别墅。这些房屋由 G 设立并经营的一间供暖厂提供暖气与热水。G 对房屋购买者具有的义务是，以与该村所属城市中一样的价格供暖与热水。两年后，G 向一房屋的业主 K 主张比城中价格更高的供暖价格。其对此主张的理由为，其供暖厂以石油而非天然气（如城中）作燃料。最近石油的价格比天然气涨的要厉害。如果其必须遵守城中的价格，则其在 100 个住户处每年必须承担 30 000 欧元的损失。对此其应并不负此义务。K 主张合同约定。法律情形如何？

37. (a) A 从 B 处购得一台电视机并保留解除权。当 A 短暂离开被锁的住所后该电视机被偷，其主张解除。可以吗？且具有何法律后果？

(b) 当 A 由于该电视机显示器具有不可修复的瑕疵而作出解除时，法律情形如何？

38. 如何理解用益、支出费用与投入费用？

39. 请说出法律基础指引与法律后果指引之间的区别！

40. 饭店老板 H 与 M 啤酒厂合同约定，5 年内其只能从 M 处购买啤酒。几个月后产生的供货困难导致 H 酒桶中的啤酒枯竭。由于 B 的担心老顾客会因此流失，其问起是否可以消灭该合同。

41. A 经营电器产品。其将刚认识的 B 招呼进房间，并对其说其有一批从破产程序中购得的价廉物美的漂褐光机，并想将此优惠的机会分享给 B。如果其想要的话必须要尽快购买。由于 B 的婴儿在家中不能离开，其对此请求 A 到其家中为其展示该漂褐光机。A 于当天到达 B 处，并对买卖该机器达成一致。当 B 晚上给其丈夫展示所购买的机器时，二人疑惑该产品是否真的便宜。B 马上决定打电话给 A，

并告诉其想拒绝该买卖并要求其返还所付价款。法律情形如何，如果

（a）该机器值 35 欧元?

（b）B 在合同订立后 7 个月才表示其想解除该合同并因此请求返还高达 60 欧元的价款?

42. 什么是“远程销售合同”，且该合同类型具有哪些法律特殊性?

第七章 占有和所有权

第一节 导论

715 已经指出，日常用语与法律专业用语中对“所有权”和“占有”这两个概念的用法是不同的，日常用语中所说的“占有”在法律上涉及所有权（边码 8）。在法律应用中此类概念的正确用法则具有确定的含义。**占有（Besitz）**在法律意义上指对物事实上的控制；据此，占有人即对物行使实际控制力的人。与之相应，第 854 条第 1 款规定，占有通过获得对物的实际控制力而取得。相反，**所有权（Eigentum）**指——至少在民法中①——以对物享有的全面的和直接的控制为内容的权利；因此，如果没有违反法律或者第三人的权利，物的所有人可以对其随意处置并排除其他任何人干涉（第 903 条第 1 句）。

716 下面我们将讨论有关所有权和占有的相关问题，这些都是学生在基础教程框架内需要掌握的，即核心范畴和一些关于占有和所有权取得或丧失的规则。②

第二节 占有的种类

717 上文将占有描述为**对物事实上的控制（Herrschaft）**，那么据此同时可以确定，其不取决于**占有的权利**。因此一个小偷可以通过盗窃某物而成为它的占有人。然而

---

① 对此有公法中的所有权，《基本法》第 14 章涉及所有权保障，原则上任一财产价值上的法律权利都是所有权。

② 即此处不涉及对占有和所有权的保护。对此见慕斯拉克/豪：《〈民法典〉司法考试教程》，边码 488 及其下，650 及其下。

依据以何种主观上的态度对物行使事实上的控制而有所区分：将某物当做归自己所有而占有的人为**自主占有人（Eigenbesitzer）**（第 872 条）；相反，如承租人、借用人或者拾得人等在对物事实上的控制时，主观上认为该物属于他人且其占有的权利源自他人，则此主观态度使其成为**他主占有人（Fremdbesitzer）**。

基于此，承租人即为他主占有，出租人即为自主占有，且出租人借助承租人对租赁物进行事实上的控制。该处显示，承租人认为出租人是处分权人且自己对其负责，确切地说其意识到自己只是在一定期限内占有该物，且有义务归还该物。第 868 条明确承认了承租人在占有上的权利地位，并称之为**"间接占有（mittelbarer Besitz）"**。直接占有人与间接占有人通过**占有媒介关系（Besitzmittlungsverhältnis）（占有改（变约）定（Besitzkonstitut））**相联系，典型的特征如下： 718

- 某人的直接他主占有，即以直接占有的意思行使独立于间接占有人的占有（＝占有媒介意思（Besitzmittlungswille））；
- 直接占有人的占有权的派生，即基于直接占有人的同意而被赋予的占有；
- 直接占有人地位在时间上的限制；
- 间接占有人对直接占有人的返还请求权。

此处例子中的租赁关系所体现出的以间接占有方式对事实上的控制力进行划分，并因此满足占有媒介关系上的特征，同样可以适用于其他情形。据此，间接占有可以被**再次划分**： 719

示例：E 是某机动车所有权人，其将该车租给 Z。Z 将该车借给其朋友 D。

D 是直接占有人，Z 行使间接占有。鉴于此，Z 相对于该直接占有人为第一级。Z 对 E 而言是间接占有，这样 E 对直接占有而言就是第二级。直接占有与间接占有的区别与自主占有和他主占有相关：D 是直接他主占有人，Z 是第一级的间接他主占有人，E 是第二级的间接自主占有人。

依据某人事实上的控制是独自行使还是与他人一起行使可以对占有媒介关系另作区分。与此区分相应的占有的类别称为**单独占有（Alleinbesitz）**和**共同占有（Mitbesitz）**。对于共同占有还需注意，每个占有人是否能够独立于其他共同占有人而使用该物（**初级的共同占有（schlichter Mitbesitz）**或**简单的共同占有（einfacher Mitbesitz）**）还是只可与他人一起（**高级的（gesteigerter Mitbesitz）**或**公同的共同占有（gesamthänderischer Mitbesitz）**）。③ 720

示例：

（1）多个承租人共同使用一个自行车棚。由于每个人都可以独立于他人进入该区域并停放自己的自行车，承租人对该区域即为初级的共同占有。

（2）一个保险箱需两把钥匙来开，其中 A 有一把，另一把在 B 处。两人对该保险箱为高级的共同占有，因为他们只可一起对此行使事实上的控制。

与共同占有相对的是**部分占有（Teilbesitz）**，即一人独自占有某物的一部分。第 865 条举例提到了可区别的住房或其他房间。如果许多租客住在一个房间内，则 721

③ Wilhelm：《物权法》，边码 487 中，对公同的间接占有概念对该占有只保留一个共同管理。

每个承租人对自己租赁的住房享有部分占有。到部分占有处即可明白，占有不涉及权利是因为对一物不可分的组成部分，比如房屋各个房间的情形，不可以构造独立的权利（第 93 条）。

722 如所示，不同的占有形态完全相互联系。在一夫妇所住的套房内每个人都拥有部分占有形式的初级的占有，同时也是他主占有。如果他们将该套房中一间转租的话，该次承租人即为该房间直接（部分）占有人，该对夫妇是其余的房间直接（部分）占有人。该次承租人对主承租人基于该房而享有占有，且为第一级的间接占有人，该主承租人对于出租人而言享有占有，该出租人为第二级的间接占有人，同时，依据基于其是否对于该出租房的不动产享有所有权而可分为自主占有或他主占有。

723 有关直接占有意指对一物的事实上的控制的认定需要进行补充和细化：如果某人以非独立的、受指示的地位依据义务行使事实上的支配，如汽车司机对其所驾驶的公务用车，则如果将其视为占有人则有违常情。相反，该情形下的直接占有人只为指示权人，即称为**“占有主（人）（Besitzherr）”**，而另一方称为**“占有辅助人（Besitzbiener）”**。占有辅助关系的根本性标志为**指示约束性（Weisungsgebundenheit）**，其一般源于一种社会从属关系。[4] 法典在第 855 条规定该特征时写道：“在家务或经营或类似关系中——，依据他人对该物的指示而必须尽力作出。”该指示约束性并不必然基于私法或公法关系得出。相反，一个事实上的指示关系仅仅存在于诸如一个情谊行为关系中（边码 54 及其下）或者一个无效的劳动合同中。[5]

724 占有辅助人的指示从属性也是**区别于占有媒介关系**的决定性标志。一个间接占有人无须听命于具体的间接占有人的指示，而是认为自己置身于媒介关系框架中即可。我租了一辆汽车，这样我就必须在使用中遵守租赁合同中具有法律意义的约定，比如在租赁期间届满后要将该车交到特定的地点。此外还不能违反出租人的安排。不同于占有辅助人：司机必须遵守针对其公务用车作出的每一个指示。

725 第 855 条提到，占有辅助人为他人行使对物事实上的控制。对此有两个问题：占有辅助人行为时必须有此相应的主观意识吗？其与占有主之间的社会从属关系必须为外界所知吗？两个问题都有争议。主流观点放弃了**占有辅助意思（Besitzdienerwille）**且占有人在其指示义务框架内行为即可。[6] 然而，必要的是指示义务需基于从属关系的框架。基于此，占有辅助人需在任何时候都遵守该指示，且占有主可以在任何时候支配该物。[7] 一个相反的观点指出，不存在无占有

---

④ 联邦普通法院判例，载《新法学周刊》，2014 年卷，第 1525 页，边码 10（本文始于第 1524 页）＝《法学训练》，2014 年卷，第 840 页（K. Schmidt 撰写）。

⑤ 斯图加特州高等法院案例，载《德国法月刊》，2009 年卷，第 857 页＝贝克网判例集，2009 年，编号为 09239；《慕尼黑民法典评注》/Joost，第 855 条，边码 7。

⑥ 联邦普通法院案例，载《新法学周刊》，1953 年卷，第 420 页（本文始于第 419 页）；Wilhelm：《物权法》，边码 481。

⑦ 法兰克福州高等法院案例，载《新法学网络杂志》，2013 年卷，第 263 页（本文始于第 262 页）。

意思的占有，因此这里的占有辅助人需要一个相应的意思，但是如果占有辅助人在指示的作用范围内行为的话，其可以以推定的方式表示其占有辅助人的意思。[8]该意见分歧的现实意义相当小，因为依据双方观点，占有辅助人的行为在指示义务的框架内就可认为已经具有充分依据。占有辅助人明确表示不想为占有主行使事实上的支配，依据反对意见，该占有辅助关系终结，一般也不允许其仍保持在指示义务框架内，对此依据主流观点同样不被视为占有辅助人。对于第二个关于占有辅助人及占有主之间**从属关系的可知性**问题，有观点认为需要该可知性[9]，因为**占有的公示作用**需要如此。

物权具有绝对性（针对任何人）且必须在法律交往中尽可能地公开。因此物权法中具有**公开原则（Prinzip der Offenkundigkeit）（公示原则（Publizitätsprinzip））**。[10] 由于对动产的占有即暗示其对该物具有处分权（参见第 1006 条第 1 款），且对一动产所有权的转移而言，原则上对其交付就可让该权利转移为外部可见。在研究所有权转移及动产所有权的善意取得时会详细研究占有作为权利表象的功能。 726

占有等于对物事实上的支配这一规则仅仅在适用于直接占有时不受限制。在间接占有中该规则虽没有被废除，但是被修正了，因为这涉及通过直接占有人的居间控制。在第 857 条意义上的**继承人占有的情形**中，该规则就彻底失效，因为从继承开始继承人即接替被继承人的占有状态，而不取决于其是否愿意或者其是否知道占有转移。（参见慕斯拉克/豪：《〈民法典〉司法考试教程》，边码 485）。 727

第三节 占有的取得与丧失

一、直接占有的取得

如果第 854 条规定，对一物的占有只能通过获得对一物事实上的支配而取得，则仅有直接占有（间接占有的取得见后面）符合该法条。对于占有取得而言，法典要求构成事实上的支配，但问题是对此又有何要求？口语中**“事实上的支配力（tatsächliche Gewalt）”**这一概念指一种对物的作用力上的关系。法律人将此概念理解为，通过它获得对物直接作用且排除他人的此类作用。[11] 该可能性需要一个占有 728

⑧ 《慕尼黑民法典评注》/Joost，第 855 条，边码 12；Wieling：《物权法》，第 54 页及其下。

⑨ 联邦普通法院判例，载《新法学周刊》，1958 年卷，第 1287 页（本文始于第 1286 页）；联邦普通法院案例，载《新法学周刊》，1525 页，边码 10（本文始于第 1524 页）=《法学训练》，2014 年卷，第 840 页（K. Schmidt 撰写）；Bamberger/Roth/Fritzsche，第 855 条，边码 13；Palandt/Bassenge，第 855 条，边码 2；Prütting：《物权法》，边码 66；Wolf/Wellenhofer：《物权法》，第 4 章，边码 33；其他观点见：《慕尼黑民法典评注》/Joost，第 855 条，边码 10；Baur/Stürner：《物权法》，第 7 章，边码 67。

⑩ 参见 Wilhelm：《物权法》，边码 33 及其下。

⑪ 参见《实用民法典评注》/Schulte-Nölte，第 854 条，边码 4。

者与物之间在空间上的紧密关系。[12] 第856条第2款规定，依据其性质，对物的支配暂时的阻碍并不终结该占有，这表明占有人对物的作用力关系在设立该占有时要强于消除占有时。

示例：阿克田与维尔森尽管不在现场，但是树林里的木堆和在公共停车场上停放的汽车仍在其占有之下，因为其曾经对此设立了事实上的支配，即使不能一直行使该支配力也无妨。

729　许多情形下对于判断谁对某物行使事实上的支配并不难。该情形主要在归属公开时，比如一套房里的动产或者口袋内的动产、围在栅栏中的房屋和花园。然而不能基于此认为某物在谁的事实上的支配范围内必须是可知的。[13] 因为有许多情况可以直接确定谁是该物的占有人。人们只需想想街上停放的自行车。[14] 同样，该点可区分设立占有和获得事实上的支配：当对某物设立的控制关系为必然从外部可知的过程时，该控制关系的存续就不再取决于该可知性。**对此可以总结为，第854条第1款意义上的事实支配力的取得需要对某物的空间关系可知地设立，即对该物实现一个直接的物理上的作用力。**

730　基于该概念描述，占有关系始终都被清楚明晰地确定。比如，这可以适用于一直作为范例来讲的案例：某人坐在公园板凳上，食客在饭店使用给他的餐具或者某人在一候车室阅读其他乘客传阅过来的报纸等，所有这些案子中的人都不会成为该物的占有人。可想而知，在个案中对事实上归于其控制的某物进行判断时，必须要借助**交往观念（Verkehrsanschauung）**来分析全部案例情形。[15] 在许多情况下交往观念肯定有帮助，就如适合所述案例一样。但是不可期望其可以在疑难案例中一直会提供确定的标准。[16] 所以，散布的人是否坐在公园椅子上就是占有人会有不同的判断。[17]

731　仅仅获取上面所描述的事实上的支配还不足以设立占有；相反，依据主流观点[18]，还要具有对此的意思，即所谓的**占有设立意思（Besitzbegründungswille）**。该意思并非法律行为上的，而是一个无民事行为能力人亦可作出的自然上的意思，如果其是在自然的意义上作出该意思的话。[19] 该占有设立意思同样无须是针对一个特

---

⑫ 《慕尼黑民法典评注》/Joost，第854条，边码5；Staudinger/Gutzeit，2012版，第854条，边码9。

⑬ 主要的观点，比较联邦普通法院判例，载《新法学周刊》，1965年卷，第1713页（本文始于第1712页）；Palandt/Bassenge，第854条，边码3；限制性观点如：PWW/Prütting，第854条，边码2，不涉及具体人的一般性可知即可。

⑭ 《慕尼黑民法典评注》/Joost，第854条，边码13。

⑮ 联邦普通法院案例，载《新法学周刊》，1987年卷，第2813页（本文始于第2812页）。

⑯ 《慕尼黑民法典评注》/Joost，第854条，边码4，提到一个危险的空缺形式。

⑰ 多数观点将此否认，如Bamberger/Roth/Frizsche，第854条，边码23；Staudinger/Gutzeit，2012年版，第854条，边码10。

⑱ 联邦普通法院案例，载《新法学周刊》，1958年卷，第1286页；1987年卷，第2813页（本文始于第2812页）；《实用民法典评注》/Schulte-Nölte，第854页，边码7；更多见：《慕尼黑民法典评注》/Joost，第854条，边码8及其下。

⑲ 多塞尔多夫州高等法院案例，载《家庭法杂志》，1999年卷，第653页（本文始于第652页）：对行使事实上的物的控制而言具有必要的心理和生理上的成熟性。

定的物来获得一个事实上的支配；相反以任何可知的方式作出一般性的控制意思即可。

该一般性的占有设立意思通常包括将物放置于界分出的控制区域或管理区域内。该区域可以为经营空间或者居住空间，一个机动车或者一个邮箱。如果邮差在我不在场时将一封信投入我的邮箱，则我就是它的占有人，因为我获得了对该物事实上的支配，且我概括性地设立占有的意思及于我信箱中的一切物。如果一个客人在我的住处丢失了钱包，则基于同样理由我即成为它的占有人。这同样适用于一个顾客在超市丢失物品情形。[20] 这也是联邦普通法院判决中的观点： 732

Metro 超市案[21]：一顾客在一自助超市内的货架下发现一张 1 000 马克面额的钞票并面交给了经理。丢失者没有再出现。由于依据第 973 条发现者可以获得发现物的所有权，但必须是针对无主占有物（对此见慕斯拉克/豪：《〈民法典〉司法考试教程》，边码 309）。这里取决于顾客是否发现了这样的钞票，即该钞票被顾客发现时是否为无主占有状态。联邦普通法院否决了该权利，因为超市内的所有物品如果不是在他人占有之下的话，则都位于其所有人的控制之下，并且为了遗失物不被任何人随便拿走，超市所有人对此物很难说没有占有的意思。联邦普通法院并未明确回答占有的意思是否及于意外之物。因为一般性的占有意思必须能够明显为外界可知[22]，当判决何物是符合期望的且可以认为具有设立占有的意思时不能够取决于个人的主观意思。或许只有那些完全明显未被占有的物才应被排除（比如垃圾，或者未经允许放在某不动产上的废车）。

依据第 854 条第 1 款，**直接占有的原始取得**可以以两种方式实现：其一，可以通过单方的行动取得占有，比如拾得或者盗窃。其二，可以通过基于原占有人的给予和新占有人的拿取来获得占有。第二种形式区别于第一种形式的地方在于，原占有人同意新占有人取得占有。该情形不允许与**第 854 条第 2 款中的占有取得**相混淆：第 854 条第 2 款中的占有取得需要对某物的空间关系有可知的控制行为。对此一个对该物直接的物理上的作用力即可（边码 729）；对于第 854 条第 2 款而言，买受人需要行使对物的支配。这样，立法者就实现了对法律交往的简化。这体现如下： 733

示例：E 是树林中一堆木材的所有人。其想将这些木材出卖并转移所有权给 K。依据第 929 条第 1 句，转移所有权需要交付，即使得 K 获得占有（边码 745）。这个应当依据第 854 条第 1 款来实施，此时 K 至少必须前往树林，这样利于他的必要的控制关系依据该条款才产生。人们可以想象，如果该树林很远或者下雪的话就相当麻烦。第 854 条第 2 款就省掉了当事人的这些麻烦：据此，原占有人必须与买受人之间对取得占有达成处分合意。然而另外的条件是，买受人必须可以对该物行使支配力。这意味着，其可以立即获取该物。此处不允许存在对该占有取得的事实

---

[20] 其他观点见 Wilhelm：《物权法》，边码 469 及其下。如果某物在一个不特定的人可以进入的区域内，比如超市，则排除人对该物的控制。

[21] 联邦普通法院案例，载《新法学周刊》，1987 年卷，第 2813 页（本文始于第 2812 页）。

[22] 《慕尼黑民法典评注》/Joost，第 854 条，边码 10。

上的阻碍。对一个可自由进入的木材堆而言，该条件是符合的。（即不存在阻碍——译者注）

734 **对第854条意义上的处分合意的法律性质（die Rechtsnatur der Einigung iSd § 854 II）** 一直存在争议：主流观点认为该处分合意是法律行为[23]，其他人则认为与直接占有的基本观点相符合倒不如说与事实上对物的控制相符合，该处分合意只可理解为买受人对取得占有的事实上的同意。[24] 然而，从占有的法律特征来推出处分合意的法律特征无论如何都显得并非具有说服力：如果人们在第854条第2款的处分合意中遇见的是前占有人通过他人对占有的取得作了事实上的同意，则第854条两个条款的构成要件在通过前占有人的占有转让上只在对物的直接占有有区别，新占有人在第854条第1款的框架内拥有该物，但是依据第2款则相反。一个仅仅在事实上的控制的概念上的区别并不具有令人信服的证明力。相反，如果对于新的占有人获得占有的法律行为上的约定视为其本质上的区别特征的话，那么第854条第2款完全拥有一个独立的意义。该观点争议的现实意义并非不巨大：主流观点的表述带来对法律行为规则的重视；这样行为能力及代理的规则条文会被引用到，且会涉及对发出的意思表示的撤销。

二、间接占有的取得

735 间接占有可以通过两种方式取得：其一是通过建立新的占有媒介关系；其二是在已有媒介关系时通过前间接占有人向新间接占有人让与返还请求权（第870条）。

736 媒介关系可以在间接占有人获得占有之前就约定好，人们称之为**事先的占有改（变约）定（Besitzkonstitut）**。

示例：B银行贷款给A购置某机器，且A将机器的所有权转移给B以作担保。此后A使用该机器。当A还未取得该机器的占有及所有权时，作为占有媒介关系的担保协议已经约定好。这一切都做好后，依据第929条第1句及第930条该所有权转归银行。

737 对第870条规定的有关间接占有转让的**返还请求权的让与**依据第398条及其下诸条来实施，并以一个有效的返还请求权为前提。该返还请求权基于占有媒介关系而得出；但是如果没有有效的占有媒介关系，法定的返还请求权的让与（比如第985条或者第1007条）同样可能会产生。依据主流观点，间接占有人对让与的告知并无必要。[25] 具有疑问的是：虽然第870条规定间接占有的转让仅仅取决于返还请求权让与的效力，且该让与的效力并不取决于债务人的知情（边码1280），但是基

---

[23] 联邦普通法院案例，载《新法学周刊》，1955年卷，第866页；1958年卷，第1723页；《企业》，1973年卷，第914页（本文始于第913页）；卡尔斯鲁尔州高等法院判例，载《新法学周刊—判例报导》，1999年卷，第1318页；Wilhelm：《物权法》，边码442；Wolf/Wellenhofer：《物权法》，第4章，边码10；Bamberger/Roth/Fritzsche，第854条，边码43；《适用民法典评注》/Schulte-Nölte，第854条，边码13。

[24] 详见《慕尼黑民法典评注》/Joost，第854条，边码32。

[25] Baur/Stürner：《物权法》，第7章，边码54；详见《慕尼黑民法典评注》/Joost，第870条，边码3。

于直接占有人及间接占有人的关系可知，当间接占有人转移占有时直接占有人必然知情。[26]

三、占有丧失

738 占有——确切地说既包括直接占有又包括间接占有——在占有的前提条件不再符合之时丧失。第 856 条第 1 款有对直接占有明确规定了占有丧失的**两种可能性**：

● 基于**占有人自己放弃事实上的支配力**的直接占有的终止。

此种情况也创造了第 854 条第 1 款规定的原始取得的标的物。因此这似乎是合乎逻辑的，即如对原始取得一样，对自愿的占有放弃需要一个主观上的意识，即一个**放弃占有的意思（Besitzaufgabewille）**，这同样不是一个法律行为上的，而是一个纯粹事实上的性质（边码 731）。[27] 然而，仅仅有占有人的意思还不可判断对间接占有的自愿终止，而是必须要配上外部可知的事实上支配力的丧失。所以，如果房屋的主人不想占有其室内的一个物品，但是还是像以前一样将其放在原处，则对该物的占有仍未终止。[28]

● 基于**其他方式下**事实支配力**丧失**的直接占有的终止。

如果是自愿地放弃占有，则当然需要占有者相应的意思，这适用于其他一切直接占有情形中丧失对物的控制，除非涉及支配行使时的暂时阻碍情形（第 856 条第 2 款）。这些表明，占有人主观意识对占有丧失的要件而言并不重要，对此具有决定性意义的是行使事实上支配的可能性。然而，法典在其他条文中规定了非自愿占有丧失的法律后果，比如第 858 条及其下诸条中的占有保护（比较慕斯拉克/豪：《〈民法典〉司法考试教程》，边码 244 及其下）和所有权的善意取得（参见第 935 条；见边码 767 及其下）。

739 如上所见，当占有的前提条件不再符合时，该间接占有也会丧失，即：

● 直接占有人丧失占有，或者

● 间接占有人对直接占有人的返还请求权消灭，或者

● 直接占有人不想再给间接占有人占有，因此放弃他的占有媒介之意思。

占有媒介关系和基于此的间接占有仍然存在，如果间接占有人只是放弃其直接占有，但是保留间接占有且继续想间接地拥有该占有（例如：承租人将所租汽车出借给其朋友，则产生等级性的间接占有；边码 719）。[29] 放弃间接占有意思必须对外展现。仅仅一个内部的意思变化不终止该间接占有（例如：一物的承租人决定不再返还该物且当做自己的物来用，但并不为第三人可知）。[30] 意思改变的可知性前提条件是，间接占有人能够知道该意思变化；更确切地说，该意思可为他人所知即为足以。

---

[26] 同样见 Bamberger/Roth/Fritzsche，第 870 条，边码 5。

[27] Staudinger-Eckpfeiler/Klinck，占有一章节，边码 21（占有放弃是一个事实行为，无须法律行为上的意思）。

[28] 其他参见 Staudinger-Eckpfeiler/Klinck，占有一章节，边码 24。

[29] 《慕尼黑民法典评注》/Joost，第 868 条，边码 28。

[30] Wolf/Wellenhofer：《物权法》，第 4 章，边码 29。

第四节 所有权的类型

740 如果所有权属于一个单独的自然人，则称为**单独所有（Alleineigentum）**。一个物上有多个所有权人则为**共同所有（Miteigentum）**，这又可分为按份共有和共同共有。在**按份共有（Bruchteilseigentum）**中每一共有人都有一个可计算的份额[31]；因此，按份共有可以定义为一个未被分割之物的多个所有权人对其各个所设想部分的共有权利。[32]

示例：A与B共同获得一个房屋的不动产。如果不存在一个划分上的专门约定，则他们是各占一半份额的共同所有人。

741 按份共有规定在第1008条及以下诸条中。由于按份共有权涉及按份关系，所以除了物权法上的条文外还要结合债法上的第741条及以下诸条的规定，其中包括共有之物的使用权（第743条第2款）、管理权（第744条及其下），以及对（想象的）份额的处分权（第747条）和共有关系的解除权（第749条及其下）。共有份额的取得则依据有关动产或不动产所有权转移的条款（详见其后）。

742 **共同共有（Gesamthandseigentum）**只存在于共同关系框架之内，如《民法典》中的合伙（第705条及其下）、夫妻共同财产（第1416条）和共同继承关系（第2032条）。单个共同共有人不能对物的全部或者部分作出处分，因为共同共有物属于全体共同共有人。对每个共同共有人适用的规则应从相关有效的条文中推导出。

第五节 所有权的取得

一、引言

743 所有权不但可以通过法律行为取得，而且可以基于法律规定取得（甚至基于国家行为，此处不详述）。自然人死亡后则其所有财产及权利、义务都转归继承人所有（第1922条第1款、第1942条第1款），这同样适用于立遗嘱者的所有权。非基于法律行为取得所有权的其他情形有动产与不动产的附合，以致该动产成为该不动产（参见第93、94条）的组成部分（第946条）；还有动产之间相互附合（第947条）、动产之间的混合（第948条）和通过加工而制造出一个新的动产（第950条）。此外，还有其他的非法律行为取得形式，如时效取得（第937条及其下）、对

---

[31] Wolf/Wellenhofer：《物权法》，第2章，边码7。

[32] 《慕尼黑民法典评注》/K. Schmidt，第1008条，边码1。

无主物的先占取得（第 958 条及其下）和拾得人的所有权取得（第 973、974 条）。

对于所有权法定取得的构成要件在基础教程框架内不会深入研究（详见慕斯拉克/豪：《〈民法典〉司法考试教程》，边码 576 及其下）。此处只详细叙述通过法律行为取得所有权的相关规则。由于动产所有权转移和不动产所有权转移在规则上的设置不同，因而下面同样据此作出区分。 744

二、动产所有权的法律行为取得

1. 基本构成要件

法律行为上动产所有权移转的构成要件规定在第 929 条第 1 句。据此，所有权转移由两个要件组成：法律行为上的处分合意要件及事实上的交付要件，即占有的转移。[33] **处分合意（Einigung）**是任何所有权转移都不可缺少的要件，但是**交付（Übergabe）**却可以被所谓的**交付代偿物（Übergabesurrogate）**所取代。依据主流观点，处分合意是一个合同（Vertrag），对此适用总论部分有关意思表示及合同的所有条文。表意人用此处分合意来表达将一个特定动产的所有权转移给买受人，且该买受人表示其愿意取得该物的所有权。 745

法律交往中人们绝大多数情况下根本不用语言来表达处分合意，而是习惯以默示方式作出。特别是在日常生活交易中，所有权转移及其所依赖的债权行为都是相互融合的，对此区分只可能存在于理论分析之中。但是尽管如此，依据我们的法律秩序还是存在负担行为与处分行为的区分（**分离原则（Trennungsprinzip）**，边码 282 及其下），且负担行为的效力原则上不影响处分行为的效力（**抽象原则（Abstraktionsprinzip）**，边码 282 及其下）。 746

交付（Übergabe）的目的在于让所有权转移的过程公开，并且能够为第三人可知（**公示原则（Publizitätsprinzip）**）。其实施方式为，原所有人彻底放弃占有，买受人基于所有权人的策动行为而获得该占有。[34] 作出转让行为的所有权人必须以一切方式放弃占有：如果其还拥有间接占有，则该交付仍未完成；所有权转移只可以依据第 929 条第 1 句、第 930 条（马上讲到这里）。然而对交付而言，买受人取得间接占有就足以。 747

示例：A 将其拖拉机出租给了 B 一段时间后又将该拖拉机卖给了 C，且跟他约定，C 应与 B 商定所有其他事项。此外，A 将该销售及与 C 的相关约定告知了 B。对此，B 与 C 对该拖拉机签订了一份新的租赁合同。因为现在不再是 A 而是 C 相对于 B 间接地占有该物，所以所有关于交付的要求都符合：A 已经毫无保留地放弃了其所有的占有，且 C 已经基于 A 的行为获得了占有。另一途径是基于 A 与 B 之间租赁合同的返还请求权的让与已经发生（第 929 条第 1 句，第 931 条；马上讲到）。

---

[33] 联邦普通法院案例，载《新法学周刊》，2014 年卷，第 2790 页，边码 8＝《法学训练》，2015 年卷，第 73 页（K. Schmidt 撰写）。

[34] 慕尼黑州高等法院判例，载《新法学周刊》，2013 年卷，第 3526 页（本文始于第 3525 页）。

748 不管是在（出卖的）所有权人一方，还是在买受人一方都可以有占有辅助人或者间接占有人参与。[35]

示例：

（1）V 将为 K 所买的汽车通过如下方式转移所有权，即其委托他的雇员 A 将该车带给 K。在 K 的住处该车被其司机 F 受领了（A 与 F 是占有辅助人，这样每一方都是其雇主的直接占有）。

（2）在 V 与 M 达成了一个关于特定类型的汽车租赁合同后，其从 H 处买了该类型的汽车，并告知他将该车转交给 M。如果 H 遵守了该指示，则 H 与 V 之间的交付已经完成（M 相对于 V 间接地占有）。

749 在一些法律文献中一开始就喜欢突然讲到这些，即尽管出卖人没有占有一物，但是第 929 条第 1 句意义上的交付同样可以实现：因为对一物事实上的支配可以这样来行使，**即直接占有人听命于出卖人的指示**。

示例：儿子（S）欲在他的母亲（M）生日时送她一台电视机。因此其进入汉德尔（H）的商店，选出了一台电视机、付了款并请求 H 明天将该电视机送给 M。这一切都发生了。S 在生日当天打电话给 M，祝贺其生日并告诉是他送的电视机。M 很感激。

该案中 H 的所有权转移给了 S，且 S 的所有权转给了 M，确切地说，依据第 929 条第 1 句，H 与 S 及 S 与 M 对所有权的转移达成了处分合意（推定地）。H 想将所有权转移给 S 而非 M，因为 S 是 H 的合同相对方，所以基于双方达成的合同，S 拥有一个对买卖标的物交付并转移所有权的请求权（第 433 条）。H 想通过依据 S 的指示提供该电视机来履行该请求权。依据第 929 条第 1 句所必需的交付实现的方式为，H 遵从了 S 的指示向 M 做了提交，且基于此 S 实现了对电视机事实上的支配。因此符合第 929 条第 1 句上的条件，且 S 为所有权人。在他这边他又与 M 达成将所有权转移给 M 的处分合意，此后 S 创设了 M 对电视机的直接占有（参见第 929 条第 2 句；边码 829）。

现在对于 S 与 M 的所有权取得非必要的是，H 对该电视机具有直接占有，以便实现将其所有权转移给 S。如果 H 在其商店里只有一个展示的样机，因此其打电话给批发商大个子（G）请其将该电视机提交给 M，所有权转移的方式如之前一样进行，变化的只是 G 实现了 H 的所有权，H 又针对 S，S 最后针对 M。H 对该物行使事实上的支配是通过其对 G 发出了关于该物的指示，且 G 遵守了该指示。这同样适用于 H 与 S 之间的关系。依据第 929 条第 1 句，每个人获得占有及所有权是通过据此执行与“指令”相应的必要的交付；因此该种取得称为**指令取得（Geheißerwerb）**。[36]

750 示例中所有权转移实施用下图表示：

[35] 比较 Wilhelm：《物权法》，边码 896 及其下。

[36] 比较 Wilhelm：《物权法》，边码 893 及其下。

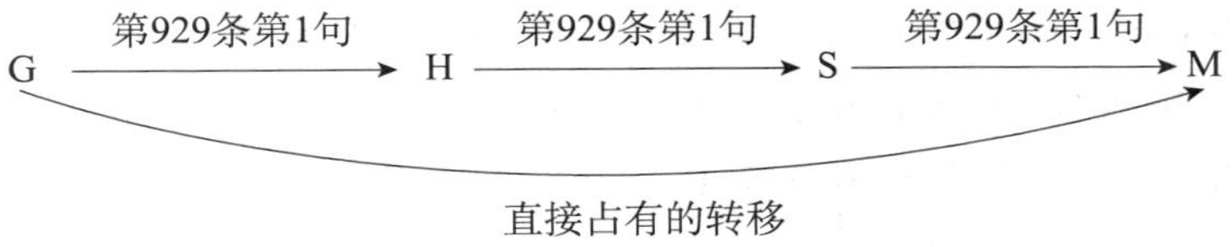

2. 其他取得的构成要件

如果买受人已经占有了将要被转移所有权的物，则依据**第 929 条第 2 句**，只需要 751
一个对所有权转移的处分合意即可（**所谓的简易交付（Übergabe“kurzer Hand”＝拉丁语 brevi manu traditio）**）。

示例：E 借给了 B 一本书。B 很喜欢该书，就请求 E 将该书卖给他。E 同意了。该合同中需要履行的所有权转移仅仅需要一个双方对该所有权转移的处分合意即可实现。

依据第 930 条，物的交付可以被下列方式取代，即所有权人与买受人之间约定 752
了一个占有媒介关系，亦可称为**占有改（变）（约）定（Besitzkonstitut）**（边码 718），基于此买受人获得间接占有。如果出卖人在所有权转移后仍想继续占有该物的话，通过该可能性可达到特别的用途。

示例：E 经营一个建筑企业，期间将一个二手建筑吊车卖给了 B。由于双方都希望该交易能够马上开展，但是在一建筑工地上 E 需要对该吊车再使用几天，于是约定该吊车的所有权立刻转移给 B，但该吊车还要借给 E 使用一周。依据第 930 条，该借用合同（第 598 条及其下）作为第 868 条意义上的一个占有媒介关系取代了第 929 条第 1 句中的交付。

第 930 条规定的可能性简化了所有权转移；如果没有此处，则所有权人必须首 753
先将直接占有转移给买受人，以便接下来从其处重获该占有。同样第 931 条规定，所有权人对某物享有的返还性债权让与可以代替对被转让物的交付，这简化了许多所有权人为非直接占有人情形下的所有权转移。

示例：E 要卖的吊车租给了 D。现在 E 想履行所签订的买卖合同将该吊车的所有权转移给 B，其可以从 D 处拿回吊车，然后再直接将所有权转移给 B；或者其告知 D 将该吊车交给 B，然后 D 听从该指令；或者依据 E 相应的通知，D 与 B 达成一个新的租赁合同；这些都是第 929 条第 1 句意义中的交付（边码 747）。E 还可以将其基于租赁合同而对 D 享有的返还请求权让与给 B。依据第 929 条第 1 句结合第 931 条，B 基于处分合意及返还请求权让与就成为该吊车的所有权人。

在此需要指出的是，法律行为上动产所有权转移所引用的具体法条只能始终是 754
第 929 条第 1 句，因为即使是在第 930 条或第 931 条情形下规定了交付的其他形式，此处的处分合意还是所有权转移的前提条件。

处分合意与交付或者替代它们的其他构成要件不必同时发生。因为虽然对所有 755
权转移而言这两个行为必须完成，但问题是，如果在成功达成处分合意后一方主体不想遵守该处分合意有何法律后果？主流观点[37]否认**该处分合意的拘束力**（基于第

---

[37] 联邦普通法院判例，载《新法学周刊》，1978 年卷，第 679 页（本文始于第 696 页）＝《法学训练》，1978 年卷，第 565 页及其下；Wilhelm：《物权法》，边码 873。

873 条的推定，不动产所有权转移时在一定条件下具有该拘束力，边码 777)，允许**撤回（Widerruf）**，但是需要表示出来且必须要到达相对方。

示例：机动车经销商 V 卖给 K 一个二手汽车。此后 K 清偿了货款，并约定 K 两天后可到 V 处领取该车。第二天二人互相通了电话并因为其他事情吵了起来。对此 V 说："现在起休想再取到车了。"由于 V 忘了撤回之前作出的指示，第二天其雇员将该车交给了来取车的 K。该案中 K 并没有成为该车的所有权人，因为 V 表示过 K 不会再得到该车，此处存在对处分合意的撤回。如果 V 生气地挂了电话且只是私下将该车留下，则是另一种结果。与合同一样的处分合意（边码 745）的单方主体竟然可以单方解约，这很令人惊讶，然而理由在于，其缺少债法上的要素。此点区别于（债法上的）买卖合同，这仍未因 V 意见改变而变化。转移所有权的义务因此仍然存在，且如果 V 不将该车的所有权转移的话，违反义务的后果就会产生，比如 K 的解除合同（第 323 条）和请求损害赔偿（第 280 条第 1 款、第 3 款、第 281 条、第 325 条）的权利。

如果一方当事人在作出处分合意后、交付前死亡，或者此时变为无民事行为能力人的话，则该处分合意的效力不受影响（第 130 条第 2 款、第 153 条）。然而死亡情形下的继承人、丧失民事行为能力时的法定代表人（监护人，见边码 320 及其下），可以在交付前撤回该处分合意并因此阻止所有权转移。

756 不动产所有权的法律行为取得的构成要件用下图总结为：

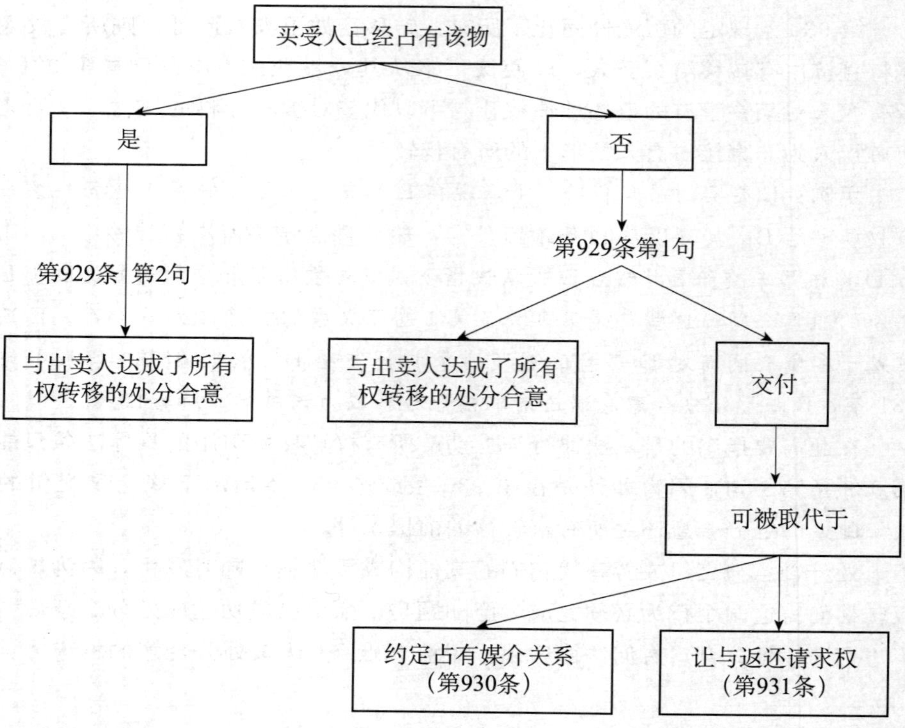

3. 善意取得

a）前提条件

如果任何非所有权人，即**无权处分人（Nichtberechtigter）**，作出了所有权转移，则符合第 185 条规定理由的人可以取得该所有权（边码 281）。如果不符合这些理由，则考虑到第 932 条及其下诸条中规定的**善意取得或诚信取得（gutgläubiger bzw. redlicher Erwerb）**。[38] 该些条款只涉及法律行为上的所有权转移且以第 929 条至第 931 条规定的取得要件为前提。这意味着，如果继承人发现了遗产中的物，且错误相信该物为被继承人的财产时，该继承人不可善意取得该物的所有权。 757

第 932 条及以下诸条中规定的善意取得条款涉及第 929 条至第 931 条意义上的每个具体的取得要件。具体而言，第 932 条第 1 款第 1 句涉及第 929 条第 1 句中的所有权转移；第 932 条第 1 款第 2 句涉及第 929 条第 2 句；第 933 条涉及第 929 条第 1 句、第 930 条；第 934 条涉及第 929 条第 1 句、第 931 条。第 932 条及其下诸条中的规则只是用来弥补出卖人所欠缺的所有权；其他必须要满足取得构成的所有要件，特别是第 929 条第 1 句中规定的买受人与（无处分权人）之间处分合意的存在。一般商业交易和在法律上和经济上不同的人之间订立的法律行为都是此类（反例：一人公司向一个唯一股东转让所有权）。[39] 缺少处分合意则可为继承人在遗产中发现了其误以为是被继承人所有的物，则继承人并非善意地取得该所有权。 758

值得注意的是，第 932 条及其下诸条不适用于仅仅信赖**处分权限（Verfügungsbefugnis）**的人。 759

示例：买受人知道出卖人并非所有权人，但是基于所有权人的（实际并未赋予的）同意而认为其有第 185 条第 1 款意义上的处分权。该善意取得只可依据《商法典》第 366 条的标准。

同样，错误认为出卖人为完全行为能力人也很难取得所有权：**对行为能力的善意信赖**根本不被保护。 760

b）买受人的恶意信赖

如果人们讲到善意取得，则会容易认为，对此，买受人的善意是不可更改的条件。然而这是不正确的。更确切地说，买受人缺少善意，即其**恶意信赖（Bösgläubigkeit）**构成了取得的**阻碍事由（hindernde Tatsache）**[40]；这基于第 932 条第 2 款第 1 句第 2 半句（“除非”）中的消极表述而得出。争议案件中并不是去证明买受人的善意，而是其恶意。该区别对证明责任规则具有决定性的意义：如果在一法律争讼中不能确定买受人的善意还是恶意，则法官只能基于适用于善意的证明责任来解决。[41] 761

---

[38] 具体见 Kinder/Paulus：《法学训练》，2013 年卷，第 393 页和第 490 页。

[39] 参见 Kinder/Paulus：《法学训练》，2013 年卷，第 39 页（本文始于第 393 页）。

[40] 见慕斯拉克/Voit：《〈民事诉讼法〉基础教程》，边码 399。

[41] 慕斯拉克/Voit：《〈民事诉讼法〉基础教程》，边码 476。

762 基于该认定同时可以得出**考试中对处理善意还是恶意**的提示：答题人只需分析买受人的恶意性，如果对此意在案例中明确提示。否则就直接得出善意取得，无须对此再作专门论述。

763 至于法典**对认定善意信赖缺失**设置了哪些要求则可基于第 932 条推断。据此，买受人对出卖人缺少所有权并不知情或者非因重大过失而不知情就足够。而一个客观上严重的、主观上不可原谅地违反交往中谨慎的要求即可视为重大过失。该谨慎必须是以一个超高的标准来违反，因此，忽视任何人都可以注意到的可能情形（边码 472）。对于善意取得而言，问题是，买受人是否在任何情形下都可以相信出卖人基于占有出卖物而体现出来的法律状况，或者其是否可以期待其另需获悉所有权关系，而其不作为即可认定其有重大过失行为。

764 仅仅通过占有而体现的**权利表象（Rechtsschein）**[42] 通常认为并不足够，比如二手汽车交易。在今天的法律交往中理所当然的是，要给二手汽车的买受人出示机动车权利证书（确切地说是所谓的许可证 II），以证明出卖人为该机动车的所有权人。如果出卖人与文件显示的所有人不一致，则会引起买受人的怀疑，并促使其查证。[43] 同样，在其他情形中也存在买受人查证的必要性。依据主流观点，当在购买过程中存在异常之处，即在谨慎注意后对出卖人的处分权产生怀疑，则有必要进行查证。[44] 就此而言，从判决里发展出了一个内容丰富的判例法。其中一部分要求过高。比如联邦普通法院赞成了一买受人在商业贸易中从一加工商处购进用原材料加工成的货物时的“调查义务”[45]，因为联邦普通法院认为，买受人必须预料到原材料提供商的一个长期的所有权保留。[46] 不可否认的是，在今天的经济生活中所有权保留经常出现，且因此每个买受人必须考虑到并非出卖人而是第三人是该货物所有权人的可能性。仅仅要求每个买受人询问该货物被供货时是否存在所有权保留还不够。[47] 只有当有其他疑点存在时，比如买受人知道出卖人经济困难，查证才可以被期待。[48]

---

[42] 人们通常认为占有人即为具有权利表象的人，这涉及基于语言简化而导致的模糊性。因为，占有作为静态，即仅仅对事实上支配的持有不能创设权利的证明。相反还需要具有运用事实上支配力的能力，即为买受人创设占有的权利。然而由于善意取得所依据的取得要件以转让占有为前提，所以出卖人的权利实现之力要融入善意取得的全部要件中。

[43] 联邦法院判例，载《新法学周刊》，1991 年卷，第 1417 页（本文始于第 1415 页）。对于机动车买卖中的恶意信赖问题同样参见联邦法院案例，载《新法学周刊》，2005 年卷，第 1365 页；2006 年卷，第 3489 页，边码 15 及其下（本文始于第 3488 页）＝《法学训练》，2007 年卷，第 286 页（K. Schmidt 撰写）；石勒苏益格州高等法院案例，载《新法学周刊》，2007 年卷，第 3007 页＝《法学训练》，2008 年卷，第 278 页（K. Schmidt 撰写）；慕尼黑格拉德巴赫州高等法院案例，载《新法学周刊》，2005 年卷，第 3578 页。

[44] Bartels 论文，载《民法实务档案》，第 205 卷（2005 年），第 689 页（本文始于第 687 页）；《慕尼黑民法典评注》/Oechsler，第 932 条，边码 48ff.。

[45] 司法方式上不涉及一个可实施的义务，而是涉及取得人的责任；比较 Bartels 论文，载《民法实务档案》，第 205 卷（2005 年），第 689 及其下（本文始于第 687 页）。

[46] 联邦普通法院案例，载《新法学周刊》，1980 年卷，第 2246 页（本文始于第 2245 页）；1983 年卷，第 1116 页（本文始于第 1114 页）。或参阅慕斯拉克/豪：《〈民法典〉司法考试教程》，边码 400。

[47] 反对意见见 Bamberger/Roth/Kindl，第 932 条，边码 16；《慕尼黑民法典评注》/Oechsler，第 932 条，边码 58 及其下。

[48] 此意义上同样有联邦普通法院案例，载《新法学周刊》，1966 年卷，第 1160 页（本文始于第 1159 页）。

有争议的是，是否未作必要查证的买受人主张自己调查也不能够得出出卖人缺少处分权就可胜诉。[49]

当买受人已经知道出卖人一方是基于无效的所有权转移而获得该物，则买受人为恶意。 765

示例：C 从 B 处购得一个机器，该机器是 B 从 A 处购买。如果 C 清楚知道 A 向 B 转移所有权因第 138 条而无效的话，则依据第 932 条 C 并非所有权人。

问题是，若买受人错误地认为出卖人的前一买卖行为并非无效，而是由可撤销时的结果认定。 766

如前面的例子，如果 C 认为，A 向 B 转移所有权是有效的，但是 A 可以依据第 123 条来撤销。如果谁知道无处分权的全部原因[50]即足以认定买受人的恶意，该种情形下买受人的善意会直接被否定。相反，第 932 条第 2 款明确规定买受人的善意针对出卖人的所有权。如果 A 拥有撤销对 B 所有权转移的事实上的权利（尽管可能是无效情形；边码 439），且其使用了该管理，由于 C 知道了撤销的原因，则依据第 142 条第 2 款规定，就如其知道从 A 向 B 转移所有权无效一样。[51] 适用第 142 条第 2 款时需注意，此处规定的过失标准已被第 932 条第 2 款中涉及的恶意性作了修正，且因此只有重大过失下对撤销原因的不知情才构成取得人的恶意。[52]

c）脱离物情形下善意取得的例外

当某物从所有权人处被偷走、遗失或者以其他方式脱离（第 935 条第 1 款第 1 句），则基于第 932 至 934 条规定排除该物的善意取得。只有当被转移所有权之物涉及金钱或者无记名证券（Inhaberpapier）（比如无记名债券，参见第 793 条及其下；或者无记名股票，参见《证券法》第 10 条第 1 款），或者通过公开拍卖方式（参见第 383 条第 3 款）转让该物时，该限制规则才无效（第 935 条第 2 款）。 767

有争议的是，金币和银币在何条件之下被视为第 935 条第 2 款意义上的金钱。[53] 联邦普通法院判决认为，并非仅仅是国家承认的硬币才作为官方的支付手段，而是此外如果硬币被确定且适合在公共支付途径中流通就足够。因此，所谓的收藏硬币（比如克鲁格金币）既未被视为官方支付手段，又未被设定和认可为在公共支付环节流通，确切地说未因为其经济上的价值显著超出了其作为支付手段通常被赋予的价值，而因此理性的人并不将其当做支付手段来使用。[54] 768

脱离（Abhandenkommen）是一上位概念，其包括“被偷”和“遗失”等，其两个根本特征为： 769

---

[49] 主流观点对此作了否定，详见 Bamberger/Roth/Kindl，第 932 条，边码 20；其他观点见 Bartels 论文，《民法实务档案》，第 205 卷（2005 年），第 695 页及其下（本文始于第 687 页）；Jauernig/Bderger，第 932 条，边码 17。

[50] 参见 Medicus：《民法总论》，边码 729。

[51] 对此关注 Lindacher/Hau：《民法总则案例》，案例 5。

[52] Wilhelm：《物权法》，边码 935。

[53] 联邦普通法院案例，载《新法学周刊》，2013 年卷，第 2888 页，边码 6=《法学训练》，2014 年卷，第 169 页（K. Schmidt），对所主张的观点进行了广泛的论证。

[54] 联邦普通法院案例，载《新法学周刊》，2013 年卷，第 2889 页（本文始于第 2888 页），边码 11 及其下。

- 直接占有必须丧失，且
- 该丧失必须非自愿地（即非所有权人的意思）发生。

770 如果是所有权人**自愿地（freiwillig）**将直接占有转给他人，比如将物出借或出租，而直接占有人将该物出卖给善意第三人，则所有权人失去该所有权；因为非自愿地丧失间接占有并不使该物成为第 935 条第 1 款意义上的脱离物，就如该条款第 2 句所规定的那样。决定占有丧失意思具有纯事实上的特征，而非法律行为上的。对此，只要具有塑造该意思并知道该意思含义的行为能力即可（边码 738 条）。一般情形下，无民事行为能力人不具有足够的识别能力，但是限制民事行为能力人却有可能。[55]

771 如果多个所有权人共同占有某物（边码 720、740），则所有共同所有权人都必须同意放弃该占有。如果其中一个共同占有人拒绝同意，则即使其他共同占有人自愿放弃占有，该物仍为脱离状态。然而不同的是，当只有一个占有人是所有人之时：这样则仅仅取决于该共同占有人的所有权人是否自愿放弃他的共同占有。因此所有权人放弃占有的自愿性即足以。其他共同占有人不同意并不阻止善意取得。[56]

三、法律行为上的不动产所有权取得

772 不动产这一概念在法律中并未被定义，但是设定了条件。依据普遍的观点，法律意义上的不动产是一个空间上被界分出的、可测量的地面部分，其被登记在一个特别的不动产登记簿[57]上。[58]

1. 取得要件

773 依据第 873 条第 1 款，法律行为上的不动产所有权移转需要所有权人与买受人之间的处分合意和在不动产登记簿上进行权利变更登记。与动产所有权的法律行为取得一样，不动产的所有权取得也通过一个**双重要件（Doppeltatbestand）**实现：**作为意思要件的处分合意（Einigung）与作为公示要件的在不动产登记簿上登记（Eintragung）**（与动产上的占有转移一致）。[59]

774 第 873 条不仅适用于不动产所有权的转移登记，还适合于其他的不动产权利的处分行为，比如设立不动产抵押（参见第 1113 条及其下）、土地债务（参见第 1191 条及其下）或用益物权（参见第 1030 条及其下）。

775 **第 873 条意义上的处分合意**涉及一个物权合同。如果它涉及不动产所有权的转

---

[55] 对此关注高阶考试内容，见 Lindacher/Hau：《民法总则案例》，边码 5。

[56] 联邦普通法院案例，载《新法学周刊》，2014 年卷，第 1526 页，边码 17ff（本文始于第 1524 页）＝《法学训练》，2014 年卷，第 840 页（K. Schmidt）；Wietfeld 论文，载《法学教育》，2014 年卷，第 1039 页。

[57] 如果不动产登记簿为自动化的数据（参见《土地登记规范》，第 126 条），则不动产登记簿页即为登记的特定数据存储器。

[58] 比较《慕尼黑民法典评注》/Kohler，第 873 条前论，边码 3。

[59] 在不动产登记簿上登记的程序规定在《土地登记规范》中；对此参见慕斯拉克/豪：《〈民法典〉司法考试教程》，第 925 页，边码 18。

移，则其称为**不动产处分合意（Auflassung）**。对此，第 925 条有特别规定。据此，不动产处分合意必须在双方同时在场情况下向有权机关作出。原则上公证人具有该权限；该合意甚至可以在形式有效的法院和解书中和具有法律效力的破产方案中作出（第 925 条第 1 款第 3 句）。双方同时在场的要求排除了对作出的意思表示逐渐证书化的形式。然而并非规定本人亲自到场，所以此处可以是一个代理行为。

示例： V 与 K 对于购买 V 的不动产达成协议。他们约定某一时间在公证员 N 处将买卖合同（参见第 311b 条第 1 款第 1 句）和不动产处分合意（第 873、925 条）进行公证。在约定时间前不久，K 打电话告知，其由于机动车道堵车不能准时到达。指出让 N 的办公室主任 B 无须代理权即可为其作出意思表示。一会，当 K 出现时，其认可了 B 作出的意思表示。对此也是符合第 925 条的形式要求的。[60]

不动产处分合意不得附条件和附期限（第 925 条第 2 款）。出卖人的担保不得以如动产中的所有权保留方式作出。然而，可以约定延迟实施不动产登记。比如，公证员可以指出，当证明价款已经支付时再申请办理在不动产登记簿中将买受人登记为所有权人。另一种担保的可能性是预告登记，参见慕斯拉克/豪：《〈民法典〉司法考试教程》，边码 549 及其下。 776

依据第 873 条第 2 款，不动产处分合意证书化后就对他们产生了一个**拘束力（Bindung）**：出卖人或买受人不得单方撤回他们已经作出的意思表示。然而，他们可以一起在变更登记之前任何时间废除该不动产处分合意，而且无形式要求。[61] 不动产处分合意的拘束力并不限制出卖人的处分权：其可以继续作为处分权人对该不动产有效地处分，即对此设定负担或者出卖。[62] 对买受人而言，该处分的风险要等到其向登记机关提出所有权变更登记时[63]才可消除。因为《土地登记规范》第 17 条规定了优先原则，这样，考虑到后面的申请，必须要对首先完成申请的买受人有利。由于第 878 条对其作出的保护规定，买受人从现在起不再因出卖人失去处分权而会遭受不利（比如对出卖人的财产启动破产程序）。 777

2. 善意取得

如动产的所有权转移一样，不动产的所有权也可以通过法律行为[64]从一个无处分权人处善意地取得。对此需要满足第 873 条规定的取得要件。唯一的区别在于，买受人的善意取代了出卖人的处分权。该善意体现在，其对不动产登记簿中出卖人为处分权人的有效性已经并能够信任。具体取决于满足下列要件： 778

- 出卖人与买受人之间关于所有权转让的处分合意；

---

[60] 《慕尼黑民法典评注》/Kanzleiter，第 925 条，边码 18。

[61] Wilhelm：《物权法》，边码 829。限制性观点有：联邦普通法院判例，载《新法学周刊》，1982 年卷，第 1640 页（本文始于第 1639 页）：当已经申请在不动产登记簿登记时，第 925 条中的形式要件应被重视。

[62] Bamberger/Roth/Grün，第 925 条，边码 38。

[63] 出卖人的申请仍不够，因为其可以撤回该申请。

[64] 比较联邦普通法院案例，载《新法学周刊》，2007 年卷，第 3205 页，边码 22（本文始于第 3204 页）＝《法学训练》，2008 年卷，第 276 页（K. Schmid 撰写）＝《法学教育》，2008 年卷，第 229 页（Chr. Wolf 撰写）。

- 不动产登记簿中出卖人为所有权人；
- 买受人无恶意信赖。

779 **不动产登记簿的公信力（der öffentliche Glaube des Grundbuchs）**在于，被登记为所有权人即视为所有权人，即使实际上并非如此。只有当买受人知道该不动产登记簿登记错误或者与真实性相悖（对此参见慕斯拉克/豪：《〈民法典〉司法考试教程》，边码546），才排除从无处分权人处善意取得该不动产的效力（第892条）。这不同于动产善意取得中只有对谬误的积极知悉才认定买受人为恶意。该区别是基于不动产登记簿具有更强的权利表象。

780 善意取得的基础是登记入册。即使买受人没有看懂该不动产登记簿或者该买受人还不知道已经登记，其“善意信赖”仍会被保护。[65] 如果是法定的或者法律行为上的代理人为买受人代理，则仅仅取决于该代理人的知悉（第166条第1款），除非代理人的行为受指示约束（第166条第2款，边码1207）。**买受人的善意（Redlichkeit des Erwerbers）**，即对出卖人无处分权的不知情，原则上必须在完成权利取得的时候仍存在。对此要求在第892条第2款中具有例外：如果登记即足以取得权利，则依据《土地登记规范》第13条，申请登记时间对买受人的知情而言具有决定意义。该条规定的理由在于，买受人不能影响到登记程序的持续时间。只有在申请后才可以达成处分合意，则处分合意的时间具有决定意义。

案例及问题

1. 什么是自主占有？什么是他主占有？
2. 如何理解占有改定？
3. 如果马克斯将其自行车借给了莫里兹，该占有关系是怎样的？
4. 一个公寓楼里有一自行车地下车库，每个租客都有一把车库钥匙来停放自己的自行车。租客占有了该车库了吗？
5. 如何区分占有辅助人和间接占有人？
6. 占有辅助人为其占有主占有的意愿具有决定意义吗？
7. 直接占有与间接占有分别如何建立和丧失？
8. 4岁的F在街上玩球。期间球落到G的花园里。F跑回家里告诉妈妈自己的球丢了。如果G对全过程都不知情的话，谁是该球的主人？
9. F想在B的男人衣店买一条领带。他从架子上拿了一条走到大街上，以在阳光下看看该颜色是否合适。谁是该条领带的占有人？
10. 您知道所有权有哪些类型？
11. 请描述动产所有权的法律行为取得！
12. 第929条第1句意义上的交付是什么意思？其目的何在？

---

[65] 联邦普通法院案例，载《新法学周刊》，1980年卷，第2414页（本文始于第2413页）；Baur/Stürner：《物权法》，第23章，边码32。

13. 工匠 E 让其学徒 G 去铁制品商 H 处买 5 千克钉子。H 将钉子交给 G。该钉子的所有权如何取得?

14. 某人转移了一个其并未占有动产的所有权，这在法律上可以吗?

15. A 的唯一继承人 E 在其遗产中发现珍贵的书籍。他以为该书为 A 所有，但是他不想要该书，就将它卖给了 B，B 认为 E 就是该书的所有权人。事实上该书是 A 从 C 处借来。谁是该书的所有权人?

16. 请描述从无处分权人处获得所有权需要满足的条件!

17. 如何转移不动产的所有权?

第八章

具体的合同之债

第一节　前沿

781 如前所述（边码 190 及其下），债的关系可以通过法律行为或者基于法定构成要件的**实现**来创设；通常一个合同就足以实现意定之债的创设（边码 190）。法典中规定了一些最重要的合同之债。但是法典仅仅提供了一种**“规制模式（Reglungsmuster）”**①，这对合同主体并无拘束力。相反，在合同订立时他们可以偏离法典中的相关规则而订立其他（未规定的）合同（**合同自由原则（Grundsatz der Vertragsfreiheit）**，边码 128 及其下）。作为例外，法典中包含一些合同**强制条款**（zwingende Vorschrift），这些多数是为了保护弱势主体的利益。在下面的叙述中可能只会稍微——如通过示例形式——提到这些受法律规制的合同，但是会兼顾不同的合同类型在本学习阶段中的相应广度与深度。对现实生活和学习较重要的买卖合同将会被详细分析；相反，对于借贷合同、租赁合同、劳务合同、承揽合同与委托合同的分析只限于它们最重要的基本特征。

第二节　买卖合同

一、买卖合同的本质与内容

782 买卖合同创制了债法上的义务（参见第 433 条）；对此涉及一个**债法上的负担**

① Lanrenz：《债法 II》，第 1 章，第 1 半卷，第 38 章（第 4 页）。

行为（边码 119、277），和——依据合同作出的给付之间具有对立关系的——对等合同（边码 121）。买卖合同的成立适用一般性规则（边码 110 及其下）。合同各方至少必须对合同标的物以及合同价款达成一致，这样，一个有效的合同才成立（边码 166 及其下、173 及其下）。[②]

第 433 条意义上的客体可以是物（参见第 90 条，以及第 90a 条第 3 句）、权利与“其他客体”（第 453 条第 1 款）。此外还指所有既非权利又非物的可交易的财产，比如可想到的电、经营的企业、自由职业诊所或软件。买卖合同同样可针对第 311b 条第 3 款形式上的（现有）财产订立。第 453 条第 1 款规定，买卖权利与其他标的物相应地适用购买物的规则。这意味着，这些规范必须适应个案中的特殊性。此外，合同主体经常作出不同于法律规定的约定，以便为该情形创设恰当的合同形态。 783

如果合同主体已经通过具体特征确定了具体的买卖客体（比如特定的二手车），则涉及**特定物买卖（Stückkauf）**（亦称为定物买卖）。相反，在**种类物买卖（Gattungskauf）**（亦称为定性买卖）时买卖标的物只依据种类来指称（比如 10 公担土豆；边码 209 及其下）。 784

如所述，合同主体必须对**买卖价款（Kaufpreis）**达成一致。对此，对确定价款的规则作出了约定即足以。这样，合同主体可以将买卖价款赋予合同一方或者第三人来确定（边码 167 与第 315 条及其下）。除了以金钱形式确定价款外还可以限定给付不可代位物（参见第 91 条）作为标的物。然而，如果只是一个物或者权利构成“买卖价款”，则不涉及买卖，而是涉及**互易（Tausch）**，但是对此仍相应地适用买卖规则（第 480 条）。在“买卖价款”以劳务形式存在的情形中（比如：某老人承诺给小伙子一块手表。作为报酬小伙子须为该老人购物一个月），这涉及所谓的**混合合同（typengemischter Vertrag）**（对此参见慕斯拉克/豪：《〈民法典〉司法考试教程》，边码 226 及其下）。 785

二、合同主体的义务

在物的买卖中，出卖人的义务是，将该物交付给买受人并为其创设对该物的所有权（第 433 条第 1 款第 1 句）。如第 433 条第 1 款第 2 句规定，出卖人的义务还涉及使买受人所获之物没有物的瑕疵（第 434 条）与权利瑕疵（第 435 条）。 786

- 出卖人通过使买受人成为所有权人来履行其**创设所有权的义务（Pflicht zur Eigentumsverschaffung）**。这不仅需要实现该结果的必要行为，而且对权利转移的结果也负有义务（边码 258）。至于该结果如何产生，则涉及物权法规范中有关所有权转移的条款（边码 823 及其下）。
- 对物的**交付的义务（Pflicht zur Übergabe）**则通过转让直接占有来履行。直接占有一般通过获得对该物事实上的支配力来取得（参见第 854 条第 1 款）。

---

② 联邦普通法院案例，载《证券资讯》，2006 年卷，第 1351 页，第 21 卷（本文始于第 1348 页）。

在买卖时在约定中可对交付义务作出修正，比如通过设定让与对占有该物的第三人所享有的返还请求权来代替交付（第 831 条），或出卖人依据买受人的指令将该物提交给第三人。

例如：亚当在弗洛拉的花店电话订购了一束花，并让其送给女友夏娃作生日礼物。

787 在**权利买卖（Rechtskauf）**中出卖人负有向买受人实现权利的义务，如果该权利针对某物的占有，则交付该物时须没有物的瑕疵与权利瑕疵（第 453 条第 3 款）。这里还取决于能够让买受人成为权利的占有人。如所述，这取决于被转让的权利的种类。比如，如果出卖的是债权，则基于权利买卖的义务要通过让与债权来履行（参见第 398 条）。即在债权买卖中——如其他任一买卖中一样——在法律上区分买卖合同（负担行为）与让与合同（处分行为），即两个合同规定于一个合同之中（边码 282 及其下）。请求权买卖在保理合同（Factoringvertrag）中（对此见慕斯拉克/豪：《〈民法典〉司法考试教程》，边码 765）具有重要意义。

788 第 433 条第 1 款第 2 句与第 435 条第 1 句中规定的向买受人给付无权利瑕疵的标的物义务，即免于第三人向买受人主张权利的义务，对出卖人的权利创设义务作了补充（边码 812）。因此物的出卖人具有向买受人移转无负担的所有权的义务。出卖人的该义务不仅涉及物权，如质权、抵押权、地债与用益物权，而且涉及第三人对债务人所享有的债权，如依据第 566 条第 1 款、第 578 条第 1 款、第 578a 条第 1 款、第 581 条第 2 款、第 593b 条租赁与用益租赁关系中可能的权利。同样不动产登记簿中所登记的，但是事实上出卖人并不享有该不动产权利的出卖人必须将该不动产登记簿中的权利消除，并自担费用（第 435 条第 2 句）。

789 依据第 433 条第 2 款，买受人负有向出卖人支付约定的买卖价款并受领所买之物的义务。与出卖人对购买物的交付与所有权转移对等的是支付买卖价款，而非购买人的受领义务。因此只有**支付义务**才涉及与主给付义务的对等关系，而**受领义务**通常只是**从义务**。然而该认定并无实际意义，因为违反义务的法律后果并不取决于是否涉及（对等的）主给付义务与从给付义务（边码 445、563 及其下）。如果买受人并未依约履行受领义务，则在属性上如果作为请求交付与转移所有权的债权人，则陷入受领迟延；如果作为受领的债务人，则陷入债务人迟延。同样出卖人可以基于买受人违反受领义务而依据第 280 条第 1 款或者第 280 条第 1、3 款，第 281 条向其请求损害赔偿，如果这些条款的条件已经被满足的话。最后，该情形中的出卖人同样可以依据第 323 条第 1 款解除合同。③

三、瑕疵担保法概述

1. 基础

790 出卖人不仅负有对买卖物向买受人交付并转移所有权的义务，而且还要**没有物**

③ Reinicke/Tiedtke：《买卖合同法》，边码 174；Bamberger/Roth/Faust，第 433 条，边码 59、61。

的瑕疵与权利的瑕疵地实现。这明确规定在第 433 条第 1 款第 2 句中。如果出卖人提供一个有瑕疵的物，则其违反应承担的合同义务。因此，显而易见，该法律后果应从一般给付障碍法中推出。这也是法典的构想；因为规定购买物瑕疵时买受人权利的第 437 条对此指引向给付障碍法中的相关条款。并仅仅针对买卖法的特殊性对一些规则作了修正。所以不同于一般给付障碍法的地方是，买受人可单方减少价款，即减价（第 437 条第 2 项、第 441 条）。

但是，立法者在买卖法中所追求的目标是，尽可能地保障债的关系存在与正常履行，这一点并不区别于一般给付障碍法，因此在违反义务时赋予了债务人第二次履行义务的机会。因此，依据第 439 条，买受人通常必须要请求嗣后履行，且在嗣后履行受挫或者不可能时其还具有第 437 条规定的权利。从第 437 条的字面中可以直接推导出在购买物有瑕疵时买受人的**嗣后给付请求权优先**于其他权利，但是需要注意该权利的各个具体条件。④ 791

具体为： 792

- 依据第 323 条第 1 款与第 437 条第 2 项，一般情况下合同解除的条件为，债权人首先已为债务人设定了合理的给付或嗣后给付的期限。例外情形只有第 323 条第 2 款中所述的情形（边码 641），即债务人拒绝给付、履行失败或对债权人不可期待（第 440 条），当然最后还有嗣后给付不能之时（第 326 条第 5 款）。
- 相应地，同样适用于在满足解除条件时法律才允许的减价（第 441 条第 1 款第 1 句："除了解除，买受人可以——减价"）。
- 同样，**损害赔偿替代给付**请求权的前提一般为，债权人首先已经为债务人设定了合理的给付期限或嗣后给付期限（第 281 条第 1 款与第 437 条第 3 项）。同样，此范围内适用与解除一样的例外情形，即依据第 281 条第 2 款（边码 457 及其下）、第 440 条，以及在嗣后给付不能时，比如第 311a 条第 2 款情形。
- 第 284 条与第 437 条第 3 项中的支出费用赔偿请求权只可与损害赔偿替代给付一样被行使，即满足同样的条件。

2. 物的瑕疵责任

依据第 434 条中的描述，则物的瑕疵被肯定，如果当该购买物在风险转移时 793

- 显示不具有合同约定的属性（第 1 款第 1 句）或
- 并不适于合同规定的用途（第 1 款第 2 句第 1 项），或
- 并不适合正常的用途，且不具有买受人所期待的同类物通常所具有的属性（第 1 款第 2 句第 2 项、第 3 句）。

特别是买受人可期待的广告中所宣称的⑤或其他公开表述中所列出的属性，其 794

④ 对此参见 Zurth 论文，载《法学研究集刊》，2014 年卷，第 494 页。

⑤ 比较 Kasper 论文，载《大债法杂志》，2007 年卷，第 172 页。

中该表述可来自生产者或者其雇员（第 434 条第 1 款第 3 句；同样比较该条文中所包含的限制规则）。生产者的概念与《产品责任法》中的一致（参见该法第 4 条）。

795 物的瑕疵还可存在，当

- 出卖人或其履行辅助人（第 278 条）对物的安装不符合约定（第 2 款第 1 句），或
- 基于有瑕疵的安装说明而安装错误（第 2 款第 2 句），或
- 出卖人将他物当做合同约定的物来履行（第 3 款第 1 种情形），或
- 出卖人提供的物在数量上比约定的要少很多（第 3 款第 2 种情形）。

796 如第 434 条中作出的概念描述中所得出的那样，该条第 1 款确定了一个三**层次**：

（1）首先取决于各方对购买物属性的约定。如果购买物的属性未达到约定的应然属性，则证明该物具有瑕疵。简而言之：物的瑕疵是实然属性未达到合同约定的应然属性。需要注意的是，差别的严重性并无意义，即使细微的差别也导致物的瑕疵。[⑥]

（2）如果合同当事人的约定并未涉及购买物的属性，则下一步具有决定性意义的是该物是否能够符合合同的使用目的。这基于第 1 句规定的内容得出。明确依照合同表明，买受人单方对购买物应然属性的设想可能并不具有决定意义。相反，取决于双方主体的共同设想。是否需要一个合同约定（并因此继续消除第 1 句与第 2 句第 1 项之间的差异）[⑦]，还是依据交易基础的类型在合同订立之前各方的设想（边码 673）就足以[⑧]，最终只在有形式要求的合同中具有决定性，因为合同上达成的约定已被形式强制所涵括。[⑨] 基于第 2 句第 1 项的规定绝不可推断出已经排除将购买物的使用可能性默认为合同中确定的第 1 句意义上的应然属性的组成部分（边码 799）。[⑩]

（3）如果并不存在主体间的约定用途，第三步中对无瑕疵的判断则基于该物是否**适于常规用途，且是否为同类物所具有的且为买受人依该物的种类可期待的属性**。一般允许买受人期待何种属性则规定在第 3 句中。由于在日常交易中很少对购买物的属性及使用目的作出约定，所以第 3 种情形作为初始要件就特别具有意义。

有争议的是常规属性的特征与买受人依据物的种类所期望的属性的特征之间的关系：这取决于这两个特征是累积性地还是选择性地被使用。如果对物的瑕疵的要求既显示为常规的又显示为所期望的属性[⑪]，则对出卖人所负有的质量采用常规标准，即使买受人的相应期望是合理的。相反，如果达到常规质量，则在两个特征的

---

⑥ 对此注意 Zurth 论文，载《法学家报》，2014 年卷，第 494 页。

⑦ Reinicke/Tiedtke：《买卖合同法》，边码 323。

⑧ PWW/Schmidt，第 434 条，边码 40。立法者对该问题并未定论（官方理由：《关于〈债法现代化法草案〉的说明及理由》，（2001 年 5 月 14 日联邦议会党团的草案；联邦议会文件，第 14 届，第 6040 号），第 213 页。

⑨ Bamberger/Roth/Faust，第 434 条，边码 50。

⑩ 比较联邦普通法院案例，载《新法学周刊》，2008 年卷，第 512 页，边码 15 及其下（本文始于第 511 页），涉及第 633 条第 2 款中的相关问题。

⑪ Erman/Grunewald，第 434 条，边码 21。

选择性关系中就认定了无瑕疵[12]；买受人的期待只在其所指向的质量低于常规标准时才具有意义。[13] 通常情况下这两个质量描述中并无差异；因为买受人可期待的通常是依据同类物的常规属性。[14] 平均购买人的期待范围可以作为标准。[15] 买受人的期待在二手物时特别具有意义，因为通过与其他物比较很难得出质量标准。因此，交易期待与个案的特殊性具有一定联系。这样，二手车的买受人在没有属性约定时该车的可期待状态依据其使用时间、合同价款与对其可知的保养状态来确定。[16]

除了第 1 款中所规定外还**有第 2 款与第 3 款中所述的标准**。第 1、2、3 款中的瑕疵可以互相叠加且可能会引起不同法律后果。 797

对于是否认定一个物的瑕疵，则需对出卖人所交付之物与其属性与第 434 条中的应然标准相比较。如所述，对该应然属性首先通过合同主体所作出的约定来判断。各方的属性约定要构成物的决定性标准必须要回答两个问题： 798

- 什么时候可依据一个“约定”？
- 某物的“属性”是什么？

依据第 434 条第 1 款第 1 句，约定内容是所有合同主体在合同中明示的或默示的判断。[17] 如果出卖人在合同订立时以一定的方式来描述所售之物，则通常该表述为合同内容并因此而成为约定属性。[18] 当出卖人在合同签订前或签订时展示样品或试用品，以便基于此来表明购买物的属性，则同样适用。如果买受人针对特定的属性而向出卖人根据广告内容来释明自己的目的期望，且出卖人对此并无疑义时亦可。如果买受人以出卖人所知的特定目的而购买某物，则完全可认定为已默示作出了该物符合该目的的约定。[19] 然而，如果涉及的情形并非依据第 434 条得出的关于物的瑕疵的相应的属性约定，比如在缺少对该物事先的或正常的使用属性情形时，则对合同主体此外是否在合同上确定了该购买物的属性的怀疑仍未定论。 799

然而，在判断出卖人是否对购买物的特定属性作出担保时，即是否承诺无过错地为性质的状态承担责任，对合同的约定和内容的探寻可能会比较重要（边码 460、880 及其下）。因为这样其就必须为属性缺失承担责任，并且通常必须赔偿因此而造成的损失。基于该法律后果，在认定出卖人担保时需要克制。默示作出的担保必须要在合同主体的约定中能够找到明确的提示。 800

物的**属性（Beschaffenheit）**首先是该物的自然属性，即其使用何种材料而制成 801

---

⑫ Reinicke/Tiedtke：《买卖合同法》，第 329 页。

⑬ Faust 论文，载《法学训练》，2007 年卷，第 685 页（本文始于第 684 页）。

⑭ 联邦普通法院案例，载《新法学周刊》，2007 年卷，第 1353 页，边码 21（本文始于第 1351 页）＝《法学训练》，2007 年卷，第 684 页（Faust 撰写）。

⑮ 《关于〈债法现代化法草案〉的说明及理由》，（2001 年 5 月 14 日联邦议会党团的草案；联邦议会文件，第 14 届，第 6040 号），第 214 页。

⑯ 联邦普通法院案例，载《新法学周刊》，2008 年卷，第 54 页，边码 19（本文始于第 53 页）。

⑰ Tröger 论文，载《法学训练》，2005 年卷，第 504 页及其下（本文始于第 503 页）。

⑱ 联邦普通法院案例，载《新法学周刊》，2013 年卷，第 1075 页，边码 16（本文始于第 1074 页）＝《法学家报》，2013 年卷，第 419 页（Gsell 撰写）。

⑲ 参见 Reischl 论文，载《法学训练》，2003 年卷，第 866 页（本文始于第 865 页）。

（金属、木材）；其所处的状态（全新、使用过、严重使用过）；其对环境因素的抵抗能力（不生锈的、阳关照射时不变色的）；有弹性的；防水的；等等。同样，颜色也是一个属性，其缺失也可成立物的瑕疵。[20] 此外，依据交易观点或对其价值上的意义，某物的可使用性与环境之间的关系也归为物的属性。因此，某物对外所呈现出的外形亦为属性特征。比如，这适用于再出售的商品，基于具体的事实得出存在某瑕疵会限制或阻碍再次出售的合理怀疑（比如：怀疑某肉再次出售会有害健康）。[21] 基于"属性"的概念可得出：只有某物中自身存在的以及从该物中可得出的相关环境关系才可视为属性特征。因此，其必须以某种方式与购买物建立物理上的联系[22]，比如涉及土地的位置或者基于公法上建设限制而不得建设（边码813）。

802 然而此处对属性概念的限制具有争议。比如有的观点认为合同主体可以自由约定该物之外的事实上、经济上、社会上与法律上的情形作为该物的属性。[23] 对于意见分歧参见慕斯拉克/豪：《〈民法典〉司法考试教程》，边码94及其下。

803 如果将**评价性要素**视为属性特征，则不仅是从中得出的结论，而其连该评价本身都是属性特征。该评价并不属于该物属性本质的观点的理由在于，通常买受人不可将错误评价的风险借助瑕疵担保条款而转嫁给合同对方（参见第119条第2款中的同类问题，边码393）。

804 第434条第1款第1句规定**风险转移**（概念见边码608）作为对必须具有约定属性的**关键时间点**。依据第446条第1句，该风险原则上通过向买受人交付所售之物而转移给买受人。在寄送买卖中，在向运输人交货后风险就已转移（第447条第1款；边码624）。如果在合同订立后才产生属性约定的分歧，则出卖人必须对此负责。如果前面的瑕疵在风险转移后消失，则出卖人的责任仍然存在。[24] 如果购买物在买受人受领迟延时具有瑕疵，则出卖人对该瑕疵不再负责，因为依据第446条第3句，如果出卖人陷入迟延，则风险在交付时转移。对于出卖人在风险转移后对该物造成的瑕疵，则依据一般给付障碍法或侵权法来承担责任，而非依据买卖法中的特别条文。[25]

例如：在所售机动车交付给买受人后，买受人想在买卖合同基础上让出卖人再

---

[20] 联邦普通法院案例，载《新法学周刊—判例报导》，2009年卷，第777页（很少的、屋顶瓦片上不能识别的颜色差异都为物的瑕疵）；科隆州高等法院判例，载《新法学周刊》，2006年卷，第781页（新车的颜色差异视为物的瑕疵）。

[21] 联邦普通法院案例，载《新法学周刊—判例报导》，2005年卷，第1220页（本文始于第1218页）；卡尔斯鲁尔州高等法院判例，载《新法学周刊—判例报导》，第134页。

[22] Grigoleit/Herresthal论文，载《法学家报》，2003年卷，第122页及其下（本文始于第118页）；Reischl论文，载《法学训练》，2003年卷，第1079页（本文始于第1076页）；Bamberger/Roth/Faust，第434页，边码22及其下；《慕尼黑民法典评注》/Westermann，第434条，边码9；Staudinger/Matusche-Beckmann，2004年版，第434页，边码45；Erman/Grunewald，第434页，边码3其下。

[23] 比如Reinicke/Tiedtke：《买卖合同法》，边码305及其下；PWW/Schmidt，第434条，边码18及其下。

[24] 联邦普通法院判例，载《新法学周刊》，2001年卷，第66页；对此比较Schöpflin论文，载《法学研究集刊》，2001年卷，第267页。

[25] 相反，Klinck论文，载《大债法杂志》，2008年卷，第217页，第434条及其下中类推适用出卖人对风险转移与交付期间产生的瑕疵的责任方式。

安装一个汽车收音机。因此，出卖人从买受人处取回该汽车以便更换收音机。当出卖人打算将该车返还时，因出卖人的过错而导致该车发生了事故，导致汽车挡泥板被损坏。该案中出卖人过错地违反了合同所赋予的（继续有效的）谨慎对待该车并完好返还该车的义务，因此依据第 280 条第 1 款要承担其造成的损害。[26]

在许多情形中，特别是在日常生活中，不会作出明示的属性约定。比如，某人在专卖店购买一个电钻，则其自然会认为该电钻适用于此类工具可以作出的正常的工作。那么，第 434 条第 1 款第 2 句第 1 项意义上的“依据合同规定的使用”是否具有意义，或是否涉及第 434 条第 1 款第 2 句第 2 项意义上的“通常使用上的”标准与“同类物的通常属性”，或是否认定为第 434 条第 1 款第 1 句上的属性约定，则取决于购买的具体形式。如果专业销售商为买受人提供资讯，并对其宣称，其所需要什么样的电钻通常涉及取决于合同设定的使用条件情形，如果没有默示约定相应的属性（边码 799）与甚至没有可能的（质量）保证的话。相反，如果对所计划的用途没有提及，则买受人可以期望该电钻的性能适合通常的用途。 805

此外，买受人可以认为该电钻具有该电钻广告中与包装上的标签中所指称的一切属性（第 434 条第 1 款第 3 句）。**广告用语**与出卖人、生产者与其助手的公开表述并不重要，如果这些并未影响到购买决定的话，比如例子中购买人并未重视所涉及的特质。法典的表述（“除非”）为买受人规定了相应的证明规则：其必须在争讼中证明相关例外情形。如果出卖人认为既不知道又非必须知道广告内容和生产者或其雇员的公开表述，即其并非因过失而不知道，或在合同订立时与公布的方式一样地对此作出校正，则同样有效。显而易见，出卖人可以修正广告内容并通过自己的表述来代替。该情形中则不适用广告用语，而是出卖人的表述。[27] 806

如果出卖人依约承担组装所售货物的义务[28]，当该组装不正确时，则意味着具有物的瑕疵（第 434 条第 2 款第 1 句）。该**错误安装**是否也导致该物质量的降低对此判断则并不重要。 807

例如： 出卖人对其所出售的厨具的安装并不正确，导致不同的壁橱挂在墙上高低不一，如果这些柜子可以直接使用且错误安装并未造成任何损害，则存在物的瑕疵。

如果所售标的物是买受人或第三人组装，则该组装结果取决于正确的**组装说明**。如果组装说明存有错误且因此导致错误组装，则依据第 434 条第 2 款第 2 句同样会导致物的瑕疵。在争讼中出卖人必须对虽然安装说明中有错误但是安装仍然正确进行证明。 808

第 434 条第 3 款对旧法中存在的瑕疵给付与错误给付之间的区分难点的解决途径是，将**错误给付视为瑕疵给付**，并因此而必须认定为一个物的瑕疵。然而，这在 809

---

[26] 参见萨尔布吕肯州高等法院案例，载《新法学周刊》，2007 年卷，第 3503 页＝《法学训练》，2008 年卷，第 179 页（Faust 撰写）：适用嗣后履行时出卖人引起购买物损害的一般给付障碍法。

[27] Tröger 论文，载《法学训练》，2005 年卷，第 508 页（本文始于第 503 页）。

[28] 仅仅是与人方便，即并非合同约定上的安装则并不导致物的瑕疵，因为第 434 条第 2 款第 1 句以约定为前提，Tröger 论文，载《法学训练》，2005 年卷，第 510 页（本文始于第 503 页）。

特定物买卖中产生了一个新的问题。依据旧法，如果出卖人提供了他物而非出售之物，则视为一个不适当的履行。依据新的规则似乎并非如此。如果错误交付导致了物的瑕疵，是否其因此提出请求权则由买受人决定。此处对该极具争议的问题仅仅作出提示（具体见慕斯拉克/豪：《〈民法典〉司法考试教程》，边码108及其下）。[29]

例如：二手车经销商由于管理上的错误而提供了一辆宝马318i而非出售的大众高尔夫。买受人对给付的汽车很开心，并不想行使瑕疵担保权。

810 如果出售人作出的给付太少，则依据第434条第3款，**数量太少（所谓的：缺额给付）**亦为物的瑕疵。由于存在瑕疵时原则上买受人首先必须主张嗣后给付（边码815），基于第434条第3款而得出的瑕疵担保请求权在内容上并不区别于第一性给付请求权，则通常只涉及向买受人交付并转移仍需给付的部分数量。只有当通过此类嗣后给付不能实现合同约定的状态时，出卖人才可以请求重新给付全部无瑕疵之物。

例如：K从厂商F处购买10巴仑特定的布料。但是首先只向其提交了8巴仑。之后提供的3巴仑与已经获取的8巴仑在颜色上具有差异。颜色差异的原因在于不同染色过程中不可避免的色泽上的层次变化。因此如果对其而言取决于一致的颜色，且已经对这些布料约定了相应的属性，则K可以向F请求同一染色程序中的10巴仑布料，因为出卖人只有向买受人交付无瑕疵之物时其义务才被履行。

811 买受人的请求权并不因瑕疵而被排除，因为基于此只是引起了购买物的价值或适用性上并不明显地减少（边码796及其下）。[30] 然而，轻微瑕疵时买受人的权利原则上限于减少价款（参照第441条第1款第2句）；相反，排除第281条第1款第3句与第437条第3项中的损害赔偿替代给付请求权（边码452）与第323条第5款第2句与第437条第2项中的合同解除请求权（边码636及其下）。[31] 在买受人减少价款之前，其必须首先请求出卖人在一定期限内消除该（轻微的）瑕疵，如果并不需要设定期限的话（边码457）。

3. 权利瑕疵责任

812 依据第433条第1款第2句，出卖人有义务向买受人履行无权利瑕疵的买卖物。该义务内容详细规定在第435条。据此，如果第三人不能基于该物对买受人行使权利，或只能行使基于该买卖合同中规定的权利，则该物并无权利瑕疵。首先考虑的是第三人在该物上存在的物权，比如动产质权与权利质权（第1204条及其下）；抵押权（第1113条及其下）；期待权（边码899及其下）；用益物权（第1030条及其下）。权利瑕疵还涉及不动产登记簿里已经登记的、但是实际上并不存在的

---

[29] 对此范围内的意见分歧参照Dauner-Lieb/Arnold论文，载《法学训练》，2002年卷，第1175页；Musielak论文，载《新法学周刊》，2003年卷，第89页；Reinicke/Tiedtke：《买卖合同法》，边码368及其下；Wiese论文，载《民法实务档案》，第206卷（2006年），第902页。

[30] 参见联邦普通法院案例，载《新法学周刊—判例报导》，2009年卷，第777页：轻微的，并不明显的屋顶瓦颜色上的差异。

[31] 联邦普通法院案例，载《新法学周刊》，2007年卷，第2112页（本文始于第2111页）；法兰克福州高等法院案例，载《新法学周刊》，2005年卷，第2236页（本文始于第2235页）；拉文兹堡州法院案例，载《新法学周刊》，2007年卷，第2128页（本文始于第2127页）。

权利（第 435 条第 2 句）。**债权（Obligatorische Rechte）**，即基于债的关系而得出的请求权，如果其为第三人创设了有权占有，而该第三人可对买受人提出异议，并妨碍买受人对该物的使用，则为权利瑕疵。比如出卖物上的租赁与用益租赁，因为用益租赁人和用益租赁权人可以对买受人行使权利（边码 788）。有争议的是，出卖人不履行向买受人转移买卖物所有权的义务是否会导致权利瑕疵。主流观点对此表示否定，其理由为，实现所有权的义务明确规定在第 433 条第 1 款第 1 句，而非规定在第 433 条第 1 款第 2 句与第 435 条之中。基于该立场，不履行的法律后果必须直接从一般给付障碍法中得出（对此意见争议参见慕斯拉克/豪：《〈民法典〉司法考试教程》，边码 160 及其下）。[32]

813 第三人对于该物的权利同样可以从公法中得出，如果其导致买受人作为该物所有权人的权能被限制的话。比如住所的社会性约束严重限制了所有权人的权能。[33] 相反，基于公共利益理由而存在的出卖人并不可消除的公法上的限制（特别是基于公共建筑法而得出的建造上的限制），并非权利瑕疵，而是物的瑕疵[34]；因为第三人基于此并不可以行使针对买受人的权利。[35] 对于不动产的公共负担，第 436 条作出了一个特别规定。

814 权利瑕疵与物的瑕疵在所产生的法律后果上被同样对待。当存在权利瑕疵且满足其他条件时，出卖人可以因此请求嗣后履行、减少价款与损害赔偿，以及解除合同。具体细节下面将会涉及。

四、瑕疵担保法的具体问题

1. 嗣后履行请求权

815 如果出卖人提供了一个有瑕疵的物，则其并未完成第 433 条第 1 款第 2 句所赋予其为买受人提供没有物的瑕疵与权利瑕疵的物的债法义务。买受人因此可以继续请求出卖人履行其合同上的义务。如果买受人在交付前就发现了该瑕疵，则其有权拒绝接受该物并请求其提供一个没有瑕疵的物（有争议，参见慕斯拉克/豪：《〈民法典〉司法考试教程》，边码 107）。该权利源自第 433 条第 1 款中规定的买受人的合同上的请求权。买卖合同法上的规则，特别是基于此而得出的限制规则（边码 858 及其下），直到对待给付风险转移给买受人时才生效（边码 804）。[36] 如果已经生

---

[32] Schleswig 州高等法院案例，载《新法学周刊—判例报导》，2011 年卷，第 1234 页（本文始于第 1233 页）。

[33] 联邦普通法院案例，载《新法学周刊》，2000 年卷，第 1256 页。

[34] 联邦普通法院判例，载《新法学周刊》，2013 年卷，第 2183 页（本文始于第 2182 页），边码 9；Palandt/Weidenkaff，第 434 条，边码 61；第 435 条，边码 13；PWW/Schmidt，第 435，边码 15。

[35] 联邦普通法院案例，载《新法学周刊》，1992 年卷，第 1385 页（本文始于第 1384 页）；Palandt/Weidenkaff，第 434 条，边码 61；第 435 条，边码 13；PWW/Schmidt，第 435 条，边码 15。

[36] 参见 P. Huber 论文，载《新法学周刊》，2002 年卷，第 1005 页（本文始于第 1004 页）；Bamberger/Roth/Faust，第 434 页，边码 34 及其下；其他观点：Reinicke/Tiedtke：《买卖合同法》，边码 401（只有当买受人将所提供的物当做履行来接受时，买卖合同法上的规则才生效）。

效，则买受人通常必须请求嗣后履行（Nacherfüllung）（边码90及其下）。嗣后履行请求的必要性为买受人的不真正义务，其不仅具有口头的或书面的请求，而且包括买受人的准备，即为了验证所指控的瑕疵而让出卖人对该物进行检查[37]，确切地说只在嗣后履行的履行地（边码825）。[38]

816 嗣后履行请求权详细规定在第439条（具体参见慕斯拉克/豪：《〈民法典〉司法考试教程》，边码111及其下）。依据第1款，买受人原则上可以在**修复（Nachbesserung）**或**替代给付（Ersatzlieferung）**之间进行选择。然而，该**选择权（Wahlrecht）**本质上受到买卖标的物的类别的限制。在种类物买卖中首先要考虑提供其他没有瑕疵的物而非消除瑕疵。然而，在种类物买卖的个案中消除瑕疵完全具有意义，且因此可为买受人主张。如果买受人作出了选择，则其必须给予出卖人一个合理的作出履行被请求给付的时间，且不可在该期限届满前请求其他种类的嗣后履行。[39] 如所述（边码790及其下），期限设定的必要性则从第437条具体列举的、规定买受人权利的条款中得出。这些条款同样可推导出在哪些情形中期限设定是不必要的（边码457、640、829及其下）。[40]

817 如果消除瑕疵或者提供一个无瑕疵之物虽然可能，但是却特别昂贵，则出卖人可以拒绝所请求的给付。第439条第3款第2句对判断出卖人何时具有拒绝给付权的问题作了明确（至于消费物买卖上的限制规则，详见后面）。对此，是否对出卖人更有利的嗣后履行方式会带来一个符合合同的状态同样重要。

例如：在立法理由中[41]对该情形所举的例子是，洗衣机的瑕疵可以简单地只通过换一个螺丝来解决。该情形中出卖人可以基于不合理的支出而拒绝履行一个新的洗衣机的请求。

818 如果出卖人拒绝给付权的条件符合嗣后履行的两种类型，则只考虑合同减价的价款、解除合同与请求损害赔偿或赔偿所支出费用。

819 如果在**特定物买卖（Stückkauf）**中，即买卖标的物已通过个别标准具体确定，该物显示具有瑕疵，则**原则上排除提供其他没有瑕疵的物**，这样只可消除该瑕疵。

例如：V将画家M的画作《日落》卖给K，在交付该画时发现一处损伤，则K不可向V请求另外一幅画作（M或其他画家的）；因为合同的标的物只是该《日落》。K因此只可向V请求消除所买画作上的损伤。

㊲ 联邦普通法院案例，载《新法学周刊》，2010年卷，第1448页，边码12=《法学训练》，2011年卷，第67页（Faust撰写）；2013年卷，第1076页，边码24（本文始于第1074页）=《法学家报》，2013年卷，第419页（Celle评注）=《法学训练》，2013年卷，第931页（Schwab）。

㊳ 联邦普通法院案例，载《新法学周刊》，2013年卷，第1076页，边码24=《法学家报》，2013年卷，第419页（Gsell撰写）；同样比较Cziupka论文，载《新法学周刊》，2013年卷，第1043页。

㊴ Celle高等法院案例，载《新法学周刊》，2013年卷，第1074页。Saarbrücken高等法院案例，载《新法学周刊》，2008年卷，第371页（本文始于第369页），指出，不想遵守自己所作出选择的买受人违反了禁止作出相互矛盾的行为与滥用权利。

㊵ Skamel论文，载《法学训练》，2010年卷，第672页及其下（本文始于第671页）；Martis论文，载《德国法月刊》，2010年卷，第1293页。

㊶ 《关于〈债法现代化法草案〉的说明及理由》，（2001年5月14日联邦议会党团的草案；联邦议会文件，第14届，第6040号），第232页。

非常有争议的是，这是否无例外地适用于任一特定物买卖，或当可用其他在经济上相当、且满足买受人的履行利益的物来替代所售之物时，是否可以用他物来替换这一有瑕疵的特定物。[42] 下面是对该问题的解释： 820

示例： 二手车经销商G出售一辆特定的二手车。买受人确认，该车并不具有合同中所承诺的特殊配置。因此该车的应然性能未达到该车约定的性能而具有瑕疵（第434条第1款第1句）。在市场上完全可以获得具有合同约定性能的汽车。因此问题是，G是否具有依买受人的请求而购买相应汽车并将其提交给买受人的义务。

如果买卖合同的标的物为各方主体所挑选出来的特定物，则只有该物是适合履行的。如果该物有瑕疵，则在嗣后履行的框架内只可考虑消除该瑕疵。如果已不可能，比如把发生过事故车当做无事故车出卖时，则嗣后履行的请求权消灭，买受人可以直接行使基于该瑕疵而享有的权利。[43] 在此类情形中出卖人既无权利又无义务在市场上购置同类汽车并将其作为所负债务提交给买受人。然而需要始终慎重地考查，该合同主体在合同商谈中所指向的物是否在事实上涉及债的标的物，或是否其并不仅仅体现为样品的功能，以致可为其他同类物品所替代。 821

联邦普通法院**对有瑕疵的二手车替代履行**可能性排除的理由是，在此类买卖中只有在亲自检视后，对技术属性、性能与外部观感获得的整体印象对买受人决定购买具体的车才具有决定性意义，这在整体属性上不可为其他车辆替代。[44] 然而另当别论的是，如果被检视且被挑选出的车只是作为样品，即对买受人而言购买该车只取决于与所检视车辆的车龄、外观与技术配置。例如，当机动车交易中存在所谓的试驾，这可以直接用同款车来替换。[45] 与依据商品目录挑选来购车的方式（这确定为种类物买卖）不同的地方在于，顾客在挑选供货商提供的汽车时会受到限制。如果买受人选择了此车，则其请求权针对其检视并挑选出的汽车特征相符合的汽车。如果所提供的汽车具有瑕疵，则可以直接替换。通常而言这只涉及种类物买卖，且受制于出卖人对该车的存货（现货之债（Vorratsschuld，边码462））。 822

不同于相反观点之处是，在特定物买卖中必须遵守排除将用来实现嗣后履行请求权的它物来替换合同主体的所挑选之物。此类替换与债务人的履行承诺并不一致，种类物买卖只针对单一特定的物，其单独构成履行标的物。[46] 然而，如果从各方约定中推导出出卖人所提供的物在经济上可被等价的物替换，则此通常不涉及特定物买卖，而是涉及种类物买卖。[47] 至于买受人是否可在嗣后履行请求权框架内请求替代履行，对此回答则取决于**种类物买卖与特定物买卖之间的细微差别**。对此问题的深入研究留待高阶学习时；对此参见慕斯拉克/豪：《〈民法典〉司法考试教 823

---

[42] 参见PWW/Schmidt，第439条，边码26；慕斯拉克论文，载《新法学周刊》，2008年卷，第2801页。

[43] 纽伦堡州高等法院案例，载《新法学周刊》，2005年卷，第2020页（本文始于第2019页）（所出售的二手车并非源自合同约定的生产年份）。

[44] 联邦普通法院案例，载《新法学周刊》，2006年卷，第2841页，边码24（本文始于第2838页）。

[45] 如此判决的案例见布朗施威克州高等法院案例，载《新法学周刊》，2003年卷，第1053页。

[46] 参见哈姆州高等法院判例，载《新法学周刊—判例报导》，2005年卷，第1221页（本文始于第1220页）。

[47] 对此比较Dieckmann论文，载《大债法杂志》，2009年卷，第9页；慕斯拉克论文，载《新法学周刊》，2008年卷，第2801页。

程》，边码 130 及其下。

824 如果买受人主张**消除瑕疵**，或者就如在特定物买卖中一样，消除瑕疵为嗣后履行中唯一的可能性时，则如所述，出卖人可以在第 439 条第 3 款所述条件下对此表示拒绝。当向其所主张的修复需要**不合理的费用**时，则其具有该权利。对于瑕疵消除费用的合理性问题，该物无瑕疵状态时的价值[48]、该瑕疵的意义与种类物买卖时替代履行的可能性是具有决定意义的标准（第 439 条第 3 款第 2 句）。[49]在不重要的瑕疵时，如果对此改善后对买受人就无明显的不利，则出卖人有权拒绝买受人提出的替代履行（边码 817）。最后，如果涉及事实上的履行不能情形（第 275 条第 2 款，边码 518 条及其下），或在必须亲自作出的给付中克服现有的给付障碍对其无期待可能（第 275 条第 3 款，边码 528），则出卖人可以拒绝消除瑕疵。

825 出卖人必须在何**地点**作出其所负有的嗣后履行，这首先取决于合同主体之间相应的约定。如果缺少该约定，则嗣后履行地或为初始履行地或为安放地（即物依据其目的而所处的地点）。该两种形式都有支持者。[50] 如果采取主流观点认为嗣后履行请求权仍为原履行请求权的延续，则其针对履行请求权以何种方式引起一个符合合同的状态[51]，赞成履行在原履行地点实施[52]，如果没有个案特殊性（比如违背行业常规）需要相反判决的话。因此，如果为了嗣后履行，该标的物必须要被买受人从安放地运送到履行地的话，则出卖人必须承担因此而产生的**费用**（第 439 条第 2 款），对此其可以依据第 439 条第 3 款拒绝承担不合理的高额费用。

826 如果买受人以履行的目的从出卖人处获得无瑕疵的物替代了有瑕疵的物，则其必须返还该有瑕疵的物。如第 439 条第 4 款明确所示，退回时需要注意的规则需从第 346 至 348 条中推导出（边码 689 条及其下）。至于买受人是否有义务赔偿对有瑕疵物的用益，对于第 474 条及其下诸条（边码 901 及其下）意义上的消费物买卖

---

[48] 布朗施威克州高等法院判例，载《新法学周刊》，2003 年卷，第 1054 页（本文始于第 1053 页）。该法院指出，相关点并非是价款，因为在价款低于该物价值的情形中（比如特价商品）就会对买受人造成不公正的不利益。

[49] 联邦普通法院案例，载《新法学周刊—判例报导》，2009 年卷，第 779 页（本文始于第 777 页）。

[50] 各个观点的具体内容位于联邦普通法院的判决中，载《新法学周刊》，2011 年卷，第 2278 页＝《法学训练》，2011 年卷，第 748 页（Faust 撰写）；同样比较 Augenhofer/Appenzeller/Holm 论文，载《法学训练》，2011 年卷，第 680 页；Gsell 论文，载《法学家报》，2011 年卷，第 988 页；Picker/Nemeczek 论文，载《大债法杂志》，2011 年卷，第 447 页。

[51] 参见联邦普通法院案例，载《新法学周刊》，2008 年卷，第 2838 页，边码 18 及其下（本文始于第 2837 页）；慕斯拉克论文，载《新法学周刊》，2008 年卷，第 2802 页（本文始于第 2801 页）。

[52] 同样如联邦普通法院案例，载《新法学家报》，2013 年卷，第 1076 页，边码 24（本文始于第 1074 页）＝《法学家报》，2013 年卷，第 419 页（Gsell 撰写）；《新法学周刊》，2011 年卷，第 2278 页；慕尼黑州高等法院案例，载《新法学周刊》，2007 年卷，第 3214 页＝《法学训练》，2008 年卷，第 84 页（Faust 撰写）；科布伦茨州高等法院案例，载《大债法杂志》，2010 年卷，第 571 页（本文始于第 570 页）；萨尔布吕肯州高等法院案例，载《新法学网上杂志》，2012 年卷，第 485 页（本文始于第 483 页）；Muthorst 论文，载《大债法杂志》，2007 年卷，第 370 页；Reinking 论文，载《新法学周刊》，2008 年卷，第 3610 页及其下（本文始于第 3608 页）；Skamel 论文，载《大债法杂志》，2006 年卷，第 227 页；Unberath/Cziupka 论文，载《法学家报》，2008 年卷，第 872 页及其下（本文始于第 867 页）；Katzenstein 论文，载《大债法杂志》，2008 年卷，第 452 页及其下（本文始于第 450 页）；其他观点见 Jaensch 论文，载《新法学周刊》，2012 年卷，第 1029 页及其下（本文始于第 1025 页）。

而言在法律上的判断是[53]：第 474 条第 2 款第 1 句排除了此类义务。[54] 相反，除了消费物买卖合同之外，买受人对此类价值赔偿负有义务。这基于第 346 条第 1、款、第 2 款第 1 句第 1 项。不仅是条文的字面含义，而且对此作出的官方理由[55]同样印证了立法者的意思。[56]

出卖人对买受人是否有权基于买卖物的瑕疵请求嗣后履行的分析可能会导致巨大费用。如果得出该物没有瑕疵且并不负有嗣后履行义务，则需要讨论，出卖人是否可以向买受人请求损害赔偿。依据联邦普通法院的观点[57]，如果买受人知道或者因过失而不知道不存在该瑕疵，即受指责的现象的原因属于自己的责任范围，则不合理的瑕疵消除请求为有过错的、负有损害赔偿义务的违约行为。这样，就考虑第 280 条第 1 款作为请求权基础。[58] 然而，对此不可忽视的是，在其可以行使其他权利前，买受人须向出卖人请求消除瑕疵并给予出卖人检查出卖物的机会（边码 816）。如果买受人必须要担心其错误估计该物的瑕疵的原因会造成损害赔偿义务，则会严重地限制其行使该权利。联邦普通法院已考虑到该点并指出，买受人绝不负有对其所指责的表象是否具有物的瑕疵的特征进行事先解释并认定的义务。相反其仅仅须在其可能的框架内考查它是否可能是非出卖人责任范围内的原因。[59] 此处不可夸大买受人检查义务的要求。如果具有引起物的瑕疵的特征，则买受人不必对此原因进行调查，而是可以将其留给出卖人调查。[60] 只有当买受人知道所出现的损害并非买卖物的瑕疵所引起时，其才必须不得作出瑕疵清除请求权。 827

比较常见的是买受人委托给专家来确定买卖物瑕疵的原因，并以此方式来确定出卖人对此瑕疵的责任。这样，依据联邦普通法院的观点，如果确定买受人对该瑕疵负责的话，则买受人能够向出卖人请求对此投入的费用。对此，联邦普通法院将第 439 条第 2 款作为请求权基础。[61] 如果买受人决定减少价款，则这并不改变该赔 828

---

[53] 该第 2008 年刚作出的法律规定可追溯到欧盟终审法院作出的判决（《新法学周刊》，2008 年卷，第 1433 页）。

[54] 对此可对买受人产生可观的负担。只需想想买受人长期使用该有瑕疵的物且明显地造成其贬值情形。值得考虑的似乎是此类财产上的不利需要注意的问题是出卖人是否基于对其产生不合理的费用而依据第 439 条第 3 款第 1 句来拒绝嗣后履行；见 Kaeding 论文，载《新法学周刊》，2010 年卷，第 1033 页及其下（本文始于第 1031 页）。

[55] 《关于〈债法现代化法草案〉的说明及理由》，（2001 年 5 月 14 日联邦议会党团的草案；联邦议会文件，第 14 届，第 6040 号），第 232 页；联邦普通法院案例，载《新法学周刊》，2006 年卷，第 3201 页，边码 12 及其下（本文始于第 3200 页）。

[56] 比如联邦法院案例，载《新法学周刊》，2006 年卷，第 3201 页，边码 12 及其下（本文始于第 3200 页）；2009 年卷，第 428 页，边码 20（本文始于第 427 页）=《法学训练》，2009 年卷，第 274 页（Faust 撰写）。其他观点见 Gsell 论文，载《法学家报》，2009 年卷，第 526 页（本文始于第 522 页）。

[57] 载《新法学周刊》，2008 年卷，第 1148 页，边码 12（本文始于第 1147 页）=《法学训练》，2008 年卷，第 746 页（Faust 撰写）；对此比较 Haertlein 论文，载《德国法月刊》，2009 年卷，第 1 页。

[58] 有关请求权基础与其条件具体见 Lange/Widmann 论文，载《大债法杂志》，2008 年卷，第 329 页。

[59] 联邦普通法院案例，载《新法学周刊》，2008 年卷，第 1148 页，边码 13（本文始于第 1147 页）；同样比较联邦普通法院案例，载《新法学周刊》，2009 年卷，第 1264 页，边码 20（本文始于第 1262 页）。

[60] Kaiser 论文，载《新法学周刊》，2008 年卷，第 1712 页（本文始于第 1709 页）。

[61] 联邦普通法院案例，载《新法学周刊》，2008 年卷，第 2837 页，边码 9；2011 年卷，第 2281 页，边码 37（本文始于第 2278 页）；2014 年卷，第 2351 页，边码 10 及其下。其他观点见 Hellwege 论文，载《民法实务档案》，206 卷（2006 年），第 136 页；《慕尼黑民法典评注》/Westermann，第 439 条，边码 15：买受人对调查瑕疵及其原因所投入的费用并不与瑕疵的消除相关，因此只基于第 280 条第 1 款来赔偿。

偿请求权，因为这样专家鉴定费用就被用作了“嗣后履行的目的”[62]。但是，当在买受人不再坚持其嗣后履行请求权，而是已经请求了损害赔偿替代给付，则此时对已投入费用的判断就另当别论。[63]

2. 解除

829 解除（Rücktritt）的权利原则上取决于买受人已经为出卖人**设定了嗣后履行的期限**，且该期限到期却并无效果（边码792）。因此，在买受人解除合同（且必要时请求损害赔偿或减少价款）之前，出卖人必须首先获得修正违约状态和依约作出给付的机会。

830 **只有在例外情形时才无须设定期限。**第440条对第323条第2款中所列举的情形（边码641）[64] 做了补充。据此，期限设定并不必要，如果两种嗣后履行的方式并不合比例，且因此而被出卖人依据第439条第3款或第275条第2款或第3款拒绝，或买受人所享有的嗣后履行方式无效，或对其不可期待。第440条中规则的考虑为：

- 如果出卖人依据第439条第3款拒绝了嗣后履行，则从第323条第2款第1项中可推导出无须设定期限。在出卖人作出了——尽管是有瑕疵的——给付范围内可能会有怀疑，这可以通过第440条中的明确规定来消除。
- 如果买受人所具有的嗣后履行的方式履行失败，则买受人继续依约作出给付就无期待可能。因此，可赋予其不受期限限制的解除权。**“履行失败（Fehlschlagen）”**是指，瑕疵在宽限期届满后并未被消除，或不可期待出卖人对消除瑕疵作出徒劳的努力。[65] 对此，依据法律规定通常可要求出卖人作出全部两种尝试。然而这并不排除个案情形中一次徒劳的努力就被视为最终履行失败。[66] 另一方面，出卖人可以作出两种以上的改善尝试，如果该难以清除的瑕疵上涉及特别复杂的技术难题或在之前的修复尝试中存在异乎寻常的反常现象。[67] 如果虽然在技术上可以作出修复，但是所需要的时间对顾客而言在具体情形下并不合理，则买受人可以行使权利且无须对此设定期限。[68] 如果再次提供了有瑕疵的物，因此出卖人的继续履行尝试对买受人而言并不合理，则该替代履行形式的嗣后履行失败。[69]

---

[62] 联邦普通法院判例，载《新法学周刊》，2014年卷，第2351页＝《法学训练》，2015年卷，第361页（Schwab撰写）；批判观点有Lorenz论文，载《新法学周刊》，2014年卷，第2319页。

[63] 联邦普通法院案例，载《新法学周刊》，2008年卷，第2837页，边码9及其下。

[64] 同样涉及第323条第2款第1项中的情形，如果出卖人虽然想转移买卖物的所有权，但是却拒绝首先清除物上的瑕疵；参见瑙姆堡州高等法院案例，载《新法学周刊》，2004年卷，第2022页；《关于〈债法现代化法草案〉的说明及理由》，（2001年5月14日联邦议会党团的草案；联邦议会文件，第14届，第6040号），第223页。

[65] PWW/Schmidt，第440条，边码12。

[66] 《慕尼黑民法典评注》/Westermann，第440条，边码10。

[67] 联邦普通法院案例，载《新法学周刊》，2007年卷，第505页，边码15（本文始于第504页）。

[68] Bamberger/Roth/Faust，第440条，边码32。

[69] Erman/Grunewald，第440页，边码6。

● 特殊情形是，依据第 323 条第 2 款第 3 项，如果出卖人在缔结合同时隐瞒已知的买卖物上的瑕疵，则考虑到双方利益，无须先作出嗣后履行请求即可作出立即解除或减少价款。该欺诈行为——可能已经严重不可信及无依据⑩，使得买受人与出卖人继续合作与嗣后履行的信赖基础丧失。⑪ 当然，如果买受人已经为出卖人设定了消除瑕疵的期限，且在该期限内遵守了该请求权并消除了瑕疵，则排除解除，因为所出售的物现在已经符合约定。⑫

作出解除的意思表示是行使**形成权**（边码 273，686 及其下）；买受人的解除在作出后即不可再撤回。该约束性排除这些，即买受人认为该合同仍有效，并持有买卖物和作出减少价款的意思表示。⑬ 如果买受人请求损害赔偿，则其必须向出卖人返还有瑕疵之物，并依据出卖人尚未作出的给付来计算损失（所谓的大损害赔偿；边码 851），对此必须注意到其不必支付的账单款项；这与差额计算相适应（边码 656 及其下）。⑭ 应被摒弃的观点是⑮，如果出卖人作出解除表示后又拒绝该解除，则其丧失让买受人遵守自己所作出的解除表示的权利，并必须接受买受人对价款的减少。一般而言，拒绝解除的理由在于出卖人对解除权的条件有争议，特别是针对买卖物的瑕疵。该观点可能因法律诉讼被证明为错误，则这并不改变买受人已经作出的解除表示。当出卖人首先具有其他法律立场时，不可指责该出卖人相互冲突的行为违反了诚实信用原则。 831

3. 减少价款

买受人减少价款的权利取决于满足这样的条件，即基于买卖物的瑕疵而享有解除权所适用的条件一样；这源自法典的表述："除了解除，买受人还可以——减少价款"（第 441 条第 1 款第 1 句）。因此，如果依据第 323 条第 2 款、第 326 条第 5 款与第 440 条需要设定期限，则买受人可以在合理的期间内向出卖人主张，且只有在该期限无果而终后才允许减少价款。只有在依据第 323 条第 5 款第 2 句在因义务违反并不严重而排除了解除权时才不适用于减少价款。这意味着，当物的瑕疵对买卖物的价值与适用性影响不大，然而如果出卖人并未在合理期间内消除该并不明显的瑕疵或因不合理的支出而拒绝消除，则买受人仍可减少价款。 832

⑩ 对此参见联邦普通法院案例，载《新法学周刊》，2015 年卷，第 1670 页（本文始于第 1669 页）。

⑪ 联邦普通法院案例，载《新法学周刊》，2007 年卷，第 836 页及其下，边码 12 及其下（本文始于第 835 页）=《法学研究集刊》，2007 年卷，第 646 页（Looschelders 撰写）；联邦普通法院案例，载《新法学周刊》，2007 年卷，第 1535 页，边码 19 及其下（本文始于第 1534 页）；联邦普通法院案例，载《新法学周刊》，2008 年卷，第 1372 页，边码 19 及其下（本文始于第 1371 页）=《法学训练》，2008 年卷，第 557 页（Faust 撰写）=《法学研究集刊》，2008 年卷，第 301 页（Looschelders 撰写）；联邦普通法院案例，载《新法学集刊》，2010 年卷，第 1805 页，边码 8；Schleswig 州高等法院案例，载《贝克法院判决》，2008 年，第 25343 号案例；Kulke 论文，载《大债法杂志》，2008 年卷，第 169 页；批判观点见 Gutzeit 论文，载《新法学周刊》，2008 年卷，第 1359 页。

⑫ 联邦普通法院案例，载《新法学周刊》，2010 年卷，第 1805 页，边码 10。

⑬ Reinicke/Tiedtke：《买卖合同法》，边码 591；Bamberger/Roth/Faust，第 437 条，边码 171；Kropholler，第 437 条，边码 4；Palandt/Weidenkaff，第 437 条，边码 27。

⑭ Bamberger/Roth/Faust，第 437 条，边码 172。

⑮ Wertenbruch 论文，载《法学家报》，2002 年卷，第 864 页及其下（本文始于第 862 页）。

833 减少价款与解除一样为形成权（边码 273）。如果买受人决定减少价款，则该买卖合同以减少后的合同价款继续存续。该法律情形排除买受人再请求损害赔偿替代给付。[76] 相反，除了履行外完全还可以考虑损害赔偿请求权，以赔偿瑕疵给买受人其他权益所造成的损害（**所谓的瑕疵后果损害（Mangelfolgeschaden）**或附随损害）。[77]

834 值得一问的是，买受人是否受其已作出的选择约束，或者其是否有消灭其曾作出的减少价款与所行使的基于该瑕疵而享有的权利。主流观点支持从减少价款向损害赔偿替代给付转化[78]，而在与解除合同的关系中这被否定。[79] 对该差异的解释是，法典规定减价与解除是用以选择（参见第 437 条第 2 项："——解除或——减价"），而依据第 325 条对损害赔偿替代给付的选择只可在作出减价之后作出。该理由显得相当教条，此外，考虑到对类推解释所必需的法律规则中的漏洞亦值得怀疑（边码 1180）。[80] 减少价款为形成权的法律性质还认为买受人必须受自己所作选择的约束。如果出卖人表示认可该减价，且因信赖买受人所作出的意思表示而作出了财产上的法律决定，且对此现在已无法消除全部负面影响，则对此必须至少设定一个界限。[81]

835 对**买受人减少的合同价款的数额计算**依据第 441 条第 3 款中的规则实施。据此涉及新计算出的价款（Pn）与曾约定的价款（Pv）与有瑕疵的物的价值（Wm）与无瑕疵的物的价值（Wf）。由此得出下列公式：

$$Pn = (Pv \times Wm) / Wf$$

例如：约定价款为 80 欧元，有瑕疵的物的价值为 50 欧元，无瑕疵的物为 100 欧元，则减价后的买卖价款计算为：

$$Pn = (80 \times 50) / 100$$

新的（减价后）价款因此计为 40 欧元。

836 如果买受人已经支付了约定的价款，则依据减价其具有**返还支付多给付数额的请求权**。第 441 条第 4 款第 1 句构建了该请求权基础。另外则指引至第 346 条第 1 款与第 347 条第 1 款中的有关解除的条款，这也被相应地适用。

---

[76] Lögering 论文，载《德国法月刊》，2009 年卷，第 665 页及其下（本文始于第 664 页）；Bamberger/Roth/Faust，第 437 条，边码 173。

[77] 《慕尼黑民法典评注》/Ernst，第 325 条，边码 27。

[78] 斯图加特州高等法院案例，载《大债法杂志》，2008 年卷，第 480 页（本文始于第 479 页）；Derleder 论文，载《新法学周刊》，2003 年卷，第 1002 页（本文始于第 998 页）；Berscheid 论文，载《大债法杂志》，2009 年卷，第 18 页及其下（本文始于第 17 页）；《慕尼黑民法典评注》/Westermann，第 437 条，边码 51a 及其下。联邦普通法院案例，载《新法学周刊》，2011 年卷，第 1219 页，边码 34 及其下（本文始于第 1217 页），该案例中联邦普通法院的问题是，是否允许从减少价款向损害赔偿替代给付转变，对于减少价款失败时应被赞成，因为减少价款的数额运用第 441 条第 3 款第 1 句所确定的方法并不可得出。

[79] Reinicke/Tiedtke：《买卖合同法》，边码 591；Derleder 论文，载《新法学周刊》，2003 年卷，第 1002 页（本文始于第 998 页）；《慕尼黑民法典评注》/Westermann，第 437 条，边码 51a。

[80] 该想法同样见 Reinicke/Tiedtke：《买卖合同法》，边码 596。

[81] Derleder 论文，载《新法学周刊》，2003 年卷，第 1003 页（本文始于第 998 页）；Reinicke/Tiedtke：《买卖合同法》，边码 597。

该指引首先对出卖人返还所获用益，或赔偿因过错而未获得的用益价值的义务具有意义。对金钱的用益在于所获利息或者对债务利息的节余上。[82] 如果出卖人对买卖价款所接受的部分和应返还的部分并未获得利息，则其仍可能要承担计息的义务，如果对此是可能的并且该不作为构成了违反谨慎的指责的话。 837

4. 损害赔偿

如果出卖人提供了一个有瑕疵的物，则其违反了合同上向买受人实现无瑕疵之物的义务（第 433 条第 1 款第 2 句）。如果该违反义务的行为导致了买受人的损害，且如果出卖人在此范围内具有过错的话，则其有义务赔偿该损害。由于买受人的损害赔偿请求权始终取决于**该瑕疵必须对出卖人可归责**（第 280 条第 1 款第 2 句）；如果出卖人没有例外地基于一个专门的条文来承担无过错责任[83]，在其提供该有瑕疵的物时，其一般必须至少是过失地作出该行为（第 276 条第 1 款）。因为出卖人虽然具有提供无瑕疵货物的义务，但是并非生产了该类产品，所以依据第 278 条，生产者的责任并非归责于出卖人（该条文的具体细节详见后面）。[84] 838

依据法律上的规则必须如此区分，即依据第 437 条第 3 项，第 280 条第 1、3 款与第 281 条第 1 款来请求涉及的损害赔偿与替代履行；还是所涉及的损害的赔偿可基于第 437 条第 3 项，第 280 条第 1 款与嗣后履行请求权并列作出。[85] 与嗣后履行请求权并列作出的损害赔偿请求权包括所有基于有瑕疵物造成的损害，且并不因出卖人之后可能作出嗣后履行而避免。[86] 可被嗣后履行消除或避免的损失原则上要在宽限期（第 281 条第 1 款第 1 句）届满后才可被赔偿。[87] 839

例如：出卖人提供了不纯净的汽油。对此造成了来加油的汽车的发动机的损害。该损害不可通过嗣后履行来避免。

至于**损害赔偿替代给付请求权**是否应被作出，则取决于其涉及可消除的瑕疵还是不可消除的瑕疵，以及该给付障碍是否已经在合同订立时就已存在还是在之后才产生。据此可以得出以下三种情况： 840

（1）买受人请求损害赔偿替代给付，因为出卖人提供了一个有瑕疵的物，且该（可消除）的瑕疵并未通过嗣后履行而消除（第 437 条边码 3；第 280 条第 1、3 款与第 281 条第 1 款第 1 句）。

---

[82] 《联邦普通法院民事判例集》，第 138 卷，第 164 页及其下（本文始于第 160 页）＝《新法学周刊》，1998 年卷，第 2354 页。

[83] 参见联邦普通法院案例，载《新法学周刊》，2015 年卷，第 544 页，关于在涉嫌放射物污染时饲料销售者的无过错责任。

[84] 联邦普通法院案例，载《新法学周刊》，2014 年卷，第 2184 页，边码 29 及其下（本文始于第 2183 页）＝《法学研究集刊》，2015 年卷，第 68 页（Looschelders 撰写）。

[85] 有关各个请求权基础和基本类型参见 Fervers：《法学教育》，2015 年卷，第 11 页。

[86] 萨尔布吕肯州高等法院案例，载《大债法杂志》，2008 年卷，第 79 页（本文始于第 77 页）；Reinicke/Tiedtke：《买卖合同法》，边码 516。

[87] Faust 论文，载《法学训练》，2010 年卷，第 724 页；Bredemeyer 论文，载《大债法杂志》，2010 年卷，第 71 页及其下。

（2）买受人请求损害赔偿替代给付，因为出卖人提供的物在合同缔结时就存在一个不可消除的瑕疵（边码 437 条第 3 项、第 311a 条第 2 款）。

（3）买受人请求损害赔偿替代给付，因为出卖人提供的物所显示的瑕疵在合同订立后变得不可消除（第 437 条第 3 项，第 280 条第 1、3 款与第 283 条）。

841 损害赔偿请求权的条件是，出卖人所必须负责的违反义务行为必须可对其作出指责（参见第 280 条第 1 款）。有争议的是，**第 1 种情形中**出卖人在何处违反义务。一些人认为，应该指的是出卖人向买受人提供一个没有物上瑕疵与权利上瑕疵的物的义务[88]，其他人则认为违反义务在于出卖人并未正常作出嗣后履行。[89] 然而，并非仅仅这些义务中的某一个具有决定性；相反，二者紧密相连。如果出卖人提供了一个有瑕疵的物，则其因此违反了合同中依约作出给付的义务；同时因此而产生通过嗣后履行来消除该瑕疵的义务。因此，如果其只对违反这个或那个义务负责的话，其仍不能免于责任，比如其可以依据第 439 条第 3 款拒绝嗣后履行义务[90]，或者其基于对自己不可归责的情形而不能履行。[91] 有关期限设定必要性的内容可参见边码 453 及其下中的讲解。

842 有关可归责性的特征已被阐述（边码 458 及其下）。还需要补充的是：买卖合同法中可能具有的问题是，出卖人是否因其**在提交前没有对买卖物进行检查**来确定并消除瑕疵而受过错指责。[92] 在回答该问题时需要区分：原则上商人并不具有对其所购得并继续销售的货物作出瑕疵检查的义务。然而，如果出卖人拥有买受人可以信赖的特殊的专业知识，则在易坏与危险的物品上具有限制。这样，掌管自己卖场的二手车商人在出售汽车前具有详细检查瑕疵的义务。如果商人并非经营自己的卖场，其义务可以只限于确定容易辨识的瑕疵。商品的生产者通常必须在销售前进行抽样检查，越是昂贵的、易坏与危险的产品，越需要加强抽检。[93]

843 **第 2 种情形**通常涉及特定物买卖。在种类物买卖时，只有当如限制性种类之债（边码 462）中才有的所有的种类物已经在合同订立时表明具有不可克服的瑕疵时才被考虑。嗣后履行的两种情形必须始终自始被排除。至于出卖人的知情与可归责的不知情是否必须只针对瑕疵的存在还是同样针对其不可消除性只在理论上具有意

[88] Huber/Faust：《债法现代化》，第 13 条，边码 11；Brox/Walker：《债法总论》，第 4 章，边码 80。

[89] Lorenz 论文，载《新法学周刊》，2002 年卷，第 2502 页及下一页（本文始于第 2497 页）；Schur 论文，载《大债法杂志》，2002 年卷，第 243 页。

[90] Ehmann/Sutschet 论文，载《法学家报》，2004 年卷，第 65 页（本文始于第 62 页）；结果中一样的有：Ludes/Lube 论文，载《大债法杂志》，2009 年卷，第 259 页。

[91] Reinicke/Tiedtke：《买卖合同法》，边码 537 及其下（对意见分歧具有详细的阐述）；Bamberger/Roth/Faust，第 437 条，边码 73；U. Huber 论文，载《Schlechtriem 纪念文集》，2003 年版，第 530 页（本文始于第 521 页）；Looschelders 论文，载《法学研究集刊》，第 676 页（本文始于第 673 页）；Tetenberg 论文，载《法学研究集刊》，2009 年卷，第 4 页（本文始于第 1 页）。

[92] 对此参见 Stoppel 论文，载《大债法杂志》，2006 年卷，第 49 页。

[93] 《关于〈债法现代化法草案〉的说明及理由》，（2001 年 5 月 14 日联邦议会党团的草案；联邦议会文件，第 14 届，第 6040 号），第 210 页；Bamberger/Roth/Faust，第 437 页，边码 88；对此比较联邦普通法院案例，载《新法学周刊》，2004 年卷，第 1032 页。

义；因为知道物有瑕疵而出售的任何人无论何时都必须对该瑕疵的消除负责。[94]

至于（事先可消除的）瑕疵在合同订立之前还是在之后产生**对第 3 种情形**并不重要。同样，瑕疵的不可消除性（不同于第 2 种情形在合同订立后而产生）在交货前还是交货后产生同样并不重要。不同于第 281 条第 1 款中主要要求出卖人对免于嗣后履行义务的情形可归责，对提供有瑕疵的物可归责并不足够。[95] 与第 281 条区别的理由在于，此条款中债务人必须对给付在质量上的偏差负责（“没有依所负的作出”），而第 283 条并不涉及瑕疵履行，而是涉及导致嗣后履行不能的情形。 844

如果购买物的瑕疵引起买受人其他法益的损害，如示例中提供不纯净的汽油导致发动机的损害，则涉及所谓的：**瑕疵结果损害或附随损害（Mangelfolgeschaden oder Begleitschaden）（边码 549）**。如所述，此类损害可能不能通过修复或替代履行来消除。因此，损害赔偿请求权的法律基础仅仅是第 280 条第 1 款（边码 838）。 845

对买受人的**损害**可能因瑕疵而**不能使用该买卖物**而产生。 846

例如：

(1) 由于出卖人所提供的机器因瑕疵不能使用而导致买受人在经营中停止生产。

(2) 所售汽车的刹车使用不灵。买受人可因此而不能使用且必须另租一辆。

因生产停滞而造成的损失与租用汽车的费用涉及可以赔偿的损失，这并无争议。有争议的是，如何将此类损失纳入损害赔偿请求权的法律体系中。所有可能涉及的可能性都有各自的支持者。[96] 被特别采纳的观点则涉及迟延损失，因为债务人并未准时作出无瑕疵的给付，因此损害赔偿责任取决于第 286 条（第 280 条第 2 款）中的条件。[97] 然而，与此观点相反的是，立法者对于该情形却想排除给付迟延法的适用[98]，并将此意思在法典的字面中表述出来；因为在第 437 条第 3 项中并未提及第 286 条。此外，债务人是否不作为，或是否其虽然履行但是却有错误，这具有根本区别。在第一种情形中债权人可以通过期限届至时向债务人作出催告来免于迟延的后果。该可能性在有瑕疵的履行时通常并不存在，该瑕疵条件下的用益丧失通常不可避免。[99] 此外，用益丧失时损失的赔偿能力严重受制于买卖合同法的基础，因为其只有在产生迟延后，且一般在催告后才可被赔偿。因此，主流观点拒绝对此 847

---

[94] Reinicke/Tiedtke:《买卖合同法》，边码 527。

[95] Hirsch 论文，载《法学教育》，2003 年卷，第 296 页（本文始于第 289 页）；Reinicke/Tiedtke:《买卖合同法》，边码 532 及其下；Lorenz 论文：载《新法学周刊》，2002 年卷，第 2501 页（本文始于第 2497 页）。其他观点见 Bamberger/Roth/Faust，第 437 条，边码 115。

[96] 有关意见分歧的阐述见 Reinicke/Tiedtke:《买卖合同法》，边码 518 及其下。

[97] Schur 论文，载《大债法杂志》，2002 年卷，第 244 页（本文始于第 243 页）；Bredemeyer 论文，载《大债法杂志》，2010 年卷，第 76 页（本文始于第 71 页）；NK-BGB/Dauner-Lieb，第 280 条，边码 58 及其下；PWW/Schmidt，第 437 条，边码 31；NK-BGB/Büdenbender，第 437 条，边码 74 及其下；Jauernig/Berger，第 437 条，边码 17。

[98] 《关于〈债法现代化法草案〉的说明及理由》，（2001 年 5 月 14 日联邦议会党团的草案；联邦议会文件，第 14 届，第 6040 号），第 255 条（左半页）。

[99] 联邦普通法院案例，载《新法学周刊》，2009 年卷，第 2675 页及其下，边码 17（本文始于第 2674 页）＝《法学训练》，2009 年版，第 863 页（Faust 撰写），二者基于利益上的不同观点相异。

适用给付迟延法。[100] 与分析的损害赔偿替代给付与损害赔偿连带给付（边码838）之间的区别取决于是否产生损害，即使所负的嗣后履行已被准时作出或嗣后履行请求权仍然继续存在。如果是该情形，则如例子中无法使用的机器和不能安全驾驶的汽车一样，对此只涉及一个暂时的用益丧失，则第280条第1款、第437条第3项构成该请求权基础。[101] 相反，如果买受人基于瑕疵而解除合同则另当别论。

例如： K从V处买得一辆二手车。在提交该车后确定该车具有事故损伤，这导致该车运作与行驶没有安全保障。因此K解除该合同并请求返还价款，并附带请求因不能使用该车而产生的损害赔偿。

848 解除合同并不使得买受人在瑕疵条件下用益丧失的损害赔偿请求权丧失。[102] 相反，第325条表明解除与损害赔偿并不互相排除。在履行请求权因解除而丧失后买受人同样应如同买受人正常给付一样来处置财产。如果有关解除的条款违反该结论，则如同第346条中所涉及的买受人必须返还相关用益的规定一样，其受到对买受人优先的损害赔偿义务的排斥。因此，买受人可以对其损害请求赔偿，因为其不能再使用该有瑕疵的购买物。该请求权基于第280条第1、3款，第281条第1款与第437条第3项。不同于之前所引用的示例（边码846），该情形中损害的产生并非基于遵守合同，而是基于出卖人的履行义务因解除而丧失，且因此最终丧失该给付。[103] 则这并不涉及虽然作出给付但仍产生的损害，而是因为给付最终消灭才产生了损害。[104]

849 用益丧失损害区别于**嗣后履行迟延**给买受人造成的损害。例如，买受人在司法中实现因瑕疵而产生的请求权而必须支出的费用。对此涉及一个基于第280条第1、2款与第286条来赔偿的迟延损失。

850 在区分不同的损害类型时必须立足于瑕疵损害（买受人因该瑕疵而对该物拥有更少的价值，边码550）必须始终与损害赔偿替代给付一起作出。[105] 然而瑕疵物减少的价值一般通过减少价款来弥补。但是瑕疵可能对买受人造成更多的不能通过减少价款来弥补的损害。比如，如果买受人将该有瑕疵的物向第三人再出售，而

---

[100] 联邦普通法院案例，载《新法学周刊》，2009年卷，第2675页及其下，边码10及其下（本文始于第2674页）；U. Huber论文，载《Schlechtriem纪念文集》，2003年版，第525页（本文始于第521页）；Schulze/Ebers论文，载《法学训练》，2004年卷，第465页及其下（本文始于第462页）；Reinicke/Tiedtke：《买卖合同法》，边码520；《慕尼黑民法典评注》/Ernst，第280条，边码55及其下；Palandt/Grüneberg，第280条，边码18、20；Lorenz/Riehm论文，载《债法》，边码546；Hk-BGB/Saenger，第437条，边码13；Erman/Grunewald，前437条，边码10；第437条，边码13。

[101] Reinicke/Tiedtke：《买卖合同法》，边码520、522。

[102] 联邦普通法院案例，载《新法学周刊》，2008年卷，第911页，具有Gsell的赞成性评论＝《法律杂志》，2008年卷，第469页，具有v. Faust的赞成性评注＝《法律研究集刊》，2008年卷，第476页（Looschelders撰写）；联邦普通法院案例，载《新法学周刊》，2010年卷，第2427页，边码13＝《法学训练》，2010年卷，第724页（Faust撰写）。

[103] 联邦普通法院案例，载《新法学周刊》，2010年卷，第2427页，边码13＝《法学训练》，2010年卷，第724页（Faust撰写）；联邦高等法院案例，载《新法学周刊—判例报导》，2011年卷，第557页（本文始于第556页）。

[104] Reinickel/Tiedtke：《买卖合同法》，边码523。

[105] 《关于〈债法现代化法草案〉的说明及理由》，（2001年5月14日联邦议会党团的草案；联邦议会文件，第14届，第6040号），第225页（左半栏）。

该第三人基于瑕疵来解除合同，因此买受人丧失了利润，则其可以对此向出卖人请求赔偿。但是在买受人作出损害赔偿替代给付请求权之前，其必须赋予出卖人继续给付的可能性（第 281 条第 1 款第 1 句与第 437 条第 3 项），如果并不涉及无须设定期限情形的话（参见第 281 条第 2 款、第 311a 条与第 440 条）。由此可知，**自己消除瑕疵**并想向出卖人请求对此必要费用的**买受人**，必须通常（忽视所谓的例外情形）首先对出卖人设定一个期限，因为如上所述，其作出了损害赔偿替代依约履行的请求权（确切地说是所谓的小损害赔偿，其拥有该买卖物且要赔偿消除瑕疵所产生的费用，关于损害计算见边码 851）。如果买受人自己消除了该瑕疵，且之前并未给予出卖人嗣后履行的机会，则其丧失解除合同、减少价款或损害赔偿替代给付的请求权。[106]

在损害赔偿替代给付请求权框架内**计算损害时**买受人具有**两种可能性**： 851

- 其拥有该有瑕疵的物并请求其基于该瑕疵而遭受的财产上的损失（所谓的**小损害赔偿（kleiner Schadensersatz）**）。[107] 尽管该情形中买受人持有了该物且只能请求弥补该瑕疵所造成的损害，这还涉及基于第 280 条第 1、2 款与第 281 条上的损害赔偿请求权。该并不十分精确的概念——“损害赔偿替代给付”并不十分合适，但不可误解为并不适用第 281 条。
- 买受人返还该买卖物且请求因不实施该合同而造成损害赔偿（所谓的**大损害赔偿（großer Schadensersatz）**）。法典在第 281 条中将该情形称为**“损害赔偿替代全部履行”**且使得针对它的请求权取决于买卖物所涉及的**重大瑕疵**（第 281 条第 1 款第 3 句，边码 637）。因此，在非重大瑕疵时只考虑基于小损害赔偿基础上的损害弥补。

买受人有权利请求作为小损害赔偿的消除瑕疵的费用，与第 251 条第 2 款第 1 句相应，条件是，该费用没有失去合理性。在不合理的费用情形中买受人只可以主张该物上因瑕疵而减少的价值。消除瑕疵的费用是否被认为是不合理的，必须在考虑第 439 条第 3 款中所述的标准下基于对具体案例的所有情形进行全面考虑来确定。 852

例如：依据联邦普通法院判例[108]，在不动产买卖合同中作为不合理性的首要参照点是，如果费用超出了该有瑕疵的不动产的交易价值，或者超出了瑕疵部分价值的 200%。其中对于不合理性的判断原则上取决于买受人消除瑕疵之始。如果在消除瑕疵的过程中才发现费用已经高于所预期，则只有当一个经济上理性的购买者同样在注意已经投入的费用时不再继续时，才可期待一个赔偿义务。

除了该两种情形（小损害赔偿和大损害赔偿）外，出卖人还有义务弥补**所有其** 853

---

[106] 至于买受人自力消除该瑕疵后，是否可基于其他法律理由而享有赔偿请求权问题，为买卖合同法中有争议的问题之一；对此参见慕斯拉克/豪：《〈民法典〉司法考试教程》，边码 72 及其下。

[107] 《慕尼黑民法典评注》/Ernst，第 325 条，边码 25。

[108] 联邦普通法院判例，载《新法学周刊》，2015 年卷，第 471 页及其下（本文始于第 468 页）=《法学训练》，2014 年卷，第 833 页（Riehm 撰写）=《法学研究集刊》，2015 年卷，第 230 页（Looschelders 撰写）；对此比较 Gutzeit 论文，载《新法学周刊》，2015 年卷，第 445 页。

他的损害，即作为过错违反向买受人交付无瑕疵的买卖物这一义务的后果而产生的损害。然而，在此范围内有必要区别出卖人在所负的嗣后履行的框架内必须作出的给付。

例如：出卖人提供有瑕疵的瓷砖。买受人直到安装后才发现该瑕疵。如果必须因瑕疵而清掉这些瓷砖，则取决于谁承担清理这些瓷砖并安装出卖人嗣后履行的新瓷砖所产生的费用。争议在于出卖人是否有义务在嗣后履行请求权的框架内使得买受人如同出卖人那样作出无瑕疵履行。如果对此赞同，则出卖人必须无过错地承担拆卸并安装瓷砖的费用。之前基本上都否定该出卖人基于嗣后履行请求权无过错地承担拆卸有瑕疵的物[109]与安装代偿物[110]的义务。因该问题涉及欧盟法，联邦普通法院[111]将该问题呈交欧盟终审法院裁判。欧盟终审法院对此判决为[112]，依据《消费物买卖指令》（边码 901），出卖人有义务或自己将其提交的被安装的瓷砖拆除并安装替代履行之物，或承担该拆除与安装所必需的费用，如果消费者在瑕疵产生之前善意地依据其种类与其使用目的而安装的违反合同的物可以通过替代履行来恢复符合合同的状态的话。联邦普通法院已经通过对第 439 条第 1 款第 2 种情形符合指令的解释强行接受了该点[113]，但是该解释限于消费物买卖（第 474 条），而不扩展到经营者和消费者之间订立的买卖合同。[114] 该判决的不幸后果是造成了买卖合同法解释上的分裂。[115]

854 如果买受人为了弥补出卖人不符合合同约定的给付（所谓的代偿买卖（Deckungskauf））而与其他的供货商签订了另外的买卖合同，则问题是，他可以基于何法律基础来主张该代偿买卖的额外费用——特别是差价。这具有争议。[116] 文献中的

---

[109] Thürmann 论文，载《新法学周刊》，2006 年卷，第 3460 页及其下（本文始于第 3457 页）；Skamel 论文，载《新法学周刊》，2008 年卷，第 2821 页（本文始于第 2820 页）；Lorenz 论文，载《新法学周刊》，2009 年卷，第 1633 页；Teichmann：《合同之债》，边码 378 及其下。其他观点见法兰克福州高等法院案例，载《大债法杂志》，2008 年卷，第 318 页（本文始于第 315 页）；科隆州高等法院案例，载《新法学周刊—判例报导》，2006 年卷，第 6 页；Schneider/Katerndahl 论文，载《新法学周刊》，2007 年卷，第 2215 页及其下（本文始于第 2215 页）。

[110] 联邦普通法院案例，载《新法学周刊》，2008 年卷，第 2837 页＝《法学训练》，2008 年卷，第 933 页（Faust）＝《法学研究集刊》，2008 年卷，第 892 页（Looschelders 撰写）；多塞尔多夫州高等法院案例，载《新法学周刊—判例报导》，2008 年卷，第 1282 页；法兰克福州高等法院案例，载《大债法杂志》，2008 年卷，第 319 页（本文始于第 315 页）；Schneider/Katerndahl 论文，载《新法学周刊》，2007 年卷，第 2216 页（本文始于第 2215 页）；Greiner 论文，载《大债法杂志》，2010 年卷，第 353 页。其他观点见卡尔斯鲁尔州高等法院案例，载《德国法月刊》，2005 年卷，第 135 页；Witt 论文，载《大债法杂志》，2008 年卷，第 369 页；Bamberger/Roth/Faust，第 439 页，边码 18 及其下。

[111] 《法学家报》，2009 年卷，第 310 页，具有 v. Unberath/Cziupka 评注＝《法学训练》，2009 年卷，第 470 页（Faust 撰写）。

[112] 载《新法学周刊》，2011 年卷，第 2269 页。

[113] 《新法学周刊》，2012 年卷，第 1073 页。

[114] 《新法学周刊》，2013 年卷，第 220 页（具有 Lorenz 的评注：Lorenz，《新法学周刊》，2013 年卷，第 207 页）＝《法学家报》，2013 年卷，第 189 页（Mörsdorf 撰写）。同样观点见联邦普通法院案例，载《新法学周刊》，2014 年卷，第 2183 页及其下＝《法学研究集刊》，2015 年卷，第 68 页（Looschelders）。

[115] 对此问题的深入探讨留待高阶学习时；对此参见慕斯拉克/豪：《〈民法典〉司法考试教程》，边码 69。同样关注《联邦议会文件》第 17/12637 号中的改革建议。

[116] 参见 Nietsch 论文，载《新法学周刊》，第 2385 页，对意见争议具有论证。

观点是，如果买受人在履行请求权消灭之前作出了该代偿买卖，则代偿买卖的费用应该视为迟延损失（第 280 条第 1、2 款，第 286 条）。[117] 主流观点——联邦普通法院也同意的观点，则是相反的观点，代偿交易的额外费用原则上只在第 280 条第 1、3 款，第 281 条的条件下作为损害赔偿替代给付才被赔偿。[118]

如果权利瑕疵在于第三人的向买受人请求返还该物的权利，则买受人的损害赔偿请求权并不取决于第三人行使其权利，且买受人丧失该买卖物的占有。然而，当出卖人因物的瑕疵使得买受人受损，确切地说是同时履行（第 348 条与第 281 条第 5 款），则此情形中可依据第 281 条第 5 款与第 346 条第 1 款得出出卖人对该物的返还请求权。如果买受人不能返还该物，或者只能返还贬损状态中的物，则依据第 346 条第 2 款和第 3 款其必须作出价值赔偿（边码 690 及其下）。 855

5. 徒劳支出的赔偿

除了损害赔偿——即对此满足必要条件时——买受人还可以向出卖人请求徒然支出的赔偿（第 284 条，第 311a 条第 2 款，第 437 条第 3 项）。对此涉及支出，即买受人因信赖获得给付而自愿作出的财产投入，且只可是合理的投入（边码 475 及其下）。比如，如果买受人租了一个马厩以存放所购买的马匹，但是由于马的瑕疵而解除了合同。同样**缔约的费用**（比如公证费用）也算为徒然支出。然而，依据第 284 条，如果没有债务人违反义务所预期的目的也不会实现的话（比如买马的示例中尽管该马没有瑕疵，但是买受人所购得的单座双轮马车完全不适合赛马运动），则排除对徒然支出的赔偿。第 284 条与第 437 条第 3 项中的请求权自然可以独立于第 347 条第 2 款，且并不受其限制。这意味着，因买卖物的瑕疵而解除合同的买受人同样可以对该证明为不必要的且出卖人并未因此而不当得利的徒然支出请求赔偿。[119] 856

6. 总结

对出卖人提供有瑕疵的物时，买受人的权利总结为： 857

- 如果买受人在交货前即知道该瑕疵，则其可拒绝受领，且可继续要求履行第 433 条第 1 款上的请求权。
- 如果买受人受领了该有瑕疵的物，则其有权请求提供无瑕疵的物（如果这如

---

[117] Faust 论文，载《Huber 纪念文集》，2006 年版，第 254 页（本文始于第 239 页）；Lorenz 论文，载《Leenen 纪念文集》，2012 年版，第 153 页（本文始于第 147 页）；Klöhn 论文，载《法学家报》，2010 年卷，第 47 页（本文始于第 46 页）。

[118] 联邦普通法院案例，载《新法学周刊》，2013 年卷，第 2960 页，边码 24b 及其下，27（本文始于第 2959 页），具有 Hilbig-Lugani 评注＝《法学训练》，2014 年卷，第 167 页（Schwab）；Grigoleit/Riehm 论文，载《民法实务档案》，203 卷（2003 年），第 737 页（本文始于第 727 页）；Ady 论文，载《大债法杂志》，2003 年卷，第 15 页（本文始于第 13 页）；Haberzettl 论文，载《新法学周刊》，2007 年卷，第 1329 页及其下（本文始于第 1328 页）；Ostendorf 论文，载《新法学周刊》，2010 年卷，第 2838 页（本文始于第 2833 页）；《慕尼黑民法典评注》/Ernst，第 286 条，边码 118；Bamberger/Roth/Lorenz，第 286 条，边码 69；Palandt/Grüneberg，第 286 条，边码 41。

[119] 联邦普通法院案例，载《新法学周刊》，2005 年卷，第 2849 页（本文始于第 2848 页）。

种类物买卖一样具有可能性的话）或请求消除瑕疵（第 439 条第 1 款）。

- 如果出卖人并不履行该请求权，则买受人必须对其设定一个合理的宽限期，如果依据第 281 条第 2 款、第 323 条第 2 款或第 440 条该期限设定并非多余的话。该期限届满后买受人既可请求减少价款（第 441 条），又可请求解除合同（第 437 条第 2 项），且必要时请求损害赔偿或赔偿徒劳的支出（第 437 条第 3 项）。
- 如果所出售的物在合同订立时即已具有不可消除的瑕疵，则买受人可以依据第 311a 条第 2 款第 1 句在选择损害赔偿替代给付，或赔偿其支出后在第 284 条确定的范围内作出请求。

7. 买受人权利的排除与时效消灭

858 当约定价款时买受人认为其购买的是一个无瑕疵的物，但在交货时其确定该期待并未实现，则价款与给付关系受阻。买受人因物的瑕疵而享有权利的目的在于，修正合同各方在给付中的失衡关系。但是，如果买受人在合同缔结时已经知悉该买卖物的瑕疵，则其在约定时可以专门对其作出规制。因此在此情形中排除买受人因瑕疵而通常享有的权利似乎显得更合乎逻辑（第 442 条第 1 款第 1 句）。**对某瑕疵的认知意味着**对明显瑕疵的**积极知悉**；对此，重大怀疑并不足够。[120] 依据该规则的意义取决于在合同订立时存在对瑕疵的认知。如果合同订立后买受人获知该瑕疵，且明知该瑕疵而毫无保留地受领了该物[121]或依据第 311b 条第 1 款第 2 句通过登记入不动产登记簿而使得原先无效的合同变得有效，则该知情本身对其权利并不重要。[122]

859 如果买受人的不知情是基于重大过失（概念见边码 472），则排除其基于购买物的瑕疵而享有的权利。这里首先涉及的情形是，此处的瑕疵如此明显，以致买受人只要观察这个在已有条件下任何人都肯定清楚的东西，则买受人必然发现瑕疵。例如，对瑕疵具有明晰的证据，以至于很难理解为什么买受人仍不知道。此情形中买受人不可主张自己对买卖物状态的合理期待受到了打击。只有当出卖人对**该瑕疵恶意保持沉默**，或对属性的现状做了**担保**，则虽然买受人具有重大过失，其出卖人也要对该瑕疵负责（第 442 条第 1 款第 2 句）。即使恶意隐瞒该瑕疵并非买受人订立合同的原因，仍可依据第 444 条拒绝出卖人对约定责任排除的主张。[123]

860 对买卖物存在的瑕疵知情的出卖人虽未经询问也有义务说明。[124] 出卖人故意（边码 421）行为则为恶意。如果出卖人虽然对其并不知情，但是其至少认为有可能知道或预料到，但仍容忍买受人对该瑕疵不知情，而作出释明时就不会订立该合同

---

[120] Palandt/Weidenkaff，第 442 条，边码 7。

[121] Wendtlandt 论文，载《大债法杂志》，2004 年卷，第 88 页；其他观点见 Celle 州高等法院案例，载《大债法杂志》，2004 年卷，第 476 页。

[122] 联邦普通法院案例，载《新法学周刊》，2011 年卷，第 2954 页，边码 12 及其下（本文始于第 2953 页）。

[123] 联邦普通法院案例，载《新法学周刊》，2011 年卷，第 3640 页＝《法学训练》，2012 年卷，第 354 页（Faust 撰写）＝《法学研究集刊》，2012 年卷，第 609 页（Looschelders 撰写）。

[124] 限制性观点见 Gröschler 论文，载《新法学周刊》，2005 年卷，第 1602 页及其下（本文适于第 1601 页）；只有当买受人决定当时的情形明确具有意义时才赞成该示明义务。

或至少不会订立所约定的内容，则出卖人对此瑕疵保持沉默亦为恶意。[125] 如果出卖人在风险转移时对买卖物的性能作了质量保证，即承诺无过错地为缺少该性能的后果承担责任（边码 880），则买受人不会因重大过失下的不知情而受损。

如果**已对所售不动产的各项权利在不动产登记簿里作了登记**，但是这些权利在 861
合同订立后买受人却并未取得或实际上并不存在（边码 812），则表明具有权利瑕疵。对这些权利第 422 条第 2 款规定，即使出卖人知道该登记行为，出卖人对此仍具有消除权利瑕疵的义务。在订立不动产买卖合同时公证员会对买受人对此作出告知（《证书法》第 21 条第 1 句）。

买受人基于买卖物的瑕疵而享有的权利可以**通过合同来排除或限制**。然而，如 862
果出卖人对该瑕疵恶意保持沉默或者对属性现状作了担保，则其不能主张该合同上的排除（第 444 条，边码 880）。[126] 联邦普通法院此外还否定将保障排除适用于合同主体订立的属性约定上。[127] 对于**消费物买卖合同（第 474 条）**而言，第 475 条第 1 款继续限制约定排除不利于买受人的瑕疵责任的可能性（边码 907）。如果出卖人通过一般条款规定了责任排除，则需关注第 309 条第 8b 项。

对于买受人基于买卖物的瑕疵而享有的请求权的消灭时效问题，第 438 条具有 863
一个特殊规则，不管是在时效期限还是时效起算上都作出了不同于第 194 条及其下诸条的规定。具体如下：

- 对于依据第 437 条第 1 项与第 3 项中的请求权，即嗣后履行请求权[128]、损害赔偿与徒劳支出赔偿的**时效期间一般为 2 年**（第 438 条第 1 款第 3 项）。
- 对于**建筑物**（第 438 条第 1 款第 2a 项）与相应地通常为建筑物使用并引起了该建筑物瑕疵的物（第 438 条第 1 款第 2b 项），适用 5 年的时效期间。建筑物是一个不可移动的、通过使用劳动及材料与地面结合而建成的物。这不必然涉及房屋，而是所有或高或低的建筑产物都属于建筑物。[129] 被包括的不仅是新设施，还包括翻新与改建的老建筑物，如果其对该建筑的结构、状态、保养或使用时间具有重要意义，且新建部分与原建筑牢固联结的话。[130] 由此得出，仅仅是更换洗浴间的设备对于"建筑物"并无影响，该范围仍处在第 438 条第 1 款第 3 项之中。[131]
- 当权利瑕疵为第三人基于物权而可以向买受人请求返还该购买物时（第 438 条第 1 款第 1a 项），**时效期间为 30 年**。这同样适用于不动产登记簿中登记

---

[125] 联邦普通法院案例，载《法学家报》，第 41 页（本文始于第 40 页），Martinek 评注。

[126] 对该条的研究见 Faust 论文，载《大债法杂志》，2002 年卷，第 271 页。

[127] 联邦普通法院案例，载《新法学周刊》，2013 年卷，第 1076 页，边码 19（本文始于第 1074 页）=《法学训练》，2013 年卷，第 931 页（Schwab 撰写）。其他观点参见 Gsell 论文，载《法学家报》，2013 年卷，第 423 页。

[128] 有争议的是，是否嗣后履行时重新计算新的时效期间，对此比较 Menges 论文，载《法学训练》，2008 年卷，第 395 页。

[129] Bamberger/Roth/Faust，第 438 条，边码 21。

[130] 《慕尼黑民法典评注》/Westermann，第 438 条，边码 17。

[131] 《关于〈债法现代化法草案〉的说明及理由》，(2001 年 5 月 14 日联邦议会党团的草案；联邦议会文件，第 14 届，第 6040 号)，第 227 页及其下。

的其他权利瑕疵（第 438 条第 1 款第 1b 项）。依据第 197 条第 1 款第 1 项，所有权及其他**物权**的返还请求权 30 年后才丧失时效。如果第三人基于该类权利可以向买受人请求返还该购买物，则其必有权利使得出卖人因此承担责任。因此，买受人对出卖人的相关请求权时效期间不可短于第三人的返还请求权期间。对此规定在第 438 条第 1 款第 1 项中。

864 依据第 438 条第 2 款，**时效**在不动产交付时、其他情形在货物交出时**起算**。交付意味着协商一致的占有转移。交出则理解为出卖人的单方行为，在合同履行中出卖人通过该行为丧失对该买卖物的支配权，即放弃占有，并基于此来创设买受人的支配可能，即其同样通过单方行为随时实现对买卖物的占有并因此获得对物检查的可能性。[132] 因此，创设间接占有并不足够（边码 718）。[133] 在寄送买卖中（边码 624）买卖物交出时间为，货物到达特定地点后买受人可以约定的方式支配该物，并使得买受人可以对其占有时。[134] 如果买受人（在往取之债时）必须到第三人处（比如仓储管理员）领取买卖物，则同样如同寄送买卖。[135]

865 如果出卖人恶意隐瞒该瑕疵（边码 859），则不同于该条的第 1 款第 2、3 项与第 2 款。依据第 438 条第 3 款第 1 句，对时效长短与起算点适用通常的时效期间，即为 3 年（第 195 条），并依据第 199 条第 1 款第 2 项该期限直到债权人已经知道或非因重大过失必须知道请求权所基于的情形与债务人时。显而易见，在出卖人恶意时不可使得买受人比依据第 438 条更不利；至于第 438 条第 1 款第 2 项则相应地通过第 438 条第 3 款第 2 项来保障。

866 **解除权与减价权**涉及形成权，这并不受制于时效，因为依据第 194 条第 1 款只对请求权有效。因此相应的时效规则必须针对买受人的给付请求权。如果请求权或嗣后履行请求权已过时效，则当出卖人主张时效丧失时，不能有效作出解除与减价。该结论基于第 218 条、第 438 条第 4 款第 1 句中的解除权与第 438 条第 5 款中的减价权对此所作的指引（该请求中买受人有权拒绝尚未支付的价款，见边码 868）。

867 在有些情况中，第 438 条中所涉时效规则为隐藏的瑕疵承担责任的出卖人创设了一个难以承受的长期不稳定状态。然而出卖人通常与买受人会约定一个更短的瑕疵担保期间，因为除了消费物买卖，原则上都可以通过法律行为加以缩短。这源自对第 202 条第 1 款的推定，且只排除过错责任情形时对于时效的合同性约定。在消费物买卖时（对此参见第 474 条，并参见边码 901 及其下），对二手物的时效期限可以依据第 475 条第 2 款通过法律行为缩短为 1 年。对于《一般交易条款法》中的

---

[132] Bamberger/Roth/Faust，第 438 条，边码 30；Reinicke/Tiedtke：《买卖合同法》，边码 675。

[133] 联邦普通法院案例，载《新法学周刊》，1996 年卷，第 587 页（本文始于第 586 页）。

[134] 联邦普通法院案例，载《新法学周刊》，1988 年卷，第 2608 页；1995 年卷，第 3382 页（本文始于第 3381 页）。

[135] 联邦普通法院案例，载《新法学周刊》，1995 年卷，第 3382 页（本文始于第 3381 页）；Grunewald 论文，载《法学家报》，1996 年卷，第 259 页（本文始于第 258 页）；限制性的有，Saenger 论文，载《新法学周刊》，1997 年卷，第 1949 页（本文始于第 1945 页）（只有当第三人被出卖人指示，将该标的物在没有任何前提行为下在买受人请求后即交给买受人时）。

时效规则须关注第 309 条第 8b 项及其下（消费物买卖之外的全新物品的时效底限是 1 年）。

如果出卖人没有消除某个可以消除的瑕疵，则其没有依据买卖合同作出其所负有的给付义务（第 433 条第 1 款第 2 句，第 439 条）；因此买受人具有第 320 条上的**不履行抗辩**。[136] 买受人同样可以依据第 215 条在其第 437 条中的有关瑕疵的请求权时效消灭后作出该抗辩。独立于该权利，依据第 438 条第 4 款第 2 句、第 5 款，买受人在时效消灭后有权在可作出的解除与减价的范围内拒绝支付价款。如果买受人拒绝支付尚欠款项，则其可作出**第 438 条第 4 款第 2 句中的解除抗辩**。基于此，出卖人获得解除该合同的权利（第 438 条第 4 款第 3 句）。如果出卖人解除了该合同，则合同各方有义务返还所接受的给付，并偿还相关用益（第 346 条第 1 款）。因此买受人必须归还买卖物，且必要时赔偿相关用益；出卖人必须返还其所获得的合同价款。如果买受人拒绝支付价款中减少的数额，则其可行使**减少价款抗辩**（第 438 条第 5 款与第 4 款第 2 句）。该情形下买受人必须支付（尚未支付的）扣除减少部分后的价款，但是其可以拥有该物。[137] 868

8. 买受人的瑕疵请求权与其他权利的关系

基于买卖物的瑕疵不仅可以从第 437 条及其下几条中得出买受人的请求权，同时基于其他条文还可以得出其他请求权与权利。因此，下面将研究第 437 条及其下诸条在此范围内是排除其他条文还是与之竞合。 869

a）撤销

如果买受人的认识错误涉及物的属性，则买受人可能享有第 437 条上的权利，并由此会产生因认识错误撤销的竞合问题。当交往上的重要属性并不涉及第 434、435 条意义上的瑕疵时，依据第 119 条第 1 款因内容认识错误或表示错误的撤销同样很少如第 119 条第 2 款中的撤销那样被排除。[138] 相反，当买受人对物的性质认识错误，并可以依据第 437 条及其下诸条行使请求权时，依据完全绝对的观点[139]，否定在该性质认识错误时依据第 119 条作出因认识错误撤销的可能性。 870

第 437 条及其下诸条优先适用的理由在于，如果买受人在合同订立时因重大过失而对瑕疵不知情（第 442 条第 1 款第 2 句），通常拒绝买受人基于瑕疵来行使权 871

---

[136] Palandt/Grüneberg，第 320 条，边码 2；PWW/Medicus/Stürner，第 320 条，边码 18；Jauernig/Stadler，第 320 条，边码 4；其他观点见 Hk-BGB/Saenger，第 437 条，边码 23（并非依据风险转移）。

[137] 参见 Reinicke/Tiedtke：《买卖合同法》，边码 705 及其下。

[138] 《联邦普通法院民事判例集》，第 78 卷，第 218 页（本文始于第 216 页）=《新法学周刊》，1981 年卷，第 224 页=《法学训练》，1981 年卷，第 459 页；联邦普通法院案例，载《新法学周刊》，1988 年卷，第 2598 页（本文始于第 2597 页）；《经济法杂志》，2005 年卷，第 532 页（本文始于第 531 页）（永久性判决）。

[139] Wertenbuch 论文，载《新法学周刊》，2004 年卷，第 1979 页（本文始于第 1977 页）；Reinicke/Tiedtke：《买卖合同法》，边码 792 及其下；Lorenz/Riehm：《债法》，边码 573；Brox/Walker：《债法分论》，第 4 章，边码 135 及其下；Palandt/Weidenkaff，第 437 条，边码 53；NK-BGB/Büdenbender，第 437 条，边码 108 及其下；《慕尼黑民法典评注》/Westermann，第 437 条，边码 53；Kropholler，第 119 条，边码 18；Jauernig/Berger，第 437 条，边码 32；PWW/Schmidt，第 437 条，边码 70。其他观点中值得重视的理由见 Bamberger/Roth/Faust，第 437 条，边码 182；Krampe 论文，载《法学训练》，2005 年卷，第 778 页（本文始于第 773 页）。

利，但是其可以通过第 119 条第 2 款上的撤销来继续达到如同解除一样的效果，因为在重大过失行为时并不排除因错误撤销。此外，必须注意，买受人在因买卖物的瑕疵而解除合同之前通常必须给出卖人设定一个嗣后履行的期限，并因此给予出卖人作出符合合同状态的机会，但是撤销却会立刻终结合同关系。这同样会涉及不同的时效期限。在出卖人对瑕疵的现状陷入错误时，主流观点同样拒绝依据第 119 条第 2 款给予其撤销权，这样其就不可以基于此种方式来逃避瑕疵责任。[140] 相反，如果出卖人对有利于买受人的、并不引起物的瑕疵责任的重要因素陷入错误，则其可以依据第 119 条第 2 款撤销其意思表示。

例如： 出卖人出售一幅画，其错误地认为是复制品，但实际上是价格不菲的真迹。该情形下出卖人有权撤销。[141]

872 在买卖合同中，瑕疵担保条款允许第 123 条第 1 款第 1 种情形中基于欺诈的撤销，且并无限制[142]；因为限制该撤销权可能会导致有欺骗性的出卖人从对其有利的买卖合同法规范中获取利益。

b）交易基础障碍

873 物的瑕疵责任条款优先于第 313 条，以便不改变第 437 条及其下诸条中所规定的风险分担。即使在因责任排除而导致物的瑕疵责任的构成要件不能满足时，该规则依然有效。[143]

c）出卖人违反行为义务时的请求权

874 除了第 433 条第 1 款中规定的义务外，出卖人还具有行为义务，对其违反可能会承担损害赔偿义务（边码 563 及其下）。如果该行为义务与买卖物的瑕疵有关，则需解释在多大范围内涉及第 437 条及以下诸条中的规则。比如，出卖人在合同商谈中对买卖物的性质作出了错误的表述，这并不涉及第 434 条第 1 款第 1 句中的属性约定，而是涉及买受人因该错误信息而遭受损害的赔偿问题。主流观点[144]认为，如果出卖人过失地对买卖物的性质作了错误表述的话，则第 437 条及以下诸条涉及

---

[140] 参见 Reinicke/Tiedtke：《买卖合同法》，边码 809；Staudinger/Matusche-Beckmann（2004 年版），第 437 页，边码 31 及其下；Brox/Walker：《债法分论》，第 4 章，边码 137。

[141] 联邦普通法院案例，载《新法学周刊》，1988 年卷，第 2597 页；高阶考试见 Lindacher/Hau：《民法总则案例》，案例 5。

[142] 完全绝对观点，比较 PWW/Schmidt，第 437 页，边码 72。

[143] 联邦普通法院案例，载《新法学周刊》，2012 年卷，第 374 页，边码 12（本文始于第 373 页）；《慕尼黑民法典评注》/Finkenauer，第 313 条，边码 166。

[144] 联邦普通法院案例，载《新法学周刊》，2004 年卷，第 2302（本文始于第 2301 页）；2009 年卷，第 2121 页及下一页，边码 11 及其下（本文始于第 2120 页）＝《法学训练》，2009 年卷，第 757 页（Faust 撰写）；《新法学周刊》，2011 年卷，第 2129 页，边码 20（本文始于第 2128 页）；Schulze/Ebers 论文，载《新法学周刊》，2004 年卷，第 463 页（本文始于第 462 页）；Weiler 论文，载《大债法杂志》，2002 年卷，第 255 页及下一页（本文始于第 249 页）；Reinicke/Tiedtke：《买卖合同法》，边码 860 及其下；Jauernig/Berger，第 437 条，边码 34；《慕尼黑民法典评注》/Westermann，第 437 条，边码 58，但是持疑义的是，是否在恶意行为情形中允许存在例外。赞成第 434 条及以下诸条的优先性同样在出卖人的恶意行为时。Staudinger/Matusche-Beckmann，（2004 年版），第 437 条，边码 67。赞成第 437 条及以下诸条与缔约过失之间竞合。Häublein：《新法学周刊》，2003 年卷，第 391 页及其下（本文始于第 388 条）；Reischl 论文，载《法学训练》，2003 年卷，第 1079 页及其下（本文始于第 1076 页）；Bamberger/Roth/Faust，第 437 条，边码 190。

一个排除缔约过失责任的规则。只有当出卖人恶意行为时才另当定论。[145] 首先，人们想让出卖人在该情形中通过适用买卖合同法获得修复的权利。同样，依据第 442 条第 1 款显示排除买受人的权利，而依据第 280 条第 1 款与第 241 条第 2 款、第 311 条第 2 款中的缔约过失责任并不存在该排除。最后，不同的时效期限亦视为理由。如果出卖人的表示并未限于买受人对买卖物性质的告知，而是没有专业知识的买受人将出卖人当做专家来咨询，则出卖人具有被信赖人的地位。这导致其对其所出售的物的特殊属性具有准确详细说明的义务。对此可能会涉及一个非当然的合同法上的附随义务。[146] 然而，**咨询**可能基于独立的咨询合同而成为出卖人的当然的主义务。[147] 然而，该独立的咨询合同只有这样方可被认定，即正常情况下只有当出卖人正确地作出咨询意见时，买受人才可以以告知与建议的方式来正确运用与使用该买卖标的物。[148]

如果因错误的信息或未作出提示而并未引起第 437 条上的请求权，则并不适用买卖合同法上的限制。这样出卖人具有对买卖物的特定属性进行提示的义务，虽然这并不构成物的瑕疵，但是对其知悉对买受人的买卖决定具有意义。如果出卖人违反了该告知义务，则引起缔约过失的责任。 875

例如： V，家具店老板，出售给 K 一个鲜亮的具有抗污渍功能的全套沙发。其在合同谈判时忘了提示：虽然具有抗污渍功能，但是要避免服装店中所售褪色衣服的掉色污染。K 在使用该沙发中产生了灰色污点，而这被归咎于此类衣物的掉色。K 请求解除该合同。

相应的请求权可依据第 280 条第 1 款与第 241 条第 2 款、第 311 条第 2 款得出，因为 V 过错地没有提示作为专业人士所知道的、在正常使用中不可避免会使该沙发会变脏这一情况。因此，所构成的损害赔偿请求权要使得买受人处于如其作出相应告知一样的境况。该情形则如同 K 并未购买一样。其所主张的合同解除即产生该法律状态（自然恢复原则）。[149]

在区分买卖合同法中物的瑕疵责任与第 280 条第 1 款与第 241 条第 2 款中**违反合同附随义务**的责任时采取如同缔约过失责任一样的思路。[150] 876

例如： 商人 H 出售一个电动除草机给 K。售出一周后 H 从生产商处得知 K 所买这一系列除草机存在产品瑕疵，而该瑕疵显示在使用中可能会引起漏电。但 H

---

[145] 联邦普通法院案例，载《新法学周刊》，2009 年卷，第 2122 页，边码 19＝《法学训练》，2009 年卷，第 757 页（Faust 撰写）；更多例外见 Fischinger/Lettmaier 论文，载《新法学周刊》，2009 年卷，第 2497 页及其下（本文适于第 2496 页）。

[146] 联邦普通法院案例，载《新法学周刊》，2004 年卷，第 2302 页（本文始于第 2301 页）；PWW/Schmidt，第 437 条，边码 76。

[147] 联邦普通法院案例，载《德国法月刊》，2007 年卷，第 823 页。

[148] 联邦普通法院案例，载《新法学周刊》，1997 年卷，第 3229 页（本文始于第 3227 页）；同样比较 PWW/Schmidt，第 437 条，边码 77。

[149] 见科隆州高等法院案例，载《新法学周刊》，2005 年卷，第 1666 页，该示例据此判决改编而成。

[150] Reinicke/Tiedtke：《买卖合同法》，边码 829 及其下；Bamberger/Roth/Faust，第 437 条，边码 191 及其下；Staudinger/Matusche-Beckmann，2004 年版，第 437 条，边码 49。

没有向 K 告知该危险。在使用中 K 遭受电击，且必须送医治疗。依据合同，H 有义务告知 K 该除草机的瑕疵。其违反了该附随义务，因此其必须依据第 280 条第 1 款赔偿 K 因此而遭受的损失，特别是医疗费用。因为该责任间接地与物的瑕疵相关，所以该责任基于第 437 条第 3 项得出，且因此受瑕疵担保法限制规则的制约，特别是第 438 条中缩短的时效期间。

相反，如果并不涉及附随义务，且并非间接地涉及一个瑕疵，则并不涉及买卖合同法上的瑕疵担保权，例如是 H 在供货者中对此做了示明，K 因疏忽而造成了身体伤害。

d）基于侵权行为的请求权

877 买受人基于侵权行为的请求权（第 823 条及其下），即因有瑕疵的物伤害其健康、财产或其他（受保护的）法益而产生，则其独立于瑕疵担保请求权而存在。[151] 特别是第 438 条中的时效规则并不适用于此类侵权请求权。[152] 依据联邦普通法院的观点，侵权请求权也包括所提供的商品的损害，这基于有瑕疵的买卖物而产生，开始只是涉及部分物品，在所有权转移后即涉及全部物品，并对其造成损害或毁损（所谓的：**“继续侵蚀性瑕疵（weiterfressender Mangel）”**）。例如联邦普通法院作出的下列判决：

（1）泳池开关案。[153] 因为该一开始就有瑕疵的自动断电的泳池开关过热引起清洁与去污设备起火。

（2）轮胎案。[154] 二手跑车的买受人在使用该车时因安装了不合标准的轮胎而遭遇事故。出卖人，某二手车经销商，曾保证无任何技术瑕疵。

（3）燃气车案。[155] 一机动车购买人不断地因该车而引起事故。经调查原因为该车有瑕疵，这导致即使不踩油门也会导致加速。买受人向生产商请求事故损失。

（4）压缩机案。[156] 一个压缩机的柴油发动机因长期没有润滑油运行遭受严重损害。原因在于输油管固定有瑕疵，这导致使用一段时间后该输油管即断裂。

878 对于出卖人必须依据买卖合同法对商品的具体瑕疵负责，对此并无疑问。待决问题在于，出卖人基于何法律基础对瑕疵的“继续侵蚀”而产生的、扩大的损害负

---

[151] 《慕尼黑民法典评注》/westermann，第 437 条，边码 61；Bamberger/Roth/Faust，第 437 条，边码 197；Palandt/Weidenkaff，第 437 条，边码 56。其他观点见 Singer 论文，载《法学教育》，2003 年卷，第 199 页（本文始于第 196 页）；Grigoleit 论文，载《大债法杂志》，2002 年卷，第 80 页（本文始于第 78 页）。

[152] Brox/Walker：《债法分论》，第 4 章，边码 141；Huber/Faust：《债法现代化法》，第 14 章，边码 31；Reinicke/Tiddtke：《买卖合同法》，边码 863 及其下。其他观点见 Mansel 论文，载《新法学周刊》，2002 年卷，第 95 页（本文始于第 89 页）。

[153] 《联邦普通法院民事判例集》，第 67 卷，第 359 页＝《新法学周刊》，1977 年卷，第 379 页＝《法学训练》，1977 年卷，第 471 页。

[154] 联邦普通法院案例，载《新法学周刊》，1978 年卷，第 2242 页及其下（本文始于第 2241 页）＝《法学训练》，1979 年卷，第 214 页；类似如：联邦普通法院案例，载《新法学周刊》，2004 年卷，第 1032 页（过度老化的轮胎）。

[155] 《联邦普通法院民事判例集》，第 86 卷，第 256 页＝《新法学周刊》，1983 年卷，第 810 页＝《法学训练》，1983 年卷，第 466 页。

[156] 联邦普通法院案例，载《新法学周刊》，1985 年卷，第 2420 页。

责。在回答该问题时联邦普通法院[157]区别于**“使用利益与等值利益（Nutzungs- und Äquivalenzinteresse）”**，即买受人在使用无瑕疵的物时所获得的利益；与**“完整利益（Intergritätsinteresse）”**，即获得该物的所有权人的利益。该完整利益受侵权法保护，而使用利益与等值利益受物的瑕疵责任条款规制。联邦普通法院对二者区别的判断依据是，之后产生的损害是否与所有权交付时存在瑕疵的物的无价值（Unwert）等值，是否与之“同质（Stoffgleich）”。瑕疵无价值和因此侵犯相应利益而产生的损害应当依据对物价贬值具有决定性的原则来计算。超出的损失虽然由瑕疵所引起，但是并不相同，因为该瑕疵首先限于物的部分，之后继续侵蚀并导致之前尚未受损部分的毁坏与损坏，依据联邦普通法院的观点并非与瑕疵无价值**“同质（stoffgleich）”**，因此涉及所有权人的完整利益。联邦普通法院认为，所有权人对维护该物免受因设计与生产瑕疵而损害的利益的保护需要，并不少于该类瑕疵而非其他瑕疵对其所有物损害的利益。基于该观点，联邦普通法院在上述情形中确认了买受人第 823 条第 1 款上的损害赔偿请求权。联邦普通法院的该判断在理论界具有争议。[158]

相反，理论界想将继续侵蚀性瑕疵所引起的损害依据合同法来解决。对此必须 879
首先判断该损害涉及**瑕疵损害（Mangelschaden）**还是**瑕疵结果损害（Mangelfolgeschaden）**（边码 550）。[159] 如果在区分这两种损害类型的时候依据联邦普通法院在判决中提出的等值利益与完整利益标准，则基于继续侵蚀的瑕疵所引起的损害完全可以理解为瑕疵结果损害。因为依据联邦普通法院观点涉及继续侵蚀瑕疵的完整利益不能通过该买卖物因瑕疵而引出的减少的价值来填补。如果对此拒绝，则人们在其中看不到合乎逻辑的瑕疵损害，而是将其归为瑕疵结果损害。该区别绝非只具有方法论上的意义。因为瑕疵损害赔偿属于损害赔偿替代给付概念范畴，且因此只在第 280 条第 1、3 款与第 281 条或第 283 条中所得出的条件满足时才可被赔偿，但是瑕疵后果责任仅仅基于第 280 条第 1 款来赔偿。另一方面，人们完全可以怀疑联邦普通法院所实施的区分是否恰当。因为持续侵蚀性瑕疵只导致买卖物自身的损害，而非买受人的其他法益上的损害，这就导致另一相反的结论，即这涉及对等值利益的损害，并因此涉及瑕疵损害。该区分问题涉及意见分歧，而该分歧已经在联邦普通法院第一次作出有关持续侵蚀性瑕疵赔偿时即已被提出，且始终尚未定论。[160] 如果谁想对“持续侵蚀性损害”遵循损害赔偿替代给付之路径来赔偿，则其必须注意第

---

[157] 《联邦普通法院民事判例集》，第 86 卷，第 256 页＝《新法学周刊》，1983 年卷，第 810 页＝《法学训练》，1983 年卷，第 466 页；联邦普通法院案例，载《新法学周刊》，1985 年卷，第 2420 页；《联邦普通法院案例》，第 117 卷，第 187 页及其下（本文始于第 183 页）＝《新法学周刊》，1992 年卷，第 1225 页；联邦普通法院案例，载《新法学周刊》，1992 年卷，第 1678 页；1998 年卷，第 1942 页。

[158] 参见 Larenz：《债法Ⅰ》，第 1 版，第 41 章，第 2 节 e 部分（第 71 页及其下）；Reinicke/Tiedtke：《买卖合同法》，边码 950 及其下；Katzenmeier 论文，载《新法学周刊》，1997 年卷，第 486 页；Foerste 论文，载《v. Westphalen 纪念文集》，2010 年版，第 161 页。但是主流观点对此表示肯定；对此详见 Bamberger/Roth/Spindler，第 823 条，边码 60 及其下；PWW/Schaub，第 823 条，边码 41 及其下。

[159] 对此参见 Heßeler/Kleinhenz 论文，载《法学训练》，2007 年卷，第 708 页及其下（本文始于第 706 页）。

[160] 参见脚注 145。

281 条第 1 款上期限设定的必要性，确切地说是在第 439 条规定的嗣后履行的框架内。[161]

9.（质量）保证（Garantie）

880 如果合同主体对特定的效果做了保证，比如其承诺无过错地（参见第 276 条第 1 款第 1 句）对某效果的出现负责。在合同自由范围内（边码 128）可以约定保证的相应内容。质保可以为合同框架内的特定内容，比如为在某特定时间内不会出现瑕疵作出保证；这称为**非独立质保（unselbständige Garantie）**。相反，**独立质保（selbständige Garantie）**则为合同创设独立的义务，且只有当该质保涉及（法定）瑕疵救济权的客体时才独立于买卖合同存在。[162] 在法典中仅仅在第 443 条、第 477 条中规定了买卖法上的属性质保与有效期质保。第 443 条在转化《欧盟消费者权利指令（2011/83/EU）》[163] 时被重新修订。[164]

881 **属性质保（Beschaffenheitsgarantie）**以出卖人的承诺为内容，比如出卖物保证在特定性能上并无瑕疵。[165] 出卖人在作出此类担保时就不可以主张其与买受人所约定的责任排除内容（第 444 条）。出卖人对出卖物的瑕疵责任通常只针对特定的时间，比如其该期间对买卖物的无瑕疵负责。在物的瑕疵上这产生于风险转移时（第 434 条第 1 款第 1 句），依据第 446 条第 1 句这产生于所出售的物向买受人交付之时，而在寄送买卖中依据第 447 条产生于该物交与承运人时产生。

882 如果物的瑕疵在风险转移后才产生，则出卖人并未违反第 433 条第 1 款第 2 句所赋予他的义务。然而，买受人通常对该物在交付后长期没有瑕疵具有利益。出卖人可以对此利益通过承诺在一定时间内承担合同上的瑕疵责任，并在交付后一段时间内仍然对瑕疵产生负责（所谓的**有效期质保（Haltbarkeitsgarantie）**，例如：特定时间内电器的功能）来平衡。质量保证与使用期保证可以通过出卖人承诺既对风险转移时又对之后出卖物具有特定性能负责相结合。[166]

883 在当今生活中具有特殊意义的是**生产者质保（Herstellergarantie）**，即该产品生产者保证其产品具有正常的功能。

例如： V 将生产者 H 生产的电视机出售给 K。H 对该电视机在 7 个月之内功能完备作出质量保证。4 个月后该电视机出现图显问题，K 问，对此瑕疵其可以找谁。

884 第 443 条第 1 款明确规定了并非出卖人，而是**第三人作出保证**的情形。该情形

---

[161] Tettinger 论文，载《法学家报》，2006 年卷，第 649 页（本文始于第 641 页）；Looschelders：《债法分论》，边码 185。

[162] PWW/Schmidt，第 443 条，边码 8 及其下；反对该区分的见 Bamberger/Roth/Faust，第 443 条，边码 12。

[163] 《欧盟政府公报》，2011 年，法律卷，第 304 期，第 64 页（ABl. 2011 L 304，64）。

[164] 2013 年 9 月 20 日修正案，载《联邦法律公报》，2013 年，第Ⅰ部分，第 3642 页（BGBl. 2013 I 3642）。有关质保的新内容参见 Picht 论文，载《新法学周刊》，2014 年卷，第 2609 页。

[165] 参见联邦普通法院案例，载《新法学周刊》，2011 年卷，第 2656 页，边码 32（本文始于第 2653 页）。

[166] Erman/Grunewald，第 443 条，边码 4。

下买受人应当可以在无损于法定请求权的情况下（比如出卖人可能承担的瑕疵请求权）[167] 对质保人行使质保上的权利。然而，此范围内有一个架构上的问题，因为质保承诺以质保人与质保权人之间存在一个合同上的约定为前提。[168] 如果对商品上存在一个生产者的**书面的质保声明（质保卡）**，则视为缔结该担保合同所指向的意思表示，买受人的承诺表示无须到达生产者即可对此作出承诺（第 151 条第 1 句）。[169] 该合同同样可以这样地成立，即销售商（示例中的 V）作为代理人或传达人（详见其后）来向买受人（示例中 K）传达生产者（示例中 H）订立质保合同的要约，而买受人则沉默性地接受该要约。[170] 同样还可以依据具体情况来认定生产者与销售者订立的有利于买受人的利于第三人的合同（关于利于第三人的合同见后面）。[171]

对质保的承诺无须明示地表示出来（但是第 477 条亦有其他规定，参见边码 885
915）。相反，出卖人相应的义务可以基于合同谈判框架内的意思表示得出。该观点赞成的情形是，买受人特别重视出卖人的一个特定的担保义务，且合同的成立取决于该义务。当然，并非在任一有关买卖物属性的出卖人的意思表示中都可草率地推断出一个质保性的意思表示。相反，考虑到质保承诺的广泛后果，对此需要谨慎，且需要一个这样明确的提示，即表意人想对所保证的后果出现或不出现负责，且必要时无过错地对此承担损害赔偿义务的风险。[172] 个案的案情在此范围内具有特殊意义。比如，判决在二手车买卖合同中区分经销商的说明与私人出卖者的说明。一般买受人因经销商的专业知识而信任其关于技术细节说明的正确性，而在私人出卖者处购买时该信任则显得并不合理。这支持在经销商的意思表示中涉及一个属性质保。因此可期望其如果不想作出此类质保时，其要足够详尽地作出表示。[173]

买受人可以通过质保获得哪些权利，这首先从质保声明内容本身中得出；对此 886
如第 443 条第 1 款中规定的赔偿买卖价款、退换货物、修缮或提供与之相关的服务。当货物没有或者不同于相关广告中作出的说明则亦会引起质保。买受人与质保人争论的是，是否当质保情形存在时，买受人就必然证明已经原则上作出了一个质保约定，并且囊括已出现的瑕疵。对此还包括该瑕疵出现在质保期间。然而，对此包括，当在有效期质保（边码 880）中确定涉及第 443 条第 2 款中所作出的有关质

---

[167] 参见 Hammen 论文，载《新法学周刊》，2003 年卷，第 2588 页。

[168] 依据法兰克福州高等法院的观点，载《新法学网上杂志》，2009 年卷，第 2153 页，质保义务还可以仅仅通过产品的广告内容产生。

[169] Bamberger/Roth/Faust，第 443 条，边码 14；Staudinger/Matusche-Beckmann，2004 年版，第 443 条，边码 17。

[170] 《联邦普通法院民事判例集》，第 104 卷，第 85 页及其下（本文始于第 82 页）=《新法学周刊》，1988 年卷，第 1726 页；Bader 论文，载《新法学周刊》，1976 年卷，第 211 页（本文始于第 209 页）；Fahl/Giedinghagen 论文，载《大债法杂志》，2004 年卷，第 345 页（本文始于第 344 页）。

[171] 《联邦普通法院民事判例集》，第 75 卷，第 77 页及其下（本文始于第 75 页）=《新法学周刊》，1979 年卷，第 2036 页。

[172] 联邦普通法院案例，载《新法学周刊》，2007 年卷，第 1348 页，边码 20（本文始于第 1346 页）=《法学训练》，2007 年卷，第 586 页（Faust 撰写）=《法学研究集刊》，2007 年卷，第 544 页（Looschelders 撰写）。

[173] Rostock 州高等法院案例，载《新法学周刊》，2007 年卷，第 3290 页；反对性判例见联邦普通法院案例，载《新法学周刊》，2007 年卷，第 1348 页，边码 24（本文始于第 1346 页）。

保人必须为该瑕疵负责的推断时。该推断的意义在于，免去买受人对所出现的瑕疵并非归咎于其行为的证明责任。[174]

五、买卖合同的特殊形式

1. 概论

887 《民法典》中包含了一系列有关买卖合同特殊内容的规定。如果出卖人保留了对所售物品以后可以重新回购的权利（所谓的：回购（Wiederkauf）），则须遵守第 456 至 462 条。如果某人被赋予了优先购买权，则其在义务人与第三人签订有关该标的物的买卖合同时可以行使该优先购买权（第 463 条），其中基于该优先购买权的行使在权利人与义务人之间成立一个以义务人与第三人的约定为内容的买卖合同（第 464 条第 2 款）。在试用买卖（Kauf auf Probe）中，买受人拥有对所售标的物的同意权。该买卖合同在将来待定的同意这一条件下订立（第 454 条第 1 款）。还需要注意的是，《商法典》第 373 至 381 条中包含有关**商事买卖（Handelskauf）**的特殊规则。

888 下面应对两种对实践与考试同样重要的买卖合同类型进行详细讲述：**所有权保留买卖（Kauf unter Eigentumsvorbehalt）**与**消费物买卖（Verbrauchsgüterkauf）**。已说过，这两种形式在实践中经常使用，即当消费者分期付款购买时，经营者对该物的所有权保留到最后一笔价款支付完毕。

2. 所有权保留买卖

a）法律规定

889 一般情况下，任何合同主体仅仅负有与**对待给付**同时作出其所负**给付**的义务。与之相应，出卖人可以拒绝对买卖物交付并转移所有权，直到买受人支付价款之时（第 320 条）。通过此方式对买受人的价款支付请求权作了担保。众所周知，买受人在许多情形中已经在支付价款前就已获得了买卖物。对此具有各种原因。如买受人订立买卖合同不少是因为其可以立刻使用该买卖物，但是却不能马上支付买卖价款。虽然出卖人可以因支付迟延而行使第 280、286 条上的权利，但问题是，该（债法上的）请求权是否可以实现。买卖物的权利在所有权转移后自然就不属于出卖人；特别是其不可以阻止买受人的债权人对该买卖物进行扣押并拍卖。

890 为了在买卖物交付时保障买卖价款的支付，出卖人在许多情况下看重在合同价款请求权履行前仍为该买卖物的所有权人，因为在不付款时出卖人可以请求返还该所有权，并且能够避免买受人的债权人对该买卖物的侵犯。[175] 对动产**所有权保留的约定**即为此目的。所有权保留买卖中必须区分债法上的效力与物法上的效力：

- **债权性约定**的标志为，虽然买卖合同立刻（且无条件地）成立，但是支付价

---

[174] 有关推断在民事程序中的作用见 Musielak/Voit：《〈民事诉讼法〉基础教程》，边码 479 及其下。

[175] 比较 Musielak/Voit：《〈民事诉讼法〉基础教程》，边码 747。

款义务一般全部或部分地对买受人有限制，且出卖人向买受人实现该物所有权的义务也被修正。买受人一方必须作出必要行为，以使买受人支付价款即成为该买卖物自动的所有权人，且不作出可能阻止该结果产生一些行为。如果买受人在期限届至时仍未支付价款，则出卖人可为其设定支付价款的期限（除非依据第 323 条第 2 款该期限设定并无必要），在该期限无果而终后可请求解除该合同（第 323 条第 1 款），必要时其还可请求赔偿因此而产生的损失（第 280 条第 1、2 款，第 286 条，第 325 条）。在价款支付请求权过时效后仍可实现解除（第 216 条第 2 款第 2 句）。买受人享有的占有该买卖物的权利因解除权的行使而终结；因此，依据第 985 条其必须将其归还给出卖人（参见第 449 条第 2 款）。

- 所有权保留在物权上如此实现，即出卖人向买受人立刻交付买卖物，但是第 929 条第 1 句上的处分合意（边码 745）在全部支付价款的延缓条件下进行（参见第 449 条第 1 款的解释规则）。

超链接：条件

第 158 条第 1 款意义上的**延缓条件（aufschiebende Bedingung）**（同样称为**生效条件（Suspensivbedingung）**）使得法律效果（所有权保留时的所有权转移）的产生取决于未来的、未知的事件（所有权保留时为支付合同价款）。该（有条件的）法律行为处于效力待定状态直至该延缓条件的产生。与此相对的是第 158 条第 2 款意义上的**消灭条件（auflösende Bedingung）**（同样称为**解除条件（Resolutivbedingung）**），法律行为的效果在其出现后终止。 891

在疑难案件中所选择的究竟是延缓条件还是消灭条件，则必须通过解释来探究。对此需要注意，依据第 449 条第 1 款中的解释规则在所有权保留买卖中，如果未从合同主体的说明中得出其他内容的话，则所有权转移基于支付全部合同价款这一**延缓条件**而得出。然而合同主体可以改变该符合利益的法定的规制形态：如果出卖人向买受人转移所有权时的约定为，如果买受人未按约定时间支付买卖价款，则该所有权自动复归于出卖人，则该所有权转移在消灭条件下实施。如果出卖人在约定时间并未获得买卖价款，则该条件产生，并因此终结该有条件的法律行为——向买受人转移所有权的效力，出卖人重新成为该买卖物的所有权人。 892

只有**将来未知的事件**才可被选为条件。相反，如果该法律效果的出现取决于将来确定产生的事件，则此涉及**期限（Befristung）**。 893

例如：在丈夫死后他的妻子或其继承人应当获得一定数量的金钱。由于该丈夫的死是确定的，只是其发生的时间不确定，这并非涉及条件，而是涉及时间确定。

将来的事件在第 158 条及其下诸条情形中必须是**客观未知**的；合同主体对某已经发生事件是否已经出现在事实上不知情并不足够（例如：承诺将一笔数额支付给其妻子，而此取决于其失踪的丈夫已不再活着；所谓的：不适格的条件（uneigentliche Bedingung））。但是由于利益状态的相似性（至少依据示例类型的案情上） 894

必须考虑类推适用第 158 条及其下诸条。[176] 法定条件（Rechtsbedingung）并非第 158 条及其下诸条意义上的条件；这里法律效果的出现取决于法律中已经作为相关法律后果的条件情形。

例如： A 应当为 B 的继承人，当其在世日期超过 B 时；见第 1923 条第 1 款。

895 原则上任一法律行为都可以附有条件。然而在一些情况下法律行为的**条件在法律上被排除**，比如抵销（第 388 条第 2 句）、父子关系的认定（第 1594 条第 3 款）、继承与遗赠的接受与放弃（第 1947 条、第 2180 条第 2 款）与缔结婚姻（第 1311 条第 2 句）。土地转让（边码 775）也不可设条件（比较：第 925 条第 2 款）。因此在出售不动产时不可约定所有权保留。[177]

896 以上所述的所有条款概括为：即使没有法律特殊规定某法律行为也可能不得附条件，确切地说主要是为了意思表示受领人的利益，而其应当知道其利益在何处。该考量对**单方法律行为**显得具有意义。这样，解除的意思表示、终结合同或者撤销不可设定条件。这只有这样才不适用，即当条件的出现仅仅取决于一个基于意思表示受领人自由意志的行为时（所谓的：意定条件（Potestativbedingung））。这些情形中不可为意思表示受领人创设不合理的不确定性。

例如： 在某雇员拒绝医疗检查的条件下解雇该雇员。

b）所有权保留时买受人的法律地位

897 尽管出卖人在延缓性条件下的所有权转移中直到条件产生仍为该买卖物的所有权人，但是买受人已经获得了一个受保护的**法律地位**。依据第 161 条第 1 款第 1 句，如果出卖人向他人转让该买卖物的所有权，则在条件（即支付价款）出现时出卖人的继续支配无效。这只有这样才并不适用，即当（第二个）买受人对该有条件的所有权转让既不知道又不是基于重大过失而不知道（第 932 条第 2 款与第 161 条第 3 款），并满足第 932 条及其下诸条中的其他条件时（边码 757 及其下）。

例如： F 以所有权保留方式出售给 K 一辆建筑吊车。K 支付部分买卖价款，并将该吊车运至火车站。其余部分价款应在 7 个月后支付。当 F 购买后不久即陷入资金困难时，其将该建筑吊车卖给第三人，该第三人经常在 F 处看见过它，因此相信 F 的保证，即该吊车只是暂时放在 K 处，第三人可以去那里取。由于该价格对第三人非常优惠，其接受了该要约并支付了所需价款。之后，当第三人到 K 处想取该建筑吊车时从 K 处得知了真相。第三人想知道，其是否可以得到该吊车的所有权。

依据第 929 条第 1 句、第 931 条，该所有权可能已经转归第三人。基于买卖合同框架内的有关所有权保留的债权约定，F 与 K 之间存在一个占有媒介关系（边码 796）[178]；据此，K 为直接他主占有人，F 为间接自主占有人，此外 F 对 K 还有一个返还请求权，其可以将此转让给第三人。由于这已（至少是推定地）发生，且 F 同样对该吊车享有所有权，所以依据第 929 条第 1 句、第 931 条，向第三人转移所有

---

[176] 如 Brox/Walker：《民法总论》，边码 481；Köhler：《民法总论》，第 14 章，边码 16。

[177] 参见 Martens 论文，载《法学训练》，2010 年卷，第 578 页。

[178] 《慕尼黑民法典评注》/Joost，第 868 条，边码 59。

权的条件已经满足。然而由于F向K在延缓条件下转移所有权，所以依据第161条第1款，向第三人转移所有权只可有条件地生效，且在K支付其余价款时变得不生效，除非适用第932条及其下诸条中利于第三人的善意信赖条款（第161条第3款）。

第三人并不知道附条件的所有权转移，且其同样并非基于重大过失而不知情。因此其是善意信赖的。由于F在该吊车转让时为间接占有人，符合第934条第1种情形，据此，善意购买人因返还请求权转让而取得该所有权。该条款基于第161条第3款中规定的指引规则而相应地适用于此处；尽管向第三人转移所有权时F仍为所有权人，但是其对另一处分行为，即该所有权转让，并无权利（第161条第1款）。依据所适用的第934条第1种情形，第三人将最终地（而非仅仅依据消灭条件）取得该吊车的所有权。

但是此处必须注意**第936条第3款中的规则**。依据该条文，对该物间接占有人的权利对于依据第929条第1句、第934条取得所有权的善意购买人而言仍然存在。该条文（至少相应地）适用于所有权保留中的买受人对该买卖物的权利，此处涉及所谓的期待权（Anwartschaftsrecht）（细节马上讲到）。虽然第三人善意信赖，但是K仍然拥有取得该所有权的期待权，且在条件出现后即转为实在权（Vollrecht）。由此得出：如果K支付其余价款，则其就成为该吊车的所有权人，因为第三人只可获得具有K期待权的所有权。[179]

然而，如果所有权保留的出卖人直接占有该买卖物，且依据第929条第1句、第932条、第161条第3款向善意信赖人转让所有权，则第936条与未受善意取得限制的所有权并无冲突（参见第936条第1、2款）。如果K在示例中只是将该吊车送给F维修，则第三人对此取得并无负担的所有权，如果F已经依据第929条第1句作出处分合意的话。该情形中K只对F具有第160条第1款上的损害赔偿请求权。

所有权保留买卖中，在条件出现前买受人享有的权利状态特征为，其在条件产生后自动取得所有权；该所有权取得不可因所有权保留人的处分行为而受阻碍（第161条）；当所有权保留人破坏或阻碍买受人取得所有权，则其依据第160条具有损害赔偿义务；且如果保留的所有权人违反诚实信用原则阻止其产生的话，则依据第162条第1款该延期性条件视为已经成就。 898

例如： 出卖人无理由地拒绝接受买卖价款，且以此方式阻止所有权转让的条件产生。

该规则给予所有权保留的买受人如此广泛地保护，以致其权利已被充分地保障。此类受保障的法律状态被称为**期待权（Anwartschaftsrecht）**。[180] 依据常用的定义，当权利的一个多重产生要件已经如此多地满足，以致出卖人不能通过单方的意 899

---

[179] Wilhlem：《物权法》，边码1015；Petersen论文，载《法学教育》，2011年卷，第277页（本文始于第275页）。在适用第934条中具有疑难的、留给高阶学生的问题；对此详见慕斯拉克/豪：《〈民法典〉司法考试教程》，边码395及其下。

[180] 对于所有权保留的买受人的期待权比较Leible/Sonsnitza论文，载《法学训练》，2001年卷，第341页；Armgardt论文，载《法学训练》，2010年卷，第486页；Wilhelm：《物权法》，边码2337及其下。

思表示来破坏购买人的法律状态时，则存在一个期待权。如果该担保的标准仍未足够，则称为“期待状态”，其中只存在对未来权利取得的事实上的期待。[181] 期待权在各方面受制于实在权。这样所有权保留下的买受人可以享有其期待权，且可以依据第929条及其下诸条要求对其转让。如果所有权保留下的买受人继续转让该买卖物，并在履行该买卖合同时将其期待权转让予第二买受人，则在条件成就时（向第一买卖合同的出卖人支付合同价款）其自动并直接称为该买卖物的所有权人。

900 当买受人确定对该买卖物继续转让，或当买受人对其加工或改造，则所有权保留对出卖人的担保并不充分。因此，发展出了所有权保留的特殊形式，然而对此并不详细研究（对此参见慕斯拉克/豪：《〈民法典〉司法考试教程》，边码736及其下）。

3. 消费物买卖

901 第474条第1款中的消费物买卖是一个买卖合同，在这里一个**经营者（Unternehmer）**（概念见第14条）出售一个**动产**给**消费者（Verbraucher）**（定义见第13条）。该概念描述指向《消费物买卖指令》[182]，这通过第443条及其下诸条与第474条及其下诸条中的补充性规则转化在德国法中。在转化《消费者权利指令（2011/83/EU）》[183] 中，新修订的第474条第1款第2句现在澄清，当经营者还被加诸提供服务的义务（比如安装买卖物）时，仍纳入买卖合同之中。[184]

902 **依本书之见**，第474条第1款中给出的对消费物买卖的表示可得知，第474条及以下诸条并不适用于经营者之间或消费者之间订立的买卖合同；同样，当消费者出售一个动产给经营者时，这些条款同样并不适用。经营者必须在其经营或者独立的职业活动的框架内作出销售。[185] 第14条意义上的经营活动与基于此的出卖人的地位并不取决于其作出经营活动的目的在于营利。[186] 同样，经营性活动并非主要取决于所销售的商品[187]；相反，依据《商法典》第334条第1款得知，商人所作出的动产销售属于商业经营。只有对此明确地得出商人在商品销售中并非涉及其经营范围之内，诸如出售私人使用物品，才另当别论。如果出卖人既出售私人的、又出售经营性企业所使用的物品，则对消费物买卖的归类具有决定意义的是哪一种使用占主导地位。[188] 如果购买者涉及第13条意义上真正的消费者，但其欺骗购买该物是为了

---

[181] 对此比较Medicus/Petersen：《民法》，边码456页及其下；Haas/Beiner论文，载《法学研究集刊》，1998年卷，第115页及其下。

[182] 1999年5月25日，《关于消费物买卖与消费物担保的指令1999/44/EG号》，载《欧共体政府公报》，1999年，法律卷，第171期，第12页（Abl. 1999 L 171 12）。

[183] 《欧盟政府公报》，2011年，法律卷，第304期，第64页（ABl. 2011 L 304，64）。

[184] 2013年9月20日修正案，载《联邦法律公报》，2013年卷，第I部分，第3642页（BGBl. 2013 I 3642）。

[185] 比较联邦普通法院案例，载《新法学周刊》，2013年卷，第2107页，边码1。

[186] 联邦普通法院案例，载《新法学周刊》，2006年卷，第2251页（本文始于第2250页）。

[187] 联邦普通法院案例，载《新法学周刊》，2011年卷，第3436页，边码18及其下（本文始于第3435页）=《法学训练》，第2011年卷，第1121页（Faust撰写）。

[188] Celle州高等法院案例，载《新法学周刊—判例报导》，2004年卷，第1646页（本文始于第1645页）；争议性比较Schroeter论文，载《法学训练》，2006年卷，第684页（本文始于第682页）。

经营性使用（比如为了获得折扣），则拒绝其援引该关于消费物买卖的条款。[189] 最后，当消费者在一个可以亲自参加的公共拍卖（有关概念见第 383 条第 3 款第 1 句）中拍得一个二手物，则排除有关消费物买卖条款的适用（第 474 条第 2 款第 2 句）。

基于消费物买卖限于动产可得知，排除不动产买卖及无形标的物（参见第 90 条）的买卖。属于无形物的例如有电能。相反，并不需要涉及特定形式的物体。有形物其实也可以是液态的与气态的，如果其只要在技术上可以控制的话。[190] 例如运输管道中的水与天然气都为可为消费物买卖的标的物。[191] 电脑数据与电脑程序只有当存储于数据载体中时才是有形物。[192] 由于依据第 90a 条对动物适用相关物的条款，所以经营者向消费者**出售动物**被认定为消费物买卖。 903

第 474 条及其下诸条只是“补充性地”适用于消费物买卖（第 474 条第 1 款）。如果这里没有专门的条款，则仍然适用第 433 条及其下诸条以及一般债法的规则。欧盟 2011 年第 83 号指令[193]已纳入《民法典》中的特殊规则位于第 474 条第 3 款第 1 句[194]：如果一个消费物买卖合同的各方主体并未确定依据第 433 条需要作出的给付到期的时间点，且该时间点同样不能够从具体案件的情形中得出，依据第 474 条第 3 款第 1 句，这些给付（不同于第 271 条第 1 款（边码 488））并非“立刻”，而是“不迟延”地作出，即没有过错地迟延（参见第 121 条第 1 款第 1 句；边码 408）。但是依据第 474 条第 3 款第 2 句，经营者必须最迟在合同订立后的 30 天内交付买卖物。在可履行性方面适用第 474 条第 3 款第 3 句，据此，任何一方主体——在此范围内与第 271 条第 1 款一致——都可以立刻作出给付。 904

寄送买卖（Versendungskauf）中需要注意的特殊情形是：在转化《消费者权利指令》时再次规定，依据第 474 条第 4 款，当买受人委托运输人运输且在之前经营者并未向买受人指定运输人时，第 447 条第 1 款中规定的价款风险提前转移（边码 624）。[195] 但是在该条件下人们可能怀疑的是，一个寄送买卖（即送交之债）是否根本存在，或倒不如说是往取之债。依据第 474 条第 4 款，如果因经营者聘请了运输人员而并不适用第 447 条，则仍适用第 446 条：价款风险直到交付给买受人时才 905

---

[189] 联邦普通法院案例，载《新法学周刊》，2005 年卷，第 1045 页；Schroeter 论文，载《法学训练》，2006 年卷，第 683 页（本文始于第 682 页）。同样比较联邦普通法院案例，载《新法学周刊》，2007 年卷，第 759 页，具有 Bruns 的评注，与联邦普通法院判例，载《经济法杂志》，2013 年卷，第 269 页，有关一个经营者为了避免使用有关消费物买卖的条款而将消费者假托为购买人。

[190] 《慕尼黑民法典评注》/Stresemann，第 90 条，边码 5。

[191] 联邦政府的反对意见不同于联邦参议会的立场（联邦议会文件，第 14 届，第 6857 号，第 62 页，第 103 项。）

[192] 《联邦普通法院民事判例集》，第 109 卷，第 100 页及其下（本文始于第 97 页）=《新法学周刊》，1990 年卷，第 320 页；Palandt/Ellenberger，第 90 条，边码 2；具体细节参见 Bamberger/Roth/Faust，第 474，边码 9。

[193] 《欧盟政府公报》，2011 年，法律卷，第 304 期，第 64 页（ABl. 2011 L 304，64）。

[194] 2013 年 9 月 20 日修正，《联邦法律公报》，2013 年卷，第 I 部分，第 3624 页（BGBl. 2013 I 3642）。有关第 474 条第 3 款比较《《联邦议会文件》》，第 17 届，第 12637 号，第 69 页（BT-Drs. 17/12637，69），以及 Kohler 论文中的批驳，载《新法学周刊》，2014 年卷，第 2817 页。

[195] 2013 年 9 月 20 日的《修正案》对之前的第 474 条第 2 款第 2 句做了修正，参见《联邦法律公报》，2013 年卷，第 I 部分，第 3642 页（BGBl. 2013 I 3642）。对此比较《联邦议会文件》，第 17 届，第 12637 号，第 70 页（BT-Drs. 17/12637，70），以及 Schermaul 论文中的批驳，载《法学训练》，2014 年卷，第 781 页。

转移，即其取得该物的占有之时。

例如：消费者 V 从商人 H 处买得一台电脑。由于 H 在其店中并无该电脑，就约定 V 明日来取 H 在该期间所获取的电脑。然而由于 S 因意料之外的约会难以脱身，其打电话给 H，让其将电脑拿到其家中。H 委托其雇员 A 执行运输。途中发生了非基于 A 过错的事故，事故中该机器被毁损。

这里涉及种类物买卖。基于案件情节可以得知，这并不涉及赴偿之债，而是一个送交之债（边码 219）。因此，H 在交付该电脑时就在其一方就完成了必要行为，这样也就特定化（第 243 条第 2 款，见边码 213 及其下、边码 220 及其下）。由于所负机器已被毁坏，则债的履行，即对买卖物交付并转移所有权对 H 就变得不可能，因此依据第 433 条第 1 款第 1 句排除 V 的请求权（第 275 条第 1 款）。依据第 326 条第 1 款第 1 句，该案例中的对待给付请求权也同样消灭。这里 H 承担对待给付的风险，因为在寄送买卖中赋予买受人的对待给付风险的第 447 条第 1 款在此处并不适用，因为作为经营者的商人 H（第 14 条）与消费者 V（第 13 条）之间订立了一个消费物买卖合同，且缺少第 474 条第 4 款和第 447 条第 1 款指出的条件。

906 同样，值得注意的还有第 474 条第 5 款第 1 句：依据第 439 条第 4 款与第 346 条第 1 款，在代偿供货情形中买受人原则上必须返还瑕疵物的用益，或者依据第 346 条第 2 款第 1 句第 1 项必须赔偿其价值（边码 826），但这对于消费物买卖而言是明确排除的。甚至不适用第 445 条和第 447 条第 2 款（第 474 条第 5 款第 2 句）。

907 由于买卖合同的规则，如第 433 条及其下诸条中所包含的内容，体现为支配法，因而可被废除（边码 781），所以原则上可以作出不同于法律条文的对买受人不利的**合同约定**。对消费物买卖合同而言该类规则被第 475 条第 1 款第 1 句所排除。导致时效“减少”的约定依据第 475 条第 2 款只在受限制的范围内被允许。缩短时效期间视为此类“减少”，但是将时效开始时间提前至提供货物之前的时间（第 438 条第 2 款）同样属于。但是，如果从所述规则中得出买受人的损害赔偿请求权，则这些规则所影响的法定规则的强制性特征并不适用，而该类请求权可以通过约定来排除或限制（第 475 条第 3 款）；这通过《消费物买卖指令》并未对经营者作出特殊的损害赔偿规定可以得出。如果买受人的损害赔偿请求权相关规则涉及一般交易条件，则需注意第 307—309 条。然而，第 475 条所涉及的对相反约定的限制始终“对经营者告知瑕疵”之前的时间适用。自瑕疵显示时起买受人必须因此遵守与出卖人约定的对其不利的内容；因为只能依据一般规则标准来被保护（如第 123 条与第 134、138 条）。

908 依据第 439 条第 3 款，如果买受人所选择的嗣后履行方式可能给出卖人造成不合理的花费，则出卖人可以拒绝。该**不合理性（Unverhältnismäßigkeit）**可以以两种方式表达，即相对的与绝对的。如果所选择的方式可与其他可能的嗣后履行的方式相比，则此思考方式为相对的。

例如：商人 H 所出售的新车在挡泥板上有瑕疵，这可通过更换挡泥板来解决。然而购买人 K 请求提供另一辆新车。两种嗣后履行方式花费的比较构成了确定相对合理性的基础。

909 相反，如果将买受人所选择的嗣后履行费用与其对嗣后履行的利益比较，则体现为绝对的评价。[196] 如果该费用与无瑕疵之物的价值相比严重不成比例，则出卖人可以依据第 439 条第 3 款第 3 句第 2 半句基于绝对不合理而拒绝履行（详见慕斯拉克/豪：《〈民法典〉司法考试教程》，边码 117）。依据欧盟终审法院[197]的观点，在《消费物买卖指令》范围内有关不合理的概念全部置于有关**相对不合理**的情形中，因此出卖人不可以因支出不合理而拒绝唯一的可以恢复消费物的补救情形。在解释德国法时同样需要注意该《消费物买卖指令》的阐释，因为该指令已通过《债法现代化法》转化到德国法之中，因此适用该要求，即将国内法依据转化的指令的标准来解释，以便达到其中所确定的结果。[198] 联邦普通法院[199]因此支持通过符合指令的法律演进对第 439 条第 3 款在理论上削弱（边码 1169），即当只有一种嗣后履行可能时，或出卖人合法地拒绝其他嗣后履行方式时，则排除出卖人的拒绝权。然而，该限制只适用于消费物买卖情形。[200]

如果买受人在司法上对出卖人行使基于物的瑕疵的权利，则此取决于风险转移 910
时该物的瑕疵是否存在（第 434 条第 1 款第 1 句）。如果相应的确定失败，则这通常为买受人的负担，因为其主张基于该物的瑕疵而产生的权利，这样其必须要证明其所行使权利的构成要件。[201] 在消费物买卖中，第 476 条的规定利于买受人而不同于该**举证责任规则**，即，如果是在风险转移后 6 个月内显示具有瑕疵的话，则在不可查明的疑难情况下认定瑕疵在买卖物风险转移时即已存在（参见第 446、447 条）。联邦普通法院[202]在一系列判决中对此条文作了分析，其中对其立场详细阐明如下：买受人必须始终要解释，且必要时要证明该 6 个月期限内出现的问题为一个物的瑕疵。第 476 条在此范围内对其并无帮助。因为该条文只在时间方面作出该物的瑕疵已经在风险转移时存在的推断。法院以此论断否定了文献中存在的观点，即依据第 476 条推断同样应该涉及在 6 个月时间内买卖物上出现的问题是否为物的瑕疵（即并非基于买受人一方正常的磨损或错误使用）所引起。[203]

例如：A 在 H 的专卖店买了一个烤面包机。购买 7 个星期后该烤面包机不再工作。A 对此不能查明原因。依据联邦普通法院的观点，买受人必须证明基于何原

---

[196] 《慕尼黑民法典评注》/Westermann，第 439 条，边码 21。

[197] 欧盟终审法院案例，载《新法学周刊》，2011 年卷，第 2274 页，边码 68 及其下（本文始于第 2269 页）＝《法学训练》，2011 年卷，第 744 页（Faust 撰写）。

[198] 欧盟终审法院案例，载《新法学周刊》，2004 年卷，第 3549 页，边码 117（本文始于第 3547 页）；2006 年卷，第 2567 页，边码 108（本文始于第 2465 页）。

[199] 联邦普通法院案例，载《新法学周刊》，2012 年卷，第 1076 页及其下（本文始于第 1073 页）。

[200] 联邦普通法院案例，载《新法学周刊》，2013 年卷，第 220 页＝《法学家报》，2013 年卷，第 189 页（Mörsdorf 撰写）。

[201] 有关证明责任的分配规则参见 Musielak/Voit：《〈民事诉讼法〉基础教程》，边码 472 及其下。

[202] 联邦普通法院案例，载《新法学周刊》，2004 年卷，第 2299 页；2004 年卷，第 3020 页；2005 年卷，第 3490 页；2006 年卷，第 434 页；2006 年卷，第 1195 页；2007 年卷，第 2619 页；2007 年卷，第 2621 页；2009 年卷，第 581 页，边码 13（本文始于第 580 页）；对该判决的比较见 Gsell 论文，载《法学家报》，2008 年卷，第 29 页；Martis 论文，载《德国法月刊》，2010 年卷，第 841 页。

[203] S. Lorenz 论文，载《新法学周刊》，2004 年卷，第 3020 页；Saenger/Veltmann 论文，载《大债法杂志》，2005 年卷，第 451 页（本文始于第 450 页）；Reinicke/Tiedtke：《买卖合同法》，边码 737；Bamberger/Roth/Faust，第 476 页，边码 9 及其下；《慕尼黑民法典评注》/Lorenz，第 476 条，边码 4。

因造成原先工作的机器变得失灵。只有当所查明的原因显示为物的瑕疵时，才作出利于 A 的推断，即该瑕疵已经在风险转移时即已存在。相反，反对观点本质上是有利于消费者的，即满足在 6 个月内该机器不能工作即可。

然而，联邦普通法院是否将其方针持续地坚持到底，并赋予消费者事实上经常无须作出的对瑕疵的原因的证明，必然因下列重复性的判决而受质疑[204]：二手车买来 4 周后确定该车冷却系统内的水太少。对此作出调查中确定气缸盖有瑕疵，且阀门导管已被撕坏。一个专家认为，不能确切地说该气缸盖的损害是否已经在交付时即已存在；但也不排除发动机过热并因行驶中由于冷却水太少而引起气缸盖的损害，因此而归咎于驾驶不当。在此案中，联邦普通法院认为适用第 476 条的推定条件已经满足。因为对气缸口的损害已经确定为物的瑕疵。[205] 然而并未解释的是，该物的瑕疵是否已经在交付时即已存在或者风险转移后基于驾驶与使用错误而产生。对此情况第 476 条从时间角度作了有效的推定，即所出现的瑕疵在风险转移时已经存在。[206] 但是，如果联邦普通法院放弃对该问题确切原因的调查，则其观点在本质上与反对意见并无区别。[207]

911 第 476 条的推定不仅适用于买受人对出卖人行使买卖法上的瑕疵担保请求权，而且对此判断始终取决于买卖物是否在风险转移之时即已具有瑕疵。这样，当必须对买受人的返还价款请求权作出判断，但是该请求权基于出卖人必须要将修理费用作为免费修复来承担时，则必须考虑该规则。[208] 当第 476 条中所提出的推定**“与物或瑕疵的种类并不一致”**时则并不适用。当这涉及容易变质的物时，瑕疵的推定与在风险转移时物的“种类”并不一致。当此类物在 6 个月内变质时，则其不可被认定为瑕疵。主流观点[209]合理地拒绝了该观点，即拒绝将第 476 条排除适用与“物的种类”不相符的**二手物**的观点。[210] 当瑕疵是因对物的使用而出现损耗时，则该推定与“瑕疵的种类”并不符合。[211] 相关内容适用于，该外部损伤在风险转移时已经出

---

[204] 联邦普通法院案例，载《新法学周刊》，2007 年卷，第 2621 页。

[205] 然而有关第 476 条的物的瑕疵的概念需要一个附加的解释。因为在买卖法中第 434 条上的物的瑕疵是风险转移时即已存在的实然属性与应然属性之间消极的偏差。在第 476 条框架内相反无须确定该消极偏差是否已在风险转移时已存在，因为对此恰好涉及该条文显示出的推断。对此必要的区分显得比较合理，见 Gsell 论文，载《法学家报》，2008 年卷，第 30 页（本文始于第 29 页）。

[206] 联邦普通法院案例，载《新法学周刊》，2007 年卷，第 2622 页，边码 16（本文始于第 2621 页）。

[207] 同样见 PWW/Schmidt，第 476 条，边码 3。

[208] 联邦普通法院案例，载《新法学周刊》，2009 年卷，第 581 页，边码 15（本文始于第 580 页）；对此比较 Fischinger 论文，载《新法学周刊》，2009 年卷，第 563 页。

[209] 联邦普通法院案例，载《新法学周刊》，2005 年卷，第 3492 页（本文始于第 3490 页）；科隆州高等法院案例，载《大债法杂志》，2004 年卷，第 40 页；Celle 州高等法院案例，载《新法学周刊》，2004 年卷，第 3566 页；柏林高等法院案例，载《大债法杂志》，2005 年卷，第 76 页；S. lorenz 论文，载《新法学周刊》，2004 年卷，第 3021 页（本文始于第 3020 页）；Grohmann/Gruschinske 论文，载《大债法杂志》，2005 年卷，第 453 页（本文始于第 452 页）。

[210] 《关于〈债法现代化法草案〉的说明及理由》，（2001 年 5 月 14 日联邦议会党团的草案；联邦议会文件，第 14 届，第 6040 号），第 245 页（右半栏）。

[211] 柏林高等法院案例，载《大债法杂志》，2005 年卷，第 76 页；斯图加特州高等法院案例，载《大债法杂志》，2005 年卷，第 157 页（本文始于第 156 页）；Grohmann/Gruschinske 论文，载《大债法杂志》，2005 年卷，第 454 页（本文始于第 452 页）；Hk-BGB/Saenger，第 476 条，边码 4。

现、即使专业不精的买受人也必然注意到的物的外部损害。[212] 第 476 条上的推定原则上适用于动物的疾病。[213] 然而对此必须注意到动物本质上作为活物的特殊性，基于此可得知，一个动物在其整个生命期间身体与健康状况会有持续变化与发展，这不仅受该动物的自然属性如素质与年龄的影响，而且受对其饲养、照料与劳作的影响。[214] 因此必须特别注意疾病发生的种类与时间。[215]

对消费者有利的规定的目的在于改善其在消费物买卖中与经营者相对立的法律状态。因此必须确定，经营者没有基于对其有利的合同制订或通过其他方式而能够剔除消费物买卖的规则。为此目的，第 475 条第 1 款第 2 句提出了**规避禁止（Umgehungsverbot）**。由此可得出，当在同等利益上一个法律所禁止的规则应通过另一法律规定来实现，而此在客观意义上只能遵循该法律禁令。第 475 条特别适用于当出卖人的责任没有经济上的理由被减少或排除时。对此无须规避意图。[216] 规避行为比如，经营者为了出售某物而将一个消费者请来作**挡箭牌**，以此来逃避第 474 条及其下诸条中的规则。 912

例如：二手车销售商 H 只想在排除瑕疵担保责任的条件下销售某辆汽车。因此其请其小舅子 S 假作该车的所有人并以其自己的名义推销。S 据此将该车卖给了技工 K，并根据大 H 的期望排除了瑕疵责任。如果所出售的汽车在交付给买受人时该瑕疵已呈现出来，则法律情形如何?

如果出售该汽车涉及消费物买卖的话，则**对物的瑕疵担保责任排除的约定**不生效。该不生效依据第 475 条第 1 款第 1 句，因为责任排除导致 K 作为买受人的权利受到削减。尽管 S 并非经营者，但是可以想到，S 作为出卖人出现完全是为了使 H 能够规避责任。该问题的结论是，责任排除未生效，且 K 可以向 S 行使基于瑕疵的请求权。[217] 然而该结论受到联邦普通法院的批判，其排除规避行为导致消费者作为经营者来行为。相反，该法院想认定该情形中的幕后人，即 H 为真正的出卖人，这样 K 可以因该瑕疵对 H 行使权利。[218] 然而该方案为联邦普通法院驳回，其排除会导致将消费者作经营者来看待的规避性交易，因此这里 H 视为真正的出卖人，这样 K 能够因瑕疵向 H 行使权利。[219]

---

[212] 联邦普通法院案例，载《新法学周刊》，2005 年卷，第 3492 页（本文始于第 3490 页）；争议见 Witt 论文，载《新法学周刊》，2005 年卷，第 3469 页（本文始于第 3468 页）；Grohmann/Gruschinske 论文，载《大债法杂志》，2005 年卷，第 454 页（本文始于第 452 页）。

[213] 联邦普通法院案例，载《新法学周刊》，2006 年卷，第 2252 页及下一页（本文始于第 2250 页）；2007 年卷，第 2619 页；Reinicke/Tiedtke：《买卖合同法》，边码 739；原则上反对的有：《关于〈债法现代化法草案〉的说明及理由》，(2001 年 5 月 14 日联邦议会党团的草案；联邦议会文件，第 14 届，第 6040 号)，第 245 页（右半栏）。

[214] 联邦普通法院案例，载《新法学周刊》，2006 年卷，第 2252 页及下一页，边码 27（本文始于第 2250 页）；对此关注高阶考试练习，见 Lindacher/Hau：《民法总则案例》，案例 14。

[215] Palandt/Weidenkaff，第 476 条，边码 11；Hk-BGB/Saenger，第 476 条，边码 4。

[216] Celle 州高等法院案例，载《大债法杂志》，2007 年卷，第 79 页。

[217] 见《慕尼黑民法典评注》/Lorenz，第 475 条，边码 36。

[218] 联邦普通法院案例，载《经济法杂志》，2013 年卷，第 269 页；《新法学周刊》，2007 年卷，第 760 页，边码 15（本文始于第 759 页）＝《法学训练》，2007 年卷，第 588 页（Faust 撰写）；同样见 Celle 论文，载《大债法杂志》，2007 年卷，第 79 页。

[219] 联邦普通法院案例，载《新法学周刊—判例报导》，2013 年卷，第 688 页（本文始于第 687 页），边码 15；《新法学周刊》，2007 年卷，第 760 页，边码 15（本文始于第 759 页）＝《法学训练》，2007 年卷，第 588 页（Faust）；同样 Celle 州高等法院，载《大债法杂志》，2007 年卷，第 79 页。

913 其他实践中出现的规避类型有滥用**居间合同（Agenturvertrag）**以及违反事实地约定属性内容。第一种情形中经销商假借并非自己作出交易，而是仅仅作为居间人为他的一个消费者作交易。在机动车买卖中特别经常容易出现居间合同，且绝非始终为了避免买卖合同规则而订立合同。居间行为只有当基于此来隐藏经营者的行为时才是为了规避的滥用。该交易的风险被选定为区分的标准。[220]

例如：商人 H 出售一辆新车给 E，并以 E 驾驶过的旧车来抵价。其对该使用过的旧车确定了一个精确数额，然后将它抵销新车的价格。该案中，H 承担其为该使用过的旧车的定价在继续出售中不能获取的风险。如果该案中 H“以受客户委托”来出售该折价的汽车，则其所选择的居间行为形式不可得到确认，因为从经济上看是 H 买进 E 的二手车并再将此出售。因此 H 视为出卖人，且其作为经营者的性质导致适用有关二手车买卖的条款。[221]

914 同样，在属性约定时，只有当该约定以不被允许的方式限制或排除出卖人的责任时才可被认定为规避。如果一辆二手车被当做“拼装车”来出售，尽管依据合同主体的设想并非作为拆卸品，而是作为通常的目的[222]，则买受人不可基于此方式来排除物的瑕疵责任。这些情况下取决于属性约定内容与买卖物的真实状态落差是否太大，并基于此方式来将物的瑕疵风险转嫁给买受人。[223] 如果是该种情况，则该属性为债的内容，就如其为相应的一般买卖标的物一样。

915 对于二手物买卖中为经营者所忽视的**质量保证（Garantie）**（边码 880 及其下），第 477 条列出了保护消费者的特殊规则。这样，质保声明必须通俗易懂地作出。对此，首先其要为消费者能够理解的（没有外语或“专业汉语”）。透过对消费者法定权利的必要提示语句，并对这些权利通过质保和没有限制的说明对消费者应能够传达出这样的认知，即法定权利不受影响地和附加的质量保证一起归属于消费者。此外，消费者必须能够通过质保声明知道其获得了哪些权利。依据第 477 条第 2 款，如有消费者要求，则质保声明必须以文本形式作出（参见第 126b 条；边码 66）。违反第 477 条第 1、2 款中所列出的规定并不导致质保义务无效；因为这样的法律后果对消费者不利，应被第 477 条第 3 款排除。但是由于经营者因违反第 477 条中的规定而违反义务，其可能依据第 280 条第 1 款承担损害赔偿义务。

916 因买卖物的瑕疵而被消费者提出请求的经营者通常是从其他商人或生产者处获得了该物。该情形下，最终向消费者出卖商品的经营者不应该因《消费物买卖法》的规定而单独地被设定负担，而在交易链中对商业交易适用最利于出卖人的规则。

---

[220] 联邦普通法院案例，载《新法学周刊》，2005 年卷，第 1040 页（本文始于第 1039 页）=《法学训练》，2005 年卷，第 561 页（Emmerich）；斯图加特州高等法院案例，载《新法学周刊》，2004 年卷，第 2170 页（本文始于第 2169 页）；Faust 论文，载《法学训练》，2007 年卷，第 589 页（本文始于第 588 页）；Brox/Walker：《债法分论》，第 7 章，边码 7。

[221] 比如联邦普通法院案例中的观点中相应的分析，载《新法学周刊》，2007 年卷，第 760 页（本文始于第 759 页），其他分析建议参见 Katzenmeier 论文，载《新法学周刊》，2004 年卷，第 2633 页（本文始于第 2632 页）。

[222] 见 Oldenburg 州高等法院案例，载《大债法杂志》，2004 年卷，第 75 页；对此比较 Looschelders：《债法分论》，边码 266。

[223] Reinicke/Tiedtke：《买卖合同法》，边码 753。

因此，在新生产的商品情况下，第 478 条规定了**经营者对其供应商的追索权**（所谓的**商人追索（Händlerregress）**）。[224] 该条第 1 款涉及经营者在消费者解除合同，或在履行其"大损害赔偿"请求权（边码 926）后取回该有瑕疵的物。这样经营者一方可以直接在取回该有瑕疵物的时候与其供应商解除合同，且无须依据第 323 条第 1 款与第 437 条第 2 项设定事先的期限。然而需要注意的是，第 478 条第 1 款并非独立的请求权基础，而仅仅是修正经营者从其他条款中获得的权利。因此每有疑问必须考查是否满足法典为买卖物的瑕疵所设定的条件。[225] 据此，这首先取决于风险转移至经营者时该物的瑕疵就已存在，且这触犯了消费者的权利。在此范围内依据第 478 条第 3 款的标准来对经营者作出**第 476 条上的推定**。如果买受人基于瑕疵来请求嗣后履行（第 439 条第 1 款），则出卖人必须承担嗣后履行所需的支出（第 439 条第 2 款）。如果这涉及新生产的商品，且消费者所主张的瑕疵已经在向经营者风险转移时即已存在，则该经营者可以依据第 478 条第 2 款（对此涉及独立的请求权）将费用转嫁给供应商。如果对瑕疵产生的时间具有争议，则经营者也可以适用第 476 条中的推定（第 478 条第 3 款）。

如果被请求的出卖人为经营者的话，则第 478 条第 2 款与第 3 款中所描述的追索请求权同样适用于买卖合同，即在经营者的供应商的供应链范围内或更多的"前手出卖人"所签订的买卖合同（第 478 条第 5 款）。经营者与其供应商之间的买卖合同与供应链中的其他供应商所签订的合同都为商事买卖（Handelskauf），且因此而受《商法典》中对其生效的规则约束。第 478 条第 6 款对此通过对《商法典》第 377 条指引来加以明确。这意味着在商事买卖中必须遵守该条文上的检查与批判义务。 917

第三节　借贷合同

一、概论

依据法定规则，需区分**借贷合同（Darlehensvertrag）**（规定于第 488 条至 505 条）与**物的借贷合同（Sachdarlehensvertrag）**（规定于第 607 条至 609 条）。借贷合同规定贷款人的义务为将约定数额的金钱提供给借款人支配（第 488 条第 1 款），物的借贷合同则针对将约定的可替代的物交付给借贷人（第 607 条第 1 款第 1 句）。在借贷法中对**消费者借贷合同（Verbraucherdarlehensvertrag）**（有关概念参见第 491 条第 1 款；详见慕斯拉克/豪：《〈民法典〉司法考试教程》，边码 206 及其下）具有 918

[224] 对此比较 Mattes 论文，载《新法学周刊》，2002 年卷，第 2505 页；Jacobs 论文，载《法学家报》，2004 年卷，第 225 页。

[225] 参见 Erman/Grunewald，第 478 条，边码 22 及其下。

特殊规定。具体的消费者借贷合同适用于支付缓期与其他融资（第506条第1款）、融资租赁合同（第506条第2款）与分期付款交易（第507条）（对此见慕斯拉克/豪：《〈民法典〉司法考试教程》，边码210及其下）。对于经营者与消费者之间的借贷居间合同须遵守第655a条至655e条。

二、借贷合同中的义务

919 第448条规定了借贷合同中的主要义务。据此，出借人的义务在于，给予借款人以约定的金额以供其支配。"金额"这一概念所表达的是，出借人不是转让一定的货币价值符号（纸币或硬币），而仅仅是有义务在价值量上实现。[226] 该义务如何被履行则依据合同约定与个案特殊性。所以一个借贷不仅仅只是通过向借款人的账户转让相应的金额，或交付现金以供支配，而且包括银行设定一定可透支的信用额度。借款人的义务在于支付约定的利息与贷款到期时返还所提供的金额。

920 如果借款人依据借贷合同，比如通常对此具有的支付**利息**的义务，则涉及一个**对等合同**。相反，如果该借贷是无偿的，则为一个不完全双务合同（边码119及其下）。

921 依据第488条第3款第1句，没有确定还款期限的有息贷款的期限取决于**合同终结行为（Kündigung）**。依据第488条第3款第2句，终结期限为3个月；但是该期限可以因约定而改变。在没有明确表示出合同终结的情形中，其可以通过解释从返款要求中推定。债务人可无须终结合同就返还无息贷款（第488条第3款第3句）。相反，出借人在无息贷款到期时才可以请求返还；在这点上有息贷款与无息贷款并无区别。

922 如果对贷款在一个特定的时间内约定了固定利率（所谓的**固定利率贷款（festverzinsliches Darlehen）**），则在满足第489条中所述条件时，借款人可以全部或部分地终结合同。然而，该情形中借款人必须在终结生效两周内返还所负金额，否则该终结行为视为未生效（第489条第3款）。依据第489条，借款人的终结权不可通过协议废除。在出借人资产变坏或价值贬值时，为了保障贷款安全，第490条第1款对此规定了特殊终结权；第490条第2款则规定了在对贷款提供不动产担保权（不动产抵押、地债或定期地债）或船舶担保权时贷款人所具有的特殊终结权。除此以外，正常的终结权仍然存在。

三、物的借贷合同

923 第607至609条中规定的物的借贷合同的客体为第91条意义上的可代位物。出借人有义务向借物人转让所约定的物，借物人则有义务在到期时返还同样种类、

[226] 《关于〈债法现代化法草案〉的说明及理由》，(2001年5月14日联邦议会党团的草案；联邦议会文件，第14届，第6040号)，第253页（左半栏）。

质量与数量的物，在有偿物的借贷时还需支付借贷报酬（第 607 条第 1 款）。与金钱借贷合同（边码 920）相应，有偿的物的借贷合同是一个对等合同；相反，无偿的借贷合同则为一个不完全的双务合同。

有偿的物的借贷合同与**租赁（Miete）**的区别在于，物的借贷时的合同标的物通过处分合意最终地将所有权转让给了借物人，且返还义务并非是所转让的标的物，而是相同种类、质量与数量的物；相反，在租赁中出租人仍为该租赁物的所有权人，其只是将该物转让给承租人使用，且其在租期届满后有义务返还原物。无偿的物的借贷合同与租赁的区别同样适用于**借用（Leihe）**与租赁的区别，其转让用益是无偿地实现的。 924

例如：一个学生从其邻舍处“借”三个鸡蛋与一个手动搅蛋器来做蛋糕，则针对鸡蛋订了一个（无偿）物的借贷合同（Sachdarlehensvertrag），针对手动搅蛋器签订的是一个借用合同（Leihvertrag）；因为使用后刚才被转让的手动搅蛋器会被重新返还（参见第 604 条第 1 款），而“借用人”消费了鸡蛋，其之后应当“回报”以其他相同种类与质量的鸡蛋。

第四节　租赁合同

一、概论

租赁合同赋予出租人给予承租人在一定时间使用其物的义务（第 535 条第 1 款），而承租人有义务向出租人支付约定的租金（第 535 条第 2 款）。[227] 双方主体的给付相互依存；因此，租赁为一个对等合同。**租赁合同的标的物**既可以为动产（比如：汽车租赁），又可以为不动产（比如：租赁一个地基或住房）。相反，权利不可租赁，但是可以用益租赁（参见第 581 条）。使用转让的报酬通常为金线给付（所谓的租息或租金）。租金同样可约定为一定量的第 91 条意义上可代位物。无偿的使用转让称为借用（参见第 598 条）。 925

《民法典》中的租赁法在规则体系上分为对所有租赁合同都有效的一般条款（第 535—548 条），以及住房租赁法（第 549—577a 条）中的详细规则和对所有其他动产或不动产租赁的一些规则（第 578—580a 条），其中住房租赁法的条款部分仍继续适用，部分已被修正。**住房租赁法（Wohnraummietrecht）**具有特别的国民经济意义。这里涉及消费者保护法的特别领域，这已经体现在一些相关条款被利于承租人地强制规制上（比如第 536 条第 4 款、第 551 条第 4 款）。 926

原则上，签订租赁合同并无形式要求。只有租赁合同涉及住房（第 550 条）、非居住性用房（第 578 条第 2 款）与地基（第 578 条第 1 款），且租期长于 1 年时才 927

---

[227] 详见 Löhnig/Gietl 论文，载《法学训练》，2011 年卷，第 107 与 202 页。

需要书面**形式**。当从合同双方所签字的证书中可以得知关于所有的合同要点，特别是关于租赁标的物、租息与租赁时间时，该书面形式才已被遵守。[228] 如果没有遵守该形式，则该合同并非如第 125 条中所规定的无效，而是视为不定期合同（参见第 550 条第 1 句），因此可正常终结（参见第 542 条）。书面要求特别利于长期约定的可证明性。[229]

二、合同主体的义务

928 出租人的**主要给付义务**在于保障承租人在租赁期间对出租物的使用（第 535 条第 1 款第 1 句）。该主给付义务包括出租人必须向承租人转让具有适于合同使用状态的出租物，且在租赁期间必须维持该状态（第 535 条第 1 款第 2 句）。出租人除了具有使用转让与使用维持义务这些主给付义务外，还有一系列的从义务，部分在《民法典》中作了明确说明（比如第 539 条），部分基于合同得出，比如给付保障性的从义务与保护义务（第 254 条及下一条、第 618 条及其下诸条）。

929 承租人的**主给付义务**在于向出租人清偿约定的租金（第 535 条第 2 款）。租金可一次给付或在一定时间段后给付。在住房租赁时租金最迟在每一时间段的第三个工作日清偿，并依据起始时间来计算租金（第 556b 条第 1 款与第 549 条第 1 款）。对于其他空间的租赁相应地适用第 556b 条（第 579 条第 2 款）。依据第 579 条第 1 款，对于不动产与动产的租金在租期结束时或每一时间段届满后支付；实践中常见的是弃用该条文并约定承租人的先给付义务。同样承租人也具有一系列的从义务。比如其必须遵守关于该租赁物的用途、必须在使用时对其小心爱护且未经出租人允许不得将出租物转让第三人使用；这些义务部分是直接规定、部分是从法律规定中推断而来（第 538、540 条，第 543 条第 2 款第 2 项）。如果在住房租赁关系范围内依据租赁合同承租人具有合理的利益来将住房的部分转让给第三人使用，则其可以从出租人处请求许可，除非第三人本身即为反对该使用转让的重要理由、该住房被过分占用或基于其他理由而不得苛求出租人转让（第 553 条第 1 款）。[230] 如果承租人有权请求作出许可，但是未经出租人允许，则转租违反合同。[231]

930 如果出租人没有履行或不良地履行其转让与维护该出租物的义务，则在法律后果上区别为：如果因出租物的**物的瑕疵或权利瑕疵**而违反义务，则承租人具有第 536 条及其下诸条中的权利。[232] 如果涉及这些条件，则其优先于关于履行障碍的一般条款。

---

[228] 联邦普通法院案例，载《新法学周刊》，2008 年卷，第 2182 页，边码 24（本文始于第 2181 页）。
[229] 比较联邦普通法院案例，载《新法学周刊》，2008 年卷，第 2178 页，同样涉及书面形式要求的更多目的。
[230] 联邦普通法院案例，载《新法学周刊》，2014 年卷，第 2717 页＝《法学训练》，第 171 页（Emmerich 撰写）。
[231] 联邦普通法院案例，载《新法学周刊》，2011 年卷，第 1066 页，边码 20（本文始于第 1065 页）。
[232] 详见 Lorenz/Eichhorn 论文，载《法学训练》，2014 年卷，第 783 页。

第536条第1款第1句意义上的瑕疵与第536条第2款**被保证的性能**（**zugesicherte Eigenschaft**）的缺失或丧失具有同等地位。[233] 如果出租人在合同上对某性能的存在作出单方允诺，并因此承诺无过错地为所有因该性质不存在而产生的后果负责，则该性质视为已被担保。出于对出租人的责任后果考虑，在判断一个意思表示是否视为担保内容时确定了严格的要求。[234] 性质的概念在意义的理解上与买卖合同中属性约定范围（边码879及其下）相同。在第536a条第2款中所述条件下，承租人有权请求**消除瑕疵**与赔偿对此的必要支出。然而，如果承租人自力消除瑕疵，但没有满足第536a条第2款中的条件，则其既不可依据第539条第1款向出租人请求消除瑕疵的费用，又不可依据第536a条向出租人请求损害赔偿。[235] 931

如果某瑕疵在合同订立时就已存在，则出租人对此承担无过错责任（第536a条第1款第1种情形）。这样出租人对**合同订立时出租物为无瑕疵状态**承担**质量保证**。[236] 承租人对其基于此依约使用该租赁物就不会遭受损害的信任应被保护。然而，第536a条第1款可通过协议变更（即使是格式合同上的）（但是参见第536d条）。[237] 第536a条上的损害赔偿还包括瑕疵结果损害，即瑕疵引起承租人权益上的损害。 932

例如：V出租给M一户新建的套房。当与M一起居住的祖父A想打开一扇大窗户时，该窗户朝着其掉下来。A被严重伤害，且M一个昂贵的花瓶被打碎。经确定，该事故归因于窗户的材料有瑕疵，对此V与安装该窗户的工人都不可能发现。A与M请求他们的损害赔偿。第536a条可作为M损害赔偿的请求权基础被考虑。有损害的窗户为该套房的瑕疵，这并未严重减少依约使用的适当性（参见第536条第1款）。同样，该瑕疵已经在合同订立时就已经存在。M请求的损害涉及该瑕疵对承租人的权益，即对花瓶所有权造成的损害。如所述，第536a条第1款上的请求权包括此类瑕疵结果损害，这样其并不取决于M是否已经可能了解到该瑕疵。[238]

A并非V的合同相对人。但是其可以基于第536a条第1款来支持其请求权。因为该条所提供的保护同样有利于可与债权人一样（对其可知的）的方式向出租人请求给付的人。[239] 这些人特别指在住房租赁合同中与承租人一同生活的亲属与雇员。[240] 第536a条保护范围扩大的基础在于利于第三人的合同上的保护效力理论（详

---

[233] 这个从之前法律中继受的规则与《债法现代化法》并不协调；对此见Hau论文，载《法学训练》，2003年卷，第133页（本文始于第130页）。

[234] Bamberger/Roth/Ehlert论文，第536条，边码70。

[235] 联邦普通法院案例，载《新法学周刊》，2008年卷，第1216页=《法学训练》，2008年卷，第462页（Faust撰写）。

[236] 比较Hau论文，载《法学训练》，2003年卷，第132页及其下（本文始于第130页）。

[237] 联邦普通法院案例，载《新法学周刊—判例报导》，1991年卷，第74页；《新法学周刊》，2002年卷，第3232页。

[238] 联邦普通法院案例，载《新法学周刊—判例报导》，1991年卷，第74页；《新法学周刊》，2002年卷，第3232页。

[239] Rostock州高等法院案例，载《新法学周刊—判例报导》，2007年卷，第1092页。

[240] 联邦普通法院案例，载《新法学周刊》，2010年卷，第3153页，边码19（本文始于第3152页）=《法学训练》，2011年卷，第550页（Faust撰写）=《法学研究集刊》，2011年卷，第146页（Looschelders撰写）。

见其后）。

933 第 536、536a 条同样涉及因出租人对租赁物的性质错误地说明或不说明而在此范围内采取缔约过失上的损害赔偿请求权。[241] 租赁法上瑕疵责任规则对缔约过失的排除只能在租赁物交付之后。此外对缔约过失请求权的排除限于以下情形，即出租人在合同谈判时因过失未正确告知租赁物的属性。相反，如果出租人恶意行为，即其知道其信息是错误的（边码 473），则承租人除了租赁法上的请求权外，还可基于缔约过失来行使损害赔偿请求权。[242]

934 依据第 562 条第 1 款，居住空间（第 549 条第 1 款）、其他空间（第 578 条第 2 款与第 1 款）与地基（第 578 条第 1 款）的出租人，基于租赁关系上的请求权对承租人所搬入的物具有质权，如果此类物可被扣押的话（比较：《民事诉讼法》第 811 条及其下[243]）。所有属于承租人的、依据其意志并非暂时带入该空间之内的物都是搬入的。搬入是一个纯事实行为，其不以行为能力为条件。[244] 如果承租人对该物仅有共有权，则出租人的质押权涵盖该共有部分。[245] 如果出租人基于所有权保留而取得该物，且合同价款尚未全部支付，这样该所有权仍属于出卖人（边码 889 及其下），则承租人具有的期待权（边码 899 及其下）处于出租人的质权之下；这在承租人支付全部价款后可再扩展。[246] 依据第 562a 条，如果此类物搬出出租人的不动产之外，且其出租人明知但未反对，则出租人的质权消灭。[247] 当搬离为正常的生活关系且所留物已明显满足出租人的担保时，出租人不得反对。如果出租人有理由反对搬离此类物，则其在第 562b 条的条件下具有自助权与返还请求权。承租人可以通过担保给付来避免出租人行使质权（第 562c 条）。当搬入物的所有权转让给第三人，且该第三人对出租人质权不知情或非因重大过失而不知情时（第 936 条），则出租人质权消灭。[248]

三、租赁关系的终止

935 如果承租人对其所应清偿的租息的支付陷入迟延，则出租人可以在第 543 条第 1 款与第 1 款第 1 句第 3 项所述条件下无须遵守终结期限即可**终结（kündigen）**该合同（比较：第 569 条第 3 款与第 549 条第 2 款同样）。该规则排除依据第 323 条上的解除权。如果承租人因忽视其应具有的谨慎而严重损害租赁物或未经授权而转让

---

[241] Rostock 州高等法院案例，载《新法学周刊—判例报导》，2007 年卷，第 1093 页（本文始于第 1092 页）；Bamberger/Roth/Ehlert，第 536a 条，边码 7。其他观点见《慕尼黑民法典评注》，Häublein，536 条前注，边码 22（赞成请求权竞合）。

[242] 联邦普通法院案例，载《新法学周刊》，1997 年卷，第 2814 页（本文始于第 2813 页）。

[243] 对此参见 Musielak/Voit：《〈民事诉讼法〉基础教程》，边码 656 及其下。

[244] Brox/Walker：《债法分论》，边码 473。

[245] 《慕尼黑民法典评注》/Artz，第 562 条，边码 15。

[246] Looschelders：《债法分论》，边码 473。

[247] Alexander 论文，载《法学训练》，2014 年卷，第 5 页（本文始于第 1 页）。

[248] 有关更多的消灭要件参见《慕尼黑民法典评注》/Artz，第 562a 条，边码 1 及其下。

给第三人，且满足了第 543 条第 3 款中所述的条件，则出租人可以随时终结该租赁关系。此外，第 280 条上的请求权以及第 541 条上的不作为请求权同样被考虑。如果承租人疏忽了第 536c 条第 1 款所要求的对瑕疵的提示，则其具有损害赔偿义务（第 536c 条第 2 款第 1 句）；虽然没有明确规定，但是承租人只有当对第 276 条与第 278 条意义上的提示的不作为可归责时才可适用该规则（反例：M 因为躺在医院而疏忽了对窗户未关严的提示）。如果承租人在租赁关系终止后违反第 546 条没有将租赁物返还，则出租人可以依据第 546a 条对继续保留期间请求与约定租金相同的**赔偿**。如果在租赁合同中约定了特定的租赁时间，则租赁关系通常在该期限届满后终止（比较：第 542 条第 2 款）。相反，如果没有确定租赁时间，则任何合同一方可以依据**法律条文来终结合同**（第 542 条第 1 款）。终结合同具有三种不同的形式（边码 700 及其下）：

- 正常的；
- 非正常且有限制期限与；
- 非正常且无期限限制的终结。

对于地基、非居住性空间与动产的租赁关系的正常终结需要遵守第 580a 条中的终结期限限制。非正常的且有期限限制的终结则给予合同主体以权利，即在长期租赁关系或约定了长期终结期限的租赁关系时，需要遵守法定的终结期限来终止（第 544、561 条，第 563 条第 4 款，第 564、575a、580 条）。通过非正常无期限的终结可以立刻终止租赁关系（第 543、569 条）。 936

对于住房租赁（Wohnraummiete）而言，出租人的终结权受到严格限制（比较：第 568 条及其下与第 549 条）。在涉及非定期租赁时，依据第 573 条，当出租人对租赁关系终结具有合理利益时，其具有一个正常的终结权。例如在第 573 条第 2 款中叙述的理由，基于此可视为合理的利益。特别是承租人并非不严重地、有过错地违反了合同义务则可构成该利益。依据第 278 条，履行辅助人的过错归算于承租人。[249] 937

租赁关系终止后承租人必须返还租赁物（第 546 条第 1 款）。值得注意的是，法典规定了在第 546 条第 2 款的条件下针对非合同主体的第三人的返还请求权（同样有第 604 条第 4 款中的借用）。当出租人为租赁物的所有权人时，该返还请求权同样可基于其他条款，如基于第 985 条。如果承租人违反第 546 条未返还承租的物，则出租人可以依据第 546a 条对于滞纳的期间请求与约定的或当地正常的租金相同的损害赔偿。 938

超链接：租赁（Leasing）

这里还应简要探讨一下与租赁（Miete）相关的另一种租赁（Leasing）。该租赁 939

---

[249] 联邦普通法院案例，载《新法学周刊》，2007 年卷，第 428 页＝《法学训练》，2007 年卷，第 487 页（Faust 撰写），对于承租人协会的错误资讯算为承租人的履行辅助人。

合同（Leasingvertrag）是依据美国模式发展而来的合同类型。[250] 虽然实践中具有形形色色的合同形态，但是可以分为两种核心类型：在所谓的经营租赁（Operating-Leasing）中，出租人向承租人转让一物以供使用并收取费用。当合同中并未确定最短期间时，且这通常比正常的租赁物使用期间要短，则承租人有权在较短时间内终结合同，如果生产者作为出租人出现，则称为生产租赁（Produzentenlaesing）。生产租赁与租赁（Miete）很相近，这样适用有关租赁合同（Mietvertrag）的条文，如果双方没有相反约定的话。

940 承租人在合同上可被授予在一定时间后以已经支付的费用作价购买该租赁标的物；人们称为德式**租赁购买（Mietkauf）**。如果承租人购买了该租赁标的物，则使用有关买卖的条文。

941 与融资买入一样，在所谓的融资租赁（Finanzierungsleasing）上通常有三方主体参加：出租人从生产商或经销商处购买一件商品，并将其转让给承租人使用以收取费用。[251] 租赁合同针对特定的与租赁标的物的正常使用周期相当的时间订立。该期间内承租人不可终结合同。出租人同样免于瑕疵责任。承租人必须承担该物保养的费用；其还涉及租赁物毁损灭失的风险。出租人仅仅承担承租人支付不能的风险；其通过承租人对租赁物的可能使用来融资，而承租人自己不能或不愿承担对此必要的资金成本。如果经营者与消费者之间签订融资租赁合同，则需关注第 500 条中的规则。有关融资租赁合同的法定合同类型归属具有争议。许多人对此只认为是特殊的租赁，其他人认为是一个混合合同或单一合同。[252]

第五节 劳务合同

942 劳务合同赋予一方合同主体（负有劳务义务者）作出劳务，另一方主体（享有劳务权利者）支付约定报酬的义务（第 611 条第 1 款）。因此劳务合同针对**劳务与报酬的交换**；这涉及一个双务（对等的）合同（边码 134）。劳务合同的**客体**可以为任一种劳务（第 611 条第 2 款），其可以一次作出（比如授课合同[253]）或针对长期。

943 在劳务合同法中必须区分所谓的：**自由的劳务合同（freier Dienstvertrag）**与**劳动合同（Arbeitsvertrag）**。自由劳务合同标志为劳务义务人自负其责地作出工作，且与劳务权利人并无人身依附关系（比如：所谓的自由职业者如律师、税务咨询师与独立职业的医生）。相反，如果劳务义务人执行受指示约束的活动，其在人身与

---

[250] 简介见 Löhnig/Gietl 论文，载《法学训练》，2009 年卷，第 491 页。

[251] 参见 Greiner 论文，载《新法学周刊》，2012 年卷，第 961 页。关于承租人解除对租赁合同的法律后果，比较多塞尔多夫州高等法院案例，载《新法学网上杂志》，2008 年卷，第 3407 页。

[252] 关于这些与其他观点比较 Palandt/Weidenkaff，第 535 条导论，边码 38。

[253] 参见 Mäsch 论文，载《法学训练》，2014 年卷，第 650 页。

经济上依附于劳务权利人，则涉及一个劳动合同。此类合同的特征是劳务义务人（雇员）在组织管理上被编制于劳务权利人（雇主）的企业内，并对其劳动地点与时间进行了安排。

第 611 条及其下诸条原则上同样适用于劳动合同。然而还具有大量的《民法典》以外的**劳动法上的特殊规则**。劳动法已经发展成为民法的独立领域。[254] 特殊性特别涉及劳动关系中的劳动者责任。在于雇主关系上则涉及对企业安排，并减轻了劳动关系中的赔偿责任。 944

劳务义务人通常必须亲自执行其所负有的工作（参见第 613 条第 1 句）。对此其必须遵守交往中必要的谨慎，而该职业群体上认真的代表人的能力与知识构成了该劳务义务人的谨慎标准（边码 467）；这取决于诸如会计员、职业司机、医生或者律师等职业上的一般谨慎。违反该义务可能会承担第 280 条上的损害赔偿义务。 945

基于合同关系上相对强烈的人身相关性（并非仅仅在劳动合同中），双方主体被赋予特别的相互**照顾与信任**义务。劳务义务人必须作出可能的和可期待的内容，以维护劳务权利人的利益，且必须不得作出有损这些利益的事情。劳务权利人对劳务义务人具有帮助责任；特别是与合同内容相应，其必须要照顾劳务义务人的利益（第 617、618 条）。如所述，劳务权利人的主给付义务是支付约定的**报酬**。如果合同中没有规定是否必须具有与作出多少报酬，则依据第 612 条第 2 款价目表上的报酬，如官方的价目表（Taxe）（国家行政机关确定的报酬标准）里没有时则正常的报酬视为约定报酬。 946

如果合同主体没有履行合同所赋予的义务，则原则上从总则规范中推断出法律后果。[255] 但是劳务合同法亦有修正（第 615、616 条）。第 626 条第 1 款排除了第 323、324 条上的解除权，且被无限期的终结权替代。涉及有期限的劳务关系在该期限届满后终止（第 620 条第 1 款）；如果劳务关系的期限并未确定，则任一合同主体都可依据第 621—624 条来终结（第 620 条第 2 款）。此外，第 626 条和第 627 条规定中还存在非正常终结权。对劳动关系的终结权受到特别法规范的限制。 947

如果债务人作出履行尝试对债权人不合理，则在行使损害赔偿请求权（第 281 条第 1 款）之前**请求嗣后履行**这一法定要求可例外地消灭。这样，基于医生—病人关系的特性可认为，病人在错误的手术后可以请求损害赔偿，无须事先给予医生嗣后履行的机会（第 281 条第 2 款）。 948

第六节　承揽合同

一、概论

承揽合同——对价的（对等的）合同，赋予一方合同主体（承揽人）提供约定 949

---

[254] 入门性见 Junker：《劳动法基础教程》，第 14 版，2015 年。

[255] 详见劳务合同中给付障碍规则的基本情形，Alexander 论文，载《法学研究集刊》，2015 年卷，第 321 页。

的工作成果的义务，另一方合同主体（定作人）清偿约定的报酬的义务。承揽合同的客体（在《民法典》中称为“工作成果”）既可为生产或改装一个物，又可为另一方通过劳动或提供服务所带来的成果（第 611 条第 2 款）。**劳务合同与承揽合同之间的区别**为难点所在。这从理论上的区分中不可得出，即简单地依据是否依据合同必须作出一定的工作结果或工作成果（则为承揽合同），或是否负有作出劳务或作出行动（则为劳务合同）来实施区分。[256] 然而由于在劳务合同框架内作出行动时同样追求一定的结果[257]，在具体情形中判断这两类合同区别并非易事。[258]

950 一个难以区分的例子为**建筑师合同（Architektvertrag）**，在建筑工作中建筑师的全部工作包括从对建筑工人的委托授权、现场施工直到对瑕疵清除的监督。帝国法院在一系列的判决中将其视为劳务合同，而联邦普通法院将其认定为承揽合同。[259] 联邦普通法院（不同于帝国法院）则赞成依据建筑师的工作是否可被认定为与工作相关来判断。

951 在疑难案例中必须基于所有具体情形来作出区分；对此特别取决于约定的报酬依据合同主体的意思是否应取决于特定的后果，还是即使没有出现结果也要支付报酬。[260] 在承揽合同中承揽人必须承担工作成果实现的风险，但在劳务合同中则不。

例如：某机械师在一机器上工作了 10 个小时以解决瑕疵，但未成功。如果其依据承揽合同而行为，则其无权请求支付报酬，因为其没有作出所负的给付。相反如果是在劳务合同范围内工作，则其劳动报酬请求权并不取决于作出努力但无结果。

952 有时对承揽合同与买卖合同难以区分时首先需要遵守第 651 条（具体参见慕斯拉克/豪：《〈民法典〉司法考试教程》，边码 219 及其下）。[261] 此外需注意第 474 条第 1 款第 2 句中对消费物买卖的阐述。

二、合同各方的义务

953 承揽人的主要义务在于，生产出所承诺的成果，确切地说是没有物的瑕疵与权利瑕疵（第 633 条第 1 款）。定作人负有清偿约定**报酬**的义务。报酬的多少则依据

---

[256] 联邦普通法院案例，载《新法学周刊》，2002 年卷，第 1571 页＝《法学训练》，2002 年卷，第 923 页；《新法学周刊》，2002 年卷，第 3323 页。

[257] 比较多塞尔多夫州高等法院案例，载《德国法月刊》，2012 年卷，第 16 页＝《贝克法院判决》，2011 年卷，第 27018 号。

[258] 比较 Peters 论文，载《法学训练》，1992 年卷，第 1023 页（本文始于第 1022 页）；Bamberger/Roth/Voit，第 631 条，边码 4。

[259] 比较《帝国法院民事判例集》，第 86 卷，第 76 页及其下（本文始于第 75 页）；第 137 卷，第 84 页（本文始于第 83 页）；《联邦普通法院民事判例集》，第 31 卷，第 226 页及其下（本文始于第 224 页）＝《新法学周刊》，1960 年卷，第 431 页；《联邦普通法院民事判例集》，第 32 卷，第 206 页及其下＝《新法学周刊》，1960 年卷，第 1198 页，及其他判决。

[260] 联邦普通法院案例，载《新法学周刊》，2002 年卷，第 3324 页（本文始于第 3323 页）。

[261] 比较联邦普通法院案例，载《新法学周刊》，2014 年卷，第 2183 页及其下＝《法学研究集刊》，2015 年卷，第 68 页（Looschelders 撰写）。

合同上的约定；如果缺少该约定，则适用第 632 条（第 612 条与劳务合同相应；边码 946）。由于承揽人的报酬在成果验收后才到期（第 641 条第 1 款第 1 句），对其存在必要的前期融资。基于此产生的资金不利应当这样来平衡，即承揽人依据第 632a 条对合同约定的给付请求与定作人基于此所获增值的**额外款项**相同的分期付款。[262]

如所述，报酬到期取决于验收，所以定作人有义务验收依约生产的成果（第 640 条第 1 款）。如果定作人有义务验收，但其没有在与承揽人约定的适当期间内履行该义务，则拟制（拟制概念见边码 313）为已验收（第 640 条第 1 款第 3 句）。[263]因此，意义不大的是，定作人因**验收（Abnahme）**而陷入债务人迟延，定作人可依据第 280 条第 2 款、第 286 条或依据第 323 条、第 325 条对其行使权利（边码 500、504）。对工作成果的验收不仅在于物质上的接受，而是同样包括定作人默示作出的意思表示，即其确认该成果原则上符合合同。[264]“原则上”这一限制意味着定作人在验收时并不确定该定作物毫无瑕疵，或放弃了瑕疵请求权。依据法律性质验收不仅是一个纯事实过程（事实行为），而是依据法律意义为准法律行为（边码 239）。[265]对于不可验收的成果（比如运输）则以成果的完成替代验收（第 646 条）。 954

如果定作物的制作者**需要定作人的协助**，则当其不作出必要的协助时陷入受领迟延。然而承揽人不仅可作出第 304 条上的请求权（边码 612），而且其还可以依据第 642 条第 1 款请求适当的赔偿，其额度依据该条第 2 款来判定。此外，承揽人可在第 643 条的条件下终结合同，且请求与所作出工作相当的报酬以及未被包括的垫款（第 645 条第 1 款第 2 句与第 1 句）。相反，定作人并不可作出债务人迟延请求权，因为定作物生产上的协助并非涉及义务，而是债权人的不真正义务（边码 629）。当定作人在承揽合同中有义务协助则另当别论。此情形中定作人在正常催告与过错地行为时陷入债务人迟延，这样承揽人可以提出第 280 条第 1、2 款与第 286 条上的请求权；定作人在第 323 条条件下同样可以解除合同。 955

但是定作人未作出协助还可以导致定作人履行不能，如果定作人的行为阻碍了制作该定作物的话。如果不确定该定作人之后是否可准备作出协助行为，则虽然该履行不能只是暂时的，但是，如果对承揽人继续等待义务期待可能的话，则其等同于持续的履行不能（边码 592 及其下）。这样承揽人有权请求扣除节省费用后的全部工作报酬（第 326 条第 2 款第 1 句第 1 种情形）。 956

如果承揽人**没有**履行其合同义务，即作出**无瑕疵**的定作物，则定作人可以拒绝验收，且不会陷入受领迟延（参见第 640 条与边码 591、594），还可继续要求履行合同，即要求生产符合合同的定作物。[266] 然而如果这涉及非根本性瑕疵，则定作人 957

---

[262] 额外支付的义务由《担保法》重新规制，且适用于 2009 年 1 月 1 日后签订的承揽合同；对此比较 Huber 论文，载《法学训练》，2009 年卷，第 23 页。

[263] 有关拟制概念见边码 338。

[264] Brox/Walker：《债法分论》，第 25 章，边码 11。

[265] Bamberger/Roth/Voit，第 640 条，边码 5。

[266] Coester-Waltjen 论文，载《法学教育》，1993 年卷，第 201 页（本文始于第 200 页）。

不得拒绝验收（第640条第1款第2句）。

958 依据联邦普通法院[267]的判决，当定作人不是因履行，而是因瑕疵履行只是要请求损害赔偿或减价，则虽然有权拒绝验收，但是该定作成果报酬仍到期。这样两个请求权发生抵销，其中承揽人的请求权因其作出给付而与定作人的瑕疵担保请求权相对应。利于承揽人的剩余部分到期。

959 依据第649条第1句，定作人有权利在完工前的任何时间终结合同[268]；但是其仍具有清偿约定价款的义务，只是要减去承揽人的支出或其他劳动力投入上的节省费用。其中，对于恶意未投入的劳动力应当视为承揽人已经投入后所带来的结果那样来对待（第649条第2句第2半句）。

960 对合同中的请求权而言，承揽人在其制作或改良的定作人的动产上具有质权，如果在制作中或改良中已经取得了该物的占有（第647条）。在涉及建筑工程的承揽合同中承揽人有权请求设定不动产抵押担保（第648条）或其他担保（参见：第648a条）。

961 如果定作的成果已经开始或者完成，但在受领前因意外毁损，则承揽人仍具有继续制作的义务；原则上其承担**给付风险和物的（毁损、灭失）风险**。[269] 但是当该制作在第275条第1款的意义上已经不可能，或适用第275条第2款或第3款时，则排除定作人的给付请求权。依据第644条第1款，验收之前承揽人承担**对待给付的风险和价款风险**。基于第645条该风险被这样限制，即当承揽人在验收前因定作人提供材料的瑕疵或因定作人所作出的工作指示而导致定作物毁损、灭失或不可加工，且并没有承揽人可归责的情形，则承揽人可以请求赔偿与已完成部分相应的报酬以及报酬中未计入的垫款。基于第644条第2款相应指示，对于承揽物的运输适用第447条（边码624）。如果已经开始或者已经完成的定作物在验收前因意外而毁，则承揽人仍有义务继续制作，即其负有给付风险（物的风险）。[270] 只有当非基于对承揽人可归责的情形而不能制作时，定作人第275条第1款上的给付请求权才被排除。与此相关，必须指出的是，对于建筑领域中的承揽合同通常适用**《建筑发包规范》（VOB）**中相应的与《民法典》中承揽合同规则并不一致的规则。[271]

三、物的瑕疵与权利瑕疵

962 如第634条与第437条之间比较显示，承揽人对物的瑕疵与权利的瑕疵责任原则上与买卖合同法中的规则一致。同样，如第633条第2款中描述的物的瑕疵的概念，内容上也与买卖合同法中一致。据此，具有决定性的首先是该定作物是否符合

---

[267] 联邦普通法院案例，载《新法学周刊》，2003年卷，第288页。

[268] 对此比较 Bitter/Rauhut 论文，载《法学家报》，2007年卷，第964页。

[269] Alexander 论文，参见《法学训练》，2014年卷，第5页及其下（本文始于第1页）。

[270] Huber 论文，载《Schlechtriem 纪念文集》，2003年卷，第554页（本文始于第521页）。

[271] 参见 Huber 论文，载《法学训练》，2009年卷，第27页（本文始于第23页）。

约定的属性。定作物无瑕疵的前提是，其达到约定的或者依据合同推定的功能。[272]

例如：在一联邦普通法院判决的案例[273]中，承揽人恰当地安装了一个暖气设备，但是其不足以让房间变得足够温暖。联邦普通法院将此功能适当性缺失视为设施的瑕疵，尽管另一承揽人查明原因仅为某块暖气片的问题。该法院指出，合同上所负的结果不仅依据对约定给付与实施方式的实现来确定，而是同样依据合同主体的意思应当实现定作物的哪些功能。依据联邦普通法院的观点，缺少功能适当性时的瑕疵责任只有这样才消灭，即承揽人履行了其负有的检测与告知义务，即解释其他承揽人的准备工作是否影响到了其工作成果的义务。

如果合同中没有确定某特定的属性，则取决于合同的使用目的的特殊性，或当缺少该前提时取决于该定作物通常的使用特性。对此，该定作物必须具有定作人依据该定作物的种类而期待具有的同类物的属性。不同于买卖合同法（参见第 434 条第 1 款第 3 句）中出卖人或生产者广告中的内容并不归为商品的正常属性，由于定作物承揽人的广告内容针对定作人，因此成为合同属性约定的一部分。不同于上述区别，买卖合同法中有关物的瑕疵的概念描述（边码 793 及其下）适用于承揽合同法。第 633 条第 2 款第 3 句中认定生产过少的数量与错误生产皆为物的瑕疵的规则同样适用于此。第 633 条第 3 款中所描述的承揽合同上的权利瑕疵对应于买卖合同（参见第 435 条第 1 句）。 963

与买卖法中一样，当承揽人没有依据合同上的义务制作没有瑕疵的定制物时，定作人可以请求嗣后履行。对于谁具有权利选择嗣后履行的种类这一问题，第 635 条第 1 款中的解决方式并不等同于第 439 条第 1 款：**瑕疵消除与制作新的定作物之间的选择**在于承揽人，而非定作人。然而如果只可能为一种特定的方式，则承揽人有义务去执行该方式，且定作人可以自始拒绝与此义务不相应的且并不合适的要求。[274] 类似于买卖法（参见第 439 条第 3 款），承揽人可以拒绝嗣后履行，如果该履行只能以不合理的支出来实施时。此外，如同在买卖法中一样，如果嗣后履行被拟制为给付不能（第 2 款），或亲自作出该给付对其显得太不合理（第 3 款），则适用第 275 条，定作物承揽人可以拒绝该嗣后履行。 964

如果承揽人具有嗣后履行义务（即该义务没有依据第 275 条或第 635 条第 3 款而消灭），但是没有在定作人为其设定的合理期间内满足定作人的嗣后履行期望，则定作人具有不同的选择： 965

- 其可以依据第 637 条亲自消除该瑕疵，并请求承揽人赔偿必要支出，对此，依据第 637 条第 3 款其还有权利请求预付消除瑕疵的必要费用。
- 其可以依据第 323 条第 1 款与第 634 条第 3 项解除合同，并请求损害赔偿替代给付（第 280 条第 1、3 款；第 281 条第 1 款；第 634 条第 4 项；第 325

---

[272] 联邦普通法院案例，载《新法学周刊》，2008 年卷，第 512 页及下一页（本文始于第 511 页）＝《法学训练》，2008 年卷，第 464 页（Faust 撰写）＝《法学研究集刊》，2008 年卷，第 385 页（Looschelders 撰写）；《新法学周刊》，2011 年卷，第 3780 页及下一页，边码 11。

[273] 《新法学周刊》，2008 年卷，第 511 页。

[274] 联邦普通法院案例，载《新法学周刊》，2011 年卷，第 1873 页，边码 17（本文始于第 1872 页）。

条）。如果定作人因定作成果的瑕疵而请求所谓的大损害赔偿，即其在计入未支付的报酬的情况下主张新工作成果所需的额外费用，则在相应地适用第 251 条第 2 款第 1 句时分析对此投入的费用是否合理。[275] 评价该投入费用合理性的决定性标准是，引用第 635 条所要求的不合理的嗣后履行投入费用评价时的标准。[276]

- 其可以依据第 638 条第 1 款与第 634 条第 3 项减少报酬。
- 其可以在第 284 条条件下请求排除因信赖获得该给付而支出的费用（第 634 条第 4 项）。

966 通常情况下，这些权利都取决于定作人为承揽人设定的**合理的宽限期**无果而终之后。第 637 条第 1 款中的自己实施、第 323 条第 1 款中的解除权与基于第 638 条第 1 款第 1 句与第 323 条第 1 款的减价等都有期限设定的必要性；对于解除权（“而非撤销”）而言，则必须要满足该权利的生效条件。对于损害赔偿请求权而言，期限设定的必要性源于第 281 条第 1 款第 1 句；对于投入费用的赔偿请求权而言，则基于第 284 条与第 281 条第 1 款第 1 句；同样，这适用于损害赔偿请求权（“替代损害赔偿”）的相关条件。

967 但是，在一些情况下**期限设定是不必要的**。这样，如果嗣后履行受挫或对定作人不可期待，则其无须设定期限就可以行使这些权利中的任一个（参见第 636 条、第 637 条第 2 款第 2 句）。如果承揽人依据第 635 条第 3 款拒绝嗣后履行，则依据第 636 条在解除与损害赔偿时就无须设定期限。[277] 此外，第 323 条第 2 款中所列举的自我实施情形中的期限设定对于解除权与减价权而言并非必要。定作人可无须设定期限请求损害赔偿替代给付或赔偿支出费用，如果债务人真诚地、最终地拒绝，或在衡量双方利益时需要立刻行使该请求权时（第 281 条第 2 款）。最后，在履行不能时无须考虑期限设定（参见第 283 条、第 311a 条第 2 款、第 326 条第 5 款）。

例如：如果承揽人有义务安装一个绝对防碎的玻璃墙，但因技术原因而显得绝无可能，则依据第 634 条第 4 项、第 311a 条第 2 款承担损害赔偿。[278]

968 如果承揽人使用了定作人为其提供的材料来制作一个动产，则当瑕疵归咎于定作人所提供的材料时，定作人基于定作物瑕疵的权利就被排除。这得自第 651 条第 2 句，其将第 442 条第 1 款第 1 句扩大适用于因定作人提供物的瑕疵而引起定作物的瑕疵时。依据条文的内容，这甚至适用于承揽人在加工前就已发现或应当发现该瑕疵情形。由于此处被视为与第 645 条中规定的承揽人的共同责任（“没有与可归算于承揽人的情形相互作用”）相矛盾，所以学术界建议基于目的性限缩的方法（边码 1169）

---

[275] 定作人原则上可以请求基于嗣后履行所产生的损失。联邦普通法院案例，载《新法学周刊》，2006 年卷，第 2913 页（本文始于第 2912 页），然而该判例指出，在适用第 251 条必须检测必须赔偿的费用支出是否不成比例，如果对生产一个新定作物所需费用的弥补被当做赔偿来请求的话。

[276] 联邦普通法院案例，载《新法学周刊》，2013 年卷，第 370 页。

[277] 联邦普通法院案例，载《新法学周刊》，2013 年卷，第 371 页，边码 8（本文始于第 370 页）；Jaensch 论文，载《新法学周刊》，2013 年卷，第 1121 页。

[278] 参见联邦普通法院判例，载《新法学周刊》，2014 年卷，第 3365 页，Ott 评注＝《法学训练》，2013 年卷，第 1121 页。

来实施相应的限制性规则。[279] 但是更愿将合同上的履行保障性从义务视为承揽人的义务，即对其提供的材料的质量作准备性检查，如果这不需要不合理的与不可期待的费用的话。与第 645 条框架内的方式一样，这导致对承揽人共同责任的关注。

定作人在定作物瑕疵时的请求权的**消灭时效**规定在第 634a 条中。如果定作物的 969
承揽人恶意隐瞒该瑕疵，则如同买卖法一样（边码 865），该请求权依据“一般的时效期间”计算时效（第 634a 条第 3 款）。这意味着时效期间为 3 年（第 195 条）并依据第 199 条第 1 款第 2 项最早在定作人知道或无重大过失时必须知道时起算，对此第 2 款第 2 项情形中的时效不可短于 5 年期限。如同买卖合同法中（边码 866），当其有权基于解除或减价拒绝支付报酬时，虽然从第 218 条第 1 款中得出解除或减价未生效，但是定作人可以在此范围内拒绝支付报酬（第 634a 条第 4 款第 2 句、第 5 款）。

基于第 631 条及其下诸条中得出的合同主体上的权利与义务可用**下图**作表示。 970

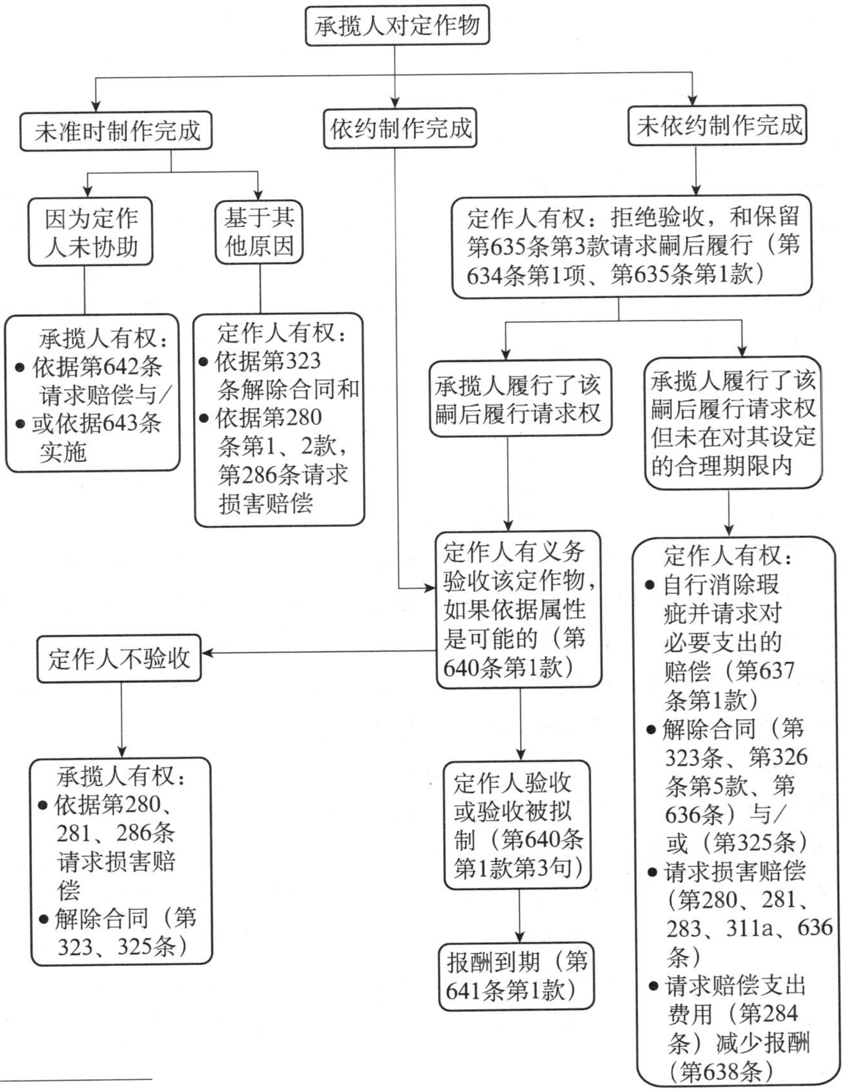

[279] Bamberger/Roth/Voit，第 651 条，边码 16。

第七节　（无偿）委托合同

971 某人（被委托人）通过一个合同赋予自己为另一合同主体（委托人）**无偿**处理事务的义务，该合同在《民法典》中称为（无偿）委托合同（Auftrag）（第 662 条）。对此并不涉及一个对价（对等）合同，而是涉及一个不完全的双务合同（边码 121 及其下）。在日常用语中委托的概念被以其他意思来使用。

例如：授予一个工匠一个“委托”，对其房屋进行维修，这样因此或意指缔结一个承揽合同的要约，或同样意指对该工匠的相应要约的承诺。

972 被委托人的主给付义务为执行其被委托的事务。在被委托人所涉及的法律拘束力区别于对所作出的承诺没有请求权的纯情谊行为（边码 53 及其下）。原则上被委托人必须亲自处理该委托，但是可以让辅助人帮忙（参见第 664 条第 1 款）。其必须遵守委托人给出的必要指示（参见第 665 条），基于委托人的要求回应事务管理的现状，并在委托完成后作出说明（第 666 条）。被委托人为了履行委托而获得但并未被使用的，以及其从事务委托中所获得的一切东西，都必须要返还给委托人（第 667 条）。对此任何与执行事务相关的利益都是从处理事务中获得。[280]

973 如果被委托人对委托给其的义务没有履行或瑕疵履行，则其依据总则条文承担责任，且可能依据第 280 条及其下诸条上的标准承担损害赔偿义务。依据第 664 条第 1 款将此委托事项向第三人转委托时则适用特殊规定。如果该转委托为委托人作出，则被委托人只对其转委托中承担的过错负责。相反，在未经允许的委托情形中被委托人必须对其违反义务的后果负责；因而其必须承认因禁止向第三人转委托而产生的一切损失，且并不取决于其过错。

974 委托人必须补偿被委托人为执行该委托而依情况有必要作出的**支出**（第 670 条）。自愿的财产牺牲也视为支出。对此比如行车费、电话费与清偿委托人债务的垫款。对此类支出的补偿并不取决于其客观上是否需要，而是仅仅依据被委托人是否认为有必要。且具有决定意义的是被委托人在作出支出之时。如果依据理性的判断认为该支出有必要，则委托人有义务作出补偿。

975 如果被委托人因委托人过错而违反其相关义务（比如说明特定情况，且对此为了被委托人的安全必须告知）而产生了损失，则委托人依据第 280 条第 1 款承担责任。如果涉及**意外损失**，即委托人与受委托人都没有过错，则该法律情形另当别论。基于法定规则可能具有疑问的是，被委托人是否可以主张在执行委托中遭受的此类损失。由于该支出是被委托人自愿的牺牲，而损失通常为非自愿的不利，所以这里具有疑问。绝对主流观点认为赋予被委托人基于因委托而在财产上增加的危险造成的意外损失的赔偿请求权；相反，被委托人应当自己承担一般生活风险所造成

[280] 联邦普通法院案例，载《新法学周刊》，1994 年卷，第 3347 页（本文始于第 3346 页）。

的损失。[281]

例如： A 生病了，因此不能将从办公室带回家中处理的文件按时送回。工作中急需此文件来签订一份重要的合同。因此 A 请求其朋友 M 将文件送到办公室。M 表示同意。其驾驶了自己的汽车，尽管其还可以使用公共交通工具。行驶中发生了非基于 M 过错的意外事故。

该案中涉及不可归因于委托特殊风险的损失，而是任一参与交通的人都必须承担的共同风险。因此 A 对基于汽车事故的风险不具有损害赔偿义务。但是如果 A 请其朋友运送一个沉重的庞大的箱子则另当别论。该情形下使用机动车对执行事务来说是必要的，且相应地因此而构成一个专属于委托的风险。

如果不能基于解释从合同中推断出委托人想要承担与委托相关的意外损失的风险[282]，则与委托相关的意外损失的赔偿理由的区别在于： 976

- 依据主流观点，第 670 条构成了相应损害赔偿的基础，该观点中或对“支出费用”这一概念进行扩大解释，或类推适用该条文（关于类推，见边码 1180）。
- 依据其他观点，或援引《商法典》第 110 条中的法律思想。依据《商法典》第 110 条第 2 款，普通合伙企业（参见《商法典》，第 105 条及其下诸条）的合伙人可以向该合伙企业请求其在执行事务或因与之相关的危险而遭受的损失。

委托人任何时间都可以撤回委托，被委托人任何时候都可以**终结**委托（第 671 条第 1 款）。然而，如果被委托人没有重要原因在不合适的时刻作出了终结，则其必须赔偿因此而给委托人造成的损失（第 671 条第 2 款）。至于委托合同一方死亡与无行为能力是否终止委托，则基于合同约定来探究。法典在第 672、673 条中包括此解释规则。 977

考试练习三

维克多（V）继承了一些古典家具，其中有一个其认为是真正的彼德迈耶尔风格的写字柜。其在报纸上登出下列广告：“原版彼德迈耶尔风格写字柜（大约有 180 年）以 4 000 欧元出售。”对此，购买意向者康拉德（K）找上门来，其看一眼就很喜欢该写字柜，没有多问就付了所有的价款并立马拿走该柜子。然而，K 后来怀疑该柜子的真实性，并将此柜送给专家鉴定。该专家确定这是一个仿制家具，大约制作于 1960 年。对此 K 向 V 主张返还该写字柜并返还价款。此外其请求 1 000 欧元的损失，因为该期间真正的彼德迈耶尔风格的写字柜涨了大约 25%，其必须为同样的真柜子至少支付 5 000 欧元。最后 K 还想索要专家鉴定费

---

[281] 参见联邦普通法院案例，载《新法学周刊》，1993 年卷，第 2235 页（本文始于第 2234 页）；斯图加特州高等法院案例，载《新法学周刊—判例报导》，2011 年卷，第 608 页（本文始于第 606 页）；Bamberger/Roth/Fischer，第 670 条，边码 15 及其下。

[282] 参见 Brox/Walker：《债法总论》，第 29 章，边码 31。

300 欧元。

1. K 具有这些请求权吗？

2. 如果该写字柜的真实性在合同缔结 3 年后才被发现，则如何判决？对此取决于 V 是否知道该写字柜的真实性吗？

答题时间：不超过 150 分钟。

提示：无须考查侵权法中的请求权。

案例与问题

1. 什么是特定物买卖（定物买卖）？什么是种类物买卖（定类买卖）？

2. 请您说出物的买卖合同中合同主体的典型合同义务？

3. 买卖合同的标的物可以是什么？

4. 瑕疵物的买受人在行使基于瑕疵的更多权利之前必须始终向出卖人请求嗣后履行吗？

5. 在特定物买卖中买受人的嗣后履行请求权是否必须始终限于清除瑕疵？

6. 某债权的让与人必须对债权的存在与其营利性负责吗？

7. K 在 V 的电器市场上购得一台电视机。当该机器提供给他时，其认定一直存在图显障碍。对此其向 V 主张退还旧的电视机，并重新提供一台新的电视机。但是 V 只想替换部分零件，以便通过该方式来消除图显障碍。K 可以坚持提供一台新的电视吗？

8. 买卖合同中的给付风险在什么时候转移，且风险转移具有何法律意义？

9. K 在 V 处购得 100 瓶源自葡萄酒酿酒师 X 的原装夏布利葡萄酒。V 只提供了 70 瓶。尽管多次催告与对其余部分设定合理期限，但是 K 没有获得尚未供货的 30 瓶。K 有哪些权利？

10. 当购买物证明有物的瑕疵与权利瑕疵时，买受人具有哪些权利？

11. 在生产商盘沙公司的广告中写道："格拉泰丝是一种最好且最有效的生发剂。只需几天就可让您的头发竖立如山——当然，是通过使用格拉泰丝后新长出来的。"在该广告的诱惑下 S 于是就在 H 的商店以 35 欧元的价格为自己买了一大批格拉泰丝。尽管严格按照使用说明中需要注意的规则，但是却基本没有效果。S 可以向 H 请求返还买卖价款吗？

12. L 出售给 S"湿润角落"饭店。原则上 S 的购买决定是基于 L 表示 S 一个月的收入保证可以至少达到 10 000 欧元。但是 S 确认营业额不超过 6 000 欧元。其有哪些权利？

13. F 卖给 K 其二手车。很快 K 确定发动机有问题。该瑕疵在交付时就已存在。当 K 向 F 请求消除该发动机上的瑕疵时，F 称其不会去做，因为其对此没有义务。对此 K 写给 F，其应当向他返还部分（估算好的）价款以作对该发动机的补偿。F 没有回应。对此 K 对该物另作考虑，并告知 F，其将该车返还给他并想要回全部价款。当 F 对此没有回应时，K 提起诉讼，要求返还该车并同时返还价款。法院将如何判决?

14. S 出售给 W 一辆二手车并对其交付该车。双方都认为该车未发生过事故。几周后非因 W 的过错而发生了一起事故，其中该车严重受损。现在确定该车之前发生过一次事故，对此仍然存在损伤。于是 W 主张返还该车并退还价款。有权吗?

15. E 寻找一个冲撞式钻孔机，以便用其来在混凝土上钻孔，因此其来到铁制品商 H 处。H 推荐最适合此目的的 XY 牌钻机。当 E 使用该钻机时，其确定该机器对钻混凝土还是太弱了。E 对此如此生气，以致引发了心脏病。其想向 H 请求赔偿医疗费用。H 指出其是信赖相应产品说明。法律情形如何?

16. V 是 R 的唯一继承人。在遗产中其发现一块表，其将表卖给了 K 并已交付。此后 V 得知该表属于 E，且是从其处被偷的。至于 R 是如何对其取得占有则并不可知。而他并不准备将该表卖给 V 并请求其返还该表。法律情形如何?

17. 十月初，花圃迷 G 从 H 处订了郁金香花根。G 在 H 寄来花后几天即种在自己的花圃里。年初 G 确定长出的并非郁金香，而是水仙。于是其写信给 H，其中主张返还其金钱。H 对此拒绝。法律情形如何?

18. V 基于相应的合同提供给 K 一些橙子。由于当时橙子已经腐烂，K 拒绝该供货，并主张无瑕疵的货物，但是 V 在 14 天后才提供。期间橙子的市场价跌落，因此 K 在再出售时比起 14 天前只卖了非常少的价格。K 可以向 V 请求损害赔偿吗?

19. 有关物的瑕疵责任的条文与意思表示撤销所依据的第 119、120 条与第 123 条之间有何关系?

20. 在（简单的）所有权保留买卖中合同主体具有哪些权利?

21. 请说出延缓条件与消灭条件的区别!

22. B 表示，其以一个对待给付来抵销 R 的主给付义务，以便 R 对其不迟延付款。可以吗?

23. 如何理解期待权?

24. V 将汽车出售给 K。高达 20 000 欧元的买卖价款应在 10 个月分期支付。在 K 清偿了 7 个月后，K 将该车卖给了 D。D 支付了与 K 约定的数额为 6 000 欧元的价款，K 与 V 约定尚差 3 个月尚未交付的价款由 D 向 V 交付，而仍在 V 处的“机动车证”（即许可证部分二）应由 V 交给 D。当 D 向 V 提交 6 000 欧元时，其请求交出该机动车证。V 表示其合同相对人是 K，其什么都不需要对 D 做。期间其依据 K 的请求还是受领了该钱款，并将机动车证面交给了 D。法律情形如何?

25. 公司雇员 A 是在邻市经营一家店铺的葡萄酒商 H 的老顾客。基于需要，A 驾车去 H 处取所需的葡萄酒。然而由于行车受阻，其请求 H 用铁路提供 24 瓶克莱姆色地区的兰堡温德牌 2012 年度的葡萄酒，每瓶 8.75 欧元。H 小心地执行该订单。但是该葡萄酒并未到达 A 处。该葡萄酒的下落无法查明。A 继续请求提供葡萄酒，而 H 请求支付货款。法律情形如何?

26. N 女士从其邻居 F 处借来 1 千克面粉来做面包。二人签订了什么合同?

27. 如果某借贷合同是一个对价的（对等的）合同，那么适用第 320 条及其下诸条吗？

28. 租赁合同需要形式吗？

29. 承租人在租赁物有瑕疵时具有哪些权利？

30. M 从 V 处租得一个新盖的住所。因 V 没有注意的电线上的瑕疵，在搬入不久后就发生了火灾，其中造成一些家具与 M 的妻子一件大衣被毁。M 夫妇向 V 请求损失。有权吗？

31. 出租人因对租赁物的性质错误陈述或未说明而会承担缔约过失责任吗？

32. 租赁关系何时终止？

33. 什么是租赁（Leasing）？

34. 劳务合同与劳动合同的区别具有现实意义吗？

35. 如何区分劳务合同与承揽合同？

36. 承揽合同上的“验收”具有何意？

37. 在承揽人有瑕疵地制作定作物时，定作人有何权利？

38. 被委托人可以对其执行委托中所遭受的损失向委托人请求赔偿吗？

第九章 具体法定之债

第一节 引言

在探讨完具体合同之债后应当接着解决最重要的法定之债——确切地说是无因管理、不当得利和因侵权行为而产生的债。这里还是只针对一些基础知识进行讲解；不会涵括适于高阶学习的问题（参见慕斯拉克/豪：《〈民法典〉司法考试教程》，第3—5章）。 978

第二节 无因管理

一、概述

如果某人为他人管理事务，则需要一些规则来界分当事人之间的各自利益，并判断事务执行中的利益与不利归属。如果为他人管理事务——如一般情形中——**管理人（Geschäftsführer）**与**本人（Geschäftsherr）**之间事先作了约定，则适用相应的约定。如果没有约定，则补充适用法定条文，比如无偿管理事务时有关委托的规定（参见第662条及其下）、有偿管理事务时除了委托规则和劳务与承揽合同规则（参见第675条第1款）外，通常还有特殊规范，比如关于支付服务合同（第675条及其下诸条），以及《商法典》中所涉及的经销（《商法典》第383条及其下）、运输（《商法典》第453条及其下）与商事经纪（《商法典》第93条及其下）。但 979

是《民法典》必须同样包括这些情形的规则，即某人管理他人事务，对此未经本人委托，或对此的权限可从其他法律依据中得出。相应的规则位于第 677 条及其下。

980 由此得出，无委托或其他授权而管理他人事务的不同情形必须区分：

- **无因管理（GoA）**，事务管理人明知管理的是他人事务，而故意去做此事。无因管理规定在第 677—686 条中。
- **误认管理自己事务**，其中不存在管理他人事务的意识和与之相应的意思。第 687 条第 1 款规定了某人管理他人事务，但自认为是自己的事务，则明确排除了无因管理规则。当事人之间的调整基于一般普遍规则来实施，特别是依据第 812 条及其下诸条与第 823 条及其下诸条。
- **强作管理自己事务**，这里虽然有管理他人事务的意识，但是如同管理自己的事务一样。在事务僭越时本人通常存在侵权行为上的请求权。此外，第 678 条第 2 款第 1 句给予本人向事务实施人基于无因管理条文而行使请求权的权利；这样其有义务依据不当得利条文向事务执行人请求返还其通过管理事务所获得的所有东西（第 678 条第 2 款第 2 句与第 684 条第 1 句）。

981 最后所述的两种情形称为**非真正管理事务**（参见第 687 条中的标题）。

982 第 677 条中的描述“无因管理”（没有委托或授权而管理他人的事务）还需要补充第 678 条中的**主观要件**（对他人的明知和为他人处理事务的意思）。但是此处对无因管理的概念规定却并不存在。相反，同样必须注意事务管理人是否**正当**地侵犯了他人的权利范围

例如：G 长期以来一直气愤其邻居 L 时不时地就花时间照顾自己的后花园。G 利用 L 自驾游期间“修理了一下”L 的花园。

或管理事务是否符合他人的利益与**他人真实的或可能的**意思。

例如：G 在其邻居长期外出期间发现狂风要将他房子的窗户毁坏。为了防止漏雨其加固了该窗户。

983 依据法律体系，无因管理的功用思路显得与对管理人的意思的探寻一样，只对从中得出的后果具有意义；因为第 683 条使之取决于支出费用的赔偿请求权。但是该请求权太少，因为这样似乎可被理解为，第 677 条及其下诸条调整下的情形是违背本人利益的“强作欢颜”。因此主流观点①合理地区分为**正当的无因管理**，即事务执行与本人的利益与真实的或推断的意思相适应，与**不当的无因管理**，即没有满足以上条件。只有在正当的（合法意义上的）无因管理时管理人才有法律理由介入本人的事务范围，因此这也是合法的。相反，在不当的（不合法意义上的）无因管理时，如果其照料了本人权利范围内的事务的话，则客观上其就是在违法地行为。因此，与委托类似的法律关系就不会如正当的无因管理一样在管理人与本人之间产生。

---

① 参见 Wandt：《法定之债》，第 2 章，边码 10f.；Fikentscher/Heinemann：《债法》，边码 1267；Looschelders：《债法分论》，边码 836。

二、正当的无因管理的条件 984

正当的无因管理的条件所述如下：

（1）管理事务，

（2）所管理的事务对管理人的属他性（对此通过涉及何人事务这一问题来探究本人的身份，参见第686条），

（3）为他人管理事务的意思，

（4）缺少基于委托或其他理由的特殊事务管理关系（第677条），

（5）无因管理的合理性。

“事务管理”这一概念应被最广义地理解。其中包括所有种类的行为，即法律 985
行为与事实行为一样（比如管理花园或加固窗户）。②

当法律规范或实施关系表明该行为明确属于他人，则对于是否涉及**“他人事** 986
务”这一问题不难回答。

例如：G为其不在家的邻居N接收了包裹并支付了邮费；或者G吓走了一个想闯入N家的不速之客。

这些情形中毋庸置疑的是管理人所管理的事务属于他人权利范围。但是还有一 987
些并非直接明了的情形。

例如：G在一个拍卖会上发现上了一张其朋友F找了很久的邮票。为了让F开心，G拍下了该邮票并带给了F。

基于该示例不能从外部识别出所照料的是他人的事务。只有管理人的主观意思 988
才可断定其是为他人管理事务；因此称为**主观属他事务或客观中立的事务**来区别于属他性不能直接识别的客观属他事务。此处的难点涉及对管理他人事务意思上的证明，对此，管理人在争讼中（比如请求对所支出费用的赔偿）必须提出（边码991）。

事务的属他性并不因管理人对事务管理具有自己的利益而被排除（所谓的： 989
“同为属他的事务（Auch-fremdes-Geschäft）”）。

例如：M的次承租人U在其房间内扑灭了一个同样威胁其房屋的火情。该情形中作出了既为他人又为自己的事务。然而只有当U具有同时为M行为的意思时才涉及无因管理（为他人行为的意思）。

相反，当管理人对其所作出的行为具有义务时，比如警察或消防员有义务在公 990
务范围内为他人行为，则是否可认定为一个属他行为（所谓的义务性管理人；对提到的问题详述见慕斯拉克/豪：《〈民法典〉司法考试教程》，边码233及其下），则并非容易回答。这里只指出，该判断原则上取决于得出该行为义务的法定规则是否

---

② 联邦普通法院案例，载《新法学周刊》，2012年卷，第3367页，边码12（本文始于第3366页）。

同样也包括专门对行为支出赔偿问题作出回应的规则。

991 为他人而非为自己管理事务的意思，即所谓的**"管理他人事务的意思"**，作为争讼中的内部程序很难确定。以其管理事务为理由而向他人请求支出费用赔偿的人，通常会作出相应的陈述。为了对此问题作出回答必须区分：

- 在客观的属他事务中，即对其属他性从外部可立即识别的事务，如果没有具有说服力的关键点来认定缺少主观意思的话，则必须认定具有管理他人事务的意思。
- 联邦普通法院[③]认为，依据事务的表象不仅利于管理人，同样利于第三人，则同样适用于所谓的"同为属他的事务"（边码 989）。
- 在客观属自己与客观中立的事务中，为他人管理事务的意思必须在外部可知地体现出来。[④]

992 由此得出，在客观属自己或中立的事务中，当管理他人行为的意思不存在或不能确定时，则排除无因管理。如果在客观属他事务中缺少事务管理的意思，则取决于管理人是否对事务的属他性具有明知；如果是，则适用第 687 条第 2 款；如果缺少明知，则适用第 687 条第 1 款（边码 980）。

993 无因管理的另一条件则是否定性的：管理人不可被本人委托或授权而管理事务（基于合同或基于法定之债，比如依据第 1626 条或 1793 条）。有疑问的是，当管理人对本人作出行为的权利和义务所基于的合同无效时，是否适用无因管理的条文。

例如：商人 K 陷入经济困境，于是其委托经济咨询师 W 来执行债务清算。W 据此与债权人 K 商议并实现了重要的债务减轻。K 与 W 并不知道他们的合同因违反《法律服务法》而无效。

994 联邦普通法院[⑤]在此类情形中所基于立场是，在委托或其他相关合同无效时可以不受限制地适用第 677 条及其下诸条中的规则。该法院认为，管理人被赋予或自认为有义务作出行为的情形并不阻碍对无因管理条文的适用。[⑥] 文献中所表达出的思想是：对于无法律理由的给付恢复应适用有关不当得利的条文；当遵循联邦普通法院的观点时可能会规避不当得利规则上的有关限制规则。该考虑是合理的；在因

---

③ 联邦普通法院案例，载《新法学周刊》，2000 年卷，第 72 页及其下；2000 年卷，第 423 页（本文始于第 422 页）；《新法学周刊—判例报导》，2004 年卷，第 82 页（本文始于第 81 页）；2005 年卷，第 641 页（本文始于第 639 页）。反对观点见 Falk 论文，载《法学训练》，2003 年卷，第 835 页及其下（本文始于第 833 页）；对此还可参见 Thole 论文，载《新法学周刊》，2010 年卷，第 1244 页（本文始于第 1243 页）。

④ 《联邦普通法院民事判例集》，第 82 卷，第 330 页及其下（本文始于第 323 页）＝《新法学周刊》，1982 年卷，第 875 页；《联邦普通法院民事判例集》，第 114 卷，第 250 页（本文始于第 248 页）＝《新法学周刊》，1991 年卷，第 2638 页；联邦普通法院判例，载《新法学周刊》，2000 年卷，第 72 页及其下；2009 年卷，第 1881 页，边码 22（本文始于第 1879 页）；《新法学周刊—判例报导》，2004 年卷，第 82 页（本文始于第 81 页）。

⑤ 《联邦普通法院民事判例集》，第 37 卷，第 262 页及其下（本文始于第 258 页）＝《新法学周刊》，1962 年卷，第 2010 页；同样见《联邦普通法院民事判例集》，第 101 卷，第 399 页（本文始于第 393 页）＝《新法学周刊》，1988 年卷，第 132 页；联邦普通法院判例，载《新法学周刊》，1997 年卷，第 48 页（本文始于第 47 页）。

⑥ 联邦普通法院案例，载《新法学周刊—判例报导》，2005 年卷，第 641 页（本文始于第 639 页）；《新法学周刊》，2015 年卷，第 1020 页。

法律行为无效而受挫的给付恢复时，第 812 条及其下诸条优先于第 677 条及其下诸条。⑦

管理事务是**正当的**，只有当其 995

- 与本人的利益和真正的或推断的意思相适应（第 683 条第 1 句）或
- 第 679 条上相反的意思并不重要（第 683 条第 2 句）
- 或经本人追认的不当的管理，并基于此使其成为正当的（第 684 条第 2 句）。

当管理对本人客观上有利时，则该管理符合**本人的利益**。但是依据客观视角作出的评价必须涉及本人的个人情况。如果本人没有足够的资金手段，诸如超低价购买物品之类也可能违背了其利益；相反，当其需要紧急资金，且基于现状显得需要典当物品时，则低价出售该商品符合其利益。 996

依据法定规则（参见第 683 条第 1 句），本人的利益与意思对正当的无因管理显得具有同等条件。该看法是否恰当仍值得怀疑并有争议。对此问题必须注意以下内容： 997

- 如果本人明确或推断地**表达出**其**"真实的意思"**，则仅仅取决于该意思。与其意思冲突的事务管理始终是不正当的，除非具有第 679 条中的例外情形。当本人的真实意思客观上视为不理性时也同样适用。⑧ 无因管理不可成为强迫获益的工具来更改本人不明智的决定。

例如：生活节俭的 A 是一个狂热的足球迷。当德国国家队在慕尼黑比赛时，其想获得该场比赛的入场券。于是其在一家旅馆里表示，如果谁获得了一张入场券，其就为此支付 300 欧元。当有人以 25 欧元的入场券以 250 欧元来对 B 推销时，其想到了偶然听到了 A 的话，并为其买下来该入场券。该情形中买票并不符合其利益，但是却符合 A 的意思。因此涉及一个正当的无因管理。

- 真实的意思必须已经可知，要不然就依所推定的意思来判断。然而管理人是否已经知道或可能知道本人的真实意思则并不重要。相反，当管理人根本不具有获知本人（不管是什么方式作出的）相反意思的可能性时，则同样否定该无因管理。

如果本人的真实意思并不可知，即没人可确定，则**推定的意思**就具有决定意义。这样对此就必须提出一个假设，即当本人知道作出管理时会具有何意思。推定的意思这一概念必须在客观意义上理解，且必须要探讨一个理性的本人在注意到所有情形和特殊状况时是否会作出该行为。客观利益与推定的意思一般是一致的。 998

如果本人**无行为能力或行为能力受限制**，则不评价其意思，而是评价其法定代理人的意思。有争议的是，当**管理人不具有行为能力时**具有何法律后果。一些人认为无因管理是准法律行为，对此类推适用有关法律行为的规则（边码 239 及其下）。据此观点，依据第 677 条及其下诸条中的规则只有当其法定代理人同意或追认所作 999

---

⑦ Lorenz 论文，载《新法学周刊》，1996 年卷，第 883 页；Einsele 论文，载《法学训练》，第 403 页（本文始于第 401 页）；Pfeifer 论文，载《法学研究集刊》，2008 年卷，第 17 页；《慕尼黑民法典评注》/Seiler，第 677 条，边码 48。

⑧ 同样见 Martinek/Theobald 论文，载《法学训练》，1997 年卷，第 614 页（本文始于第 612 页）；Wandt：《法定之债》，第 5 章，边码 17。

出的管理行为时，限制行为能力人才基于无因管理享有权利并承担义务。当同样符合以上条件时，主流观点却不愿赋予无行为能力的管理人以无因管理上的权利。该观点指出，无因管理只可存在于事实行为（边码 985）中，对此与法律行为无关；第 682 条足以保护无行为能力的管理人的利益。⑨

三、正当的无因管理的法律后果

1000 基于正当的无因管理，本人与管理人之间产生一个**法定之债**，其内容在很大程度上与委托相一致。该法律关系为侵权行为，即管理人在本人的法益范围内管理事务，提供了合法的理由，这样对管理人的侵权请求权就在该范围内被排除。同时，正当的无因管理中的管理人与本人之间在无因管理中实现的财产转移在不当得利（边码 1017、1021）意义上找到了法律理由，这样，在此范围内就排除了不当得利请求权。

1001 对于法律分析的结构而言从中可以得出，在探究侵权法或不当得利法之前需要处理正当的无因管理问题（如果对此有理由的话），因为对此问题的积极回答会排除对管理人的侵权与不当得利请求权。

1002 正当的无因管理这一法定之债为管理人与本人创设了权利与义务。依据第 677 条，管理人必须这样作出行为，“如在考虑到其真正的或推断的意思时为本人的利益所需要”；如果其过错违反了该义务，则其必须赔偿因此而造成的损失（第 280 条第 1 款；边码 547 条及其下）。本人的利益与意思因此在以下两方面具有意义：

- 其在作出管理行为时确定，这是否涉及一个正当的无因管理。
- 其为管理人设定框架，其必须在此范围内管理事务。

1003 第 681 条通过对委托法的指引而设定了**管理人的从义务**。管理人从管理事务中得出的返还义务具有特别意义（第 681 条第 2 句与第 667 条）。这同样适用于其在管理中所获得的利润。从第 682 条中得出一个对无行为能力或限制行为能力的管理人的重要限制：其只有不当得利条文中的义务。由于依据主流观点第 682 条上涉及一个法律基础的指引（边码 693），所以必须满足不当得利法上的请求权的条件，这样就产生一个返还义务。

1004 本人在正当的无因管理上最重要的义务在于，赔偿管理人的支出费用，确切地说如同被委托人所被请求的一样（第 683 条第 1 句与第 670 条；边码 974）。如被委托人一样，管理人可以在无因管理时请求意外损失赔偿，即基于管理事务而在财产上增加的风险，而非基于一般的生活风险（边码 975 及其下）。

1005 如果管理人在管理事务中丧失了生命，主流观点相应地适用第 844 条第 2 款；据此，在杀害情形下，赔偿义务人必须向对被杀者具有生活费请求权的人作出损害赔偿。相应地适用第 844 条第 2 款上理由，这是对管理人请求权原则必要的且合乎逻辑的扩展。否则就产生有违情理的结果，即管理人虽然可以在较轻的健康损害中请求赔偿，但是当其失去生命时其亲属却只能一无所获。

---

⑨ 有关意见分歧参见《慕尼黑民法典评注》/Seiler，第 682 条，边码 2 及其下。

依据主流观点[⑩]，如果所作出的行为为其行业或职业范畴，则管理人可以请求其所投入的劳动力的报酬。不同于委托的理由在于，无因管理中缺少对所作行为无偿性的约定。 1006

例如： 医生A碰巧看见一场交通意外。其帮助营救伤员并为他们做了紧急救护。该案中A可以依据医疗费用标准请求其医疗行为的费用。此外该结果还建立在第1835条第3款的法律思想上。该条文明确规定，监护人或监护监督人的投入也包括其经营或其职业中的工作。无因管理人的支出费用赔偿请求权因此比被委托人的请求权范围要宽，被委托人不能请求所作出劳动的报酬，因为委托的无偿性将其排除。

许多人想始终（即不仅当所作出的行为可归为其行业或职业范畴时）给予管理人适当的报酬，并支持第683条上判决的观点[⑪]，或个人的劳动力应视为最重要的经营基础，财产部分与其赔偿应视为“自愿的”财产牺牲，即视为支出。[⑫] 最后建议在假设的主体意思基础上（边码300）寻找答案；如果可能订立合同的话，这应当探究主体间是否通过合同约定了报酬。[⑬] 1007

依据第685条，管理人没有**支出费用请求权**，如果其在作出事务时并没有向本人请求赔偿的意思。该条文涉及例外规定，对其取决于管理人一切为外界可知的放弃的意思。当管理人在执行事务时并没有想到以后要作出赔偿请求权时则并不适用第685条第1款。 1008

四、不当的无因管理

不当的无因管理与正当的无因管理的区别仅仅在于，事务管理不符合本人的利益和真正的或推定的意思，但是其他正当的无因管理的条件都符合（边码984）。但是该情形中缺少的事务管理的合理理由能够通过第679条规定的与本人相冲突的不重要的意思与本人对事务管理的追认（第684条第2句）来取代。 1009

该争议的问题，即是否基于不当的无因管理也会在本人与管理人之间产生一个法定之债[⑭]，只有当要将第677条与第681条适用于不当的管理人时才有现实意义。[⑮] 对该条文适用的主要论证理由是，不合理的管理人不得处于比合理的管理人更好的法律状态。[⑯] 此外，只有在行为僭越条件下有效的条文才适用于此（第678 1010

---

⑩ 联邦普通法院案例，载《新法学周刊》，1971年卷，第612页（本文始于第609页）（其范围在《联邦普通法院民事判例集》，第55卷，第128页及其下中并未刊登出）；《联邦普通法院民事判例集》，第65卷，第390页（本文始于第384页）＝《新法学周刊》，1976年卷，第748页＝《法学训练》，1976年卷，第602页；联邦普通法院判例，载《新法学周刊—判例报导》，2005年卷，第641页（本文始于第639页）；Larenz：《债法Ⅱ》，第355页；Palandt/Sprau，第683条，边码8。

⑪ 《慕尼黑民法典评注》/Seiler，第683条，边码25。

⑫ Esser/Weyer：《债法Ⅱ/2》，第46章，第22页。

⑬ Köhler论文，载《法学家报》，1985年卷，第361页及其下（本文始于第359页）。

⑭ 否定观点见Jauernig/Mansel，前677条，边码5。

⑮ 如Brox/Walker：《债法分论》，第37章，边码2。

⑯ Bamberger/Roth/Gehrlein，第677条，边码7；Brox/Walker：《债法分论》，第37章，边码2；Palandt/Sprau，前第677条，边码5。其他观点见Fikentscher/Heinemann：《债法》，边码1281。

条第 2 款第 1 句）。

1011 如果管理事务不合理，则不得作出。但是如果管理人仍要介入他人的权利范围，则其行为违法；如果其明知或因过失而不知道其作出的行为违反了本人（真正的或推定的）意思，则其必须**依据第 678 条赔偿**因之而生的**损失**。本人应被置于如同没有管理人所作出的行为一样的境况。这并不取决于管理人在行为时是否具有过错。相反，该责任基于承继的过错（Übernahmeverschulden），同样也包括管理中的意外损失。[17] 此外，（不当的）管理人可能依据第 823 条及其下诸条具有损害赔偿义务。因为不当的无因管理并未在本人与管理人之间创设一个财产转移的法律理由，因此双方有义务依据不当得利条文相互返还从无因管理中所获得的一切。管理人对本人的请求权得自第 684 条第 1 句，该句包括一个法律后果指引（边码 693）。本人对管理人的相反的请求权直接依据第 812 条及其下诸条。

1012 如果事务管理的目的在于避免本人——人身或财产损失，依据主流观点还包括其亲属——受威胁的**紧急危险**，则为了管理人的利益，责任标准限于故意与重大过失（第 680 条）。基于此，紧急救助人被赋予特权且鼓励其紧急情况下提供帮助。该立法目的在该管理人误认为危险但实际并不存在时同样适用。该紧急救助人的特权导致在误认为紧急情况时，不管是依据第 678 条还是依据第 823 条及其下条文，管理人作出（不合理的）避免危险的假象行为只在重大过失时才受指责（有争议）。[18]

例如：H 听见隔壁住房有悲惨的叫喊。当其按门铃并敲门但没有人开门时，其就破门而入，发现其邻居在音量放的很大的电视机前，叫喊声就从电视机里出来。H 对其所造成损失的责任应被排除，因为其并非因重大过失而为之。

1013 有争议的是，第 680 条中的责任特权是否可以有利地适用于专业的紧急救护人员，如救护医生、急救员与消防人员。基于此类人员明知且有意作出紧急状态下的救助行为并为此而支付费用，该问题应被否定。[19] 虽然第 680 条同样适用于专业的紧急救助者，但是其中所设置的过失标准需要考虑到专业人士更高的能力与更好的知识，这显得更有说服力。[20]

五、不真正的管理

1014 第 687 条中规定的两种情形的区别在于，一个是管理人错误认为其管理的是自己的事务（第 1 款），而在第 2 款中规定的行为僭越时管理人明知事务的属他性而当做自己事务来管理。由于在两种情形中缺少为他人行为的意思，所以这并不涉及

---

⑰ Hk-BGB/Schulze，第 678 条，边码 4。

⑱ 主流观点 Palandt/Sprau，第 680 条，边码 1；Erman/Ehmann，第 680 条，边码 4；Jauerig/Mansel，第 680 条，边码 2；Bamberger/Roth/Gehrlein，第 680 条，边码 1 及其下。其他观点见《慕尼黑民法典评注》/Seiler，第 680 条，边码 5。

⑲ 慕尼黑州高等法院案例，载《新法学周刊》，2006 年卷，第 1885 页（本文始于第 1883 页）；同样见 Palandt/Sprau，第 680 页，边码 1；Jauernig/Mansel，第 680 条，边码 1。

⑳ 见《慕尼黑民法典评注》/Seiler，第 680 条，边码 6；Bamberger/Roth/Gehrlein，第 680 条，边码 2。

一个（真正的）无因管理。本人与管理人之间的法律关系在错误管理时指向一般的规范。相反，第 687 条第 2 款（法律后果指引，见边码 693）与一般规则相比改善了本人的法律地位；这显示了对故意侵犯他人权益的合理反应。

行为僭越时本人的请求权一方面是基于第 687 条第 2 款对第 678 条中损害赔偿 1015
的指引（边码 1011），另一方面是依据第 681 条与第 667 条指向对从管理行为中获得的东西，确切地说——就如第 285 条（边码 538）或第 816 条第 1 款第 1 句中（参见慕斯拉克/豪：《〈民法典〉司法考试教程》，边码 296 及其下）——限于所获

管理他人事务的法律后果概览

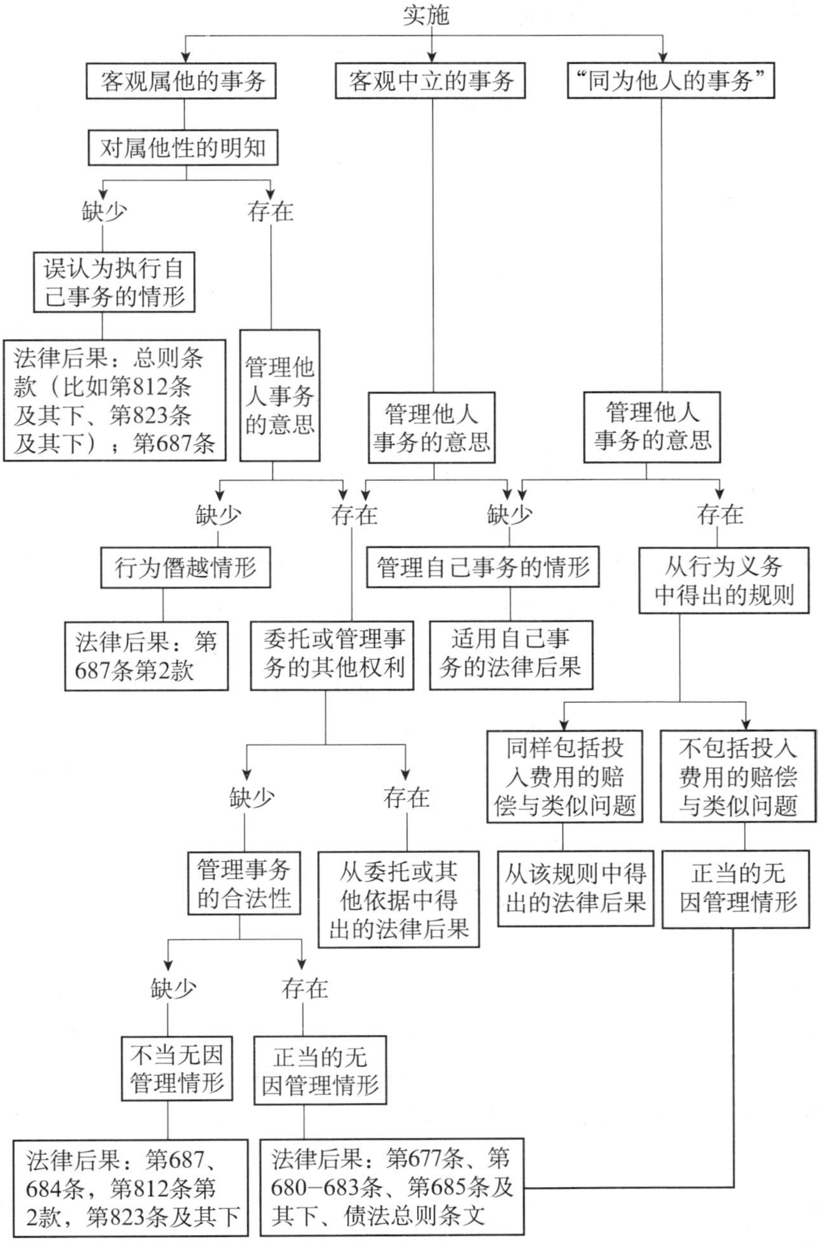

利润的返还。对此并不取决于本人是否自己具有相应的收益（比如受贿时被否定）。因此该请求权超出了相应的侵权行为或不当得利请求权。[21] 对此本人还有要求作出解释并说明的请求权（第 681 条与第 666 条）。

1016 如果本人行使了第 687 条第 2 款第 1 句中的请求权，则第 687 第 2 款第 2 句指引适用第 684 条第 1 句。但人们严格采用该指引，就会得出一个荒谬的结论：在管理人自以为属于自己事务中，一方面依据第 687 条第 2 款第 1 句与第 687 条第 2 句、第 667 条有义务向本人返还基于管理行为的收益；另一方面，第 687 条第 2 款第 2 句通过其对 684 条第 1 句的指引似乎告知本人，基于管理行为所获得的一切依据不当得利返还条文都需要向管理人返还。如果想解决该矛盾，则必须将第 687 条第 2 款第 2 句中所表述出的指引引向对管理人的适用。这意味着，本人必须依据不当得利原则作出支付费用的赔偿。因此其无须归还管理人的无结果的或超过本人从管理行为中获得的利润的支出费用。[22]

第三节 不当得利

一、概论

1017 不当得利法规定在第 812 条及其下诸条中，目的在于使得财产价值实质上的不当增加复归原主：债务人应当负有义务返还其没有法律依据的所获之物。该义务取决于该财产的不当增加是否基于他人给付（所谓的给付性（不当得利）返还请求权）或其他方式（所谓的非给付性（不当得利）返还请求权）而产生。基于不当得利的具体请求权与罗马法模式相适应，被称为“返还请求权（Kondiktion)”。**给付性（不当得利）返还请求权（Leistungskondiktion）与非给付性（不当得利）返还请求权（Nichtleistungskondiktion）的区别**为主流观点，且其基础在第 812 条第 1 款第 1 句的法律条文中，此处不当得利基于某人“给付”和“以其他方式”对立共存。

二、给付性（不当得利）返还请求权

1018 给付性（不当得利）返还请求权的条件是，被其衡平的财产增加是基于不当得利债权人的给付实现的。因此，给付概念也是区别非给付性（不当得利）返还请求权的决定性特征。依据主流观点，**给付是任一明知且有目的地增加他人财产的行为**。基于此，当给付人缺少增加他人财产的意思时，则排除给付性请求权。

---

[21] 《慕尼黑民法典评注》/Seiler，第 687 条，边码 25。

[22] 《慕尼黑民法典评注》/ Seiler，第 687 条，边码 15。

例如：物业管理人 H 为环绕其所照管的房屋的木栅栏刷漆。对此其使用一桶其认为是从业主处取得的油漆；但是实际上是 H 自己的油漆。该情形中 H 并未“作出给付”，因为其不知道业主的财产通过使用自己的油漆而增加。

此外，给付人必须通过给付来**追求一个特定的目的**，比如通过给付来履行一个义务或赠与给相对方。给付目的性特征尤其在有三名当事人的情形中具有意义。 1019

例如：S 指示银行 B 给 G 支付 2 000 欧元，因 B 基于买卖合同对其享有该请求权。如果银行遵循该指示，则虽然银行明知增加了 G 的财产，但是在此关系中其并未追求给付目的。因此在该银行向 G 的支付过程中不可视为不当得利法上的支付。相反银行 B 对 S 作出给付，是因为其基于履行其对其客户 S 的合同上的义务而向 G 给付金钱，且也是明知且有目的地为之，如同 G 与 S 关系中所给付的一样，因为 S 想履行买卖合同中的义务。其借助银行所作的并没有使得银行 B 与 G 之间产生给付关系；此处仅仅涉及 S 与 G 之间一个技术上的付款程序。对于不当得利法而言有意义的是，一个或两个合同无效而因此产生的恢复问题上的区别。

如果给付概念涉及**增加他人的财产**，则对此的一个当然条件是：该请求权是基于“不当得利”而作出，因为不当得利的债务人已经获得一个财产利益，对此涉及一个衡平（这里并不存在给付性（不当得利）返还请求权与非给付性（不当得利）返还请求权之间的区别）。当债务人的财产状况被改善，则始终被认定为财产上的利益。这可基于不同的方式产生。债务人可因获得资产价值而带来财产增加，比如获得所有权或债权或占有；债务人的财产状况同样可基于消极财产消灭而改善，比如债务被免除或针对债务人的债权被不当得利债权人履行。最后，债务人同样可以因节省了自己的开支而不当得利，比如一个物被债务人使用，而其通常必须用自己的金钱购买。 1020

给付性（不当得利）返还请求权的另一特征（同样如其他非给付性（不当得利）返还请求权中一样）是**相对方缺少继续持有的法律理由**。该构成要件特征**在给付性（不当得利）返还请求权的不同情形中**具有区别。具体涉及以下情形： 1021

- 法律基础自始不存的（不当得利）返还请求权（Condictio indebiti）（第 812 条第 1 款第 1 句第 1 种情形）：这一最重要的给付性（不当得利）返还请求权涉及给付的法律基础自始缺乏情形。即不当得利债权人作出了给付，尽管并不存在债的关系。

例如：V 为了履行与 K 所签订的买卖合同而将其汽车所有权转移。V 并不知道该买卖合同无效。因此 V 作了给付，尽管其并不负债。其可以基于法律基础自始不存在的（不当得利）返还请求权（condictio indebiti）向 K 请求返还该汽车。

第 813 条将法律基础自始不存在的（不当得利）返还请求权（condictio indebiti）的构成要件扩大于虽然存在债务，但是具有长期**抗辩**（边码 256 及其下）情形。第 813 条第 1 款第 2 句中显示的例外同样包括第 214 条第 12 款中的时效抗辩。

- **法律基础嗣后消灭时的（不当得利）返还请求权（Condictio ob causam finitam）**（第 812 条第 1 款第 2 句第 1 种情形）：这区别于**法律基础自始不存在时的（不当得利）返还请求权（condictio indebiti）**之处在于，履行的法律基础虽然在履行当时存在，但之后却被废除。

例如： A 对其汽车在 B 保险公司投了盗窃险。当汽车被盗时，保险公司作了支付。但一段时间后该车被警察找到。B 可以基于第 812 条第 1 款第 2 句第 1 种情形作出返还支付请求权，如果其没有与 A 在合同中约定该情形中的返还支付的话。

主流观点将给付性（不当得利）返还请求权同样用于撤销情形中（比如基于错误或欺诈），即根据撤销权的形式来安排。由于撤销使得法律行为溯及地消灭（第 142 条第 1 款），所以人们更愿将法律基础自始不存在时的返还请求权（condictio indebiti）视为正当的返还请求权类型（这在结果中并不自由地起作用）。

- **法律行为目的落空时的（不当得利）返还请求权（Condictio ob rem）**——亦称为**法律行为订立时所追求的结果未产生时的（不当得利）返还请求权（condictio causa data causa non secuta）**——（第 812 条第 1 款第 2 句第 2 种情形）：此处构成（不当得利）返还请求权基础的情形是，“履行没有实现法律行为所追求的结果”。然而任一单方履行人对该给付的期待仍不足够。相反，需要相对方知道该履行人的期待，且至少通过对给付的受领可默示理解为其认可该目的。[23]

例如： A 不顾一切地要观看某一个体育活动。但是对此需要其同事 B 愿意与其换班。A 想送给 B 一瓶酒以给其带来好心情。但是其并未提及任何关于其想让 B 与其换班的事。当后来 A 表示其请求时 B 拒绝了。该情形中 A 不可运用因目的落空的给付性（不当得利）返还请求权来请求返还该瓶酒。

为了正确理解相当难以理解的**法律行为目的落空时的（不当得利）返还请求权（condictio ob rem）**，必须探讨给付所追求的典型的目的；该目的原则上分为四类：

- 给付人意图通过财产转移来履行既存的或认为既存的法律上的或法律行为上的义务。该给付达到了**履行的目的（solvendi causa）**。例如出卖人交付买卖标的物并转移所有权给买受人，以履行买卖合同中的合同义务。
- 为了**赠与（donandi causa）**而作出给付。在亲自赠与（参见第 516 条第 1 款）中并非首先构成一个需要一定形式的赠与义务（第 518 条第 1 款），而是物法上赠与的同时实现法律基础上债法上的约定。
- 为了**构建债的关系（obligandi causa）**而给付。然而债的关系的建立并不必然是给付人的动机。这样在（正当的）无因管理中的管理行为即如此，即管理人的行为是无因管理法定之债的原因，且基于此创设了给付的法律基础（边码 1000）。
- 给付人作出一个给付是为了相对方能作出一个特定的行为，而对此特定的行为给付人却并无请求权。然而该给付却并未实现其**目的（ob rem）**。第 812 条第 1 款第 2 句第 2 种情形意义上的**法律行为目的落空时的（不当得利）返还请求权（condictio ob rem）**仅指所述的最后一种类型。由于在履行的目的

㉓ 联邦普通法院案例，载《家庭法杂志》，2009 年卷，第 850 页，边码 15（本文始于第 849 页）；《新法学周刊》，2013 年卷，第 2017 页，边码 26（本文始于第 2025 页）。

(solvendi causa) 情形时所作出的给付在履行时具有所追求的结果，如果该结果并未出现，则所给付的基于第 812 条第 1 款第 1 句第 1 种情形可以被请求返还。这同样适用于为了赠与目的或为了建立债务应当被给付但该目的没有被实现之时。因此在 condictio ob rem 时涉及的情形是，给付应当用于为相对方表明一个并不负有义务的作为或不作为；比如一笔“定金”以相对人明知的意图来给付以促使其签订某一合同。如果之后该合同并未成立，则可基于法律行为目的落空时的返还请求权（condictio ob rem）要求返还该笔定金。

- **法律行为订立时所追求的结果未产生时的返还请求权（Condictio ob turpem vel iniustam causam）**（第 817 条第 1 句）：这涉及相对人受领给付违反法律禁令或善良风俗。但是其现实意义却很小，因为负担行为在违反法律或善良风俗情形中依据第 134 条或第 138 条多为无效，这样已经适用法律基础自始不存在时的返还请求权（condictio indebiti）。

当第 814、815 条或第 817 条第 2 句中所述**排除要件（Ausschlusstatbestand）**已经满足时，则排除给付性（不当得利）返还请求权。 1022

第 814 条涉及法律基础自始不存在时的返还请求权（condictio indebiti）。据此，“当给付人知道其并不负有给付义务时”，则不可请求返还为了履行该债务而作出的给付。即给付人对其无债务的知悉会排除其保护价值。[24] 基于条文的此目的性可得出，只有在给付之时对无债务的实际知悉才排除该（不当得利）返还请求权。对得出给付的无法律基础的构成要件的知悉并不排除返还性请求权[25]，如果对此给付人仍然基于法律错误认为具有义务的话。对此不重要的是该错误是否基于（重大）过失。 1023

依据第 142 条第 2 款，对法律行为可撤销性的知悉与对无效的知悉具有同等地位。这意味着，当尽管知道撤销的可能性还作出给付时，第 814 条排除了该给付的返还请求权。但是这并不适用于只有给付的相对人（并不包括给付人）具有撤销权的情形，因为对给付人而言给付义务处在其不会受影响的撤销之前。[26] 1024

依据第 814 条，当给付人错误地认为存在一个法定给付义务，但是该给付实际上只是“一个风俗上的义务或与礼俗上需要注意的内容相适应”，则同样不存在法律基础自始不存在时的返还请求权（condictio indebiti）。如援助法律上并无扶养义务的本亲属与姻亲属。主流观点同样将第 814 条相应地适用于第 813 条中的情形。这意味着当给付人虽然知道持续性抗辩（边码 265 条及其下）存在而给付，则排除该返还性请求权。需要注意的是，第 814 条可以适用于非给付性（不当得利）返还 1025

㉔ 但是判决在给付的相对人不得信任拥有该接受物情形中作了限制，比较联邦普通法院案例，载《新法学周刊》，1979 年卷，第 762 页（本文始于第 760 页）；慕尼黑州高等法院案例，载《新法学周刊》，2011 年卷，第 82 页（本文始于第 80 页）。

㉕ 联邦普通法院案例，载《新法学周刊—判例报导》，2014 年卷，第 1135 页，边码 109（本文始于第 1133 页）=《法学训练》，2015 年卷，第 168 页（Schwab）。

㉖ 联邦普通法院案例，载《新法学周刊》，2008 年卷，第 1878 页。

请求权。[27]

1026 **第 815 条对法律基础自始不存在时的返还请求权（condictio ob rem）设定了排除性要件。**该条文包括两种情形：

- 依据第 1 种情形，当法律行为内容所追求的后果自始就不会出现且给付人对此已经知悉时，则对所给付的返还请求权不存在。该情形与第 814 条中规定的给付人已经知道其并不具有义务情形类似。
- 第 815 条的第 2 种情形基于与第 162 条第 1 款类似的法律思想：如果给付人违背诚实信用原则阻止结果的出现，则不得对其带来利益。

1027 **第 817 条第 2 句中的排除要件**适用于所有给付性（不当得利）返还请求权情形。与条文内容（“同样地”）相反，对此债务人仅仅违反法律或违反风俗就足矣。绝对主流的观点赞成的第 817 条第 2 款的扩大适用基于下列考虑来论证：如果只将条文限于第 817 条第 1 句中的情形，则会得出荒谬的结论，即作出悖俗行为的给付相对人优先于并不违反法律禁令或善良风俗的给付相对人受领该给付。因为具有第 817 条第 1 句上的请求权的违背风俗行为的相对人，其可能基于第 817 条第 2 句中的排除要件而拥有该给付；而“正直的”相对人基于法律基础自始不存在时的（不当得利）返还请求权（condictio indebiti）或法律行为目的落空时的（不当得利）返还请求权（condictio ob rem）可能必须返还所作出的给付，如果第 817 条第 2 句对此情形并不适用的话。

1028 基于第 817 条第 2 句得出的返还性请求权的限制可以从第 138 条第 1 款中确定的限制无效的保护目的中得出。联邦普通法院[28]对下列案例作了判决：

A 加入了一个依据滚雪球原理设置的所谓的赠送团体。据此，处于顶端的受赠人集团的成员可以以受赠方式支配其下属的赠与人集团的一定数额的金钱。受赠人退出则其下一层级的成员取代其受赠人地位。这取决于寻找的新的成员来建立赠与集团，而该新成员已准备好向受赠人支付确定数额。招募成员是最下层成员的任务，这样其可以晋升为受赠人集团。A 在知悉该体系后向受赠人集团的 B 赠送了 1 250欧元。当其因没有向受赠人集团支付必要的金钱因此而无法晋升入受赠人集团时，其向 B 要求返还所支付的款项。

联邦普通法院与其他法院一样已经合理地认定该团体违反善良风俗。由于任何一个受赠人都必须有多个赠与人，这样才能实现特定的款项，所以必须强制解散该体系，因为不可能一直找到越来越多的赠与人。这导致该体系中只有少数人受益，多数人亏损。

该赠与团体所作出的约定无效导致成员向受赠人给付的款项没有了法律基础，因此其具有第 812 条第 1 款第 1 句第 1 种情形上的法律基础自始不存在时的返还请求权（condictio indebiti）。然而该请求权可依据第 817 条第 2 句而排除，因为给付人同样作出了可受指责的违反风俗的行为。联邦普通法院认为该结果不可接受。其理由为，赠与团体的目的仅仅在于利用少量的容易迷惑且没有经验的人并诱使其支

---

[27] 联邦普通法院案例，载《新法学周刊》，2005 年卷，第 3215 页（本文始于第 3213 页）。

[28] 《新法学周刊》，2006 年卷，第 45 页；对此比较 Möller 论文，载《新法学周刊》，2006 年卷，第 268 页；Armgardt 论文，载《新法学周刊》，2006 年卷，第 2070 页；Müller/Eckel：《法学训练》，2013 年卷，第 966 页。

付钱款。此类有违风俗的行为违反了第 138 条第 1 款，该条规定相应的行为无效。然而该法律上的判定可能在结果上受挫，且此类集团的组织者可能会直接被诱使继续行为，如果允许他们继续拥有以该违背风俗的方法获得的金钱而无视该游戏约定的无效性的话。[29] 联邦普通法院[30]已经在早期的判决中判定，诚实信用原则可能违反第 817 条第 2 句中的（不当得利）返还请求权的限制。对于（不当得利）返还请求权主要取决于金钱的受领人是否应当拥有该金钱，或其是否必须将其转交第三人；第二种情形中并非不当得利债务人。[31]

有争议的是，第 817 条第 2 句是否被视为一般性的否定法律保护的规则，且类推适用于不当得利法之外的请求权，比如侵权法上的请求权。[32] 1029

对第 817 条而言，一个客观上的违法性或违反风俗性是否足矣，或是否还需要**主观上的要求**，对该问题的回答并不一致，第 1 句与第 2 句的区别主要在于： 1030

- 主流观点认为，违反法律或悖俗对第 817 条第 1 句就足矣，并否认另需主观要件。
- 与之相反，第 817 条第 2 句则绝对需要故意违反法律或悖俗，即给付人有意超越法律秩序之外。[33] 故意行为等同于不当得利请求权的债权人轻率地摆脱违反善良风俗行为认知的主观态度。[34]

该区别的理由在于，第 817 条第 1 句中的返还请求权应针对实体法上的财产秩序的违反；这是一个客观上的请求。相反，第 817 条第 2 句则涉及对否定合法的赔偿请求权的限制。只有当给付人明知对法律或善良风俗的违反才具有合法性。[35] 1031

如果想从给付性（不当得利）返还请求权的不同构成要件中得出**结论**，则可总结如下： 1032

给付性（不当得利）返还请求权的不同类型基于拥有给付所需要的法律理由的瑕疵这一构成要件而相互区分。依据是否 1033

- 法律基础自始不存在（如 condictio indebiti 情形），
- 法律基础嗣后消灭（如 condictio ob causam finitam 情形），
- 法律行为目的落空（如 condictio ob rem 情形），或
- 因相对人接受给付违法了法律禁令或善良风俗，所以相对人不可拥有该给付

㉙ 同样见联邦普通法院案例，载《新法学周刊》，2008 年卷，第 1942 页＝《法学家报》，2008 年卷，第 1942 页，具有 v. Martinek 的评注；《新法学周刊》，2009 年卷，第 984 页；2012 年卷，第 3367 页，边码 19（本文始于第 3366 页）；同样比较 Adrian-Recla 论文，载《法学家报》，2008 年卷，第 60 页；Möller 论文，载《德国法月刊》，2010 年卷，第 297 页；《慕尼黑民法典评注》/Schwab，第 817 条，边码 23；限制性的有：勃兰登堡州高等法院案例，载《新法学周刊—判例报导》，2013 年卷，第 175 页（本文始于第 173 页）：第 817 条第 2 句适用于该赠与集团的组织人。

㉚ 《联邦普通法院民事案例裁判集》，第 111 卷，第 312 页及其下（本文始于第 308 页）＝《新法学周刊》，1990 年卷，第 2542 页。

㉛ 纽伦堡州高等法院案例，载《德国法杂志》，2009 年卷，第 856 页。

㉜ 对此参见《慕尼黑民法典评注》/Schwab，第 817 条，边码 14 及其下。

㉝ 科隆州高等法院案例，载《新法学周刊》，2005 年卷，第 3291 页（本文始于第 3290 页）。

㉞ 联邦普通法院案例，载《新法学周刊》，1992 年卷，第 312 页（本文始于第 310 页）；1997 年卷，第 2315 页（本文始于第 2314 页）；科隆州高等法院案例，载《新法学周刊》，2005 年卷，第 3291 页（本文始于第 3290 页）。

㉟ 比较《慕尼黑民法典评注》/Schwab，第 817 条，边码 67 及其下。

（如在违反善良风俗或违法时的（不当得利）返还请求权（condictio ob turpem vel iniustam causam）情形时）。

则不当得利债权人的返还请求权基于上述各构成要件。

1034 所有给付性（不当得利）返还请求权构成要件一致之处在于，不当得利债务人必须**“获得某物”**，确切地说是通过不当得利债权人的给付，即对此财产增加并无法律基础。

1035 依据现在的主流观点，第 812 条第 1 款第 1 句中的**“基于其损失”**要件对给付性（不当得利）返还请求权的构成要件而言并无意义。之前的主流观点认为在给付性（不当得利）返还请求权情形中该要件具有意义，且在直接性意义下理解的不当得利债权人与不当得利债务人之间的财产转移在今天也被废除。如今的主流观点是，直接性要件所追求的确定债权人与债务人间不当得利的法定之债的目的可以更好且更肯定地通过主流观点中的给付概念来实现。此关系中存在的问题首先在于多人参与的情形中（对此参加银行转账例子，边码 1019）。对于多人法律关系中的不当得利问题研究适合高阶学习时（对此参见慕斯拉克/豪：《〈民法典〉司法考试教程》，边码 244 及其下）。

1036 给付性（不当得利）返还请求权的构成要件与排除要件概览

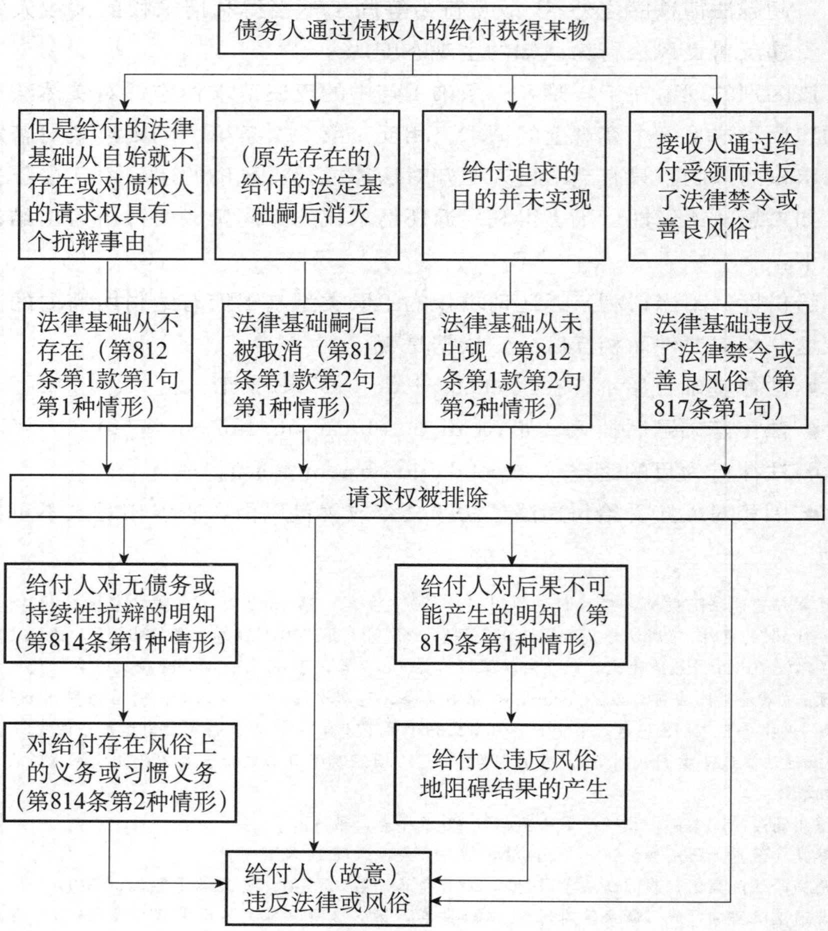

三、非给付性（不当得利）返还请求权

在“以其他方式”造成（第 812 条第 1 款第 1 句第 2 种情形）不当得利时的非给付性（不当得利）返还请求权被**分为以下不同的案例类型**：最重要的下位案例类型是**侵犯型（不当得利）返还请求权（Eingriffskondiktion）**，其中不当得利债务人通过自己的行为获得了财产利益。其侵犯他人的权利范围且因此而引起不当得利请求权，因为其基于此获得的利益依据财产秩序并非属于其所有，而是属于不当得利债权人。 1037

例如：

（1）B 得到一箱香槟。其认为这些是其朋友的礼物并渐渐将其喝掉。然而该香槟为其邻居 N 所定购，并因送货人看错地址而送到 B 处。

（2）眼镜验光师 B 在一报纸广告上登出了一名著名电视主持人 T 的照片，该照片显示其如何配眼镜。对此照片 B 从其采购合作社获得的提示是印刷是免费的。但是 T 并未允许以广告目的公开。由于 B 侵犯了 T 以自己的照片的广告营利权，所以此处涉及一个不当得利请求权。[36]

另一个非给付性（不当得利）返还请求权的下位案例类型是**使用型（不当得利）返还请求权（Verwendungskondiktion）**。对此涉及的事实是某人将自己的财产价值使用在他人财产上，而非通过所有权人作出给付。 1038

例如：上述（边码 1018）关于物业管理人的案例可以作为**示例**，其为了粉刷自己照料的房屋而错误地使用了自己的油漆。

非给付性（不当得利）返还请求权的第三种案例类型称为**补偿型（不当得利）返还请求权（Rückgriffskondiktion）**。这涉及不当得利债权人为他人之债作了支付，基于此而作出给付。 1039

例如：G 扣押了 S 的电脑。该电脑为 S 在第三人处购得，但是并未支付完毕。因此第三人对该电脑保留了所有权（边码 889 及其下）。第三人可以基于其所有权来对抗该扣押（参见《民事诉讼法》第 771 条）。[37] 为了实现扣押，G 向第三人支付了买卖价款的余款（边码 245），这样该电脑的所有权转移给了 S。G 向 S 请求返还所支付的价款。有权吗？

需要考虑的是基于第 670 条与第 683 条第 1 句 G 对 S 的请求权。但是，这受制于支付并非符合 S 的利益与（事实的或推断的）意思，因为基于此首先要实现对该电脑强制执行程序的条件。当 G 想以此支付来实现自己的交易，而非 S 的交易，则因此而涉及不当的无因管理与因此而存在的第 812 条及其下诸条与第 684 条第 1 句上的请求权必须被排除。该情形中取决于 G 是否通过支付向 S 作出了给付（通过对其履行请求而增加其财产；边码 1020）。如果因 G 并非想增加 S 的财产而是自己的

---

[36] 该示例为联邦普通法院判决，载《新法学周刊》，1992 年卷，第 2084 页，改变案例见边码 1043。

[37] 对此参见 Musielak/Voit：《〈民事诉讼法〉基础教程》，边码 693。

财产，则对此表示否定[38]，则仍为非给付性（不当得利）返还请求权中的补偿型（不当得利）返还请求权。

1040 对此与返还请求权种类相关的晦涩表述与对此必要的前提条件表明，该补偿性返还请求权只具有相对较小的适用范围。

1041 ● 最后一个非给付性（不当得利）返还请求权的案例类型称为**“基于自然变化的不当得利（Bereicherung infolge von Naturvorgängen）”**。

例如： A的农用地与B的相邻。由于强降雨导致堆放在A地块上的肥料被冲到B的土地上，B对此非常开心，因为其可以省下一些肥料。

1042 对于最重要的案例类型，即侵犯型（不当得利）返还请求权而言还需要注意下列内容：仅仅不当得利人自己实现了财产利益的事实还不可构成返还性请求权。相反，必须具备的前提是该不当得利基于他人的损失且对此并无法律理由。**不当得利债务人所作出的“侵犯”必须是不合理的。**文献中的分歧在于依据何标准来评价侵犯的不合理性[39]：

- 依据所谓的**违法性理论（Widerrechtlichkeitstheorie）**，任一通过不当得利人的违法行为获得的不当得利都是不合理的。依据该观点，非给付性不当得利意义上的法律基础缺失意味着侵犯的违法性。
- 依据当今主流的**指引理论（Zuweisungstheorie）**，返还请求权的侵犯行为的特征是对法定财产规范的违反。当不当得利违反了被违反的法律的指示内容，则该不当得利是不合理的并需要被返还。[40] 依据该理论，被侵犯的权利是否及多大范围具有指引的内容并不具有决定性，据此所获得的财产利益并不应归于不当得利债务人，而是应归于他人（不当得利债权人）。

1043 在权利状态为具有明确定义内容的**绝对的**（即对任何人都有效且任何人都需尊重的）**权利**时的**指引内容**不难理解。如对所有权人、或物权及债权上的用益权人的物的使用与消费。然而对有些权利的指引内容的确定并非一直如此简单。如下：

例如： 著名女星S的秘书A在一家杂志上说出了有关S的家庭生活、习惯和疾病，其中还详细描述了基于特殊信任而获知的极其隐私的东西。

毫无疑问，A此处违法侵犯了S的隐私范围并因此侵犯了S的人格权，且其基于该侵犯在财产上不当得利，因为其对该报道获得了报酬，而该报道只因其泄密才有可能被编辑采纳。这可能对违法性理论就足矣，但是指引理论还必须探究此处被侵犯的隐私范围（作为一般人格权的一部分）是否具有财产法上的指引内容。只有该问题被肯定，才可以据此依据侵犯型（不当得利）返还请求权来作出弥补。此范围内可能具有的疑问的理由可能并非在不当得利法中，而是可能在对人格权与其内容的判定中。然而，并非在任何侵犯人格权的情形中都存在这样的疑问。一般认定，对自己照片的广告性使用的权限属于财产上的专属权，对其侵犯可能引起不当

[38] Loewenheim：《不当得利法》，第29页及其下；《慕尼黑民法典评注》/Schwab，第812条，边码319。

[39] 对此比较Medicus/Petersen：《民法》，边码704及其下；Loewenheim：《不当得利法》，第79页及其下（同样关于更多的观点）。

[40] 比较Fikentscher/Heiemann：《债法》，边码1467。

得利上的请求权。谁对该人格权的侵犯获得了没有法律理由的财产上的增长，则必须在非给付性（不当得利）返还请求权（侵犯型（不当得利）返还请求权）的框架内对其作出弥补。[41]

如果指引理论所作出的对他人财产状态不合理侵犯的说明不归于第 812 条第 1 款第 1 句第 2 种情形中的法定构成要件，则可以确定下列内容：如果不当得利债务人获得“一些”依据财产法上的指引内容本应属于他人（不当得利债权人）的东西，但是并无（例外的）权利来使得权利人有义务对该侵犯作出忍耐，比如基于言论自由或一个合同，则该取得**“基于该人的损失”**。该违反法定财产秩序的取得通常**“没有法律基础”**。侵犯型（不当得利）返还请求权的另一要件为，该取得并非基于不当得利债权人的给付，而是“以其他方式”作出；该要件在其他所有非给付性（不当得利）返还请求权的情形中都一样。因此，在案例分析中对侵犯型构成要件的考查需要遵循以下步骤： 1044

- 不当得利债务人已经获得一些东西，即
- 非基于不当得利债权人的给付，而是基于不合理的（＝违反法定财产秩序）侵犯不当得利债权人的权利范围，且
- 没有法定理由。

如果在不当得利过程中只有两名当事人参与，即不当得利债务人与不当得利债权人，则对不当得利是通过给付还是其他方式实施并不难作出判断；但是当多人参与到该过程中时则不同。此时有可能是一个人的给付侵犯了他人的权利范围，则给付性（不当得利）返还请求权与非给付性（不当得利）返还请求权有可能竞合。 1045

例如：E 与建筑商 B 约定，B 在 E 的地基上为其建造一套房子。B 从建筑材料商 H 处为该建筑拉来所需的不同的建筑材料。H 提供该建筑材料但保留了所有权。B 用该材料造房子。现在确定，不管是与 E 签订的合同还是与 H 签订的合同都无效（比如 B 患有精神病）。该案例中只有 H 与 B 之间及 B 与 E 之间的给付性（不当得利）返还请求权？或因 H 因其材料被建造进了 E 的房屋而失去所有权（参照第 946 条以及第 93、94 条与第 951 条第 1 款），H 对 E 可能直接具有非给付性（不当得利）返还请求权？此处对该提出的问题只是作出提示（具体细节见慕斯拉克/豪：《〈民法典〉司法考试教程》，边码 577 及其下）。

不同于给付性（不当得利）返还请求权，上面所列的非给付性（不当得利）返还请求权的具体下位情形在《民法典》中并未明确列出。只有**第 816 条**作了一个例外，即**侵犯型（不当得利）返还请求权的特殊构成**。由于侵犯型（不当得利）返还请求权的特征在于不当得利债务人通过自己的行为引起了不当得利，所以符合第 816 条中的情形。该规范作为特殊规则优先于第 812 条第 1 款第 1 句第 2 种情形，具有**三个不同的构成要件**： 1046

- 无权处分人有效地支配了一个标的物，且是有偿地（第 816 条第 1 款第 1 句）。

---

[41] 联邦普通法院案例，载《新法学周刊》，1992 年卷，第 2085 页（本文始于第 2084 页）。

- 无权处分人有效地无偿支配（第 816 条第 1 款第 2 句）。
- 无权处分人有效地接受一个给付（第 816 条第 2 款）。

对此构成要件需要注意下列内容：

1047 第 816 条第 1 款第 1 句中的条件是无权处分人有偿地支配一个客体。依据通常目的，“客体”这一概念既包括物（有形客体）又包括权利以及请求（无形客体）。谁对此客体有权利这一问题则要从物权法中得出答案。支配需被理解为一个法律行为，基于此直接对该权利放弃、转让、设定负担或改变其内容，比如变更所有权（边码 277 及其下）。由此得出，只以权利转让的债法上的义务为内容（比如买卖合同）的法律行为并非第 816 条第 1 款第 1 句的调整范围。该支配行为必须对权利人生效。

1048 如果一个无权处分人将所有权转让给善意信赖人的话，则支配行为的生效可以专门基于善意取得条款得出。善意取得排除返还请求权；然而无权处分人必须依据第 816 条第 1 款第 1 句将支配行为所得返还给丧失所有权者。基于此所有权的丧失至少得以弥补。依据主流观点，支配行为的生效可以通过权利人对无权处分人的支配行为的追认与基于可能的第 816 条第 1 款第 1 句上的请求权（慕斯拉克/豪：《〈民法典〉司法考试教程》，边码 297）。

1049 就如第 285 条（边码 538）和第 678 条第 2 款、第 681 条、第 667 条（边码 1015），第 816 条第 1 款第 1 句上的返还请求权可以包括一个从不当得利债务人处获得的处分行为上的利益，且这并不受制于处分标的物的客观价值（对此参见慕斯拉克/豪：《〈民法典〉司法考试教程》，边码 299 及其下）。

1050 **第 816 条第 1 款第 2 句**在请求权条件上区别于第 816 条第 1 款第 1 句之处在于，无权处分人无偿地处分，因此其无法获得增加其财产的对待给付，或者并未获得对该对待给付的请求权。在法律后果上的区别在于，并非如第 816 条第 1 款第 1 句中无权处分人，而是取得人具有返还义务。该规则的理由在于，无权处分人基于其处分行为的无偿性并未获得可能向权利人返还的物；另一方面，取得人显得并不值得保护，因为其取得该标的物并未投入任何东西。依据一般原则，无偿性的概念依据取得人是否取得或应当取得对待给付来判定。

1051 第 816 条第 2 款赋予权利人一个不当得利请求权，如果其债务人有效地向无权处分人作了给付的话。因此条件是，债务人对无权处分人的给付是不具有债务的。相反，存在一些情况，其中债务人善意认为无权处分人为债权人，则免于该义务。

1052 依据第 407 条第 1 款，在债权转让时新的债权人必须让之前的债权人向自己作出给付，如果债务人不知道该债权转让的话。例如，如果第一债权人基于与债务人的买卖合同而具有 500 欧元的支付请求权，其将该债权让与给第二债权人，则当债务人并不知道该债权让与时，其向第一债权人支付时对第二债权人则不具有债务。依据第 816 条第 2 款则第二债权人可以向第一债权人请求支付 500 欧元。在其他一

1053 系列的条文中则指引向第 407 条中的规则（比如第 412、720 条）。

非给付性（不当得利）返还请求权构成要件概览

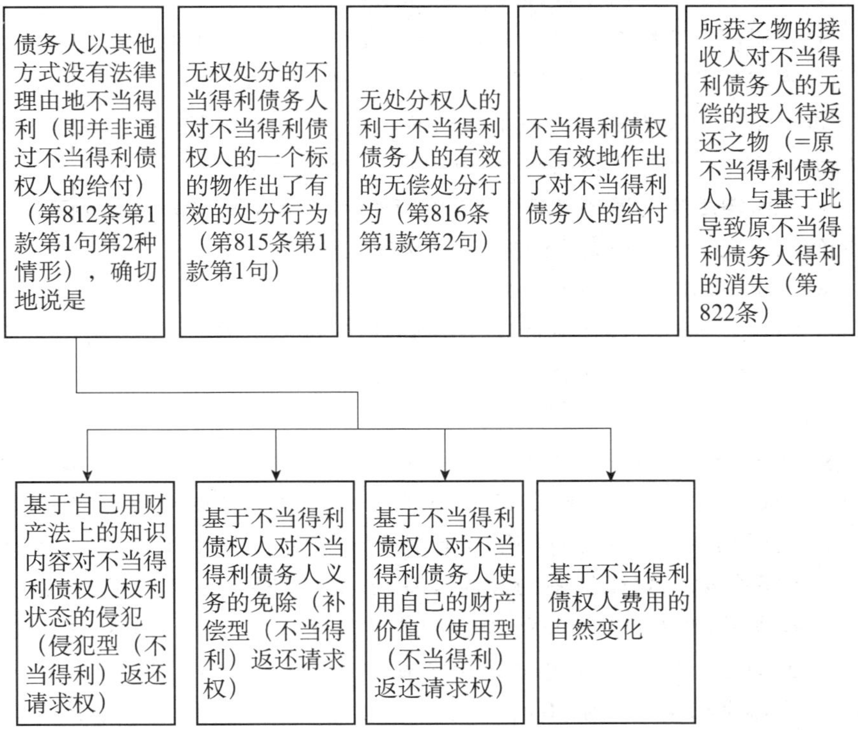

四、不当得利请求权的范围

返还性请求权的债务人的返还义务主要通过不当得利法第 812、816、817 条与第 822 条中的具体要件确定。据此不当得利返还请求权针对“所得”。因此所负返还的标的物在本来就是债务人基于该不当得利过程所获得的，比如返还其所获得的所有权、其所获得的占有与对其转让的债权。 1054

如果债务人获得一个债权或以其他方式获得（不合理的）金钱，则其获得了相应的金钱价值且必须将此返还；这并不取决于债务人取得了转账货币（边码 256）还是现金。然而在严格的形式要求下可能认为，债务人在现金支付时获得了对该货币符号（纸币与硬币）的所有权与直接占有，且首先负有转让所有权并转移直接占有的义务，且只有当这对其不可能时才依据第 818 条第 2 款进行价值赔偿。但是基于第 812 条及其下诸条中的立法目的上所需的经济的视角，金钱价值（并非货币符号）才为所获与被返还之物。 1055

第 818 条对此义务作了补充与修正： 1056

- 除了不当得利的标的物本身外还需**返还**其所获得的**用益**（第 818 条第 1 款）。

用益为物或权利的孳息以及对该物或权利使用所获的利益（第 100 条）。物的孳息（参见第 99 条）比如有动物或土地的产物。如果不当得利债务人无法律依据地获得一些母鸡，则除了这些母鸡外还要返还所生的蛋。除了返还土地外，还要向不当得利债权人返还该土地的租金与用益租金。

- 但是返还义务限于**尚存的不当得利**（第 818 条第 3 款）。
- 如果所获之物在自然上不可返还，比如在无权使用他人权利或不当得利债权人提供的劳务或劳动情形时，则负有**价值赔偿**义务（第 818 条第 2 款）。

1057 价值赔偿的义务原则上在不当得利债务人仍不当得利时（第 818 条第 3 款）。相应地，第 818 条第 2 款上的价值赔偿义务被减轻或全部废除。

1058 如果**所得之物的返还义务**因之后的事件对不当得利债务人已**不可能**（例如：应返还的汽车在事故中被完全毁损），则必须区分：

- 如果不当得利债务人对标的物毁坏、损害或遗失具有赔偿请求权，则其依据第 818 条第 1 款必须向不当得利债权人返还该请求权或为了履行而获得之物（所谓的不当得利标的物的代偿物）。

例如：负有返还被毁损汽车的保险费。

- 如果债务人并未获得代偿物，则须判断债务人是否依据第 818 条第 2 款（其自身并无限制性条件）必须作出价值赔偿或第 818 条第 3 款上的不当得利取消是否同样适用于第 818 条第 2 款上的义务。如所述，在第 818 条第 2 款框架中同样需要注意第 818 条第 3 款中的规则。这意味着，在所获之物消失导致不当得利的消失情形中债务人的损害赔偿义务原则上消失。然而在第 818 条第 3 款中还存在一个经济思维：这取决于在不当得利法上衡平后不当得利债务人是否还具有盈余。如果是，则不当得利债权人具有相应的价值赔偿请求权。例如，如果不当得利债务人基于无法律理由所获之物的消费而节省了开支，则其仍在该范围内得利，且具有赔偿义务。

例如：须返还的生活用品被用于债务人的家务；因此就不需要购买相应物品的范围，若不则仍需要。

1059 第 818 条第 3 款中规定的原则还要考虑到在取得不当得利标的物时债务人的特定**财产损失**。然而此处有争议的问题是，利益取得与财产损失是否需要因果关系。依据正确的观点，除了因果关系外还需要不当得利债务人因信任权利取得的存续状态而遭受的损失。[42] 不可减除的是不当得利债务人不可克服的相应损失。

例如：须被返还的电灶炉因缺陷引起了房间失火。

1060 相反，不当得利债务人可以扣除其为了维护与正常使用该不当得利标的物的支出。

例如：对须被返还的汽车的维修费用，该价值须被赔偿。

1061 有争议的问题是，哪些不当得利法上的赔偿在下列情形中得以实现，即债务人对其所获之物向不当得利债权人作出了对待给付，而这在不当得利债权人处已不存在，这具有一系列并不简单但是在基础教程中并不重要的问题（对此参见慕斯拉

---

[42] Loewenheim：《不当得利法》，第 143 条及其下；Kropholler，第 818 条，边码 8。关于意见分歧见《慕尼黑民法典评注》/Schwab，第 818 条，边码 122 及其下。

克/豪：《〈民法典〉司法考试教程》，边码 352 及其下）。

第 818 条第 3 款所规定的基于不当得利取消而主张的特权，只赋予能够信任自己已经获得合法性的不当得利债务人。但是如果谁知道自己的获利并无法律基础，或知道基于该获利而对其提起的诉讼，即从诉讼一开始（参见《民事诉讼法》第 261 条第 1 款[43]）就必须考虑到其必须归还其所取得之物或作出价值赔偿，则不可主张该信赖保护。因此其必须依据第 818 条第 4 款与第 819 条承担加重责任。 1062

依据第 819 条第 1 款，不当得利债务人在取得时必须知道法律基础的瑕疵或之后对其知悉。第二种情形中加重责任只有在获知相应的评定时才产生。依据主流观点，仅仅需要**对法律基础瑕疵的认识**。仅仅对该缺失所基于的事实的认知并不足够。某人故意不透露负担行为是无效的认知，以便从该行为中获利，则亦为法律基础的瑕疵。[44] 依据第 142 条第 2 款，对法律行为可撤销性的认识与该法律行为所造成的法律基础瑕疵的认知具有同等地位。然而这里必须要求不当得利债务人基于该认知作出了对该法律情形，即撤销的法律可能性作出了决定。 1063

如果不当得利债务人**没有行为能力**，则取决于其法定代理人的认知（第 166 条第 1 款中的法律思想）。在不当得利债务人为未成年人时，有争议的是其认知或其法定代理人对第 819 条第 1 款中的责任加重的认知是否应具有决定性。一些人想在该情形中类推适用第 828、829 条；一些人认为只有在涉及侵犯型（不当得利）返还请求权或未成年人引起不当得利请求权的行为为侵权行为时才可以；在许多其他情况下法定代理人的认知应当具有决定性。其他人还想始终依据法定代理人的认知。最后一个观点应具有优先性，因为第 819 条第 1 款不同于第 828、829 条，并不涉及对损失的衡平。有关意见分歧见慕斯拉克/豪：《〈民法典〉司法考试教程》，边码 349 及其下。 1064

在发出意思表示过程中使用代理人的人，为了相对人值得保护的利益必须要将代理人的认知归算于其自身。基于第 166 条第 1 款中的相关规则得出的一般法律思想为，委托他人以自己的责任以处理特定事务的人，必须要让在此框架内获得的认知归算于自己。[45] 这同样适用于不当得利债务人的占有辅助人，然而其中考虑到第 166 条中的规则限制性地要求债务辅助人必须具有类似的代理地位（代理与对此相关的问题详见其后）。[46] 1065

在其他情形下的**责任加重**时不当得利债务人还须具有的条件是： 1066

- 违反法律禁止性规定或善良风俗而接受给付的人不可引用第 818 条第 3 款。与此相关第 819 条第 2 款条文与第 817 条第 1 句具有关联，且由此得出的不

---

[43] 参见 Musielak/Voit：《〈民事诉讼法〉基础教程》，边码 125。

[44] 联邦普通法院案例，载《新法学周刊》，2014 年卷，第 2793 页，边码 27（本文始于第 2790 页），具有详细论证。

[45] 联邦普通法院案例，载《新法学周刊》，2014 年卷，第 1294 页，边码 11＝《法学训练》，2014 年卷，第 1032 页（Schwab 撰写）；《慕尼黑民法典评注》/Schramm，第 166 条，边码 41。

[46] 《慕尼黑民法典评注》/Schwab，第 819 条，边码 7。

当得利返还请求权“超出”了对不当得利的废除。

- 如果给付所追求的后果依据法律行为的内容被认为并不确定，且因该结果未发生而具有返还义务，则不当得利债务人不得主张其已经信任该取得状态，因为其必须考虑到无结果性。第820条第1款第1句因此合理地得出一个相应的法律行为目的落空时的（不当得利）返还请求权（condictio ob rem）上的结果。
- 同样，如果给付作出时具有法律基础，但是依据法律行为的内容认为该法律基础丧失具有可能（**第820条第1款第2句**）。该构成要件适用于法律基础事后消灭时的（不当得利）返还请求权（condictio ob causam finitam），且对其与对第820条第1款第1句一样具有同样的理由。

1067 第819、820条在法律后果上指向第818条第4款。据此，受领人依据“一般条款”承担责任。对此有第291、292条，这意味着：

- 如果返还请求权涉及物，则当不当得利债务人因为过错不能或不能完好返还该物时具有损害赔偿责任（第292条第1款、第989条）。因此其不可基于不当得利的废除——不同于第818条第3款中的规定——而免除责任。
- 不当得利债务人不仅对事实上获得的收益，而且同样要对因其过错不能获得的收益承担责任（第292条第2款、第987条第2款）。
- 主张减少不当得利的支出费用的可能性对债务人而言只限于重要领域。其只可依据无因管理规则向不当得利债权人请求必要支出的赔偿（第292条第2款、第994条第2款、第995条）。
- 最后，责任被加重的不当得利债务人必须始终对其经济履行能力负责（边码463）。

1068 有争议的是，除此以外是否所有给付障碍法的一般条款（如第275条及其下）都可适用：主流观点对此表示赞成。[47] 据此，限于迟延的不当得利债务人还要对到期的所获之物的灭失承担责任（第287条第2句）。在迟延时不当得利债务人必须对扣留该物作出损害赔偿（第280条第2款与第286条）。承担加重责任的不当得利债务人依据第285条还具有返还替代利益的义务。这具有特别意义，因为主流观点[48]拒绝认定不当得利债务人通过出卖无法律理由获得的等价物为第818条第1款上须被返还的代偿物。基于此而得出的结论，即出卖收益的返还义务只针对责任加重的不当得利债务人，与立法上的判断一致，即第818条第1款优先适用于此类债

---

[47] 参见《联邦普通法院民事判例集》，第83卷，第298条及其下（本文始于第293条）＝《新法学周刊》，1982年卷，第1585页＝《法学训练》，1982年卷，第775页；同样参见《联邦普通法院民事判例集》，第75卷，第205页及其下（本文始于第203页）＝《新法学周刊》，1980年卷，第178页＝《法学训练》，1980年卷，第376页。对此意见争议详见Medicus论文，载《法学训练》，1993年卷，第705页。

[48] 《联邦普通法院民事判例集》，第24卷，第110页及其下（本文始于第106页）＝《新法学周刊》，1957年卷，第1026页；《联邦普通法院民事判例集》，第75卷，第206页（本文始于第203页）＝《新法学周刊》，1980年卷，第178页；联邦普通法院案例，载《新法学周刊》，1983年卷，第870页（本文始于第868页）；2004年卷，第1315页（本文始于第1314页）；Larenz/Canaris：《债法II》，第266页及其下；Bamberger/Roth/Wendehorst，第818条，边码9。

务人。[49]

不当得利债务人的得利可以因其将该所得无偿地给予第三人而丧失。该情形下适用第 822 条，不当得利债务人对第三人享有一个直接的请求权；同样在该情形下如第 816 条第 2 款一样，（第二个）受领人因无偿取得而有义务返还。 1069

例如： A 将一个指环赠送给 B，并转移了所有权。B 将该指环送给了其女友 F。后来确定，B 与 A 之间的赠与合同无效。如果 B 还有该指环的话，则 A 可以基于法律基础自始不存在时的（不当得利）返还请求权（condictio indebiti）向其请求返还（第 812 条第 1 款第 1 句第 1 种情形）。由于（善意的）B 将该指环已经送出，其并未得利，且价值赔偿义务也相应地丧失（第 818 条第 3 款）。但是这里适用第 822 条，A 具有针对 F 的直接请求权。

第 822 条中所涉规则与第 816 条第 1 款第 2 句一致的地方在于，不当得利请求权都是针对通过给付无偿获得利益的第三人，其中向第三人给付的法律基础都是基于有效的原因行为。尽管第三人有法律理由而获得，但是必须向不当得利债权人返还该标的物，理由在于第三人的取得的无偿性。两个规定决定性的区别在于，第 822 条涉及有权处分人的（无偿的）处分，而第 816 条第 1 款第 2 句则是无权处分人作出的（无偿的）处分行为。 1070

第 822 条的条件是受领人在继续向第三人给出不当得利之物前不当得利债权人的不当得利请求权的全部条件。对此涉及不当得利请求权的何种类型则并不重要。第三人的权利取得必须基于法律行为上的无偿的给予。主要的是赠与行为。依据绝对主流的观点，当不当得利标的物或用益的代偿物无偿向第三人转让时同样适用第 822 条。如果受领人基于不当得利标的物而获得一个另外的物并将其赠送给第三人（例如：甲无法律理由地给予乙 20 000 欧元；乙用该钱购买了一辆汽车并将此送给了丙），则第三人有价值赔偿义务，因为此义务同样对不当得利标的物的受领人（此处为乙）存在，如果其没有将所购得之物赠与的话。因为互易行为中的对待给付并非代偿物。但是，联邦普通法院[50]赋予第三人返还受赠之物替代价值赔偿。 1071

当该条请求权的债务人将所得之物无偿赠与他人时，第 822 条还规定了一个请求权。 1072

例如： 示例中（边码 1069）F 将其从 B 处得到的指环赠与了其妹妹。

最后还需要指出的是，不当得利法中同样具有**不当得利抗辩（Bereicherungseinrede）**，对此无法律理由地被赋予义务的人可以提出，如果其被要求履行该义务的话（第 821 条）。当对免于该义务的不当得利请求权已过时效时该抗辩仍然存在。 1073

1074

---

[49] Larenz/Canaris：《债法Ⅱ》，第 315 页。

[50] 联邦普通法院案例，载《新法学周刊》，2004 年卷，第 1314 页。

不当得利返还请求权的范围和内容概览

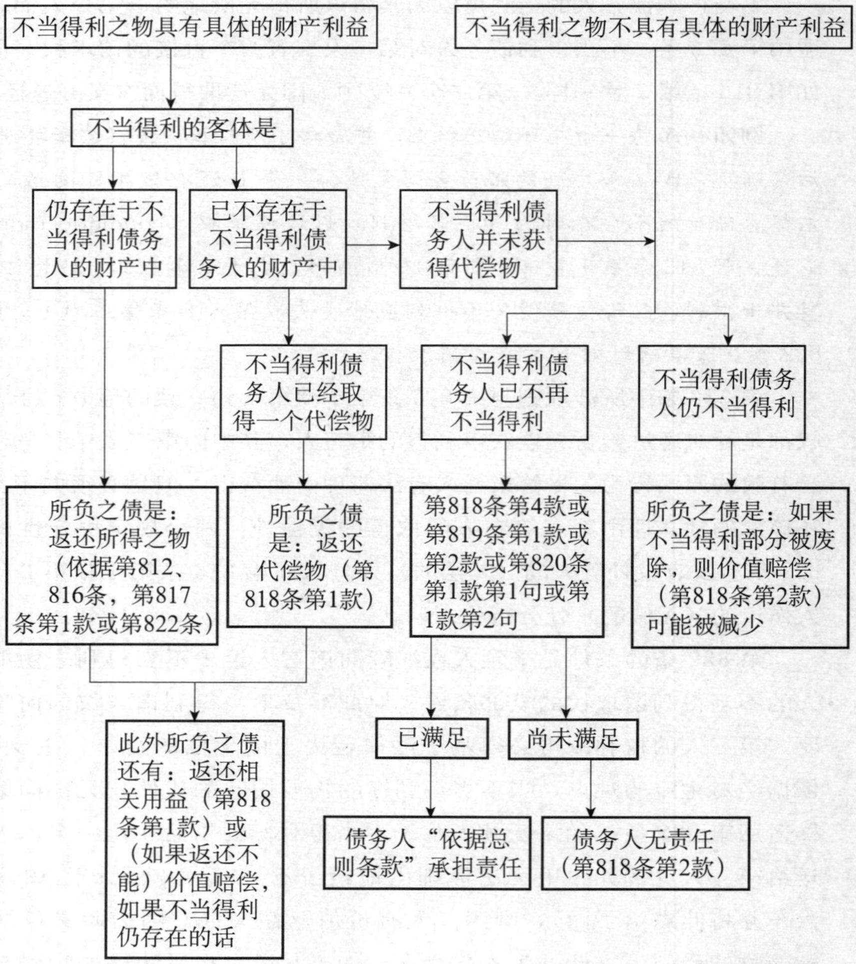

＊如果不当得利债务人从（已经不存在的）不当得利标的物中已经获得了用益，则其必须将其返还（第 818 条第 1 款）或者（在返还不能且存在不当得利时——否则第 818 条第 3 款）返还其价值（第 818 条第 2 款）。

第四节　侵权行为

一、概述

1075　禁止的行为法——同样称为侵权法（Deliktsrecht）（禁止的行为＝侵权行为）——规定在《民法典》第 823—853 条中。这些规则中包括了具体的构成要件，其中描述了哪些行为是禁止的，且可能会导致损害赔偿义务。对此立法者所基于的原则是，只有违法地且有过错地侵害法典中详细描述的权利和法益才可能构成责任。《民法典》中立法者只在例外时才放弃**过错原则（Verschuldensprinzip）**，且在第 833 条中规定的条件之下创制了动物饲养人的**危险责任（Gefährdungshaftung）**。在《民法典》之外的特别法中还规定了危险责任的其他情形，比如《产品责任法》(ProdHaftG)，其规定了生产者对因产品缺陷而引起的损害的责任，还有《道路交通法》(StVG) 确认了机动车行驶中所造成损害的请求权。

因抽象的危险活动或设施所引起损害的无过错责任称为危险责任。立法者确定的指导（无过错的）危险责任的理由是不同的且不可适用同一个统一的原则。对此具有重要意义的是，考虑到虽然不可禁止任一危险行为，但是为了平衡，作出危险行为的任何人都必须有义务对其引起的危险状态所造成的损害独立于过错地作出赔偿。与之相应，任何为了消遣而饲养动物的人，任何用其机动车参与公共交通的人，任何通过经营铁路或驾驶飞机而创造危险源的人或任何制造核能的人，都必须对这些活动造成的损害进行赔偿，即使其注意到了所有谨慎但是仍不能够避免。[51] 1076

《产品责任法》所考虑的事实是，缺陷产品（关于产品与缺陷在法律上的意义见《产品责任法》第 2、3 条）对人或物造成损害情形中的过错的证明是对事态发展必要的解释，但是这在很大程度上对被侵权人是隐藏的，因此对此证明经常受挫。如果想对此避免，则只有让生产者对产品缺陷的无过错性承担证明责任（这是在《产品责任法》生效前的依据主流观点还继续适用于法律尚未规定的领域的解决方案），或让该责任仅仅取决于生产者（对此概念见《产品责任法》第 4 条）使引起损害赔偿的缺陷产品进入了流通；《产品责任法》采用第二种选择性，其中只是仅仅通过法律规则对赔偿义务进行限制。例如值得一提的是，在物的损害时被侵权人的自担费用高达 500 欧元（《产品责任法》第 11 条），且《产品责任法》第 10 条规定了责任最高额。[52] 1077

《民法典》中的侵权法除了**第 823 条第 1、2 款中的基本构成要件**以及第 826 条外，还有第 824、825、831—834、836—839 条中的一系列**特殊构成要件**。下面的论述限于基本构成要件。对于第 831 条中的辅助人责任将在以后其他相关内容中涉及（见边码 1239 及其下）。 1078

二、第 823 条第 1 款

与第 823 条第 1 款的结构相应（同样如其他侵权构成要件），在分析责任前提时可分为客观要件、违法性与过错。当一个人类的行为（作为或不作为）为侵犯该条文所保护的权利或法益的一个原因（责任成立上的因果关系；边码 556），且当该侵害引起一个第 823 条第 1 款保护范围上（边码 558 及其下）的损害[53]时（责任履 1079

---

[51] 对于危险责任的具体情形，比较 Esser/Weyers：《债法Ⅱ》，第 64 章（第 281 页及其下）；Deutsch/Ahrens：《侵权法》，边码 7，511 及其下。

[52] 有关更多的产品责任的具体细节在许多《民法典》评注中多有所涉及。

[53] 至于“损害”是否归结于第 823 条第 1 款上的客观要件，基于该条文内容是值得商榷的；对此比较边码 124。

行上的因果关系，边码 556)，就满足了客观的要件。因此第 823 条第 1 款中的客观要件可表示为：

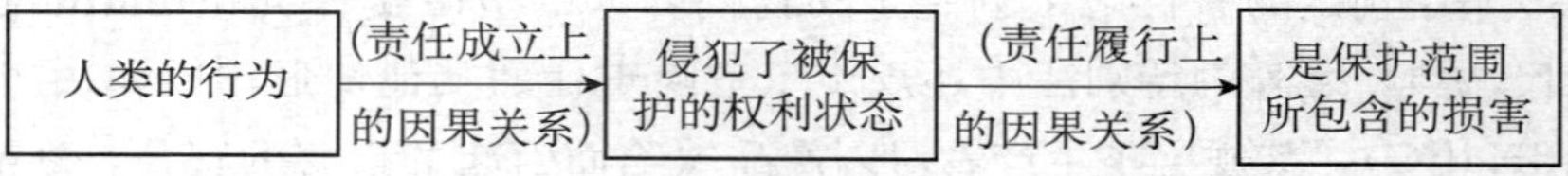

1. 行为（Handlung）

1080 第 823 条第 1 款上的责任前提首先是被请求的人已经“作出了行为”。当一个**人类的行动**处于**意识控制**和**意志引导**之下，即可控时，则可被视为行为。[54] 据此，只有行为方式是不可控制的过程时才被从行为概念中排除，比如睡着的人、丧失意识的人或为不可抗拒的力强制的人的运动。

例如：一老妪在商店昏倒并在倒下去时弄坏了出售的带有陶瓷的桌子。由于其在该条意义上“作出了行为”，因此对其排除第 823 条第 1 款上的请求权。赔偿义务只可基于衡平思想来考虑（第 829 条与第 827 条）。

1081 法律上的行为概念还包括**不作为**（**Unterlassen**）。对行为的构成要件符合性同样有效的是，对受保护的权利状态的侵犯是通过外部可视的行为过程意义上的积极行为，还是未作出某行为所造成的。

例如：医院中的伤员被医院护士 K 用错了药；因此引起了循环系统的反应。这同样发生在另一病人身上，因为 K 忘了给其用药。两个案例中 K 的行为（一个是作为形式，一个是不作为形式）对产生的侵害都有原因性。

1082 但是，不作为只有在其有义务作出行为时才构成责任（边码 1129 及其下；详见慕斯拉克/豪：《〈民法典〉司法考试教程》，边码 366 及其下）。

2. 受保护的法益与权利

1083 只有侵犯了第 823 条第 1 款所保护的法益或权利，依据该条文才产生保护义务。法益在法典中称为**生命**、**身体**、**健康与自由**。

- **对生命的侵犯**意指杀害某人。该情形下的损害赔偿权利人是特定的第三人（参见第 844、845 条）。
- 任一侵害身体完整性的行为都是**对身体的侵犯**，而**侵犯健康**则意味着这对内部（生理上或心理上）生命运行过程的干扰。[55] 对侵犯该两种法益经常不可区分，且同样没有实际意义。
- 侵犯身体行动的自由可被认定为**侵犯自由**。据此，也包括满足了《刑法典》第 239 条意义上剥夺自由客观要件的情形。限制他人离开居住地同样可以基

---

[54] 参见《联邦普通法院民事判例集》，第 39 卷，第 106 页（本文始于第 103 页）=《新法学周刊》，1963 年卷，第 952 页；科隆州高等法院判例，载《新法学周刊—判例报导》，1994 年卷，第 1052 页；Fikentscher/Heinemann：《债法》，边码 1541 页。

[55] 有关精神损害（所谓的惊吓损害）作为健康损害而被归入，参见联邦普通法院案例，载《新法学周刊》，2015 年卷，第 1451 页=《法学训练》，2015 年卷，第 747 页（Mäsch 撰写）。

于其拘禁行为引起刑法特征而间接地构成侵犯自由。

第 823 条第 1 款除了所述的法益外还保护**所有权（Eigentum）**。通过对物的本体的侵犯，即对物的毁坏或损害，可侵犯所有权。所有权侵犯同样可通过剥夺或损害所有权来作出，比如侵害人有效地将所有权人的物卖给了善意第三人（边码 757 及其下、778）。或利于善意信赖人而对其设定抵押权（参见第 892 条、第 1138 条、第 1207 条）。如果某物被扣留不给所有权人，或基于此而被妨碍使用，则这里同样存在侵犯所有权，因为所有权人被阻止依据其所愿来使用该物（参见第 903 条）。[56] 1084

例如：船主驾驶其机动船前往一个支流岸边的磨坊卸货。之后在岸边搁浅且该河道不可再通行。几个月后该机动船仍不可驶出该河道，因此不得不停留在该磨坊处。联邦普通法院[57]合理地认定了侵犯所有权，其认为该船实际上已被排除出运输工具范畴，且相应地丧失其功能。基于该“限制”侵犯了船的所有权人的权能。相反，联邦普通法院拒绝认为其他被受阻于该河道外的不能通过水路到达该磨坊送货的其他船只的所有权受到侵犯，因为这些船只并未涉及交通工具的性质。依据联邦普通法院的观点，这取决于使用功能完全被废除而非仅仅受到一定的限制。然而文献中对此区别提出了疑义。[58] 有争议的是，短期的侵犯就足够（比如两小时的拥堵阻碍了驶出），还是必须要持续一段时间（多长?）。[59]

第 823 条第 1 款的保护范围还包括**“其他权利（sonstiges Recht）”**。在对此概念的解释中必须依据该条文已经明确列出的法益与所有权。如这些，“其他权利”必须具有绝对的，即对其有效的且被任何人遵守的内容。 1085

据此，其他权利为所有**限制物权（beschränktes dinliches Recht）**（抵押权、地债、定期地债、地上权、动产质权与权利质权），期待权，特别是所有权保留时购买人的期待权（边码 969 及其下），与其他**排他性先占权（ausschließliches Aneignungsrecht）**（捕猎权、渔业权、采矿权）。同样**专利权、著作权与商标权（Patent-, Urheber-, und Markenrechte）**也属于其他权利。相反，请求权并不属于第 823 条第 1 款意义上的其他权利。[60] 1086

财产（Vermögen）作为一个人货币价值利益与权利的总和并不为第 823 条第 1 款所保护。因此，依据第 823 条第 1 款，过错侵犯财产只有当该条文所保护的法益或权利被侵害时才有义务被赔偿。但是赔偿请求权针对包括财产性损失的该条保护范围所涵括的全部损害。如果某人侵害了他人（受保护的权益：身体），则在此违法且有过错的行为时有义务赔偿被侵权人因此而遭受的损失，因为其不能工作或经营。对此涉及一个与侵害行为相关的且依据第 823 条第 1 款侵害人必须赔偿的损害 1087

---

[56] 联邦普通法院案例，载《新法学周刊》，1994 年卷，第 518 页（第 517 页）；1998 年卷，第 1943 页（本文始于第 1942 页）；有关财产损害的不同案例类型参见 Mylich：《法学训练》，2014 年卷，第 298 页和第 398 页。

[57] 《联邦普通法院民事判例集》，第 55 卷，第 159 页及其下（本文始于第 153 页）＝《新法学周刊》，1971 年卷，第 886 页。

[58] Medicus/Lorenz：《债法 II》，边码 1290；同样参见《联邦普通法院民事判例集》，第 86 卷，第 152 页＝《新法学周刊》，1983 年卷，第 2313 页。

[59] 参见 Kötz/Wagner：《侵权法》，边码 146。

[60] 第 823 条第 1 款意义上的其他权利详见慕斯拉克/豪：《〈民法典〉司法考试教程》，边码 383 及其下。

后果。因此，所听到的句子“依据第 823 条第 1 款财产损害不予赔偿”有时候是错的。

1088 当占有人可以类似于所有人使用该物时且如所有人一样具有防卫权时（参见第 861、862 条），主流观点将**占有（Besitz）**，不管是直接占有还是间接占有，认定为其他权利（参见边码 717 条及其下）。[61] 该类似于所有权人的状态首先属于诸如承租人、用益租赁人、保管人或用益权人等有权占有的占有人。有争议的是，有偿地获得占有且对其占有权善意信赖的不合法的占有人在丧失占有时是否可以依据第 823 条第 1 款行使请求权。如果该占有人可以使用该物甚至对所有权人也有权拥有该用益（第 993 条第 1 款），则肯定该问题。[62] 第 823 条第 1 款保护范围扩展至间接占有人的理由在于其同样拥有防御权（第 869 条）；然而这并不适用于间接占有与直接占有之间的关系，因为间接占有人对直接占有人并不能行使占有保护请求权。

1089 第 823 条第 1 款的保护范围中涵括的其他权利还有所谓的**企业设立与经营权（Recht am eingerichteten und ausgeübten Gewerbebetrieb）**。该权利不仅包括经营性企业的存续，而且包括所有表现形式下的全部经营活动。

例如：判决认为对企业设立与经营权侵犯是指，以经营者违反了企业上的保护法这一不真实的论断来要求中断某经营活动（不合理的保护警告；对此见慕斯拉克/豪：《〈民法典〉司法考试教程》，边码 418）；呼吁消费者抵制不购买某企业的特定产品或不使用某企业的服务；违法罢工；损害交易的评论。[63]

1090 由于不能对设立与经营企业的权利作出精确区分，所以判决通过设定不同的（限制性）条件来试图克服对企业活动侵权保护的过分扩张。据此，必须满足下列条件：

- 侵害行为必须**与经营有关**，且未直接侵犯企业的经营范围。只有当侵害针对此类企业且没有涉及企业任一直接可替代的权利或法益，则其为与经营相关的直接的侵犯行为。联邦普通法院[64]认为侵害行为必须“依据客观的指向”针对“企业组织或经营上的决定自由”。

例如：如果一个企业的工作人员被侵犯或企业的机动车在一场交通意外中被损害，则否定该侵害行为的经营相关性。这同样适用于当建筑工人不小心损害向某企业供电的电缆而导致的生产停滞。然而，该情形下可基于侵害财产的视角而构成损害赔偿义务，如果基于电力中断损害或毁坏该企业中的具体的物（比如：肉厂的冷冻设施不起作用而导致仓储物腐败）。

- 保护的客体只可针对长期的营利活动。“设立与经营企业”这一普通的概念不可导致这样的错误论断，即**自由职业活动**（比如医生、律师或税务咨询

---

[61] 参见 Larenz/Canaris：《债法Ⅱ》，第 2 卷第 2 半卷第 76 章第 2 节；Fikentscher/Heinemann：《债法》，边码 1568；Deutsch/Ahrens，边码 251。

[62] Medicus/Petersen：《民法》，边码 607。

[63] 有关大量判决的概览见《慕尼黑民法典评注》/Wagner，第 823 条，边码 199 及其下；同样参见 Deutsch/Ahrens：《侵权法》，边码 258 及其下。

[64] 《新法学周刊》，2001 年卷，第 3117 页（本文始于第 3115 页）。

师）不受保护。相反，自由职业者的活动视为侵权人意义上的设立与经营企业，尽管不存在企业法意义上的企业经营。[65]

- 没有其他法律条文上的责任。这意味着对设立与经营企业权利侵犯的损害赔偿请求权只具有替代特征。如果依据其他法律条文，比如第 823 条第 1 款中的所有权侵害角度下，此类侵权构成责任，则排除因侵犯设立与经营企业的权利时的责任。特别是竞争法上的特别条文优先（比如《反不正当竞争法》）[66]，这在分析法律，比如考试中必须注意。

一般人格权（das allgemeine Persönlichkeitsrecht）同样被视为第 823 条第 1 款意义上的其他权利。将该权利纳入第 823 条第 1 款的保护范围是基于《基本法》中的相关决定（第 1、2 章）的要求，因为保护具体人格权的《民法典》的其他法律条文与其他法律对此并不充分。该权利的标的为对个人人格尊重的具体要求。一般人格权并无清晰的区分，而是涵括了值得保护的权利状态的总和，这在各个案例中基于利益的衡量而具体化（由此对违法性的判断而得出结论，边码 1128）。利益衡量是必要的，因为人们生活在共同体中，因此其人格权必须受到他人权利必要的限制（《基本法》第 2 章第 1 款）。 1091

法院通过一系列的判决对侵犯人格权的一般条款性的构成要件结构化并在内容上加以确定。这些判决被总结为案例类型，以便通过该方式提高条理性。比如，人们可以在案例中区分通过对涉及名誉事实的侮辱性表示或传播来诋毁人的名誉，或通过秘密拍照或通过秘密录音来侵犯私人隐秘范围。以经济目的而不当使用照片与姓名也被认定为侵犯一般人格权。[67] 对更多案例类型的细节见慕斯拉克/豪：《〈民法典〉司法考试教程》，边码 391 及其下。 1092

3. 保护范围内的损失

依据第 823 条第 1 款，侵权人必须赔偿给被侵权人造成的损害，对此还存在（不成文的）限制，即产生的损害必须在第 823 条第 1 款的保护范围之内（边码 558 及其下）。 1093

例如：赛车手 R 因超速驾驶在转弯处闯入人行道并严重撞伤了行人 F。在必要的医疗救助中确定 F 具有动脉硬化。因此其作为公务员要提早退休。F 向 R 分别请求退休金与退休之前正常工作时间的薪水。该情形中是否存在身体损害与所产生财产损失之间的（责任成立上的）因果关系取决于人们使用相当性理论中的哪些内容（边码 554）。但是与之独立的是，必须否定 F 因提前退休而产生的损失为第 823 条

---

[65] 联邦普通法院案例，载《新法学周刊》，2012 年卷，第 2580 页，边码 19（本文始于第 2579 页）；《慕尼黑民法典评注》/Wagner，第 823 条，边码 192。其他观点见 Larenz/Canaris：《债法Ⅱ》，第 2 半卷，第 81 章，第 540 页。

[66] 《联邦普通法院民事判例集》，第 36 卷，第 256 页及其下（本文始于第 252 页）＝《新法学周刊》，1962 年卷，第 1103 页；详见《慕尼黑民法典评注》/Wagner，第 823 条，边码 197。

[67] 同样见联邦普通法院案例，载《新法学周刊》，2012 年卷，第 1728 页＝《法学训练》，2012 年卷，第 646 页。同样注意 Staake/v. Bressendorf 论文中的基本案例，载《法学训练》，2015 年卷，第 683 页。

第 1 款的保护范围。禁止侵害他人的身体不应保护所发现的受害人的隐藏的疾病。[68]

1094 迄今尚未对损害的概念作出详细解释；它其实已被口语充分地确定了。但是对于损害这一法律概念的补充解释与说明需要通过下列表述作出。

超链接：损害的概念

1095 如果法律人将损害的概念定义为受法律保护的利益上的非自愿损失，则该描述还完全与口语一致。**财产损失（Vermögenslust）**（=**物质损害（materieller Schaden）**）是指被侵权人遭受了可用金钱衡量的损失。对生命、身体、健康与自由的侵害及与之相关的痛苦与情绪变化为**非财产损害（Nichtvermögensschaden）**（=**非物质损害（immaterieller Schaden）**）；同样可能因此导致财产损害作为附带的后果（比如医疗费用、工资损失）。

1096 物质损害与非物质损害具有重要意义，因为非物质损害的金钱赔偿只有法律确定的情形时才可以被请求（第 253 条第 1 款）。此处特别值得一提的是第 253 条第 2 款，据此，在所述情形中被侵权人具有非物质损害赔偿（所谓的**痛苦抚慰金请求权（Schmerzensgeldanspruch）**）。尽管第 253 条第 2 款并未提到对一般人格权（边码 1177 及其下）的侵害，但是基于联邦宪法法院确认的联邦普通法院的判决赋予了被侵权人在该情形下的非物质损害赔偿请求权。判决对此请求权首先类推适用于第 847 条[69]（后来被废除），然而后来在侵害一般人格权时的金钱损害赔偿请求权依据第 823 条第 1 款与《基本法》第 1 章与第 2 章第 1 款。[70] 但是此类请求权取决于违法与过错侵害人格权导致了严重的损害。[71] 当侵权人侵害时具有严重过错，或被侵权人的人格权受到特别严重侵害时视为严重。对此还有被侵权人基于其他方式不能得到充分满足。[72] 基于此实现了一个合理的手段来抵制对他人人格权毫无顾虑地诋毁。

1097 如果对一个非财产性损害不能请求金钱赔偿，则仅有所谓的**自然恢复（Naturrestitution）**，即恢复不存在待赔偿情形时的状态（第 249 条第 1 款）。其中在许多非物质损害情形中的自然恢复是不可能的；比如剥夺自由在事后就不能使得其没有发生。

1098 另外一个损害赔偿上的区分是，该损害是否直接由侵权行为引起（所谓的**侵权损害（Verletzungsschaden）**，比如交通意外时遭受的腿骨折），还是涉及作为附加后

---

[68] 联邦普通法院判例，载《新法学周刊》，1968 年卷，第 2287 页。

[69] 修订前的第 847 条中的相应规则现在位于第 253 条第 2 款中。然而第 253 条第 2 款相较于之前的法律并不再限于侵权请求权，而是同样包括合同上的义务违反与危险责任请求权；比较《慕尼黑民法典评注》/Oetker，第 253 条，边码 17 及其下。

[70] 联邦宪法法院案例，载《新法学周刊》，2000 年卷，第 2187 页；联邦普通法院案例，载《新法学周刊》，2000 年卷，第 2197 页（本文始于第 2195 页）。同样参见 Coester-Waltjen 论文，载《法学教育》，2001 年卷，第 134 页（本文始于第 133 页）。

[71] 参见联邦普通法院案例，载《新法学周刊》，2005 年卷，第 217 页（本文始于第 215 页）。

[72] 参见 Brox/Walker：《债法分论》，第 45 章，边码 18；Larenz/Canaris：《债法 II》，第 2 分卷，第 80 章第 1 节 4b。

果出现的损害（所谓的**结果损害（Folgeschaden）**，比如医骨折的费用）。[73] 由于侵权人的过错只针对侵权行为，而非必须针对基于此造成的损害，所以并不取决于产生的结果损害是否可以预见（比如第 823 条第 1 款框架内结果损害的赔偿义务，边码 1087）。

财产损害研究的出发点是**差额假定（Differenzhypothese）**。侵权发生后状态下的财产与（假定的）损害赔偿义务所基于的事件没有出现时存在的财产状况相比较。该两种财产状态的差别得出待赔偿的损害。[74] 但是差额假定只是理论上对损害结算的估计。当赔偿实际确定的损害时，比如书的损失，没有人会运用该思想来整体调查与比较被侵权人的财产。相反，差额假定通常涉及具体的损害金额（比如损失的书的金额）。[75] 1099

但是并非在任何情形时都停留在差额假定上；比如下列各案例： 1100

示例：

(1) 斗殴中 S1 伤害了 G1，以致其必须要看医生。医疗费用由 B 法定保险承担。

(2) S2 作为观众参观了一场自行车比赛，不小心损坏了 G2 的赛车。当其被询问时，G2 的朋友凑了钱并将钱给了 G2；所凑之钱超出修理费 20 欧元。

(3) S3 不小心弄坏了 G3 的教练车。修理时间花费了 20 小时的训练时间。G3 在晚上正常上课时间外弥补了该训练时间。[76]

差额假定在所有三个案例中带来的结果是，财产损失被否定，且侵权人因此无须作出赔偿。该结论并不公平。第一个案例中应这样避免，即依据《社会法典 X》（＝第 10 卷）第 116、117 条 G1 的请求权转归保险机构，且其可以向 S1 请求赔偿其所作出的给付。第二个案例中缺少相应的法律规则。但是也存在相同之处，侵害人并非基于第三人因损害结果而向被侵权人自愿作出给付而得以免责。[77] 只有当第三人为侵害人作出给付时（第 267 条第 1 款）才另当别论。但是 G2 的朋友并不想为 S2 减轻责任，而是赠送给 G2 一些东西。同样在第三个案例中，因 G3 加班应获取的金钱在损失计算中并未被计算在内。被计算的是此类从该措施中获取的利益，对此被侵权人依据第 254 条第 2 款第 1 句有义务用于减少或弱化损失。G3 所作出的加班涉及所谓的“超出义务的”努力，对此并不应给予侵权人。

尽管存在这些限制，但是在计算损失的时候适用的原则是，被侵权人从其损害结果中获得的经济利益必须被作价（所谓的：**利益衡平（Vorteilsausgleichung）**）。但是对于该利益衡平取决于哪些条件这一问题却具有难度。对于这样的提示，即利 1101

---

[73] Bamberger/Roth/Schubert，第 249 条，边码 45。

[74] 联邦普通法院案例，载《新法学周刊》，2011 年卷，第 1963 页，边码 8（本文始于第 1962 页）；2012 年卷，第 602 页，边码 9（本文始于第 601 页）。

[75] Honsell/Harrer 论文，载《法学训练》，1991 年卷，第 442 页（本文始于第 441 页）。

[76] 案例依据《联邦普通法院民事判例集》，第 55 卷，第 329 页及其下＝《新法学周刊》，1971 年卷，第 836 页。

[77] 联邦普通法院案例，载《新法学周刊》，2002 年卷，第 293 页（本文始于第 292 页）。

益衡平只有当利益与损害行为之间存在相当性因果关系时才被考虑，并无太多用处，因为还要求估算必须始终要符合公平原则。[78] 因此普遍的、永恒的正确答案并不存在。因此需要结合个案。

1102 如果所基于的原则是，不可以将被侵权人置于比没有该损害时更好的处境，则不可置疑的是，有利于侵权人地将被侵权人所节省的费用纳入损害计算之中。比如被侵权人因治疗伤病住院时节省的家务开支，或对没有该侵权时必须支出的交通费用的节省。[79]

1103 如果被侵权人购买一个新的物来替代使用过的被毁损的物，或在损害赔偿范围内作出的修理使得被损坏的物价值增值，则在判断被侵权人是否必须要扣除此项时会遇到与利益衡平类似的问题。

例如：B 的房子在因 A 过错而引起的大火中被毁。B 向 A 请求新建房屋花费的 250 000 欧元作为赔偿。B 只想支付 180 000 欧元，因为被毁的房屋已经 20 年了，新建的房屋增值了 70 000 欧元。

1104 在“以新替旧”这一关键词下研究该问题所基于的原则是，被侵权人必须要让其获得的利益来作价，如果给付损害赔偿改善了被损毁的物或其购买了新物替代了旧物的话。[80] 但是需要一些限制规则，因为价值增值对被侵权人而言并非始终都是受欢迎的，且似乎也对其作出了强制。因此，只有当该改善依据被侵权人的具体情况对其意味着可计算的价值增值时，或衡平义务对其可以期待时，才肯定该需被平衡的利益。[81] 期待可能性问题特别存在于被侵权人并不具有足够的能力来对物改善或获得新物时。[82]

1105 前面的叙述表明，损害的概念只是基于差额假定（可以称之为**自然性损害**概念），但这需要修正，以避免导致不公正的结果。因此人们将自然性损害概念与规范性损害概念相对比，以便表达，即使在当纯粹的计算上的财产性不利不能确定时，财产性损失基于价值角度亦可被肯定。[83] 但是**规范性损害（normativer Schaden）**理论相当有争议；对于具体细节此处并不深入。[84]

1106 对于特定的侵害后果究竟是否具有财产价值这一问题具有难度。该问题在涉及对被忽略的**使用利益赔偿**时特别重要。

例如：A 因过错损坏了 B 的汽车。修理花费了一周时间。该期间 B 使用自行

---

[78] 联邦普通法院案例，载《新法学周刊》，2008 年卷，第 3360 页，边码 20（本文始于第 3359 页）；Metzger 论文，载《法学家报》，2008 年卷，第 499 页（本文始于第 498 页）。

[79] 参见 Bamberger/Roth/Schubert，第 249 条，边码 137 及其下，具有更多的例子。

[80] 联邦普通法院案例，载《新法学周刊》，1996 年卷，第 585 页（本文始于第 584 页）；1997 年卷，第 2880 页（本文始于第 2879 页）；2004 年卷，第 2528 页（本文始于第 2526 页）；《慕尼黑民法典评注》/Oetker，第 249 条，边码 333 及其下。

[81] Armbrüster 论文，载《法学训练》，2007 年卷，第 418 页（本文始于第 411 页）；Fikentscher/Heinemann：《债法》，边码 677；Medicus/Lorenz：《债法Ⅰ》，边码 674。

[82] 《慕尼黑民法典评注》/Oetker，第 249 条，边码 348。

[83] 比较 Brox/Wlker：《债法总论》，第 29 条，边码 7。

[84] 对此比较 Medicus 论文，载《法学训练》，1979 年卷，第 233 页。

车。对其在该修理期间不能支配该汽车，其可以向A请求赔偿吗？

人们首先会倾向认为此处所请求的为非财产利益损失，对其赔偿并无法律规定（第253条第1款；边码1096）为由而否定该问题。由于此处的确涉及B请求给自己带来不便的赔偿。另一方面需要注意纯粹的机动车的使用可能性显示为财产价值，尤其如同租车所显示。还有，让被侵权人放弃租用替代的汽车（该费用原则上为可赔偿的损失）仅仅有利于侵权人的话则显得有点不合理。

联邦普通法院在一系列的判决中将**机动车的使用可能性**视为财产价值利益，对其侵害则引起财产损失。[85] 与之相应，示例中B可以对用益损失请求适当的赔偿。对此观点的教义学上的理由在文献中争议非常激烈[86]，有时在其他一些案例中商业化的使用可能与赔偿义务一样为联邦普通法院所否定。 1107

例如：对于**房屋的使用可能性**是否具有财产价值这一问题起初被联邦普通法院作了不同判决；但最终为大审委会（参见《法院宪法法》（GVG）第132条[87]）所肯定。[88] 被视为不合理的有：基于摩托艇用益丧失的金钱损害赔偿[89]以及私人游泳池用益丧失的金钱损害赔偿。[90] 纯休闲目的的家具使用可能性的暂时丧失依据联邦普通法院的观点并不构成可赔偿的财产损失。[91] 同样，联邦普通法院拒绝赋予皮大衣的购买人在损害赔偿请求权的框架内对丧失的使用利益的赔偿。[92] 法院绝对的理由在于，依据交易观点，皮大衣的使用可能性（不同于机动车）并不构成与物质价值相区分的独立的财产价值。在一个新的判决[93]中联邦普通法院认定网络接口脱落为可赔偿的财产价值。在某旅游合同中（参见第651a条）对无法使用所投入的休假时间可以请求合理的金钱形式的损害赔偿，这为法律上的规定（第651f条第2款）。[94]

如果想厘清该判例法，则应在相关判决中遵循下列视角：只有当所有权人在功能丧失期间想使用该物，对此也本应该可以使用时，才确认相关所有权人的赔偿。 1108

---

[85] 比如《联邦普通法院民事判例集》，第40卷，第345页＝《新法学周刊》，1964年卷，第542页；《联邦普通法院民事判例集》，第56卷，第214页＝《新法学周刊》，1971年卷，第1692页；《联邦普通法院案例》，第85卷，第11页＝《新法学周刊》，1982年卷，第2304页；联邦普通法院案例，载《新法学周刊》，2008年卷，第915页，边码6。

[86] 参见Kötz/Wagner：《侵权法》，边码678页及其下；Benecke/Pils论文，载《法学研究集刊》，2007年卷，第241页；Armbrüster论文，载《法学训练》，2007年卷，第414页及其下（本文始于第411页）。

[87] 参见Musielak/Voit：《〈民事诉讼法〉基础教程》，边码256。

[88] 《联邦普通法院民事判例集》，第98卷，第212页＝《新法学周刊》，1987年卷，第50页；同样比较联邦普通法院案例，载《新法学周刊》，1992年卷，第1500页：暂时性的住房使用可能的丧失只有当该空间对权利人的生活具有核心意义时才为财产损失。联邦普通法院案例，载《新法学周刊》，2014年卷，第1374页＝《法学周刊》，2014年卷，第938页（Schwab撰写）。

[89] 《联邦普通法院民事判例集》，第89卷，第60页及其下＝《新法学周刊》，1984年卷，第724页。

[90] 《联邦普通法院民事判例集》，第76卷，第179页＝《新法学周刊》，1980年卷，第1386页。

[91] 联邦普通法院案例，载《新法学周刊—判例报导》，2008年卷，第1198页。

[92] 《联邦普通法院民事判例集》，第63卷，第393页＝《新法学周刊》，1975年卷，第733页。

[93] 联邦普通法院案例，载《新法学周刊》，2013年卷，第1072页；对此比较Zwirlein论文，载《法学训练》，2013年卷，第487页；Jaeger论文，载《新法学周刊》，2013年卷，第1031页。反对意见见Exner论文，载《法学训练》，2015年卷，第680页。

[94] 参见Staudinger/Röben论文，载《法学研究集刊》，2015年卷，第246页（本文始于第241页）。

如果因生病或不在而非该情形，则必须拒绝用益损失。[95] 被侵权人缺少用益替代而实际需要该物，因而该用益对相关人必须是“明显的”。相反，如果受损的机动车所有人可以使用一个同等价值的机动车，则其还可以不受限制地使用，这样缺少明显的经济不利。[96] 对物的使用可能性丧失的赔偿原则上必须保留这样情形，即维持生活的物质基础明显受影响而造成的功能障碍情形，因为否则就存在扩大非财产损失赔偿义务的危险。[97]

1109 对于**以何种形式来赔偿损失**这一问题则依据第 249—251 条来判断。[98] 受考虑的情形或为恢复赔偿义务基础的情形没有出现时所存在的状态（**自然恢复**），或为用**金钱赔偿**。首先负有自然恢复（第 249 条第 1 款）义务，而对金钱损害赔偿请求权而言，法典中所述的特定条件必须被满足。

自然恢复的**例子**是在损害一个物时通过侵权人或其委托的人对其进行修复，如果不存在其他需赔偿的损失的话，在可代位物（第 91 条）损害或损失时提供同等价值的物，在侵害名誉言论时撤回言论。

1110 如果自然恢复是可能的，则债权人可对其作出请求。但例外情况是，当只有用不成比例的支出才可以实现恢复时（第 251 条第 2 款）；这样侵权人可以用金钱向债权人赔偿。至于恢复所需要的支出是否不成比例这一问题则依据被侵害的法律的价值来回答，其中支出费用完全可以在一定的适当范围内超出该价值。如果第 251 条第 2 款上的条件已经满足，则被侵权人享有一个代偿权（边码 224）。

1111 被侵权人可以向侵权人请求金钱赔偿，如果

- 因侵害某人或损害某物必须给付损害赔偿（第 249 条第 2 款），
- 债权人为自然恢复的赔偿义务人设定合理期限，该期限附带的表示是届满后拒绝自然恢复，而该期限无果而终（第 250 条），
- 自然恢复不可能或不足以赔偿债权人（第 251 条第 1 款）。基于第 251 条第 1 款中的“如果”得出，在自然恢复部分可实现的情形时亦具有该义务，且其余部分必须以金钱形式作出给付。

例如：E 将其机动车放到 W 的修理车间。W 的助手想在该修理车间内驾驶这辆车，结果因不小心撞到其他车辆上。自然恢复（即修理该车）在该情形下为 W 所作出（但是参见第 249 条第 2 款）。但是基于此造成了 E 的价值损失，虽然正常修好，但是该车作为事故车其价值少于相应的无事故的汽车，因此在出卖时可能会获得较少的利润。鉴于这所谓的**商业上的价值贬损**[99] 排除自然恢复，相反只能考虑金钱上的赔偿。

- 在可代位物丧失时，可以请求自然恢复的被侵权人自己实现了赔偿。[100]

---

[95] 联邦普通法院案例，载《新法学周刊—判例报导》，2008 年卷，第 1198 页，边码 7。

[96] 联邦普通法院案例，载《新法学周刊》，2008 年卷，第 915 页，边码 10（本文始于第 913 页）。

[97] 联邦普通法院案例，载《新法学周刊—判例报导》，2008 年卷，第 1198 页，边码 7；《新法学周刊》，2013 年卷，第 1072 页，边码 9。

[98] 比较 Spancken/Schneidenbach 论文，载《法学训练》，2012 年卷，第 298 页。

[99] 对此比较 Vuia 论文，载《新法学周刊》，2012 年卷，第 3057 页。

[100] 联邦普通法院案例，载《新法学周刊》，2008 年卷，第 2430 页＝《法学训练》，2008 年卷，第 1028 页（Faust 撰写）。

例如：A 出售了并无权出售的 B 的物品。当 B 对此以同样的市场价格购买时，其可以对此向 A 请求其支付的价款作为损害赔偿。

如果以金钱作损害赔偿，则被支付的数额必须如此计算，即基于此所产生的损失应全部被补偿。被侵权人具有所谓的**一般价值**赔偿，即该标的物客观上的，即针对一切人的价值。需要注意的还有主观的价值，即仅仅为被侵权人所具有的标的物的价值，如果其超出了共同价值的话。该情形中被侵权人可以请求基于主观价值（不要与纯粹的情感或情绪价值、喜好价值或喜好利益相混）的损害计算，因为依据第 249 条及其下诸条，被侵权人始终被置于如同该损害结果并未发生时一样。 1112

例如：由于 S 的疏忽导致 E 的房间里发生了火灾，其中放在屋顶上被忽视多年的画家法本二喜的画作，家族里流传几代、极度珍贵的《圣经》和通货膨胀时期货币完整收藏版中的部分货币被烧毁。其中对被烧毁的油画的赔偿具有决定意义的是画作的普通价值；这并不取决于 E 重视该画还是认为对自己无价值。另一方面，该家庭《圣经》对 E 所具有的纯感情价值，在损害计算时并不估价。"喜好利益"并不属于财产价值，这样并不可在此范围内请求损害赔偿（第 253 条第 1 款）。S 因此只有义务赔偿该《圣经》的一般价值。相反，在计算因通货膨胀货币灭失而产生的损失时，必须注意此处只涉及部分收藏品。需要赔偿的不仅是受损货币的一般价值，而是对整个收藏而言在全部范围内变得不完整而减损的价值；由于只有这样所产生的损失，即赔偿权利人的损失完全被弥补。因此，该情形中个案特殊性在损失计算时起了作用。

须被赔偿的损失还包括**丧失的利润**（第 252 条第 1 句）。意指如果损害结果没有出现时被侵权人本该获得的财产利益。 1113

有关丧失的利润的**例子**：出售商品时所获得的更高价款；如果被侵权人的企业可以维持的话其应获得的收入。

由于法院在判断被侵权人是否以及丧失了何种利润时还必须考虑将来存在的因此而并不确定的进展，所以在此范围内对被侵权人可能具有证明难度。第 252 条第 2 句因此减轻了证明要求，该利润"可能被期待"即足矣。 1114

当**损害是因恶意欺诈**而引起时则存在特殊性。对区别假定的应用会导致被侵权人可以请求被置于如同该欺诈行为未发生时所处的状态。如果被欺诈人可以证明没有引起订立该合同的欺诈行为的话则可以订立另一个更有利的合同，则损失依据其订立更好的合同时所具有的财产状况来计算；因此在结果上其可以请求履行利益的赔偿（边码 413），这在其他侵权性请求权时并不考虑。[101] 1115

与诚实信用原则相适应，须考虑**引起损害时被侵权人的共同作用**。因此第 254 条第 1 款规定，损害赔偿义务受制于被侵权人的与有过错（Mitverschulden）。依据共同原因的范围与共同作用的过错程度，损害赔偿义务或者可能完全消除或者被赔偿的损害在一定程度上被减轻。 1116

---

[101] 联邦普通法院案例，载《新法学周刊》，2011 年卷，第 1963 页，边码 8 及其下（本文始于第 1962 页）；2012 年卷，第 602 页，边码 9 及其下（本文始于第 601 页）。

1117 第 254 条既针对**责任成立上的因果关系**（第 1 款）又针对**责任履行上的因果关系**（第 2 款第 1 句）。每一个都是意指违反不真正义务意义上的“针对”被侵权人“自己”的过错（边码 629）。如果被侵权人违反了交往中必要的谨慎，且基于此扩大了所产生的损害，或根本上使得损害的产生成为可能，则其并非违反其对他人所负有的法律义务，而是涉及违反自己的利益，因为依据第 254 条，基于损害赔偿中的不利才需对此注意。

例如：被讨论的是，在交通事故中头部受伤的骑车人即使戴上头盔也不会避免该伤害，但是的确会减轻损害，则该骑车人的损害赔偿请求权在多大范围内可被减免。但是联邦普通法院对该问题直到 2011 年基本上都是持否定态度的。[102]

1118 依据第 254 条第 2 款第 2 句，法定代理人或履行辅助人的过错都必须要归算于被侵权人，对此，该条文中表述的对第 278 条的指引不仅——对此可以表明体系上的位置——涉及第 2 款所涉及的规则，而且涉及第 1 款中所包含的规定。第 2 款第 2 句因此需理解成如同该规则存在于独立的第 3 款中一样。有争议的是，第 254 条第 2 款第 2 句是否可理解为法律基础指引或法律后果指引（对此概念见边码 693）。如果在此规定中涉及一个法律基础指引，则必须满足第 278 条规定的制约第三人行为的条件。由于第 278 条只能在债法或类似债法关系的框架内使用，所以被侵权人必须在其和侵权人之间已经存在的债的关系中对第三人共同过错进行归算。相反，如果第 2 款第 2 句中为法律后果指引，在损害产生时并不存在此债的关系，被侵权人还必须对第三人的过错进行归算时，则要另作判定。

例如：一个母亲带着其 3 岁的儿子 S 去购物。在交易前其遇见一个熟人并与之聊天，完全忘了自己的小孩。起初在其母亲附近的 S 突然看见街对面有一条狗并跑过去，但没有留意汽车道。在路上其被汽车司机 R 撞到。依据第 254 条第 2 款第 2 句与第 278 条，其母亲的疏忽必须归算于 S，如果事故发生时对此并不取决于与 R 的债的关系存在的话。特别是判决对此要求一个相应的特殊联系，因此第 254 条第 2 款第 2 句为权利基础指引[103]，其在本示例中提高了对 S 的侵权法上的保护（不利于 R）。

1119 在危险责任（边码 1075）情形中，第 254 条的规范同样适用于被侵权人无过错情形。

例如：S 在交通堵塞中试图超过以步行速度向前移动的车队，超车时因疏忽而损害了 A 的汽车。依据第 254 条，此处 A 必须将机动车的运行危险归算到依据第 823 条第 1 款对 S 的损害赔偿请求权上，因为依据《道路交通法》第 7 条第 1 款其必须对运行危险负责。只有该事故归因于不可抗力（边码 507）时，依据《道路交通法》第 7 条第 2 款运行危险才不予归责。[104]

---

[102] 联邦普通法院判例，载《新法学周刊》，2014 年卷，第 2493 页，具有 Ketter 评注＝《法学训练》，2015 年卷，第 455 页（Mäsch 撰写）。

[103] 参见《联邦普通法院民事判例集》，第 103 卷，第 342 页及其下（本文始于第 338 页）＝《新法学周刊》，1988 年卷，第 2667 页；《慕尼黑民法典评注》/Oetker，第 254 条，边码 127 及其下；Kropholler，第 254 条，边码 5f。

[104] 参见 Brox/Walker：《债法总论》，第 31 章，边码 42；Brox/Walker：《债法分论》，第 54 章，边码 10。

在适用第 254 条时下列**分析框架**很有帮助： 1120

- 被侵权人是否注意到了交往中必要的谨慎（违反谨慎）？或其必须（无过错地）让运行危险对其归责？
- 被侵权人是否具有归责能力（相应地适用第 827、828 条）？如果不必对运行危险负责，且因此取决于过错，则可能必须还要被侵权人的过错能力。
- 违反谨慎或运行风险是否在相当因果关系上（共同）引起了损害？
- 引起损害行为的哪些部分必须归责于被侵权人？
- 特别是与侵权人的过错相比时被侵权人的过错有多大？

对最后两个问题的回答决定着被侵权人所具有的赔偿请求权的范围，对此首先要判定共同原因行为的比例。 1121

4. 违法性

符合第 823 条第 1 款上客观要件的行为只有当其违法时才引起损害赔偿的义务。对此第 823 条第 1 款明确以“违法地”这一词汇表达出。“违法地”（rechtswidrig 或 widerrechtlich）是任何因违反了法律而被禁止的东西。该禁止性可以从法律中或其他法律行为中得出。因此某人违反了合同上的义务也是违法的行为。[105] 1122

在侵权法的范围内可以基于这样的立场，即立法者在第 823 条及其下诸条的构成要件中所描述的不被允许的行为里哪些原则上是被禁止的，这样当侵权规范的构成要件成就时，就可以直接确定该行为（至少是积极行为）的违法性。因此，在此思维角度中仅仅基于侵犯受保护的权利状态来对行为的违法性作出判断。由于对此取决于行为（在引起侵害的意义上）的“结果”，基于此方式确定违法性的观点称为**结果不法说（Lehre vom Erfolgsunrecht）**[106]；这可以简要总结为：**构成要件符合性（在侵权规范意义上）体现为违法性**。 1123

如果侵权人可以例外地主张允许侵犯他人权利或法益的**正当化事由（Rechtfertigungsgrund）**，则否定该推定。正当化事由有正当防卫（第 227 条）、紧急避险（第 228 条）、自助权（第 229 条）、攻击性紧急状态（第 904 条），即之前所谓脱法的紧急状态——现在规定在《刑法典》第 34 条（抗辩性的紧急状态）、正当的无因管理（边码 984）与对侵害的同意。 1124

---

[105] Hübner：《民法总论》，边码 458；Jauernig/Stadler，第 276 条，边码 13；Hk-BGB/Schulze，第 276 条，边码 4。其他观点见 PWW/Schmidt-Kessel，第 276 条，边码 4。

[106] 《联邦普通法院民事判例集》，第 24 卷，第 27 页及其下（本文始于第 21 页）＝《新法学周刊》，1957 年卷，第 785 页；《联邦普通法院民事判例集》，第 39 卷，第 108 页（本文始于第 103 页）＝《新法学周刊》，1963 年卷，第 953 页；《联邦普通法院民事判例集》，第 74 卷，第 14 页（本文始于第 9 页）＝《新法学周刊》，1979 年卷，第 1351 页；《联邦普通法院民事判例集》，第 118 卷，第 206 页及其下（本文始于第 201 页）＝《新法学周刊》，1992 年卷，第 2014 页；联邦普通法院案例，载《新法学周刊》，1996 年卷，第 3207 页（本文始于第 3205 页）；Palandt/Sprau，第 823 条，边码 24；Jauernig/Teichmann，第 823 条，边码 48。

1125 对于这些抗辩事由此处不予详细分析。[107] 只需要指出的是，同意并非法律行为，因此未成年人也可以有效地作出同意，如果依据其精神与灵魂的成熟度能够判断侵犯与许可的意义的话。[108]

1126 与结果不法说相对的是**行为不法说（Lehre vom Handlungsunrecht）**。[109] 两种观点在评价故意行为时是一致的：明知并愿意（边码 466）侵犯第 823 条及其下诸条中明确规定的他人的权利的人，如果其不能够例外地主张一个正当化事由的话，则其行为违法。相反，在非故意行为时，行为不法说否定直接基于侵权结果来判断行为的违法性；相反，违法性应当取决于行为人是否违反其所负有的注意义务，即忽视专门的行为规范或交往中所需的谨慎（第 276 条第 2 款）。据此，违法性并非与结果相关，而是与行为相关。

1127 依据行为不法说，第 276 条第 2 款中所述的（客观的）过失标准与违法性的概念相符。对于过错问题只是仅仅考查行为的具体可指责性（边码 467）；因为对于客观不法已经在之前作出的违法性分析中存在。显而易见，基于此方式的违法性与过错的区分至少部分应被废除。该结论构成了行为不法说的主要弱点。

1128 然而，只要当客观要件的成就应当能够揭示出违法性，并且已经充分地揭示了违法性时，（主流的）结果不法说所采取的违法性的规则才可不受限制地实施。如果并非如此，则为所谓的**开放的侵权要件**，比如在侵犯企业的设立与经营权和侵犯一般人格权时，都需要对相对利益进行衡量（边码 1089 及其下）。该些情况下违法性的判断只有依据其利益和对所请求的利益必须另作处理这一问题作出决定后才可作出。[110] 这一直持续到确定出相应的行为义务。因此，在此范围内不存在与行为不法说的区别。

1129 结果不法说必须要解决的问题是，当侵害结果由不作为行为所引起时，如何作出违法性判决。对此需要注意，基于侵权法的基础，只有当其有义务作出行为来避免该结果时才可对被请求人作出未避免该侵害结果的指责。[111] 因此，其必须违反了危险防止义务。[112] 这通常称为**交往（安全）义务（Verkehrs（sicherungs）pflicht）**，对其内容可以一般化地描述为禁止，即不危害他人权利的行为。[113]

例如：

(1) S1 靠一只秋千船来赚钱，但是并没有使用规定的安全的螺栓，而是一个脆

---

[107] 对此参见 Wandt/Sprau：《法定之债》，第 16 章，边码 161 及其下；Wolf/Neuner：《民法总论》，第 21 章，边码 41 及其下；《慕尼黑民法典评注》/Wagner，第 823 条，边码 314 及其下。

[108] 《联邦普通法院民事判例集》，第 29 卷，第 36 页及其下（本文始于第 33 页）＝《新法学周刊》，1959 年卷，第 811 页；Medicus/Lorenz：《债法Ⅱ》，边码 1258。

[109] Esser/Weyers：《债法Ⅱ》，第 2 分卷，第 55 章，第 2 节（第 170 页及其下）；Soergel/Zeuner，第 823 条，边码。

[110] 联邦普通法院案例，载《新法学周刊—判例报导》，2006 年卷，第 833 页（本文始于第 832 页）；Medicus/Lorenz：《债法 II》，边码 1308；Brox/Walker：《债法分论》，第 45 章，边码 53 及其下。

[111] 比较联邦普通法院案例，载《新法学周刊》，2013 年卷，第 48 页＝《法学训练》，2013 年卷，第 258 页，否定一条道路的占有人对一个行人因掉落的树枝引起的损害承担责任。

[112] Raab 论文，载《法学训练》，2002 年卷，第 1046 页（本文始于第 1041 页）；Palandt/Sprau，第 823 页，边码 26。

[113] Raab 论文，载《法学训练》，2002 年卷，第 1043 页及其下（本文始于第 1041 页）。

弱的螺栓。该螺栓不堪重负并在几个小时后折断。因此造成事故，其中伤害到了G1。

(2) S2将尖利的金属废料堆放到栅栏围起的堆放地。但是忘了将该地方的门锁上。因此小孩子可以进入该区域玩耍。一个小孩因金属废料而受到严重伤害。[114]

在这两个案例中如果要考查责任人是否因不作为实现了第823条第1款上的构成要件，则取决于确定一个相应的被违反的交往义务；因为只有这样才可以认定与侵权相关的行为。毋庸置疑，S1与S2负有规避危险的义务，因为他们通过自己的行为创造了一个自己可以控制的危险源。他们可以作出对其合理的行为来避免其所引起的风险对他人造成损害。只要简单地考虑，该不作为并非侵权行为，则在堆放地的案例中行人完全可以将门锁上（前提是堆放地用的是拉紧即锁上的简易锁），其如果没有这么做，尽管其知道对在玩耍的孩子的危险，但是并不受侵权行为的指责。所以，法律上相关的不作为只存在于违反义务的不作为中。[115]

有争议的是，如何将**交往义务引入第823条第1款的结构**中。对此分析认为，或为既已存在的客观要件所吸纳，或在行为违法性判定框架中实现（参见慕斯拉克/豪：《〈民法典〉司法考试教程》，边码368及其下）。依据主流观点可断定，客观要件的实现取决于违反交往义务，则不作为的构成要件符合性的确定可以确定违法性的判断（比如积极行为作出的侵权行为）。 1130

但是，两个示例中所选择的出发点，即构成要件的成就以不作为形式发生，绝不像一开始就具有的表象那样简单。如果指责在秋千船案例中涉及使用不合格螺丝、在堆放场所案例中涉及放置的危险金属，则每一个都不涉及不作为，而是积极行为。所以这两个案例显示，是否被认定为**不作为或作为**最终取决于思考的角度。但是显得不可接受的是，法律后果要取决于此类可替换的可能性。相反，这两个案例的特殊性在于，它们涉及间接侵害，其中侵害后果并非直接因责任人的行为所引起，而是必须要附加其他条件，基于此首先只是实现了潜在的危险，然后才引起侵害。 1131

直接侵害是指，对第823条第1款中所述的法益或权利侵害是否通过一个“非间接的”（直接的）侵权行为所引起，即侵害后果在行为发展的框架内是通过对行为人最终归结的方式（例如：A驾车撞上B的车并撞坏了它）。相反，在间接侵害中，侵害后果只是通过期间发生的其他原因引起（例如：傍晚A将其车停在街边且没有开车灯；B驾车撞上了其汽车，导致B车严重受损）。 1132

在间接侵害中并不可简单地从侵害后果中得出行为的构成要件符合性，而是必须——如同在不作为中——取决于责任人是否有义务作出其他行为。[116] 间接侵权行为与不作为的等价导致了合理的结果，因为基于此可避免仅仅基于可替换的思考方 1133

---

[114] 例子见Medicus/Petersen：《民法学》，边码644。

[115] Wandt：《法定之债》，第16章，边码105及其下。

[116] Raab论文，载《新法学周刊》，2002年卷，第1046页（本文始于第1041页）；Larenz/Canaris：《债法Ⅱ》，第2分卷，第75章，第365页；Brox/Walker：《债法分论》，第45章，边码51；Bamberger/Roth/Spindler，第823条，边码10。

式所得出的不同的评价。在两个示例中，只有确定违反了交往义务才可以确定构成要件符合性。因为仅仅设置秋千船或堆放金属废料还不存在侵权行为，即使基于其他情形导致了人的伤害。

1134 总结归纳为，在故意侵犯第 823 条及其下诸条所保护的权利状态时存在一致性。在此类侵权行为的违法性认定上所有观点都一致。意见分歧只存在于非故意行为的违法性上。原则上只有结果不法说坚守该范围，但是必须进行修正，以便实现合理的结果。这在具体中是指：

- 直接侵害"经典的（法益）"，即对第 823 条第 1 款中明确所述的法益与所有权被积极行为侵犯就无须另外考查即可认定违法，如果没有其他正当化事由的话。
- 同样适用于不作为与间接侵权行为时，如果其中行为的构成要件取决于交往义务的违反的话。
- 在开放性侵权要件上（比如在侵犯企业设立和经营权和侵犯一般人格权时），违法性的判断取决于被请求人违反其负有的义务而作出行为。

1135 尽管在违法性判断上存在上述区别，但不可忽视的是，在法律后果判断中仍然存在一致性。如果在违法性研究框架内行为不法说已经否定或肯定违反既存的一般谨慎要求，则当结果不法在过错分析时也会得出同样的结果，如果其已经认定具有违法性的话。由此得出的问题是，对意见争议的理论投入是否真的值得。

5. 过错与衡平责任

1136 侵权法中的损害赔偿义务如同给付障碍中一样，原则上取决于过错能力人有过错地作出行为（边码 1075），且并不适用免责事由。任何没有依据第 827、828 条被排除责任的人都有过错能力（侵权能力）。过错通常指故意与过失（对此概念见边码 464 及其下）。免责事由比如对禁止性规则非基于过失地错误理解。其他免责事由可从刑法中推导出。[117]

1137 未满 7 周岁的儿童没有过错能力（第 828 条第 1 款），依据第 828 条第 2 款，7 到 18 周岁之间的儿童与青少年人的过错能力原则上取决于作出侵权行为时是否具有对责任识别的必要能力。这取决于对行为危险认知和行为后果的责任认知的智力能力，相反并不取决于据此能力去行为的个人能力。[118] 对行为人确定的具体的识别能力的门槛设置得相当低。对行为能够以任何方式构成责任的一般理解即足矣。[119] 第 828 条第 2 款为已满 7 周岁未满 10 周岁的儿童作了责任归责上的限制。他们对过错引起的机动车、铁路或磁悬浮事故而给他人造成的损害不必负责。[120]

1138 第 828 条第 3 款赋予未成年人的责任可以对其未来的经济状态构成严重威胁，

---

[117] 对此比较《慕尼黑民法典评注》/Grundmann，第 276 条，边码 166 及其下。

[118] 联邦普通法院案例，载《新法学周刊》，1984 年卷，第 1958 页。

[119] 科隆州高等法院案例，载《新法学周刊—判例报导》，1993 年卷，第 1499 页；Jauernig/Teichmann，第 828 页，边码 3。

[120] 有关该责任特权的权利范围参见联邦普通法院案例，载《新法学周刊》，2005 年卷，第 354 页；2005 年卷，第 356 页；Emmerich 论文，载《法学训练》，2005 年卷，第 374 页。

甚至消灭。基于此，联邦宪法法院对该条款作出了重要的符合宪法解释的指示。[121] 据此，基于第 242 条上的衡平原因有必要对第 828 条第 3 款上的责任作出限制，以避免不公正的强硬。[122] 然而，只有当不可以基于其他方式来为未成年人找到合理的解决方式时才考虑该限制。需要考虑的是通过公法机构对责任承担的限制与依据破产规则作出消费者破产程序的可能性（《破产法》第 286 条及其下，但是未成年人的直接侵权则被《破产法》第 302 条第 1 项排除）。

同样，如果谁对自己所引起的损害依据第 827、828 条不承担责任，**依据第 829 条**可能还会存在**损害赔偿义务**。该损害赔偿义务取决于**下列条件**： 1139

- 赔偿义务人必须满足侵权行为的客观要件，且对此行为必须违法。如果恰好并非因侵权人无归责能力所引起的状态所造成（比如：汽车驾驶员突然昏迷并引起了事故；边码 1080），则要求赔偿义务人在主观方面如此行为，即具有归责能力的人必须具有故意或过失（依据具体情况确定所需的过错形式）。

由于侵权责任规范的客观要件始终以赔偿义务人的行为为前提，但是在缺少意识控制与意志驾驭状态中造成损失的人并非是在行为（边码 1080），第 829 条显得并不适用于该类情形。但是，当排除身体行为的任何意思控制时，联邦普通法院倾向于适用该条文，相应地，驾驶汽车时遭受脑部深度无意识时造成了意外的驾驶员基于第 829 条具有损害赔偿义务。[123] 该判决在结果上被认可，但是在此类事实中须被区分：如果侵害“行为”归因于明知且意愿的活动，比如联邦普通法院判决的案例中驾驶机动车，则依据第 829 条的意思与目的须被肯定；因为对此侵害后果被引起似乎为该行为的发展方向。与之相反，当侵害后果独立于意思引起的活动而产生（比如：处于麻醉状态中的病人身体反应伤害到做手术的医生），则另当别论。第二种案例类型中的事实并不适用第 829 条。[124]

- 损害赔偿不可向具有监管义务的第三人（参见第 832 条）请求。然而并不重要的是，针对监管义务人的损害赔偿义务请求的实现是否因法律或事实上的原因（比如因没有财产）而失败。
- 衡平责任必须依据当事人的财产或其他生活关系及侵权的种类或方式来请求补偿，且基于赔偿义务人所作出的损害赔偿，不可向其索取为了自己合理生活与履行法定扶养义务所需的生活资料。

三、第 823 条第 2 款

第 823 条第 2 款赋予了违法与过错地因违反“以保护他人为目的的法律”而侵 1140

---

[121] 联邦宪法法院案例，载《新法学周刊》，1998 年卷，第 3557 页；对此比较 Moritz 论文，载《法学研究集刊》，1999 年卷，第 355 页。

[122] 否定观点见《慕尼黑民法典评注》/Wagner，第 828 条，边码 15 及其下。

[123] 《联邦普通法院民事判例集》，第 23 卷，第 90 页=《新法学周刊》，1957 年卷，第 674 页；同样比较《联邦普通法院民事判例集》，第 98 卷，第 137 页及其下（本文始于第 135 页）=《新法学周刊》，1987 年卷，第 121 页；Kritisch/Esser/Weyers：《债法Ⅱ》，第 1 分卷，第 55 章，脚注 162（第 176 页）。

[124] Bamberger/Roth/Spindler，第 829 条，边码 3。

害他人的主体以损害赔偿义务。其中“法律”不是从形式上加以理解，而是意指任何法律规范（《〈民法典〉适用法》第 2 章），即还指法律规章与条例。至于规范是否具有第 823 条意义上的保护法特征这一问题，必须要分析待考虑的规范究竟是否以保护个人利益为目的，还是仅仅保护一般（公共）利益。[125] 只有能确定除了一般利益外至少同时还应保护个人利益时才涉及保护法。据此，另一相关的问题是，保护法是否应该正好保护相关人避免此类不利，就如同其在具体情形中出现的那样。[126]

1141 依据被违反的规范的保护目的的责任限制（如所述，边码 558）适用于任一责任构成性规范；第 823 条第 2 款与该规范框架内作出的对被违反的保护法的目的研判因此是个范式。

1142 如果被违反的保护法保护的权利状态同样为第 823 条第 1 款所涵括，则第 1 款与第 2 款上的请求权可能互相竞合。但是在违反保护企业的设立与经营的法律时，第 823 条第 2 款中的请求权优先于第 823 条第 1 款中的请求权（边码 1089 及其下）。在被违反的保护法涉及第 823 条中没有保护的权利状态时，第 823 条第 2 款就具有特别意义。此处特别要提到**财产**；例如针对欺诈与背信的刑法规范（《刑法典》第 263 条及其下）所作的保护即为第 823 条第 2 款的保护法。

1143 第 823 条第 2 款上的请求权只有当待考虑的保护法在客观与主观角度都被实现时才构成。如果对此需要一个故意的行为，则同样必须对此作出肯定。

例如：S 在 G 的餐馆里吃饭，期间因故意打碎了桌子上的花瓶。G 对 S 的请求权依据第 823 条第 1 款可构成，因为 S 违法并有过错地（过失地）侵害了 G 的花瓶的所有权。相反，排除第 823 条第 2 款与《刑法典》第 303 条：虽然《刑法典》第 303 条保护所有权不受侵害与毁坏，但是恰好并非案例中的过失侵害行为。

1144 此外，如果保护法没有过错即可成就时，第 823 条第 2 款还至少需要侵权人的过失。

四、第 826 条

1145 第 826 条规定了“以违反善良风俗的方式”故意侵害他人的人的损害赔偿义务。对此并不取决于被侵犯的权利的种类。因此，对第 826 条具有意义的是所引起的损失并非满足第 823 条第 1 款或第 823 条第 2 款意义上保护法的客观要件。至于是什么违反了“善良风俗”这一问题与第 138 条第 1 款中的回答具有同等意义（第 207 条）。如在研究该条中所述，对悖俗行为构成要件的解释与细化由判决与文献实施这一建议恰恰经常使得对疑难案例帮助不大。这样案例类型就具有重要意义，

---

[125] 对此比较 Bamberger/Roth/Spindler，第 823 条，边码 169 及其下。

[126] 联邦普通法院案例，载《新法学周刊》，2004 年卷，第 357 页（本文始于第 356 页）；杜塞尔多夫州高等法院案例，载《新法学周刊》，2004 年卷，第 3640 页（关于《刑法典》第 323c 条上保护法的特征）；同样比较慕斯拉克/豪：《〈民法典〉司法考试教程》，边码 448 及其下。

但是对此需要注意个案情形对判决具有多大影响。

在例子上仅仅列出以下**案例类型**[127]： 1146

- 如果通过**恶意欺诈**促使他人签订合同，则依据第 826 条与第 249 条第 1 款，被欺诈人可以行使从该合同所产生的义务中解脱出来的请求权。该请求权独立于第 123 条上的请求权而存在，这在缺少撤销期限时（参见第 124 条）尤其具有意义。此外，被欺诈人可以依据第 826 条请求该损害赔偿，比如其错过了一个有利的要约而遭受的损失。该类型的请求权可能与第 823 条第 2 款与《刑法典》第 263 条中的此类请求权相竞合。
- 谁明知这样还侵害他人，即其对他人**故意错误地答复**而违背善良风俗。
- 如果**滥用对自己有利的信赖地位**，则可能基于此产生第 826 条上的损害赔偿义务。同样的请求权可以针对任一为了自己的利益明知违背信任而与侵权人共同作出侵权的人（所谓的共谋（Kollusion））。例如当在订立合同时一方合同主体被其代理人与交易对方共同有意侵害时，则被侵权人可以对二者行使第 826 条上的请求权。
- 支付**贿赂金**而违反风俗，比如向代理人或合同对方的机构使用，以便在合同订立时实现优惠。
- 谁**滥用垄断权**或垄断性地位而侵害他人也可为悖俗行为。比如，如果提供能源的机构向消费者请求与提供能源相关的高价格或试图通过提高供货条件来执行有争议的请求，这依据第 826 条而具有损害赔偿义务。但是滥用经济之外的支配地位（比如具有垄断地位的体育协会）也可以引起第 826 条上的请求权。
- 如果在国家、法律设定的或者规制的程序中，比如在**民事诉讼**中，通过行使其通过程序规范所给予的权利来侵害他人，则当其认识到诉讼请求不正确时，其行为并非违背善良风俗，而是只有当滥用国家程序以特别可指责的方式，比如通过诉讼欺诈或骗取司法行为来侵害相对方或第三人时，才涉及违背善良风俗。[128]

违背风俗地造成损害的行为始终是违法的。因此，在第 826 条框架内，在行为 1147
的违背善良风俗之外再专门考查**违法性**就显得多余。

第 826 条上的请求权只有当侵权人故意行为时才存在，但是其中**间接故意** 1148
（dolus eventualis，见边码 421）即足矣。故意必须针对加害行为。虽然不需要侵权人明确知悉其侵害了谁，但是当其侵权时，其必须知道该行为能够造成损害，以及预见到产生损害的可能方式，并在其意志中对此接受或至少容忍。主流观点还要求

[127] 对于更多的案例类型参见慕斯拉克/豪：《〈民法典〉司法考试教程》，边码 451。

[128] 联邦普通法院案例，载《新法学周刊》，2003 年卷，第 1935 页（本文始于第 1934 页）；2004 年卷，第 447 页（本文始于第 446 页）。有关违背善良风俗的诉讼欺诈与诉讼滥用请见慕斯拉克：《民诉司法考试教程》，边码 601 页及其下。

行为人知悉该从中得出悖俗性的行为状况，或其故意无视对此获得的认知。[129] 相反，并不需要从其所知悉的行为状况中得出正确的推断，且并不要求其知道自己行为已经违反风俗。如果想主张该结论，则可能利于具有“更多”认知的行为者；同样对此还会增加证明难度。由于在故意时涉及内部事实，对其确定通常具有难度，当原告以肆无忌惮和严重草率的方式行为时，法院倾向于认定其具有侵害故意。[130]

五、案例分析考试提示

1149 尽管第 823 条第 1 款与第 2 款以及第 826 条在其构成要件上被非常好地划分，因此考试中的案例分析在结构上不应该有难度，但是在此范围内在国家司法考试中却始终具有严重错误。因此应当给出一些提示，在考试中应注意下列具体要点：

首先应探讨**第 823 条第 1 款**中客观构成要件（边码 1079）的下列要点：

- 侵权人的行为，即作为或不作为（边码 1080 及其下），
- 侵犯第 823 条第 1 款所保护的法益或权利（边码 1083 及其下），
- 责任构成性因果关系（边码 556），
- 损害[131]（边码 1095 及其下），
- 责任履行上的因果关系（边码 556），
- 保护目的说：所产生的损害是否依据第 823 条第 1 款中的目的而应当适用该条文的问题（边码 558 及其下）。

然后考查违法性（边码 1122 及其下）与过错（边码 1136）。

第 823 条第 2 款的客观构成要件包括下列需考查的要点：

- 侵权人（边码 1140）在客观与主观方面违反了法律（边码 1143）。
- 被违反的法律的保护目的（也）包括被侵犯的权利状态（边码 1140）。
- 损害。
- 责任履行上的因果关系。
- 违法性问题在这里并不成问题，因为已经从违反保护法中直接得出该行为的违法性，这样对此只需探讨是否具有抗辩事由。
- 保护法同样必须在主观上被实现。如果保护法不需要过错，依据第 823 条第 2 款第 2 句，至少必须认定侵权人具有过失（边码 1143 及其下）。

---

[129] 联邦普通法院案例，载《新法学周刊》，1994 年卷，第 2289 页；2005 年卷，第 2992 页；对此比较 Sack 论文，载《新法学周刊》，2006 年卷，第 948 页及其下（本文始于第 945 页）。

[130] 对此比较 Sack 的观点，载《新法学周刊》，2006 年卷，第 948 页（本文始于第 945 页），与 Bamberger/Roth/Spindler，第 826 条，边码 12。

[131] 依据第 823 条第 1 款则值得怀疑“损害”这一要件是否属于该条的客观构成要件。因为损害赔偿的义务在第 823 条第 1 款中为法律后果，且法律后果规制区别于客观的构成要件。与之相应，在一些教科书中推荐，对损害产生范围的问题在违法性和过错之后来判断。但是由于在侵权法中涉及被引起损害的可归责，此处从客观构成要件中分离出损害要件就显得并不确信。因此就需要对损害的产生赋予第 823 条第 1 款上的客观要件符合性的意义（同样在第 823 条第 2 款、第 826 条）。但是对于客观要件而言确定损害的产生就足够（同样参见联邦普通法院案例，载《新法学周刊》，2002 年，第 1806 页）；损害后果的准确范围只在法律后果研判时具有意义。

对于**第 826 条**的客观构成要件具有下列要点：

- 侵权人违反风俗，即行为违反了善良风俗（边码 1145），
- 损害，
- 责任履行上的因果关系，
- 规范目的（在第 826 条上同样必须关注侵权人所违反的义务是否应当避免所产生的损害），
- 对违法性的考查多余（边码 1147），且除了客观要件外仅需研判过错（边码 1148）。

当然，在案例分析时只需详细探讨给出的具体细节，如果此范围存在需要解释 1150
的疑点的话。其他只需简要提示（也可以为对多个要件的总结）。

考试练习四

教会法教授、法学博士撒贝恩（S）在韩国逗留期间为其一个朋友，药物学教 1151
授普鲁邓斯（P）带了一根人参的根。P 在其学术论文中提到了该事实并在那里感谢了 S。这导致在一篇科普文章中将 S 描述为除了 P 外最伟大的人参研究学者。法克多（F）生产并经销含有人参保健品，在其产品的广告中这样写道：

“西方学术也同样认识到了人参的高价值。依据著名的学者如 S 与 P 的观点，人参作为纯天然产品在性衰弱和元气大伤时可以重新恢复元气与身体机能。人参的治疗作用在亚洲妇孺皆知。人们特别称之为复元妙方。其为亚洲催情剂的主要成分，所以该药应该为女士每晚必备。”

S 向 F 请求 10 000 欧元作为对其侮辱的补偿。其指出，该广告使其在同事圈里和学生中被取笑。

法律情形如何？

答题时间：最多 120 分钟。

案例与问题

1. 依据法律，没有委托或其他授权而介入他人事务可以分为哪些类型，区分的本质特征有哪些？

2. 在一次事故中 G 提供了被子与包扎用品，以便受伤的 W 得到紧急救助。W 是否有义务向 G 赔偿清洗被子与被使用的包扎用品的费用？

3. A 无过错地造成其装载废铁的货车发生意外。大部分的废铁落到 E 家的前院里。E 清理了该废铁并向 A 请求所产生的损失。有权吗？

4. A 与 B 签订一个 B 负有一定劳务义务的合同。该合同无效，但是二人并不知道。当无效被确定时，B 基于第 683 条请求因信赖该合同效力而支出的费用赔偿。有权吗？

5. 无因管理被认为正当时需要取决于哪些条件，且具有哪些法律后果？

6. 14 岁的学生 S 在其 13 岁的朋友 M 骑车严重摔伤时为其作了紧急救助。S 可以向 M 或其父母请求其在紧急救助时弄脏的衣服的清洗费用吗？

7. 医生 H 与木匠 E 偶遇一场交通意外，并为受伤的 A 作了紧急救助。H 为其医疗直到救护车来到。E 则处理被损坏的机动车。H 向 A 请求其医疗行为的费用；E 请求两小时的修理费 100 欧元，这与其通常的工作费用相当。A 必须履行这些请求吗？

8. 在一场交通意外中 E 严重受伤。偶然路过的 H 将 E 放入自己的汽车以将其尽快送到医院。途中因轻过失擦到了一棵树。其可以向 E 请求因修理汽车所产生的损害赔偿费用吗？

9. A 去环游世界。其将房屋的钥匙给了其邻居 B 并请其照看一下。当 A 动身时 B 在多家报纸上刊登了出租房屋的广告。夫妇 C 表示要以 1 000 欧元每月的价格租下该房 10 个月。当 A 回来时，其偶然从另一邻居处得知其房屋的出租事宜，并向 B 请求高达 10 000 欧元的租金。B 反对，其最多支付 5 000 欧元，因为市场价最高为 500 欧元每月。此外其还想要扣除 100 欧元刊登广告的费用。A 与 B 之间具有何种请求权？

10. G 在履行与 S 的债时转移了其汽车的所有权。此外其“预先支付”给他 500 欧元，以促使 S 将其一幅画卖给他，G 一直想购买该画，但是 S 却一直对此表示拒绝。G 对 S 具有哪些请求权，如果 a）买卖合同无效，b）S 仍然拒绝出售该画？

11. 如果在给付性（不当得利）返还请求权框架内理解给付这一概念，该概念追求哪一目的？

12. 当侵犯型（不当得利）返还请求权被肯定时，需要满足哪些构成要件上的条件？

13. 根据什么来判断侵犯型返还请求权的侵犯是否不合理？

14. E 将相机借给 K。K 将该相机卖给了 D。当 E 向 K 请求返还买卖价款时，其拒绝并声称，E 应当让其将相机给 D，因为 D 明确知道该相机属于 E。但这被 D 坚决否定。E 更想获得金钱而非相机。法律情形如何？

15. V 将建有房屋的地产卖给 K，并转移了所有权。当发现该合同无效时，V 除了请求返还该地基外，还主张支付相关租金。K 认为其早已支付了金钱。法律情形如何？

16. 一个陌生人偷了 A 的昂贵的种马，并将其卖给了善意的 G。G 将该种马继续出售并获得 15 000 欧元。A 偶尔听到该买卖就向 G 请求向其支付 15 000 欧元。G 主张应当从该数额中扣除其已经支付的高达 8 000 欧元。此外还需要注意该马在他这里重病并因此必须支付兽医与医药费用 2 000 欧元。此外还有饲料 500 欧元。最后种马所站的笼子也严重受损。对此修理其还要支付 500 欧元。因此其只愿意向 A 支付 4 000 欧元。A 要在法律上认可 G 所表述的吗？

17. 如何理解损害赔偿请求权框架内的过错原则与危险责任？

18. 请描述侵权行为的客观构成要件！

19. 请描述“行为”这一民法概念！

20. 由于建筑公司 S 的过错导致运河的防护墙断裂。这导致该运河长时间不能使用，且只有通过该运河才可到达的一个小镇小多夫的港口不能使用。该小镇因此损失利润 100 000 欧元。其向 S 请求该赔偿。有权吗？

21. 第 823 条第 1 款保护占有吗？

22. 建筑公司 F 在建筑时用挖掘机损害了电缆，该电缆向 G 的养鸡场供电。由于该损害，G 的养鸡场断电两天。其因此必须在该期间停止经营。此外所有在孵化器中的鸡蛋都腐坏。G 向 F 请求赔偿 500 欧元该期间的经营收入与 300 欧元孵化器中鸡蛋腐坏的损失。有权吗？

23. 什么是法律意义上的“损害”，对此需要如何区分与细化？

24. 在拆除时损害了隔壁 H 的房子的稳定性，为此该房子必须搬走 14 天。H 与其家人搬到免费为其提供住处的伯父处。其请求因拆除工作而受到损害的赔偿 300 欧元，因为其 14 天不能住在自己的家中（每月租金 600 欧元）。有权吗？

25. 被侵权人可以向侵权人始终请求以金钱来弥补损失吗？

26. F 的跑车因速度过高而打滑，直到一间房子的院子里才停下。其中撞死了在前院晒太阳的 D 女士的猫。F 立马弄来同等价值的猫送给 D。愤怒的 D 拒绝受领该猫并请求 20 000 欧元的损害赔偿，因为被杀死的猫是她的唯一与全部，其视其比自己的全部（微不足道的）财产还重要。法律情形如何？

27. 行为是否被定为违法取决于哪些条件？

28. 6 岁的 F 与其他小朋友一样用自己的雪橇从山上滑下来。当其处于全速滑行时其没有想到 D 会绕到自己的道上来并撞上了自己的雪橇。D 因此受伤，必须做手术。F 有义务作出医疗费用赔偿吗？

29. 第 823 条保护财产吗？

30. L 是一幅未签名油画的所有权人。其想出卖该画。因此其向艺术家 T 请求专家鉴定。T 对 L 说，该画应该画于 19 世纪，价值 3 000 欧元左右。但是其准备为 L 另作鉴定，鉴定中其将该画描述为 17 世纪荷兰风景画家阿尔特 · 冯 · 德 · 内尔的作品，并估计出自凡高。为此 L 必须向其支付 5 000 欧元。L 按其所言做了。L 将该画卖给了 K，其相信 T 的专家鉴定的正确性并支付所要的 25 000 欧元。两年后另一专家认定该专家鉴定不正确，K 向 L 请求损害赔偿。有权吗？

第十章

债的关系中的第三人

第一节　概览

1152　第三人，即既非债权人又非债务人，可以以多种形式参加债的关系。比如，其可以作为他人的代理人发出或受领意思表示，被代理人则基于此受法律行为约束（参见第 164 条第 1 款与第 2 款）；其可以作为传达人为他人传送或受领意思表示（边码 100）；其可以在履行义务中作出行为（参见第 278 条）；在侵权法中履行辅助人必须在第 831 条第 1 款条件下对违法造成的损害承担责任。第三人可以基于利于第三人的合同而获得合同上的请求权，或纳入合同的保护作用的范围；其甚至可以取代债权人与债务人任一方合同主体所具有的全部权利义务地位。在这里，以上所述的这些第三人加入债的关系时所产生的法律问题应当从独立角度加以讨论。

第二节　代理

一、概念与条件

1153　在许多情形中不可避免的是，由于自己不能作出行为而由第三人为其发出法律行为上的意思表示。**法人**（边码 315）必须要被代理，比如登记的社团（第 26 条第 1 款第 2 句）与股份公司（《证券法》第 78 条第 1 款）通过董事会、有限责任公司通过经理（《有限责任公司法》第 35 条第 1 款）。**无行为能力人**必须通过其法定代理人为其作出意思表示（边码 319 及其下）。

但是不仅是基于这些事物的性质上的原因，而且还有基于实现法律交往的需要，以实现某人让他人为自己作出法律行为的可能。基于现实原因，许多情况下存在一个不可否定的需求，即通过对法律行为的代理来扩大自己的行为空间。只需想一想，大型商事企业的所有者不可能自己作出所有的法律行为。《商法典》中的有关法律行为代理的专门条文还对商事领域代理的特殊利益作了规制（比如《商法典》第 48 条及其下诸条中的法定商事代理权（Prokura）；《商法典》第 54 条及其下诸条中的意定商事代理权（Handlungsvollmacht））。 1154

代理的本质在于，他人（代理人）为被代理人作出法律行为，被代理人基于此直接享有权利并承担义务。显而易见，此类“作用于他人的法律行为”[①] 必须满足一定的条件；该条件位于第 164 条。 1155

（针对自己的）代理的条件：

（1）意思表示必须被发出（所谓的主动代理；第 164 条第 1 款第 1 句）或接受（所谓的被动代理；第 164 条第 3 款）。

（2）代理人必须以被代理人的名义，即以他人名义作出行为（所谓：公开原则或公示原则）。

（3）代理人必须“在所具有的代理权限内”行为（第 164 条第 1 款第 1 句）。

代理原则上可以存在于所有法律行为中。但是，在一些情形中，法律排除由代理人作出意思表示。比如设立遗嘱（第 2064 条）、订立继承合同（第 2274 条）以及缔结婚姻（第 1311 条第 1 句）都是**高度人格化的法律行为**，其中不得存在代理。[②] 1156

1. 意思表示的发出与接受

依据第 164 条，**代理**关系涉及**意思表示**；但是在**准法律行为上**（边码 262）也可存在代理，比如催告、依据第 108 条第 2 款请求作出追认与依据第 281 条第 1 款第 1 句或第 323 条第 1 款第 1 句期限设定。相反，在**事实行为**上排除代理。 1157

事实行为描述的是一个过程，其针对纯事实上的结果，且法律对此规定了特定的后果。此类过程比如有通过获得事实上的支配力而建立的直接占有（第 950 条）或发现遗失物（参见第 965 条及其下）。由于与此相关的法律后果基于法律产生，所以并不适用法律行为规则。如所述，在作出这些事实行为时既不可存在代理行为，同时也不取决于行为人是否有行为能力。[③] 1158

代理人发出**自己的意思表示**，而非他人的意思表示。这使其区别于**（意思表示的）传达人**，其仅仅转达他人的意思表示。 1159

---

① Gernhuber：《民法》，第 37 页。

② 对于其他排除代理的情形，见《慕尼黑民法典评注》/Schramm，前 164 条，边码 71。

③ 参见 Rüthers/Stadler：《民法总论》，第 16 章，边码 30 及其下。

例如：8 岁的 F 来到 Z 的报刊亭说："我爸爸让我来为他取他的体育报，您已经知道该决定了吧。" Z 回道："F，报纸在这里。你爸爸给你带钱来了吗？" F 说有，并支付钱后离开。

F 为限制行为能力（第 106 条结合第 2 条）人，这并不影响一个有效的代理（参见第 165 条）。F 在这里被视为代理人还是传达人仅仅依据其对合同对方的外部表现。[4] 对此，其与委托人的约定这一内部关系并不重要。但是，作为传达人应当转达意思表示的人，如果其违反了该约定作为代理人出现，则作为代理人来对待。示例中，F 说他的父亲差他来购买一份体育报，该提示表明其为传达人。

1160 但是，依据当今主流观点，代理人也可以依据对其明确作出的指示来行为。尽管代理人一般至少要被赋予一定程度的决定自由，然而并非必须这样理解。[5] 这样，商店中的销售员并不需要自己的决定权限，而是价格及供货条件都取决于行为负责人的指示，且通常也不得拒绝顾客所期望的合同。但是，对其作为代理人的分类具有决定意义的是，行为负责人对签订具体的合同不能作出意思表示，而是必须委托给销售人员。

因此，示例中 F 缺少的决定自由并不重要。相反，对其转达他人意思表示的认定，即被认定为传达人，最终取决于自己根本不知道买卖合同的标的物应当是什么，因为其所说出的"爸爸的体育报"其并不了解，虽然 Z 知道。

1161 被动代理人（第 164 条第 3 款）与受领传达人（边码 100）之间的区别可能较难，因为两种情形中对本人作出的意思表示都被消极地受领。但是二者的区分也不具有太大的现实意义。两种情形都涉及意思表示的到达，即涉及意思表示的生效（边码 93 及其下）。如果在受领人的支配范围内，一个书面的或口头意思表示被转达或传达至一个辅助人（对此已被设置或安排），则该意思表示到达，确切地说独立于该辅助人是否涉及代理人或受领人的传达人。与之相反，当辅助人在受领人的住所或行为场所外接受该意思表示的话，该区别则具有意义：在被动代理人处该意思表示立刻生效；在（意思表示）受领传达人介入时则直到本人知悉这一正常的事情经过后才生效（边码 101）。[6] 同时还存在解释上的差别：如果意思表示对一个（被动的）代理人说出，则取决于代理人对此如何理解。如果意思表示被传达人所受领，则具有决定意义的是，本人从该传达人（正确）转达[7]的意思表示中可以且必须获知的内容。

2. 以他人名义行为

1162 代理人必须**以被代理人的名义**作出意思表示（第 164 条第 1 款第 1 句）。[8] 但

---

④ 参见 Wolf/Neuner：《民法总论》，第 49 条，边码 13 及其下。

⑤ Wolf/Neuner：《民法总论》，第 49 条，边码 18；《慕尼黑民法典评注》/Schramm，前 164 条，边码 50。

⑥ 联邦普通法院案例，载《法学家报》，1989 年卷，第 502 页；《新法学周刊》，1994 年卷，第 2614 页（本文始于第 2613 页）；2002 年卷，第 1567 页（本文始于第 1565 页）；《慕尼黑民法典评注》/Schramm，前 164 条，边码 59 及其下。

⑦ Hübner：《民法总论》，边码 1210。

⑧ 但是代理人可以同时以自己的名义作出，这样该意思表示即可作为自己的又可作为被代理人的；联邦普通法院案例，载《新法学周刊》，2009 年卷，第 3506 页，边码 12。

是，对此不需要其明确表达出其想以被代理人的名义行为；从具体案例情形中推断出以被代理人名义行为的话就足矣（第 164 条第 1 款第 2 句）。但是，如果确认代理人是为自己，而不是为他人行为，则义务归于其自身。其不可主张其原本并非想以自己的名义来行为；该抗辩对其已被排除，但在此范围内其仍可以请求撤销。第 164 条对此作出了难以理解的表述："如果以他人名义行为的意思并非可知地表达出，则不考虑有缺陷的意思，而是以自己名义行为。"

该规则是对**公开原则（亦为：公示原则）**的表达。基于此应当保障对参与法律关系的合同对方对此作出的说明；因为其一般对该认知具有价值。因此公开原则应当保护被代理人的行为对方，但当与谁订立合同例外地对行为对方并不重要时，该规则同样会被打破。这样通常其就理解为，是在与作出该行为的人之间成立行为。 1163

例如：R 的保姆 H 在商店为其管理的房子买了一块桌布。依据主流观点，她在这里作为 R 的代理人行为，由于这并不取决于合同对方，即商店所有人知道与谁签订了合同：其准备以"行为归所涉之人（Geschäft für den，den es geht）"来作出行为。

依据代理人是否让行为相对人知道其并非为自己行为，但是并未示明谁是被代理人，或其是否完全隐瞒作为代理人的地位，可以区分为明示的归于利益相关人之行为或隐藏的归于利益相关人之行为。 1164

- 对**明示的归于利益相关人之行为**的认可不存在疑问。公示原则在此情形中最多会被限制，但不会被违反，因为已经表明代理人不想为自己行为。如果行为对方不想接受对被代理人的不知情，则其必须拒绝该行为。
- 相反，在**隐藏的归于利益相关人之行为**时则另当别论，就如上述保姆购物中的情形一样。公示原则在这里被打破；因此此类代理的许可性同样有争议。主流观点赞成此类行为，如果其与公示原则的保护作用一致的话，即——如所述——当行为对方不重视该保护价值时，主流观点赞成此类行为。这绝大多数是在日常生活中双方即时给付的现金行为时，对此，不管是在债法上（买卖）还是在物法上（所有权转移）隐藏行为的许可性都被承认。⑨

示例中，桌布的所有权基于行为归于所涉之人理论转归 R：第 929 条第 1 句意义上的处分合意由作为代理人的 H 发出，确切地说在（主流观点认可的）公示原则否定之下，R 直接取得该桌布的占有，因为 H 是其占有辅助人（参见第 855 条；边码 723）。

如果（隐藏的）归于利益相关人之行为的条件并未满足，则代理上的公示原则必须被严格遵守。因此并不涉及代理情形，而是某人以自己的名义，但是为他人的利益且由他人承担责任来作出行为（所谓的**间接或非直接代理（mittelbare oder indirekte Stellvertretung）**）比如涉及经纪人（《商法典》第 383 条）或运输代理人 1165

⑨ 参见联邦普通法院案例，载《新法学周刊》，1991 年卷，第 2284 页及其下（本文始于第 2283 页）。对于（隐藏的）归于行为人的行为并不存在明显的意见分歧，对此并不能够涉及细节；对此参见 Wolf/Neuner：《民法总论》，第 49 章，边码 50 及其下；K. Schmidt 论文，载《法学训练》，1987，第 428 页及其下（本文始于第 425 页）。请看高阶考试练习，见 Lindacher/Hau：《民法总则案例》，案例 3。

（《商法典》第454条第3款与第457条）的情形（参见慕斯拉克/豪：《〈民法典〉司法考试教程》，第48页及其下）。

1166 以他人名义行为不同于**冒用他人名义行为（Handeln unter fremdem Namen）**，即当在他人名下行为时行为人假装为他人但实际上是自己。这里必须区分：

- 如果行为人为自己而作出行为，但使用他人的名字以保持匿名，同样，行为对方也想与行为人作出行为，而不取决于他人实际上具有何名，则法律后果只涉及错误姓名之下的行为人。为了更好区分应当称之为**"在错误的名称下行为"**[10]，该案例类型的典型例子是客人在一间旅馆订立一间房，但是由于对此其想保持不为人知，其给出了一个自己杜撰的名字。
- 如果交易对方明显能够猜到真实姓名的人，且其想与真实姓名的人缔结法律关系，因为此交易取决于该人，则类推适用代理规则。这意味着真实姓名的人享有权利并承担义务，如果在他人名下行为的人对此代理有权的话，或在缺少代理权时可适用第177条及其下诸条（详见其后）的话。[11]

例如： A十分想看一下这几周都常常爆满的话剧演出。其打电话给剧院行政部门并称自己为大企业家R，该城市恰巧有个R也很想看该话剧。剧院行政部一直为特殊情况预留一些门票，就对R说会在售票处为R预留一张票。剧院行政部明显不想与任何其不认识的人签订一份合同，除了R，因为其具有声望，基于广告上的原因其也应当得到优先对待。如果A的小把戏被及时发现了，则剧院管理部门有权拒绝将该门票交给他，因为与A的合同关系并未成立。剧院管理部因此同样有权类推适用第179条（边码1215）来请求取走门票并支付价款。如果其对此重视的话。

3. 代理权

a）法律基础

1167 人们以代理权来描述有效地代理他人并为其发出或受领具有拘束力的意思表示的权限。其既可基于法律条文（所谓**法定代理**；边码1153）[12] 又可基于法律行为（所谓的**意定代理**；边码1154）。通过法律行为授予的代理权称为**（意定）代理权（Vollmacht）**（第166条第2款第1句）。

b）（意定）代理权的授予与范围

1168 代理权通过可受领的意思表示（边码47）授予，其通常无须**形式**，特别是涉及

---

⑩ 如Medicus/Petersen：《民法》，边码83；《慕尼黑民法典评注》/Schramm，第164条，边码42。

⑪ 《联邦法院民事判例集》，第45页，边码193＝《新法学周刊》，1966年卷，第1069页＝《法学训练》，1966年卷，第414页；《新法学周刊—判例报导》，2006年卷，第702页，边码11（本文始于第701页）；Hauck论文，载《法学训练》，第967页；Medicus：《民法总论》，边码908。比较：关于网络拍卖中的在他人名下行为，参见《新法学周刊》，2011年卷，第2422页，边码12（本文拟始于第2421页）＝《法学训练》，2011年卷，第1027页（Faust撰写）；波恩州法院判例，载《新法学周刊—判例报导》，2012年卷，第1008页；Borges论文，载《新法学周卡》，2011年卷，第2400页。

⑫ 法人通过其机构的代理（边码1246）被认为是第三种独立的代理，其与法定代理相近；比较《慕尼黑民法典评注》/Schramm，前164条，边码7及其下。

意定代理权的法律行为并无形式要求（第 167 条第 2 款）。

- 法典在许多情形中都规定了形式自由原则的例外，即意定代理权必须以特定的形式作出。比如，依据第 482 条第 4 款，授权订立消费者借贷合同（参见第 491 条）时需要注意第 92 条第 1 款与第 2 款中的要求。
- 第 167 条第 2 款中所表达出的原则是，授予代理权的法律行为需要具有一定形式时，即使该法律行为不具有该形式也有效，但是该原则在不具有该形式的授权行为与形式条款的目的相冲突时必须要受到限制。这可以是一个缺少形式的授权行为正好引起该形式条款所阻却的权利状态时：如果创制该形式强制的目的对表意人提示了其行为的法律意义，并对作出仓促的行为加以警示（边码 59），则在授权行为时表意人的拘束力不可以基于无形式限制的法律行为产生。理论界也相应地建议，对代理行为有效的形式条款扩大适用于代理权授予行为，如果该形式条款具有警示作用的话。⑬ 与之相反，主流观点，特别是判决，想基于对具体情形的不同判断得出该认定。比如，从第 311b 条第 1 款第 1 句推导出不可撤销地授予出售不动产代理权时的形式要求，即使该不可撤回性在时间上具有期限；这同样适用于授权人在撤回时被设定了不利条件时（比如其有义务支付合同罚金）。⑭

对第 167 条第 2 款中明确规定的观点的否定基于下列考虑：如所述，第 167 条 1169
第 2 款所列出的规则与其他规则的意义和目的，即此处被使用的形式条文，并不一致。因此，第 167 条第 2 款的（依据字面意义太宽的）条文必须这样限制，即使其适用目的与形式规范的调整目的相一致。依据字面意义有违立法者的调整目的而被扩大理解的条文的此类限制称为**目的性限缩（teleologische Reduktion）**。⑮

如果针对被授权人授予了代理权（X 对 Y 说："我授予您代理权，以便为我买 1170
一辆汽车"；第 167 条第 1 款第 1 中情形），则称为**对内授权（Innenvollmacht）**。如果授权针对第三人作出，而与该第三人将会达成代理行为（X 对 Z 说："我授权 Y 为我与您签订一个买卖汽车的合同"；第 167 条第 1 款第 2 中情形），则涉及所谓的**对外授权（Außenvollmacht）**。第 171、172 条并未涉及特殊的授权。该条文包含了为了交往保护利益的规则，且涉及对内授权，其通过对第三人，或公开告知（第 171 条第 1 款），或通过展示代理人从被代理人处获得的代理权证书（第 172 款第 1 款）而告知（比如："X 先生已经被我授予了代理权"）。

对内授权不可错误理解为，基于此同样调整授权人与被授权人之间的内部 1171
关系。代理权始终（只）具有对外效力，因为基于此授予了被授权人针对第三人来代理授权人的法律力量。该法律力量独立于授权人与被授权人间存在的法

---

⑬ 比如 Flume：《民法总论》，第 864 条及其下；Schwerdtner 论文，载《法学教育》，1979 年，第 163 页。

⑭ 参见联邦普通法院案例，载《新法学周刊》，1979 年卷，第 2306 页；Rösler 论文，载《新法学周刊》，1999 年卷，第 1150 页；《慕尼黑民法典评注》/Schramm，第 167 条，边码 17 及其下。每篇都具有代理权形式需要的更多案例。

⑮ 目的（teleologisch）源自 telos（希腊语）＝目标、目的，限缩（Reduktion）源自 reductio（拉丁文）＝抑制、克制；对此比较 Rüthers/Fischer/Birk：《法学理论》，边码 902 及其下。

律关系（比如委托合同或劳务合同），其构成了授权的基础，并调整其相互关系中的权利与义务。代理权在效力上由内部关系引起；但其独立于内部关系（**抽象原则**）。[16]

1172 代理权的抽象原则这样起作用，当调整内部关系的合同无效时或当被授权人违背内部指示行为时（比如未经授权人同意不得缔结超过10 000欧元的交易），其并不影响到代理行为的效力。如果行为对方知道代理人的内部效力，且与代理人为了授权人的不利而共同行为，则订立的交易视为违反风俗，并因此依据第 138 条第 1 款而无效（边码 207）。

1173 对**代理权的限制**与此类（原则上对第三人无效的）内部效力相区分；代理权受到此类限制规则的限制。据此必须区分，代理人是否具有代理权并且（仅仅是）对其滥用，比如由于其违背指示地使用（这原则上只在内部关系上起作用；详见其后），或是否其超越了代理权的界限（这样其就是无权代理人）。

1174 但是，不同于授权人与被授权人之间的内部关系未生效并不影响代理权的效力这一原则，基于第 139 条还有其他例外效力，如果内部关系与代理权被视为该条文（边码 323）意义上的统一的法律行为的话。但是在此类认定中应保持最大克制，因为否则就会放弃代理权与所基于的法律关系的分离原则并忽视代理权的抽象性。[17]

1175 依据代理权的范围区分为**特定代理权（Spezialvollmacht）**（其只对一定的行为有效）、**种类代理权（Gattungsvollmacht）**（其针对特定种类的事务）和**概括代理权（Generalvollmacht）**（有权代理所有种类）。在一些情况下法典为了法律交往的利益而强制确定代理权的范围（比如《商法典》第 49、50 条规定了经理权（Prokura），一种特别的商事代理权）。代理权同样可以这样被限制，即被授权人应当不是单个有权作出代理，而且需要与一个或多个他人一起（所谓的**共同代理权（Gesamtvollmacht）**，区别于单独代理权）。在共同代理权中，被授权人并非必须要共同行为；相反，一个人以被代理人的名义作出法律行为，其他人或其他内部人对此表示同意即可。依据共同代理权的共同代理不仅在意定代理范围内存在，同样也存在于法定代理中。比如父母共同代理孩子（第 1619 条第 1 款第 2 句）。如果被授权人对一个第三人授予代理授权人（即对其授权的人）的代理权，则称为**再代理权（Untervollmacht）**（对此见慕斯拉克/豪《〈民法典〉司法考试教程》，边码 56 及其下）。

1176 如果代理权人对他人作出了一个单方法律行为（边码 46 及其下）（比如终结合同），则该法律行为未生效，如果代理人并未出示代理权证书，且该他人给予此毫不迟延地拒绝该法律行为的话，除非授权人已经让该他人知道该授权行为（第 174 条）。拒绝行为不必明确作出。从对此存在的原因行为或其他情形中明确得出该拒

---

⑯ 参见 Lieder 论文，载《法学训练》，2014 年卷，第 393 页（基础）以及第 681 页（抽象原则的否定）。

⑰ 对此问题比较 Knoche 论文，载《法学研究集刊》，1991 年卷，第 283 页及其下（本文始于第 281 页）；Hartmann 论文，载《大债法杂志》，2005 年卷，第 62 页。但是无效的原因可以基于代理权；比较联邦普通法院案例，载《新法学周刊》，2002 年卷，第 2326 页（本文始于第 2325 页）。

绝，且被授权人对此确定无疑地获知即可。[18] 该规则与第180条第1句相一致，据此，没有代理权而作出的单方行为无效（边码1214）。针对某人通过代理人作出了一个单方行为，则其对此有合理的利益去了解代理人对此法律行为是否具有必要的代理权，或是否必须被否定，且该行为因此对其并无效力。第174条保护该利益。依据一般观点，被授权人必须出示授权证书的原件。授权证书的复印件或传真件并不足够。[19]

c）推定代理权与容忍性代理权

代理权的授予并非必须明示地作出，而是可以**默示地**作出，如果法律条文没有其他规定的话（比较：《商法典》，第4条第1款，据此经理权只可基于明确的意思表示来授予）。在代理行为的执行中可以存在一个默示的授权行为。但是对此具有条件，即代理人可以对被代理人的行为赋予代理权上的客观的意思表示价值。如果作为代理人的行为人知道被代理人不想对其授予代理权，但其基于懦弱或麻木而未介入，则禁止认可该被推定授予的代理权。 1177

例如：小个子与大个子都收集邮票，确切地说小个子只收集德国的，大个子只收集国外的。大个子比小个子拥有更多的时间，其对商人寄送来的产品目录始终都会仔细查看，并依据价格或种类整理出自己感兴趣的。渐渐地，大个子也常常以小个子的名义订购邮票。小个子与大个子虽然从未谈论过大个子应该这样做，但是小个子始终爽快地支付了送给他的邮票。某天二人发生争吵，其中小个子表示，其坚决禁止大个子再作此类照料行为；其想自己决定购买何种邮票。大个子应该停止继续为其订购。大个子回应道，小个子一点也不了解邮票；如果其抛下他不管的话，其肯定会遭受大的损失。因此其仍将继续为小个子作免费服务，即使其显得忘恩负义。虽然小个子继续反对但是大个子仍然以小个子的名义为其定购了一些新的邮票。当邮票被送到小个子处时，其“为了和睦”就作了支付。对此大个子从一开始就预料到了小个子的随和性格。

第一次为小个子订购时大个子为无权代理。小个子对商人支付了价款，因此推定其追认了该买卖合同（第177条第1款）。在后来的订购中可能怀疑，在小个子的行为中是否已经视为对大个子作出了一个授权行为。然而当后来小个子一直接受大个子为其订了邮票的合同时，大个子可能合理地得出，其在将来仍可在此范围内行为。与之相应，小个子的行为依据客观的意思表示价值被定为推定性的对内授权。但是小个子明确拒绝大个子的代理行为（第168条），从此刻起就为小个子的无权代理人。即使小个子接受并支付了新的订单（第177条上的追认），大个子也不能将小个子的行为随意地理解为对将来的默示授权行为。

但是此类情形中的问题是，第三人（如示例中的商人）是否可以信赖（实际上并无代理权的）行为人拥有必要的代理权，以对被代理人设定负担。另一方面需要知道：知道无权代理行为但对此并未反对的人，当其作出了（实际上并未授权的） 1178

[18] 欧盟法院案例，载《新法学周刊》，2011年卷，第2121页，边码13（本文始于第2120页）；联邦普通法院案例，载《新法学周刊》，2013年卷，第298页，边码9（本文始于第297页）。

[19] Hamm州高等法院法官，载《新法学周刊》，1991年卷，第1185页。

代理行为时，是否必须允许如此行为？主流观点赞成该问题，如果所谓的**容忍性代理权**（**Duldungscollmacht**）的条件已经满足的话[20]：

容忍性代理权被肯定，如果

- 无权代理人的行为已有一段时间，且作为本人的代理人重复出现，
- 本人已经知道该无权代理行为且并未作出拒绝，尽管其可以拒绝，
- 本人的行为对方知道代理人的行为与本人的容忍，且依据诚实信用原则与交往习惯可以认定代理人具有代理权。

1179 因此，"容忍性代理权"情形的标志为，本人通过对无权代理人无代理权行为的**容忍**产生了第三人信赖的**代理权的权利表象**。此范围内得出与本人公开告知（实际上并不存在）授权行为在事实上一致。依据第 171 条第 1 款，其必须如同其已经对代理人有效地授予代理权一样地行为。因此，主流观点所赞成的对容忍性代理权的确认有时基于对第 171 条第 1 款的类推适用。[21]

1180 当法典中所涉及的有关构成要件的规则（此处：第 171 条第 1 款）被适用于法律中并未规定的类似构成要件（这里：容忍性代理权）时，称为**类推**。如果能够从一个唯一的法律规范中得出对未调整的构成要件适用的法律后果，则称为**条文类推**（**Gesetzesanalogie**）；相反，被适用的规则源自多个法律规范，或源自整个法律体系，则涉及所谓的**法律类推**（**Rechtsanalogie**）。因此，类推的第一个要件是一个"未受规制的"事实。法律必须在此范围内指出要被填补的**"漏洞"**。法律的沉默不可归因于立法者故意忽视该规制；因为该"故意的沉默"事后不可被法律适用者修正。相反，法律的沉默必须是非故意的，同样与立法者的计划相冲突。因此，"漏洞"是基于立法者立场观察的法律规制目的视角下的**"违反规划性"**。当未被调整的构成要件与被调整的构成要件如此地相似，以至于能够合理地来同样对待该两种情形，则可通过类推来解决。[22]

1181 **因此，法律规范的类推适用遵循下列步骤：**

- 确定漏洞（＝违反规划性），
- 确定受调整的与未受调整的构成要件间的类似性，
- 受调整的构成要件的法律后果适用于未受调整的构成要件。

1182 如果这些条件被满足，则类推推理是合理的。所谓的例外规则不应具有类推性

---

[20] 联邦普通法院案例，载《新法学周刊》，2011 年卷，第 2422 页，边码 15（本文始于第 2421 页）；《慕尼黑民法典评注》/Schramm，第 167 条，边码 46 及其下。同样比较联邦普通法院案例，载《新法学周刊》，1997 年卷，第 314 页（本文始于第 312 页）；2002 年卷，第 2327 页（本文始于第 2325 页）；2003 年卷，第 2092 页（本文始于第 2091 页）；2004 年卷，第 2746 页及其下（本文始于第 2745 页）；2007 年卷，第 988 页，边码 19（本文始于第 987 页）＝《法学训练》，2007 年卷，第 779 页（k. Schmidt）。

[21] Wolf/Neuner：《民法总论》，第 50 章，边码 84 及其下。其他观点见《慕尼黑民法典评注》/Schramm，第 167 条，边码 51。

[22] 比较联邦普通法院案例，载《新法学周刊》，2010 年卷，第 1066 页，边码 21（本文始于第 1065 页）；Rüthers/Fischer/Birk：《法学理论》，边码 889 及其下。

的判断至少是不确切的。[23] 该判断的前提即是需要解释的；因为决定性的问题不涉及作为例外规范的规则特征，而是针对类推的条件。如果一个条文调整该独一无二的情形，即与其他情形的类似性必须被否定，则其缺少类推能力。该规则可以称为例外的条文。[24] 但是该判断是在类推适用的分析之后，而非之初。

d）表见代理

还需要探讨的情形是，本人对代理人的无权代理并不知情，但是依据谨慎义务应当完全知情并可以阻止代理人以他的名义作出法律行为。 1183

例如[25]：A是U运输公司的雇员。在其多次在U为货车投保的V保险公司申报工作中的损害后，其在U的公司信笺上用自己的签名终结了该保险合同。在V书面询问终结保险合同原因的信中A再次用U公司的信笺回答并签上自己的名字。到期的保险费被按期缴纳直到终结期限时，之后就不再缴付。当U的货车发生意外时，V公司告知已经合同终结并拒绝作出保险。直到现在U才知道A所作出的终结行为。U认为其不想让该终结行为生效，因为A并无代理权，且其并不知道该终结行为。U的观点正确吗？

依据主流观点，特别是判决，被代理人不可主张其所谓的代理人没有代理权，如果其虽然不知道该行为，但是基于谨慎应该知道并能够阻止，且当行为相对人依据诚实信用原则与风俗习惯可以对被代理人的行为理解为被代理人可能存在违反交往中的谨慎，其应当因此而容忍时。[26] 一般还需要补充的是，所谓的代理人的行为具有一定的经常性或持续性，以使得信赖要件合理化。[27] 如果该条件满足，依据主流观点则存在所谓的表见代理权（Anscheinsvollmacht），其赋予被代理人如同被有效地授予了一个法律行为上的代理权时一样的义务。[28] 1184

表见代理的构成要件：

非权利人作为代理人进行代理已经持续一段时间且作重复出现。但是可以在特殊的情形中基于短期的行为方式得出充分的权利表象。

本人并不知道该无权代理行为，但是依据谨慎义务应当知道。

行为相对人依据诚实信用原则及交易习惯可以认为，在注意到交往谨慎时该行为不可能对被代理人持续地被隐瞒，因此这为其所允许。

㉓ 对此比较Würdinger论文，载《法学训练》，2008年卷，第949页；D. Schneider论文，载《法学研究集刊》，2008年卷，第174页。

㉔ Wolf/Neuner：《民法总论》，第6章，边码12。

㉕ 联邦普通法院案例，载《新法学周刊》，1956年卷，第1673页。

㉖ 联邦普通法院案例，载《新法学周刊》，1956年卷，第1674页（本文始于第1673页）；2005年卷，第2987页（本文始于第2985页）；2007年卷，第989页，边码25（本文始于第987页）＝《法学训练》，2007年卷，第778页（K. Schmidt），每一篇都有详细证明。

㉗ 联邦普通法院案例，载《新法学周刊》，1981年卷，第1728页（本文始于第1727页）；1998年卷，第3343页（本文始于第3342页）；2011年卷，第2422页，边码16（本文始于第2421页）；《慕尼黑民法典评注》/Schramm，第167页，边码68。例外情形中放弃时间要素的见，Koblenz州高等法院判例，载《德国法月刊》，2010年卷，第16页。

㉘ 当某人未授权使用其电话时联结所有人的责任特殊性见联邦普通法院案例，载《新法学周刊》，2006年卷，第1971页；Kless论文，载《德国法月刊》，2007年卷，第185页。

1185 表见代理理论在理论界具有异议，即依据《民法典》违反交往义务不可能引起法律行为成立，而是仅仅产生损害赔偿义务。[29] 对此观点即使不能从教义理由上加以反驳，但是肯定可以得出，典型判例已经赋予了表见代理原则判例法上的拘束力。[30]

1186 设立法院不仅是为了适用法律，同样为了法律的持续演进；这是当今普遍——同样为立法者（《法院宪法法》第132条）——认可的。[31] **司法上的法律续造（richterliche Rechtsfortbildung）**恰如在与法律共有一个圆心的同心圆内发生。[32] 在（简单的）法律解释及适用中已经对法律作出了续造，比如当法院对法律条文以新的、不同于过去理解的意义上进行解释时。该最小圆里的法律续造的界限涉及具体条文的可能句意。在该界限的另一边（在第二个圆内）开启了法律漏洞的填补（概念见边码1180），确切地说是通过类推解释（超出法律规范1本来的适用范围来类推地适用；边码1180），但是有时同样通过目的性限缩（规定不适用法律规范1的法律规范2，基于保护目的仍不被适用；有关目的性限缩一般理论，见边码1169）。法律核心的最边缘是第三个圆，其包围着法律扩张与法律交叉性的法律续造。对此，法律续造并不用于填补法律范围内的违背计划的不完美处，这与法律中规定的规范与原则相应，即以法律内在的方式来克服；相反，其就超出法律的计划之外并对其作出发展，特别是为了适应法律交往的急迫需要。对此可以举的例子是担保所有权（Sicherungseigentum），其在实际结果中具有（法律不允许的）非占有的质权（Pfandrecht）的作用（比较慕斯拉克/豪：《〈民法典〉司法考试教程》，边码747及其下）。其基础已被判决确立，尽管今天仍要在习惯法上强化该法律制度。

1187 **法官法（Richterrecht）与习惯法（Gewohnheitsrecht）**之间的关系必须被区分。[33] 二者之间的一致性在于，其作为不成文法与制定法对立存在。但是习惯法则要求已被适用，即在较长时间内被认可为法律并被遵守，因此具有一个普遍的法律确信。[34] 与习惯法相反的是，具体法律规范的普遍法律确信并非法官法的适用条件。约束作用也是不同的：判决基于进一步分析可能会不同于法官法，而习惯法只为立法者所支配。这里涉及的表见代理的例子因此禁止对习惯法的接受，因为对此问题整体的判决始终以批判为前提。

1188 显而易见，法官超越法律的法律续造具有的特别问题是，对此需要注意哪些界限，且哪些权限归于法官，哪些权限只归于立法者。在法律的续造中法官并不如立法者那样自由地作出决定，这是三权分立原则以及司法法定原则（《基本法》第20条第2、3款）的当然结果。司法上的法律续造存在哪些限制在理论界被深入地且

---

[29] 比如特别是Flume：《民法总论》，第832条及其下；Medicus：《民法总论》，边码970及其下。

[30] 《慕尼黑民法典评注》/Schramm，第167条，边码56。

[31] 联邦宪法法院案例，载《法学家报》，2009年卷，第678页，边码57，但是同样见第681页及其下，边码96及其下（本文始于第675页）；《新法学周刊》，2012年卷，第671页及其下，边码56及其下（本文始于第669页）；Möllers论文，载《法学家报》，2009年卷，第668页。

[32] 对此比较Rüthers/Fischer/Birk：《法学理论》，边码796及其下。

[33] Krebs/Becker论文，载《法学训练》，2013年卷，第97页。

[34] 联邦宪法法院案例，载《法学家报》，2009年卷，第678页，边码62（本文始于第675页）。

部分有争议地讨论着。[35] 这里不可能对该讨论深入分析。只需一般提示即足以，即法官受到法律秩序的既有体系约束，且必须受立法者规定的基本价值指引。[36]

1189 关于表见代理的主流学说与相反观点的区别之处在于，交易相对人对被代理人的履行请求权只有当合同订立被认可时才被考虑（如主流观点所代表的），否则基于缔约过失原则对被代理人只存在损害赔偿请求权，且一般不赔偿履行利益（边码587）。[37] 此外依据第 178 条还可能存在针对无权代理人的请求权，依据主流观点这在表见代理情形中并不存在，因为否则在与交易相对人关系中的法律情形就如同已被赋予一个有效的代理权一样。[38]

e）代理权的消灭

1190 代理权在一定条件下消灭（除了撤回与撤销），第 168 条第 1 句依据其授予所基于的法律关系作了规定。尽管代理权具有抽象性（边码 1171），但该（可通过协议变更或废除的）条文在代理权及其所基于的法律关系间创制了一个特殊的关系。如果被授权人完成了其受委托的事务，则该代理权因此被用尽并消灭。当委托人所委托的事务是不可执行的（比如特定的被授权人想为本人获取的标的物被毁损）时也适用。如果代理权经允许被设定期限或设定（消灭性）条件（边码 891 及其下），则期限届满或消灭性条件出现后代理权终止。

1191 如果**授权人死亡**或变为**无行为能力**，则并不必然引起代理权消灭。如果尽管授权人死亡或无行为能力，但是代理权所给予的法律关系仍存在（关于委托见边码977），则依据第 168 条第 1 句同样适用于代理权。如果授权人死亡时作出授权的原因消灭，则在一些情形中为了被授权人的利益这仍然继续有效，直到其知道或可能知道消灭时。比如在委托中（参见第 674 条）与在针对事务管理的劳务或承揽合同中（第 675 条与第 674 条）；为了具有公司管理职权的股东的利益，第 729 条具有类似的规则。因此在这些情形中仍然存在代理权（第 168 条第 1 句）。在**被授权人死亡**时代理权是否消灭或转为继承，同样依据代理权所基于的法律关系来定。

1192 被授权人在代理权消灭时代理权丧失且对授权人不再具有权利与义务。为了善意第三人的利益（第 173 条），第 170 至 172 条对该原则规定了**例外**：

- 针对第三人授予的代理权（对外授权，边码 1170），对其始终具有效力，直到对其告知代理权消失时（第 170 条）或直到其基于其他方式知道或可能知道该消灭时（第 173 条）。
- 如果对内授权（边码 1170）对第三人专门告知或通过公开告示作出告知，则为了第三人的利益其仍然存在，直到该告知被以同样的方式被撤回（第 171 条第 2 款、第 173 条）。

---

[35] 参见 Wenzel 论文，载《新法学周刊》，2008 年卷，第 345 页；Hillgruber 论文，载《法学训练》，2008 年卷，第 745 页；Rüthers 论文，载《新法学周刊》，2011 年卷，第 1856 页，每篇都有详细证明。

[36] 比较联邦宪法法院案例，载《新法学周刊》，2006 年卷，第 3409 页；2011 年卷，第 838 页，边码 53 及其下（本文始于第 836 页）；《慕尼黑民法典评注》/Säcker，（前第 1 条）导论，边码 74 及其下。

[37] 参见高阶考试案例，见 Lindacher/Hau：《民法总则案例》，案例 17。

[38] 《联邦法院民事判例集》，第 86 卷，第 273 页＝《新法学周刊》，1983 年卷，第 1308 页。

- 如果授权人将授权证书当面交给代理人，则为了善意第三人的利益，在被递交的证书仍然存在时该代理权仍有效。只有当授权人依据第 175 条对被授权人具有一个请求权并因此取回了该证书，或宣称该证书不具效力（参见第 176 条）时，信赖保护的基础才丧失（第 172 条第 2 款、第 173 条）。

f）第 181 条对代理权的限制

1193 第 181 条中为**自我代理（Insichtgeschäft）**规定了代理权的法定限制规则；在该行为中该人站在其参加的法律关系的每一方。第 181 条分为两种类型：

- 一个代理人以被代理人的名义与自己以自己的名义缔结了一个法律行为（例如：V 授权 X 为其出售谷物。X 自己买下了该谷物）。
- 某人作为一个法律行为双方各自的代理人（比如：V 授权 X 为其出售谷物，K 授权 X 为其购买谷物。X 既作为 V 的代理人又作为 K 的代理人签订了一个谷物买卖合同）。

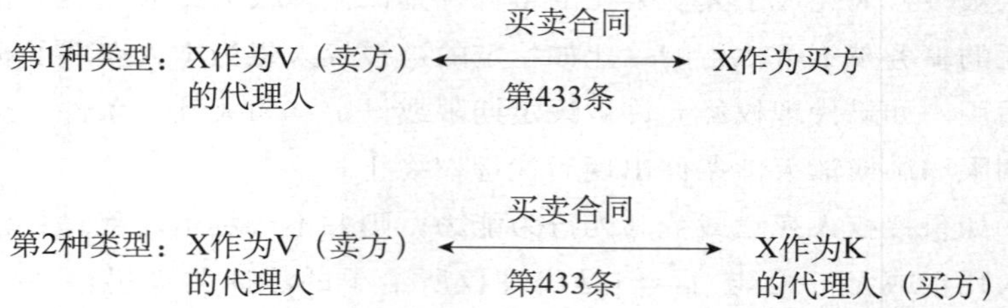

1194 在自我代理中**利益冲突的风险**是显而易见的。因此原则上这是不允许作出的。但是该禁止只是造成代理权的丧失，这样自我代理具有与其他无权代理人作出的行为一样的法律效果（边码 1212 及其下）。如果涉及一个**合同**，与第 177 条相应，其为**待定的未生效**，其他效力则取决于被代理人对其是否追认。[39] 如果自我代理涉及一个单方的法律行为，则适用第 180 条（边码 1214）。[40]

1195 第 181 条规定了**允许自我交易**的两种例外情形：

- 许可，和
- 履行一方的义务。

1196 许可可以基于法律（《商法典》第 125 条第 2 款第 2 句）或法律行为。法律行为上的许可无须形式，且可以默示地作出。法定例外的第二种情形是履行一方的义务，如果法律行为是向债权人作出所负给付的话（比如：代理人将属于被代理人自己的物向自己转移所有权，以履行被代理人对自己的相应义务）。履行与抵销一样。

1197 依据主流观点还具有一些例外情形，确切地说是只对被代理人带来法律上利益（对此概念见边码 327 及其下）的自我代理。该情形中并不可能存在第 181 条上代理人与被代理人的利益冲突。

1198 主流观点在这里可以立足于法官法（边码 1186 及其下），其填补了第 181 条中

---

[39] 参见 Kern 论文，载《法学研究集刊》，1990 年卷，第 282 页（本文始于第 281 页）。

[40] 《慕尼黑民法典评注》/Schramm，第 181 条，边码 41。

的“漏洞”。因为“漏洞”（边码1180）不仅存在于法律针对一定案例类型并未制定规则，或是依据法律的目的与计划似乎必须可以期待该规则（所谓的：**明示的漏洞**），或是法律中虽然依据内容可以适用于一定的事实，但是并不适合，因为与该事实所具有的特殊性相悖。这称为**“隐藏的漏洞”**。

第181条并不涉及隐藏的漏洞。这显示，如果人们观察法律的目的，如所述，应当可以阻止代理人与被代理人之间利益冲突的风险。但是不可以错误地认为，立法者同样赋予了权利安定与权利明确以特殊意义；因为其可以使得自我交易并不取决于法律行为的执行与代理人对被代理人所负有的管理相适应。[41] 主流观点，特别是早期的联邦普通法院判决也是基于该理由来强调第181条上的形式上的秩序功能，其仅仅关于法律行为的成立类型，对此无须关注当事人的利益。这导致违背生活的事实，比如父母可能在抚养义务外就不可以给无民事行为能力人以任何礼物，而是必须对此设定一个监护人（第1909条第1款）。[42] 因此联邦普通法院合理地对该观点作了修正[43]并通过目的限缩（边码1169）途径对第181条的禁止规则进行了限缩。 1199

第181条并不包括的情形（至少从其字面意义上）是，代理人授予了再代理权（边码1175），以便与再代理人缔结一个法律行为。 1200

例如： X是Y的全权代理人，其授予Z一个再代理权，并对此作为Y的代理人以自己的名义与Z签订了一个关于Y的不动产买卖合同。

该案例中存在和利益冲突一样的风险，恰如第181条想阻止的一样。因此依据规范目的，第181条同样类推适用于该情形。[44] 当代理人与一个没有代理权的、以被代理人名义行为的人签订了一个合同，并紧接着依据第177条对该法律行为作出追认时，同样适用。[45] 1201

二、代理的效力

如果代理人以被代理人的名义在其具有的代理权范围内作出一个法律行为或准法律行为（边码239），则产生如同被代理人自己作出该法律行为一样的法律状态。这意味着，只有被代理人被赋予了权利和义务，且对代理人并不产生法律后果。与 1202

---

[41] 参见Säcker/Klinghammer论文，载《法学训练》，1975年卷，第627页（本文始于第625页）。

[42] 参见高阶考试习题Lindacher/Hau：《民法总则案例》，案例3。

[43] 《联邦普通法院民事判例集》，第59卷，第240页及其下（本文始于第236页）＝《新法学周刊》，1972年卷，第2262页；联邦普通法院案例，载《证券资讯杂志》，1975年卷，第595页；《联邦普通法院民事判例集》，第94卷，第235页及其下（本文始于第232页）＝《新法学周刊》，1985年卷，第2407页。同样见《新法学网上杂志》，2011年卷，第540页（本文始于第539页）。

[44] Staudinger/Schilken（2009），第181条，边码35及其下；《慕尼黑民法典评注》/schramm，第181条，边码10、24及其下；《联邦法院民事判例集》，第64卷，第72页＝《新法学周刊》，1975年卷，第1117页，表达出了范围允许的思想，但是并未解决该问题；联邦普通法院案例，载《新法学周刊》，1991年卷，第692页（本文始于第691页），但是强调利益冲突风险对第181条使用的意义。同样参见Kern论文，载《法学研究集刊》，1990年卷，第284条及其下（本文始于第281条）。

[45] Bamberger/Roth/Valenthin，第181条，边码22，具有更多证明。

之相应，当代理人违反行为义务而导致缔约过失责任（边码 572 及其下）时，一般是被代理人而非代理人承担责任；第 278 条仍可适用（详见其后）。但是例外时代理人的自己责任仍可被考虑（边码 587）。

1203 依据第 166 条第 1 款，对于代理人在代理的框架内作出的意思表示效力是否受**意思表示瑕疵**影响这一问题（第 166 条及其下），对其个人，即被代理人并不重要；因为代理人作出自己的意思表示（边码 1159）。因此只有当被代理人（或代理人自己，如果其具有相应的代理权）自己陷入错误时才有权依据第 119 条第 1 款撤销代理人作出的意思表示。

1204 如果意思表示的法律后果取决于对一定情形的知悉或必须知悉，则代理人本人同样具有决定性（第 166 条第 1 款）。比如，代理人对内心保留（第 116 条第 2 句）的知悉，或对虚伪表示（第 117 条）的同意等对意思表示无效都具有决定性。

1205 需要注意的特殊情形是，代理人为了欺诈被代理人而与其他交易对方共谋订立一个虚伪表示。如果认为，第 117 条上的法律行为的无效取决于代理人而非被代理人的主观看法，则这导致违反利益的结果。对此可能仍被忽视的是，另一合同对方以法律行为上的意思对被代理人同样作出了欺诈，即如同其直接，即并非通过代理人与另一合同对方对其作出一样。因此正确的是，在代理人与另一合同对方共谋中对虚伪表示的约定被认定为第 116 条第 1 句意义上的未被注意的内心保留内容，且因此认定代理行为生效。㊻

1206 **所有权善意取得的构成要件**（比如第 892 条、第 932 条及其下诸条）属于第 166 条第 1 款中最重要的适用情形。

例如：收藏老猎枪的 A 委托 B 去购买一杆双管猎枪并对此授予其代理权。于是 B 从 T 处以 A 的名义购买该种武器，付款后其立刻取走。当其将该武器拿给 A 时，其立刻发现该武器为 C 的财产，其只是将该猎枪让 T 修理。

对于 A 是否从无处分权的 T 处善意取得这一问题，依据第 166 条第 1 款，B 的善意具有决定性。因为其作为 A 的代理人依据第 929 条第 1 句作出了处分合意。由于 B 并不知道该武器归 C 所有，且该不知情并非基于重大过失（参见第 932 条第 2 款），因此赞成其具有第 932 条第 1 款第 1 句上的善意。第 166 条第 1 款因此导致 A 已经成为该猎枪的所有权人，因为其基于向 B 的交付取得了直接占有（如果 B 是其占有辅助人的话）或间接占有（如果 B 对其为直接占有人）（边码 718、723 及其下）。

1207 显而易见，第 166 条第 1 款规则可以这样被滥用，即恶意信赖人委派一个善意信赖人为其代理人，以利用其善意信赖。因此，第 166 条第 2 款对第 1 款合乎逻辑地作了补充：**如果代理人依据授权人一定的指示行为，**则其不可为了其利益主张代理人的善意取得。“指示”这一概念在第 166 条第 2 款范围内被广义地理解。对此其不必涉及针对个案情形的具体命令，相反，代理人被被代理人故意引向特定的缔结相应行为的方向即足以。即使当授权人在作出指示时并无恶意，且后来才获知，

㊻ 联邦普通法院案例，载《新法学周刊》，1999 年卷，第 2882 页，具有详细内容。

这使得代理人要作出的法律行为具有瑕疵，则适用第 166 条第 2 款，如果授权人在知悉后仍可介入来阻止该行为，但是其并未做的话。[47]

在上述事例中（边码 1206）A 不会成为该武器的所有权人，如果其在所有权转移前获知该要被取得的猎枪涉及 C，但是其还让 B 买下。

主流观点将**第 166 条第 2 款类推**适用于**被代理人的意思表示瑕疵**。[48] 这意味着，在代理人依据被代理人的指示行为，且该指示受被代理人的意思表示瑕疵而影响时，被代理人可以撤销，比如基于错误和欺诈，虽然代理人并未陷入错误。 1208

例如[49]：B 怀疑 A 侵吞了300 000欧元。A 否认该指责。后来二人达成和解，据此 A 为了付清所有请求权应支付125 000欧元。该调解由 A 的律师与其在深入地磋商后且在 A 作出相应指示下作出。后来 A 依据第 123 条第 1 款第 1 种情形撤销其为了该调解而作出的意思表示，因为 B 作了下列欺诈：当侵吞的怀疑可被排除时，该调解就不生效。相反，B 则指出，其并未欺诈签订该调解协议的 A 的律师。

联邦普通法院同意了该撤销：第 166 条第 1 款与第 2 款所调整的情形应当具有同样的基本想法，每个都取决于法律行为所基于的利益判断与决定主体在意思表示形成时的自身与意志状态。当然这关涉代理人。授权人则相反，当其赋予代理人特别的指示，则其意思决定了代理人意思表示的作出与内容。基于此，授权人可以对行为相对人作出反驳，其欺诈了独立行为的代理人（第 166 条第 1 款第 1 中情形）。相反，其必须因此让独立行为的代理人知道对自己具有法律意义的情形（第 166 条第款第 2 种情形），且其应该同样站在依据指示而行为的代理人的善意之后，如果其知道真相的话（第 166 条第 2 款）。合乎逻辑的是，除非授权人无须无防备地容忍对其作出的恶意欺诈，如果行为相对方基于此影响到对代理人作出的指示。这取决于代理人作出的意思表示实际所基于的意思表示主体个人的这一思想同样必须在这里得到贯彻，确切地说是利于授权人的撤销权。其他结论则并不可行。 1209

第 166 条第 1 款所基于的法律思想，即在代理时对特定事实的知情或应当知情取决于代理人自身，且以被代理人的知情来对其归责，依据主流观点，当在代理情形之外，某人委托他人以自己的责任来处理特定的事务时，亦适用；对此人们称之为**“知情代理人（Wissensvertreter）”**。联邦普通法院[50]将此概括为一个人，即依据本人的工作管理而被任命在法律交往中作为特定任务的代表人，并以自己的责任来 1210

---

[47] 《联邦普通法院民事判例集》，第 50 卷，第 368 页（本文始于第 364 页）＝《新法学周刊》，1969 年卷，第 37 页；Köhler：《民法总论》，第 11 章，边码 50。

[48] 《联邦普通法院判例集》，第 51 卷，第 141 页＝《新法学周刊》，1969 年卷，第 925 页；Peterse 论文，载《法学教育》，2008 年卷，第 915 页（本文始于第 914 页）；《慕尼黑民法典评注》/Schramm，第 166 条，边码 59；Palandt/Ellenberger，第 166 条，边码 12。其他观点见 Staudinger/Schilken（2009），第 166 条，边码 17（只有当被代理人通过恶意欺诈或违法胁迫作出指示时）。

[49] 案例见《联邦普通法院判例集》，第 51 卷，第 141 页。

[50] 《联邦普通法院民事判例集》，第 117 卷，第 106 页及其下（本文始于第 104 页）＝《新法学周刊》，1992 年卷，第 1099 页；对此比较 Waltermann 论文，载《新法学周刊》，1993 年卷，第 891 页及其下（本文始于第 889 页）。

处理事务，且要了解相关信息并在必要时将其获知的信息继续传达的人。[51] 在法律行为交往中本人如同使用代理人一样地使用“知情代理人”，但是无须明确将其设定为法律行为的代理人或“知情代理人”。在本人仅仅对“知情代理人”的内部咨询时并不适用第166条第1款。

例如：在一个涉及无法律依据地向一个银行账户执行汇款后要求返还时，联邦普通法院[52]相应地适用第166条第1款对不当得利债务人的妻子赋予第819条第1款意义上的责任加重的知情（边码1062及其下），因为不当得利债务人不仅对其妻子赋予了账户代理权，而且对其委托全部的金钱事务，对此无须自己亲自过问。在第990条框架中，在通过占有辅助人的占有取得时同样适用第166条第1款上的法律思想，如果占有辅助人在法律交往中有权完全独立地为本人行为的话。[53]

1211 如果本人订立了合同，则不考虑第117条中对行为辅助人的知情进行归责。因为第117条需要法律行为当事人间在该意思表示上一致，即该法律效力不应出现（边码359）。该必要的意思表示一致不可被知情上的归责所取代。[54]

三、无权代理

1212 如果某人作为他人的代理人来行为，但是对此并未被授权（比如其从未有过代理权或已在代理过程中丧失；或是其超出了代理权的范围；见边码1173），基于此，原则上不可对被代理人产生直接影响。无权代理人（拉丁文：**falsus procurator**）的行为具有哪些**法律后果**规定在第177条及其下诸条中，对此区分为合同（第177条及其下诸条）与单方法律行为（第180条）：

1213 在**合同**中首先产生未定的不生效；但是被代理人可以通过追认使得合同溯及地（第184条第1款）生效（第177条第1款）。追认无须为该合同所规定的形式（第182条第2款）。[55] 在第177条第1款的规则上需要注意的是，被代理人的合同相对方与其订立合同，且代理人同样认为与被代理人之间的合同应当成立；这在事实上是符合逻辑的，即让被代理人决定合同是否应当生效。如果被代理人拒绝追认，则无权代理人依据第179条承担责任（边码1215及其下）。对177条第2款生效的追认的意思表示规则类似于第108条第2款中对未成年人权利所包含的条文（边码341及其下）。依据第178条，被代理人的合同对方具有一个撤回权，如果其在订立

---

[51] 参见高阶练习：Lindacher/Hau：《民法总则案例》，案例20。

[52] 《联邦普通法院民事判例集》，第83卷，第293页＝《新法学周刊》，第1982年卷，第1585页。

[53] 这是主流观点：比较《联邦普通法院民事判例集》，第32卷，第53页＝《新法学周刊》，1960年卷，第860页；《慕尼黑民法典评注》/Schramm，第166条，边码51；Bamberger/Roh/Fritzsche，第990条，边码29。其他观点见Schwerdtner论文，载《法学训练》，1979年卷，第164页（相应地适用第831条）；同样比较Kiefner论文，载《法学研究集刊》，1984年卷，第192页及其下（本文始于第189页）。

[54] 联邦普通法院案例，载《新法学周刊》，2000年卷，第3128页（本文始于第3127页）；Staudinger/Schilken（2009），第166条，边码12。

[55] 联邦普通法院判例，载《新法学周刊》，1994年卷，第1345页及其下（本文始于第1344页），同样关于反对意见。

合同时并不知道代理权的瑕疵的话；该条文与第 109 条相应（边码 342）。

无权代理人作出的**单方法律行为**（边码 46 及其下）原则上无效。考虑到行为对方对一个明晰的法律关系具有利益，第 180 条第 1 句作出了在单方法律行为时对无权代理行为的许可（边码 1176）。但是第 180 条第 2、3 句对此原则规定了例外，其中相应地适用关于合同的规范，因此规定了待定的未生效和对此的追认能力。对此涉及下列情形： 1214

- 针对某人作出了单方法律行为，且其并未对代理人声称的代理权提出异议，即其接受了代理人所作出的法律行为且并未对缺少代理权作出反驳。
- 其同意代理人没有代理权的行为。
- 单方法律行为在其同意下针对无权代理人作出（没有代理权的消极代理情形）。

如果合同基于拒绝追认（并非基于其他原因）而最终未生效，则合同对方可以依据其选择（第 263 条及其下诸条）向无权代理人请求履行合同或损害赔偿（第 179 条第 1 款）。具体适用下列内容： 1215

- 如果行为对方选择履行，则其与无权代理人之间并未因此成立一个合同，而是其（仅仅）取得了一个法律上以请求履行为内容的请求权，就如其获得了一个有效的针对被代理人的代理行为。[56] 这样无权代理人就具有合同主体一样的权利，就如第 320 条及其下诸条上的权利或买卖合同中的第 437 条及其下诸条上的请求权，如果该买卖物有瑕疵的话。[57]
- 如果合同对方依据第 179 条第 1 款请求损害赔偿，则其在财产上可被如被代理人正常履行合同一样地对待（所谓的积极利益或履行利益赔偿；边码 463）。
- 依据第 180 条第 2、3 句单方行为是待定的未生效，基于该法律条文所表达出的指引相应地适用第 177—179 条规则。如果单方法律行为依据第 180 条第 1 句无效，同样也不可依据第 179 条来考虑缔约过失责任的话，则只能依据一般原则，特别是依据侵权法来界定无权代理人的责任。

当某人**以并不存在的权利主体的名义**作出合同约定，但是所谓的被代理人并不存在且因此不可能存在代理权，则相应地适用第 179 条中所涉及的有关无权代理人责任的规则。[58] 1216

当代理人并不知道代理权的缺陷，则排除第 179 条第 1 款上的请求权；该情形中代理人必须**依据第 179 条第 2 款**赔偿**消极利益**或信赖利益（边码 411），其中履行利益在任何情形中都为最高限。[59] 当行为对方知道或者必须应当知道该代理权的缺陷，或者代理人在行为能力上受到限制且其并未经过其法定代理人的同意作出行为，则代理人完全不负责任（第 179 条第 3 款）。依据主流观点，当行为对方**因被** 1217

[56] 参见《慕尼黑民法典评注》/Schramm，第 179 条，边码 32；Prölss 论文，载《法学训练》，第 1986 条，第 171 页（本文始于第 169 页）。

[57] 联邦普通法院判例，载《新法学周刊》，2002 年卷，第 1868 页（本文始于第 1867 页）。

[58] 联邦普通法院判例，载《新法学周刊》，2009 年卷，第 215 页，边码 10，具有详细证明。

[59] 详细内容见 Willems 论文，载《法学训练》，2015 年卷，第 586 页。

代理人无财产能力对其并不可能请求履行，同时也并不可能请求损害赔偿，则代理人的责任同样被排除。对此的理由为，当针对代理人的请求权必须被限定为交易对方在无权代理人缔结的行为有效时本可以从被代理人处获得的利益。则被代理人能够获得的东西就会受到较大的限制。[60]

第三节　履行辅助人与事务辅助人

一、概览

1218 债务人在履行其所负有的义务时通常会使用辅助人员。当今的经营活动中经常出现的现象是，并非债务人自己而是由其工作人员作出给付。但是该普遍的且经常必要的工作分配不允许造成债权人的法律地位受到损害。但是该情形似乎是，债务人对债权人只对此负责，即谨慎选择与监督自己所雇用的辅助人。

例如：T 经营一家出租车公司，并雇用司机驾驶出租车。其中一位是 C，其因过失引起意外事故，其中造成乘客 F 受伤。T 可以主张 C 驾驶出租车 20 多年来都无事故，且重复抽检表明其值得信赖。如果这是拒绝 T 责任的充分理由，则 F 必须向 C 主张责任，并可能不能对（通常财产状况更好的）经营者行使请求权。

1219 第 278 条否定了债权人的该不利地位；相反，债务人必须如同自己的过错一样对其履行辅助人的过错负责。因此这并不取决于债务人是否有能力控制履行辅助人的正确行为。如果其使用辅助人员，则其必须对辅助人员违反债务人与债权人之间存在的债的关系上的义务承担责任；因此在此范围内债务人承担一个担保义务（边码 460），据此要为他人的过错承担责任，而非自己的过错。

1220 该债务人的附加义务最终并非通过债务人与债权人之间存在的**特殊关系**来合法化。在其他情形中，即并不存在该特殊关系，且当事人（只）负有不侵害他人（特别是侵权法）受保护的法律状态的情形中，本人对其辅助人员的错误行为的担保义务可能受到限制，其仅仅负有谨慎选择与监管的义务。只有当其行为违反该义务时才必须赔偿其辅助人违法造成他人损害的义务。这规定在第 831 条，且基于过错原则（过错违反选择、分配与领导辅助人员的谨慎义务）。

如果在 C 过错引起交通事故（边码 1218）时同样还有另一个行人被侵害，则 T（至少依据《民法典》中的条款[61]）并不负责，因为在对驾驶员的选择与监管上不可对其作出过错指责（第 831 条第 1 款第 2 句）。

---

[60] Hamm 州高等法院案例，载《德国法月刊》，1993 年卷，第 515 页；Flume：《民法总论》，第 806 条及其下；Bamberger/Roth/Valenthin，第 179 条，边码 15。其他观点见 Hilger 论文，载《新法学周刊》，1986 年卷，第 2238 页及其下（本文始于第 2237 页）。

[61] 依据《道路交通安全法》来探讨机动车持有人的责任在这里并不涉及。

案例表明，辅助人员一个这样的错误行为有时没有任何免责可能地归算于债务人（第 278 条）并使之承担责任，有时因本人没有过错（第 831 条）而不构成责任。这取决于是违反**特殊关系**中的义务，还是违反一般的、仅仅是侵权法上的义务。债法上的义务可能与一般义务竞合，这样债务人既可依据合同基本原则，又可依据侵权法对被侵权人负责。 1221

例如：T 并未谨慎地选择其驾驶员，因此对被侵害的乘客 F 承担的责任并非仅仅基于合同（第 280 条第 1 款，边码 549、564），而且还基于侵权（第 831 条第 1 款第 1 句）。

第 831 条第 1 款第 1 句是一个独立的请求权基础，但是第 278 条对他人过错的归责作了调整，因此始终要注意与其他规定过错责任规范之间的关联。 1222

例如：债务人并未准时作出给付，因此给债权人造成了损失。该迟延基于履行辅助人的过错行为。对于第 280 条第 1、2 款与第 286 条上的请求权取决于债务人是否处于迟延状态。对此重要的是，给付是否因对债务人可归责的情形而未作出（参见第 286 条第 4 款）。依据第 278 条，债务人必须对履行辅助人员的过错负责，这样（在满足迟延出现的其他条件之下）基于规定履行迟延的第 280 条第 1、2 款，第 286、278 条上的损害赔偿请求权就必须被肯定。

二、第 278 条上的责任

1. 履行辅助人

债务人的履行辅助人是“其用于履行其义务的人”（第 278 条第 1 句）。从该描述中可以得出，**债务人在履行其债务中所使用的人是履行辅助人**，因此对此以债务人的意志来行为，因为只有这样债务人才“使用”该辅助人员。但是债务人还可以事后同意没有遵循其意思的辅助人行为，并因此使其成为履行辅助人。 1223

例如：因为虽然出卖人依据第 433 条第 1 款负有提供无瑕疵的物的义务，但是并非负有生产该物的义务，所以考虑到第 437 条第 3 项，在责任成立上，第 278 条并未将生产者的过错归责于出卖人。[62]

如果履行辅助人使用了一个辅助人，则该“**次辅助人（Untergehilfe）**”同样属于债务人的履行辅助人员，如果其聘请经过债务人同意的话。如果次辅助人的行为一般是常见的，且债务人必须知道通常会聘用“次辅助人”（比如：被委托的工匠对学徒的使用），则视为默示同意。如果履行辅助人无权使用其他辅助人，则依据第 278 条其过错不可对债务人归责。但是依据第 278 条，当履行辅助人在无权聘用其他辅助人中存在过错时，债务人必须对此负责。 1224

第 278 条并不取决于**债务人与履行辅助人之间的法律关系**。特别是辅助人无须在社会关系上依附于债务人；同样，一个独立的经营者也可以是履行辅助人，如果 1225

---

[62] 联邦普通法院案例，载《新法学周刊》，2014 年卷，第 2184 页及下一页，边码 29 及其下（本文始于第 2183 页）＝《法学研究集刊》，2015 年卷，第 68 页（Looschelders 撰写）。

其相应地为债务人所使用的话。具有决定性作用的仅仅是，辅助人事实上是在履行债务人的义务，且与债务人的意思一致。

示例[63]：V出售位于其房间内的机器给K，依据合同K有义务运走。在运输中K因疏忽而损害了楼梯间。出租人向V请求损害赔偿。该请求权被支持；因为K被视为承租人V的履行辅助人（履行对其租赁的房屋及其过道的关心与爱护的义务）。

1226 与第278条的目的指向相应（边码1219及其下），在履行义务时聘请辅助人的义务这一概念应从广义上理解。其中包括所有债的关系中的义务，即不仅是履行义务，而其还有全部的行为义务（Verhaltenspflicht），因此同样包括给付保障性的从义务，如保护义务（边码229及其下）。[64]

1227 被授权占有并使用某物的某人（比如借用人）以授权方式允许他人共同使用，依据主流观点，则其必须依据第278条对其过错负责。[65] 对于租赁而言该法律后果明确规定在第540条第2款。

例如：居住于承租人家里的伯父过错地损害了住房。承租人对此必须承担责任，且必须让其亲戚的过错如同自己的一样被归责，因为其（从广义上看）是为了履行爱护、照顾该租赁物这一义务而被适用。人们称此案例中为"维护辅助人（Bewahrungsgehilfe）"。

2. 履行中的行为

1228 有争议的是，是否只有"在履行中"出现的履行辅助人的错误行为才能够对债务人归责，即在一个直接的内部关系中存在[66]，或其是否必须同样对履行辅助人在履行中"**趁机（bei Gelegenheit）**"作出过错行为负责。对争议的分析见下面：

例如：E委托电工H在其房间内安装不同的线路。H派其学徒G执行任务。尽管H与G被明确告知在对电线施工前要关掉总闸，但是G对此当耳边风，因为其觉得在检测电的时候重复打开太烦。基于G该违背指示的行为导致了短路并引起房间起火，其中烧毁了E昂贵的地毯。此外G在工作中吸烟，并将烟蒂随意放在柜子上，因此导致了焦斑。最后G还偷走了一个放在柜子上的银盒子。H必须对G所引起的所有损害负责吗？

引起房间火灾的行为无疑是"在履行时"；至于是否同时认定吸烟行为显得具有疑问。相反，对此毫无理由的是盗窃并非"在履行时"，而仅仅是在履行中"趁机"作出的。该区别对债务人的赔偿义务具有决定意义吗？

1229 该问题中存在的意见分歧最终关系到债务人所负有的行为义务的范围。如果该

---

[63] 《帝国法院民事判例集》，第106卷，第133页及其下；对此比较Kupisch论文，载《法学训练》，1983年卷，第820页及其下。

[64] 例如：法兰克福州劳动法院案例，载《企业》，1991年，第552页：雇主赋予一个雇员以决定权，其通过欺诈损害了其下属的同事，则雇主要承担责任，因为该欺诈是在雇员履行雇主所负有的管理义务范围内实施。

[65] Larenz：《债法Ⅰ》，第20章，第8节（第300页及其下）。

[66] 联邦普通法院案例，载《新法学周刊》，1991年卷，第3210页具有更多证明。

债务人自己违反某行为义务会对其产生损害赔偿义务，则其履行辅助人违反该义务时亦同样适用，因为该过错行为如同其自己作出一样必须对其归责（边码 1219)。

基于这里所认定的观点，上述示例中的工匠应被认为有义务对地毯与柜子的损害进行赔偿。[67] 因为其在履行承揽合同中具有对定作人的物进行爱护并谨慎对待的义务。

相反，有问题的是，是否同样赞成不盗窃也是一个（合同上的）行为义务。对此否定的理由是，不盗窃的义务并不是合同专有的，而是任何人都具有的一般的法律义务。[68] 该论点被合理地作了反驳，普遍的法律义务并不排除同时为合同义务的内容[69]，且不因盗窃而损害债权人的法益同样属于合同的从义务。[70] 因此，应赞成履行辅助人的盗窃同样为债务人的责任，如果依据合同所负的给付义务并不包括此项，但是以特殊的方式界定债务人或其辅助人介入债权人的财产，并因此通过债务人的行为义务来平衡被增加的风险。[71] 相反，当履行辅助人通过对其委托的任务引起后来的刑事行为，则债务人并不负责。 1230

例如：学徒 G 在 E 的房子里工作时了解到，此处值得自己下手，并可轻易得手。三天后其闯入 E 的房子并偷走了昂贵的首饰。H 并不存在应当阻止基于此方式损害 E 财产的行为义务。因此，依据第 278 条 H 并不为 G 的错误行为承担责任。

此处所代表的观点在结果上与该建议一致，即取决于：在与债务人的法律行为上的关系方面，债权人是否赋予辅助人以影响其法益与利益的更高的可能性。[72] 但是这显得更优越，即选择合同关系与基于此产生的权利、义务作为决定性的标准，而非仅仅将从中得出的事实上的机会视为关键。 1231

总结归纳，需要遵循的观点是依据辅助人员的错误行为是否在履行的“履行中”或“趁机”发生作出区分，还是关注当债务人如履行辅助人一样行为时是否违反了合同义务。因此这始终取决于基于具体债务关系中债务人所涉及的合同义务（给付义务与行为义务）。如果以债务人履行义务的意志作出行为的人有过错地违反该义务，则债务人必须负责并必须赔偿所产生的损害。 1232

3. 过错

如所述，依据第 278 条，债务人必须对其履行辅助人的过错在“与自己过错相同的范围内承担责任”。与该条文的目的指向（即阻止债务人因通过使用履行辅助 1233

---

[67] 对于履行辅助人吸烟所造成的损害该结论具有疑义，如 Köhler/Lorenz：《检测你的知识：债法 I》，案例 97（第 192 页及其下），这里倾向于赞成，相反拒绝的观点见《帝国法院民事判例集》，第 87 卷，第 276 页；基于交往观点作出的风险分配而赞成，见 Kupisch 论文，载《法学训练》，1983 年卷，第 824 页。

[68] Larenz：《债法 I》，第 20 章，第 8 节（第 302 页）；反对的有 Kupisch 论文，载《法学训练》，1983 年卷，第 824 页。

[69] Medicus/Lorenz：《债法总论》，第 20 章，边码 32。

[70] Brox/Walker：《债法总论》，第 20 章，边码 32。

[71] 《慕尼黑民法典评注》/Grundmann，第 278 条，边码 47；Bamberger/Roth/Unberath，第 278 条，边码 44；Brox/Walker：《债法总论》，第 20 章，边码 32。

[72] Looschelders：《债法总论》，边码 546；同样类似的有 Medicus/Lorenz：《债法 I》，边码 391。

人对债权人产生不利）相应，履行辅助人的行为应归结于债务人本人；因此对过失标准具有决定意义的是债务人本人，而非履行辅助人本人。因此这取决于该债务人所属的群体的谨慎代表人应该具有的能力（边码 467）。因此联邦普通法院[73]合理地对工匠的抗辩作出了反驳，应该是其所使用的学徒的毫无经验的错误引起了火灾，且依据其教育状态可能还不能够正确地行为。

1234 有争议的问题是，履行辅助人是否必须具有过错能力（边码 1136 及其下）。这被理论界的观点所赞成，并指出，如果当其辅助人在履行行为中患有心脏病并无意识地造成债权人的损失时，无须认识到债务人为什么应当对此负责；该情形中适用第 829 条显得更为合理。[74] 未被赞同的是：在过错能力方面同样必须针对债务人本人，而非履行辅助人本人。[75]

1235 由于债务人必须对履行辅助人的过错如同自己的过错一样承担责任，所以这取决于债务人对什么负责，（除了对故意外）是否直接对交往中所需的谨慎（第 276 条第 1 款第 2 句），对其在自己事务中所需的谨慎（例如第 346 条第 3 款第 1 句第 1 项、第 690 条与第 277 条）或对重大过失（如第 300 条第 1 款，第 521、599 条）负责。债务人通常可以通过与债权人约定排除其责任，且（不同于对自己的过错（第 276 条第 3 款））甚至针对履行辅助人的故意（参见第 278 条第 2 句）。

4. 法定代理人（代表人）的责任

1236 第 278 条给予债务人的履行辅助人与其法定代理人同等地位。在**自然人**中是指父母（第 1626 条及其下）、监护人（第 1793 条及其下）、抚养人（第 1896 条及其下）与赡养人（第 1909 条及其下）。这些人与遗嘱执行人、破产管理人、遗产管理人具有同等地位，因为他们同这些人一样，可以直接为他人创建权利义务，即使他人并非法定代理人。

1237 依据第 31 条，社团“对此损害负责，即其董事会、董事会成员或其他依据公司章程任命的代表人通过执行自己所具有的工作作出的、具有损害赔偿义务的行为给第三人造成的损害”。依据主流观点，该条文适用于私法与公法（第 89 条）中的全部**法人**，甚至相应地适用于普通合伙企业（OHG）与有限合伙企业（KG）以及个人合伙。[76]

1238 如果**债务人没有过错能力**，则必须将其法定代理人的过错能力对其归责，因为否则第 278 条在（法定）代理情形时就不适用于无过错能力人。

---

[73] 《联邦普通法院民事判例集》，第 31 卷，第 366 页及其下（本文始于第 358 页）＝《新法学周刊》，1960 年卷，第 669 页。

[74] 多塞尔多夫州高等法院判例，载《新法学周刊—判例报导》，1995 年卷，第 1166 页（本文始于第 1165 页）；Jauernig/Stadler，第 278 条，边码 13；Bamberger/RothUnberath，第 278 条，边码 48。

[75] 如 Kupisch 论文，载《法学训练》，1983 年卷，第 821 页；Larenz：《债法 I》，第 20 章，第 8 节（第 303 页及其下）；《慕尼黑民法典评注》/Grundmann，第 278 条，边码 49。

[76] 联邦普通法院案例，载《新法学周刊》，2003 年卷，第 1446 页（本文始于第 1445 页）；第 2003 年卷，第 2985 页（本文始于第 2984 页）；Piper 论文，载《法学训练》，2011 年卷，第 491 页（本文始于第 490 页）；Palandt/Ellenberger，第 31 条，边码 3，具有详细证明。

例如： E将5岁的儿童K设定为唯一继承人，同时将一幅油画遗赠给了G。因此K对G具有转让该幅油画所有权的债务。虽然经过催告，但是K的法定代理人V还是给付迟延，所以G请求K赔偿迟延损害（第280条第1、2款，第286条）。只有当能够将其法定代理人的过错能力归责于K，才能够肯定此处的债务人拖延（参见第286条第4款）。[77]

三、第831条上的责任

5. 责任的原因与前提

1239 如果某人“雇用他人来工作”（其在法律上称为本人），则其必须依据第831条第1款第1句对他人“在执行工作中违法地给第三人造成的”损害承担责任。该**本人（Geschäftsherr）**责任的原因是违反了在选择**事务辅助人（Verrichtungsgehilfe）**、置办设备与机器和管理辅助人员时需要注意的交往中所需的谨慎义务。因此，当确定本人已经注意到了该谨慎义务（所谓的无过失），或当违反义务并非第三人损害的原因，即当损害在本人谨慎地行为时依然同样产生时，依据第831条第1款第2句责任消失。

6. 事务辅助人

1240 事务辅助人是被本人委托一个凭指示执行工作的人。这并不取决于工作的种类；它可以是事实上的事务（比如手工上的执行）或者法律上的事务（代理法律诉讼）、有偿的或无偿的、长期的或暂时的（一次性完成委托）。[78] 但是，该工作必须处于本人的影响下，确切地说以这样的方式，即其可以随时限制、拒绝辅助人的工作或确定时间及范围。[79] 因此，法定代理人并非被代理人的事务辅助人。同样，独立的经营者，比如一个为他人工作的工匠，并非其事务辅助人，因为，当其被任务委托人授予了确切的指示时，该经营者同样是具有自我决定权的，且以自己的责任执行其工作。[80]

7. 对第三人的违法损害

1241 依据第831条第1款第1句，必须赔偿事务辅助人违法对第三人造成的损害。从该规范在侵权法体系中的位置可以得知，事务辅助人必须是这样引起损害，即其实现了第823条及其下诸条意义上的客观的构成要件。如第831条第1款第1句明

---

[77] 赞成见Medicus/Petersen:《民法》，边码807，其也引用了上述例子。

[78] 参见Bamberger/Roth/Spindler，第831条，边码10及其下。

[79] 《联邦普通法院民事判例集》，第45卷，第313页（本文始于第311页）＝《新法学周刊》，1966年卷，第1807页；联邦普通法院案例，载《新法学周刊》，2013年卷，第1003页，边码15（本文始于第1002页）；《慕尼黑民法典评注》/Wagner，第831条，边码14。

[80] 联邦普通法院案例，载《新法学周刊》，1994年卷，第2757页（本文始于第2756页）；《慕尼黑民法典评注》/Wagner，第831条，边码16。

确规定，辅助人必须违法地行为。依据结果不法说，在积极行为上违法性通过侵权法意思上的行为的构成要件符合性来指证，且该指证只有当侵权人能够主张违法性抗辩事由时才被驳回（边码 1124），基于此通常没有其他需要被特殊检测的附加条件。相反，依据行为不法说必须要确定，履行辅助人是否通过其行为违反了其负有的谨慎义务（边码 1126）。[81] 这同样适用于这些情形，即侵权结果并非通过直接侵犯引起（边码 1131），或涉及开放的侵权构成要件（边码 1128），或不作为（边码 1129）。

1242 相反，依据法律的字面意义，履行辅助人的**过错**并不属于责任的条件。但是被确认的是，当辅助人已经注意到了所需要的谨慎，则本人并不依据第 831 条承担责任。在论证该结果中起作用的是结果不法说与行为不法说相异的观点。如果辅助人的行为合乎谨慎要求，则行为不法说否定侵害的违法性，这样，本人的责任基于此就丧失。结果不法说想依据规范目的来排除此类损害情形，在该情形中确定辅助人如任何被谨慎选择和被谨慎挑选的人一样行为。[82] 帝国法院[83]在此范围内确立了简易规则，即若本人在履行辅助人的位置如其一样地行为仍不涉及损害赔偿义务，则本人就无须承担责任。此外，在辅助人谨慎行为时本人的责任通常因此不被考虑，因为其在选择、配置设备或领导上违反了谨慎对损害的产生不具有原因性（边码 1239）。

8. 执行工作时的行为

1243 本人只对此类事务辅助人“在执行工作中”引起的违法损害承担责任。对此，不需要引起损害的行为已被委托给事务辅助人；相反，**侵权行为与事务辅助人**被指派**的任务范围之间存在内部关系**就足够。仅仅是工作中“趁机”引起的损害并不属于第 831 条范围。

1244 依据主流观点，事务辅助人的刑事行为与故意侵权行为只有“在执行工作中”实施，如果辅助人基于此违反了其正要被委托以履行特殊的义务的话（比如：事务辅助人为了照看被交付的标的物而盗窃或侵占）。相反，委托辅助人的工作仅仅提供了刑事犯罪的诱因或机会（例如：手工学徒依据委托在客户的家里实施维修工作，其偷了放在那里的物品），则该行为并不是发生在执行工作中，而仅仅是其趁此时机。[84]

9. 赔偿义务的排除（第 831 条第 1 款第 2 句）

1245 如果第 831 条第 1 款第 1 句所述条件已经满足，则本人的责任取决于其在对事务辅助人的选择、配置或管理中是否违反了谨慎义务。如果被侵权人对本人提出了损害赔偿诉讼，则本人必须对其已经注意到所需谨慎的事实作出陈述与证明（如果

---

[81] 比较 Kötz/Wagner：《侵权法》，边码 287。

[82] 联邦普通法院案例，载《新法学周刊》，1996 年卷，第 3207 页（本文始于第 3205 页）。

[83] 《法学周刊》，1936 年卷，第 2396 页（本文始于第 2394 页）。

[84] Bamberger/Roth/Spindler，第 831 条，边码 22；Jauernig/Teichmann，第 831 条，边码 8。

存在疑问的话）。因此如果在民事诉讼中诉讼各方对第 831 条上赔偿责任的条件是否被满足进行争论，则被侵权的第三人，即在执行工作中被本人雇用以工作的人"违法"（边码 1241）侵害的人，必须证明第 831 条第 1 款第 1 句中的条件已经成就。相反，本人需要证明其在选择、监管、设备处理与指导中已经注意到了必要的谨慎，或违反谨慎并非侵害的原因（边码 1249）。如果不能举出该证据，则推定违反了相应的谨慎义务，而这引起了损害。因此本人被期待以"免责证明"，通过这来表明被侵权人一般没有能力来解释得出违反谨慎义务的过程，且对此涉及本人的自己行为，其对此清楚地知道，且对此其必须合理地作出解释。

在**对事务辅助人选择、监管、配置与指导中**谨慎行为的本人可作何期待？仍然依据个案具体情形来定。一般本人在选择事务辅助人中必须确认其知否具有必要的素质与可信赖性，以无风险地为他人执行被委托的任务，对辅助人具体需要设置哪些要求，这取决于待解决工作的种类与危险性。[85] 本人有义务对正常地执行工作进行持续的监管。即使基于长期工作对辅助人建立了信赖，该监管义务虽被限制，但是并未根本消除。 1246

在配置设备与器材时，只有当该配置对辅助人被委托的工作必要时，才可对本人作出违反谨慎义务的指责。这同样适用于对辅助人的指导。这里同样必须首先确定有指导的必要性，然后才研究本人对此是否注意到了所需的谨慎。 1247

依据第 831 条第 2 款，与本人一样，基于相应的合同约定必须履行第 1 款第 2 句所涉及的本人的义务的人也具责任。**被赋以领导作用**的本人的**同事**（部分经理、领班），当其在选择、领导与监督其下属人员中被指责违反谨慎时，其自己要承担责任。如果责任既依据第 831 条第 1 款又依据第 2 款得出，则为责任上的连带债务人（第 840 条第 1 款；参见第 421、426 条）。 1248

第四节　利于第三人的合同

一、概论

合同各方可以约定，合同所负给付并非向债权人，而是应当向特定的第三人作出。[86] 1249

例如：某人自己付钱让花店将花送给一位熟人。

在合同约定上据此来区分，第三人是否直接获得依据合同主张所负之债务的权利（所谓的：**真正的或权利性的利于第三人的合同**；参见第 328 条第 1 款），或是否只有债权人，而非第三人可以向债务人请求给付（所谓的：**非真正的或授权性的** 1250

---

[85] 联邦普通法院案例，载《新法学周刊》，2003 年卷，第 290 页（本文始于第 288 页）。

[86] 有关利于第三人合同的详细基本类型参见 Hornberger 论文，载《法学研究集刊》，2015 年卷，第 7 和 9 页。

利于第三人的合同）。

1251 与债务人有义务向第三人作出给付的利于第三人的（真正的与非真正的）合同相区别的情形是，债务人有权利而非义务向第三人作出给付以免除债务人的责任。该情形是，债权人授权第三人以自己的名义接受给付（参见第 362 条第 2 款与第 185 条第 1 款；边码 241）；这样债务人可以依据选择来向债权人或第三人给付。

1252 对于第三人是否应有自己的请求权，如果没有作出明确约定的话，则必须从个案情形，特别是合同的目的中推出（第 328 条第 2 款）。这样上述送花的例子就不能得出，被赠与人可以向花商请求该花。相反，如果利于配偶而签订一个人寿保险合同，据此在合同缔结人死亡时配偶应当获得一定数量的金钱，则另当别论；这里通常授予受益人一个独立的请求权（参见：第 330、331 条上的解释规则）。

1253 第 329 条对**履行承担（Erfüllungsübernahme）**具有很多解释规则。基于此，履行承担人有义务为债务人实现其债权人的债权。由于作出履行承担通常只是为了债务人的利益，因而只有债务人而非债权人从中具有权利。只有当债务人必须亲自作出给付（边码 268）时，履行承担才因此体现为一个（非真正的）利于第三人的合同。[87]

二、当事人之间的法律关系

1254 利于第三人合同的特别之处在于，在典型之债中的“债权人与债务人”二人关系上另外加添了一人，债务人必须对其作出合同上所负有的给付义务。由于该特殊性存在于所有的合同类型上，比如在租赁合同、劳务合同与承揽合同，就如在买卖合同上一样都可以出现，因此，**利于第三人的合同并非独立的合同类型**，而是视为对每一种合同类型范围内的修正。（在《民法典》相关条文上）第三节标题“向第三人履行的承诺”中特别表达出了“利于第三人的合同”这一概念。因此显而易见，除了适用利于第三人的合同一些特殊规则外，还应关注适用于各个合同类型的特殊规范。

1255 从第 328 条及其下诸条的体系位置和其内容可得知，这些条款只适用于从中得出负担行为的债法上的合同。类推适用于支配行为的可能性则基本上被否定（但是需要注意边码 1311）。[88]

1256 利于第三人的合同中的债务人称为“承诺人”，债权人称为“承诺相对人”；其中一方承诺向第三人作出给付，另一方则让该承诺向自己作出并领受。承诺人与承诺相对人之间的法律关系称为**抵偿关系（Deckungsverhältnis）**，确切地说是因为承诺人从该法律关系中为其向第三人作出的给付获得了“抵偿”，也即是从中找到了

[87] 参见《慕尼黑民法典评注》/Gottald，第 329 条，边码 1。

[88] 参见 Rahbar 论文，载《大债法杂志》，2010 年卷，第 174 页及其下（本文始于第 172 页）；Looschelders：《债法总论》，边码 1072；Palandt/Grüneberg，第 328 条导论，边码 8f。

承诺人为什么同意该给付的理由。如果抵偿关系中涉及对等合同，则该给付是针对对待给付作出承诺（花店老板向第三人提供花是因为其可以向承诺相对人获得买卖价款）。但是该抵偿关系同样可以存在于无偿合同中（父亲向其儿子承诺，会给其体育社团一笔资金来庆祝周年活动；对此参见第 518 条）。

承诺相对人与第三人之间的法律关系基于**对价关系或馈赠关系（Valutaverhältnis bzw. Zuwendungsverhältnis）**。从中可以得出，承诺相对方基于何原因而赠与第三人。这可以是赠与（如通过花店向熟人转赠花的例子中），但是同样可以是一个有偿合同（承诺相对方基于一个与第三人签订的买卖合同而向其提供货物，其在承诺时要购买并提交给第三人）。抵偿关系与对价关系是相互独立的。承诺相对方基于何原因向第三人馈赠一个给付，这对承诺人和其与承诺相对方的关系并无意义。当对价关系没有有效成立时，承诺人同样负有向第三人作出给付的义务。承诺人不可向第三人作出基于对价关系的抗辩。如果第三人基于承诺人的利于第三人的合同而获得给付，但是对此并未从第三人与承诺相对人的关系中获得一个法律依据，则必须对承诺相对人与第三人之间实施（不当得利法上的）衡平（为了利于第三人合同上的不当得利法上的恢复，参见慕斯拉克/豪：《〈民法典〉司法考试教程》，边码 279 及其下）。 1257

承诺人与第三人之间的关系可以称为**第三人关系或执行关系（Drittverhältnis oder Vollzugsverhältnis）**；该关系经常不被专门地使用，因为其被抵偿关系覆盖。在非真正的利于第三人的合同中缺少承诺人与第三人间的法律关系。在真正的利于第三人的合同上，承诺人与第三人之间的准合同关系构成了第三人对承诺人的给付请求权，这也赋予第三人在债务人履行时不侵害债务人的义务。如果第三人违反该义务，则其依据第 280 条第 1 款承担责任。[89] 1258

1259

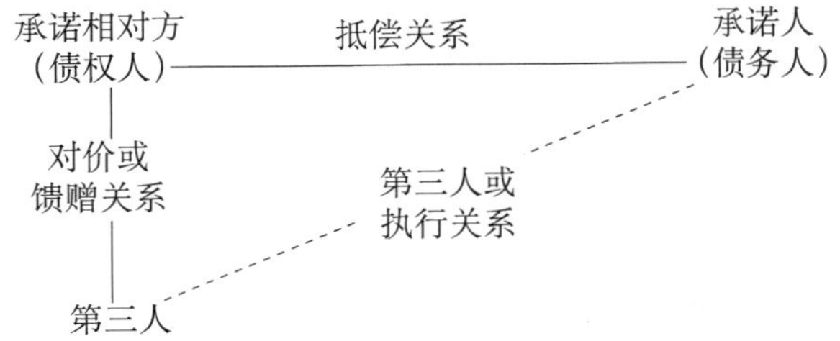

“债权人”与“债务人”的称谓由抵偿关系确定。反之，在对价关系中，依据需要作出的给付该“第三人”可以是债权人，“承诺相对方”可以是债务人。 1260

三、第三人的法律地位

只有在真正的利于第三人的合同中第三人才具有向承诺人请求向自己给付的权利（第 328 条第 1 款）。这样享有该请求权无须协助且独立于其行为能力。但是其 1261

[89] 《慕尼黑民法典评注》/Gottwald，第 328 条，边码 31。

没有义务接受该权利；相反其可以拒绝。这导致的结果是，视为溯及地并未取得该第三人的权利（参见第 333 条）。从该拒绝中可以得出承诺人与承诺相对人之间法律关系，即抵偿关系上的哪些法律后果这一问题在法典中并未明确规定。为了解释其中存在的问题见下列例子：

示例：富裕的伯母 T 想让其最疼爱的侄子 N 在其高中毕业后到其居住的城市上大学，就为其租赁了长达 3 年的住房。但是 N 想在其他城市学习并拒绝搬进该套间。对此 T 对出租人解释道，其可能不能使用该住房了。但是房东仍请求支付房租。有权吗？

如果不能从合同中（即不能基于解释）得出，如果在第三人拒绝时而不能向他人（承诺接受人或其新确定的第三人）作出给付，则该给付因第三人的拒绝而给付不能（第 275 条第 1 款）。至于承诺接受人是否必须作出其负有的对待给付这一问题则依据第 326 条回答。与之相应，依据承诺相对人是否因此必须估算到第三人将拒绝该权利来定。如果伯母 T 已经知道了 N 去其他地方学习的意向，或其因过失而不知道，则其具有支付租金的义务（第 326 条第 2 款第 1 句第 1 种情形）。[90]

1262 合同订立方的约定内容原则上同样对此具有决定意义，即真正的利于第三人合同上第三人的给付权是否应当立刻地产生、附条件地产生，还是附期限地产生；合同缔结方、承诺相对人与承诺人是否仍保留无须经第三人同意就可废除或改变第三人权利的权限。如果缺少明确的约定，则对此依据第 328 条第 2 款由个案具体情形来决定，特别是合同的目的；在此关系中需要注意第 331 条中的解释规则。最后还需要指出，承诺相对方有权请求针对第三人的给付，即使第三人并不具有独立的请求权；但是承诺相对人的请求权在与承诺人的合同中可以被废除（第 335 条）。

1263 由于承诺人的地位不得这样受贬损，即其必须向债权人而非第三人作出合同给付，所以其可以向第三人作出其对承诺相对人享有的所有**基于抵偿法律关系的抗辩**（第 334 条）。

例如：T 女士向其侄子 N 赠送一个房间过道处的地毯。其来到地毯商 H 处并挑出一个地毯，其支付了一般的买卖价款，并与 H 约定，N 有权请求在其合适的时间提供地毯。当 N 三天后请求提供时，H 指出 T 还没有全部支付价款，其要在获得全部价款后才支付。N 称，这跟他没有关系，H 应该找 T，其无论如何要现在就拿到地毯。

虽然基于合同只有 T 具有买卖价款支付义务，但是 H 对 N 具有第 320 条上的不履行的合同的抗辩权（334 条）。

1264 在**给付障碍**对第三人的法律地位的**影响**这一问题上必须区分，这属于哪一给付，且谁必须对该给付负责。如果据此得出承诺人对承诺相对人的请求权，则其同样向第三人提出异议（第 334 条）。但是在承诺人的给付障碍中不仅可以得出承诺相对人的权利，而且可以得出第三人的权利。对此见下面：

---

[90] 参见《慕尼黑民法典评注》/Gottwald，第 333 条，边码 8。对于是否依据租赁法来允许终结这一问题在这里并不涉及。

示例： 女儿T在母亲M生日时送给其一个其之前在H的商店里挑出并支付完毕的烤箱。该设备应依据该母亲相应的请求而供货（真正的利于第三人的合同）。这同样发生了。由于作为专业人士的H能够发现的该机器上的缺陷导致在使用该烤箱中引起房间失火，其中母亲昂贵的地毯被损坏。法律情形如何？

依据第280条第1款，H因违反债的关系中的义务（边码605、620）而具有损害赔偿的义务，因为针对给付接受人（第三人）的保护义务也赋予了承诺人。与女儿一样该母亲可以作为承诺相对人作出损害赔偿请求权，但是其中T必须请求向其母亲作出给付。[91]

相反，有争议的是，第三人是否同样可以行使涉及**抵偿关系存续**的给付障碍上的权利。主流观点[92]对此否认，且并不基于第三人因给付障碍或因缺陷而撤销合同的权利。该观点被赞同，因为承诺相对方作为合同对方必须保留对合同存续的决定。与之相应，在违反义务时第三人可以依据第280条请求损害赔偿。但是必须依逻辑否定其拒绝给付和第281条上的损害赔偿请求权，因为这在结果上与行使解除权一样。[93] 但是合同各方可以在合同中赋予第三人相应的权利。 1265

第五节 具有第三人保护作用的合同

一、概念与条件

如果债务人违反了债的关系中的行为义务，则依据第280条其可能具有损害赔偿义务（边码564）。同样可以赋予债务人遵守合同上债权人之外的其他人的利益的义务。这样，这些人就被纳入**合同的保护范围**之内。 1266

例如：

（1）制造商B与公共汽车经营商T约定，T将在B处上班的员工用小汽车依据B的指示送到不同的工作地点。途中T所雇用的公共汽车驾驶员因过错造成一场事故，其中B的一个员工受伤。

（2）E让工匠H在自己的屋内实施修理工作。其中因为H同事的过错造成煤气瓶爆炸，这造成E的12岁的儿子烧伤。

该案例中，如果被侵权人想适用侵权法，则依据第831条第1款第2句，T与H的损害赔偿义务可能被否定（边码1245）。此外，在过错损害财产时，侵权法上的损害赔偿义务只有在一定（受限制的）条件下存在（边码1083及其下，边码1140、1145）。该侵权法上的“不足”导致——特别是判决——持续扩大合同上对 1267

[91] Brox/Walker：《债法总论》，第32章，边码16。

[92] Bamberger/Roth/Janoschek，第328条，边码20。

[93] 有争议，比如PalandtGrüneberg，第328条，边码5。其他观点见《慕尼黑民法典评注》/Gottwald，第335条，边码19。

第三人保护作用范围，且受保护的第三人被赋予一个独立的损害赔偿请求权。理论界的主流学说合理地将利于第三人的合同保护作用归为漏洞填补上的**法律续造(Rechtsfortbildung)**（边码 1186 及其下），并使得该法律制度成为我们民法制度中的固定组成部分，其独立于当事人意志地扩展了其作用。[94] 关于合同上利于第三人的保护作用应该通过（阐释性的或补充性的）合同解释的途径来得出，以便在具体情形中被纳入的法律行为上的意志必须是可以确定的[95]，该观点显得太狭窄，因此应被否定。

1268 《债法现代化法》同样一点也没有改变该法律基础上的实质。尽管多数观点是，第 311 条第 3 款第 1 句实现了利于第三人的合同保护作用这一法律制度的基础。[96] 但是立法理由中所表达出的立法者的观点与之相悖，通过该条文调整了代理人或缔约过失范围内的行为辅助人的独立责任（边码 644)。[97] 只有认为合同上的第三人保护作用与缔约过失十分趋近的人才会因此赋予第 311 条第 3 款此种意义。但是基于法定规则根本不能推断出现实的结果，因为法律上的确认最多限于合同上的第三人保护原则，对其实施仍然归属于判决与法学理论。[98]

1269 显而易见，迫切需要对第三人保护作用的合同中得出的构成要件上的**谨慎区分**，因为否则必然会对是否可区分为合同上的损害赔偿法还是侵权上的损害赔偿法产生疑问。这是一个较难的任务，迄今为止尚未被满意地解决。对第三人保护作用的合同的确切区分与条件尚无统一观点。主流观点起初想将合同上的保护作用限于债权人对其“幸福与痛苦”负责的人，因为债权人有义务对其保护与照顾[99]，今天这视为并非不可放弃的特征；相反其指向第三人具有的关于合同上所负给付的关系，并依据合同内容探讨其是否确定与该给付有关联。[100]

1270 该新的思路值得赞同。其中此处所述意义上的“给付”不仅视为主给付，而是

---

[94] 联邦普通法院案例，载《新法学周刊》，1996 年卷，第 2928 页（本文始于第 2927 页）；Saar 论文，载《法学训练》，2000 年卷，第 223 页（本文始于第 220 页）；Zenner 论文，载《新法学周刊》，2009 年卷，第 1033 页及其下（本文始于第 1030 页）；《慕尼黑民法典评注》/Gottwald，第 328 条，边码 161 及其下，具有更多证明。

[95] 如联邦普通法院案例，载《新法学周刊》，2014 年卷，第 2345 页，边码 9。

[96] Schwab 论文，载《法学训练》，2002 年卷，第 873 页（本文始于第 872 页）；Eckebrecht 论文，载《德国法月刊》，2002 年卷，第 427 页（本文始于第 425 页）；Brox/Walker：《债法总论》，第 33 章，边码 6。其他观点见 Palandt/Grüneberg，第 328 条，边码 14；NK-BGB/Krebs，第 311 条，边码 139 及其下。

[97] 《关于〈债法现代化法草案〉的说明及理由》，(2001 年 5 月 14 日联邦议会党团的草案；联邦议会文件，第 14 届，第 6040 号)，第 163 页；同样比较《慕尼黑民法典评注》/Emmerich，第 311 条，边码 185 及其下。

[98] 类似见 Zenner 论文，载《新法学周刊》，2009 年卷，第 1033 页（本文始于第 1030 页）。

[99] 联邦普通法院同样在一些判决中对其观点赋予绝对意义；参见联邦普通法院案例，载《新法学周刊》，2002 年卷，第 3626 页（本文始于第 3625 页）；2010 年卷，第 3153 页，边码 19（本文始于第 3152 页）=《法学训练》，2011 年卷，第 550 页（Faust 撰写），每一判决中都有详细证明。

[100] 联邦普通法院判例，载《新法学周刊》，1976 年卷，第 1884 页（本文始于第 1883 页）；1984 年卷，第 356 页（本文始于第 355 页）；1985 年卷，第 489 页；1987 年卷，第 1759 页（本文始于第 1758 页）；1995 年卷，第 393 页及其下（本文始于第 392 页）；1996 年卷，第 2928 页及其下（本文始于第 2927 页）；2012 年卷，第 3167 页，边码 18（本文始于第 3165 页）；2013 年卷，第 1002 页，边码 9；Bayer 论文，载《法学训练》，1996 年卷，第 2928 页及其下（本文始于第 2927 页）；Palandt/Grüneberg，第 328 页，边码 17；Köhler/Lorenz：《检测你的知识：债法 I》，案例 89（第 173 页）。

债务人的全部义务范畴，这样也包括从义务（边码 563 及其下）。[101] 但是不能仅仅认为，依据合同须被保护的第三人与债务人需要履行的义务相关。相反，依据合同的内容，其与所负给付处于特定的关系中，就如其他类似的债的关系中只有债权人因此而具有的给付风险一样。[102]

1271 其中并不重要的是，依据债的具体情形，究竟是债权人受到威胁，还是仅仅是第三人在合同发展中可能受到损害。这只取决于相应债的关系的典型内容。

所以在运输债权人的工作人员案例（边码 1266）中具有决定作用的仅仅是，典型的运输合同中债权人自己被接送，并以此决定相关风险，而非依据运送债权人的工作人员。

同样从煤气瓶爆炸示例中（边码 1266）可以得知，E 的儿子处于 H 要作出的给付的准债权人的关系中。对房间内居住的人而言，合同给付上必要的第三人相关性的理由在于，任何从 H 执行的维修中享有直接用益的人，即与之直接相关。因此，债务人必须对其如同对债权人一样依约行为，特别是如此作出给付，即不得伤害这些人。与依据合同所负给付的直接关系构成在房间居住的人与偶然在场的访客的区分标志。

1272 必须还有第二个条件，即**第三人相关性**对债务人是可知的，且其必须已经估算到合同关系的发展不仅会损害到债务人的法益，而且还有第三人。由于债务人必须能够预见并估算到缔结合同所涉及的责任风险。[103]

1273 最后，合同保护范围内包括的**第三人**必须是**值得保护的**，特别是不得基于其他法律原因而享有一个独立的针对债务人的请求权。[104] 相反，并不要求债权人必须对将第三人纳入保护范围具有一个值得保护的利益。[105]

1274 与相关观点相冲突的条件是，**债权人与第三人的相反利益**并不构成对其纳入合同保护范围的背景。[106] 该相反的利益经常被确定存在于下列案例中，即债权人让专家对物的价值作出鉴定，以便在借贷谈判与价款约定时使用该鉴定。通常债权人的

---

[101] Schwab 论文，载《法学训练》，2002 年卷，第 873 页及其下（本文始于第 872 页）。

[102] Bamberger/Roth/Janoschek，第 328 条，边码 5。

[103] 主流观点参见联邦普通法院案例，载《新法学周刊》，1985 年卷，第 2411 页；1996 年卷，第 2928 页及其下（本文始于第 2927 页）；2013 年卷，第 1002 页，边码 9；《慕尼黑民法典评注》/Gottwald，第 328 条，边码 184；Bamberger/Roth/Gottwald，第 328 条，边码 3，每处都有详细证明。

[104] 《联邦普通法院民事判例集》，第 70 页，第 329 页及其下，本文始于第 327 页＝《新法学周刊》，1978 年卷，第 883 页；联邦普通法院案例，载《新法学周刊—判例报导》，2011 年卷，第 463 页，边码 11（第 462 页）＝《法学训练》，2011 年卷，第 457 页（Faust 撰写）；《慕尼黑民法典评注》/Gottwald，第 328 条，边码 185，每处都有详细证明。

[105] 参见联邦普通法院案例，载《新法学周刊》，1996 年卷，第 2928 页及其下（本文始于第 2927 页）；2004 年卷，第 3036 页及其下（本文始于第 3035 页）；2013 年卷，第 1002 页，边码 9；纽伦堡州高等法院案例，载《新法学周刊—判例报导》，2004 年卷，第 1254 页；Köhler/Lorenz：《检测你的知识：债法Ⅰ》，案例 89（第 173 页），但是限制于“常规情形”。联邦普通法院案例，载《新法学周刊》，2002 年卷，第 3626 页（本文始于第 3625 页），认为在该标准中只有可能的，并非不可放弃的标志。

[106] 《联邦普通法院民事判例集》，第 127 卷，第 380 页（本文始于第 378 页）＝《新法学周刊》，1995 年卷，第 392 页；联邦普通法院案例，载《新法学周刊》，1998 年卷，第 1060 页（本文始于第 1059 页）；1998 年卷，第 1949 页（本文始于第 1948 页）；2001 年卷，第 3116 页（本文始于第 3115 页）。

利益在于能够获得尽可能对其有利的鉴定，这使得很难确定与鉴定人签订的合同上的涉及第三人的保护作用上的利益，其在订立合同时可能根本不知道。但是在该情形中合同赞成对第三人的保护作用。[107] 债权人必须对将第三人纳入合同的保护范围具有值得保护的利益这一要求显得仅仅作为其中一个优胜观点的作用，将第三人纳入这一法律基础构成了一个补充性的合同解释，其指向合同主体的利益。基于该原因拒绝在研究合同的保护作用时依据主体的意思，并探讨他们是否（默示地）想将一定的第三人纳入合同的保护范围。[108] 但是关于将第三人纳入合同保护范围的约定是合同主体间的事；如果约定了，则在此范围内当然不存在被处理的区分问题。

1275 因此，**将第三人纳入合同保护范围的条件**可以总结为：

（1）从合同内容中得出第三人与须作出给付的债务人的关系上为准债权人，这导致第三人如其他债权人一样存在给付风险。全部“所负的”都为此意义上的“给付”（既有债务人的主义务又有从义务）。

（2）对债务人存在对此关系与执行合同中由此存在的危险的可知性。

（3）因第三人自己对债务人缺少直接的等价的请求权而值得保护。

1276 同样，**缔约过失**（边码 577）上的法定之债可体现为与第三人相关的行为义务，对其违反是侵权人依据缔约过失原则对第三人具有损害赔偿义务。联邦普通法院[109]对下列案例作出了判决：

一个小孩陪着他的妈妈去一个自助商店购物。在其妈妈选出要购买的货物后便在收银台前排队。该小孩在收银处与物架处之间来回走动，以便在装包时帮助其妈妈。期间其因地上遗弃的菜叶而滑倒并严重受伤。法院支持自助商店所有人的责任的理由是，小孩应被纳入已成立的买卖合同的保护范围。该赔偿似乎适用缔约过失上的法定之债，因为缺少使得合同责任独立于该存粹意外的抗辩事由，不管损害发生时合同谈判是否已经导致最终的合同缔结。

二、第三人损害清偿的界限

1277 存在这样的一些情形，合同给付障碍中的损害因特殊情形对第三人产生，并非如一般情形那样对请求权人产生（所谓的**偶然的损害转移（zufällige Schadensverlagerung）**）。用下列示例解释该认定为：

示例：A 为经营者 U 购买 U 的企业里加工所需的特定的原材料。其为 U 进行该买卖，但是以自己的名义（间接代理；边码 1261）。由于与 A 签订合同的 B 没有

---

[107] 判决赞成保护义务对第三人的扩展首先在下列情形中，即涉及专家的责任，特别是行使特别的有国家承认的鉴定（比如公开设定的专家、税务咨询师、经济测评师）。参见 Zugehör 论文，载《新法学周刊》，2008 年卷，第 1107 页（本文始于第 1105 页）。但是在理论界对此类“专家责任”的法律基础存在不同的意见；反对合同上保护作用的有 Schinkels 论文，载《法学周刊》，2008 年卷，第 275 页及其下（本文始于第 272 页）。

[108] 参见联邦普通法院案例，载《新法学周刊》，2011 年卷，第 3116 页（本文始于第 3115 页）；2004 年卷，第 3036 页（本文始于第 3035 页），但是这里具有限制，合同主体相反的意思是违背诚信的，并因此不被重视，如果该意志具有欺诈第三人这一目的的话。

[109] 《联邦普通法院民事判例集》，第 66 卷，第 51 页＝《新法学周刊》，1976 年卷，第 712 页。

按期供货引起U一系列的工作都不能开展。因此对其产生了损失。

合同上的关系只存在于A与B之间。A因没有按期供货而陷入迟延（条件在这里并不探讨）。与之相应，A可以依据第280条第1、2款，第286条向B请求损害赔偿。但是该损害并不在其处，而是在U处产生，但是其并无损害赔偿权。如果想让结论停留于此，则U必须自己承担损失，且B将免于任何损害赔偿。

依据主流观点[110]，对该结论基于此来修正，即在**间接代理时**请求权人可以主张第三人遭受的损害，因此该损害如此“计算”：间接代理人或者可以请求给付受损方遭受的损害（示例中的U），又可将债权让与给被害人，对此其在第285条的条件下被规定了义务（边码534），或者其授权被害人以自己的名义作出损害赔偿请求权[111]（所谓的吸纳授权（Einbeziehungsermächtigung），边码1308）。依据主流观点，损害独立于所选择的执行方式，且在第三人产生的损害范围内作出赔偿。[112] 1278

在所谓的**保护性案例（Obhutsfall）**中同样涉及第三人利益中的损害清偿。这涉及下列事实：某人租赁或借用一个他人之物并将其给他人维修或保管。在那里该物因合同对方或其履行辅助人的过错而受到损害。承租人或借用人只在其不能使用该物的范围内被损害；该物本体上的损害归所有权人。在该情形中第三人损害清偿对被害人就特别有意义，如果对承租人或借用人的合同对方的侵权损害赔偿被第831条第1款第2句排除的话。 1279

第三人损害清偿原则上限于所述的案例类型[113]，同样在可比较的利益情形中亦被认可。[114] 但是应当极其谨慎地检测，在个案中该利益情形是否强制打破了我们民法中统治性的原则，即只有被侵害的权利的所有人的损害才可被侵权人赔偿。 1280

以前同样借助第三人利益中损害清偿解决的所谓的**不真正义务上的危险减轻（obligatorische Gefahrentlastung）**情形，但自1998年对《商法典》第421条修改后就不再属于该法律制度的适用范围。这些情形涉及送交买卖，基于第447条其中对待给付的风险在向承运人交付买卖标的物后转归买受人（边码624）。由于不再向买受人依据《商法典》第421条第1款第2句因在买卖物运输中运输人或其履行辅助人造成的损失而享有自己的请求权，对于第三人损害清偿这一途径变得多余。[115] 1281

在涉及第三人损害清偿的情形中通常不存在利于第三人的合同保护作用的前提；因此很少涉及两种法律制度的相互关系这一问题。但是如果一旦存在利于第三 1282

---

[110] 参见联邦普通法院案例，载《新法学周刊》，1998年卷，第1865页（本文始于第1864页），具有更多的证明。

[111] Köhler/Lorenz：《检测你的知识：债法Ⅰ》，案例168。

[112] 详见争议内容Weiss论文，载《法学训练》，2015年卷，第13页（本文始于第8页）。

[113] 但是许多作者并未将信托关系归入间接代理情形，而是视其为独立的案例类型（如《慕尼黑民法典评注》/Oetker，第249条，边码306，具有详细证明）。对这里情形此处不能详细涉及（参见Köhler：《民法总论》，第5章，边码18及其下）。担保转让（边码1401）同样属于信托情形，对此联邦普通法院（《新法学周刊》，1995年卷，第1283页（本文始于第1282页）；《新法学周刊—判例报导》，1997年卷，第664页（本文始于第663页））依据第三人损害清偿原则确定了对担保人产生的拖延损害的赔偿。

[114] Weiss论文，载《法学训练》，2015年卷，第10、12页（本文始于第8页）；《慕尼黑民法典评注》/Oethker，第249条，边码290。

[115] 具体细节Oetker论文，载《法学训练》，2001年卷，第833页。

人的合同保护又是第三人损害清偿的前提，则合同上的第三人保护作用优先，因为其为受害的第三人开启了一个自己的、独立于债权人的损害赔偿请求权。[116]

第六节　权利与义务转归第三人

一、概论

1283　债权人与债务人原则上可以被互换。**债权中的权利承继者**可以通过债权的法律行为转让（所谓的债权让与（Abtretung））来实施（边码 1284 及其下）。此外，债权人的互换可以以非法律行为的形式发生，确切地说是通过法定的债权让与（边码 1310）或通过基于国家主权行为的债权变更（比如：通过执行法院向担保债权人汇划被担保的金钱请求权；参见《民事诉讼法》，第 835 条）。[117] **债的法律行为上的权利承继者**通过承担合同实现，该合同既可在承担人与债权人（第 414 条）之间，又可经债权人同意在承担人与前债务人之间（第 415 条）订立（边码 1311）。此外还可以是**债务加入（Schuldbeitritt）**，第三人还可以在已有的债务人之外作为另外的债务人加入，即并不取代之前的债务人（边码 1316）。合同主体全部权利、义务地位的转让为**合同承担（Vertragsübernahme）**的客体（边码 1319）。

二、债权让与

1. 概念与条件

1284　如何理解债权让与（＝债权转让），第 398 条解释道：通过合同作出从债权人（**债权让与人（Zedenten）**）向他人（**债权受让人（Zessionar）**）转让债权。通过该债务人并未参与的合同直接实施了债权人变更。因此债权让与并非负担行为，而是一个（抽象的）处分行为（概念见边码 277）。债权让与的有效性独立于其所基于的原因行为（比如债权买卖合同；边码 787）。但是如果不存在有效的原因行为，则债权让与人可以依据不当得利法向债权受让人请求返还让与的债权；因为债权受让人对债权的得利并无法律理由（边码 442）。

1285　债权让与人向债权受让人有效的债权让与取决于下列**条件**：

（1）让与合同；

（2）债权存在；

（3）债权的确定性；

---

[116] Weiss 论文，载《法学训练》，2015 年卷，第 10 页（本文始于第 8 页）；《慕尼黑民法典评注》/Gottwald，第 328 条，边码 188，具有更多证明。

[117] 对此参见 Musielak/Voit：《民诉基础教程》，边码 680。

（4）债权的可转让性。

（债权）让与合同（Abtretungsvertrag）通常可以以任意形式缔结。这同样适用于债权的基础取决于有形式要求的法律行为时（例如：基于不动产买卖合同的买卖价款请求权；参见第 311b 条第 1 款）。对于债权让与而言只有例外时才规定形式（比较，例如第 1154 条对不动产抵押担保的债权让与）。 1286

被让与的债权必须是**债权让与人的债权**。基于善意取得而从无处分权人处取得是可能的，如其对动产与不动产（第 892 条）的善意取得（第 932 条及其下），但是在债权让与上则并不存在（不管遗产继承证书的公示信赖与证券法中的特殊性，第 2366 条，此处对此并不涉及）。 1287

例如：生活很窘迫的 T 对 R 出示一份伪造的书面借款合同，并指出，这是 A10 000欧元的贷款合同；由于该贷款直到明年才可返还，但是其现在需要金钱，其已经准备好以7 000欧元的价格转让该债权。R 对此表示同意，并支付了所提出的价款。实际上 T 对 A 从未有过债权。

该案件中 R 并未获得向其出售的债权；因为第 398 条第 1 句以债权让与人存在的债权为条件。其善意信赖并不能帮助债权受让人。排除请求权善意取得的理由在于，缺少一个（如同在物的占有或登记入簿那样（边码 778））表明处分人权利的标志，并因此而实现一个善意人可以信赖的权利表象。[118] 所出示的合同证书虽然产生了一个权利表象。但是其是被伪造的，因此并不导致以非当事人的损失为代价来取得权利。

债务人出具债权证书，即给出了一个书面文件的情形，就宣告了债权的存在，因此实现了对债权让与人的确认，法律在受限制的范围内允许债务人在这里通过其行为实现了一个（不正确的）权利表象。依据第 405 条，债务人不可主张，对法律关系的接受与认可只实现了表象，因此依据第 117 条第 1 款应当无效或通过与之前的债权人的约定应该排除了让与（边码 1290）。如果债权受让人并不知道真相且同样不必知道，即其不知情并非基于过失（第 122 条第 2 款），则其取得该债权。 1288

被让与的债权必须被精确确定，即将债权让与人的哪个债权让与给债权受让人必须清楚。因此，债务人从基于作出约定的内容中必须得知被让与的债权的内容与范围。但是，该必要性必须在债权应当向债权受让人转让时具备即足矣。因此可以对未来才产生的债权事先让与。 1289

最后，让与的生效取决于所涉及的**债权可以转让**。任何债权都可被转让这一原则受到一些让与禁止的限制： 1290

- 《民法典》中明确指出了一些债权不得或只有在一定受限制的条件下才可转让，比如基于优先购买权（第 473 条）和特殊社会关系（如第 717 条）的债权。对此涉及与债权人本人特别相关的债权。
- 第 399 条第 1 种情形中的债权不得被让与，“当该给付不变更其内容对原债权人以外的人就不能实现，或与债务人约定排除了债权让与”。

---

[118] 比较 Thomale 论文，载《法学训练》，2010 年卷，第 857 页。

第 339 条第 1 种情形下的例子有高度人格化的权利人的债权，如在提供劳务（参见第 613 条第 2 句）与委托执行（第 664 条第 2 款）中的可能情形。同样，在前合同中的债权与使用让与债权（例如租赁合同）一般取决于债权人本人并被排除让与。

如果债权人对债务人负有不得转让债权的义务（拉丁文：pactum de non cedendo），则该债权约定排除可转让性，这样违背约定作出的让与就不生效。[119] 善意保护只在第 405 条的小范围内存在。如果债务人追认了违背排除让与约定所作出的债权让与，则主流观点认为此处需要缔结一个变更合同，这样知道债权人同意对排除让与的废除约定才生效，确切地说并不追溯到让与之时。[120]

- 不可扣押的债权不可以被让与（第 400 条）。扣押禁止规定在《民事诉讼法》第 850 条及其下诸条中。通过这些实现了对部分劳动收入的扣押保护的条文来达到让债务人拥有生活必需品的目的。[121] 其不可有效地放弃该保护，因此不可让与不可扣押的请求权。依据一般观点，不可扣押的债权可以让与，如果没有赋予该保护目的的话。该情形例如，为了让与而向让与人提供经济上同等价值的给付。

2. 效果

1291 新债权人通过缔结让与合同取代原债权人（第 398 条第 2 句）。与之相应，原债权人不能再处分该债权；其作出的第二个债权让与因此不生效。因此债权让与适用**优先原则**。

例如：债权人 G 于 2 月 1 日向 X 让与他的债权，又于 2 月 2 日向 Y 让与了该债权。只有 X 取得了该债权，依据让与所基于的原因关系，Y 对 G 具有损害赔偿请求权（边码 1284）。

1292 该债权以其在让与人时所具有的法律状态转归新的债权人。因此仍然存在“在债权让与时对原债权人已经创设的”所有**异议与抗辩**（第 404 条）。如果在第 404 条中依据让与时已经创设的抗辩权来设置，则这并不意味着此时其必须完全已经生效。相反，具有决定意义的是让与时该基础已经存在。因此受让人必须同样接受在让与后债务人作出的合同撤销以及合同解除。由于基于让与只有债权人的权利被转让，而非其义务，让与人仍为义务人意思表示的相对方。

1293 依据第 401 条，**为债权所设立的担保**同样跟着转让。条文中明确列出了抵押权、质押权以及保证上的权利。第 401 条第 1 款中所述的权利是从属性的。**从属性（Akzessorietät）**（源自拉丁文 accessio＝从属物、从属义务）意味着，权利以这样的

---

[119] 《联邦普通法院民事判例集》，第 108 卷，第 176 页（本文始于第 172 页）＝《新法学周刊》，1990 年卷，第 109 页；同样比较 Lücke 论文，载《法学训练》，1992 年卷，第 114 页。

[120] 联邦普通法院案例，载《新法学周刊》，1990 年卷，第 110 页（本文始于第 109 页）；2006 年卷，第 1802 页，边码 31（本文始于第 1800 页）；《慕尼黑民法典评注》/Roth，第 399 条，边码 37；Palandt/Grüneberg，第 399 条，边码 12。

[121] 参见慕斯拉克：《〈民事诉讼法〉基础教程》，边码 673。

方式相互联结，即一个是主导的，另一个是从属的。没有主导的权利则从属的权利就不存在，因此取决于主导的权利。例如，在保证中债权人对债务人的债权是主债权；担保的权利在其存续与内容上取决于它（参见第767条第1款第1句）。如果主债权消灭，则对担保因此也同样发生（详见其后）。

第401条第1款相应地适用于其他该条文中并未明确列出的权利，例如适用于预告登记的权利（第883条及其下）。受让人同样获得担保性的债务承担上的权利（边码1316及其下）。[122] 相反，其他（非从属性的）担保权，如担保财产（参见慕斯拉克/豪：《〈民法典〉司法考试教程》，边码747及其下）与所有权保留（边码889及其下）并非自动转归受让人。但是，让与人可以在合同上设定义务来向受让人转让此类权利。 1294

3. 债务人保护

由于债务人并不参加债权让与，且通常也不告知他（所谓隐藏的债权让与），所以其法律地位不得因债权让与而受损。这可以这样来避免，即依据第404条，如所述，保留所有的**对债权的异议与抗辩**，且债务人可以对新的债权人行使这些权利（边码1292）。 1295

其他必定存在的风险是，债务人对向新债权人的债权让与不知情而作出给付并因此遭受不利。第407条专门对此作了防范。据此，债权受让人必须让债务人在债权让与后向让与人作出的**给付**对自己生效，如果债务人在给付时并不知道该债权让与的话（只有积极知情时才不利，而非消极不知情）。这样被让与的债权消灭且受让人必须在让与人处寻求赔偿：其因违反给付保障性从义务（边码563条及其下）而具有一个损害赔偿请求权，而该义务从让与所基于的因果关系中得出，其指向不作一切可能危害合同目的与给付成果的事（所谓的给付忠实义务（Leistungstreuepflicht））。受让人还可以行使源自第816条第2款与第687条第2款中的债权；是否具有第826条上的债权则取决于具体个案。 1296

第407条第1款同样适用于对债权让与不知情而作出的“法律行为”，即在让与后债务人与原债权人基于该债权而作出的法律行为。因此，例如延期付款、债务免除、债务人对原债权人作出的终结合同或抵销（对债权人作出的抵销也一样）是生效的。相反，让与人在债权让与后不能作出对债务人不利的行为，因此原债权人的终结或催告仍没有效力，因为第407并不涉及此范围。 1297

至于债务人是否愿意主张第407条所涉及对其保护的规则，则由其自己决定。其可以放弃该保护，如果这对其有利的话。[123] 对此见下面： 1298

示例： G对S具有高达2 000欧元的买卖价款请求权。其将该债权让与给A，S

---

[122] 联邦普通法院案例，载《新法学周刊》，2000年卷，第575页。

[123] 《联邦普通法院民事判例集》，第52卷，第154页（本文始于第150页）=《新法学周刊》，1969年卷，第1479页；《联邦普通法院民事判例集》，第102卷，第71页（本文始于第68页）=《新法学论文，载《新法学周刊》，2000年卷，第661页（本文始于第658页）；其他观点见德累斯顿州高等法院案例，载《德国法月刊》，1995年卷，第559页，Karst作评注。

对 A 具有高达3 000欧元的借贷请求权。S 在不知债权让与的情况下向 G 支付买卖价款。此后其知道该债权让与。由于 A 处于经济困境，因此 S 担心其没有能力返还借贷，其想以自己的请求权来抵销买卖价款请求权。对此，该可能性似乎已被第 407 条第 1 款排除，因为基于该条在向 G 支付后该买卖合同价款请求权消灭。但是 S 可以对此不顾并主张第 407 条第 1 款的规则；其可以用其贷款请求权来抵销买卖价款请求权，并依据第 812 条第 1 款第 1 句第 1 种情形（codictio indebiti）请求返还向 G 作出的给付。

1299　第 408 条第 1 款将第 407 条上的规则扩张适用于多重债权让与的情形。为了解释见下面：

示例： G 将其对 S 的债权让与给甲，然后让与给乙。乙通过出示 G 书面的让与表示向 S 请求支付。在 S 履行了该请求后，甲同样作出了该请求。有权吗？

1300　只有第一个债权让与是有效的；乙不能在 G 让与债权后再获得该请求权（边码 1291）。但是依据第 408 条，在对有效的（第一个）债权让与不知情时债务人应被保护。其可以相应地主张适用第 407 条，这样甲必须让对乙的支付对自己也生效。这同样适用于债务人在知道有效的（第一个）债权让与时与“第二个债权受让人”作出的法律行为。如果示例中债务人与乙约定了延期付款，则其同样可以对甲作出主张。

1301　当然，债务人可以对受让人抵销，如果其对其具有对立债权的话。相反，第 406 条涉及的问题是，债务人是否有权以其对原债权人享有的对立债权，在主债权让与后，通过原债权且因此在对立债权消灭后（边码 261 条）来对受让人作出抵销。对此区分为不同的案例类型：

（1）债务人在让与时对让与人具有一个**到期的对立债权**，其可以以此来抵销，且其对让与一概不知。该情形中其可以对让与人作出抵销，因为依据第 407 条，抵销为一个对受让人有效的法律行为。相反，如果债务人知道该让与，则第 406 条包含其抵销可能性，对此其必须针对新的债权人发出抵销的意思表示（第 388 条第 1 句）。在此范围内第 406 条与第 404 条相应：债务人的法律地位不应因债权让与而受损。

（2）在让与时债务人对让与人还**不具有到期的对立债权**。该情形中必须继续区分：

- 同样，被让与的债权也未到期，且不是在债务人对让与人的对立债权之前到期。该情形中债务人自其对立债权到期时起依据第 406 条可以对受让人抵销，即使其在到期前知道该让与。因为债务人能够估算到从到期（没有让与）开始其已经可以以其债权对（被让与的）主债权作出抵销，以此角度其应受到保护。
- 主债权（或将在对立债权之前）到期，对此债务人在对立债权到期时对让与并不知情。在该情形中其同样可以抵销，确切地说针对受让人，或者针对让与人，如果其对让与并不知情的话（第 407 条第 1 款）。
- 主债权（或将在对立债权之前）到期，且债务人在对立债权到期之前获知该让与。在该情形中排除抵销。与前两个所述的案例情形不同，债务人可能没有估算到其可以抵销，因为主债权在对立债权之前到期（不同于第一个案例情形），且因为其在对立债权到期时可能已经知道缺少相对性（不同于第二种情形）。

（3）债务人**在主债权让与后才获得该对立债权**，但是在获得该债权时对让与并不知情。如果对立债权在债务人取得之时已经到期，则其可以对受让人抵销，如果其后来获知该转让的话（否则第 407 条第 1 款）；因此其对抵销情形的善意信赖受到第 406 条保护。相反，如果此时对待给付并未到期，针对该抵销可能则同样适用于第（2）种情形中所述的案例情形。

前面对第 406 条分别作出的叙述中包含的案例情形表明，该条文的目的一方面是避免让与使债务人的法律地位受损，另一方面同样应保护债务人的信赖，即债权让与人是对其存在请求权的债权人。因此第 406 条中的法律思想与第 404、407 条中的法律思想相关。 1302

债务人对被让与债权抵销的可能情形 1303

债务人对被让与债权抵销的可能情形

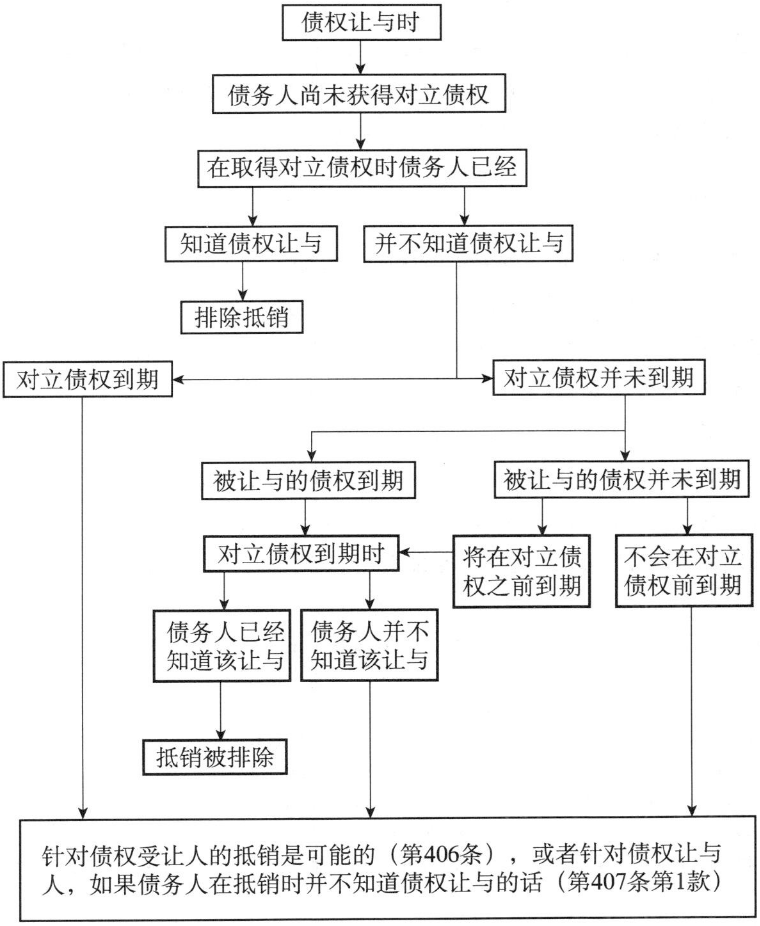

1304 如果债权让与人对债务人指出，其已经对某人让与了债权，则债务人可以信赖该**让与说明**的正确性。即使该债权让与实际并未有效作出，债务人也可以认为其为有效，比如向所谓的（新的）债权人给付（第409条第1款第1句）。依据主流观点，当债务人知道该指示的错误性时，这也应当有效。[124] 如果对此债务人过分保护的论证理由为，必须避免使债务人处于这样的境况，即在与所谓的新债权人的法律诉讼中必须证明指示的非正确性。该让与指示只可在所指称的新债权人同意时才可被收回（第409条第2款）。依据第409条第1款第2句，该让与指示亦同，即当债权人将**债权让与证书**向该证书中指称的受让人展示，而该受让人将该证书提交给债务人。但是需要注意的是，不管是让与指示还是让与证书都必须由该债权的权利人作出。如果原债权人已经有效地向第三人作出了债权让与，且其已经向债务人指出了（未生效的）第二次债权让与，则债务人依据第408条第1款的标准，而非第409条的标准被保护；该情形中如果其知道该指示的非正确性，则保护因此丧失。最后，第410条第1款赋予债务人拒绝给付的权利与驳回新债权人终结合同或催告的权利，如果新债权人对其并没有展示原债权人出具的债权让与证书并没有在债务人给付的同时当面转交的话。该规则只有当原债权人向债务人书面指出债权让与时才有效（第410条第2款）。

1305 如果新债权人催告债务人但没有同时出具债权让与证书，则债务人必须请求出示该让与证书，且，如果并未成功，则催告在指出缺少该提交时立刻被驳回；如果其并未这样做，则其因催告而陷入迟延，如果迟延的其他条件都符合的话。[125]

4. 特殊形式

1306 所谓的**担保让与（Sicherungsabtretung）**具有巨大的经济意义（对此参见慕斯拉克/豪：《〈民法典〉司法考试教程》，边码757及其下）。其目的在于，通过债权让与来对其对让与人享有的另一个债权向受让人作出担保，而非使其为被让与债权的（最终的）债权人。由于担保人（＝转让人）经常没有兴趣公开担保转让，故通常对债务人不告知该转让；人们称为**“隐性转让”**。

1307 在**收账权让与（Inkassozession）**中该债权被让与给受让人，因此其为了让与人的利益与责任而收取债权，并将所获交给让与人。因此收账权转让的目的在于，减去转让人索要债权的工作；其通常以一个有偿的委托合同（第675条第1款）为基础。

1308 与收账权让与有类似功能的是所谓的代为收账（Einziehungs ermächtigung）。

---

[124] 如《联邦普通法院民事判例集》，第29卷，第82页（本文始于第76页）；联邦普通法院案例，载《企业咨询（杂志）》，1956年卷，第639页；《帝国法院民事判例集》，第126卷，第185页（本文始于第183页）；Larenz：《债法Ⅰ》，第34章，第4节（第593页）；Medicus/Lorenz：《债法Ⅰ》，边码782（实施限制，即当债务人不必担心举证困难时，则这不应该生效）；《慕尼黑民法典评注》/Roth，第409条，边码12（限制实施，即债权人对此口头上的指示并不足够）。其他观点Brox/Walker：《债法总论》，第34条，边码31；Karollus论文，载《法学家报》，1992年卷，第557页。

[125] 联邦普通法院案例，载《新法学周刊》，2007年卷，第1271页，边码26（本文始于第1269页）。

此处债权并未被债权人转让给第三人，而是只让其以本人名义（并非债权人的代理人）去收账、代为收账的可行性在今天已被普遍认可；但此处的法律依据却一直备受争议。[126]

依据第413条，“如果法律没有其他规定的话”，则第398条及其下诸条相应地适用于债权之外的其他权利的让与。然而常见的情形（比如对《民法典》第三编中的物权转让规则），则在第413条的适用上受到严格限制。 1309

依据第412条，关于债权让与的具体规范同样适用于**法定的债权让与**。这里特别对债务人保护条文特别有意义。法定的债权让与，即所谓的法定让与（cessio legis），在大量的具体情形中都有规定，例如在第426条第2款中的连带债务与第774条中的保证（边码1334及其下）。 1310

三、债务承担

1. 概念与成立

债务人变更通过第414条及其下诸条中规定的**免责的（私的）债务承担（befreiende（private）Schuldübernahme）**实现。新的债务人（承担人）取代了原债务人（旧债务人）。免责的债务承担因此是实现债权人变更的债权让与的对立面。谁是债权人在债权让与时对债务人通常可能并不重要，但债权人对债务人本人却具有特别利益，因为请求权的价值取决于其偿付能力。因此对免责的债务承担而言规定了**债权人的参与**。这可以以**两种形式**发生。 1311

（1）**债权人与新债务人签订过一个债务承担合同**（第414条）。这体现为双重特征：承担人基于此对债权人负有履行债权人债权的义务；这里是一个负担行为。同时，债权人免除了原债务人原有的债务，且同意承担人取代其地位。这在债权的“指向”上引起变更与权利变动，即使该债权在内容上并未被改变，而是像以前的一样（对此同样）。因此，由于债权人通过“指向变更”实现了权利变动，其支配一个债权（边码277），确切地说同时利于一个没有直接参加的第三人，即旧的债务人；因此在此范围内涉及一个利于第三人的支配行为[127]，对其认可非常有争议（边码1254）。债务承担合同原则上是形式自由的；只有当承担义务的内容需要遵守某形式（比如转让不动产的义务，参见第311b条第1款）时才另当别论。合同的有效成立并不需要原债务人的同意。但是有争议的是，原债务人是否有权利适用第333条来拒绝债务免除。[128]

（2）**债务人与承担人缔结债务承担合同**；但是其生效还需要**债权人的追认**（第

---

[126] 参见联邦普通法院判例，载《新法学周刊》，1999年卷，第2111页（本文始于第2110页）；Ahcin/Armbrüster论文，载《法学训练》，2000年卷，第970页及其下（本文始于第965页）；Fikentscher/Heinemann：《债法》，边码745；《慕尼黑民法典评注》/Roth，第398页，边码46。

[127] 《慕尼黑民法典评注》/Bydlinski，第414条，边码2。

[128] 参见Fiketscher/Heinemann：《债法》，边码775（赞成相应地适用第333条）。其他观点见《慕尼黑民法典评注》/Bydlinski，第414条，边码6。

415 条第 1 款第 1 句）。因为债务人与承担人对于债务承担中存在的支配行为并无权利，这样，依据第 185 条第 2 款第 1 句，当债权人追认时该支配行为的效力才溯及地（第 184 条第 1 款）生效。[129] 只有当债务人与承担人将债务承担通知了债权人，债权人才可以追认（第 415 条第 1 款第 2 句）。如果债权人拒绝追认，则债务承担并未成就（第 415 条第 2 款第 1 句）；债务人变更因此最终失败。但是依据第 415 条第 3 款，在债务人与承担人之间有可能依据第 329 条被确认一个履行承担（边码 1253）。这同样有效，如果债权人依据第 415 条第 1 款尚未作出追认。

2. 当事人的法律地位

1312 免责的债务承担并未使债权人债权的内容发生变化。因此，承担人可以对债权人行使“从债权人与原债务人的法律关系中获得的”抗辩（第 417 条第 1 款第 1 句）。但是由于在免责的债务承担中——不同于合同承担（边码 1319）中——原债务人仍为合同主体，其继续享有与此法律地位相关的**形成权**，比如解除（Rücktritt）权或撤销权。只要当原债务人行使此类形成权，则所产生的法律状态就对承担人同样有利。基于债务承担所基于的法律关系，在原债务人与承担人之间可以得出一个针对原债务人形成权的承担人的债权。

1313 承担人可以对债权人主张**承担合同无效**，比如因违反风俗（第 138 条）。有争议的问题是，依据第 415 条，在一个债务承担中承担人是否可以因原债务人恶意欺诈而撤销，如果债权人并不知道该欺诈的话。联邦普通法院肯定了该问题[130]，但是理论界的主流观点却拒绝了该可能性，特别是因为债权人通过债务承担已经获得了一个法律地位，这对其而言不得因原债务人与承担人之间的法律关系而被剥离（第 417 条第 2 款的法律思想）。[131]

1314 **债务承担合同**作为处分行为是**抽象的**（边码 282）；与之相应，第 417 条第 2 款表明，基于债务承担的负担行为在承担人与原债权人之间不得存有疑义。如果债务承担已生效，但是原债务人与承担人之间的基础关系是无效的，则承担人对原债务人享有一个不当得利请求权。可想而知的是所谓的瑕疵同一性情形，其中原因行为和处分行为具有同样的错误（边码 442）。

1315 与免责的债务承担的债的内容的一致性相应的是，**从属的担保权**（边码 1293）继续存在。但是相反，对于担保人而言债务人的人格具有决定性意义。因此，债务人变更时的担保权的存续似乎违反了担保人的利益。该考虑解释了为什么第 418 条第 1 款中确定在免责的债务承担中担保权消灭。只有当担保人同意该债务承担时才另当别论（第 418 条第 1 款第 3 句）。

---

[129] 这样支配行为理论（主流观点）反对所谓的要约或合同理论；参见《慕尼黑民法典评注》/Bydlinski，第 415 条，边码 1 及其下。

[130] 《联邦普通法院民事判例集》，第 31 卷，第 321 页＝《新法学周刊》，1960 年卷，第 621 页。

[131] Flume：《债法总论》，第 547 页；其他理由参见《慕尼黑民法典评注》/Bydlinski，第 417 页，边码 15 及其下。

3. 与其他法律术语的区别

a）债务加入

在**债务加入（Schuldbeitritt）**（同义词：**并存的债务承担（Schuldmitübernahme）、累积的或增强的债务承担（kumulative oder bestärkende Schuldübernahme）**）中承担人作为新的债务人加入，而非因此废除原债务人的义务。债权人基于此获得了另外一个债务人，且随便其针对二人中的谁。两个债务人，既有的债务人与新的债务人是连带债务人（第 421 条）。债务加入可以基于法律规定，但是同样可以基于合同约定。法定的债务加入的情形在合同法（参见第 546 条及其下）与继承法（第 2382 条）中。[132] 1316

法律行为上构建的债务加入在法典中并无规定；其许可性源于合同自由的基本原则。债务加入既可通过原债务人与加入人之间的合同，又可通过债权人与加入人之间的合同引起。第一种情形中合同——不同于免责的债务承担——无须债权人的同意，因为这里涉及一个利于第三人的合同，基于此使得债权人的法律地位只是改善。对于合同上约定的债务加入是否违反风俗并因此依据第 138 条而无效这一问题，与此考虑同样重要的是，如何处理保证负担行为的违反风俗性（对此参见慕斯拉克/豪：《〈民法典〉司法考试教程》，边码 725 及其下）。[133] 1317

主流观点将**消费者借贷法**适用于债务加入。[134] 由此得出，特别是消费者（参见第 13 条）约定的对第 491 条意义上的消费者借贷合同的债务加入需要第 492 条第 1 款上的书面形式，即在建立基于债务加入的连带责任之前，消费者必须被告知第 492 条第 2 款意义上的所有根本性的借贷条件[135]，且加入人可以依据第 495 条与第 355、357 条（边码 708 及其下）的标准撤回其负担行为的意思表示。[136] 如果债务加入所针对的借贷合同缺乏消费者属性的人，则并不相应地适用消费者借贷法。[137] 1318

b）合同承担

在**合同承担（Vertragsübernahme）**中一方合同主体会被替换；其被排除出依据合同所具有的法律地位外，且第三人取代其地位。其成为合同主体，被排除的合同主体所享有的全部权利与义务的合同关系继续存在。这再次区分为法律规定（比如第 566 条第 1 款、第 613a 条第 1 款）与法律行为上约定的合同承担。法律行为约定 1319

---

[132] 对于更多的案例见 Fikentscher/Heinemann：《债法》，第 753 条。

[133] 联邦普通法院案例，载《新法学周刊》，1999 年卷，第 135 页；2001 年卷，第 815 页；奥登堡州高等法院案例，载《家庭法杂志》，1999 年卷，第 89 页。

[134] 联邦普通法院案例，载《新法学周刊》，2006 年卷，第 432 条边码 12（本文始于第 431 条）；《新法学周刊—判例报导》，2007 年卷，第 1674 页，边码 12（本文始于第 1673 页），具有更多的证明（两个判决还涉及《消费者信贷法》，其规则继续毫无改变地被《民法典》采纳）；《新劳动法杂志》，2009 年卷，第 274 条，边码 9、11 及其下（第 273 条）；Palandt/Weidenkaff，第 491 条，边码 10。其他观点见《慕尼黑民法典评注》/Schürnbrand，第 491 条，边码 57。

[135] 联邦普通法院案例，载《新法学周刊》，2000 年卷，第 3497 页（本文始于第 3496 页）。

[136] 《联邦普通法院民事判例集》，第 133 卷，第 222 页及其下（本文始于第 220 页）＝《新法学周刊》，1996 年卷，第 2865 页。

[137] 联邦普通法院案例，载《新法学周刊》，1997 年卷，第 1443 页（本文始于第 1442 页）。

的许可性以合同主体的变更为内容（比如次承租人地位）就源自合同自由原则。所有当事人都必须参与合同承担；这可以这样行为，即原有的双方合同主体与承担人签订一个承担合同，或被排除人与承担人作出相应的约定，另一（仍在的）合同主体对此作出追认。[138] 合同承担包含对债务关系的处分行为作为全部内容，且必须区分其所基于的原因行为。[139]

第七节 附加内容：保证

一、保证合同

1320 第 765 条及其下诸条中规定的保证是一个合同，保证人通过该合同向第三人的债权人为自己设定义务，即为第三人的义务履行作担保（第 765 条第 1 款）。[140] 其目的在于为第三人的债权人的债权作担保，且通常被用来促使债权人向第三人提供信贷。

例如： H 想开一间手工作坊，对此需要一笔资金。B 银行已准备为其提供贷款，但是对此需要担保。由于 H 没有值钱的东西来设定抵押和质押，B 银行同意该笔贷款用保证来作担保。H 请求其岳父 V 为其保证。V 同意并与 B 银行签订了相应的保证合同。

1321 保证上必须存在下列法律关系，这存在于当事人[141]之间，并区分为：

- **债权人与保证人之间的法律关系**通过保证合同确定；其中保证人负有为第三人（称为主债务人）履行债务作担保的义务。但是该保证合同同样可以在主债务人与保证人之间为了债权人的利益而约定。[142]
- 基于**债权人与主债务人之间的法律关系**得出该债务，即保证人承诺为履行作出担保（所谓的主债务或主债权）。示例中为 B 银行与 H 之间的借贷合同。
- **保证人与主债务人之间的法律关系**绝大多数存在于一个（无偿的）委托（Auftrag）（如示例中）中，或在一个（有偿的）委托（Geschäftsbesorgung）中。保证的有效性并不取决于保证人与主债务人之间有效的约定；相反，保证可以无须主债务人的明知与愿意即可为保证人作出。

该法律关系用下图表示为：

---

[138] 参见联邦普通法院案例，载《法学家报》，1985 年卷，第 1094 页（本文始于第 1093 页），具有 Nörr 的评注。

[139] 关于消费者借贷法对合同承担的应用见联邦普通法院案例，载《新法学周刊》，1999 年卷，第 2664 页；对此 Emmerich 论文，载《法学训练》，2000 年卷，第 89 页。

[140] 更详细内容请见 Musielak 论文，载《法学研究集刊》，2015 年卷，第 161 页。

[141] 对此比较 Lorenz 论文，载《法学训练》，1999 年卷，第 1147 页及其下（本文始于第 1145 页）。

[142] 联邦普通法院案例，载《新法学周刊》，2001 年卷，第 3327 页。

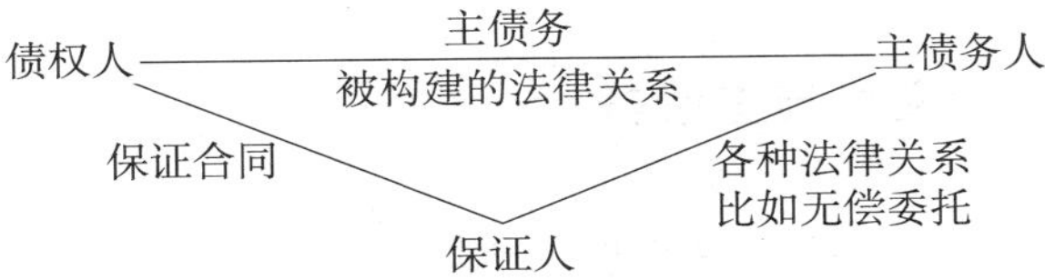

1322 在实践中对金钱债权的保证十分常见。但是保证原则上可对任何财产法的债务作出约定，因此同样可对此类以不可替代的与高度人格化的给付为内容的债务；这样保证人为债权人的履行利益提供担保（边码 413）。

1323 依据第 766 条第 1 句，**保证的意思表示**（即保证人想要缔结具有特定内容的保证合同的意思表示）需要书面形式，相反债权人接受的意思表示则不需要。第 766 条第 2 句排除了以电子形式（第 126a）授予保证的意思表示。法典规定“书面形式授予保证的意思表示”；意指包含该意思表示的证书必须到达债权人。[143] 该形式条款的目的是使得保证人知道其意思表示的意义与风险（警示作用；边码 59）。[144] 与之相应，所有对保证重要的内容都必须包括在保证意思表示之内；这些有：

- 想要作出保证的意思；
- 债权人本人与主债务人本人的关系；
- 应被保证的债务的关系，以至少具体可确定的方式。[145]

1324 如果第 766 条第 1 句中规定的形式没有被遵守，则保证意思表示无效（第 125 条第 1 句）。但是如果保证被履行的话，则该形式瑕疵被修复（第 766 条第 3 句）。如果保证人为商人（见《商法典》第 1 条及其下），则形式要求中存在的警示为多余；与之相应，这规定在《商法典》第 350 条，即该保证的意思表示无须第 766 条第 1 句上的形式。

1325 与书面形式的警示作用不符的是，保证人作出一个**空白表格签名**，并口头授权他人来填写该文件。相反，如果某第三人要代理保证人作出保证的意思表示，则需要用书面形式作出该授权。第 167 条第 2 句中表述的代理权形式自由原则相应地受到第 766 条第 1 句上的形式目的的限制（边码 1158 及其下）。[146] 但是，如果保证人作出了一个空白表格签名，且其允许一个未有效授权的第三人对表格填写保证的意思表示，则其必须对其设定的权利凭证的善意第三人负责。联邦普通法院支持相应适用第 172 条第 2 款的观点。[147]

---

[143] 联邦普通法院（《新法学周刊》，1991 年卷，第 2154 页；1993 年卷，第 1126 页）认为传真传达的保证的意思表示并不足够。参见高阶考试案例，见 Lindacher/Hau：《民法总则案例》，案例 8。

[144] 对形式要求满足警示作用这一特性的批判见 Zöllner 论文，载《证券资讯》，2000 年卷，第 3 页（本文始于第 1 页）；Medicus：《法学训练》，1999 年卷，第 833 页及其下。

[145] 联邦普通法院案例，载《新法学周刊》，1995 年卷，第 1887 页（本文始于第 1886 页）；Schmolke 论文，载《法学训练》，2009 年卷，第 585 页。对此比较联邦普通法院案例，载《新法学周刊》，1998 年卷，第 3709 页（本文始于第 3708 页）：对主债务人的所有既存的与未来的债务的保证的形式上的解释违反《一般交易条款法》第 9 条（现在是第 307 条），因此无效。

[146] 联邦普通法院案例，载《新法学周刊》，1996 年卷，第 1468 页及其下（本文始于第 1467 页）；同样比较 Keim 论文，载《新法学周刊》，1996 年卷，第 2774 页；Medicus 论文，载《法学训练》，1999 年卷，第 834 页（本文始于第 833 页）；Riehm 论文，载《法学训练》，2000 年卷，第 347 页及其下（本文始于第 343 页）。

[147] 联邦普通法院案例，载《新法学周刊》，1996 年卷，第 1469 页（本文始于第 1467 页）。

二、担保人的义务与主债务

1326 担保人的义务取决于主债务；**担保是从属性的**（边码 1293 及其下）。主债务的当时状态具有绝对意义（参见第 767 条第 1 款第 1 句）。如果主债务消灭，则担保义务同样消灭；如果主债务减少，比如因部分地履行，则担保债务相应地减少。相反，担保债务可能因涉及第二性义务而扩大（第 767 条第 1 款第 2 句）。

例如：K 基于与 V 的合同而具有买卖价款支付义务；B 对此承担保证。由于 K 没有准时支付造成 V 损失，对此赔偿 V 可以依据第 280 条第 1、2 款与第 286 条向 K 主张。B 必须对该损害赔偿请求权的履行负责。

1327 如果保证人意欲保护自己免于此类对自己事先不能估计的义务扩张，则其必须废除第 767 条第 1 款第 2 句上的任意性规范，并限制其保证的额度（所谓的：**最高额保证（Höchstbetragsbürgschaft）**）。[148]

1328 如果**主债务**因撤销而**消灭**，并导致主债务所基于的法律关系的无效，则保证义务同样消灭。如果保证人没有承担债权人所具有的返还请求权、不当得利请求权或损害赔偿请求权上的责任的话；这通过对保证合同的解释而得出。[149] 如果保证涉及一个未来的或有条件的债务（第 765 条第 2 款），则保证人的义务有条件地被推迟，直到主债务产生。如果主债务不再产生，则保证最终未生效。但是不同于基于法定规则的主债务扩张（边码 1326），债权人与债务人可能对主债务的扩张并未约定保证（第 767 条第 1 款第 3 句）。如果保证人对主债务**法律行为上的扩张**表示同意，则这必以第 766 条第 1 句的形式发生。**债权人变更**并不涉及保证状态。如果被担保的请求权被转让，则对保证人的请求权同样转归新的债权人（第 401 条第 1 款；边码 1293）。如果他人因免责的债务承担而取代原主债务人，则保证消灭（第 418 条第 1 款；边码 1315）。相反，如果仅仅是作出了合同变动，但并未改变原债务关系（不同于债务更新；边码 289），则保证仍然存在。[150]

三、保证人的权利

1. 抗辩权

1329 由于保证人的义务针对主债务，所以**主债务人对债权人所享有的抗辩权**也必属于保证人。但是保证人并不依赖于主债务人来作出这些抗辩，其可以依据第 768 条第 1 款第 1 句独立行使主债务人的抗辩。因此，如果主债务被延期，则被请求的债

---

[148] 参见联邦普通法院案例，载《新法学周刊》，2002 年卷，第 3169 页（本文始于第 3167 页）；Schmoke 论文，载《法学训练》，2009 年卷，第 679 页。

[149] 对此参见法兰克福州高等法院案例，载《新法学周刊》，1980 年卷，第 2201 页＝《法学训练》，1981 年卷，第 224 页。

[150] 联邦普通法院案例，载《新法学周刊》，1999 年卷，第 3709 页。

务人可以拒绝给付（第 214 条第 1 款）。尽管债权过时效，依据第 216 条第 1 款债权人仍可作出对债权设定担保的抵押权或质权，但是依据完全绝对的观点这不可（相应地）适用于保证。基于主债务人与债权人间法律关系的保证人还可以作出抗辩，比如有第 273 条上的留置权、第 320 条上的同时履行抗辩权或第 821 条上的不当得利。即使主债务人放弃了抗辩，保证人仍可主张该权利（第 768 条第 2 款）。

对导致主债务废除的**形成权**（如撤销权）**的行使**必须保留给主债务人。但是， 1330
在主债务人有权作出撤销或债务人可对主债务人的到期债权作出抵销期间，第 770 条赋予了保证人拒绝向债权人履行的权利。依据主流观点，第 770 条第 1 款适用于主债务人的形成权，比如适用于第 355 条上的撤回权（边码 776 及其下）。[151] 有争议的是，当仅仅是债务人有权撤销时，第 770 条第 2 款是否可违反字面意义而（相应地）适用。[152] 如果这被否定，则人们可以得出同样的结论，即使类推适用第 770 条第 1 款，保证人被赋予一个拒绝给付的权利。[153]

如已经多次阐述，保证应当在主债务人因支付不能而导致债权落空时保护债权 1331
人。与此目的相应的是，对主债务人的动产享有留置权或质权的债权人有义务首先从该物上受偿（第 772 条第 2 款）。基于同样的考虑，依据第 771 条，保证人被赋予拒绝债权人受偿的权利，如果债权人没有尝试对主债务人强制执行（第 772 条第 1 款）而无结果（**先诉抗辩权（Einrede der Vorausklage）**；该名称表明，通常必须首先通过对债务人起诉以创设强制执行的条件）。[154] 先诉抗辩权排除第 773 条第 1 款中的情形。在实践中对抗辩权的放弃（第 773 条第 1 款第 1 项）具有巨大作用（所谓的：**连带保证（selbstschuldnerische Bürgschaft）**）。依据《商法典》第 349 条，如果是商人为商事活动作保证的话，则保证人并没有先诉抗辩权。

在连带保证中对保证人的债权原则上与主债务一起到期；对此不需要债权人的 1332
给付请求。迟延在债权人的催告时产生（第 286 条第 1 款），除非因不可对保证人归责的情形而未给付（第 286 条第 4 款）。该情形可特别针对保证人不可归责的对被保证债权的存在与范围的不知情。但是债务人有义务承担合理的努力来获知必要的信息。[155]

显而易见，保证人可以对债权人作出**从保证合同**中得出的所有的**异议与抗辩**。 1333
如果主债务人在财产关系上对保证人作出了欺诈，则这只给予其撤销保证的意思表示的权利，如果债权人知道或者必须知道该欺诈的话（第 123 条第 2 款；边码 477 及其下）。对主债务人信贷信用认识错误并不赋予保证人依据第 119 条撤销的权利，因为债务人的无支付能力为承担担保的典型风险。[156]

---

[151] Bamberger/Roth/Rohe，第 770 条，边码 5，具有详细证明。

[152] 参见 Jauernig/Stadler，第 770 条，边码 7。

[153] 参见 Schmolke 论文，载《法学训练》，2009 年卷，第 682 页（本文始于第 679 页）。

[154] 参见慕斯拉克：《民诉基础教程》，边码 11、621。

[155] 联邦普通法院案例，载《新法学周刊》，2011 年卷，第 2121 页及其下，边码 15 及其下（本文始于第 2120 页）；Vogel/Schmitz 论文，载《新法学周刊》，2011 年卷，第 2096 页。

[156] 《慕尼黑民法典评注》/Habersack，第 765 条，边码 37，带有证明。

2. 追偿与免责请求权

1334 如果保证人依据其保证义务向债权人作出给付，则依据第 774 条第 1 款债权人对主债权人的债权转归保证人所有。这涉及一个**法定的债权让与（Legalzession）**，依据第 412 条，对此同样适用有关法律行为上的债权让与条款（边码 1310）。该规则对担保权转让（第 401 条）和债务人保护（第 404 条）具有特殊意义。如果依据法典对保证人转让的债权在此期间已届消灭时效，则主债务人可对保证人对此提出异议。但是，另一从主债务人的法律关系中得出的偿还请求权可能在此情形中有助于保证人。如果此法律关系涉及委托或事务料理合同（边码 1320），则保证人可以依据第 670 条向主债务人请求赔偿其依据情况对此必须作出的费用支付。如果保证人没有知道对主债务存在的抗辩，则这些条件满足（边码 974），且债务人有义务赔偿保证人所支付的款项。[157]

1335 对此已经指出，保证人在履行完债权人的债权后，原债权上的担保权转归保证人所有（第 744 条第 1 款第 1 句与第 412 条、第 401 条第 1 款）。因此，保证人可以使用这些担保权并因此受偿（边码 1337 及其下），这样，当主债务人无支付能力时，就具有特别的利益。如果债权人放弃为该债权所设定的担保权，则保证人的法律处境就会因此变坏，因为其从被放弃的担保权中寻求赔偿的机会就已丧失。因此，当其能够从被放弃的权利中受偿时，第 776 条第 1 款第 1 句在此情形中就在此范围上免除其担保义务是符合逻辑的。依据第 776 条第 1 款第 2 句，甚至当被放弃权利是在作出保证之后产生，即保证人不再信任该担保关系时，其仍能够对已被放弃的权利追偿。该规则的意义在于，当保证人被请求且清偿了一个他人的债务，则为该保证人创设一个与之前债权人对主债务人所具有的同样的法律地位，以便其在该范围内避免不利。[158] 保证人对担保放弃的同意需要遵守第 766 条的形式。[159] 由于放弃担保导致保证关系的消灭，所以该法律后果并不因债权人此后重新获得或再次构建被放弃的担保而取消。[160]

1336 对同一个主债务可能有多人作出了保证（所谓的**共同保证（Mitbürgschaft）**），这可能是共同的，比如在同一个合同中；这也可能是独立的，且互相不知情。共同保证人原则上作为连带债务人（第 769 条）。[161] 在与债权人的关系中这意味着，债权人有权对全部数额向任一个担保人作出请求（第 421 条）。如果一个保证人作出了支付，则依据第 774 条第 1 款第 1 句，主债权连同（共同）保证（第 412、401 条）中的权利都转归其所有。但是共同保证人在内部关系上只有同等份额的偿还义务，如果他们之间没有其他约定的话（第 426 条第 1 款，明确指示适用第 774 条第 2

[157] 参见 Schlinker 论文，载《法学教育》，2009 年卷，第 405 页（本文始于第 404 页）。

[158] 《慕尼黑民法典评注》/Habersack，第 774 条，边码 3。

[159] 联邦普通法院案例，载《新法学周刊》，2013 年卷，第 2511 页，边码 24（本文始于第 2508 页）。

[160] 联邦普通法院案例，载《新法学周刊》，2013 年卷，第 2509 页，边码 16（本文始于第 2508 页）。

[161] 联邦普通法院案例，载《新法学周刊》，2012 年卷，第 1947 页，边码 20（本文始于第 1946 页）；对此比较 Palzer 论文，载《法学教育》，2013 年卷，第 129 页。

款）。保证人之间的偿还关系在共同保证构建之时即已产生，且作为保证义务外的独立的债的关系。债权人与保证人之间缔结的约定对偿还关系并未影响。因此后来被债权人免于保证义务的共同保证人仍具有偿还义务。[162]

有争议的问题是，当转归（作出支付的）保证人的请求权**被质押权或抵押权担保**时，存在哪些追偿权。 1337

例如：保证人B为V对K的高达10 000欧元的买卖价款请求权作出保证，且质押人P还对此用一幅昂贵的油画作了质押。当K没有按期履行买卖价款请求权时，V向保证人B请求付款。其履行了请求权并让该幅油画转交给自己。其现在请求质押人向其支付10 000欧元，并称否则其就主张实现质押。质押人称，其只应负有支付5 000欧元的义务。

法典中缺乏明确的规定。法律条文（当时孤立地看待相应的担保权）导致任一首先支付的保证人可以在其他保证人处作出追偿（确切地说是全部）；因为与第774条相一致的规则同样适用于抵押权（第1143条第1款）与质押权（第1225条）。但是却不能停留在该导致“保证人赛跑”的方案上。[163] 对问题的争论主要存在**两种观点**： 1338

- 保证人可以向其他保证人请求全部赔偿；因为第776条指出，保证人可以主张优先地位。据此，当债权人放弃另一个担保权的时候，保证消灭；相反则并不适用，因为在抵押法与质押法中并无相应的规定。
- 不同的担保权应当具有同等价值，如由此得出，在第1443、1225条中同样指引适用第774条，且因此同样不包括一个追偿权。因此应相应地适用对保证有效的规则，且类推第774条第2款、第426条第1款（对相反约定的保留）实施对不同的保证人之间的导致同样负担的追偿。

在该意见分歧中任何观点都不能给出一个完全让人信服的解答。从结果上看，第二种观点具有优势，因为其导致保证人均等的负担。[164] 需要注意的是，当债务人自己在保证外作出了额外的担保则不存在争议问题。因此，债务人用自己的物为第三人保证的债权作出了质押担保，毫无疑问的是，如果保证人对债权人作了偿付（参见第772条第2款），则其可以获得该请求权及担保，并可以从中追偿。 1339

依据第775条，保证人在该条文所述的条件下对主债务人有请求**免除保证的请求权**。如果主债务尚未到期，则主债务人可以对保证人给付以替代免除担保（第775条第2款）。实践中该请求权因主债务人的财产关系经常不能被实施。 1340

四、与其他法律制度的区分

对于在具体案件中涉及保证还是涉及其他法律制度这一问题，比如涉及债务加 1341

---

[162] 参见Schlinker论文，载《法学教学》，2009年卷，第405页（本文始于第404页）。

[163] 支持基于优先原则的方案，Mertens/Schröder论文，载《法学教育》，1992年卷，第308页及其下（本文始于第305页）。

[164] 同样如《联邦普通法院民事判例集》，第108卷，第183页及其下（本文始于第179页）=《新法学周刊》，1989年卷，第2530页；联邦普通法院案例，载《新法学周刊》，1992年卷，第3229页（本文始于第3228页）；2001年卷，第2330页（第2327页）；2009年卷，第437页，边码13。

入（边码 1316）还是（质量）保证合同（Garantievertrag）（边码 880 及其下），因此在实践中具有特别的现实意义，因为依据主流观点[165]，只有保证的意思表示需要形式（关于第 492 条的应用因此在消费者与经营者之间作出对债务加入的书面形式的要求见边码 1318）。但是其中并非没有争议。依据其他观点[166]应当从第 766 条第 1 句，第 780、781 条（与第 581 条第 1 款）中推导出该法律规则，即在双务合同中债务人的意思表示需要书面形式。由于质量保证合同如其他构建共同责任的合同一样通常为单方义务合同，依据该观点对其需要书面形式。[167] 只有当基于该合同同时构成一方合同主体上的义务时，该意思表示才应当是无形式要求也有效。

1342 从理论界看，**保证与其他相关合同之间的区分**绝大多数都没有难度。保证人有义务为他人的债务负责，且其义务指向主债务的当时状态。相反，在**债务加入**时加入人在债务人外具有自己的义务。同样通过质保合同实施的和可能指向债务人作出的给付的结果责任是质保人的独立的义务，不同于保证，其并不具有从属性；依据主流观点，第 774 条第 1 款并不适用于质保。[168] 在个案中所作出的是一个保证、一个债务加入还是一个质保合同，有疑问时必须通过对相应意思表示作出解释。对此仅仅是各主体所选择的概念可能并不重要。在一般用语中经常使用“保证”或“担保”，但是在法律上却意欲表达其他意思。对于（无须形式的）债务加入或质保合同的认定必须提出令人确信的理由；如果不是，则形式无效的保证意思表示直接转解释为（质量）保证承诺或债务加入。对于债务加入或质保合同，主流观点还需要**对债务履行有一个独立的、直接的经济利益**[169]；纯粹的人格利益（比如友谊）则并不足够。但是不可错误地认为，该经济利益可能对保证人也同样存在。如果有特别的疑问不能解释，则为了保护相关人应得出形式无效的保证的意思表示，而非债务加入或质保合同。[170]

考试练习五

1343 建筑材料商 D 对泥瓦匠 N 有5 000欧元的债权。在 N 出门旅游期间 D 找到其妻子，并以司法诉讼作恐吓要求立刻付款。由于 N 太太想不出其他解决办法，其就将对 H 的7 000欧元的承揽合同的报酬请求权以6 000欧元卖给 R；期间她违背事实地

---

[165] 联邦普通法院案例，载《新法学周刊》，1993 年卷，第 584 页，具有详细证明；Meiccus/Lorenz：《债法 I》，边码 1010；Köhler/Lorenz：《检测你的知识：债法Ⅱ》，案例 177。

[166] 赞成类推适用第 766 条，《慕尼黑民法典评注》/Habersack，第 765 条，边码 15。

[167] 这同样见 Larenz/Canaris：《债法Ⅱ》，第 64 章，第 3 节 3b，具有更多证明。

[168] Jauernig/Stadler，第 774 条，边码 3；《慕尼黑民法典评注》/Habesack，前 765 条，边码 19。其他观点见 Castellvi 论文，载《证券资讯》，1995 年卷，第 868 页。

[169] 联邦普通法院案例，载《新法学周刊》，1981 年卷，第 47 页；1986 年卷，第 580 页；Köhler/Lorenz：《检测你的知识：债法Ⅱ》；同样比较 Hamm 州高等法院案例，载《新法学周刊》，1988 年卷，第 3022 页＝《法学训练》，1989 年卷，第 230 页。

[170] 联邦普通法院案例，载《新法学周刊》，1986 年卷，第 580 页；Hamm 州高等法院案例，载《新法学周刊》，1993 年卷，第 2625 页。关于将无效的债务加入转解释为保证合同，见联邦普通法院案例，载《新法学周刊》，2008 年卷，第 1071 页，边码 24 及其下（本文始于第 1071 页）。

解释道，是她的丈夫派她来的。R 同意并支付了所要求的数额。N 女士将其中的 5 000欧元给了 D，剩余部分自己用了。当 N 回来后被告知了该事情，其同意了其妻子的行为。此后不久 H 来找 N，其认为 N 像以前一样还是他的债权人，便支付了承揽报酬。N 因陷于严重的经济困境就接受了该钱。在偿还了当前的债务后，其用剩余的 300 欧元在多个酒吧为自己营造了一个“愉快的夜晚”，以便在最短时间内忘记自己的经济烦恼。当 R 向 H 出示 N 女士以其丈夫的名义出具的书面的债权让与声明并请求支付7 000欧元时，H 拒绝再次支付，并解释道，R 最好跟 N 讨个说法，对他（H）而言事情已经解决了。法律情形如何？

答题时间：最多 120 分钟。

案例与问题

1. 如何理解法定代理与意定代理？

2. 生效的代理取决于哪些条件？

3. 主动的代理与被动的代理分别意味着什么？

4. 如何区分代理人与传达人？

5. N 女士问其邻居 H 女士，她购物时是否要为其买点什么。H 女士请 N 从好与多超市带一个其在那里看到的特定的电吹风机，并给其买电吹风的钱。N 女士买了电吹风并给其邻居。谁是该电吹风的买方？H 女士对其是如何取得所有权的？

6. A 与 B 都爱慕 X 女士。A 打听到 X 女士特别讨厌茉莉花。为了削弱其情敌 B，其以他的名义在花店订购了 50 枝茉莉花，并让他们送给 X。后花店偶然得知是 A 作的订购。花店向 A 请求支付花钱。有权吗？

7. K 想参加网络拍卖。由于其不会网购，其在让其朋友 F 在 eBay 网用用户名 A 注册。在接下来的时间里其不断地在 F 的主页上以该用户名参与拍卖并作出小的交易。F 在 K 不知道的情况下以用户名 A 拍下 V 以75 000欧元出售的保时捷卡里拉 4S 型汽车。当 V 向 K 请求价款时，其拒绝支付，并指出其没有作出购买的要约。尽管 V 知道 F 以 K 的用户名登录，其还是向 K 主张价款，因为 F 没有钱。有权吗？

8. 严重缺钱的 A 想尽快地出售属于其的建设用地。因此其打电话给画家 M，并请其介绍买家。因此其很快电话授权 M 为其缔结买卖合同。在 M 以 A 的名义与 B 签订了公证形式的不动产买卖合同后 A 后悔了。其问，其是否受该合同约束。

9. 请解释“对内授权”、“对外授权”、“特定代理权”、“种类代理权“、“共同代理权”和“概括代理权”这些概念。

10. 如何理解容忍性代理权且如何区分推定授予的代理权与表见代理？

11. 如何理解“法官法”？

12. 如何理解“类推”及其取决于哪些条件？

13. 如何理解“目的性限缩”？

14. 圣诞节，G 先生与 G 夫人送给其 3 岁的女儿一个玩具玩玩。该小孩是如何成为该礼物的所有权人的？

15. W 对 S 的跑车非常感兴趣，尽管其知道该汽车在事故中受到过损害。由于其必须急着去旅游，其请对该意外并不知情的 W 以他的名义对 S 商谈并尽可能地买下该车。W 成功做到了。后来 W 后悔该买卖，其请求在指出 S 在买卖洽谈中隐瞒该车的事故来请求撤销。法律情形如何？

16. A 进入 W 的商店买衬衫。在去衬衫货区时其在一堆垃圾上摔倒，这是 W 的员工 B 扫到一起但未清理的一堆垃圾。A 向 W 请求其因摔伤而必须医治所产生的医疗费用赔偿。W 主张这涉及 B 的唯一一次的错误行为，其一直都是值得信赖的。W 必须承担责任吗？

17. 某人可以同时是履行辅助人又是事务辅助人吗？

18. G 聘 K 为货车驾驶员，但没有让其出示驾驶证。在一次 G 分配的行车过程中产生了一次事故，对此 K 完全没有过错。现在查明，K 根本就没有驾驶证。依据《民法典》，G 必须要对事故后果承担责任吗？

19. 儿子通过第二次国家司法考试，父亲想送其一辆汽车，于是前往二手车商 H 处。H 向其推销一辆 2006 年建造的、保证无事故的、价值7 000欧元的高尔夫。父亲接受了该要约，支付了价款并与 H 约定，其儿子第二天来取车，并领取以其名字签名的汽车资料。当儿子来到 H 处，其从油漆的颜色变化上得知，该车显然被重新油漆过。询问时 H 承认该车发生过事故，因此必须修复表面擦伤。对此儿子表明，其不想有一辆事故车，并请求返还买卖价款。其想用该钱买另外一辆汽车。H 拒绝向儿子付款。有权吗？

20. H 委托工匠 E 在其私人住宅里的地下室下水道用扁钢造的防盗栅栏加固。E 将该工作委托给在其处长期工作并始终可靠的学徒 G。工作完成两天后，H8 岁的儿子 S 连同栅栏一起掉进下水道并因此严重受伤。经查明，G 因疏忽而未加固栅栏。E 是否有义务赔偿 S 遭受的损失？

21. 哪些情形中存在第三人利益中的损害清偿？

22. V 基于与 K 的买卖合同而提供某货物，并将其买卖价款债权让与给 G。当 G 向 K 请求支付时，其拒绝支付，并主张：

a）与 V 的约定，据此应排除债权让与；

b）依据该债权让与而向 V 作出因物的瑕疵的合同解除。

法律情形如何？

23. G 对 S 有一到期债权，其于 7 月 1 日让与给 A。S 在其一边拥有对 G 的债权。S 可以在 7 月 15 日抵销吗？如果

a）其债权到 7 月 5 日才到期，且其在 7 月 6 日得知对 A 的债权让与。

b）其——在不改变其他事实时——直到 7 月 5 日才获得该债权。

c）如果于 7 月 5 日获得的并到期的对立债权相抵销是可能的，当对 A 让与的债权直到 7 月 10 日到期时，S 已经在 7 月 6 日获知该债权让与。

24. 什么担保让与？什么是收账权让与？

25. A 有限责任公司为了生产需要某机器。其与 B 有限责任公司约定，B 购买

该机器，A 对 B 对该费用按月支付，B 对 A 转让 5 年的使用权。该期间过后 A 应以合同约定的价款购买该机器。A 公司执行股东的妻子 F 口头表示，其对合同中的债务要承担连带债务上的连带责任。当 A 公司不能支付到期的 10 个月的合同价款时，B 公司向 F 请求支付。F 问，其是否有义务支付。请给出法律意见！

26. K 想向 V 买一台机器；高达10 000欧元的买卖价款应在 3 个月内支付。V 要求 K 有担保。因此 K 请其朋友 B 为其买卖价款作担保。B 做了，并与 V 签订了书面的保证合同，其中其放弃先诉抗辩权。合同签订 4 个月后 V 向 B 请求支付合同价款。其履行了 V 的请求并向 K 请求偿还支付的款项。K 对此指出，V 向其提交的机器应该是有瑕疵的，现在其想解除，与之相应并不应负有支付合同价款的义务。B 称，这不关他的事，K 必须对其赔偿其向 V 汇出的、K 必须要对其赔偿的价款。该观点正确吗？

27. L 具有巨大的债务；此外其已经 3 个月未支付其房间的租金。当出租人 V 要终结合同时，L 向其叔叔 G 求助。G 见了 V 并支付了过去的租金，并恳请让 L 在那里继续居住。当 V 表达出 L 是否在将来会准时支付租金的担心时，G 道：“对此我是十分支持的。您不用担心。”半年后 V 找到 G，在指出当时 G 的意思表示后向其请求1 000欧元过去的租金。有权吗？

答案提示

一、案例和问题

第二章（边码 109 之后）

1. 法律行为是一个引起所想要的法律后果的法律事实（边码 44）。区分为单方法律行为与多方法律行为（边码 46），且在单方法律行为中又区分为需要受领的法律行为与无须受领的法律行为（边码 47 及其下）。
2. “法律行为”是一个上位概念，如果是单方法律行为的话，则其内容与意思表示相同；在多方法律行为中则与各方所达成一致的意思表示相同。
3. 意思表示由客观的构成要件（表示要件），即意思告知的外部行为，与主观要件，即表意人的意思（边码 50）组成。外部要件在于行为之中，其客观上显示为与法律相关的意思的表达（边码 51）。主观要件由行为意思、表示意思和法律行为意思组成（边码 68）。在无瑕疵的意思表示中客观要件与主观要件在表意人想要表示的（客观认定的）内容上相一致。
4. 由于意思表示是一个具有法律意义的意思表达，其必须指向法律后果的引起。相应地，情谊行为中无拘束力领域内的表示并非意思表示，因为其没有创设法律拘束力。对该区分而言重要的是客观特征，特别是当事人的利益状况（边码 52 及其下）。
5. 在《民法典》中适用形式自由原则。因此，如果法典对此没有规定一个（例外的）形式（边码 57）或当事人没有约定一个形式的话（边码 64），则意思表示可以以任意形式发出。
6. 如果意思表示取决于他人对其内容的知悉，且必须对他人发出的话，则涉及一个所谓的需要受领的意思表示（边码 48、84）。例如，合同终结与针对合同缔结而作出的意思表示（要约与承诺）。与之相反，一个非需要受领的意思表示的法律后果并不取决于对他人的告知；例如：遗嘱（边码 86）。
7. 无须受领的意思表示在发出后即完成，并因此生效（边码 87）。需要受领的意思表示在到达其发出的对象后生效（第 130 条第 1 款第 1 句；边码 93）。

8. 这在生活中有点少见的，但是在教科书的示例中却是很有教益的“特里尔葡萄酒拍卖案”。如果 A 发出了合同要约，拍卖人通过落槌作出了承诺（第 156 条第 1 句）的话，则该有争议的一桶葡萄酒的买卖合同已经成立。挥手是意思表示的外部要件，其指向相应合同的缔结（边码 51）。同样 A 的行为意思应被肯定；但是缺少表示意思，因为其绝不想以其挥手来作出一个交易（边码 77）。依据客观说，已经发出了一个有效的意思表示（依据第 119 条第 1 款具有撤销的可能性），相反，依据主观说，则并非如此。依据折中观点则取决于，根据个案具体情形是否可认定一个所谓的表示过失（边码 80）。
9. A 知道，其发出了于法律意思上的意思表示，而且其也想要这样（表示意思）。但是其拒绝了 B 公司的意思表示，而非接受。因此，这涉及缺少法律行为意思的情形。因此 A 发出了一个有效的但是可撤销的意思表示。
10. 依据主流观点，A 并未作出一个有效的意思表示（所谓的脱离的意思表示；边码 88 及其下）。由此得出该订购并未生效。
11. 该订单是 K 对 V 发出的订立买卖合同的要约，即是一个需要受领的意思表示。其在到达时生效（第 130 条第 1 款第 1 句）。如果口头的意思表示向意思表示相对人的受领传达人作出，则其已经到达，因为其到达了其可以获知的支配范围。但是 P 并非 V 的受领传达人（因为下班后其虽然——如其审慎的行为显示——适合接受订单，但是依据交往观点其并不视为已被授权），而是作为 K 的表示传达人（边码 100、103）。因此，该订单直到作为适当的与被授权的 S 受领时才到达。因此，到达时间为第二天早晨 8 点。
12. 如果 B 接受了 A 对其作出的要约的话，则关于该桶啤酒的买卖合同已经成立。对此需要该作为需要受领的意思表示的要约到达 B。口头的（非成文的）意思表示在当场人间，同样包括电话沟通（第 147 条第 1 款；边码 102），即时到达，如果相对人对此获悉，即如果其听觉上已正确理解的话（获悉说）。但是依据主流观点，需要作出限制，如果对表意人不存在可知的获悉障碍的话（边码 102）。该限制导致 A 的要约已经到达 B，如果 A 对此听力障碍并不知情的话。通过对此发出的意思表示，即提供所订购的货物，则 B 已经接受了该要约，且因此受到合同约束，要提供一桶白啤酒。如果 A 已经知道 B 的听力障碍则另当别论；该情形中似乎要否认针对出售白啤酒而作出的要约的到达。
13. A 已经在到达前口头撤回了该当场人间以需要受领的意思表示形式发出的要约；因此，依据第 130 条第 1 款第 2 句该意思表示并未生效（边码 108）。特别需要注意的是，该撤回不必以被撤回的意思表示同样的方式作出。
14. 依据主流观点，该撤回已迟延，并因此无效，但是相反观点认为，直到意思表示受领人知悉前都可撤回（边码 108 及其下）。

第三章（边码 185 之后）

1. 合同是合同各方一致作出的法律关系上的规则。合同缔结人对引起他们共同想要的法律行为后果的意思达成一致（边码 111）。
2. 不，因为 B 并没有接受该要约，而是拒绝，且在其一方针对 A 作出了订立合同的（新）要约（买卖价款为 200 欧元）。由于没有接受该要约，所以该合同并未成立（边码 114）。
3. 通过一个单方负担性合同只对一方主体赋予了给付的合同义务（比如赠与）。相反，双方负担性合同则为合同的双方主体设定义务。如果各个义务是相互等值的，则其处于一个互相依附关系中，人们称之为完全的双务合同、或对价合同、或对等合同（比如买卖合同）。相反，如果合同义务被非等值地分配，且合同的根本内容只有合同一方的特定义务，则涉及一个不完全的双务合同（比如借用合同）。因为第 320 条至第 326 条只对对价合同（对等合同）有效，因此对这两种合同类型的区别就特别重要（边码 119 及其下）。
4. 合同自由原则意味着任何人可以自由地确定是否订立合同以及与谁订立合同（缔结自由）；甚至赋予合同订立者自由决定合同约定上的内容的权利（内容自由）。只有在防止滥用并保护更高利益时才通过《民法典》来限制合同自由原则（边码 128 及其下）。
5. 基于第 133 条和第 157 条上的基本原则，在需要受领的意思表示上基于个案的具体情形，即意思表示的相对人知道或应当知道（受领人角度），必须依据诚实信用原则和考虑到交易风俗来分析客观的意思表示价值。具有决定性的是受领人如何理解该意思表示，如果其谨慎地遵守了所有的标准的话（边码 136 及其下）。
6. 沉默原则上并不具有意思表示价值。但是该原则具有例外。在许多情形中明确规定了该原则，即赋予承诺以特定的意思表示价值（所谓的规制的沉默）。当事人同样可以约定，某人的沉默被以某种意义来理解。如果不存在此类明确的约定，则可依据个案的特殊性得出，沉默具有一个特定的意思表示价值。此外，如果依据诚实信用原则认为意思表示受领人的反对是必要的，则沉默可被认定为同意（边码 138 及其下）。
7. 一个报纸广告仅仅可被理解为要约邀请（invitatio ad offerendum）（边码 145）。因此在 B 的书写中并不涉及对要约的承诺（如 B 所认为的那样），而是涉及要约，A 必须还要对此作出承诺。如果没有承诺，则二者之间的合同并不成立。
8. 这同样可以为一个向不特定人作出的合同要约；例如设立自动售货机（边码 146）。
9. 合同要约消灭且因此对要约人的拘束力也因此消灭，如果此被拒绝或其没有准时到达的话（第 146 条）。要约须在何期限内到达则规定在第 147—149 条。各要约据此依据在场人还是非在场人作出来区分（详见边码 148 及其下）。

10. 该内容存在于一个对合同要约没有限制的同意中；承诺人因此表示其已经准备订立合同，恰如其被要约的那样（边码 158）。

11. B 依据第 433 条第 2 款具有一个价款支付请求权，如果其与 A 之间已经订立了一个关于书的买卖合同的话。B 转让书的所有权的行为视为相应的合同要约。A 通过在书上评注推定地表示出，他想接受该要约。这无须对 B 作出，因为他（默示地）放弃了该意思表示（第 151 条第 1 句）。由于要约人对承诺意思表示的默示放弃通常可被接受，如果在买卖物的转让中存在一个订立合同的要约的话（边码 160）。因此该合同已经成立，A 必须支付合同价款。

12. 基于第 153 条，如果要约人在要约发出后、到达前死亡，则缔结合同的要约同样可以被承诺（边码 164）。相反，当要约受领人在要约到达前死亡时如何判断的问题则并未规定。对该问题的回答具有意义的是，要约人是否恰好知道与（自己的）意思表示相对人签订合同。只有当对此否认时，该要约才不会在相对人死亡后消灭，并可被继承人承诺（边码 165）。

13. 一个合同通常直到当事人对所有合同的要点都取得一致，或至少达成规则后才成立，该未决的（根本性的）点应当被缔结（通过合同一方或第三人来填补）。由于买卖合同中的价格问题涉及要点，且对此并未达成一致，所以 V 与 K 之间（尚）未成立合同（边码 166）。

14. 第 154、155 条并未明确规定必备条款与非必备条款之间的区别。第 154 条第 1 款的解释规则涉及主要内容与次要内容；即使尚未缔结的内容对整个行为并无意义，但是当合同一方明确想对此达成一致，但是尚未达成，则该合同仍未成立。如果该明示的分歧涉及一个主要内容，并且这为合同各方所期待的话，则合同可能仍未生效，除非该开放的要点事后可以被填补（比如通过合同主体已经将该漏洞填补委托其中一方或第三人，第 315 条及其下诸条）。这同样适用于隐藏的合意瑕疵。第 155 条规定的合同维续一般只有当隐藏的分歧涉及次要内容时才被考虑；在主要内容上没有达成一致时合同主体绝对不想受合同约束（边码第 170 条及其下；第 194 条）。

15. 有关两瓶德国烧酒的买卖合同成立，因为双方合同主体想订立与之相应的合同。对买卖标的物的客观错误的称谓对此并无影响（边码 177）。

16. 如果“看管合同”成立，则支付请求权存在。“收费停车”这一牌子表明，该停车场的经营者想与任何在这里停车的人签订一个关于停车场所的使用和看管该汽车的合同，而停车的人有义务支付费用。当 A 在那里停车，依据诚实信用原则和交易习惯，该客观的意思表示价值为，其想使用该要约的服务，并想要签订一个相应的合同。但是 A 没有表示意识，因为其并不知道其行为（在相应的停车场上停车）具有法律意义（边码 68）。因此，依据主观说否定 A 对该停车场经营者要约的承诺，依据客观说则对此表示肯定，依据折中说则必须认定，A 在其行为中是否忽视了交往中所需的谨慎，并因此没有认识到该行为的法律意义（边码 80）。社会典型行为理论否定该（法律行为上的）答案并认为，在当今大规模交易中，仅仅通过提供位置与事实上的给付请求已经成立了合同。这同样适用于当正使用该给付的人明确表示其不想受合同约束。因此依据该学说，A 在两种情形中都有义务支付。谁不想赞成该社会典型行为理论，则必须在该情形时思考，在该案例情形中反对合同订立的异议是否明显。该问题具有争议。该案例情形中的支付请求权应被肯定，如果虽然 A 具有口头的抗议，但是仍被认定为对要约的承诺（边码 182 及其下）。

第四章（边码 295 之后）

1. “债的关系”这一概念在狭义上理解为债权人与债务人之间的请求权关系；在广义上理解为全部法律关系，基于此在当事人之间产生的具体请求权关系（边码 187）。
2. 债的关系通过法律行为或依据法律产生（边码 190）。
3. 长期供货合同，亦称为订购合同，是一个针对不特定的或至少较长时间的长期之债，其中给付数量在合同订立时并未确定，而是依据承诺人的需要来定（边码 195）。
4. 第一性的给付义务是指债务人的义务，该义务构成债权人请求权关系的客体，并成为与请求权关系一起产生的义务。第二性义务作为违反第一性给付义务的后果而产生（边码 200）。
5. “善良风俗”这一概念是一个不确定的概念，其必须被具体化。并没有适合该具体化的定义，因为得出的结果或太窄或太不确定。具体化的方向性手段是违反风俗行为的案例类型，其中推导出一般性的特征，可在具体案例判断中被使用（边码 207）。
6. 在特定之债中给付的标的物被个体性的特征确定；负有义务的是一个具体的客体（比如画家法本二希的油画“日落”）。相反，种类之债只针对依据种类标志确定的客体（比如一定数量的土豆；边码 209 及其下）。
7. 债法中的具体化（或特定化）指的是一个过程，其引起种类之债转化为特定之债（边码 213）。对此需要债务人为了给付标的物在其一方作出必要的行为（第 243 条第 2 款）。具体情形中则针对债的种类（边码 214 及其下）。具体化后该债务只基于该具体确定的客体（边码 221）。
8. 在往取之债（边码 215）中债务人必须析出待履行的标的物，并准备给债权人以及——如有必要——将该准备行为向其告知。在赴偿之债中债务人不仅必须要析出货物，还要在其住处或经营场所依约（即在合适的时间以正确的数量与质量）提供给债权人。在送交之债中债务人必须依约送交被析出的特定物（边码 220 及其下）。

9. 在选择之债中存在具有可选择内容的请求权。债权人请求权指向哪些内容不明确则通过有选择权主体的选择来终结（边码 223)。相反，代偿权上的请求权内容从一开始就被确定（边码 223)。但是代偿权人有权利作出另一个给付替代所负给付（在债务人的代偿权中）或请求另一个给付（在债权人的代偿权中)。
10. 这涉及“行为义务”，其中区分为给付保障性（从）义务和保护义务。给付保障性义务让合同主体如此行为，即实现合同目的且事后不受威胁或侵害。保护义务的目的在于阻止合同主体在履行债的关系中对法益的侵害（参见第 241 条第 2 款；边码 231 条及其下)。
11. 如果 M 对 L 的支付尚未有效实现，且因此依据第 535 条第 2 款该请求权对其已经消灭（第 362 条第 1 款)，则该问题应被肯定。如果对给付“实现”必须在债权人与债务人之间成立一个合同的话，则 L 向未成年人的有效给付并未成功，因为对此有效的意思表示给 L 带来的不仅是法律上的利益，因为其基于该履行丧失了债权。因此，依据第 107 条需要法定代理人的同意。对于该履行是否事实上对给付的成就即足以，还是必须要补充一个法律行为，则有争议（边码 239 及其下)。当除了事实上的给付成就外合同理论还需要一个合同上的合意，且修正的合同理论在引起给付效果方面（比如所有权转移）还必须要缔结一个法律行为，主流观点（事实上的给付成就理论）认为事实上作出给付即足以。但是主流观点同样否定了对该未成年人给付的有效性，因为其缺少“接受能力”，且这属于法定代理人（边码 240)。最终给付理论所认可的类似的内容是，除了事实上的行为外，还必须要补充一个（准法律行为上的）给付人作出的给付目的确定。因此，所提出的问题被所有的理论肯定（M 可能能够撤销的对立债权在这里并不讨论)。
12. 依据第 362 条第 2 款与第 185 条，对第三人的给付具有免责作用，如果债权人之前或之后同意向第三人支付的话。E 并未授权 K 接受支付；同样可以排除其事后会这样做。第 185 条第 2 款第 1 句中所述的其他情形在这里明显不被考虑。但是第 370 条可能对 R 有帮助，据此，接受给付视为被授权，如果谁转交一个（真正的）收据的话。只有当给付人知道这未被授权的承诺，则其不被保护。由于 R 并不是恶意信赖，其对 K 的给付具有免责效力，因此无须再次向 E 支付（边码 267)。
13. 在第一种案例情形中 R 接受该表替代了履行；因此借款请求权消灭（第 364 条第 1 款）（边码 251)。第二种案例情形中 R 已经表示，为 A 出售该表，并试图以此方式来实现贷款请求权，这涉及 A 的给付是以债代偿的。当且如果 R 已经从为了履行而交给的标的物中获得了所负的给付，即1 000 欧元，则贷款请求权消灭（第 277f 条)。
14. 在提交汇票时涉及相应的第 364 条第 2 款中的解释规则，有争议时并不涉及给付替代履行，而是以债代偿（边码 253)。
15. 意欲给付的债务人可能在履行上因与债权人本人有关的原因受阻。如果其所负的是一个可提存的物（第 372 条），则其可以将其提存，且禁止取回；基于此债务人可以与其向债权人作出给付一样地免责（第 278 条）。在不可提存的物上其可以在第 383 条或第 385 条的条件下公开拍卖，或不经公开拍卖地出售。债权人的请求权针对该收益；债务人可对此提存（第 282 条及其下）。

16. 抵销的对立债权与被抵销的主债权必须是相对的与同种类的。对立债权必须到期且可以执行，主债权必须可以实现。不存在抵销禁止规则（边码 257 及其下）。

17. 债务关系并未通过赌博建立（第 762 条第 1 款第 1 句）。但是提供人自愿支付赌博债务，其并不可以请求返还所给付之物，因为并不存在债务关系（第 762 条第 1 款第 2 句）。如 A 可自愿向 B 支付所输款项，那么其同样可以抵销。相反，则是不可能的，因为该赌债——如所述——并不可执行，且因此并不可与之抵销（边码 264）。

18. 延期性抗辩是一个抗辩权，其暂时排除了请求权的实施，而长期性抗辩则持续地反对请求权的实施（边码 265 及其下）。

19. 除了通过单方的意思表示，抵销还可以通过合同作出。该类合同称为抵销合同。其优点在于，其中无须必须满足抵销的条件，且其中随便多少人都可以对债权作出抵销，即使其仍未到期或并不同种类（边码 275）。

20. 通过负担行为可建立请求权关系，据此合同主体（债权人）可以向他人（债务人）请求特定的给付，且债务人有义务作出该给付。相反，处分行为则直接引起权利变动；处分行为可直接转移、改变、设定负担或废除一个权利（边码 277 及其下）。

21. 第 185 条规定了无处分权人的处分行为在哪些条件下会生效（边码 281），即：处分权人的同意（第 1 款）、处分权人的追认（第 2 款第 1 句第 1 种情形）、标的物的取得、无处分权人对其作出了处分（第 2 款第 1 句第 2 种情形）或无处分权人通过处分人和对被继承人不受限制的责任继承而继承取得（第 2 款第 1 句第 3 种情形）。至于在最后两种情形中是否还需要补充，即（原）无处分权人依据基础关系继续有义务处分，则依情形而定。对于无处分权人的善意取得问题此处并未涉及。

22. 不，因为处分合意作为处分行为其生效并不取决于所基于的负担行为（抽象原则）。负担行为与处分行为在法律上是分开的（分离原则）（边码 282）。

23. 消极的债务确认以消极的形式公布为标志。债权人通过与债务人的合同来确认债的关系并不存在（第 297 条第 2 款）。其中涉及对债务的处分行为（存在或免除）（边码 287）。

24. 通过合同用新的债废除并取代一个债称为债务更新（边码 289）。如果债权与债务同归一个人，则称为混同（边码 290）。

第五章（边码 444 之后）

1. 无效是法律行为未生效中的最严格标准。其独立于当事人的意思产生。导致无效的原因规定在法典中（边码 298）。

2. 原则上不可以，依据第 141 条第 1 款，即使对无效行为的确认也被认定为再次实施。如果在无效法律行为中涉及一个合同，则依据第 141 条第 2 款，如果合同从一开始就有效的话，合同主体在确认中有争议时有义务互相保障其可能将具有的内容（边码 299）。但是存在（法典中明确规定的）对无效法律行为的事后“修复”情形（参见第 311b 条第 1 款第 2 句）。
3. 用益租赁合同依据第 581 条第 2 款以及第 550 条或（如果涉及土地用益租赁的话）依据第 585a 条以所要求的形式订立。相反，没有遵照第 311b 条第 1 款第 1 句中不动产买卖的合同规则中的公证证书形式。因此，相应的约定因形式瑕疵而无效（第 125 条第 1 句）。问题是，无效是否也涉及对用益租赁合同约定内容。这依据第 139 条来判断。不动产的用益租赁与出售是作为第 139 条意义上的统一的法律行为来看待。对此赞成的不仅是合同证书中总结的内容（仅仅对自己的赞成仍不具有决定性），而且还有双方共同构建了一个有意义的全部规则。不动产的用益租赁与相关的出售是相辅相成的，且经济上的关系支持主体上同意的意思（边码 301）。由于合同中对部分无效情形并不涉及其他部分的效力规则，所以依据推定的主体意思来判断无效是否也应当涉及用益租赁约定。据此需要知道，如果合同主体已经考虑到了部分无效的情形，则在此情形中其约定了什么。由于缺少明确的观点，所以必须认为合同主体已经在对所考虑情形中的理性分析中作出了决定（边码 300）。现在完全具有意义的是，没有买卖约定时对不动产用益租赁的情形，且这里并不存在合同主体只想用益租赁的提示，即使对不动产买卖作出了约定。因此认为用益租赁规定有效。
4. 转换解释是用其他的与无效法律行为相应的行为来取代所期望的但是无效的法律行为（第 140 条）。只有当能够认定合同主体本来想要的替代行为的法律效力上没有超出无效的法律行为时，才考虑该转换。如果缺少具体的关键点，则（推定的）主体意思必须基于具体情形来判断；对此得出，主体要受理性的分析所引导。
5. 当起初涉及暂时的，且没有对处分权人是否通过同意将无效转换为有效，或是否通过拒绝同意引起最终无效作出判断时的暂时无效称为待定的未生效（边码 304）。在法律行为的相对无效中得出无效只涉及特定的人，而在与其他人的关系中该法律行为则有效（边码 306）。
6. 权利能力是成为权利义务承担者的能力（边码 312）。
7. 拟制是将立法者明知的、法律地位不平等的、不同的构成要件在法律地位上的平等化。基于此通过拟制实现对一个特定要件适用的法定规则对其同样适用。
8. 法人是人合团体与目标财产，对其确认了法律秩序上的享有权利并承担义务的能力（边码 315）。
9. a）由于 A 在很短时间内就与 C 签订了房屋租赁合同，所以其是有效的。只有当在合同订立时涉及监护与同意保留，才另当别论（第 105 条第 1 款与第 104 条第 2 项；边码 323）。

b）尽管 A 为了订立合同所发出的意思表示依据第 105 条第 2 款无效，但是合同还是部分生效（边码 326），如果其涉及第 105a 条意义上的“日常生活行为”的话，这通过微价值的方式即可实现。最后一个条件是基于房屋租赁的价格水平，特别是基于持续的租金支付这一负担行为没有被履行。因此该租赁合同（完全）未生效（边码 325）。

10. B 的付款请求权可从第 433 条第 2 款中得出，如果其与 F 之间已经订立了相应的买卖合同的话。F 的电话订购应被认定为订立该合同的要约，如果这涉及一个最终的意思表示的话。但是这被否定。F 因吸毒而陷入暂时的精神障碍状态，这排除了自由的意思决定。因此依据第 105 条第 2 款其意思表示无效（边码 347）。

11. 限制行为能力人有效作出法律行为的能力受到第 107—113 条的标准的限制；在无行为能力人（忽视第 105a 条）时则完全被废除。无行为能力人不可发出有效的意思表示；必须由法定代理人为其行为（边码 319）。限制行为能力人可以独立地作出法律上纯受益的（与中立的）法律行为（第 107 条）；否则听从于其法定代理人的同意（边码 327）。

12. 当 J 接受了 R 对其有效——由于这对 J 只是法律上纯收益（参见第 131 条第 2 款第 2 句）——作出的订立买卖合同的要约时，其就具有了支付合同价款的义务（第 433 条第 2 款）。因此，该买卖合同与对此必要的意思表示对 J 并非是法律上纯受益的。J 从该合同中得到的经济上的利益并不重要。该利益会被法定代理人考虑到，如果其决定是否应当依据第 108 条第 1 款追认 J 订立的合同的话。追认前该买卖合同仍为待定的未生效（边码 328、338）。相反，金币的所有权转移有效，因为对此对 J 而言涉及一个法律上纯受益的行为。依据抽象原则（边码 282），负担行为的待定的未生效对所有权转移并无影响。相反，为了转移所有权，J 作为买卖价款支付的金钱所必要的处分合意（第 929 条第 1 句）再次为一个对 J 而言为法律上的不利行为（所有权丧失）而待定未生效。

13. F 通过债法上负担行为——赠与获得了一个无偿转让不动产所有权的请求权，而自己并不负有义务；因此该法律行为是法律上纯受益的，这样未经其法定代理人同意就可缔结（第 107 条，边码 356）。同样，不动产的所有权转移依据主流观点也是法律上的纯受益行为。对于与不动产所有权转移一起负有的公法上的义务，主流观点并不认定为法律上的不利行为，因为该义务涉及任一不动产所有权人，且因此作为所有权内容上的区分，基于此并未侵害到未成年人的其他财产。这同样适用于不动产上的抵押，基于此仅仅减少了无偿使用的价值，并未创设所有权人的独立义务，且并非必须亲自负责。另外，主流观点只能通过对 F 转移所有权（第 566、581 条）得出，对 F 得出的纯法律上的受益，且因此基于租赁与用益租赁关系的法律上的不利。该与不动产取得相连的负担行为并不能从该实施中剔除。但是一些文献中的相反观点否定了主流观点，并指出，依据未成年人法的规范目的，诸如该不动产取得这一重要的法律行为不应该没有法定代理人的参与就得以开展（边码 330 及其下）。

14. 依据第 107 条上针对“法律上的受益”的字面意义，该问题必须被否定。但是第 107 条与其所追求的目的相应，即保护未成年人的法律行为免于不利的后果，仍可自由决定法律上的中立行为（边码 336）。

15. J 与 H 之间的买卖合同已经成立；J 的未成年性对此并无影响，因为这涉及第 110 条情形。J 的父母对要约同意的书面询问并未回应，这并不改变该结论。第 108 条第 2 款的规定并不适用于经法定代理人同意而缔结的合同（边码 348）。第 110 条所涉规则为法定代理人推定授予同意的特殊形式（边码 350）。

16. 依据第 110 条，关于彩票的买卖合同生效。对于该未成年人用可以自由支配的金钱所购买的标的物，法定代理人是否同意该未成年人对其自由处分，必须分开分析。对于所获得汽车的价值，必须排除 J 的父母对此已经同意其将其出售并随意确定价格。因此 J 所订立的买卖汽车与邮集的合同依据第 107 条、第 108 条第 1 款为待定的未生效（边码 353）。

17. 基于第 433 条第 1 款该问题被肯定，如果 B 与 S 之间关于 1 欧元的大奶油蛋糕的合同已经成立的话。B 虽然没有认真地表达出其要订立该合同的意思表示，但是可以知道，S 认真地对该意思表示作了承诺。因此这并不涉及第 118 条中的情形。在所谓的“恶意戏谑”中该并不认真的意思表示被以该目的发出，即在严肃性上欺诈意思表示受领人，且后来主张非严肃性。该情形适用第 116 条第 1 句（边码 362）。这造成的结果是，B 已经有效地对 S 的缔结合同的要约作出了承诺，并有义务提供蛋糕。

18. 这涉及意思表示错误情形，因为 V 的意思表示因“技术故障”而发生错误，因此其表示出了一些（合同价款7 000欧元）其并不想表示的东西（其想告知的买卖价款是8 000欧元）。该类错误原则上可以依据第 119 条第 1 款第 2 种情形作出撤销。该撤销给表意人以消灭与自己意思不符的表示的可能性。但是，对该撤销上值得保护的利益并未确定，如果撤销相对人已经表示让该意思表示就如陷入错误的人原本事实上所想的那样生效的话。因此如果这里同意支付所期望的价款，则 V 的撤销权消灭（边码 374）。

19. 在自动形成的意思表示的撤销问题上取决于该范围内是否同样如“正常的”一样有效，即并非以电子数据处理形式作出的意思表示。对此的观点是，程序错误与在数据输入中产生的错误，在意思表示形成的范围内而非在意思表示发出时发生，且因此必须视为不重要的动机错误。相反，主流观点将该错误认定为表示错误情形。如果依据该观点，则得出下列答案：将笔记本的该价格推送到网上就相应地理解为在一个杂志上的广告来发出要约的邀请。因此，K 的订购为订立以网上报价为条件的合同的要约。该要约被 H 通过确认订单而承诺。所愿的、且起初表示出的高达 1 200 欧元价格的错误发生在数据输入员处，因此该技术错误如同说错或写错同样的方式（边码 375）。值得考虑的还有，数据输入员处的错误被认定为第 120 条意义上的传达错误，因为该意思表示通过用以传达的设备而出错。该结果在两种情形中相同。H 可以依据第 119 条第 1 款第 2 种情形必要时还要结合第 120 条来撤销，其中认为，该错误在 H 发出要约邀请的过程中发生，在针对合同订立的承诺表示时继续发酵（联邦普通法院案例，载《新法学周刊》，2005 年卷，第 976 页，依据该案例的判决改编）。

20. 本体错误是一个内容错误，其中的意思表示包含该陈述，即涉及特定的人或特定的标的物，但是该关系依据客观的意思表示价值理解成不同于表意人所指的内容。依据第 119 条第 1 款第 1 种情形该错误可被撤销（边码 377）。

21. 只有当在制作文书时发生的错误导致物的瑕疵责任没有被排除时才考虑撤销。这并非该种情形。S 与 P 约定，S 对该汽车的瑕疵并不负责。该合同排除了第 437 条上权利的约定是可以的（第 444 条）。这也成为合同的对象，因为他们口头约定了该责任排除。当在制作文书中该约定因疏忽而未被纳入时，对此并不改变该结论。主体的意思一致在此范围内具有优先性。这同样不违反书面形式条款，因为基于此只是应当引起合同主体所商议为其所接受的约定内容在文书中被表达出来，并存在且有效。P 已经注意到该疏忽，这并不重要；依据第 116 条第 1 句，其对瑕疵担保的保留并无法律意义（边码 381）。

22. 依据第 433 条第 2 款，V 对事后支付的请求权只有当事实上的股价的买卖合同成立时才被认可。合同各方想以事实上的股价作为价格计算的依据。因此相应的约定已经达成。但是这并未导致 K 因此就有义务支付更高的价格。不同于卢布案（边码 384），这里不可以得出 K 可以依据该高价买了股票（或许其根本就没有相应的资金）。基于该理由 K 应被赋予通过解除从合同义务（支付更高的价格）中解脱出来的权利。依据第 313 条第 2、3 款，其具有该权利，因为合同主体处于双方的动机错误中，二者涉及交易基础（边码 675）且不可通过合同解释来修正（边码 678 及其下）。如果 K 不能撤销，则其必须要支付更高的价款。

23. 由于 A 并没有点“半只鸡”（＝面包加奶酪），而是一个半只的鸡（＝鸡的一半），但是服务员理解为“半只鸡”，且确认了该订单，所以不管是关于面包奶酪的合同还是关于半只鸡的合同都未成立。因为订立半只鸡的合同的要约并没有被服务员（作为店主的代理人）接受。A 因此既无义务接受提供给他的食物，也无支付价款的义务。如果 A 依据菜单明确说想点菜单中的“半只鸡”，对此涉及鸡肉，则另当别论。这样在科隆的小饭馆里对其适用客观的意思表示价值，其想要面包加奶酪。这样 A 有权利因内容错误来撤销，但是有义务赔偿信赖损失（第 122 条第 1 款）。

24. 待考虑的是依据第 119 条第 1 款与第 2 款因对 A 的交往实质性错误的撤

销。至于犯罪前科到底是否可被视为性质则具有疑问；无论如何其属于第119条意义上的性质认定（无名誉、无信誉；边码392）。因此这取决于该性质是否可被视为具有交往实质性。即使人们对交往实质性的改变从狭义上理解，并将其等同于合同实质性（边码399），这里H的撤销权的条件也被肯定。合同中涉及对岗位的设置，对此特别取决于岗位工作者的名誉与信赖。因财产侵权而被多次判过刑罚的人不可被认为适合该岗位。

25. 可以依据第812条第1款第2句作出返还请求权，如果对该杯子的所有权与占有转让的法律理由因E撤销缔结该合同的意思表示而消灭的话。杯子的时间属性涉及第119条第2款意义上的属性，这在所缔结的合同类型上必须被理解为“交易实质性”。由于E出售的是古董，价格绝对受制于买卖标的物的年龄。因此，E可以依据第119条第1款与第2款撤销缔结合同的意思表示，并要求A返还该杯子。

26. A必须依据第433条第2款支付被主张的价格，如果其不可以通过撤销来消灭合同的话。由其发出的缔结合同的要约是针对X城的公司。由于传达错误它到达了一个错误的相对人处，该相对人必定认为该要约是针对自己，并对其作了承诺。当意思表示传达人（这里是邮局）将意思表示传达给错误的相对人时，则考虑第120条。由于该条文的条件已被满足，所以A可以依据第120条与第119条第1款来撤销其意思表示，这样其意思表示与买卖合同就溯及地（第142条第1款）不生效（边码402）；但是依据第122条第1款其具有赔偿信赖损失的义务（比如寄送费用）。

27. 信赖损失（消极利益）是指，对某人因为其错误信赖该法律行为有效而产生的损失。如果其必须被赔偿，则被害人在经济上被置于如同其没有信任该法律行为的效力一样。换句话说就是：被置于如同其从未听过该被撤销的法律行为一样。如果被忽视的利润也构成信赖损失的框架内的状态，则同样要被赔偿。履行利益（积极利益）指称履行法律行为上的利益。在履行利益赔偿时赔偿权人被置于如同该法律行为被正常履行了一样的状态中（边码411及其下）。

28. 依据第123条第1款第1种情形，S撤销合同的权利（确切地说是其针对订立合同的意思表示）应被肯定，如果K通过欺诈导致其发出意思表示的话。如果欺诈人具有示明义务的话，欺诈同样可以通过不作为、通过事实上的沉默作出。二手车的销售者有义务未经询问就告诉买受人金属上的损伤，虽然被维修过且没有后果。因为知道损害对买卖成立具有重要意义（边码417及其下）。由于K知道了该事故，且作为二手车经销商同样知道对该事故的知情对合同订立具有重要意义，如果其恶意（即故意）欺诈的话（边码421）。就如后来澄清了该行为那样，S没有欺诈就不会订立合同。因此，因欺诈撤销的条件已被满足。

在该案例中可能存在问题的是，K是否涉及恶意。如果一个汽车经销商没有相应的检查与询问就随意地判断该车没有事故，尽管其必须预料到该陈述并不正确，则其至少涉及间接故意；这足以来认定欺诈（边码 421）。

29. K 雇员所作出的欺诈行为必须归算于 K，而非取决于其对该欺诈行为的知悉，因为雇员并非第 123 条第 2 款意义上的“第三人”（第 425 条）。

30. A 作出对该汽车作出的无事故的答复是错的。K 基于恶意欺诈的撤销取决于该错误信息是否被故意发出。由于 A 明显信赖自己所支配的材料，且可以信赖，其并非故意为之。如果其必须估算到其可支配的材料具有瑕疵，其因此而毫无根据地、天花乱坠地发出其意思表示，则另当别论；这样其至少涉及间接故意。由于基于事实的陈述不能得出该可能性，则具有决定意义的是其他分店对有瑕疵的无事故的知情是否可以归算于作出交易谈判的 A。若不如此，则该组织工作中的缺陷就对合同对方不利，所以这必须被赞成。因此具有该义务，即该可存储的事实至少要被保留一段时间，或者基于该事实排除企业的各个推销员主张不知情的义务后果。因此，对所出售的汽车为事故车的知情应归算于 A，这样 K 可以基于恶意欺诈可撤销缔结合同发出的意思表示（边码 422 及其下）。

31. 问题是，K 是否发出了一个生效的意思表示；由于该问题被否定，所以不考虑撤销。这里 K 处于直接威胁到生命的境况，且其并不可以脱身，其中其没有可能来作出自己的意思决定。因此这里否定具有行为意思，因此意思表示未生效（边码 429）。

32. 因撤销引起的负担行为的无效（第 142 条第 1 款）并没有直接引起相应的履行行为不生效（抽象原则）。但是，如果撤销理由同样适用于履行行为（本体错误），则该履行行为同样被撤销。在欺诈行为中，该错误对履行行为起作用比在其他错误情形中更多（边码 441 及其下）。

第六章（边码 714 之后）

1. H 基于与 G 所缔结的买卖合同获得了提供 100 公担土豆的请求权（第 433 条第 1 款第 1 句）。给付客体仅仅是依据特定（土豆）的种类物，因此这是种类之债（边码 210）。由于 G 可以在市场上获得该土豆来履行义务，所以 H 的请求权似乎是合理的。但是这里需要注意的特殊性是，农民通常只想卖自己收获的土豆（与产生相关的种类之债）。因此得出，合同主体默示作出对 G 自己收获之物的限制（边码 462）。如果在限制的种类之债中受限制的种类物已全部灭失，则基于该“种类物”的给付已不可能。因此，依据第 275 条第 1 款 H 的给付请求权被排除。G 因此有义务去购置其他土豆来提供给 H。

2. 依据与 G 订立的买卖合同，F 具有提供 10 巴仑棉布的债务（第 433 条第 1 款第 1 句）。由于该给付只依据种类特征来确定，因而这涉及一个种类之债，且——由于这里默示地限定为自己的产品——为限制的种类之债（与生产相关的种类物买卖）。F 的管理员通过从仓库中选出 10 巴仑，并打包、准备，这些在往取之债中已经涉及债务人为了履行在自己一方所需的全部内容（边码 215、220）。因此，依据第 243 条第 2 款该债的关系限于所选出的棉布（边码 214）。由于种类之债已成为特定之债（通过特定化），则适用第 275 条第 1 款，这样 F 免于第一性的给付义务。F 无须负责该不履行义务所导致的义务违反（边码 530 及其下），因为其与其同事没有违反谨慎要求（第 276、278 条）。因此 G 不能依据第 280 条第 1、3 款与第 283 条第 1 句来请求损害赔偿。

3. 如果有过错能力的人（边码 474）故意或过失违反其负有的义务（边码 464），且并不适用免责事由的话，则其行为是有过错的（边码 474）。
4. 故意是指对依据法定构成要件具有决定影响的情形的明知且愿意；行为者必须知道其行为违反了其所具有的法定的或约定的义务，且其因此有意为之（边码 466）。依据第 276 条第 2 款，过失是对交往中所需谨慎的忽视（边码 467）。如果其虽然没有追求违反义务结果的产生，但是其已预见到并对其容忍，则行为人具有间接故意。当结果产生的可能性出现时行为人道："那又怎样!" 在明知的过失时，行为人虽然具有违反义务的可能性，但是其以违反谨慎的方式相信能够避免。行为人作出行为，因为其相信一切将会像之前一样好地发展下去；如果其确切知道违反义务的结果出现，则其——不同于间接故意情形——不作出行为（边码 472）。
5. 原则上该问题被否定，因为民法上的过失标准是客观的和类型化的：其依据被评判的行为的人所属群体中的严谨的代表人所具有的能力来判定（边码 467）。但是如果谁具有比"普通的"群体代表人更高的能力，比如具有专业知识，则必须也要考虑这些，以便摆脱对违反谨慎的指责。在此范围内可以基于具体能力对类型化要求进行修正（边码 471）。
6. 绝对的定期交易中的给付可以依据合同的内容与目的在特定的时间作出；这在以后就不可补救。因此，当债务人在约定的时间未作出给付时，就产生给付不能（边码 438）。在相对定期交易中给付的时间点对债权人是如此重要，以致对其遵守应该决定着交易的存在与消灭，即使——不同于绝对定期交易——该给付后来仍可以弥补。该情形中如果给付未按期作出，则债权人依据第 323 条第 1 款、第 2 款第 2 项有权解除合同（边码 484）。
7. 催告是债权人针对债务人（需要受领的）作出的所负给付上的要求。其中必须清楚且明确地得出债权人请求所负的给付，且无视该请求可能承担法律上的后果（边码 491）。
8. 催告是准法律行为，对其相应地适用意思表示的规定。由此得出，限制行为能力人虽然可以因该催告对其带来纯法律上的益处而能够作出催告（类推第 107 条），但是不可以被催告；相反，该催告必须类推第 131 条第 2 款对其法定代理人送达（边码 492）。
9. 如果债务人对其给付陷入迟延，则债权人除了请求合同上的给付外还可以依据第 280 条第 1、2 款，第 286 条主张迟延损害（边码 500 条）。如果所负的是金钱，则债权人可以依据第 288 条第 1 款、第 2 款与第 247 条在任何情形下（没有损害证据）都可以对该金钱债务主张高于年度基准利率 5%～8%的利息（边码 503）。此外，债权人还可以解除（对等）合同，如果其为债务人设定了合理的履行期限但无结果的话（边码 323 条第 1 款），或如果依据第 323 条第 2 款该期限设定是多余的话（边码 640 条及其下）。依据第 325 条，债权人在依据第 280 条第 1、3 款，第 281 条第 1 款第 1 句来撤销时还可以请求因不履行而对其造成的损失（边码 635）。

10. 由于 V 对合同债务给付不能，所以 K 依据第 280 条第 1、3 款，第 283 条第 1 句具有损害赔偿替代给付的请求权，因为 V 对机动车的给付障碍负责，且必须对不给付所造成的违反义务行为负责（第 276 条第 1 句）。由于不可能恢复引起损害赔偿的情形未发生时的状态（第 249 条第 1 句），所以只考虑金钱损害赔偿。该损害赔偿必须这样计算，即 K 能够用其购买一辆同等价值的汽车。如果同等价值的汽车的市场价高出与 V 约定价格 500 欧元，则 K 可以请求该数额作为损害赔偿。在同样使用的租金上似乎涉及“徒劳的支出”，对此考虑第 284 条上的赔偿（边码 856）。但是对此必须注意，如果 V 依约履行的话，K 可能就已经使用了所租赁的车库，且这样必然已经对此支出了租金。如果 K 主张在其一方的在财产上被如此对待，就如其处于合同已被履行时一样，则其不可在其一方请求在履行时自己必须要承担的财产损害的赔偿。这两个请求权互相排除。这在法典中表述为，徒劳支出的赔偿只有在损害赔偿替代给付的时候请求。至于 K 是否还可以请求因未获得所购车辆而对其产生的财产上不利（比如出租车费用与汽车租赁的费用）的赔偿，则不可判断，因为 K 并未行使该请求权。

11. 由于第二个买受人并不可知，因而 A 不可能再获得该油画，这涉及一个（主观的）给付不能，依据第 275 条第 1 款，这就排除了 K 的给付请求权。对于该法律后果并不重要的是，A 自己故意使得合同义务履行变得不可能（边码 510）。该情形只对第 280 条第 1、3 款，第 283 条第 1 句上的损害赔偿请求权有意义（第 275 条第 4 款）。但是 K 并无可赔偿的损害产生，如果该画值这个价格的话，因为其无须再支付该价格。因此 K 可以请求 A 所获得的额外价格，因为这涉及因 A 向陌生人出售而产生的赔偿，即因其无须依据第 275 条第 1 款作出给付，且依据第 285 条向 K 请求赔偿的情形产生。第 285 条第 1 款意义上的赔偿同样适用于所谓的销售利润（边码 534 及其下）。

12. 在合同缔结时该帆船已经被毁坏。这涉及自始客观给付不能情形，其法律后果被规定在第 311a 条中。据此，债权人只有当其在合同缔结时对给付障碍能够知道或至少可能知道时才可以向债务人请求损害赔偿。该待判决的案例中只可取决于 A 是否必须对给付障碍负责。债务人要始终对给付能力负责，因此必须在合同订立前知道其是否可以作出所负的给付，该观点应被否定。此类基于保障责任的债务人的购买义务不能从第 311a 条中推导出。同样，相应地适用第 122 条，据此，债务人负有赔偿债权人信赖损害的义务，似乎与法定规则亦不相符。因此，A 在之前与 B 一起察看该船后，没有在合同订立前确定帆船的存在不可被指责为违反谨慎的行为。由于 A 并不对给付障碍的不知情负责，所以 A 的损害赔偿义务并不成立（边码 545）。

13. A 可以依据第 326 条第 5 款与第 323 条第 1 款解除合同，并可以在其他销售商处购买一台立体音响，如果 H 与 A 所签订的合同上的义务已不可能的话。合同的对象是一个特定型号的音响。这涉及一个种类之债，对此还未产生特定化，因为 H 一方仍未为给付作出必要的行为（第 243 条第 2 款）。依据合同，H 有义务将该设备送到 A 的迪斯科舞厅（如果暂时不考虑安装该设备的从义务的话）。但是 H 是暂时性地不能给付。因此所负给付是暂时性的给付不能。当暂时性的给付不能被克服时该合同的目的已经不能实现，且已经不可期待债权人等待该给付时，该暂时性的给付不能则等同于持续性给付不能。合同目的在这里并非是任何时候都可以向 A 提供该音响，而是为了迪斯科舞厅的准时开业。该合同目的在 14 天以后就不可实现。鉴于 A 在这里推迟开业所产生的不利（特别是收入丧失），其不可被过分期待等到 H 能够给付之时（边码 479）。可被考虑的还有，这里是否涉及一个（相对的）定期交易（边码 484 及其下）。但是由于该结论似乎等同于基于第 323 条第 1 款与第 2 款第 2 项，因而这里仍不涉及该判断。
14. 依据等值理论，任何情形对特定事件的产生都是具有原因的，如果排除该情形则结果不会发生的话（边码 608）。只有当引起事件的行为不可以排除任何可能性时才赞成该事件与行为之间具有因果关系（边码 609）。
15. 相当性因果关系追求的目标是，实现对赔偿义务人的损害后果的可规制的限制与具体化（边码 554）。但是由于对损害后果的合适区分基于相当性理论并不可实现，所以规范目的方法被推出。只有被包含在构建请求权的规范的保护范围内的损害才可归责于赔偿义务人（边码 558）。
16. H 对 E 可能具有第 280 条上的损害赔偿请求权。这样，E 就必作出了一个对其可归责的违反义务的行为。基于 H 与 E 之间订立的合同得出 E 的义务为，在执行合同中要注意合同对方的法益并避免对其损害。该保护义务（第 241 条第 2 款）被 E 的辅助人员违反。基于此，H 产生了损害（相当性因果关系），E 正好具有对其避免的保护义务（规范的保护目的）。依据第 278 条，E 必须对其辅助人员的过错负责（边码 586）。至于 H 对 E 与其助手是否还具有其他的侵权请求权，这里并不涉及。
17. 第 280 条第 1、2 款与第 282 条可以构成 G 损害赔偿请求权的法律基础。这样，L 必定违反了第 241 条第 2 款对其赋予的义务。依据该条文，任何参与债的关系的一方当事人都有义务尊重另一方当事人的权利、法益与利益。至于 L 的吸烟是否危害到了 G 的健康，虽然对被动吸烟者的危害不可排除，但是因 L 并非长期在 G 的房间里，所以这是有疑问的。但是必须对此赋予 G 以决定的自由，即是否让 L 在其房间里吸烟。该决定自由被理解为第 241 条第 2 款上被保护的利益，对此 L 必须加以注意。但是尽管多次警告其仍未这样做。至于该行为是否已经超越了 L 继续工作的合理界限，如果还可能存在怀疑，则依据这样的认定来肯定，即由于吸烟已经损害了家具。因此 G 有权依据第 324 条解除与 L 之间的合同，并依据第 281 条第 1、3 款，第 282 条请求损害赔偿替代给付（第 325 条）。这意味着，其拒绝了 L 的履行，并且能够请求使得其在财产上如同 L 已经依约履行一样。由于 G 为同样的给付必须支付更高的工作报酬，所以其可以基于第 280 条第 1、3 款与第 282 条请求与 L 约定的工作报酬的差价作为损害赔偿（边码 567）。

18. K 女士可以基于第 280 条第 1 款对 R 因缔约过失（第 241 条第 2 款与第 311 条第 2 款）而产生损害赔偿请求权。基于进入商店的目的是为其朋友购买一个礼物，在其与 R 之间产生了一个债务关系，基于此得出 R 对 K 女士的身体与健康的完整性具有保护与照顾义务（第 311 条第 2 款第 2 项）。R 以这种方式违反了该义务，即其没有清理放在地面上的水果皮，并因此造成了事故并伤害到了 K 女士。在所述事实上同样可以得出，必须照料买卖场所的交易安全状态的 R 或其同时具有过失。因此 R 有义务赔偿 K 女士的医疗损失（边码 575 及其下、边码 582）。相反，如果确定没有任何购买意向而在该商店停留以打发等待火车的时间的话，则不存在缔约过失上的请求权。因为在 R 与其之间不能够得出直接的交易上的联系，依据主流观点这对缔约过失的法定之债的产生是必要的（边码 577）。

19. 该案例中同样存在这样的问题，即 K 的缔约过失责任是否被肯定。K 与 F 已经开始了合同谈判，这使得法定之债产生，基于此产生 K 的义务，当法律专家对 F 指出，“预售合同”依据第 311b 条第 1 款第 1 句需要公证文书时（边码 583）。F 因此具有的损害赔偿请求权可能导致 K 让 F 处于如同形式上有效的合同已经成立一样。这似乎违反了第 311b 条第 1 款第 1 句的目的。因此 F 只可以向 K 请求，比如通过赔偿期间产生的价格上涨，使得在资金上如同其能够获得同样价值的标的物一样（边码 588 条及其下）。

20. 损害赔偿请求权因缔约过失而被考虑。谁作出了合同谈判，则依据第 311 条第 2 款第 1 项与第 241 条第 2 款原则上有义务避免谈判对方因中断合同谈判所造成的损害。但是这里要注意，不动产买卖合同依据第 311b 条第 1 款第 1 句需要公证证书形式，且该形式条款导致合同缔结方避免仓促的行为，并通过公证人员为其保障专业的咨询。因此不可违反该警示与保护目的、不可通过损害赔偿义务使用一个非直接的强制。只有依据诚实信用原则的全部情形也不可约定否定因合同谈判中断的损害赔偿义务时，该形式条款的规范目的才必须被否定（比如联邦普通法院案例，载《新法学周刊》，1996 年卷，第 1885 页（本文始于第 1884 页））。这似乎是该情形，即当该损害赔偿义务的排除导致谈判各方存在危害时。该条件在本案中明显并不满足。因此，对 H 的损害赔偿请求权仅仅因中断合同谈判并不可构成（边码 585）。但是，H 可能违反了阻止 K 可以避免的损害的义务，即没有在前往慕尼黑前告知其意思变化。因此该判决取决于 H 为什么作出其他决定，和其是否还有可能准时告知 K。

21. 当债权人没有接受债务人在合理的时间、合理的地点以正确的数量与质量提供的可能的给付时，债权人陷入迟延（边码 591）。

22. L 可以基于第 433 条第 2 款提出支付约定价款的请求权。其与 H 之间已经订立了一个有效的合同。但是有疑问的是，L 没有作出其所负的给付需要承担哪些法律后果。原则上买受人只有在对其提供买卖标的物的同时支付合同价款的义务（第 320 条第 1 款），买卖合同的标的物是一个（受限制的）种类之债。在其已经准备好的黄瓜被偷的时候，该种类之债的特定化尚未发生，因为在送交之债中，依据第 243 条第 2 款 L 在其一方只有当其送到 H 的商店中才算完成必要的行为。在偷盗时 H 已经陷入受领迟延，因为电话中 H 口头表示其不会接受该给付就已足矣（第 295 条）。依据第 300 条第 2 款，种类之债中当债权人陷入迟延且给付标的物已被析出并确定已经充分时，所负给付意外灭失的风险转归债权人。因此，依据第 275 条第 1 款，L 免于提供黄瓜的义务。但是依据第 326 条第 2 款第 1 句第 2 种情形，其具有支付买卖价款的请求权（边码 607）。因此 H 必须支付黄瓜的价款。

23. 由于 G 没有接受对其依约提交的给付，所以其陷入债权人迟延（边码 604）。因此，S 可以依据第 304 条请求额外支出赔偿，即因保管货物对其产生的损失（边码 612）。因此，G 有义务赔偿租金损失。但是，G 同时是受领的债务人，因为依据第 433 条第 2 款，买受人有义务接受所买的物品。如果债务人迟延的条件已经满足的话（边码 478），则 S 同样可以依据第 280 条第 1、2 款，第 286 条请求租金作为迟延损失的赔偿。

24. 依据第 275 条，在买卖合同中，在特定物买卖时买受人承担给付的风险，在种类物买卖中出卖人要承担实现的风险直到特定化时（边码 460 及其下）；依据第 326 条第 1 款，价格风险原则上归于出卖人（边码 615）。但是存在重要的例外，其中对待给付的风险不同于第 326 条中的规则，并不归于债务人（出卖人），而是归于债权人（买受人）。

25. 在受领迟延（第 326 条第 2 款第 1 句第 1 种情形）与送交买卖（边码 447 条第 1 款）中，但是由于第 474 条第 2 款而不在消费品买卖中（边码 620）。

26. 鉴于该汽车已被毁损，依据第 275 条第 1 款，V 的义务，即向 K 交付该汽车并转移所有权（第 433 条第 1 款第 1 句），已经消灭（边码 617）。其支付约定价款的请求权依据两辆汽车的价值与可提供的汽车的价值的比例来减少（第 326 条第 1 款第 1 句第 2 半句与第 441 条第 3 款）。这意味着，K 必须对尚存在的汽车支付25 000欧元。如果 K 已经清偿了全部买卖价款的话，则其有权依据第 346 条与第 326 条第 4 款（边码 619）请求返还支付

25 000欧元。

27. 依据第446条第1句，意外灭失的风险在买卖物交付时转归买受人。因此，在该车毁损后V还具有第433条第2款上的请求权（边码621）。
28. 不真正义务是一个要求，虽然对其遵守并不可以强制，但是对其遵守对承担者具有利益，因为否则就对其造成法律上的不利益（边码629）。
29. 债权人必须承担责任，如果给付因过错违反其具有的合同上的义务与不真正义务而变得给付不能的话（边码627及其下）。
30. A可以从第323条第1款中得出对H的买卖合同的请求权。H需要作出的给付已经到期，因为其承诺立即给付，但已经过去了两周的时间。A对其为其余的给付设定了期间。考虑到既存的迟延，10天期限是合理的。在该期限无果而终后A解除了全部合同，因为其对部分给付没有利益（边码645）。依据第346条第1款，A必须返还向其提供的部分给付。这因盗窃而不可能。由于这里涉及一个法定的返还权，依据第346条第2款第1句第3项，A只有价值赔偿的义务，如果在盗窃中其并未尽到管理自己事务应尽的义务的话（第346条第3款第1句第3项）。对其作出的此类指责从案例描述中并不可得出。
31. 依据主流观点，当其依据第320条具有抗辩时，则债务人并不陷入迟延。该情形中债务人直到债权人提交了对待给付，但是自己并未作出给付时才陷入迟延（边码650）。相反，债务人必须作出第273条上的留置权，如果迟延产生应被阻止的话。如果债务人已经陷入了迟延，则主张留置权并不足够，而是债务人必须还要向债权人作出给付来使得迟延消灭（边码652及其下）。
32. H的请求权可从第280条第1、3款与第283条中得出。由于R也不能够给付合同中所赋予其的义务，即交付机器并转移所有权（第433条第1款与第480条），且其对导致给付不能的状态具有过错，因而涉及违反其承担的义务，所以其负有损害赔偿替代给付的义务。H从其毁坏的机器价值中扣除摩托车的价值来计算损失（差额计算）。从中可以得出其可以请求的数额（边码655及其下）。
33. 补充性合同解释规则的目的在于使得有漏洞的合同规则能够被执行。其中基于诚实信用原则与交往习惯来继续实施合同中各方的评价，并推导出结论，以便合同各方所遗留的问题能够得以回答（边码666及其下）。
34. 任意法是可调整的，且可以被各方通过相反规则排除与取代（边码555）。
35. 依据第313条首先试图使得合同约定适应被改变的交易基础。只有当该调整基于法律或事实原因不可能时，或不能导致符合利益的解答时，当事人才有权依据第313条第3款解除合同，在长期之债中有权终结合同（边码678及其下）。
36. G有义务以城中的价格继续供暖与供水，如果其因事后的相应障碍不能够实现改变合同上的义务的话。合同主体并未在合同中对如果天然气价格与暖气的价格发生变动的话该作出什么进行明确的约定。至于是否因此涉及合同的漏洞，并可能基于补充性合同解释的方式来填补（边码 666 及其下），则非常有疑问。可能是他们对此问题并未想到，但是也不可排除 K 无论如何都想遵守市政上的价格，以避免 G 过高的价格请求权，现有的解释规则似乎得不出其他内容。但是即使是必须从合同的漏洞中判断，合同中各主体所表达的意思也不足以来找到遗留之处的调整规则（边码 669）。由于基于第 314 条第 1 款这里并未涉及终结权，而是涉及 G 所期望的价格的新界定。因此，问题是，依据第 313 条第 1 款上的交易基础障碍是否可以实现 G 所期望的目标。同样，此范围内的疑问是，如果 G 已经这样期待的话，K 是否必须以公正的方式来考虑合同中天然气与石油价格的各种变化（边码 673 及其下）。但是具有决定意义的是，只有当该情形被视为交易基础，G 继续遵守之前的合同义务在考虑该案的所有情形，特别是合同的风险分担，显得无期待可能性时。仅仅是合同主体错误地估计了未来的发展，合同价款约定并因此造成其损失的情形则并不足以打破合同信赖原则。该错误判断原则上为其风险范围。只有对其绝对不可承担的结果产生时，其遵守该合同才显得极不合理，并适用其他规则。特别注意到 K 在这里的利益，即其对合同存续的信赖值得保护的条件并不满足。因此 G 必须遵守未改变的合同义务（联邦普通法院案例，载《新法学周刊》，1977 年卷，第 2262 页）。

37. a）电视机的损失并未触及 A 的解除权。但是由于其没有能力重新返还电视机，所以对其具有给付价值赔偿的义务（第 346 条第款第 1 句第 3 项）；对于该条中“毁损”这一概念应从广义上加以理解，其包括任何返还不能的情形（边码 690）。价值赔偿的计算基于买卖价格（第 346 条第 2 款第 2 句）。

    b）该案中涉及法定解除权（第 437 条第 2 项与第 326 条第 5 款），依据第 346 条第 3 款第 1 句第 3 项这里的价值赔偿义务消灭，因为 A 对该盗窃并未违反谨慎义务（锁好的房间；边码 690）。

38. 用益是物或权利的孳息与使用利益（第 100 条）。支出是自愿的财产投入。当投入是为了某物的恢复、维护或改善而作出时，则可被视为支出。必要的投入是为了阻止物的毁损或贬值或为了获得其使用价值时，则可称为此类支出（边码 695 及其下）。

39. 在法律基础指引中不仅是指引规范的构成要件，而且是相关规范的构成要件都要被满足，在法律后果指引时只要当指引规范的构成要件实现时，相关的法律后果就产生（边码 693）。

40. H 与 M 之间订立的啤酒供应合同为长期供货合同（边码 695）。该合同可以依据第 314 条被随时终结，如果对此存在重要理由的话。该类理由规定在第 314 条第 1 款第 2 句中，即考虑到具体案例的所有情形，对被终结的部分在考虑到继续执行该合同的双方利益时不可期待该约定的终止。如果合同主体的行为真的危害到了合同目的的实现，则通常可以得出另一方继续执行该合同已无期待可能。因此这里合同的目的在于 H 饭店中对啤酒的需求能够被满足。该合同目的因 M 啤酒厂的行为而受到威胁。但是，原则上在违反合同义务的重要理由出现时，首先应向债务人作出催告（第 314 条第 2 款）。只有当啤酒厂的行为如此长久地撼动了信赖基础，以致 H 遵守该合同已无期待可能，或当第 323 条第 2 款的条件满足时，指引使用第 314 条第 2 款第 2 句。至于这里的即刻终结是否相应地合理，则似乎具有问题，且必须基于具体的案例情形来判断。因此 H 可以首先接受依约的给付，并警告如果下次再次不给付时就终结合同（边码 707）。

41. 如果作为消费者（第 13 条）的 B 有效地撤回了其与经营者（第 14 条）A 订立合同的要约的话，则其可以基于第 357 条第 1 款得出返还价款的请求权（边码 708 及其下）。撤回权可以从第 355 条第 1 款第 1 句与第 312g 条、第 312b 条第 1 款第 1 句第 1 项和第 2 款中得出，因为合同谈判行为是在私人住宅里，即在交易场所之外进行的。撤回权并未因 B 请求到其住处商谈而被排除（参见第 312g 条第 2 款第 1 句第 11 项）。以 B 的意思表示，即她拒绝该买卖并要求返还价款，B 已经毫无疑义地撤回了其意思表示（第 355 条第 1 款第 2、3 句）；对此无须理由（第 355 条第 1 款第 4 句）。撤回已经准时作出，特别是撤回期限（第 355 条第 2 款、第 356 条第 2 款第 1 项 a）在这里因没有恰当地履行告知义务而依据第 312d 条尚未开始起算（第 356 条第 3 款）。鉴于该有效的撤回，已经受领的给付须被返还：对应于返还机器，B 可以请求返还所支付的价款。

42. 远程交易合同的概念规定在第 312b 条第 1 款，第 2 款规范对此作了补充。依据第 312g 条的标准，在此类合同中消费者具有一个撤回权或寄回权。《民法典》第 312d 条和《〈民法典〉适用法》第 246 章第 1、2 条规定了经营者的告知义务。

第七章（边码 780 之后）

1. 自主占有人占有某物并认为是归自己所有（第 872 条），而他主占有中其具有的主观意识为自己对该物没有所有权，而是归他人所有（边码 717）。
2. 占有媒介关系或占有改定具有下列特征：某人的直接的他主占有、间接占有人的占有权派生、直接占有人地位的时间限制与间接占有人对直接占有人的返还请求权（边码 718）。
3. 马克斯与莫里茨是基于借用而设立了占有媒介关系，据此马克斯是间接占有人、莫里茨是直接占有人且是马克斯的占有媒介人（边码 718）。
4. 由于任何承租人都独立于他人地进入并使用该自行车库，所有承租人都是该房屋的简单占有人（边码 720）。
5. 关键性的区别在于占有辅助人的指示独立性。虽然间接占有人在使用该物中必须遵守在合同约定的框架内，但是仅仅通过使用框架来确定，且并未创制如针对占有辅助人那样所具有的指示权（边码 723）。

6. 该问题是有争议的，但是对意见争议却没有特别的现实意义。由于该观点需要一个占有辅助人的意思，由此得出，如果是这样的话那么就如占有辅助人在功能范围的框架内活动一样长时间地存在。但是如果占有辅助人把该物从其任务范围内清理出去，则其因此对外表达出其自己想取得直接占有，且因此终结该占有辅助（边码 725）。

7. 直接占有通过取得事实上的支配力而取得，即通过对某物制造出可识别的空间关系，而这实现了对该物直接的物理的影响。依据主流观点，还需要有建立占有的意思，但是对此存在针对在一定范围内的所有物的概括性的控制意思就认为足矣。除了第 854 条第 1 款中相应的取得类型，第 854 条第 2 款还规定了该可能性，即通过一个（依据主流观点在法律行为上的）处分合意来取得占有，如果取得人有能力对该物使用支配力的话（边码 733 及其下）。新的间接占有基于占有媒介关系而产生，而既存的间接占有可以依据第 870 条通过转让而取得（边码 735）。直接占有消灭，如果事实上的物的控制不是暂时性终结的话（边码 738）。间接占有在占有媒介关系的一个实质性特征丧失时消灭（边码 738）。

8. F 在该球落入 G 的花园之前一直为该球的占有人。由于 F 对该球使用了事实上的支配力，且同样具有一个自然的占有意思，如果对此不仅视为取得，而且还与主流观点相反地认为占有的持续性是必要的。但是当球落入 G 的不动产上时，F 可能丧失该占有。如果人们认为该花园内是一个管理范围，且对进入该范围内的物取得占有，基于概括的建立占有意思则被肯定，所以 G 称为该球的占有人。相反，第 867 条认为占有不会仅仅通过某物进入他人的不动产上而丧失占有。此外，占有不仅仅通过暂时性的对某物的行使支配力的阻碍而终止（第 856 条第 2 款）。但是需要注意，当 F 跑向其母亲时他就离开了，且因此对该球的影响力继续变少。该情形显示，仅仅依据日常生活很难对既存的占有关系作出判断。

9. B 仍为该领带的占有人：若以主流观点来对该有争议的问题作出判断，即事实上的物的控制已经具有一段时间，则已经否定 F 的占有，因为其只是绝对暂时地拿走该领带。如果认为物的控制的持续性并不重要，则不可依据第 856 条第 2 款或交往观点来得出同样的结果。

10. 如果某物的所有权属于同一个人，则称为单独所有。在所有权人为多数时则涉及共同所有，这既可为区分所有又可为共同所有（边码 740 及其下）。

11. 动产所有权在法律行为上通过所有权人与购买人之间的对该物所有权转移的处分合意与交付来转移（第 929 条第 1 句）。如果购买人已经占有了待转移之物，则依据第 929 条仅仅对所有权转移的合意即可。依据第 929 条第 1 句，拟制交付可以取代现实交付，确切地说是第 930 条意义上的占有媒介关系的约定或依据第 931 条向取得人让与所有权人对占有人享有的返还请求权（边码 745 及其下、边码 751）。

12. 第 929 条第 1 句意义上的交付意味着所有权人对占有的全部放弃，且通过所有权人促使购买人取得占有（边码 747）。交付的目的在于，使得所有权转移过程为第三人可知（公示原则；边码 747）。

13. E 在其学徒 G 从 H 处获得钉子的时候成为钉子的所有权人。在对所有权转移的处分合意中 G 代理了 E（第 164 条第 1 款）。通过 H 或其雇员向 G 面交钉子来实现向 E 的交付，因为其作为占有辅助人（第 855 条）为其雇主行使事实上的支配（边码 748）。

14. 这在法律上是可能的，如果出卖人已经在之前向购买人转让了占有，则依据第 929 条第 2 句能够实现所有权转移（边码 751 条）。

15. E 通过继承并没有成为该书的所有权人；其对被继承人所有权的善意信赖在这里并不可行。只有在法律行为上的所有权取得时依据第 932 条及其下诸条才具有善意取得。因此当 E 向 B 出售该书的时候，是作为无权处分人处分 C 的所有权。但是 B 认为 E 是该书的所有权人，因此不可对其作出重大过失的指责（第 932 条第 2 款）。依据第 929 条第 1 句、第 932 条第 1 款第 1 句，其已经成功地获得了所有权，如果该书并非脱离 C 的话（第 935 条第 1 款第 1 句）。由于该书是 C 借给 A，所以其自愿对其放弃直接占有。该占有状态作为遗产转归 E。E 将该书交付给 B 时，C 并非丧失该间接占有，因为其在之前已经（自愿地）放弃。因此第 935 条第 1 款与 B 的所有权取得并不冲突（边码 767 及其下）。

16. 第 932—934 条中规定的条件必须被满足，这样才可从无权处分人处取得不动产的所有权。该条文涉及第 929—931 条中特定的取得要件，其中第 932 条及其下诸条中所涉及的规则只取代出卖人缺少的所有权；其余必须满足取得要件的所有条件，因此同样特别是第 929 条第 1 句与无权处分人的处分合意。取得人必须是善意信赖的。该概念如何理解则规定在第 932 条第 2 款中。如果某物脱离了所有权人，则善意取得被排除（第 935 条第 1 款第 1 句；边码 767 及其下）。

17. 不动产所有权则依据第 873、925 条通过所有权人与购买人之间对所有权转让的处分合意（不动产处分合意）和购买人在不动产登记簿中登记为新的所有权人来取得（边码 772 及其下）。

第八章（边码 977 之后）

1. 在特定物买卖中，买卖标的物通过个性化的特征来具体确定；在种类物买卖中标的物只依据种类来确定（边码 784）。

2. 在物的买卖中出卖人的义务是，向买受人交付买卖物，并向其让渡所有权（第 433 条第 1 款第 1 句），确切地说出卖人为买受人实现没有物的瑕疵与权利瑕疵的物（第 433 条第 1 款第 2 句）。依据第 433 条第 2 款，买受人一方的义务是，支付约定的价款，并受领所购买的物（边码 786）。

3. 买卖合同的标的物除了第 90 条意义上的物外，还有权利（第 433、453 条）和所有可流通的利益（边码 783）。

4. 原则上买受人必须通过其请求嗣后履行（参见第 439 条第 1 款）给予出卖人机会，以便作出符合约定的给付状态（边码 815 及其下）。但是在许多情形下，买受人因物的瑕疵而行使权利前无须给予出卖人嗣后履行的机会。如果依据第 323 条第 2 款、第 326 条第 5 款或第 440 条，无须作出期限设定，其可以立刻解除（边码 829 及其下）。在该情形中依据 441 条作出的价款减少同样无须事先设定期限（边码 832 及其下）。当第 280 条第 1、3 款，第 281 条第 2 款或第 283 条第 1 句上的条件都满足时，则买受人无须事先设定期限即可请求损害赔偿（边码 838）。同样，除了损害赔偿替代给付外，其还有权依据第 284 条请求支出费用的赔偿（边码 856）。

5. 该问题非常有争议。在物有瑕疵时立法者原则上给予买受人依据其选择来请求消除瑕疵或提供其他无瑕疵之物的权利，且该权利并不限于种类物买卖，并认为即使在特定物买卖中买受人亦可请求提供它物，如果它物可以替代所买之物的话，即经济上相当，并能够满足买受人的履行利益。这应当首先是在可替代物的情形中（第 91 条）。对此反对的观点是，合同主体确定的物不可以被替换，因为基于此就以不被允许的方式侵犯了主体的合同自由。正确的解答应该谨慎地关注所出售的根本上是否为单独确定的物，还是所选出的仅仅是一种“样品”，并可被其他同等价值的物取代。如果是，则并非涉及一个特定物买卖，而是一个种类物买卖，且买受人有权请求提供一个另外的无瑕疵的物。相反，在（真正的）特定物买卖中必须认定，不得考虑替换基于个性化标志所特定化的买卖物（边码 820 条及其下）。

6. 依据第 453 条第 1 款第 1 句与第 433 条第 1 款第 1 句，出卖人有义务为买受人取得被出售的权利。因此，出卖人必须对此负责，即被出售的债权存在。相反，只有当合同对此有约定时，出卖人才对营利性负责（被出售债权的债务人的偿付能力）。

7. 有图显障碍的电视机是有瑕疵的，因为其不适于通常的用途（第 434 条第 1 款第 2 句第 2 项）。因此 K 可以依据第 439 条请求嗣后履行（第 437 条第 1 项）。K 似乎具有提供其他无瑕疵的电视机的权利。但是出卖人有权利拒绝买受人所选择的嗣后履行的类型，如果只有当用不成比例的花费才可能实现时（第 439 条第 3 款第 1 句）。至于在判断不成比例的花费问题时哪些标准是具有决定性的，则规定在第 439 条第 3 款第 2 句中。此外还取决于，在不会对买受人造成重大不利时，是否可以采取其他嗣后履行的方式，比如此处作出消除瑕疵。如果通过替换电视机瑕疵的部分来克服，则 K 不可坚持由 V 提供一台新的电视机这一更昂贵的方式。这样 V 有权拒绝满足 K 的愿望，且可以依据第 439 条第 3 款第 3 句选择通过替换有瑕疵的部分来消除瑕疵作为嗣后履行（边码 824）。

8. 依据第 446 条第 1 句，给付风险通过交付转归买受人；在送交买卖中，依据第 447 条向承运人交付即转归买受人，除非送交买卖涉及消费品买卖，这仍然适用第 446 条第 1 句中的规则（第 474 条第 2 款第 2 句）。谁承担给付风险，因合同主体并不负责的原因致使买卖物贬值或毁损的危险就归谁。特别是得出，买受人仍有义务支付合同价款（边码 620）。对于物的瑕疵责任则取决于买卖物在风险转移时是否具有约定的属性（边码 804）。

9. 待分析的有减少买卖价款、解除合同与请求损害赔偿。依据第 434 条第 3 款，提供较少的量可被视为物的瑕疵，这样，毫无疑问对此存在减价（第 441 条）的权利。对此须满足的条件是，合理的期限无果而终（边码 832）。对于解除权还需要解释，这是否涉及整个合同，即也涉及已经提供的 70 瓶，或仅仅涉及剩余的给付。V 并未依约作出给付，因此这是有瑕疵的。这表明，K 有权利依据第 323 条第 1 款解除全部合同，并依据第 280 条第 1、3 款，第 281 条第 1 款第 1 句请求损害赔偿替代给付。另一方面，债权人在部分给付时只有当其对部分给付没有利益的时候，才有权利解除合同并请求损害赔偿替代给付（第 281 条第 1 款第 2 句，第 323 条第 5 款第 1 句）。考虑到提供的葡萄酒，该利益丧失并不存在。因此这取决于是否可因“提供太少”等同与物的瑕疵而认为买卖物的给付不是第 323 条第 1 款第 1 句意义上的不符合约定，或被认定为“没有如所负之债那样”作出第 281 条第 1 款第 1 句上的给付，或被认定为部分给付。依据法定规则该两种观点都可被采纳。但是对瑕疵责任限于部分给付的观点与立法者的观点相应，该责任即如适用于一般给付障碍法的规则同样的责任。该答案似乎同样是合利益的。因此 K 不可解除全部合同，只可对未给付部分请求损害赔偿，如果其没有主张减少价款的话。

10. 购买人有权利请求嗣后履行（第 437 条第 1 项），确切地说其原则上可选择请求消除瑕疵或提供无瑕疵的物（第 439 条第 1 款），如果嗣后履行是可能的话，或者依据第 275 条第 2 款或第 3 款或第 439 条第 3 款，出卖人无权拒绝买受人选择的嗣后履行的种类。买受人可以在第 323 条、第 326 条第 5 款与第 440 条的条件下解除合同，或依据第 441 条减少合同价款（第 437 条第 2 项）。最后，如有可能，买受人可以除了解除外还可以请求损害赔偿（第 325 条），如果第 280、281、283、311a 条或第 440 条上的条件已被满足，或其可以依据第 284 条请求赔偿徒劳支出的话（第 437 条第 3 项）。

11. 依据第 346 条第 1 款、第 323 条第 1 款与第 437 条第 2 项可能具有返还支付买卖价款的请求权，如果生发剂有瑕疵的话。买卖物缺少生产者在广告中明确表明的并特别为购买者所期待的属性视为物的瑕疵（第 434 条第 1 款第 3 句与第 2 句第 2 项）。该条文中的另外（“除非……”）并不存在，因为 S 知道生产者所说的，且这影响到了购买决定。事先的期限设定并无必要，因为不存在该预期，即盘沙公司有能力提供实现广告中所述成果的产品。因此，考虑到双方利益该期限设定是多余的（第 323 条第 2 款第 3 项）。认定为客观的给付不能显得完全具有合理性，因此 K 可以基于第 326 条第 5 款行使解除权。因此 K 可以作出解除合同的意思表示，且可以向其请求支付合同价款。

12. 买卖物的瑕疵可以从在交付时即存在的属性中得出。因此对未来的发展与关系的意思表示并非属性约定的对象。因此 S 并不对 L 行使因买卖物瑕疵的请求权。但是需要考查的是，在保障的范围内 L 是否承担实现所谓的销售额的责任（边码 953）。客栈的买受人对特定的销售额与 L 的有力保证具有特殊的利益，S 可以“以此保证”认为，每月至少实现10 000欧元的销售额，这表明这不仅仅涉及对买卖标的物无拘束力的宣传，而是涉及 L 的相应保证。不管这是否为 L 所想，鉴于该行为的客观的意思表示价值，这都是不重要的（第 116 条第 1 句）。因此，S 可以依据第 323 条第 1 款解除合同，此外还可以依据第 280 条第 1、3 款，第 281 条第 1 款第 1 句请求损害赔偿替代给付，其中“特殊的情形”使得期限设定显得多余（第 281 条第 2 款第 2 种情形，第 323 条第 2 款第 3 项）。

13. 法院将对 V 判决以相应的 K 的诉讼请求，如果该有效的买卖合同被解除的话。由于有问题的发动机为物的瑕疵，所以 K 可以行使第 437 条中的权利。V 拒绝了案例中待考虑的嗣后履行的方式，即消除瑕疵（边码 819）。因此，K 无须在行使基于瑕疵的权利前对其设定期限（第 440 条第 1 句）。在 K 作出撤销合同之前其首先作出了减价请求。因此问题是，K 是否受首先选择的减价的约束。这应被肯定，因为减价是一个形成权（边码 833）。虽然主流观点允许从减价向损害赔偿的转变，但是不允许向解除转变。因此 K 不可再解除合同，而是依据第 346 条第 1 款与第 441 条第 4 款具有一个返还多余款项的请求权。因此 K 对其诉讼并无结果。其具有哪些诉讼上的可能性来至少获得其主张的部分合同价款，在这里仍不可解决。

14. 所购汽车作为具有损伤的事故车并不具有合同约定的属性（无事故的车），因此并非没有物的瑕疵（第 434 条第 1 款第 1 句）。W 因此可以解除合同（第 437 条第 2 项与第 326 条），因为依据合同，S 所负有的为 W 实现没有瑕疵的汽车的义务客观上已不可能，因此 W 依据第 275 条第 1 款上对此的请求权已被排除。但是必须解释，从 W 在事故中使得该车严重受伤这一情形可得出哪些法律后果。在撤销情形中只能够返还更差状态的物的人原则上只可以请求价值赔偿（第 346 条第 2 款第 1 句第 3 项）。但是这在法定解除权的情形中并不适用，如果该贬值已经产生的话，尽管返还债务人已经遵守了照管自己的事务中应尽的谨慎（第 346 条第 3 款第 1 句第 3 项）。由于 W 对该事故并无过错，因而同样不可指责其违反谨慎。其因此只需返还事故后的状态中的汽车（第 346 条第 1 款、第 348 条）。此外，其有义务赔偿与使用该车相关的用益（第 346 条第 1 款）。

15. 待考查的是，E 是否可以依据第 280 条第 1 款与第 437 条第 3 项向 H 请求医疗费用。由于该钻机并无合同约定的属性（适合钻混凝土），所以其是有瑕疵的（第 434 条第 1 款第 1 句），这样 H 没有履行向买受人实现一个无瑕疵物的义务（第 433 条第 1 款第 2 句）。至于 H 是否对该违反义务的行为负责（至少要确认其保障该钻机具有该性能），则不能确定，如果否定 E 基于其他理由上的请求权的话。依据第 270 条第 1 款，债务人只赔偿该类因违反义务而产生的损失，即此类因违反义务可对其归责的损失。可归责的损失是因违反义务而在相当性因果关系上引起的并属于被违反的义务保护范围的损害（边码 554、558）。提供无瑕疵物的义务（此处：一个适合钻混凝土的工具）的保护范围包括所有因缺少该特性而产生的损失。这里不仅包括钻机自身的损害，还包括对其他法益所引起的损害。比如如果 E 在钻墙中打滑，并伤害到自己，如果对此是由钻机的瑕疵引起的话，则 H 必须对该损失承担责任。相反，通过对买受人实现无瑕疵的物的义务也不能避免对钻机过渡生气而引起的损失。该危险在评价中并不存在于出卖人合同义务的保护范围，而是属于买受人的一般生活风险。因此 E 并不可向 H 请求医疗费用的赔偿。

16. 由于 E 并未因盗窃而丧失其所有权，且其并未准备放弃其所有权，所以 V 不能够依据负担行为作为出卖人向 K 转移该表的所有权。有争议的是，出卖人未履行向买受人实现买卖物所有权的义务是否导致权利瑕疵。依据主流观点，对此拒绝的理由为，所有权实现的义务明确规定在第 433 条第 1 款第 1 句中，因此并不包括在第 433 条第 1 款第 2 句与第 435 条中（边码 812）。基于该观点，不履行的法律后果必须直接从一般的给付障碍法中得出。这意味着，K 可以请求解除合同（第 323 条、第 326 条第 5 款），且必要时可以依据第 311a 条与第 325 条请求损害赔偿。如果 K 行使了该权利，则其有义务向 V 归还该手表（第 346 条第 1 款），而其必须向 E 返还该表。但是 E 可以直接向 K 请求返还该表（第 985 条）。K 对 V 的请求权并不因此而改变；只是这样 V 对该表的返还请求权就消灭。

17. 如果 G 已经有效地解除了合同的话，则其可以基于第 346 条第 1 款请求返还支付买卖价款。在金钱的返还请求权中具有推定的解除的意思表示（第 349 条）。解除权可以从第 323 条第 1 款与第 2 款第 3 项、第 437 条第 2 项中得出。提供水仙被 434 条第 3 款认定为物的瑕疵。事先的期限设定在这里并不考虑，因为年初提供的郁金香并未实现合同的目的，因此考虑双方的利益可以作出立即解除。由于 G 不能够再返还对其提供的水仙，这并不导致其必须在第 346 条第 2 款第 1 句第 3 项的范围内作出价值赔偿；因为不可对其作出违反谨慎的指责（第 346 条第 3 款第 1 句第 3 项）。

18. 第 280 条第 1、2 款与第 286 条第 1 款可以作为请求权基础而被考虑。对此取决于 V 是否引起所负债务陷入迟延。对于迟延的条件（给付的可能性并到期、请求权的可实施性、催告与对迟到的必须负责，边码 478）可能有疑问的是，是否对 V 作了催告。这被肯定，因为嗣后履行请求（第 439 条第 1 款与第 434 条第 1 款、第 437 条第 1 项）具有针对义务人须作出的请求提出所负给付上的要求，即为一个催告。K 的利润损失也是一个财产不利，即因迟延给付所引起，且依据第 286 条第 1 款债务人必须作出赔偿。

19. 在对物的瑕疵责任的合同法规制中，对依据第 119 条第 1 款因内容错误与表示错误、依据第 120 条因传达错误、依据第 123 条因恶意欺诈或胁迫的撤销可能性并无限制。只有当第 119 条第 2 款意义上的属性认识错误涉及买卖物的属性时，且出卖人依据合同必须对此负责时才存在竞合问题。依据主流观点，当认识错误涉及买卖物的瑕疵时，排除第 119 条第 2 款上的错误撤销权。其理由为，如果允许该情形中的错误撤销，就会导致出卖人行使其具有的消除瑕疵的权利，并使得在物的瑕疵责任时更利于买受人。由于依据第 442 条第 1 款第 2 项，买受人本来只可行使因错误而撤销的权利。该对于物的瑕疵责任的区别不应被允许存在（边码 870 及其下）。

20. 在所有权保留买卖中买受人因对该买卖物延期条件下的所有权转让而具有一个所有权上的期待权。此外，其有权占有该买卖物。出卖人具有支付该买卖价款的请求权，但是依据通常作出的延期约定至少还没有完全到期。如果买受人在到期时并未支付买卖价款，且出卖人设定的支付期限无果而终的话，则出卖人有权利解除该买卖合同（第 323 条第 1 款）。解除权行使后可以向买受人请求返还买卖物（第 346 条第 1 款、第 449 条第 2 款）。出卖人同样可以主张其他的支付迟延中存在的权利，并依据第 280 条第 1、2 款，第 286 条请求损害赔偿（边码 889 及其下、边码 897 及其下）。

21. 在延期性条件中，法律效力的出现取决于未来不确定的事件（第 158 条第 1 款）；直到条件的产生该法律行为都处于未定状态。相反，依据第 158 条第 2 款，法律行为的效力因消灭性的条件的出现而终止（边码 891）。

22. 依据第 338 条第 2 句，抵销可以附条件地作出。该规则的目的在于，避免对意思表示相对方产生不合理的不知情状态。但是如果条件的产生仅仅取决于意思表示受领人的话，该观点就并不恰当（所谓的意定条件）。依据规范目的，该条件与第 388 条第 2 句相符合并因此被许可（边码 896）。因此所提出的问题应被肯定。

23. 依据相关的概念理解，购买人具有期待权，如果权利的多重产生要件中已经如此多地被满足，以致出卖人不可单方破坏购买人的权利状态（边码 899）。

24. 在履行 K 与 D 签订的合同中，K 将基于与 V 的法律行为所取得的期待权转移给了 D。对于该期待权的转让适用与既得权相同的规则（这里见第 929 条第 1 句）。因此，D 进入期待权人的权利状态，就如 K 之前所具有的那样。这意味着，有条件地称为该车的所有权人，即要完全清偿 K 与 D 之间的债务（边码 899）。K 与 D 之间的约定，即 D 应对 V 支付 K 欠 V 的 6 000欧元，这并没有改变 K 仍为 V 的债务人，因为依据第 415 条，债务人更换（债务承担）需要经过债权人的追认，但是这里被 V 拒绝。但是 V

有义务接受 D 支付的其余价款；因为依据第 267 条第 2 款，其只有当债务人（K）违反该支付的时候才可以拒绝该给付。K 并没有违反，而是反而请求 V 接受 C 的付款。由于 V 通过拒绝直接地阻止了向 D 转移所有权的条件的产生，依据第 162 条第 1 款该条件视为已经产生（边码 898）。因此 D 成为该车的所有权人。依据第 951 条，汽车证件的所有权也相应地归于 D。因此 V 有义务返还该证件。

25. 订立的买卖合同规定了 H 提供被订购的葡萄酒的义务，并规定了 A 支付买卖价款的义务（第 433 条）。但是 A 的请求权可依据第 275 条第 1 款排除，如果 H 所负的给付不能履行的话。在葡萄酒的买卖中涉及种类之债。在种类之债中出卖人一般具有实现标的物的义务。只有当全部种类物，比如限于所储备的种类之债的储备毁灭，或出卖人的债务人因依据第 243 条第 2 款特定化而限于该种类的特定物时，才产生给付不能。债务人什么时候在其一方作出了必要的特定化行为，则依据债的种类来定。在该案中为寄送之债，因为 H 只是例外地按照 A 的要求来寄送葡萄酒，且并未接受其想要承担在运输途中葡萄酒意外灭失的风险。通过将葡萄酒交付给承运人，H 在其一方就对该寄送之债的履行作出了必要的行为并因此实现了特定化（第 243 条第 2 款）。由于所负的给付不能够再找到，该给付对 H 就不再可能实现，因此其被免于作出该给付的义务。依据第 447 条第 1 款，在送交买卖中对待给付的风险在买卖物交付给承运人时转归买受人（边码 624）。但是该条文在消费品买卖中并不适用（第 474 条第 2 款第 2 句）。H 作为经营者（第 14 条）与作为消费者（第 13 条）的 A 签订了该买卖合同（第 474 条第 1 款）。因此，H 承担该对待给付的风险：依据第 326 条第 1 款，支付买卖价款的请求权消灭（边码 904）。还需要指出的是，有关远程交易合同的条文在这里并不适用，因为第 312b 条第 1 款的前提是，合同订立在远程组织的经营或服务系统中实现，且偶尔以电话方式缔结的合同并不属于该范围。

26. 这涉及一个第 607 条上的物的借贷合同，而非借用合同，因为 N 女士消费了“借来的”面粉，因此其不可能再退还（第 604 条第 1 款与第 607 条第 1 款第 2 句；边码 993 及其下）。

27. 该问题应被认定为借贷，对此负有利息，在无利息的借贷时则被否定。

28. 原则上租赁合同可以以任何形式缔结。只有关于住房（第 550 条）、非居住性用房（第 578 条第 2 款）与不动产（第 578 条第 1 款）的租赁合同才需要遵守书面形式，如果该合同的期限超过一年的话（边码 927）。

29. 承租人可以请求消除瑕疵（第 535 条第 1 款第 2 句），或在第 536a 条第 2 款的条件下自己消除该瑕疵，并向出租人请求必要的支出费用赔偿。如果该瑕疵导致租赁物的合同目的丧失，则承租人在此状态的持续期间可以免于支付租金；在适用性被减少的期间则只负有支付被减少的租金的义务（第 536 条第 1 款）。承租人同样可以在第 536a 条第 1 款的条件下请求损害赔偿。最后，如果第 543 条或第 569 条上的条件被满足的话，承租人因瑕疵同样具有随时终结该租赁合同的权利。

30. 损害赔偿请求权的权利基础可考虑第 536a 条第 1 款第 1 种情形。电线的瑕疵严重降低了住房的适用性。因此这涉及第 536 条第 1 款意义上的瑕疵。依据案例表示可得出，该瑕疵已经在合同订立时存在。产生的损害中涉及所谓的瑕疵后果责任。依据规范目的，第 536a 条第 1 款第 1 种情形同样适用该类瑕疵后果责任。因此 M 可以对该火灾中造成的家具损害请求赔偿责任。M 夫人并非该合同中的合同主体。但是其也可以依据第 536a 条第 1 款第 1 种情形请求损害赔偿；因为该条文中给予的保护也包括该类如承租人一样可以向出租人请求给付的人（边码 931 及其下）。

31. 如果因对买卖物的属性瑕疵的信息告知而得出第 536 条或第 536a 条中的请求权，则基于缔约过失的责任原则上并不被考虑。只有当出租人故意错误告知时才具有例外。由于当租赁物被交付，出租人在交付前依据缔约过失作了错误的告知时（边码 933）才适用第 536、536a 条。

32. 如果租赁关系对特定的时间段而订立，则其通常在该期限届满后终止（第 542 条第 2 款）。如果租赁期间并未确定，则任一合同主体可以依据法律条文终结该租赁关系（第 542 条第 1 款）。依据法律条文，可以区分为正常的、非正常的有期限的终结与非正常的无期限终结。非正常的终结通常需要一个终结权（第 543 条）。需要注意的是，对住房租赁而言出租人的终结权受到第 568 条及其下诸条与第 549 条的严格限制（边码 935 及其下）。

33. 在租赁（Leasing）中可以区分为两种基本类型：经营租赁，出租人向承租人转让某物以供使用，且承租人对此支付报酬（与租赁合同（Mietvertrag）相似）；和融资租赁，通常具有三方当事人：出租人从生产者或销售者处获得租赁物，并将其转交给承租人使用。在融资租赁合同中通常约定一段期间，该期间通常依据该租赁物的正常使用寿命来定（边码 939 及其下）。

34. 该区分具有重大的现实意义：虽然第 611 条及其下诸条同样适用于劳动合同；但是其通常被大量的劳动特别法修正与补充，这导致劳动法发展成民法中的独立领域。例如在劳动关系中对劳动义务人（称为劳动者）适用一定的减轻责任，这在自由的劳务合同框架中并不适用（边码 944）。

35. 劳务合同与承揽合同在理论上区分的视角为，承揽合同中所负的是一定的成果，且承揽人只有当其提交该成果时才有权利请求约定的报酬；劳务合同中负有的是劳务，且报酬独立于该行为是否有成效（边码 949）。

36. 承揽合同中对工作成果的验收既可以是实际接受，也可以是定作人与此相关的（也可是推定发出的）意思表示，即其确认该工作成果为依约作出给付的主要内容（边码 954）。

37. 定作人有权利请求嗣后履行（第 634 条第 1 项与第 635 条）。定作人可以自己消除该瑕疵，且可以请求对此必要的支出，如果其为承揽人设定的事后期限无果而终，并有权拒绝嗣后履行的话（第 637 条）。定作人在第 323 条、第 326 条第 5 款或第 636 条的条件下可以因瑕疵来解除合同，或依据第 638 条减少价款。依据第 280、281、283、311a、636 条其还具有损害赔偿请求权。定作人可以依据第 320 条、第 641 条第 1 款拒绝支付约定的报酬，直到承揽人提供一个无瑕疵的成果（边码 962 及其下）。

38. 如果被委托人在执行委托中遭受损害，则委托人依据第 280 条第 1 款具有责任，如果该损害是因有过错地违反义务引起的话。如果涉及意外损害，则当该损害是基于委托而涉及的风险或并非基于正常的生活危险而产生时，应肯定该损害赔偿义务（边码 975 及其下）。

第九章（边码 1151 之后）

1. 无因管理区别于误认为管理自己的事务，对此缺少为他人管理事务的意识与相应的意思（第 687 条第 1 款）；以及区别于行为僭越，对此虽然存在为他人行为的意识，但是却没有相关的意思（边码 1502）。在无因管理范围内取决于事务管理是否与本人的利益与真实的或推定的意思相符（则为正当的无因管理），否则就不是（则为不正当的无因管理；边码 982 及其下）。
2. 如果无因管理的条件满足的话，则 G 的使用费用赔偿请求权可基于第 683 条第 1 句与第 670 条得出。事务管理的概念应在广义上理解。同样，提供被子与绷带对此是必要的（边码 985）。因为这涉及 W 的事务，即对 G 而言是他人的事务，其并非基于专门的委托关系或基于其他授权而行为，而是具有为他人处理事务的意思，且该事务处理同样与 W 的利益与至少是推定的意思相符，因此 G 具有相应的赔偿请求权。
3. 因为 A 没有过错，所以第 823 条第 1 款上的损害赔偿请求权不存在。如果该事故并非基于不可抗力所引起的话（《道路交通法》第 7 条第 2 款），则可以从《道路交通法》第 7 条第 1 款中得出无过错的责任。但是对此理由并不详述，因为与此相关的问题在基础教程中并不涉及。需考虑的是第 670 条与第 683 条第 1 句中的请求权。这样，清理废铁必然涉及 A 的事务，E 以处理他人事务的意思对此作了处理，对此必须与 A 的利益与意思相符（边码 984、995）。从自己的花园里清理废铁肯定是所有权人的事务。但是并不排除该事务的执行人与该事务处理具有自己的利益而排除属他性（边码 989）。落在 E 的前花园中的废铁已经侵犯了其所有权，对此 A 有义务处理（参见第 1004 条第 1 款）。因此，E 同时处理了 A 的事务，对此依据具体情形可以得出，其同样也愿意。由于 A 通过 E 的行为免于了自己的义务，该事务管理同样与其利益相符，因为对其客观上是有利的（边码 996）。由于 A 并未表达其意思，则这取决于从客观上理解的推定的意思，且通常与本人的利益相一致（边码 998）。因此，正当的无因管理的所有的条件都符合，这样 E 如同被委托人一样能够请求处理废铁中产生的投入费用赔偿。

4. 这里取决于该问题，即是否可以适用无因管理规则，如果管理人基于与本人签订的合同而行为，但是合同主体对该无效性并不可知的话。该问题被区分回答。联邦普通法院赞成该情形适用第 677 条及其下各条，而学术界则指出，基于无效法律行为的不当给付的恢复应优先适用第 812 条及其下诸条，而非有关无因管理的规则（边码 994 及其下）。

5. 如果事务管理符合本人的真实意思，则该事务管理是合理的。只有在第 679 条情形中本人的相应意思才不被重视。如果本人的真实意思并未被表达出，则取决于推定的意思。据此要分析，一个理性的本人在考虑到自己的所有情形与特殊处境时该事务管理是否为其所愿意。推定的意思通常与本人客观的利益相一致（边码 995 及其下）。在正当的无因管理中，本人与管理人之间存在一个与委托关系类似的法定之债，这创设了对本人法益侵犯的抗辩事由和财产变动的法律基础，甚至赋予执行人以第 677、681 条上的义务，并依据第 683 条如同被委托人意义赋予其支出费用赔偿的请求权（边码 1000 及其下）。

6. 基于第 670 条、第 683 条第 1 句，在正当的无因管理时存在一个相应的请求权（边码 1004）。这里的问题是，当管理人与本人都是未成年人时具有哪些法律后果。如果本人被限制了行为能力，则对无因管理合理性的判断并不取决于其意思，而是其法定代理人的意思。如果此范围内没有疑问，则 S 所作出的救助同样与 M 父母推定的意思相一致。有争议的是，依据第 677 条及其下诸条，未成年的管理人是否只有当其法定代理人同意时才享有权利并承担义务。如果视无因管理为准法律行为，则该问题必须被肯定。其他观点则指出，无因管理只可能存在于事实行为中，对此缺少任何法律性；与之相应，该观点认为与委托关系类似的无因管理的法律关系并不需要法定代理人的同意（边码 999）。如果依据该观点，则 S 无须其父母同意即享有支出费用赔偿请求权。

7. 依据第 683 条第 1 句，管理人可以在正当的无因管理（这里已经满足条件）范围内“如同被委托人一样”请求其支出的费用。但是被委托人并不可以请求支配其行为。这在无因管理的范围内同样适用。但是主流观点基于第 1835 条第 3 款的法律思想提出了一个例外，如果作出的行为属于管理人的经营或职业的话。与之相应，H 作为医生可以请求相应的报酬，但是作出与职业不相关的救助行为的 E 却不可以请求。基于假设的主体意思试图得出答案，并分析各主体是否约定了费用，如果他们之间可以作出约定的话，则可以得出同样的答案。由于通常方式作出的医疗行为会被付报酬，相反其他交通意外时的救助行为则不，这基于在当事人的合理的考虑中可能已经作出了相应的约定。但是，如果想在无因管理的框架内始终因事务管理而给予管理人一个合理的报酬，则另当判定。这是文献中的观点，且部分依据第 683 条的判决史，部分依据该观点，即个人的劳动力应是其最重要的经营基础，因此其投入应是自愿投入的财产牺牲，这应被认定为支出（边码 1007 及其下）。

8. 依据主流观点，依据第 683 条第 1 句本人必须赔偿事务管理中管理人因基于管理事务而被增加的财产上的风险所产生的意外损失，而非基于日常风险所产生的损失（边码 1004）。意外损害是指既非本人又非行为人所负责的财产损害。H 因轻过失引起了意外。但是由于事务管理的目的在于避免 W 的紧急危险，所以依据第 680 条 H 只对故意与重大过失负责（边码 1012）。由于管理事务同样需要使用其汽车，所以该事故中并非涉及一般生活风险的产生，而是涉及事务管理的特别风险。因此 W 有义务赔偿 H 的修理费用。

9. A 的请求支付作为租金收入的10 000欧元可以基于第 667 条与第 687 条第 2 款第 1 句、第 681 条第 2 句得出。B 在出租 A 的房子中将他人事务当做自己事务来处理，尽管其知道其有权利。问题是 B 是否有义务返还全部基于该事务管理的所得。这共计10 000欧元。至于该数额是否与市场价格相当则并不重要。由于 A 请求返还基于管理事务的收入，所以其有义务依据不当得利规则赔偿管理人在事务管理中的支出。该义务基于第 687 条第 2 款第 2 句对 684 条第 1 句的指引。支出是自愿的财产牺牲（边码 1045），因此包括 B 的广告费用。其可以向 A 请求赔偿广告费，这样其只有义务支付 9 900 欧元（边码 1015）。

10. a）G 可以基于法律基础从未存在（第 812 条第 1 款第 1 句第 1 种情形）向 S 请求对该车返还并反向转移所有权。

    b）给付所追求的目的，即为了订了合同而向 S 转移该画，并未实现。所作出的“支付”是以 S 明知的使合同成立的目的发生的。其通过接受金钱而同意了该目的。因此满足行为目的从未实现（第 812 条第 1 款第 2 句第 2 种情形）的条件（边码 1021）。

11. 依据主流观点，明知地、有目的地对他人财产的增加视为给付（边码 1018）。通过概念上的区分应当能够实现不当得利法上债权人与债务人的确定；因为依据主流观点，其中实施的补偿是在每一个给付关系之内实施的。

12. 不当得利债务人必须通过自己的行为（且并非通过不当得利债权人的给付）实现财产上的利益，但依据财产秩序这并不属于他，而是属于不当得利债权人（边码 1037 及其下）。

13. 依据主流的指引理论，当基于此引起的财产增值与被侵犯的权利所指引的内容相矛盾时，则该侵犯就是不合理的（边码 1142 及其下）。

14. 如果 D 是善意信赖，则其获得了该所有权（第 929 条第 1 句、第 932 条）。善意取得是不可返还的，所以 E 不可以向 D 请求返还该相机。如果其对 D 起诉要求返还该相机，则其必须证明他的恶意信赖；如果失败，则其会输掉该诉讼。忽视该诉讼风险，E 本来就更想针对 K 请求。在针对 K 的诉讼中这同样似乎取决于D的恶意信赖证据，因为待考虑的第816条第1款第1句中的请求权基础的条件为，无权处分人的处分行为是生效的。但是E能够认同K的表述（即认为D是恶意信赖），且能够依据第185条第1款第1句第1种情形来追认K对所有权的处分行为。这样该追认行为使得K的支付行为生效，而非因此使得K成为有权处分人（虽然追认有溯及力，第184条第1款）。因此第816条第1款第1句的条件对于该K真实描述的情形同样符合（边码1047及其下）。

15. 依据第812条第1款第1句，K除了负有返还该地基所有权之债外，依据第818条第1款其还必须要返还所涉收益。对此指租金（第100条与第99条）。对于不当得利的扣除，K只可以主张第818条第3款，如果其已经以此方式返还了金钱的话，即基于此在其财产中已经不存在不当得利。这里取决于经济分析方法。如果其基于租金而节省了自己的钱，则其就不当地得到了该节省部分，其必须对此作出不当得利法上的补偿（边码1056及其下）。

16. 依据第816条第1款第1句，A可以向G请求销售获益，如果其依据第185条第2款第1种情形追认了起初无效的处分所有权（第935条）的行为，并因此使之溯及地（第184条第1款）生效的话。但问题是，G可以在何范围内主张对不当得利的扣除（第818条第3款）。原则上需要考虑确定不当得利中时所有与不当得利标的物相关的财产损失。争议在于，不当得利债务人是否可以从收益中扣除其已经使用的为了维持标的物的数额。主流观点否定了该问题，理由在于，并未出售而是拥有该物的善意占有人同样无权请求为其所使用的买卖价款，如果所有权人依据第985条请求返还的话。占有人（同样是不当得利债务人）似乎必须同样要向给他该标的物的人求偿。在其他财产损失中被争论的是，获得与财产损失之间的因果关系是否充分。依据相关观点，在因果关系之外还需要涉及不当得利债务人因此信赖该权利取得的状态而遭受的不利益（边码1059）。基于该观点，G可以从销售收益中扣减为兽医、医药、饲料支付的费用，但是不可扣减修缮马厩的费用。据此，A可以向G请求支付12 500欧元。

17. 过错原则认为，损害赔偿义务以过错原则为前提。对此涉及一个统治德国民法的基本原则。无过错的责任，即对一个结果必须负责（结果责任），构成了例外。结果责任的最重要情形是危险责任。作为平衡，对被允许的危险行为存在一个义务，即对危险行为引起的损害在没有过错时也要赔偿（边码1075）。

18. 侵权行为的客观要件由下列要素组成：人类的行为引起（责任成立上的因果关系）被保护的权利状态的损害，通过该侵害引起了（责任履行上的因果关系）责任规范保护范围所包括的损害（边码1079）。

19. 民法中的行为是一个人类的行动，其置于意识控制和意思引导之下，因此是可控制的（边码1080）。法律上的行为概念不仅包括（积极的）作为，还包括不作为（边码 1081）。

20. 被行使的损害赔偿请求权可以基于第 823 条第 1 款。对此取决于 S 是否侵犯了小多夫镇的所有权。所有权侵犯可以基于所有权人被阻止正常使用某物而产生。但是，依据主流观点，该物的使用能力必须完全被废除。在这里这点应被肯定。因为港口只能通过已不能使用的航道才可以到达。由于港口设施不能使用已经持续了一段时间，所以即使认为暂时的损害对此并不足够，这里的所有权损害也应被肯定（边码 1084）。由于 S 违法且有过错地作出了行为，所以其必须要赔偿因侵犯小镇的所有权而产生的损害。对此还包括丧失的利润（第 252 条第 1 句）。

21. 依据主流观点，占有应被视为第 823 条第 1 款意义上的“其他权利”，如果占有人可以类似于所有权人使用该物，且具有与所有权人相应的防卫权的话。

22. 因孵化器中腐败的鸡蛋的损害赔偿请求权可能基于第 823 条第 1 款，如果 F 侵犯了 G 对该鸡蛋的所有权的话。F 并未直接侵犯物的本体。相反，该侵权行为只是间接地基于此引起，即其损害了属于电厂的电缆，并导致对孵化场的供电中断。但是置于该导致权利状态被侵权的因果链中的人也必须要对此负责。对于第 823 条第 1 款而言，这并不取决于该损害后果是因侵权人的直接侵犯引起，还是通过侵权人引起的“链式反应”所引起。如果断电的话，则在孵蛋器中的鸡蛋必定腐坏，所以该侵犯所有权的行为可归因于 F 的行为；因此其可以依据第 823 条第 1 款对此负责。G 作出的其他损害，如利润损失，也可以因对孵蛋器所有权的侵犯而产生。虽然该孵蛋器没有电就不能使用，但是其适用性并未被完全废除；其可以——如果存在运输条件——在别的有电的地方被直接使用。因此，孵蛋器的所有权侵犯被否定（边码 1084）。被考虑的仅仅是对设立的与使用的企业经营权的侵犯。该侵权行为必须与经营相关，且未对企业的经营范围直接侵犯。依据主流观点这些条件应被否定。联邦普通法院在不同的断电判决中特别采用了该立场，即对此并不涉及针对企业经营的侵犯（边码 1090）。

23. 损害涉及受法律保护利益的非自愿的损失。法律上的损害概念区分为财产损害（物质损害）与非财产损害（非物质损害）。该区分具有意义，因为非财产损害只有在法典有规定时才可以以金钱形式赔偿（第 253 条第 1 款）。其他区分依据该损害时直接因侵权行为（行为损害），还是作为其他后果（结果损害）所引起（边码 1095 及其下）。

24. 待考虑的是基于第 823 条第 1 款因所有权侵犯的损害赔偿责任。基于此，S 侵害了 H 房子的稳定性，其侵犯了其所有权。但是问题是，S 是否对 H 具有损害赔偿义务。H 对自己的房子的使用可能性请求损害赔偿。对此取决于是否涉及物质（财产损害）损害，因为只有这样 S 的赔偿义务才被肯定（参见第 253 条第 1 款）。有争议的是，房屋的使用可能性是否被认定为财产价值。如果采用主流观点在汽车的使用可能性被剥夺时发展出的原则，则同样不可怀疑在该情形下对该房屋应认定为财产损害。如果仅仅认为在商业性上的使用可能性，则汽车与房子之间并无区别；二者的使用可能性都可以在市场上“变现”（边码 1106 及其下）。

25. 原则上被侵权人只可以请求自然恢复（第 249 条第 1 句）。当满足第 249 条第 2 句、第 250 条或者第 251 条第 1 款上的条件时，被侵权人可以例外地请求金钱赔偿（边码 1109 及其下）。

26. F 不可以这样来对其引起的损害这样来赔偿，即其给 D 一只与被杀死的猫同等价值的猫。因为基于此并未恢复赔偿所基于的状态尚未产生时的状态（第 249 条第 1 句）。因为该状态因 D 对该猫的情感关系只能够当猫重新复活才能够实现。因此这涉及第 251 条第 1 款中的情形。据此，D 可以向 F 请求金钱赔偿。至于需要赔偿多少数额这一问题，原则上要考虑被害人一方的具体情形。但是这并不意味着必须仅仅赔偿情感价值。因为被害人的喜好利益并非财产价值。因此，D 的请求权在数量上并不合理。相反，其只可以请求实现同等价值的动物所需的金钱数额（边码 1112）。

27. 该问题有争议。依据结果不法说，通过对第 823 条第 1 款中所述的法益与权利来指示违法性，而依据行为不法说则仅仅为故意侵犯；在其他情形中，该学说取决于行为人是否违反其所涉及的行为义务或其所负有的谨慎义务。行为不法说必须在间接侵权中和在开放的侵权构成要件中受到限制，且违法性判断取决于对行为义务的违反（边码 1123 及其下、1134）。

28. 由于依据第 828 条第 1 款一个 6 岁的孩子对他人造成的损害并不负责，只考虑第 829 条上的公平责任。对此的条件是，侵权行为的客观要件实现，并且违法地作出行为。E 只是在身体上伤害了 K。基于此满足第 823 条第 1 款中的客观要件。因此，依据结果不法说同样可以确定该行为的违法性，因为此处并不涉及违法性抗辩事由。相反，依据行为不法说则否定该违法性，因为依据事实并不赞成 E 违反了一般的谨慎要求。但是基于结果不法说同样排除 E 的赔偿义务，因为依据第 829 条，要求赔偿义务人在主观上如此行为，即归责能力人具有过错。因此在违法性的认定中违反谨慎的缺失导致因主观原因而排除 E 的责任（边码 1139）。

29. 该问题还必须要被细化。该财产并不属于第 823 条第 1 款中被保护的权利状态。对财产的间接保护被该条文这样来实现，即在侵犯该条文所保护的法益与权利时侵权人有义务赔偿全部被侵权人因此而产生的财产损害，如果其还被该规范的保护目的所包含的话（边码 1093）。第 823 条第 2 款这样实现财产保护，即侵犯保护个人纯粹财产利益的保护法时依据该条文就具有损害赔偿义务（边码 1140）。

30. K 的损害赔偿请求权可以基于第 826 条得出。谁在学术上作出一个错误的鉴定来欺骗他人，则违反风俗（边码 1233）。T 悖俗地侵犯已经造成了 K 的损害，因为如果没有该错误的专家鉴定其就不会以所要的价格购买该画。T 故意地作出了该行为。其知道该鉴定应该被用于欺诈该画的购买者。

其以此目的作出了鉴定。因此其明知且愿意对该画的购买者的财产造成损失。由于 T 同样知道所有悖俗的行为，因此第 826 条上的主观要求已经满足（边码 1148）。因此 T 有义务赔偿 K 的损失。

第十章（边码 1343 之后）

1. 在法定代理中，代理人的代理权源自法律规定；在意定代理中，代理权由法律行为赋予（边码 1153 及其下、1167）。
2. 代理人必须在其具有的代理权范围内以被代理人的名义发出意思表示，或接受意思表示，且该代理行为必须是被允许的（边码 1155）。
3. 在积极代理中代理人发出意思表示；在消极代理中向代理人发出针对被代理人的意思表示（边码 1155）。
4. 代理人作出自己的意思表示，而非他人的；这区别于意思表示的传达人，其仅仅是传递他人的意思表示。消极代理人与受领传达人之间的区别相当地难，因为在两种情形中本人作出的意思表示被消极地受领。人们依据这样来区分，即意思表示的受领人是否具有代理权，且该意思表示是否属于其代理的事务范围（边码 1161 及其下）。
5. 依据事实可以得出，N 女士想为 H 女士购物。但是问题是，她是否也是 H 女士的代理人。其在授权的范围内发出了意思表示，这没有疑问。但是依据案例表述可知，N 女士在购买中并未明确表示其想为 H 女士购买该吹风机；因此其并非以被代理人的名义行为。但是由于涉及日常的现金交易，不管是该吹风机是为 N 自己还是为他人购买，这对商店的所有者与其代理人而言都是等效的。因此依据（隐藏的）交易涉及谁就归谁这一原则，由主流观点得出，这里具有公开原则的例外（边码 1163 及其下）。因此与之相应，与 H 女士的买卖合同成立。同样，依据该原则，第 929 条第 1 句意义上的处分合意也由 N 女士为 H 女士作出。但是对于所有权转归 H 女士而言还需要其获得对该电吹风机的占有。这里可以想到，在购买中 H 与 N 之间的占有媒介关系已经成立。委托中的从义务同样赋予 N 谨慎照管该吹风机的责任。在自己订立（第 181 条最后半句）的方式中 N 女士在履行该义务中已经确立了第 868 条意义上的占有媒介关系；其他可能则是，H 与 N 之前已经（推定地）默示地约定了相应的占有改定，这当 H 取得该电吹风机时就完全生效（第 158 条第 1 款）。依据第 929 条第 1 句，H 女士依据 N 在好与多超市获得该吹风机时成为所有权人。
6. A 在这里作为 B 发出意思表示，因为其想让富勒花店将其视为合同对方（因为依据计划其想让自己保持匿名）。因此这并不涉及以错误的名字为自己实施订购，而是冒用他人的名义作出交易。至于富勒是否知道 B，并对其本人有一定的印象，从案例中并不能明确得出。富勒在得到买卖价款前已经提供了该花；因此其明显是想向真实的名字所有人索要花钱。这导致其想与B订立合同。该案中类推适用第179条第1款中的规则，这样富勒有权请求A履行买卖合同，即支付买卖价款（第433条第2款）（边码1166及其下）。

7. 如果V与K之间关于保时捷的买卖合同已经有效成立的话，则V对K具有支付买卖价款的请求权。由于在eBay的销售平台上放置保时捷信息被视为要约邀请，因此F的出价为订立合同的要约，而这已被V接受。但是也可能基于这样的方式在K与V间成立合同，如果F通过其意思表示能够赋予其朋友以义务的话。但是这并非该种情形，因为其对此并无代理权。相反，F只是通过使用K的用户名在他人的名义下行为。因此对K的价款请求权并不存在（参见科隆州高等法院案例，载《新法学周刊》，2006年卷，第1676页）。

8. 如果关于该不动产的有效的买卖合同已经成立的话，则对A的拘束力已经产生。对此取决于M是否已为A代理作出了授权。该授权的效力应被否定，如果对此必须要注意形式的话。依据第167条第2款，对于授予代理权的法律行为无形式要求。基于对该条文的目的性限缩，主流观点要求在一定的情形中对代理权的授予同样要遵守对代理行为适用的形式条款，如果一个无形式要求的授权行为与该形式条款的目的与意义相悖的话。在授权销售不动产的买卖合同中，主流观点要求遵守第311b条第1款第1句中对代理行为规定的形式，如果该代理权被不可撤回地授予，或授权人在撤回时设定了不利条件的话。相反，以可撤回形式授予的不动产买卖合同则无须形式也有效。相反，文献中的少数观点则认为对授予代理权始终需要一个公证的文书，以便阻止对311b条第1款第1种情形的规避行为。如果这里遵守主流观点，则A受到M订立的合同的约束（边码1168及其下）。

9. 在对内授权中授权行为针对被授权人作出（第167条第1款第1种情形），对外授权则针对将要与之订立合同的第三人作出（第167条第1款第2种情形；边码1170）。特定代理权只对特定的行为有效，种类代理权则对一定种类的行为有效，概括代理权则对所有种类的代理权有效。在共同代理权中（相对于：单独代理权），代理权人并非单个的，而是只可与其他人一起作出代理行为（边码1175）。

10. 如果被代理人必须要被这样地对待，即如同其已经作出了一个实际上并不存在的授权行为一样，则称为“容忍性代理权”。如果无权代理人在一定期间重复为其本人作为代理人，本人对此已经知悉但并未作出可能的干涉，则本人的行为对方依据诚实信用原则与交往习惯，可以从本人和代理人的行为中得出该结论，即代理人有权作出代理行为，主流观点认同该容忍性代理权（边码1178及其下）。容忍性代理权与推定授予的代理权的区别在于，容忍性代理权中并未通过关键的行为授予代理权（边码1177）。在表见代理中本人并不知道——不同于容忍性代理权——代理人的无权代理行为，但是其违反谨慎义务地应当知道并可以阻止该行为（边码1183及其下）。

11. 法官法是法官通过法律续造创制的法。法官已经可以通过解释续造法律，比如其可以通过新的解释来赋予法律规范以新的意义。法官对法律漏洞的填补原则上远非对法律的解释。但是对此仍维持在立法者的计划内，因为依据法律中规定的规范设想与原则，其是法律范围内违反计划的不完善性的漏洞填补，因此必须以法律内在的方式加以填补。超出法律计划的则是法律扩张性的与法律僭越性的法律续造。对此法官扩展了立法计划，特别是为了适应法律交往中的迫切需要（边码 1186 及其下）。
12. 在类推中人们将一个法律中涉及的规则转移至一个法律中并未规定的要件上。唯一的法律规则中的法律后果如果可被适用于未被调整的构成要件，则称为法律规范类推。相反，如果被适用的法律规则可以从多个法律规范或整个法的体系中推导出，则涉及所谓的法律体系类推。类推取决于下列条件：法律必须具有漏洞，即违背计划的不完善性。如果未被规制的构成要件与已被规制的如此类似，即二者被同等对待具有正当性，则该违背计划性被类推解决（边码 1180 及其下）。
13. 在“目的性限缩”中，依据字面意义太宽的条文被这样地限缩，即使得其适用范围与该条文的规范目的或法律中的其他规范相协调。同样，法律中的漏洞也是目的性限缩的前提条件，这里涉及“隐藏的漏洞”，因为基于纯粹的法律的字面意义并不能得出违反计划的不完善性，而是首先基于针对规范目的与法律意义归纳的解释来得出（边码 1169、1199）。
14. 由于女儿无行为能力（第 104 条第 1 项），其还不能自己订立纯法律上获益的行为。因此，其父母必须或以自己的名义或以其女儿法定代理人的身份（第 1629 条第 1 款）来实施该赠与并依据第 929 条第 1 句转移所有权。第 181 条并不反对。依据绝对主流的观点，第 181 条并不适用于仅仅给被代理人带来法律上利益的自我代理（边码 1197 及其下）。对于这里并不重要的占有法上的所有权转移问题参见 Lindacher/Hau：《民法案例分析》，高阶练习案例 3。
15. 待考查的是第 123 条第 1 款第 1 种情形中的因恶意欺诈撤销。二手车的出卖人原则上有义务未被询问时即告知买受人该二手车发生过事故（边码 418 及其下）。但是，如果意思表示受领人知道该真实情形的话，则否定该欺诈（边码 420）。W 已经知道该车有过事故；相反，G 对此并不知情。因此这取决于基于谁的意识状态来判断。原则上取决于代理人本人（第 166 条第 1 款）。但是这里 G 依据 W 的具体指示来行为，这样就适用第 166 条第 2 款。因此，W 不能撤销 G 为了订立买卖合同而发出的意思表示，因为其不可以主张对该意思不知情（边码 1207）。
16. 可以依据第 280 条第 1 款考虑 A 对 W 因缔约过失（第 241 条第 2 款与第 311 条第 2 款）的损害赔偿请求权。对于责任的前提条件（依据第 311 条第 2 款第 2 项或第 3 项，通过直接的交易接触而产生的债的关系、责任义务人违反因此而产生的保护义务、损害的引起与责任义务人的过错）只可以怀疑的是，雇员 B 的过错是否必须归算于 W。依据第 278 条这被肯定，如果 W“为了履行其义务”而让 B 对 A 提供服务的话。W 对其顾客的生命与健康具有保护与照料的义务（边码 581 及其下），这在这里具体是指，商店的空间必须保持为有序、无危险的状态。为了履行该义务 W 使用了 B。与之相应，其依据第 278 条必须对他的行为如同自己的行为一样承担责任。因此，W 必须赔偿 A 的意外损失（边码 1226）。

17. 如果本人委托他的事务辅助人一个依据指示来执行事务的话，则这始终是该情形（边码 1223、1240）。

18. 依据《民法典》，G 的责任可以依据第 823 条第 1 款第 1 句得出。G 委托给了 K 一个依据指示的活动；因此 K 是 G 的事务辅助人（边码 1240）。另一条件是，事务辅助人违法地损害了第三人。该情形是，事务辅助人违法地实施了第 823 条及其下诸条意义上的侵权行为。这里的违法性依据行为不法说应被否定，因为 K 并未违反一般的谨慎义务。依据结果不法说，只有当存在违法性抗辩事由时才排除直接侵犯第 823 条第 1 款中所述的法益与所有权时的违法性。只有确认符合交往行为的违法性抗辩事由时，即联邦普通法院在以往判决（《联邦普通法院民事判例集》，第 24 卷，第 26 页（本文始于第 21 页））中赋予承担全部道路交通与铁路交通中所有规则的人的抗辩事由，这里的违法性才可以被排除。但是同样，当 K 的行为被认为违法时，则排除 G 的责任。因为当确定该辅助人如任一被审慎挑选与监管的人那样行为时，则排除第 831 条第 1 款上的责任；因为在挑选 K 时的违反谨慎与责任产生之间并不具有因果关系（边码 1239、1241）。

19. 儿子作出的请求权可能基于第 346 条第 1 句与第 434 条第 1 款第 1 句、第 437 条第 2 项、第 326 条第 5 款（第 275 条第 1 款）、第 323 条第 1 款。对此取决于，对于风险转移前所知道的且并不显著的瑕疵是否要赋予买受人以解除的请求权。独立于该第 323 条第 4 款应被肯定的问题具有决定意义的是，该儿子是否可以行使涉及该抵偿关系存续的请求权。在真正利于第三人的合同中，主流观点拒绝未经相对人的同意即解除该合同的权利，因为对合同存续的决定必须保留给相对人（边码 1265）。因为否则第三人可能违背相对人的意思来替换给付标的物，并请求金钱价值来替代被使用的物。因此，如果该父亲并未同意该请求权的话，则 H 可以依据该观点拒绝向儿子支付。

20. 如果 S 被纳入其父亲与 E 签订的合同的保护范围中的话，则因违反该行为义务而考虑第 280 条第 1 款上的损害赔偿请求权。至于具体情形中第三人是否被纳入合同的保护范围这一问题，则有不同的答案。依据至今仍常见的观点这应当取决于合同债权人是否对纳入第三人有值得保护的利益，且如果其有义务照料该第三人的生活时，则该利益应被肯定。如果第三人在此范围内具有类似债权人的地位，则优先肯定该合同上的给付与该第三人的关系并将其纳入合同的保护范围。生活在 H 房子里的 S 与其他家庭成员如 H 自己一样被视为涉及合同的给付。S 而非其父亲踏上该栅栏并跌落仅仅取决于偶然因素。因此 S 基于与 E 依据合同完成的成果之间的关系具有准债权人的地位。如果债权人对第三人的纳入的值得保护的利益被认为具有决定性的话，则也可得出同样的结果；对 H 的该利益不会存在一点怀疑。还要补充的是，债务人能够知道该得出其为第三人损害负责的义务的情形，以及第三人的保护义务应被肯定，如果第三人没有对债务人的独立请求权的话（边码 1273）。在这里该条件已被满足。因此 E 如对其债权人一样对 S 也有义务作出合同上的给付，即不侵害其法益（第 241 条第 2 款）。为了履行该义务其使用其学徒 G，依据第 278 条第 1 句，其必须对其过错如同自己的一样负责。G 的疏忽意味着严重违反谨慎。因此 E 有义务赔偿因违反谨慎而引起的 S 的损害（边码 1266 及其下）。

21. 第三人利益中的损害清偿在间接代理与所谓的保护情形中被实施。但是并不排除该法律制度同样适用于其他存在类似利益形态的情形中（边码 1277 及其下）。

22. a）如果债权人对债务人负有不得转让债权的义务，则该未被约定作出的让与就不生效（边码 1290）。

    b）K 可以主张针对 V 作出的解除，因为依据第 404 条，为了债务人的利益，所有在债权让与之前对债权人享有的抗辩与反驳理由仍存在。对此 K 无须在让与前对 V 作出解除的表示；这取决于有效作出反驳的理由或让与时存在的抗辩（边码 1292）。

23. a）抵销被允许，因为 S 在其对让与请求权到期时对债权让与并不知情；因此其可以依据第 406 条对 A 作出抵销（边码 1300 及其下）。

    b）该结果仍未改变，因为债务人在取得对立债权的时候并不知道该让与，其对立债权此时已经到期（第 406 条；边码 1300 及其下）。

    c）该情形中 S 可以对 A 依据第 406 条抵销，因为被让与的债权迟于对立债权到期，且 S 在取得该对立债权时并不知道该债权让与（边码 1300 及其下）。

24. 在担保让与中，被让与的债权目的在于为被让与人担保另一个其对让与人享有的债权（边码 1306）。在收账权让与中债权让与给被让与人，以便其为了让与人的利益并对其负责而收取债权，并将所得交付给让与人（边码 1307）。

25. F 有义务支付到期的款项，如果其已经有效地对两个有限责任公司之间的合同上的债务承担了连带债务上的连带责任的话。F 的意思表示针对订立关于债务加入的合同。这取决于合同上的债务加入是否必须以书面形式作出。依据第 492 条第 1 款第 1 句似乎应被肯定，如果该规范适用于债务加入的话。在债务加入中并不涉及第 506 条意义上的有偿的融资资助，因为并未给予加入人以信贷，相反实现了信贷安全。但是加入人至少同样如主债务人一样值得保护，这样依据消费借贷与有偿的金融资助的规则的目的，与之相关的条文同样类推适用于债务加入，如果其表示要加入属于该适用范围的合同的话（边码 1318）。这两个有限责任公司之间的合同涉及一个融资租赁合同（边码 941），依据第 506 条第 2 款第 1 项与第 1 款、第 492 条第 1 款第 1 句应适用于该合同。A 公司缺少消费者的属性（第 13 条），这并不反对将该法相应地适用于 F 的债务加入。相反，具有决定性的是 F 被视为消费者。因为债务加入只是口头作出，依据第 125 条第 1 句其是无效的。因此 F 并不负有支付租金的义务（联邦普通法院案例，载《新法学周刊》，1997 年卷，第 3169 页，依据该判决改编了本案）。

26. 保证人可以主张第 433 条第 2 款上的请求权，因为在 V 的债权实现中其请求权依据第 774 条第 1 款第 1 句已经转归保证人。但是 K 可对该请求权提出所有其在请求权转移时对 V 享有的反驳理由（第 404 条与第 412 条），因此同样包括其因该机器的瑕疵而享有的解除权。基于与 K 的法律关系，即作出担保的委托，依据第 670 条保证人同样具有该支出费用赔偿请求权，即其为了执行该委托与依据情况而必须作出的支出。这取决于保证人是否可以不与 K 协商就可实现 V 的请求权；因为他如果知道 K 的解除权的话，则其可能类推适用第 710 条拒绝实现 V 的债权（边码 1330）。对于委托人必须赔偿被委托人哪些支出这一问题在客观的必要性上并不重要，而仅仅是否理性地判断了被委托人已知的可以决定必要性的所有情形（边码 974、1334）。保证人可以期待 K 对其告知，如果其具有一个拒绝支付的理由的话。因此，如果其认为该情形并不存在的话，则并不可对其规制。与之相应，其可以向 K 请求支付 10 000欧元，且 K 可以与 V 就机器的瑕疵达成协议。
27. 只有当 G 的意思表示被视为订立债务加入合同的要约或为保证合同，且 V 推定地接受时，V 才具有对 G 请求支付拖欠租金的权利。对此取决于 G 是否仅仅表示关心 L 对债务的履行，还是想承担对 V 的独立的义务。依据主流观点，不管是债务加入还是保证合同都需要对债务履行具有直接的经济利益。G 并不具有该利益。因此，G 的表示只能理解为，其承诺担保 L 的债务。因此这涉及一个形式无效的保证承诺（第 125 条第 1 款与第 776 条第 1 句），G 对此并无义务（边码 1323 及其下）。

二、考试练习

关于考试练习一的学生答案（边码 444）

该习题是帕骚大学民法基础教程中的试题。下列答案被评为“gut（良好）”（15 分）。其为通过第二次国家司法考试的 Volker Heinze 先生设计。下面的答案由参加基础教程的 Olaf Eul 先生撰写。Eul 先生当时刚结束第一学期的课程。批注是阅卷人的提示。

案例情形 1

如果关于该型号投影仪的合同在 H 与 R 之间已经订立并仍然有效的话，则 H 可能对 R 基于第 433 条第 2 款具有对拉茨牌型号 1080 投影仪的价款支付请求权。

1. 合同基于两个相互一致的意思表示而成立。从第 145 条及其下诸条中可得出，对此可区分为合同的要约与承诺。

   a）合同的要约必须包含合同内容的所有基本的部分，如价款的数额与买卖标的物的名称，这样，承诺人为了承诺只需用“是”即可以来回答。此外，要约中必须有可知的法律约束的意思。[①] 本案中的要约可能存在于 R 指示的信件中。这里确定了数量与买卖标的物。但是买卖价款其并未提到。但是 R 通常在其所期望的信件受领人处订购办公用品，这样可以得出 R 对其所期望的客体想以 A 商店中正常的价格购买。

   该信被寄到投影仪生产商 H 处。依据客观的受领人的理解，即受领人依据诚实信用原则与交易习惯对表意人的意思表示的理解可得出，R 起初想购买同样名称（如信中所述）的投影仪。R 并未给出价款，这样其必认为是其店中的正常价格。H 从信中还可以知道，R 想受到信件中的要约的约束。因此，H 可以对此要约订立关于投影仪的“买卖合同”。

   aa）问题是，秘书写信的行为如何认定。这可能涉及其意思表示，而非 R 的。R 指示了信的内容，并签字，这样他的意思表示就是订立合同的要约，且其秘书的意思表示只是通过写下他指示的信件的内容，并将信寄出以执行他的意思。因此她是 R 的意思表示传达人。[②]

   bb）该要约由 R 发出。

   b）对要约的承诺可能存在于 H 的行为之中。这里同样要从客观的受领人视角来解释。该承诺可能从 H 的行为中推定出来，而并非其之前的意思表示，如果该意思表示依据交易习惯不可期待，或要约人依据第 151 条第 1 句对此已经放弃。R 作为要约人已经在其信件中要求尽快送货。作为受领人的 H 对此只能如此理解，即 R 想尽可能快地占有其想获得的客体，且如果该标的物被很快地送到，其宁愿放弃事先需被作出的承诺。H 立刻行动并将投影仪送给了 R。通过 H 的快速行动，其毫无保留地接受了 R 的要约。[③] 通过该迅速地提供标的物的行为，R 只能得出他的要约已被接受这一结论。依据第 151 条第 1 句第 2 种情形，这取代了对要约的表示，而是通过行为推定地表示出来。因此存在一个对 R 表示出的要约的承诺。

2. H 与 R 之间的合同基于对拉茨牌 1080 型号投影仪的要约与承诺而有效成立。

3. 但是问题是，该买卖合同是否还依然有效。其可能已经变得无效，如果 R 已经撤销了作为合同必要组成部分的要约，且具有第 142 条第 1 款上的自始

① 这如何确定？这在该范围内（意思表示需要的）有疑问吗？

② 秘书仅仅是 R 书面表达意思表示的技术辅助人。她并未传达意思表示，因此其并非意思表示传达人。

③ 不正确。（推定表示出的）承诺是基于在批发商处订购该投影仪而为外部可知。R 是否可能知道这些则并不重要。

无效的法律后果的话。这样合同可能被视为自始无效。该字面意义应这样认定，即其在后果上涉及拟制，涉及被认为的自始无效，但这可使得有效的合同订立行为变得无效——事实上这的确发生了。但是无效只有在合同生效后才被拟制。

a）首先必须存在一个撤销的事由。依据第 119 条第 1 款第 2 种情形其陷入错误则可撤销，其根本不想发出该内容的意思表示。但是 R 想订购其所写名称的标的物，这样其就正确地表示出其想要表示的。因此该撤销理由被排除。

b）依据第 119 条第 1 款第 1 种情形，对其意思表示内容认识错误的人可以撤销。④ R 想在 A 处订购一个文件夹，但是对 H 发出了其关于订购的要约。⑤ 因此其对其要约有效到达的主体本身认识错误，这样就存在一个“对人的认识错误”，这为第 119 条第 1 款第 1 种情形中的内容认识错误。这在本案中是显而易见的，其中的确取决于被理解的要约内容到达所期望的受领人。因此，依据第 119 条第 1 款第 1 种情形存在一个撤销理由。⑥

c）R 拒绝接受 H 的投影仪，并拒绝支付价款。这里可推定出 R 的撤销表示，这无须包含撤销表示的概念，而是仅仅对法律行为拒绝必须公开地可知。因此，依据第 143 条第 1 款这是存在的。

d）这可被 R 针对 H 作出，即针对第 143 条第 2 款上的其他合同部分与撤销对象。

e）R 通过其拒绝行为直接地表示出，这样排除有过错的迟疑，且依据第 121 条第 1 款其并未迟延地表示出。

f）第 121 条第 2 款与第 144 条第 1 款中的法定排除事由并不存在。⑦

4. 通过有效地撤销对 H 的意思表示，因此该买卖合同从无效形式变为未生效。

5. 依据第 433 条第 2 款，H 对 R 并无对投影仪请求买卖价款的权利。

案例情形 2

依据第 433 条第 2 款，H 可能对 R 具有支付关于投影仪的买卖价款的请求权。

1. 一个相应的买卖合同必须首先有效地被订立（如上 AI1）。

a）该情形中要约可能在 R 的信中。该情形中受领人可以清楚地得出，该要约必定针对与要约人经常保持交易的人。因此其必定知道，其并不包括在内，且因此必须得出，要约人缺少与其订立交易的法律上的拘束意思。⑧ 因此，其不可认为 R 的合同要约是针对他的。

---

④ 该内容错误的表示至少具有理解错误。内容错误是指，表意人主观上对其内容理解为有别于其客观意思的其他的意思。

⑤ 同上（脚注 2）。

⑥ 仅仅因该错误还不足以撤销。其他条件为：该错误与将要被撤销的意思之间的因果关系（参见第 119 条第 1 款）。

⑦ 多余的认定，因为依据案例是显而易见的。

⑧ 为什么表述得如此让人费解？对 H 而言，其并不可能是该意思表示的相对人。

b）因此排除生效的合同要约。

2. H 与 R 之间相应的合同并未成立。

3. H 对 R 没有第 433 条第 2 款上支付投影仪买卖价款的请求权。

关于考试练习二的答案要点（边码 714）

本案是帕骚大学 2014 年夏季学期民法基础教程中闭卷考试的一部分，下面将首先列出标准的答案提示，然后将列出法学专业第二学期学生 Carolin Scheuer 女士的答案，该答案被评为“sehr gut（优秀）”。

Ⅰ、改卷人的答案提示

案例 1：

1. 依据第 433 条第 1 款第 1 句，K 对 W 的交付及转移所有权的请求权

a）生效的合同

（1）要约：商品的网站展示由于缺少法律约束意思而未成为对 W 具有拘束力的要约。同样，K 的邮件问询亦并非要约（因为这只是一个“问询”，数量和价格尚未确定）。据此，直到 W 对 K 的电话才表明为一个 W 的具有约束性的要约，确切地说内容为，向 K 出售 12 瓶总价为 240 欧元的“1993 年特里尔 Herrenberg 的干葡萄酒”。

（2）承诺：K 在电话中立刻对 W 的要约作出了承诺（参见第 147 条第 1 款），这样依据第 433 条第 1 款第 1 句，K 对 W 的交付和转移所有权的请求权就产生了。

b）消灭，第 275 条第 1 款

（3）鉴于 11 瓶酒已被毁损，依据第 275 条第 1 款，该请求权可能已经消灭。如果在买卖标的上涉及一个种类之债，则 W 自己只负有一个种类上和质量上中等的物（第 243 条第 1 款）。但是当此为一个现货之债时（即限制性的种类之债），则某种类物出卖人的购置义务就不再存在。这里是否为该种情况，则需通过解释来确定。

（4）W 已经指出，对该葡萄酒他只剩“存货”12 瓶，其将在未来从其商品名单中剔除，且他对 K 提供“尚存的那些瓶”。这表明，W 并不想履行超出自己尚存部分的给付义务，因此其并不想通过在市场上购置其他的酒的义务来承担损失的风险。⑨

（5）基于该现货之债得出：由于该“1993 年特里尔 Herrenberg 干葡萄酒”的存货损失得只剩下 1 瓶，所以据此其给付依据第 275 条第 1

---

⑨ 如果已经知道该问题，且对于该问题被设置为，在 W 这里涉及要给葡萄酒销售商（并非直接销售的葡萄酒酿制者），则在相应的论证中采取其他观点。在本案中同样需要注意一系列其他的解答。第 243 条第 2 款意义上的特定化并非导致特定之债，因为 W 对一个送交之债在其一方尚未作出必要内容，即将葡萄酒准时地送到正确的地点。相反，K 可以向 W 请求交付 2 瓶所购的葡萄酒并要求转移所有权，因为依据第 320 条，因 W 的先给付义务而排除了抗辩。依据第 280 条第 1、3 款，第 281 条，在损害赔偿请求权上存在的问题就是，给付期限并未被确定，且因缺少特殊的情境该期限同样是必要的。

款就不可能，且他已经相应地免除了给付义务。考虑到尚存的瓶数，K对W对此还有交付并转移所有权的请求权。

2. 依据第433条第2款W对K的价款支付请求权

有效的合同（是）。

如果考虑到11瓶葡萄酒已经毁损，依据第275条第1款，在W一方已经免除了给付义务，则依据第326条第1款第1句K同样免除了对待给付的义务。W只能向K请求支付剩余那瓶葡萄酒20欧元的价款。因为W具有先给付的义务，所以K可以依据第320条提出抗辩。

3. 依据第275条第4款，第280条第1、3款，第283条，K对W的损害赔偿替代给付的请求权

a）债的关系＝买卖合同

b）违反义务＝因给付不能而未给付

c）可归责性

原则上，对违反义务可归责是依据第280条第1款第2句推定的。但问题在于，W在这里是否可被免于指责，因为其不可对给付不能的产生归责。其自己对毁损没有过错（第276条）。但是其可对第278条上的过错归责。虽然M不再是成年的W的法定代理人，但是她在这里是作为给付辅助人来行为，因为W将其置于了自己的义务范围（给付）之内。但是M同样对该意外事故没有过错，因为她遭遇了一个“医疗之外的”虚弱。

但是，如果该意外是在第286条意义上的债务人迟延中发生的，则W在这里依据第287条就会因过错而负责：

（1）W可实施的给付，到期（是）。

（2）催告：未作出，但是依据第286条第2款第1项是非必要的，因为依据日历的给付时间已经确定（即约定）。

（3）未给付（是）。

（4）过错，第286条第4款（是），因为W因过失而忘记带酒（第276条第2款）。所以，依据第287条第2句W必须要无过错地为事故负责，特别是如果及时给付（即W运送）损害就不会产生时。

d）损害：K能够请求W作出弥补，就如没有该损害事件发生那样，第249条第1款。这样他就可以得到12瓶所购葡萄酒的240欧元。从现在起，他必须自己从市场上寻找另外的11瓶葡萄酒，且对此每瓶多付10欧元。因此他的损失为110欧元（依据第326条第1款第1句，K免予价款支付的义务，见上文）。

e）损害赔偿替代全部给付[10]：依据第283条第2句、第281条第1款第2句，在部分给付时K针对12瓶葡萄酒的损害赔偿只有当其对此没有利益时才可以

[10] 鉴于限于请求权的提问，K的撤销权（第275条第4款、第326条第5款、第323条第1款：撤销整个合同）在这里并不讨论。

请求。在这里人们可能对此并不接受：因为在市场上该酒还可以获得，但并不表明 K 对一瓶葡萄酒就没有了利益（相应的其他论证也是可行的）。[11]

案例 2：

1. 依据第 433 条第 1 款第 1 句 K 的请求权？基于现货之债，在损毁后 K 就不再享有请求权，第 275 条第 1 款。
2. 依据第 433 条第 2 款，W 对 K 的价款支付请求权？
   a) 生效的合同？W 和 K 之间成立了一个关于 12 瓶"1993 年特里尔 Herrenberg 干葡萄酒"的有效合同（见上文）。该合同不因 K 在供货中的拒绝表示而否定；因为即使人们将该表示解释为撤销，但是还缺少一个撤销权。撤销可以从第 323 条第 1 款中得出，但是被排除，因为 M 的给付迟延在中午 12 点半时（"中午左右"）尚未违反义务。因此，第 313 条第 3 款第 1 句已经被排除，因为婚礼的举行并未成为葡萄酒购买的交易基础。第 119 条上的撤销本来就不相关。
   b) 依据第 326 条第 1 款第 1 句，请求权已经消灭？依据第 275 条第 1 款，K 的履行请求权已经消灭（如上）。相反，依据第 326 条第 1 款第 1 句，W 可能在其一方已经解除了主给付义务（第 433 条第 1 款第 1 句）。
   c) 依据第 326 条第 2 款第 1 句仍尚存？但是价款支付请求权仍例外地全部存在，如果 K 在毁损时处于债权人迟延之中，且 W 对该毁损并不负责的话。
      (1) K 的债权人迟延，第 293 条及其下
         (a) 给付的可能性，第 297 条（是）。
         (b) 给付的可履行性/到期（是）。
         (c) 合适的给付，第 294 条（是）。
         (d) K 并未拒绝受领（是）。
      (2) 债务人可归责？W 虽然不亲自对该事故负责（第 276 条），但是其事务辅助人 M 行为具有过失，尽管她已经具有轻度疲劳，但是她仍继续驾驶，第 278 条、第 276 条第 2 款。但是，依据第 300 条第 1 款，在债权人迟延时 W 只可对故意和重大过失归责。M 的重大过失从本案中并不能够得出（其他观点亦可接受）。同样，第 287 条并不适用，因为 W 在 12 点半供货时并未陷入债务人迟延，因为该货应该"中午左右"送到。
   d) 结论：W 对 K 的价款支付请求权仍然存在。[12]
3. K 依据第 275 条第 4 款、第 280 条第 1 款对 W 的请求损害赔偿替代给付的权利？K 仍没有该请求权，因为 W 无须对葡萄酒的毁损负责。

---

⑪ 不必提到第 266 条。如果提到，则显示该条文并不合适：那里涉及的问题是，债务人在此范围内没有与之相关的义务约定依据期限作出；相反，此处涉及的是，在部分给付不能的情形中，法律原则上只部分地解决既存合同上的义务，且只保留其他正当的部分。

⑫ 该结论同样可以用第 446 条第 3 句来论证，这同样基于购买人的受领迟延，且完全可以作为买卖法上第 326 条第 2 款第 1 句的特殊情形。

Ⅱ、法学院学生 Carolin Scheuer 的答案原稿

案例 1：

依据第 433 条第 1 款第 1 句，K 对 W 的对 12 瓶葡萄酒的交付并转移所有权的请求权

K 可能具有对 W 的 12 瓶葡萄酒的交付并转移所有权的请求权。K 和 W 必须已经订立了一个有效的买卖合同。W 的网上商品和 K 的问询应被视为要约邀请，合同订立是电话方式的，第 145 条、第 147 条第 1 款第 2 句。因此对 12 瓶葡萄酒的请求权存在。但是依据第 275 条第 1 款，如果该给付对于债务人（第 275 条第 1 款第 1 种情形，主观的不能）或对于任何人（第 275 条第 1 款第 2 中情形，客观的不能）是不可能的，则该请求权被排除。对该问题判断关键在于，是否存在特定之债、种类之债或现货之债。这通过解释得出，第 133、157 条。对于 K 而言，这取决于一个特定的葡萄酒品种，但是不取决于特定的某瓶葡萄酒。对于 W 而言，该债限于尚存的 12 瓶，且这也是合同的内容。因此，该种类之债限于 W 的存货，因此就存在一个现货之债，其中所有的库存葡萄酒都有债上的义务。在意外中有 11 瓶被打碎，但是 W 并没有其他存货，且已经约定了现货之债，所以在此范围内给付就不可能。因此，这并不取决于可能的现货之债特定化为特定之债（第 243 条第 2 款）。因此，基于《民法典》第 433 条第 1 款第 1 句，K 对 W 只具有请求对 1 瓶葡萄酒交付并转移所有权的请求权。

基于第 275 条第 4 款、第 275 条第 1 款、第 280 条第 1 款、第 280 条第 3 款、第 283 条，K 对 W 的损害赔偿替代给付的请求权（11 瓶）

基于第 275 条第 4 款、第 275 条第 1 款、第 280 条第 1 款、第 280 条第 3 款、第 283 条，K 对 W 可能具有损害赔偿替代给付的请求权。一个合同之债，即 K 与 W 之间存在买卖合同（第 433 条），第 280 条第 1 款第 1 句。

W 必须要违反了债上的义务，第 280 条第 1 款第 1 句。W 已经违反了将 11 瓶葡萄酒交付给 K 并转移所有权的义务。

依据第 283 条第 1 款，必须要存在第 275 条第 1—3 款上的条件。依据第 275 条第 1 款第 2 种情形，已经存在给付不能。W 必须要对违反义务的行为负责，第 280 条第 1 款第 2 句。原则上债务人必须对故意和过失归责，第 276 条第 1 款。但是可以基于第 287 条得出一个更严格的责任。对此 W 必须要处于债务人迟延之中，第 286 条。对此，给付必须要到期，第 286 条第 1 款第 1 句。依据第 271 条第 1 款，债权人在存疑时可以立刻要求作出给付。但是 K 和 W 已经约定了给付时间，即 7 月 10 日中午，这样就不必借助解释规则。7 月 10 日 W 并未作出给付，但是此时已经到期。依据第 286 条第 1 款第 1 句，K 似乎必须要作出催告。该催告为债权人向债务人作出的作出给付的要求。在本案中 K 作出催告并非关键点。且依据第 286 条第 1 款第 2 句第 1 项，催告可以是非必要的。对此必须要依据日历确定了一个时间。K 和 W 已经依据日历对该给付确定了 7 月 10 日这一时间。因此催告是非必要的。W 处于债务人迟延，因此依据第 287 条必须对过失和意外原则上要承担责任。W 在这里并非亲自行为。相反，他的母亲 M 是基于非可预见的原因造成了该意外。

基于非可预见性，这里并不涉及过失，而是一个意外。因此，M 对该意外并不负责，因此这里不可适用第 278 条。因此，该事故是意料之外的，即任何一方都无须负责。基于债务人迟延，依据第 278 条第 2 句，W 对此承担责任。因此，他不可以依据第 280 条第 1 款第 2 句来免除责任。

因此，依据第 249 条及其下诸条，他对 K 具有损害赔偿义务。依据第 249 条第 1 款为自然恢复，因为 11 瓶葡萄酒已经被毁损，已经给付不能。依据第 251 条第 1 款，W 因此需对 K 作出金钱赔偿。该损害赔偿依据差额理论来计算，即 W 必须在财产上这样地作出赔偿，就如同该损害事件尚未发生一样。该葡萄酒在 W 处每瓶值 20 欧元，在其他销售商处每瓶值 30 欧元。对该 11 瓶葡萄酒如同在他人之处一样，K 必须支付 110 欧元。依据第 251 条第 1 款，W 必须对 K 支付该数额。

基于第 275 条第 4 款、第 275 条第 1 款、第 280 条第 1 款、第 280 条第 3 款、第 283 条、第 281 条第 1 款第 2 句，K 对 W 的损害赔偿替代全部给付（12 瓶）的请求权

基于第 275 条第 4 款、第 275 条第 1 款、第 280 条第 1 款、第 280 条第 3 款、第 283 条、第 281 条第 1 款第 2 句，K 可能对 W 具有一个损害赔偿替代全部给付的请求权。

如所示，债的关系、违反义务、第 283 条上的给付不能和可归责已经存在（见上文）。问题是，K 是否因对 11 瓶葡萄酒的给付不能而解除全部合同。对此，第 283 条第 2 句指引向了第 281 条第 1 款第 2 句。据此，在部分给付时只有当债权人对部分给付没有利益时，其才可以请求损害赔偿替代全部给付。这再次需要依据第 133 条、第 157 条通过对合同主体意思的解释来确定。当 12 瓶葡萄酒只剩下 1 瓶时，即部分给付只是非常少量的时候，可能赞成上述内容。但是并无 K 对该部分给付并无利益的支持内容。此外，该葡萄酒还可以从其他销售商处获得。

因此，K 对 W 并无损害赔偿替代全部给付的请求权。

依据第 433 条第 2 款，W 对 K 的价款支付请求权

W 和 K 已经订立了一个有效的合同（见上），因此存在该请求权（第 433 条第 2 款）。

但是依据第 326 条第 1 款第 1 句，该请求权可能已经消灭。依据第 275 条第 1 款第 2 种情形，对 11 瓶葡萄酒的请求权已经被排除。在此范围内的价款支付请求权已被排除。基于部分给付，依据第 326 条第 1 款第 1 句第 2 半句，需要注意第 441 条第 3 款。据此，对该瓶葡萄酒高达 20 欧元的买卖价款仍然存在。

案例 2：

依据第 433 条第 1 款第 1 句，K 对 W 的对 12 瓶葡萄酒的交付及转移所有权的请求权

依据第 433 条第 1 款第 1 句，K 可能具有对 W 的对 12 瓶葡萄酒的交付及转移所有权的请求权。

K 与 W 已经订立了一个有效的买卖合同，该请求权存在。

12 瓶葡萄酒已经毁损。基于现货之债，因此产生了给付不能（对于所有的 12 瓶葡萄酒，不再分析，见上），第 275 条第 1 款第 2 中情形。因此该请求权被排除。

依据第 280 条第 1 款、第 280 条第 3 款、第 283 条、第 275 条第 4 款、第 275 条第 1 款，K 对 W 的支付损害赔偿的请求权

依据第 280 条第 1 款、第 280 条第 3 款、第 283 条、第 275 条第 4 款、第 275 条第 1 款，K 对 W 可能具有一个损害赔偿替代给付的请求权。第 280 条第 1 款第 1 句上的债的关系存在于买卖合同的形式之中。

W 已经因没有给付葡萄酒而违反了第 433 条第 1 款第 1 句中的义务。依据第 283 条、第 275 条第 1 款第 2 种情形，该给付同样是给付不能的。

违反义务对 W 可归责，第 280 条第 1 款第 2 句。依据第 276 条第 1 款，原则上故意和过失对其可归责。基于第 300 条第 1 款可能得出一个减轻的责任。对此，K 必须要陷入债权人迟延。依据第 294 条，对此 W 必须要如同给付已经成就那样地作出，即在正确的时间、正确的地点和以正确的数量作出。依据合同解释（第 133 条、第 157 条）是送交之债。与第 269 条第 1 款的解释规则相反，将居住地约定为了履行地。

该给付对 W 曾是可能的，对此他也同样准备要给付且有能力，第 294 条。他为了给付而使用 M 作为事务辅助人，这并无影响。对于给付时间则设定为 7 月 10 日中午。7 月 10 日 12 点半应被视为中午。因此该给付行为是准时作出的。

K 拒绝受领该葡萄酒。因此，依据第 293 条他已经陷入了迟延。

依据第 300 条第 1 款，W 因此只对故意和过失负责。W 在这里并未亲自行为。但是 M 的过错必须尽可能地依据第 278 条第 1 句对此归结。基于约定了送交之债这一事实，M 是在履行 W 的义务而提供葡萄酒，即事务辅助人。因此，依据第 278 条第 1 句，可能的过错似乎可对 W 归算。M 可能行为有过失。过失是对交往中必要义务的违反，第 276 条第 2 款。M 已经具有了轻度虚弱，尽管如此还是继续驾驶，并最终导致了事故，并造成了 12 瓶葡萄酒毁损。她的行为具有过失。但是依据第 300 条第 1 款，具有决定作用的是她的行为是否具有重大过失。对此她必须较严重地违反了交往中所必需的谨慎，并无视所述情形中任何人都明白的事情。M 已经预料到了违反义务（例如意外事故），但是相信一切将会顺利，这表明其可能具有重大过失。但是这只证实了一个有意的行为，而非重大过失。依据该定义，在轻度虚弱后继续驾驶车辆并非严重地违反了谨慎，因此并非重大过失。以此，依据第 300 条第 1 款、第 278 条第 1 句，W 无须对违反义务负责，因此，依据第 280 条第 1 款第 2 句，他可以免责。因此，K 对 W 不存在损害赔偿请求权。

依据第 433 条第 2 款，W 对 K 的价款支付请求权

依据第 433 条第 2 款，W 可能对 K 具有一个价款支付请求权。W 和 K 已经订立了一个有效的买卖合同，因此具有该请求权。

但是，依据第 326 条第 1 款第 1 句，该请求权可能被排除。依据第 275 条第 1 款第 2 中情形，W 无须作出给付。基于此，对待给付的请求权原则上消灭。但是，依据第 326 条第 2 款第 1 句第 2 种情形，该请求权可能存在。对此，K 必须已经陷入了受领迟延。这里是这样的（如上）。同样，W 无须对违反义务负责（如上）。

因此，依据第 326 条第 2 款第 1 句第 2 种情形，该价款支付请求权仍然存在。

关于考试练习三的答案要点[13]（边码 977）

原始案例（问题 1）

Ⅰ. 买卖价款的返还支付请求权

1. 请求权基础：第 346 条第 1 款与第 437 条第 2 项、第 326 条第 5 款

a）V 与 K 之间有效的买卖合同已经成立。

b）买卖物的瑕疵？如果该物没有约定属性则被肯定（第 434 条第 1 款第 1 句；边码 869）。合同标的物：真正的彼德迈耶尔写字柜（这里同样依据案例情形，即广告具有相应的属性陈述，默示约定），被交付的柜子：只是仿制家具。

c）在风险转移时存在瑕疵（参见第 446 条第 1 句），在订立合同时 K 并不知道，该不知情并非基于重大过失（第 442 条第 1 款）。

d）所负的给付，即提供具有约定属性的写字柜（即真正的彼德迈耶尔写字柜），在客观上给付不能。因此请求给付的权利被排除（第 275 条第 1 款），且依据第 326 条第 5 款，K 同样可以无须设定期限就解除买卖合同。K 已经作出了（推定的）解除（第 349 条），即通过其请求对返还支付写字柜的买卖价款。

e）法律后果：返还写字柜的同时请求返还支付买卖价款（第 346 条第 1 款、第 348 条）。

2. 请求权基础：第 812 条第 1 款第 2 句第 1 种情形[14]

a）撤销引起了支付价款的法律基础丧失（买卖合同）？

b）因内容错误而撤销（第 119 条第 1 款第 1 种情形）？

aa）K 陷入错误？是，其想购买真正的写字柜。

bb）内容错误？没有，其表示其想购买要约中的柜子。这涉及属性错误（其主观认为该柜子是真正的；边码 433 及其下）。

c）依据第 119 条第 2 款撤销？

aa）在买卖法之外是否允许此类撤销具有争议。这被主流观点否定。因为似乎可以接受相反的观点，所以这里应分析撤销权。[15]

bb）K 陷入错误（同上）。

cc）性质认识错误？性质是从中得出自然属性的特征（边码 437）。彼德迈耶尔风格的真实性被认为是决定价值的因素，这一句所有的观点都是被视为“交往实质上的”（边码第 438 及其下）。

dd）认识错误也是被撤销的 K 的意思表示的原因（边码 405）。

---

⑬ 这里是一个（法律上并不详尽的）答案概要，就如在写下案例分析答案之前所要制作的那样（边码 13、3411、32）。

⑭ 迄今为止尚未涉及不当得利请求权，当相应的分析缺少该点时并不视为瑕疵。

⑮ 在考试中必须对撤销权的可能性问题详尽分析并判断。

d）结论：撤销权。被这样行使：第 812 条第 1 款第 2 句第 1 种情形上的请求权。但是因 K 作出的缔结合同的意思表示无效，所以买卖合同的效力溯及地丧失，这样依据第 326 条第 5 款（第 437 条第 2 项），解除权并不可（再）被考虑。这同样适用于合同上的损害赔偿请求权。

Ⅱ. 损害赔偿请求权

1. 请求权基础：第 311a 条第 2 款与第 437 条第 3 项

a）依据第 275 条第 1 款，V 无须给付（同上）。因此，当 V 或知道该（自始的）给付不能，或对其不知情必须负责（第 311a 条第 2 款第 2 句）时，则损害赔偿替代给付。

b）V 认为是真正的，因此并不知道该给付障碍。不知情同样并不基于过失，因为其继承了该家具，且同样不可能知道该不真实性。但是在承担质保时必可被归责（第 276 条第 1 款第 1 句）。在可知的广告之下订立了合同。这里明确的表述（180 年、原初的彼德迈耶尔）。价格同样如真正的家具一样。K 明显只想购买一个真正的彼德迈耶尔写字柜。V 也确信为真正的。所有都表明，V 对承担出卖真实的柜子的义务，因此为要该真实性作出（质量）保证（边码 953）。

c）法律后果：请求损害赔偿替代给付

aa）大的损害赔偿请求权还是小的损害赔偿请求权？K 并不想要该写字柜，因此为大的损害赔偿请求权。买受人具有选择权（边码 926）。

bb）由于 H 必须被这样设置，如同其已经被依约履行了合同一样，所以其可以在返还写字柜的同时请求5 000欧元以及鉴定费用。

2. 请求权基础：第 280 条第 1 款，因为缔约过失（第 241 条第 2 款与第 311 条第 2 款）

V 在合同缔结中所给出的错误陈述涉及买卖物的属性，且可理解为第 434 条第 1 款第 1 句意义上的约定。出卖人必须基于第 437 条对此负责。此外因缔约过失的请求权并不被考虑（边码 947）。

派生案例（问题 2）

Ⅰ. K 并不知道该柜子为赝品

1. 如果嗣后履行请求权已过时效，且债务人（即 V）并不可对此主张（第 218 条第 1 款与第 438 条第 4 款第 1 句），则并不可有效地作出解除。在客观的给付不能时虽然不存在嗣后履行请求权，但是基于第 218 条第 1 款第 2 句，在时效上对第 275 条第 1 款的情形应如此对待，即依据第 439 条第 1 款在可能的给付中存在一个可被行使的嗣后履行请求权（边码 939）。依据第 438 条第 1 款第 3 项，该请求权已过时效，因此 K 不可解除该合同，如果 V 基于此主张已过时效的话。

2. 依据第 311a 条第 2 款（见 A. II. 1.）损害赔偿替代给付的请求权同样已过时效。

3. 请求权基础：第 812 条第 1 款第 2 句第 1 种情形

如上所述。

Ⅱ. V 知道该写字柜并不真实。

1. 在有效解除时依据第 346 条第 1 款上的请求权。以通常的时效期限该嗣后履行请求权已过时效（同上），因为 V 恶意（=故意）隐瞒该瑕疵（第 438 条第 3 款第 1 句）。通常的时效期间为 3 年（第 195 条），依据第 199 条第 1 款开始于订立之时，即请求权产生且债权人已经知道或非因重大过失应当知道构成请求权的情形与债务人本人时。由于该不真实性直到合同订立 3 年后才被 V 发现，所以（拟制的）嗣后履行请求权仍未过时效，这样 K 可以有效地作出撤销表示（第 218 条第 1 款与第 438 条第 4 款第 1 句）。因此得出的法律后果是，依据第 346 条第 1 款，V 有义务在返还写字柜的同时返还买卖价款（第 348 条）。
2. 依据第 311a 条第 2 款与第 437 条第 3 项，K 同样具有损害赔偿请求权（同上）。
3. 请求权基础：（第 812 条第 1 款第 2 句第 1 种情形）
   a）同上。
   b）因 V 的恶意欺诈而撤销（第 123 条第 1 款第 1 种情形）。条件满足（欺诈导致被欺诈人 K 作出意思表示，V 恶意；边码 466）。
   c）法律后果：返还所得，即买卖价款。这样 V 基于同样的法律基础具有买卖价款返还的请求权。撤销后 K 针对合同订立作出的意思表示消灭，且基于此的整个合同溯及地消灭（第 142 条第 1 款）。依据第 346 条第 1 款或依据第 311a 条第 2 款与第 437 条第 3 项，K 不再具有权利。

关于考试练习四的答案要点⑯（边码 1151）

Ⅰ. 请求权基础⑰：第 678 条与第 678 条第 2 款

1. F 作出了他人的行为（即 S 的）？应被肯定。姓名的使用权绝对地归于所有者（同样参见第 12 条）。
2. 对属他性的明知？F 故意使用 S 的名字来做广告。对此其需要姓名所有人的同意，这必定为作为交易领域中的 F 所知悉。因此可以认为其并未错误地认为有权使用 S 的名字，并因此认为是做自己的事情。因此 F 知道该属他性，且其同样知道对该事务管理缺少授权。
3. 因此，F 有义务赔偿因事务管理所产生的损害。但是 S 并未产生物质上的损害；相反，其对非物质损害请求金钱赔偿。这只有当法律有规定时才被允许（第 253 条第 1 款）。但是第 678 条对此却并未规定。

Ⅱ. 请求权基础：第 823 条第 1 款第 2 种情形（侵权情形）

---

⑯ 案例源自联邦普通法院的案例（《联邦普通法院民事判例集》，第 35 卷，第 363 页）。本答案提示原则上比通常的考试答案（由于时间关系）要详细。

⑰ 一般的对法律情形的案例问题通过撒贝恩要求支付10 000欧元作为补偿费用而充分特定化（边码 15）。

详细的分析是多余的。S 并未请求返还 F 无权获得的财产利益（边码 1124 及其下）。

Ⅲ. 请求权基础：第 823 条第 1 款与《基本法》第 1、2 章

1. F 侵犯了 S 的一般人格权吗（作为第 823 条第 1 款上的“其他权利”）？在广告中以强调的方式对 S 姓名的提及与指出其为学术权威使其被嘲笑并伤害到了其作为学者的威望。在一般人格权的内容与界限的分析中所需的利益与财产衡量（边码 1177）原则上需要 S 对其个人人格尊重的请求权（参见《基本法》第 1 章第 1 款、第 2 章第 1 款）优先于 F 的经营利益。因此 F 并未尊重 S 个人人格的请求权，并侵犯了其一般人格权。

2. S 的损失可被赔偿？S 对非物质损害请求精神赔偿（见 I 3）。第 253 条第 2 款并未提及对一般人格权的侵犯。但是法官法以宪法方式[18]支持了一般人格权严重受到侵犯时对非物质损害的金钱赔偿请求权。必须满足下列条件：

   a）违法且有过错地侵犯了一般人格权。

   b）严重侵犯了该权利。

   c）被侵权人不能够通过其他方式取得足够的补偿（边码 1182）。

   其一：对 S 的一般人格权的侵犯是违法的（III a），因为 F 有义务遵守该义务，且特别是对于以营利为目的来使用 S 的姓名，其不可认为是自己的权利来抗辩（边码 1177 及其下、1213）。如果 F 信赖科普文章中的表述，则其行为太轻率。其可能特别不能认为其有权将该文章中的表述用于广告之中，并认为这没有重大过失。

   其二：深度地侵犯人格权视为严重（边码 1182）。该条件在这里已经满足。广告的种类与 S 的职业（教会法学者）对此认定具有特别意义。

   其三：F 的更正行为并不足以弥补所遭受的烦恼，这并未通过此而被消除。

3. 赔偿的适当性？在金钱赔偿中需要注意权利侵犯的范围与严重性，以及 F 基于该侵权行为所获得的利益。据此，被请求的数额额度是合理的。

Ⅳ. 请求权基础：第 823 条第 2 款与《刑法典》第 186 条

并不需要详细地分析，因为不可能接受 F 故意地——如《刑法典》第 186 条中必要的——传播关于 S 的（不真实的）事实，即 S“故意行为或适合在公共舆论中贬损”的事实。即使在广告中作出的陈述在客观上完全具有该特性，但是 F 明显相信，S 在学术上理解人参；因此其并未明知且愿意用该广告来嘲笑 F。

Ⅴ. 请求权基础：第 824 条

该条文中损害赔偿请求权的前提是，适合造成经济利益损害，特别是相关人的前途与经济前景造成损害的不真实的事实的传播。不可从该案例中得出 S 的该类利益被 F 侵犯。

---

[18] 这为联邦宪法法院明确确认（《联邦宪法法院判例集》，第 34 卷，第 269 页）。

关于考试练习五的答案要点（边码 1343）

A. R 对 H 的请求权

Ⅰ. 请求权基础：第 631 条第 1 款以及第 398 条

1. 该债权让与起初是待定的未生效，但是在 N 的追认后变得完全生效（第 177 条第 1 款与第 182 条第 1 款）。R 因此为该请求权的所有人。
2. 请求权因履行而消灭（第 362 条第 1 款）？H 向 N 支付时其已不再是该请求权的债权人。但是第 407 条第 1 款有助于 H。新的债权人必须让善意的债务人向原债权人的给付对自己生效。由于 H 并不知道该债权让与，且主张该债务人保护规则，则其如同向真正的债权人支付一样被对待。

Ⅱ. 结论：R 对 H 没有请求权

B. R 对 N 的请求权

Ⅰ. 请求权基础：第 280 条第 1 款

1. 基于让与所基于的买卖合同，即 N 女士为其丈夫与 R 签订的，且因 N 的追认而生效的合同（第 177 条第 1 款；参见上述 A Ⅰ 1），得出 N 的给付保障上的从义务，即不作一切事后危害并阻碍合同目的实现（R 实现该债权（第 453 条与第 433 条第 1 款第 1 句），以便其能够收取）的行为。当 N 接受 H 的支付时，则其过错地（第 280 条第 1 款第 2 句）违反了该义务。
2. 依据第 280 条第 1 款，N 必须赔偿因违反义务对 R 造成的损害，即向其支付7 000欧元。

Ⅱ. 请求权基础：第 285 条

1. 买卖合同中的给付不可能？但是 N 已经准备给付，即让与该请求权，且直到因其迟到的行为才使得该给付效果变为不可能（第 275 条第 1 款）。依据第 285 条的法律思想，即对并不属于债务人的利益进行平衡，该条文应被相应地适用。
2. N 从 H 处获得7 000欧元。该数额在经济上已经取代了 R 对 H 享有的请求权的位置，N 必须返还给 R。

Ⅲ. 请求权基础：第 667 条与第 681 条第 2 句、第 687 条第 2 款第 1 句

1. N 通过接受该债权的款项干涉了 R 的事务。其知道该事务的属他性，且当做自己的事务来行为，但是其对此并没有权利。
2. 因此其要返还从该事务中的所得，因此其对所得的7 000欧元与 4%的利息（第 687 条第 2 款第 1 句、第 681 条第 2 句、第 668 条、第 246 条）负有义务。

Ⅳ. 请求权基础：第 816 条第 2 款

1. H 对无处分权人 N 的支付对于处分权人（R）基于第 407 条第 1 款而生效。
2. 有义务返还所得？该义务并不涉及所得的钱币，而是其价值，即7 000欧元。对于 N 用于债务清偿的6 700欧元为其不当得利；但是高达 300 欧元的不当

得利因用于“开心的夜晚”而消灭。在此范围内 N 并未得利，因为如果其并未获得7 000欧元的话，则其并不能够作出这些花费（第 818 条第 3 款）。但是 N 知道其并无权利；因此其并不可以主张其不当得利的消灭，而是依据第 819 条第 1 款、第 818 条第 4 款承担责任。与之相应，其必须向 R 支付7 000欧元和高于基准利率 8%的利率（第 291 条、第 288 条第 2 款、第 247 条第 1 款）。由于这里涉及 R 与 N 关系中的不当得利的平衡，且二人在此范围内并不被视为消费者（参见第 13 条），这需要相应地适用第 288 条第 2 款。

Ⅴ. 请求权基础：第 823 条第 1 款

债权并非第 823 条第 1 款意义上的“其他权利”，因此对此并不涉及对任何他人都有效的（绝对的）权利（边码 1168）。至于认为债权人对请求权（所谓的接受权限）为一个第 823 条第 1 款所保护的绝对的权利状态的观点应被否定。

Ⅵ. 请求权基础：第 823 条第 2 款与《刑法典》第 263 条

1.《刑法典》第 263 条是一个保护具体财产的法定规则，因此其用于个人的利益（边码 1228 及其下）。
2. R 的损害赔偿请求权只有当《刑法典》第 263 条在客观方面与主观方面被实现时才可从该请求权基础中得出（边码 1231），即当 N 通过欺诈引起错误，并导致财产处分行为和财产上的损失，且其为故意为之来实现该违法的财产利益。这里满足该条件。[19]
3. 因此 R 可基于该请求权基础请求损害赔偿，即支付7 000欧元。

Ⅶ. 请求权基础：第 826 条

1. 当 N 接受 R 的请求权时，N 违反风俗地行为？并非任一违反义务的行为都被视为违反风俗。还必须要有其他更复杂的严重伤害正义感的情形（边码 227）。该类加重涉及悖俗行为实现了欺诈的构成要件（B VI）。
2. R 因该悖俗行为遭受了损失。
3. N 故意地行为，因为其知道对7 000欧元的接受会损害到 R，且同样至少对此容忍。此外 N 已经知道所有的能够得出悖俗的情形（边码 1241）。
4. 因此 R 可以基于第 826 条主张其损害赔偿请求权并请求支付7 000欧元。

Ⅷ. 结论：R 可以向 H 请求支付7 000欧元及迟延利息。

---

[19] 该认定还涉及很多因第 407 条上的债务人保护性条文而产生的刑法问题并未解决，特别是涉及的财产减少的直接性。对此在《〈民法典〉基础教程》的范围内并不涉及。但是高阶学习者必须在考试中对此问题进行研究。

法条索引

（所给出的条文位置为边码）

EGBGB

GG

GmbHG

GVG

HGB

ProdHaftG

Sozialgesetzbuch X《社会法典 X》

StGB《刑法典》

StVG《道路交通法》

StVO《道路交通规章》

ZPO《民事诉讼法》

Europarecht 欧盟法

关键词索引

（数字为边码）

后记

德国法学院里的法学本科教育一般分为基础课程和司法考试课程两个阶段。基础课程主要侧重基础理论与基础案例的讲解，司法考试课程则主要侧重于综合性的案例分析。本部民法教材即为法学院学生前三个学期民法基础学习中所用的教材。翻译完本书已经是开始接到本书翻译任务一年零两个月以后，期间经历了最新版的出版，于是又按照 2015 年 10 月上市的第 14 版作了修订。因此，本书反映了最新的德国法发展状况。

感谢为本人翻译中遇到难题提供解答的中国社会科学院的孙宪忠老师；感谢为本书修改提供宝贵意见的中国驻德国柏林大使馆的刘青文老师和厦门大学法学院的郑晓剑老师；感谢德国马克斯普朗克外国法与国际私法研究所的 PD Dr. Knut Benjamin Pißler M. A. 对本人提出问题的热心回应。感谢南京大学中德法学研究所 2010 级经济法硕士研究生张丽同学；感谢南京大学法学院 2010 级民商法硕士研究生强文瑶、张本良同学；感谢南京大学中德法学研究所 2014 级经济法硕士研究生张玉华、卢雅昆同学；感谢南京大学法学院 2014 级民商法硕士研究生王和悦、蒋兴飞同学；感谢哥廷根大学法学院法学硕士研究生宁晶晶、张迎翔同学，他们都为本书译文的修改提供了宝贵的意见和建议！同样感谢留德法学人微信群中的留德学人对疑难、争议词汇的讨论。同时也感谢北京航空航天大学法学院李昊老师的信任与修改建议，感谢明斯特大学法学博士研究生季红明同学和慕尼黑大学博士研究生吴勇同学和哥廷根大学许倩同学的帮助。最后，还要感谢本书作者——帕骚大学的 Prof. Dr. Wolfgang Hau 的协助。再次感谢为本书修改提供宝贵建议的各位老师和朋友！

本书译文虽经历数次修改，但难以完美，若有错误，烦请赐教。可以将相关信息发至本人邮箱：tobias. china@aliyun. com。

刘志阳

2015 年圣诞假期与 2016 年元旦假期

于德国哥廷根

图书在版编目（CIP）数据

德国民法概论：第14版/（德）汉斯-约哈希姆·慕斯拉克，（德）沃夫冈·豪著；刘志阳译．—北京：中国人民大学出版社，2016.11
（外国法学教科书精品译丛）
ISBN 978-7-300-23575-2

Ⅰ.①德… Ⅱ.①汉… ②沃… ③刘… Ⅲ.①民法-研究-德国 Ⅳ.①D951.63

中国版本图书馆CIP数据核字（2016）第270378号

外国法学教科书精品译丛
主　编　李　昊
德国民法概论（第14版）
［德］汉斯-约哈希姆·慕斯拉克（Hans-Joachim Musielak）
［德］沃夫冈·豪（Wolfgang Hau）著
刘志阳　译
Deguo Minfa Gailun

出版发行	中国人民大学出版社		
社　　址	北京中关村大街31号	**邮政编码**	100080
电　　话	010－62511242（总编室）		010－62511770（质管部）
	010－82501766（邮购部）		010－62514148（门市部）
	010－62515195（发行公司）		010－62515275（盗版举报）
网　　址	http://www.crup.com.cn		
	http://www.ttrnet.com(人大教研网)		
经　　销	新华书店		
印　　刷	三河市汇鑫印务有限公司		
规　　格	185mm×260mm　16开本	**版　　次**	2016年11月第1版
印　　张	32.75　插页2	**印　　次**	2016年11月第1次印刷
字　　数	713 000	**定　　价**	98.00元